한국의 샤머니즘과 분석심리학

고통과 치유의 상징을 찾아서

The Korean Shamanism and Analytical Psychology of C.G. Jung
with special reference to the symbols of suffering and healing

by Rhi Bou-Yong, M.D. Ph.D

Published by Hangilsa Publishing Co., Ltd., Korea, 2012

한국의 샤머니즘과 분석심리학
고통과 치유의 상징을 찾아서

이부영 지음

한길사

한국의 샤머니즘과 분석심리학
고통과 치유의 상징을 찾아서

지은이 이부영
펴낸이 김언호

펴낸곳 (주)도서출판 한길사
등록 1976년 12월 24일 제74호
주소 10881 경기도 파주시 광인사길 37
홈페이지 www.hangilsa.co.kr
전자우편 hangilsa@hangilsa.co.kr
전화 031-955-2000~3 팩스 031-955-2005

부사장 박관순 총괄이사 김서영 관리이사 곽명호
영업이사 이경호 경영이사 김관영 편집주간 백은숙
편집 박희진 노유연 최현경 이한민 박홍민 김영길
관리 이주환 문주상 이희문 원선아 이진아 마케팅 정아린
디자인 창포 031-955-2097
인쇄 예림 제책 경일제책사

제1판 제1쇄 2012년 1월 20일
제1판 제7쇄 2023년 4월 29일

값 37,000원
ISBN 978-89-356-6008-7 93180

● 잘못 만들어진 책은 구입하신 서점에서 바꿔드립니다.
● 저작권자를 찾지 못해 계약이 체결되지 않은 일부 도판에 대해서는, 연락주시면 저작권 계약을
  체결하고 그에 상응하는 사용료를 지불하겠습니다.
● 이 도서의 국립중앙도서관 출판시도서목록(CIP)은 서지정보유통지원시스템 홈페이지(seoji.nl.go.kr)와
  국가자료공동목록시스템(http://www.nl.go.kr/kolisnet)에서 이용하실 수 있습니다.

북프랑스 라스코 동굴의 선사시대 암벽화
샤먼적 요소를 나타내는 새사람, 보호신령인 새, 엑스터시 등을 묘사한 최초의 그림이다. 그림을 그린 연대는 확실하지 않으나 기원전 25000년 전까지 거슬러 올라간다.

샤먼의 신성한 나무와 이를 상징하는 현대의 설치물
위의 사진은 사할린섬의 오록부족이 신성시하는 샤먼의 나무이고,
아래 사진은 1970년대 초 미국 하와이 대학 구내에 히피 청년들이 세운 것이다.

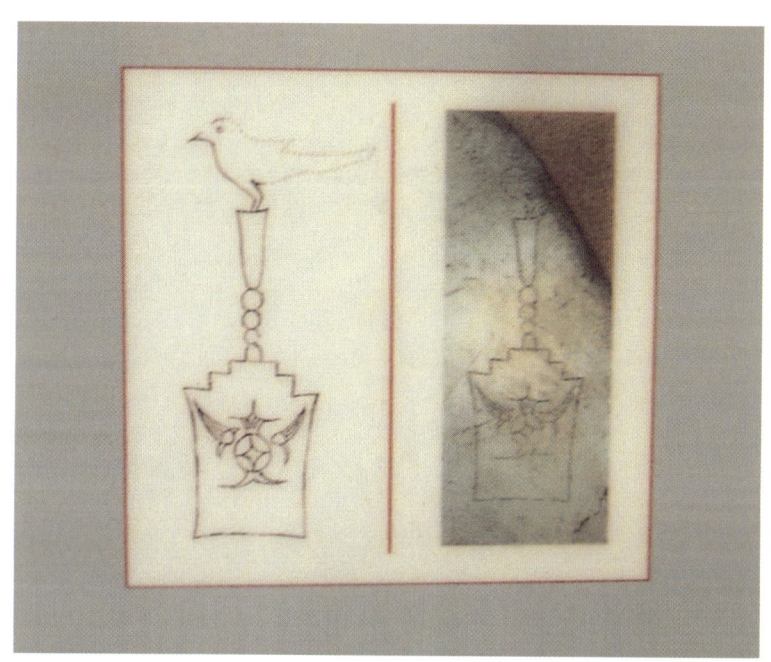

새(鳥)로 만든 형상들

위는 중국 양저문화기(良渚文化期, 신석기시대, 기원전 3200~2000년) 옥으로 된 원반에
음각한 새의 기둥이다. 아래는 같은 시기 옥으로 조각된 새의 기둥이다.
이들은 솟대와 함께 샤면의 조간(鳥杆)과 관계가 깊다.

강원도 홍천군 북방면 화동리의 솟대

솟대는 외계와의 경계, 혹은 마을 입구에 세워지는 것으로 마을의 안녕을 지키는 역할을 하는 듯하다. 그러나 이필영의 조사연구에 따르면 솟대가 드물게 마을 중앙에 세워지는 경우도 있다 한다. 특히 행주형(行舟型) 지세는 풍수지리상으로 불안정한 형세이므로 배 모양 마을의 지형 중앙에 돛대로서 솟대를 세워 기운을 안정시켰다.
(이필영 글, 송봉화 사진(1990), 『솟대』, 대원사)

가야시대 오리 모양의 토기

시베리아 및 중앙아시아 샤머니즘에서 중요한 역할을 하는 오리는
하늘과 물 밑의 세계를 자유로이 오르내릴 수 있는 새이다.
이승과 저승을 잇는 매개자이며, 영혼의 인도자로서의 상징으로 동아시아 3국,
즉 중국·한국·일본이 공유하고 있다.

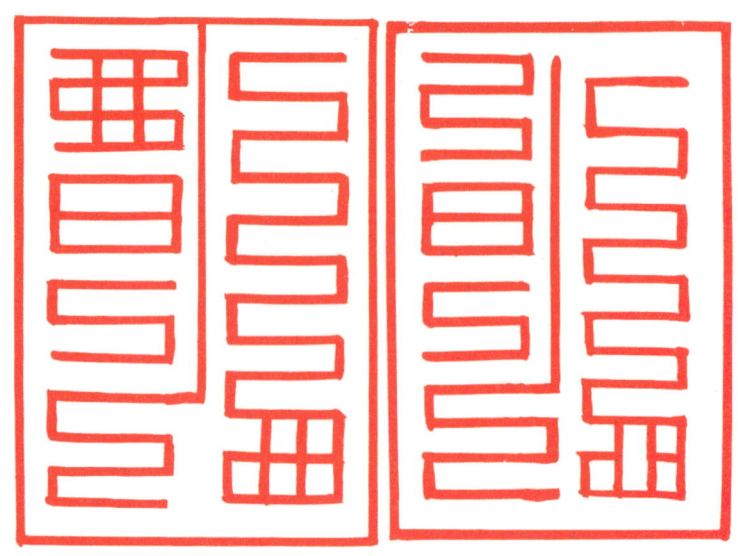

미로(迷路)의 상징을 보여주는 부적

왼쪽은 파지옥생정토부(破地獄生淨土符)로, 죽은 자가 지옥을 벗어나
정토에 다시 태어나기를 염원하는 부적이다.
오른쪽은 탈지옥부(脫地獄符)로, 죽은 자의 영혼이 지옥에 들어가지 말게
해달라는 부적이다.
불(佛)·궁(弓)·일(日) 자가 보이지만 명백한 미로의 구조를 나타낸다.
(한중수〔1978〕,『만고비전 영부작대전』, 명문당)

1970년대 서울 용산구 후암동에서 행해진 한 굿의 바리공주거리

만신이 무의 조상 바리공주 무가를 담담히 읊고 있다. 망자를 잃은 슬픔은 인간적이고 개인적인 것이지만 넋두리의 인간적이고 개인적인 고통은 바리공주를 통하여 신의 고통으로까지 드높여진다. 다시 말하면 개인적인 영역을 넘어서 존재하는 고통의 신성한 의미를 깨우쳐주는 것이 바리공주에 내재하는 상징적 의미이다.

1970년대 서울 용산구 후암동에서 행해진 내림굿

주무와 조무의 도움을 받으며 몸으로 천을 가르고 있는 입무 후보자의 비감 어린 표정이 주목된다.
입무 후보자는 온몸으로 천을 가르고 지나간다. 빙하를 꿰뚫고 지나가며 길을 여는 쇄빙선처럼 '자기의 길'을 열고 지나간다. 입무자의 비감 어린 표정으로 볼 때 그 길은 일찍이 가본 적이 없는 새로운 그들만의 길이다.

내림굿의 한 과정―신내림
내림굿에서 신내림을 유도하는 장면이다.
오른쪽의 조무가 징을 치면서 왼쪽의 입무 후보자가 하늘에서 신을 내리는 것을 돕는다.
본문의 내림굿 사례 1 참조.

1993년에 행해진 인간문화재 김금화 만신의 병굿 ①

김금화 만신이 환자의 부인에게 공수를 주고 있다.
김금화 만신은 나에게 큰 무당의 새로운 면모를 발견하게 한 분이었다.
김금화 개인의 인격의 폭이 그녀가 펼치는 굿의 세계를 넓히는 데 기여했다고
할 수 있다.

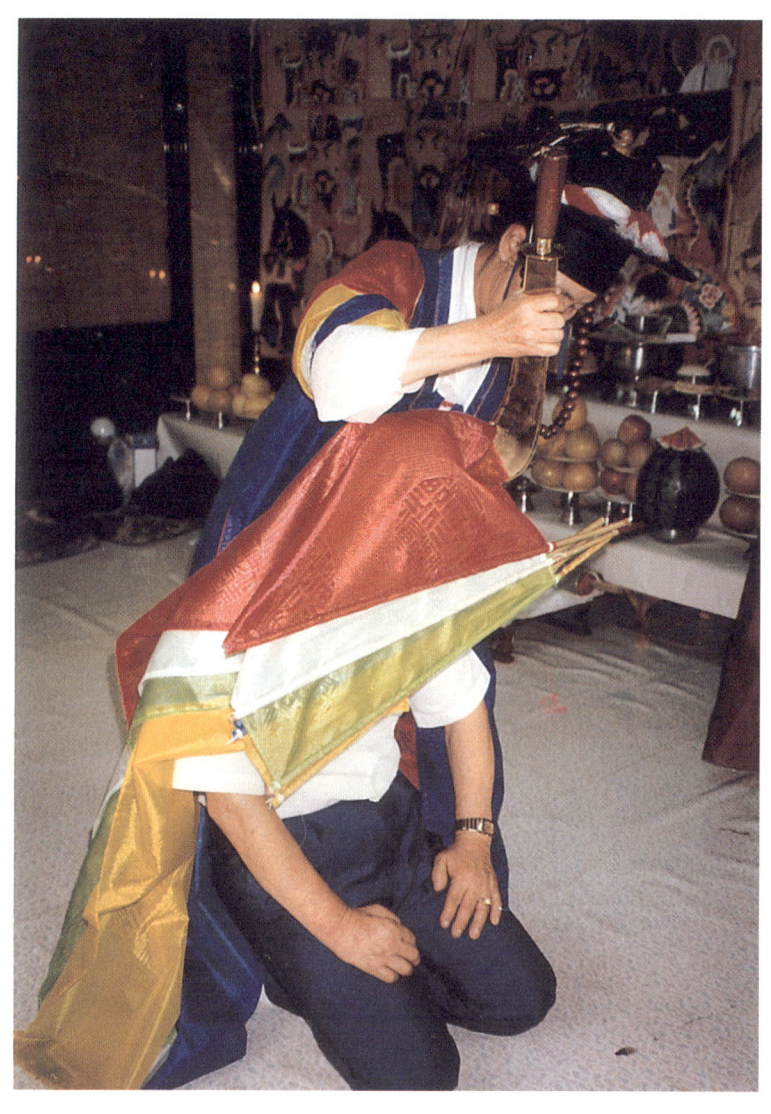

인간문화재 김금화 만신의 병굿 ②
조무가 병귀를 물리치는 주술적 행위를 하고 있다.
조무는 왼손에는 신장칼과 장군칼을 들고, 오른손에는 칠성칼을 들고 막춤을 춘다.
그런 다음 대주(환자)에게 출입구 가까이 앉으라 하고 오방기로 덮은 후
장군칼을 들고 대주의 몸 여기저기를 질러내고 있다.

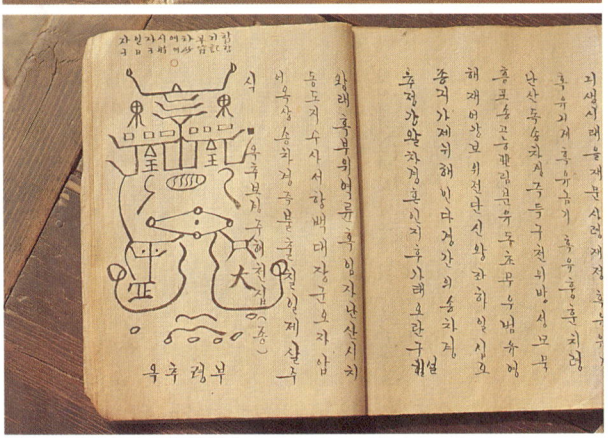

옥추경의 표지와 본문

옥추경(玉樞經)은 도가(道家) 경문(經文)의 하나이다.
독경으로 병귀를 물리치는 점자(占者)가 흔히 사용하며, 정신병 환자에게 자주 사용하였다.
1970년 진주시에서 발견한 것이다.

책을 펴내면서

1961년부터 근래까지 발표한 샤머니즘 관련 논문을 모아서 책으로 펴내는 작업을 시작한 지 벌써 4년은 된 것 같다. 1961년 서울대 대학원 석사학위논문에서 시작하여 스위스 취리히의 융연구소 수료논문, 서울대 대학원의 박사학위논문, 취리히의 융연구소와 뉴욕 유니언 신학대학원에서의 한국 샤머니즘에 관한 강의 원고, 그밖에 약 40편의 논문을 정리했다. 일은 생각보다 쉽지 않았다. 내용을 현재의 입장에서 수정 보완하는 일, 자료를 새로 보충하여 해석을 가하는 일, 한 장(章)을 완전히 새로 쓰는 일 등 작업은 흥미로웠으나 체제상의 기술적인 정리가 무척 힘들었다.

그동안 내가 발표한 논문은 대개 의학학술지에 실린 것이었다. 여기에는 각주가 없고 본문의 어깨번호와 이에 해당하는 문헌을 후미에 적게 되어 있었다. 학술서적에는 각주가 있는 것이 원칙이라는 신념 때문에 각주를 달다보니 페이지를 일일이 확인해야 했다. 더구나 집필 당시 스위스 취리히 도서관의 책을 빌려 사용한 문헌 중에는 1930년대 것도 있어서 구하기가 쉽지 않았다. 그래도 카리아라이넨, 하르바 등의 명저를 미국 도서관에서 복사하거나 네덜란드 출판사에 신청해서 다시 읽었다. 이를 위해 미국에서 연구 중이던 제자 신용욱 군이 수고를 했다.

어떤 문헌은 유럽학회에 간 김에 스위스 취리히에 들러 그곳 시립도서관에서 문헌을 찾아 페이지를 확인할 수 있었다. 원고를 보낸 뒤 출판사 편집부의 꼼꼼한 교정 또한 긴 시간을 요했고 또한 철저했다.

　이렇게 하여 책이 세상에 나왔다. 이 책은 과거의 논문을 모아서 엮어낸 논문집이 아니라 현재의 시점에서 본 한국 샤머니즘에 관한 나의 탐구의 총체적인 결집이다. 원고를 정리하다보니 총 14장으로 마무리되었다. 비슷한 내용이 중첩되는 경우도 있다. 샤머니즘을 여러 측면에서 조명하다보니 어쩔 수 없었다. 그것은 그만큼 중요한 테마라는 반증일 것이다. 교향악에서 한 주제의 여러 변주곡과 같은 것이라고 생각해주기 바란다. 분석심리학의 해석이나 무당굿의 기술 가운데는 이해하기 어려운 용어가 나오겠지만 말미의 「용어해설」이 도움이 되기를 기대한다. 병굿이나 내림굿의 묘사에서는 현장감을 살리자는 뜻에서 될 수 있는 대로 무당과 입무자들의 말을 그대로 전달하고자 했으나 장황한 사설들이 연구자가 아닌 일반 독자에게는 부담이 될 듯해 당시 감흥과 말의 대의를 전달하는 범위로 축소하였다.

　이 책의 출간을 구상하게 된 동기는 내가 정신과 의사의 수련을 시작한 이래 50여 년간 줄곧 관심을 가지고 연구해온 샤머니즘에 대한 논문들을 한곳에 모아 현재의 시점에서 정리하고 이를 좀더 많은 독자들에게 제시하기 위함이었다. 그것은 샤머니즘에 대한 나의 문화정신의학적, 분석심리학적 연구를 총체적으로 마무리 짓는 작업이었다. 임상사례와 정신병리현상을 비교적 길게 제시했지만 내가 여기서 궁극적으로 추구한 것은 분석심리학의 상징해석을 통하여 샤머니즘의 여러 관념과 현상이 우리 마음속의 무엇을 반영하고 있는가를 확인하는 데 있다. 밖에서 일어나는 일이 우리 마음속에서도 일어나고 있다는 사실을 제시하고자 노력하였다.

　마무리하고 보니 벌써 군데군데 빈틈이 보이고 좀더 연구해보아야 할 부분이 눈에 띈다. 어떤 것은 너무 자세하게 문헌을 늘어놓았다는 느낌도 있다. 상징적 의미를 파악하기 위한 확충(amplification)의 방법은 반복적인 비교의 특성이 있기 때문에 논리적인 전개 방법과는 다르다. 초기 연구에서는 1960년대까지 수집된 한국무속의 현장 및 역사적 기록을 대상으로 할 수밖에 없었다. 이 책에서는 그 이후의 민속조사자료와 연구성과도 가능한 한 포함시켰다.

책을 펴내면서 감사해야 할 사람들이 생각난다. 샤머니즘 연구의 길을 터주고 격려해준 스승님들, 문헌자료의 수집과 현지조사를 위해 조력을 아끼지 않은 동료와 제자들, 그리고 가족들에게 감사한다. 또한 무엇보다 이 책에서 중요한 부분을 차지하는 병굿 사례의 연구를 허락해주신 인간문화재 김금화 만신과 그의 팀, 그리고 환자들에게 깊은 감사를 드린다. 특히 김금화 만신은 나에게 큰 무당의 새로운 면모를 발견하게 한 분이다. 또한 이러한 상징 연구는 민속조사자료를 대상으로 하는 만큼 한국무속에 관한 귀중한 민속지적 기록을 남긴 국내외 무속 연구가들의 성과가 없었다면 불가능하였을 것이다. 이들에게 무한한 경의를 표한다.

'책을 만든다'는 말이 실감될 정도로 힘겨운 작업이었다. 어려운 학술서의 출판을 진작부터 권하여 햇빛을 보게 해주신 한길사의 김언호 사장님에게 감사드리며, 여러 차례 철저하게 교정하여 훌륭한 책으로 만들어주신 배경진 실장 이하 한길사 여러분의 노고에 감사한다. 이번에도 한국융연구원의 전영희 씨가 원고를 입력하고 정리하는 일을 맡아주어서 정말 고맙다.

2011년 12월
성북동 한국융연구원에서
이부영

한국의 샤머니즘과 분석심리학
고통과 치유의 상징을 찾아서

책을 펴내면서　17
프롤로그|혼과의 대화: 치유의 굿에서　27

제1장　샤머니즘과 인간 심리: 나의 탐구, 시작과 과정　33

제2장　샤머니즘과 무속은 다른 것인가　47
　　1　샤먼과 샤머니즘의 정의　47
　　　　1) 엘리아데의 관점　48
　　　　2) 슈뢰더와 슈미트의 관점　50
　　　　3) 핀트아이젠의 관점　51
　　　　4) 루이스와 퍼스의 관점　51
　　　　5) 샤머니즘은 주술인가, 종교인가　52
　　2　무당의 호칭과 역할　53
　　　　1) 무(巫)·격(覡)·미코　53
　　　　2) 무당·박수　55
　　　　3) 당골·만신　56
　　3　명도·구치요세　56
　　4　빙신체험의 변천　57
　　5　제주도의 신방　60
　　6　무속의 한계　62

제3장　입무과정: 샤먼이 되는 길　65
　　1　입무과정의 특성　66
　　　　1) 고통의 의미　66

2) 고행의 방법: 해체　69
　　　3) 골격으로의 환원: 해체(찢김)와 먹힘　74
　　　4) 저승으로의 여행　78
　　　5) 맺는말　81
　2　입무의 병 — 무병: 소명인가, 정신병리인가　82
　3　강신의 꿈과 그 상징성　90
　　　1) 해체와 빙의의 꿈　91
　　　2) 신물 획득과 꿈　94
　　　3) 꿈에서 신성한 존재가 건네주는 귀중한 것　99
　　　4) 저승으로의 여행　101
　　　5) 개성화의 상징　103
　　　6) 영혼의 인도자, 상처 입은 자와 치유의 주제　108
　4　내림굿　118
　　　1) 내림굿에 관한 민속조사 사례　119
　　　2) 신내림과 말문 열기의 심리역동　132
　　　3) 맺는말　169

제4장　귀령현상과 그 심리학적 상징성　173
　1　귀령의 세계　173
　2　한국 샤머니즘의 만신전과 신들의 계위　178
　　　1) 잊혀진 신　179
　　　2) 천상신의 운명　182
　　　3) 몸주신과 그 상징성　187

제5장　한국민간의 질병관 및 정신병관　203
　1　조사대상 자료　204
　2　질병관의 종류　205
　　　1) 자연의 순리와 질병　205
　　　2) 귀신의 분노·신벌·복수　206
　　　3) 귀신의 체내 침입 혹은 빙의　210

4) 영혼의 상실   212

3   정신병관   214

　　1) 고대문헌에 나타난 정신병관   214

　　2) 민속조사자료에서 본 민간의 정신병관   216

4   민간 질병관과 분석심리학   225

　　1) 샤머니즘 사회와 원시종족의 질병관   225

　　2) 실혼·탈혼 그리고 빙의의 분석심리학   233

　　3) 시간과 공간에 결부된 귀령학   239

　　4) 저주와 죽은 자의 원한   242

5   요약 및 맺는말   244

제6장   한국민간의 정신병치료   247

Ⅰ 대상 자료   249

1   민간치료 일반   249

　　1) 역사적 문헌에 나타난 주술적 치료   249

　　2) 1930년대 이후에 기술된 주술적 치료   256

2   정신병의 주술적 치료   264

　　1) 허주굿   265

　　2) 복숭아나무 가지로 때리는 법   265

　　3) 꿈과 치병   268

　　4) 두린굿   269

　　5) 심신질환의 치료: 칠성새남   270

Ⅱ 고찰   273

1   샤머니즘과 한국민간 치병방식의 비교   273

2   주술적 원시 치병방식과 문화심리학   276

3   원시 치병의 상징적 이해   285

4   정신병의 주술적 치료: 도지구타법의 상징성   292

　　1) 복숭아와 복숭아나무 가지의 상징적 의미   293

　　2) 주술적 구타법   300

Ⅲ 맺는말 305

제7장   빙의현상과 증후 307

1   빙의란 무엇인가 307

2   우리나라의 빙의현상 312

3   빙의증후의 개념과 연구 314

4   빙의증상을 수반한 임상사례 316
　　1) 한국의 사례   318
　　2) 대만·일본 사례와의 비교   322

5   빙의증후의 횡문화적 비교 327
　　1) 발생 빈도   327
　　2) 진단 배경   327
　　3) 빙의 내용   328
　　4) 사회인구학적 배경과의 관련성   329

6   빙의증후 및 체험의 정신역동적 해석 329

7   맺는말 332

제8장   무속신앙과 정신장애 335

1   머리말 335

2   개별적 증례의 임상적·심리학적 분석 337
　　1) 증례 분석   337

3   종합적 고찰 368
　　1) 굿은 때때로 왜 위험한가   368
　　2) 정신장애와 체험내용의 특성   369
　　3) 원초적 대극성   370
　　4) 신앙의 갈등   372
　　5) 치료적 접근 방향   373

제9장 죽음, 저승, 사령과 살(殺) 377

1 죽음과 저승길 377
1) 무가「죽음의 말」에 나타난 저승길 377
2)「차사본풀이」와 저승길 390
3)「죽음의 말」의 심리적 기능과 그 상징성 393
4) 김태곤이 수집한「저승사자」와「저승길」이야기들 398
5) 이야기「도랑 선비와 청천각씨」의 의미 402
6) 죽음과 살아남은 자의 심리 404

2 죽음과 죽음 뒤의 삶에 관한 분석심리학적 이해 407
1) C.G. 융의 생각 407
2) M.L. 폰 프란츠의 생각 411

3 사령현상 421
1) 상문(喪門) ─ 갓 죽은 자의 혼 422
2) 영산(靈山) ─ 원한 맺힌 혼 429
3) 무신으로서의 사령 433
4) 입무 주재자로서의 사령 435
5) 어린이의 사령 438

4 사령의 무속적 치료와 정신치료 443
1) 사령제의 구분과 구성 445
2) 사령제의 몇 가지 과정의 심리적 고찰 455
3) 맺는말 486

5 살과 헛장 491
1) 살 491
2) 헛장의 심리 494

제10장 굿과 정신치료 503

1 샤머니즘과 정신치료 503

2 병굿의 특징 506

3 병굿 사례 507
1) 사례 1 507

            2) 사례 2   513
            3) 사례 3   537
            4) 사례 2, 3의 고찰   550
        4 굿의 치료효과   566
        5 맺는말   570

제11장 한국 샤머니즘과 집단적 무의식의 원형상   577
        1 대극합일의 상징   578
            1) 이승과 저승의 합일과 소통   578
            2) 신성혼   579
        2 고통의 의미와 자기실현, 치료자원형상   582
            1) 무조 바리공주   583
            2) 제주도 무조신화   586
            3) 손님굿 무가   593
            4) 샤먼과 '상처 입은 치료자'   594
        3 엑스터시 이념의 한국적 변이   598
            1) 중심과 변두리의 상관성   598
            2) 솟대와 물새의 상징   600
        4 귀령의 상징과 어린이의 혼   615
        5 춤·부적·미로의 상징   617
            1) 춤   617
            2) 부적   626

제12장 한국 민간신앙과 윤리의식   641
        1 윤리의식이란 무엇인가   641
        2 민간신앙의 특징과 윤리성   643
            1) 무속신앙과 그 윤리적 기능의 문제   644
            2) 부락제와 윤리적 문제   657
            3) 점복·가신신앙 그리고 풍수신앙   658

3 맺는말 663

제13장 무속문화를 배경에 둔 환자와 정신과 진료 667

1 문화와 의료 667

2 한국인의 종교적 배경 670

3 무속문화를 배경에 둔 환자란 무엇인가 673

4 무속사회의 질병관과 정신장애에 대한 무속인의 태도 675

5 무속문화를 배경에 둔 환자의 특징과 정신과 진료 676
   1) 치료자에 대한 마술적 기대 677
   2) 의료에 대한 기대와 요구 677
   3) 귀령신앙의 영향 677

6 맺는말 681

제14장 샤머니즘과 한국인 685

1 엑스터시로의 희구 688

2 신인관계의 특성과 그 사회적 표현 689

3 조상과의 유대와 모성 콤플렉스 690

4 미래에 대한 불안과 점복 심리 691

5 도덕적 무분별성과 잡합성 692

6 투사의 문제 693

7 샤머니즘의 창조적 측면 694

에필로그 | '샤머니즘'을 넘어서 697

용어해설 701
참고문헌 709
영문차례 735
찾아보기 737

혼과의 대화[1]: 치유의 굿에서

■ 프롤로그

  샤머니즘의 특징은 그 격렬한 감정체험에 있다. 노래와 춤과 북과 장구와 징소리는 그러한 감정체험을 매개하는 중요한 수단이다. 그러나 무엇을 위한 감정의 고양인가. 그것은 저승에 도달하고 저승의 존재와 만나서 이야기하기 위한 것이다. 이승과 저승은 너무나 멀리 떨어져 있으므로 그곳을 넘나들려면 특수한 영력(靈力)이 필요하다. 그 힘은 공짜로 얻는 것이 아니라 피나는 수련과 고통을 겪음으로써 획득된다. 거듭남으로써, 즉 인격의 재생과 창조적 전환을 통해서 샤먼은 저승의 귀신들을 볼 수 있는 능력을 얻는다. 그리고 그 재생을 매개하는 유일한 것은 고통과 죽음의 시련이다. 스스로 죽지 않고는 죽은 자를 볼 수 없다.

  한국의 샤머니즘은 오늘날 자칫 민간연희로, 오락의 수단으로, 혹은 보존되어야 할 문화재로 '전락'할 위험에 처해 있다. 그것은 무대 위에 올려진 하나의 쇼(show), 혹은 연구대상이 되어버렸다. 문학과 미술과 음악과 무용, 그리고 정신분석학과 정신의학과 문화인류학이 제각기 샤머니즘의 오장육부와 사지 가운데 하나를 떼어가져서 각기 자기 영

---

[1] 1995년 국제무용제 '샤머니즘 심포지엄'에서 발표한 것이다.

역을 살찌게 하는 수단으로 삼고자 한다.

그러나 스스로 수단으로 전락할 때 샤머니즘의 생명은 죽는다. 누미노제(Numinose)에 대한 강렬한 기대, 믿음을 상실한 곳에 샤머니즘은 없다. 일상적인 인간과의 대화가 아니라 혼(魂)과의 대화, 구천(九天)의 혼을 불러 스스로 빙의(憑依, possesion, Besessensein)되어 혼의 말을 이승에 전하고 이승의 말을 저승으로 전달하는 영혼의 인도자로서의 체험에 의미를 두지 않을 때 그것은 한낱 공허한 언어에 불과하다.

죽은 자의 혼과 나누는 대화는 비단 샤머니즘에 국한되지 않는다. 19세기 유럽을 풍미하던 심령술과 영매(medium)가 있고, 굿과 같은 드라마 없이도 혼을 불러 점(占)을 쳐주는 영남지방의 '신자'(神者)가 있고, 일본의 '구치요세'(口寄せ), 대만의 '당기'가 모두 트랜스(trance, 황홀경) 상태이기는 하나 노래나 춤 없이 죽은 자의 혼을 불러오는 역할을 전담하고 있다.

그러나 혼과의 대화는 전체 굿거리를 중심으로 볼 때라야 그 진가를 파악할 수 있다. 무당이 다루는 혼은 단지 갓 죽은 자의 혼뿐 아니라 오랜 조상의 혼령으로 신령의 반열에 오른 혼들이다. 한 많은 삶을 마감하고 떠돌아다니는 혼, 살아 있는 자에게 한풀이를 하고자 엿보고 있는 혼, 굿할 때가 되면 몰려드는 거지 귀신들, 항상 자식들을 염려하고 있는 가족의 혼령들, 아니면 민족의 혼, 대륙의 혼, 용맹스럽고 씩씩한 장군의 혼, 조촐하고 인자한 보살의 혼, 그런가 하면 온유하고 어진 산신령 할아버지 할머니의 혼, 그 혼들은 신(神)이 되고 귀(鬼)가 되어 저승의 공간을 채우고 있다. 혼의 진화(進化), 혼의 정화(씻김)가 시간에 의하여 혹은 잦은 진오귀굿을 통해서 이루어지고 있는 곳, 그리하여 '만신'(萬神)이 계위(階位)를 이루고 군림하고 있는 곳. 그 저승의 주민 가운데 한국의 샤먼, 즉 무당에게 가장 중요한 혼신(魂神)은 하늘 높은 곳에 있는 옥황상제가 아니라 대개는 한옥 대들보에 모시고 있는 조상신이며 성조신(成造神)이다.

현대인들은 이런 '혼'과의 대화를 잃어버렸다. 그러기에는 재미있는 것이 너무나 많다. 그러나 그 '재미있는 것' 속에 사실은 혼이 있음을 모르고 있다. 백화점에 진열된 상품에 넋이 빠지듯 오늘날의 상품과 물질과 기계는 모든 원시사회의 돌과 나무처럼 애니메이트(animate, 활성화)되어 마력을 갖게 되었고 '날개 돋친듯' 팔려나간다. 현대인의 혼은 하늘과 우주와 깊은 바다의 심연이라는 무한대의 공간과 무한한 깊이의 세계를 모른 채 공해로 찌든 도시의 포장된 상품 사이를 방황하고 있다.

그런데 현대세계에도 혼과의 대화가 진행되는 장(場)이 있다. 하나는 예술이다. 시신(詩神)과의 만남이 그곳에서 이루어진다. 이는 고통과 죽음과 재생의 이니시에이션(initiation, 성인화[成人化])의 과정을 거치지 않고는 경험할 수 없지만 현대인은 여기서도 매우 안일하게 상업주의와 타협해 안주하려 든다.

혼과의 대화가 이루어지는 또 하나의 중요한 장이 있다. 바로 종교적 수도의 장이다. 대승불교의 정신 속에서 오랜 역사를 가지고 키워온 자기 성찰의 작업이나 '내 마음속의 그리스도'와의 일치를 지향하는 기도가 이루어지는 곳. 그 작업은 우리 내면의 혼, 아니마(anima)를 매개로 한 카를 구스타프 융(Carl Gustav Jung)의 자기(自己, Selbst)와의 만남과 같다. 무의식을 탐구하고 스스로 마음속을 깊이 살펴보며 응어리진 것들, 콤플렉스(Komplex)를 하나씩 받아들이고 소화시켜 나가는 자기 인식의 과정을 샤먼들은 명칭을 달리한 혼과의 대화, 혹은 혼이 되어 대화하는 작업으로 진행하고 있다. 샤먼에서 혼과의 관계를 투사(投射, projection)의 기제로만 설명하는 것이 적절한지 생각해볼 일이다. 샤먼들은 단지 혼들의 이미지를 하나의 비유, 혹은 심지어 상징으로 빌려 쓰고 있는지 모른다. 그러나 빌려 쓴다고 해서 결코 가짜는 아니다.

한국의 샤먼, 무당들은 내담자가 호소하는 '혼'의 고통 속에서 자기의 고통을 발견한다. 그는 그 혼과 하나가 되어 혼—이미 남의 혼이 아닌—의 삶을 사는 것이다. 죽은 자(死者)와 산 자(生者) 사이에 한바탕 울음바다가 생기면 그곳에는 '나'와 '너'의 경계가 없다. 저승과 이승도 없다. 오직 경계 없는 하나의 세계가 존재할 뿐이다. 그러나 무당은 자기가 치유의 인도자이며 주재자라는 의식을 아주 잃어서는 안 된다. 그녀는 이승으로 돌아와 내담자의 넋두리에 마무리를 짓는다. 그런 다음 한을 푼 영혼을 저승으로 보낸다.

'병굿'이 있기는 하나 사실 치유의 굿이 따로 있는 것은 아니다. 모든 굿은 치유를 목표로 삼는다. 마음의 고통을 다스리지 않는 굿이 있을 수 있겠는가. 그런데 고통의 다스림에는 하나의 원리가 있는 것 같다. 혼의 받아들임, 혼과 하나됨, 혼의 보냄, 이 세 과정이 굿거리마다 반복되고 있는 것이다. 그것은 마치 마음에 고통을 지닌 사람들의 분석적 정신치료(analytical psychotherapy)의 과정을 상징적으로 표현하는 것과 같다.

그런데 고등종교·불교·도교의 영향을 받은 한국 샤머니즘, 그 가운데서도 진오귀굿과 같은 사령제에는 보통 굿의 '넋두리'(魂語)와는 전혀 다른 과정이 하나 들어 있다. 우리나라 무속이 지닌 높은 이념을 보여주는 것으로, 바리데기 굿거리이다. 죽은 자의 한을 가족들과 한껏 푼 다음 조용히 부르는 무조(巫祖) 바리데기의 노래는 무엇을 의미하는가. 버림받은 자의 고통과 그 고통을 이기고 만신의 왕이 된 자에 관한 노래이다. 바리데기의 노래는 망자가 바리데기의 도움으로 서방정토로 간다는 사실을 표현하고 있다. 바리데기는 영혼의 인도자이다. 그런데 바리데기의 신의(神衣)를 입고 조용히 노래하는 무녀는 곧 무조 바리데기가 된다.

이니시에이션의 고통의 의미를 이토록 극명하게, 그것도 가부장적 사회에서 겪어야 했던 여성의 서러움을 이겨내는 과정을 그토록 완전하게 표현한 이야기도 드물 것이다. 바리데기는 영약(靈藥)을 가지고 부모를 죽음에서 살려낸다. 그것은 세속적인 이별의 정을 슬퍼할 게 아니라 고통을 통해 거듭난 자의 위대한 승리를 기억하라는 뜻이다. 세속적인 고통을 신적(神的)인 고뇌의 의미로 한 차원 높이고자 한 것이다. 그러나 오늘날에 누가 이처럼 깊은 뜻을 의식할 수 있을까.

제1장 샤머니즘과 인간 심리: 나의 탐구, 시작과 과정

하나의 이미지가 있다. 어릴 때 본 무당의 이미지이다. 고향 작은 도시에 있는 시장 바닥의 어느 집에서 굿을 하고 있었다. 갑자기 한 중년여인이 길가로 튀어나와 차려놓은 제상의 음식을 마구 손으로 집어먹더니 안으로 휑하니 다시 들어갔다. 고춧가루가 잔뜩 묻은 김장 속을 먹었는지 입 주위가 꼭 피를 마신 것처럼 빨개져 있었다. 무서운 형상이었다. 어린 시절 이 기억 속 여인은 아마 대감신에게 사로잡힌 무당이었을 것이다. 대감신의 탐욕스럽고 호방한 행동을 미친 듯 실연하고 있었던 것으로 짐작된다.

그 이미지는 매우 강렬했지만 오랫동안 잊고 있었다. 1959년 서울의대 신경정신과 남명석 교수의 권유로 내가 대학원 석사논문으로 무당에 관해 쓰기로 하였을 때 망각 속에 묻혔던 선명한 사진 한 장처럼 그 이미지가 생생하게 머리에 떠올랐다. 무당이라고 하면 무섭다는 반응을 흔히 보인다. 보통 사람과 다르게 보이고 때론 다르게 행동하기 때문이다. 그러나 그 무서움 뒤에는 한 가닥 호기심이랄까 매혹적인 무언가가 숨어 있게 마련이다. 미지의 세계에 대한 혐오와 공포 뒤에 숨어 있는 그 세계로 들어가보고 싶은 인간의 보편적인 충동과 맥을 같이한다. 당시 나는 무속에 대해 아무것도 몰랐다. 논문을 준비하면서 최남선의 샤먼에 관한 글이나 니오라제(Georg Nioradze)의 시베리아 샤머니즘에 관한 글을 읽으면서 처음으로 샤머니즘에 긍정적인 감정을 갖게 되었다. 시베리아 및 중앙아시아의 샤머니즘은 한국문화의 원류이며 한국인의 정신적 고향, 우리 조상의 유산이라는 느낌을 어렴풋이 갖게 된 것이다.

그러나 수소문해서 찾아간 무당이나 박수는 실망스러웠다. 정보도 얻기 어려웠을 뿐 아니라 사람 됨됨이도 의심쩍었다. 또 무의(巫儀)가 금지되던 때여서 그들은 낯선 방문자에게 의심이 많았다. 게다가 나는 아직 나 자신의 뚜렷한 방법론을 가지고 있지 못했다. 강신적 입무과정의 정신의학적 연구[1]를 한다고 했는데 '정신의학적' 방법론 자체가 내게는 불확실했다. 그래서 논문에도 이렇게 썼다. "정신의학이 과학으로서의 보편성을 갖추지 못하고 보편과 특이성 사이에서 방황하고 있기 때문"이라고. 틀린 말은 아니지만 달리 표현할 수도 있었을 것이다.

물론 나는 당시 샤머니즘이 한국사회에서 차지하는 영향력이 결코 작지 않음을 인지하고 있었다. 무엇보다 '현대사회 내의 낡은 고대 종교체제의 엄존'이라는 '한국적 기이성(奇異性)'에 대한 흥미에서 출발하였고 한국 샤머니즘 전반에 대한 정신의학적 연구의 한 서론으로 강신무(降神巫)의 무병(巫病) 연구를 시작한다는 입장이었다. 어지간히 일방적인 과학적 합리주의를 지향하고 있었던 듯하다.

강신무에 관한 현장조사가 어려움에 부닥쳐서 결국 나는 이 논문을 문헌자료에 따라 정신병리학적인 측면에서 정리하는 일종의 예비연구

---

1) 이부영(1961), 「소위 강신적 입무과정의 정신의학적 연구」(서울대 대학원 석사학위논문), 서울대 의대 신경정신과학교실(1965), 『명주완 박사 환력기념 논문집』 제2집, 58~78쪽.

격으로 마무리 지었다. 결론은 민간에서 '신병'이라 부르는 무당이 될 사람이 걸리는 병, 즉 무병현상은 종교적 현상으로 보아야 하며 질병학적으로 어떤 일정한 증후군으로 규정짓기에는 부적합하다는 것이었다. 지금 생각해보면 당시 나는 질병학적 관점에서 현상을 분석하려 했으나 종교적 의미에 더 큰 관심을 가지게 된 듯하다. 꼭 그렇게 의식한 것은 아니지만 종교를 질병현상으로 환원하는 데 대한 내적인 저항이 있었을지도 모른다.

1960년 가을, 혹은 1961년 초였을 것이다. 이 논문의 요지는 대한신경정신의학회의 학술대회에서 간단히 발표했고 뒤에 문화인류학연구회에서도 월례집담회 형식으로 발표했다. 추운 겨울날, 지금은 없어진 서울의대병원 신경정신과 건물 3층 문화인류학연구회의 몇 안 되는 회원 앞에서 비교적 자세히 발표하였다. 늦은 저녁이어서 백열등이 환하게 켜진 자그마한 방에서 난로의 불만은 활활 뜨겁게 타고 있었다. 임석제, 장주근 두 분이 관심을 가지고 들어주셨다. 당시 무속현장에 어두웠던 나는 장주근 선생님을 찾아 자문을 구하곤 했다.

나는 그 논문에서 그룰레(Hans Gruhle)·프로이트(Sigmund Freud)·융(C.G. Jung)·프롬(Erich Fromm)·슈나이더(Kurt Schneider) 등을 들먹이며 이들의 종교론과 종교정신병리학에 관해 언급했지만 충분히 소화시키지는 못한 듯하다. 종교적 현상을 어떤 관점에서 이해해야 할지 당시에는 잘 알지 못했다.

1962년 초부터 스위스에서 시작된 융연구소의 분석심리학 전문수련과정에서 해결책이 발견되었다. 물론 나는 융학파의 분석가로 정신치료자가 되기 위하여 수련을 받은 것이지 종교현상을 연구하기 위해 분석심리학을 공부한 것은 아니다. 집단적 무의식의 원형(原型, Archetypus)을 이해하는 법을 익히기 위해 융연구소의 연구원들은 먼저 스스로 자신의 무의식의 심층을 면밀히 살펴보아야 하고 그것이 신화와 민담 등 각종 종교현상에서 보는 것과 공통된 상징을 나타낸다는 사실을 체험을 통해 터득해야 했다. 원시심성, 비교종교학 등은 연구소의 필수적인 교과과목이기도 했다. 이와 같은 수련경험은 종교현상을 보는 시각을 넓혀주었고 그것이 인간심성의 깊은 곳에서 우러나온 것임을 알려주었다.

1966년 나는 취리히 융연구소의 졸업논문으로 한국 샤머니즘에 관한 것을 분석심리학적 견지에서 썼다.[2] 같은 해 겨울학기에는 융연구소의 요청으로 '샤머니즘의 심리학에 대하여'(Zur Psychologie des Schamanismus)라는 제목으로 강의를 했다. 값진 경험이었다. 엘리아데(M. Eliade), 슈뢰더(Dominik Schröder), 카리아라이넨(K.F. Karjalainen), 하르바(Uno Harva) 등이 내놓았던 흥미로운 자료와 해석에 매료되었다. 조국과 멀리 떨어진 유럽에서 한국 샤머니즘의 자료를 독일어라는 이질적인 문화기호로 번역하여 분석하는 것도 색다른 경험이었다. 그러한 양식은 일상적이고 평범한 것 같은 현상을 새롭게 조명하여 의미를 드러내게 하고 동양식의 막연함에 논리적 명확성을 부여하는 기회가 되었다. 이러한 작업은 나를 나의 아득한 시베리아 및 중앙아시아 조상들의 세계로 인도했다. 엘리아데는 훌륭한 인도자였다. 동시에 이 체험은 개인적으로 무의식의 활성화로 이어졌다. 그 무렵에 나는 샤머니즘과 관련된 주제를 가진 꿈들을 통해 무의식 속에서 샤머니즘의 상징들을 체험할 수 있었다. 그 가운데 인상적인 꿈 하나가 있다.

한국의 한 시골 마을이었다. 단층집이 늘어선 길을 흰옷을 입은 사

---

[2] Rhi, Bou-Yong(1966), "Die Toten und 'SAL', das Tötende im koreanischen Schamanismus," Diplom Thesis C.G. Jung Institut Zürich.

람들이 행진하고 있었다. 마을의 축제(신대를 들고 마을을 도는 부락제)와 같은 분위기였다. 나도 행렬의 맨 앞쪽에서 무언가를 굴리면서 가고 있었다. 둥근 철판으로 된 굴렁쇠였는데 그 철판 위에는 단순한 선각(線刻)으로 숫양이 음각되어 있었다.

나의 마음속에서 샤머니즘의 축제가 일어나고 있다. 그런데 나는 나의 굴렁쇠, 혹은 마을의 굴렁쇠를 굴리며 선두에서 가고 있다. 그것은 숫양의 상이다. 숫양은 나의 엠블럼, 동시에 마을의 표상이다. 실제 한국 샤머니즘에서는 보기 드문, 일찍이 나 자신도 상상하지 않은 무의식의 인도자로서의 원형상이다. 나의 교육분석가 가운데 한 분이자 융의 수제자인 마리 루이제 폰 프란츠(Marie Louise von Franz)가 이 꿈을 보았고 우리는 즐겁게 이 꿈과 숫양에 관해서 이야기를 나누었다.

숫양은 고대 이집트를 비롯한 전 세계 고대종교에서 태양신, 불의 신, 봄의 신을 뜻한다. 또 점성학의 별자리 가운데 하나로 창조와 생산력, 생명의 갱신, 인내와 평화를 상징해왔고 그 제의를 위한 중요한 제물이기도 했다.[3] 새해 초 부활절 주간에 독일의 어느 지방에서는 숫양의 희생제의를 위해 일정 장소를 행진하는 풍속이 있었다고 한다.[4] 내

---

3) Jobes, G.(1962), *Dictionary of Mythology, Folklore and Symbols Part 1*, New York: The Scarecrow Press, pp.1320~21; Cooper, J.C.(1978), *An Illustrated Encyclopaedia of Traditional Symbols*, London: Thames and Hudson, pp.136~137; Chevalier, J., Gheerbrant, A.(1994), *Dictionary of Symbols*, Blackwell, Oxford, Cambridge, pp.786~788 참조. 숫양은 점성술에서 봄의 표지이고, 봄에 일어나는 생명의 갱신과 풍요를 암시하는 민담이 발견되기도 한다. Von Beit H.(M.L. von Franz)(1977), *Gegensatz und Erneuerung im Märchen*, Bern u. München: Francke Verlag, pp.776~777. 숫양의 뿔로 늑대를 무찌르는 이야기는 Antti Aarne(Stith Thompson)(1973), *The Types of the Folktale, FF Communications*, No.184, Helsinki: Academia Scientiarum Fennica 15A, 126C, 854 참조.

꿈속의 숫양은 조각된 굴렁쇠를 앞세운 마을축제의 행진과 어떤 관련이 있을까. 양(羊)은 우리나라에서는 길상(吉祥)한 동물로 삼국시대부터 능묘의 호석(護石)으로, 혹은 12지신의 여덟 번째 신으로 고분벽화에도 등장한다. 장자(莊子)는 양을 본성(本性)에 비유하여 양을 잃는 것, 즉 망양(亡羊)은 본성을 잃는 것에, 양생(養生)은 양치기에 비유했다.[5] 철판에 선각으로 소박하게 음각된 숫양이 협소한 나의 의식세계에 비해 이렇게 풍부한 의미를 내포하고 있는 줄 몰랐다. 그것은 분명 나의 본성(Selbst), 저 한국의 마을집단, 평화를 상징하는 하얀 옷을 입은 사람들의 자기들(Selbsten)의 총화(總和)로서의 본성이었음에 틀림없다.

뒤에 폰 프란츠는 나를 위해 무언가 준비하고 있다고 했다. 크리스마스 무렵이었던 것으로 기억하는데 그녀는 회심의 미소를 띠며 나에게 선물을 건넸다. 은을 깎아서 만든 숫양의 부조였다. 황송하고 감사한 마음으로 받은 이 숫양은 나의 꿈에 나온 이미지보다 더 훌륭하고 풍성했다.

취리히 융연구소에서 샤머니즘에 관한 강의를 할 무렵에 내가 치료하던 신경증을 앓던 여자환자가 강의를 들으러 왔다. 그녀의 무의식은 즉시 반응하여 샤먼의 이니시에이션의 주제가 꿈에 나타났다. 그것은 그녀 자신의 이니시에이션 과정에 도움이 되었다.[6]

---

4) Hoffmann-Krayer, E. Bächtold-Stäubli, Hanns(hrgb.)(1938/1941), *Handwörterbuch des deutschen Aberglaubens*, Walter de Gruyter & Co., Bd. IX, Berlin. pp.554~559.
5) 한국문화상징사전 편찬위원회(1995), 『한국문화상징사전』 2, 동아출판사, 481~483쪽; 이원섭 옮김(1972), 『노자·장자』, 「노자외편」 제8 '변무'(騈拇) 3, 대양서적, 255쪽.
6) 이부영(2011), 『분석심리학』(제3판), 일조각, 282~292쪽, 제7장, 「정신치료」 중 '분석사례' 참조.

샤머니즘은 이렇게 강력한 영향력을 가지고 있다. 혐오감에서 환희에 이르기까지 사람들에게 강렬한 정동을 불러일으킨다. 왜냐하면 거기에는 원형상들이 내포되어 있기 때문이다. 그 원형상들은 사람들의 집단적 무의식의 원형을 자극하고 활성화한다. 샤머니즘의 분석심리학적 연구란 일차적으로 샤머니즘에서 원형상을 발견하는 작업일 것이다. 그러나 이는 단순히 지적인 분석작업에 그치는 게 아니라 앞에서 제시했듯이 나와 너와 우리 모두가 무의식의 반응 속에서 체험하는 과정이다.

융의 분석심리학적 연구의 기본전제는 '밖에서 일어나는 모든 것은 마음 안에서도 일어난다'는 사실이다.

의도된 의식적 조작이 적으면 적을수록 인간의 무의식은 그 내용을 밖으로 드러낸다. 민담이 집단적 무의식의 구성요소인 원형상들을 순수한 형태로 나타내는 까닭이 여기에 있다. 민간신앙 역시 비교적 의식의 영향을 덜 받은 상태에서 무의식의 여러 가지 표상을 보여준다. 샤머니즘을 분석심리학적으로 탐구한다고 할 때 그 목표는 밖에서 구체화되어 나타나는 샤머니즘이라는 현상 속에서 인간무의식의 심층에서 우러나오는 원형의 현상과 작용을 발견하는 데 있다(그림 1). 샤머니즘은 원시신앙으로서, 주술적 종교로서 고태적인 정신을 많이 담고 있지만 그 또한 역사적 산물이기에 각 부족의 전통과 문화의 차이에 따른 특이성을 지닌다. 그러므로 많은 공통점에도 불구하고 그 이념이나 제의의 양식이 다를 수 있다.

이처럼 복합적인 현상을 이해하기 위해서는 두 가지 방향에서 접근할 필요가 있다. 분석심리학에서 꿈을 이해할 때 사용하는 방법으로 첫째는 객관단계의 해석이고, 둘째는 주관단계의 해석이다. 앞의 것은 현상을 객관적 현실과의 관계에서 살펴보는 것이며, 뒤의 것은 그 자체의 상징적 의미를 중심으로 탐구하는 것이다(그림 2). 객관적 현실로서의

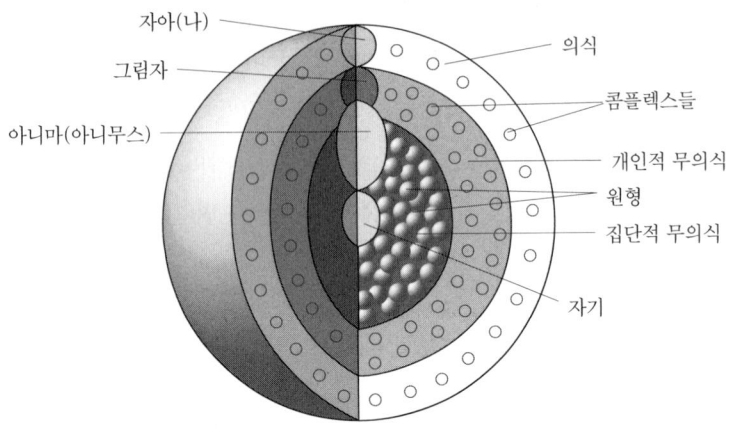

〈그림 1〉 마음의 구조

　현상의 특성을 면밀하게 조사·분류하고 분석하는 것은 민속학이나 종교사학의 몫이 될 것이다. 심층적인 상징적 의미를 탐구하는 것은 객관적 현실의 조사기록이 정확하고 광범위할수록 신빙성을 갖는다. 그런데 그 기록이 부실하면 부실할수록 그만큼 의미를 잃는다. 현상의 내면에 있는 의미를 파악하고 상징을 이해하려면 나타난 이미지들의 확충작업을 거쳐야 한다. 이것은 대상이 되는 이미지에 비길 수 있는 많은 이미지를 집중적으로 비교함으로써 거기서 우러나오는 의미를 살펴보는 작업이다(그림 3).

　심리학은 민속학과 문화인류학의 연구를 바탕으로 하며, 사실 그 연구가 끝나는 곳에서 시작한다고 해도 과언이 아니다. 그러나 연구목적이 다르기 때문에 때로는 심리학자가 자기 목적에 맞는 방향으로 직접 현지조사를 해야 할 필요가 있다. 어떻든 분석심리학은 물론 그밖의 심층심리학적 해석이나 탐구가 지적이고 기계적인 분석에 그쳐서는 의미가 없다. 무의식은 어떤 특정한 심리학설을 증명하기 위해 있는 것이 아니고 언제나 하나의 에니그마(enigma, 수수께끼)로 남는다. 남김없이

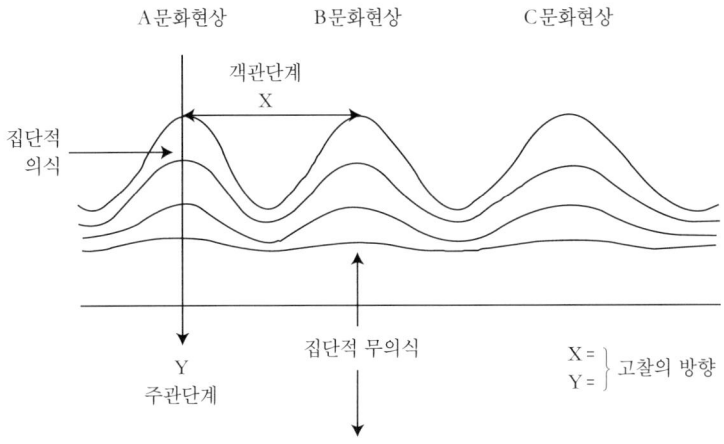

〈그림 2〉 해석의 두 단계

해석할 수 없는 것을 가지고 있다. 분석심리학이 하나의 가설이듯이 분석심리학적 해석 또한 하나의 가설이다.

1960년대 초반 한국 샤머니즘의 조사연구에 관한 자료는 이능화(李能和)의 『조선무속고』와 손진태(孫晋泰)의 논문 이외에는 일인들의 조사연구서뿐이었다. 그러다가 1960년대 중반부터 문화재관리국의 지원 아래 제주도를 비롯한 여러 지역의 민속조사가 국문학자와 민속학자들에 의해 실시되었다.[7] 주로 무가(巫歌)와 굿의 절차에 관한 조사였다. 그러나 심리학적으로 적용해볼 만한 것은 별로 없었다. 조사자들이 대체로 객관적 사실만을 기록하고 무당 본인이나 굿에 참여하는 관중, 또는 관찰자 자신의 주관적인 감정을 묘사하지 않았기 때문이었다. 그런 의미에서는 일제강점기에 경성제대 사회인류학교실의 조교수였고 한

---

7) 무형문화재 조사자료로 등사판으로 인쇄하여 묶은 보고서에서 시작하여 전국적인 민속조사를 실시, 「한국민속종합조사보고서」를 도별로 문화재관리국에서 출간했다.

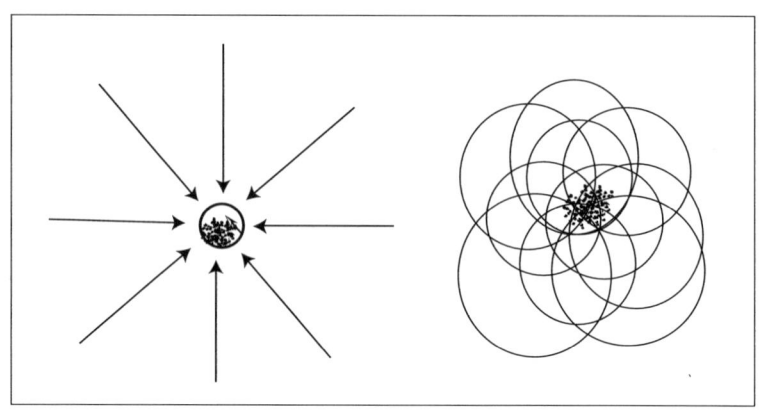

〈그림 3〉 확충의 방법

    국무속을 집중적으로 연구한 아키바 다카시(秋葉隆)의 짤막하지만 압축된 강신적 입무과정이나 굿에 관한 묘사가 도움이 되었다. 왜냐하면 그는 답사보고에서 무당과 참여자뿐 아니라 자신의 감정반응을 기록하고 있기 때문이다.[8]

    1968년 스위스에서 돌아온 뒤 샤머니즘 관계 논문을 몇 편 발표하면서 샤머니즘과 인간 심성에 관련된 연구는 계속되었다. 한국문화인류학회의 활동에 합류하면서 민속조사단에 끼어서 민간의료에 관한 조사도 했고 개별적으로 여러 종류의 굿도 관람했다. 현지조사에 밝은 김태곤(金泰坤)과 최길성(崔吉城)의 도움이 컸다. 국립대학 교수로서 1년에 5일간의 공식휴가를 쪼개서 다니자니 현지조사에 애로가 많았다.

    한국 샤머니즘의 연구는 내가 분석심리학자일 뿐 아니라 정신과 의사이고 정신과 교수였던 까닭에 두 가지 방향에서 실시되었다. 하나는 샤머니즘이 품고 있는 무궁한 보배, 즉 원형적 상징에 관한 탐구였다. 또 하나는 정신의학의 정신병리나 심리치료와 문화와의 관련, 한국 샤

---

[8] 秋葉隆(1950), 『朝鮮巫俗の現地研究』, 奈良: 養德社. 굿에 관한 기술 참조.

머니즘이 한국인 성격에 미친 영향, 무속인의 질병관과 현대의료에 대한 태도 등 문화정신의학 분야의 연구였다. 그러나 문화정신의학적 탐구에서도 분석심리학적 관점은 유익한 길잡이가 되었다.

흥미롭게도 1970년경부터 샤머니즘과 인간심리에 관한 연구에 정신과 의사이며 대학교수인 김광일(金光日)이 합류하여 연구 결과를 발표했다. 관심대상이 비슷한데도 정통적인 정신분석적 해석을 표방하고 있어 여러모로 유익한 자극이 되었다. 정신분석의 환원적 해석에 대해서는 이론의 여지가 많으나 철두철미한 질병학적 조사연구는 한국 샤머니즘이 지닌 현실의 일면을 조명하고 있어 그런 면에서 공적이 크다. 그는 또한 정신과 의사와 민속학자의 협동연구의 좋은 선례를 보이기도 했다.[9]

문화정신의학 분야의 연구는 저자의 지도 아래, 또는 저자와의 공동연구의 형태로 무업자의 성격 특성, 정신질환과 치료에 관한 무업자들의 의식 태도, 굿과 관련된 정신장애 사례의 정신역동, 병굿 사례의 추적을 통한 치료성과, 빙의증후 사례의 임상적 고찰 등이 실시되었다. 굿의 전 과정을 집중적으로 관찰하고 분석한 것은 큰 소득이었다. 기꺼이 현장관찰을 허용한 만신들은 물론 현지 사례 연구에 참여한 정신과 제자들의 헌신적인 협조는 한국 샤머니즘의 치병의례와 입무과정에 대한 나의 현실적인 궁금증을 풀어주는 데 결정적으로 기여했다.[10]

---

9) 김광일(1984), 『한국전통문화의 정신분석』, 시인사.
10) 장환일·이철규·이인수의 민간신앙과 관련된 정신장애 사례 관찰과 기술, 유정희의 민간신앙과 관련된 정신장애 연구, 이정희의 안수기도의 사례추적조사, 우성일의 내림굿, 서경란의 병굿 사례 연구와 빙의증후군의 연구, 서동혁 등의 '신병'의 정신병리적 연구, 정경천·권택술·이나미의 정신장애에 대한 여러 계층의 태도 조사, 손진욱·우성일의 무업자의 정신병리와 성격특성에 관한 연구, 그리고 명상과 뇌생리에 관한 권준수의 연구 등을 들 수 있다. 이들의 글은 이 책의 「참고문헌」을 참조.

정신과 의사는 아니지만 철학적 배경을 지니고, 심리극에도 조예가 깊은 융학파의 분석가 이보섭은 취리히 융연구소의 졸업논문으로 한국 샤머니즘에 관한 글을 썼다. 꾸준히 관심을 기울이고 있으므로 앞으로의 성과가 기대된다.[11)]

폰 프란츠는 사석에서 융이야말로 위대한 샤먼이라고 나에게 말한 적이 있다. 융은 틀림없이 비범한 직관력을 지닌 치료자로서 가히 위대한 샤먼이라고 불러도 좋을 인물이다. 샤먼과 샤머니즘에 관한 단편적이나마 적절한 논평은 그의 전집 여러 편에서 발견되고 샤머니즘은 몇몇 융학파 분석가의 관심과 연구의 대상이었다.[12)]

샤머니즘의 심리학에서 분석심리학적 입장과 서로 통하는 견해를 펼치는 사람으로는, 종교사학자로서 에라노스 회의 등을 통해 융 사상의 영향을 받은 엘리아데가 있다. 그가 융에게서 원형이라는 말을 차용해 놓고 이를 언급한 적이 없다는 비판을 폰 프란츠에게서 받기는 했으나 융은 엘리아데가 샤머니즘 연구에 미친 공적을 높이 샀다. 나에게 엘리아데의 저서 『샤머니즘』은 표현을 달리한 심리학 그 자체였다.

나의 샤머니즘에 대한 연구는 정신병리학적 관점에서 출발했으나 문화정신의학적 탐구를 넘어 궁극적으로 한국 샤머니즘에 표현된 원형적 상징을 살피는 방향으로 진행되었다. 그 과정에서 샤머니즘의 개념과 구조 등 인류학적 측면을 약간 다루게 되었는데, 이는 상징연구의 준비

---

11) 이보섭의 취리히 C.G. 융연구소 수료논문. *Wenn du tanzt, wirst du geheilt - Die Initiationszeremonie im koreanischen Schamanismus, Versuch einer Deutung im Lichte der Jungschen Psychologie*, Diplom Thesis, C.G. Jung Institut Zürich. 이보섭의 내림굿 연구는 굿의 현상에 대한 상징적 해석 면에서 매우 깊이 있고 풍부한 내용을 담고 있다. 이보섭(2001), 「Jung 심리학의 입장에서 본 내림굿의 상징적 의미」, 『심성연구』 16(2), 39~97쪽 참조.
12) Sandner, D.F., Wong S.H.(ed.)(1997), *The Sacred Heritage - The Influence of Shamanism on Analytical Psychology*, New York & London: Routledge.

단계에서 나 자신의 오리엔테이션을 위한 작업에서 나온 부산물에 지나지 않는다.

한국에서 샤머니즘은 구체적 현실이다. 그것은 사람들에게 구체적으로 영향을 준다. 그러나 그 현상에 나타난 심리학적 상징은 문화와 종족의 명제를 넘어 전 인류의 심성에 관계된다.

제2장 샤머니즘과 무속[1]은 다른 것인가

무엇을 샤머니즘이라 부르는가, 어떤 종류의 샤먼이 어느 지방에 어떻게 분포되어 있는가 하는 민속지적인 특성을 논하는 것은 심리학적 연구의 필수조건은 아니다. 그러나 심리적 측면의 대상인 샤머니즘이 어떤 것인지 종교학자나 민속학자들의 견해를 들어보는 것은 그 현상의 객관적 사실을 조감하는 데 필요하다.

1. 샤먼과 샤머니즘의 정의

17세기 후반 서양의 민속학자들은 중앙아시아의 유목민족과 접촉을 하게 되었는데 거기서 모든 종족에 비교적 보편적으로 퍼져 있는 일종의 주술종교를 발견하였다. 그 주술적 종교생활의 중심인물을 그 지방에서는 샤먼(shaman)이라 불렀다. 이는 예니세이 강가에 위치한 바이칼 지방의 퉁구스족에게서 나온 말이다. 이를 계기로 서양 민속학자들은 중앙아시아 및 시베리아 지방 종족들 사이의 주술적·종교적 소질과

---

[1] 이상일 외(1973), 『한국사상의 원천』, 양영각(1980, 박영사), 62~97쪽. 이부영, 「샤머니즘과 무속」으로 처음 발표했으며, 수정 보완을 거쳐 여기에 실었다.

능력을 가진 사람을 모두 샤먼이라 불렀고, 이와 관련된 주술종교 체계를 샤머니즘이라 명명했다. 북동 및 중앙아시아의 기타 지역에서는 샤먼이라 하지 않고 뷰개, 우다간(몽고어)이라 했다. 퉁구스어 가운데 샤먼의 어원을 파아리어의 사마나(沙門)에서 찾으려는 학자도 있었다. 이들은 시베리아 종교가 인도의 영향을 받았다는 전제 아래 그렇게 생각했다. 그러나 다른 학자들은 퉁구스어 자체에 어원이 있을 것이라고 생각한다.

20세기 초만 해도 민속학자들은 샤먼이나 샤머니즘을 넓은 의미에서 '원시적·마술적·종교적' 혹은 '마술적 종교생활의식'의 대명사로 삼았다. 그러니까 문헌상에 인도 샤먼 혹은 샤머니즘, 이란 샤먼 혹은 샤머니즘, 게르만 샤먼 혹은 샤머니즘, 바빌론 샤먼 혹은 샤머니즘, 중국 샤먼 혹은 샤머니즘과 같은 말이 눈에 띄게 된 것이다.

우리나라에서도 종종 샤머니즘이라는 말이 고등종교 가운데 주술적 요소를 가리키기도 하고 '원시적·주술적'이라는 뜻으로 '샤머니즘적'이라는 말을 쓰는 경우를 본다. 학자 사이에도 한국의 '무속'(巫俗)이 샤머니즘이냐 아니냐 하는 것과 같은 토론이 결론 없이 공전하는 경우를 본다. 이것은 각자 샤머니즘이라는 용어의 의미를 달리 생각하고 있는 데서 발단된 경우가 흔하다.

이런 의미상의 혼동을 막고 샤먼과 샤머니즘을 분명하게 규정함으로써 그 특수성을 강조한 학자가 엘리아데이다.

1) 엘리아데의 관점

엘리아데는 샤먼을 위대한 엑스터시(ecstasy, Ekstase, 망아체험)의 대가라고 규정하고 샤머니즘의 본질은 무엇보다 엑스터시의 기술이라고 본다.[2] 그러나 망아체험을 전문으로 하는 사제는 중앙아시아나 시베리아의 유목민족에게만 있는 것이 아니다. 그래서 힌두교, 이란의 종교,

불교, 경우에 따라서는 기독교와 같은 고등종교의 망아전문가(ecstatic, Ekstatiker)와 샤먼을 구별할 필요가 있다. 엘리아데는 샤먼이 망아체험 중에 저승이나 지하세계로 간다고 믿었다. 이때 영혼은 육체를 떠난다고 생각되는데, 이것이 다른 종교의 망아체험과 다른 점이라는 것이다. 그러니까 샤머니즘에서 망아체험은 특수한 체험이라고 할 수 있다. 또한 엘리아데는 샤먼을 원시사회에서 보통 마술사나 주술사라고 부르는 사람들과도 구별하였다. 샤먼의 마술은 불을 다스리는 특수한 주술이나 엑스터시 상태에서 마술적인 비상(飛翔)을 가능하게 하는 특수한 능력을 가졌다는 것이다. 그러니 샤머니즘은 '마술의 특종'이다. 또한 엘리아데는 샤먼과 메디슨맨(medicine man)을 구별하였는데, 샤먼이나 주의(呪醫)가 환자를 치료하기는 하지만 샤먼의 치료에서는 엑스터시에 들어가는 과정이 핵심적인 역할을 하는 등 특수한 치료방법을 쓰는 점에서 다르다고 보았다.

엘리아데의 관점에서 보면 엄밀한 의미에서 샤머니즘은 중앙아시아와 시베리아의 종족에게서만 볼 수 있다. 그러나 샤머니즘의 특징적인 요소들, 이를테면 샤머니즘적 콤플렉스들(shamanistic complexes)은 지구상 여러 지역에 널리 분포되어 있다는 것이 그의 주장이다. 그렇다면 시베리아나 중앙아시아 유목민족의 종교는 한결같이 샤머니즘이냐 하면 결코 그렇지는 않다고 한다. 종족들 간 종교의식 혹은 신화 등은 샤머니즘 이전에 이미 있었다. 따라서 샤먼은 사제(司祭, priest)와 반드시 동일하지 않다. 북극 및 투르코-타타르 종족의 종교를 덮어놓고 샤머니즘이라고 하는 것은 잘못이다. 단순히 원시적인 요소가 있다고 해서 안이하게 샤머니즘이라고 하는 등 개념상의 혼동은 피해야 한다는 것이 그의 주장이다.

---

2) Eliade, M.(1964), *Shamanism*, Princeton Univ. Press, pp.3~13.

2) 슈뢰더와 슈미트의 관점

샤머니즘에서 보는 엑스터시의 개념을 규정하는 데서 슈미트(W. Schmidt)는 엘리아데보다 비교적 폭이 넓다. 그는 엑스터시를 완전한 망아체험과 불완전한 망아체험으로 나눈다. 완전한 망아체험은 의식의 완전상실에다 신체적으로 경련성 발작을 수반한다. 최고의 감정적 앙양은 빙의 시 일어나는데 이때 '자아'(Ego)는 다른 '자기'로 대치된다.

슈뢰더는 엘리아데와 슈미트의 견해를 비교하면서 여러 가지 다른 요소를 연결하고 합류시키는 법칙 유무로 샤머니즘의 본질을 규정한다. 그는 샤머니즘의 모든 형태에 공통으로 존재하는 그러한 구조적 법칙을 망아체험이라 보고, 엘리아데와 슈미트의 엑스터시관을 비교했으며 샤머니즘의 역동적인 생성과정을 설명하고자 했다. 엑스터시란 일반적인 현상이지만 일정한 이념에 뿌리를 둘 때 샤먼적 엑스터시의 특수형이 된다. 이것이 또한 샤머니즘의 기초가 된다. 샤머니즘이란 제도적이며 틀에 매인 인간과 저승의 엑스터시를 통한 결합이며, 그 목적은 공동체에 대한 봉사라고 할 수 있다.[3]

마술사와 구별하자면, 샤먼에서는 그 힘이 개인적인 수호신과 결부되어 있는 데 반해 마술사는 일반적인 작용을 통해 표현한다는 데 있다. 엘리아데나 슈미트처럼 슈뢰더도 샤머니즘을 순수한 종교가 아니라 주술적 종교라고 생각한다. 그러나 샤머니즘은 여러 종교에 붙어서 신격(神格)이나 의식(儀式) 유형을 빌려오는 경우가 있다. 혹은 저승의 존재, 육체와 영혼의 분리, 엑스터시와 비교(秘敎)가 나타나는 곳에서는 어디서든 있을 수 있다. 그러니까 불교·도교·회교, 이론적으로는

---

3) Schröder, Dominkik(1964), "Zur Struktur des Schamanismus," *Religions-Ethnologie*(C.A. Schmitz hrsgb.), Akademische Verlagsgesellschaft, Frankfurt am Main, pp.296~334.

기독교에서도 가능하다.

3) 핀트아이젠의 관점

핀트아이젠(Hans Findeisen)이 결론짓기를 샤먼은 후기구석기시대의 마술사가 빙의사제(Besessenheitspriester)로 된 것이다. 그는 샤머니즘의 종교적 성격에 대한 엘리아데·슈뢰더·슈미트의 견해를 언급하며 이들과는 달리 샤머니즘은 어엿한 종교라고 주장한다. 특히 샤머니즘을 퇴화된 종교현상이라고 보는 슈미트의 견해, 샤머니즘은 특수한 신격이나 교리나 제의형식이 없으니 종교가 아니라는 슈뢰더의 견해에 이의를 제기한다. 신격과 신령의 특수한 영향력과 그 작용이 특수한 형식을 취하고 있는 종교라는 것이다. 샤먼에게도 사제의 기능이 있으나 일반 사제와 달리 영적 황홀경을 알고 있다. 그래서 빙의사제라고 규정한다.[4]

4) 루이스와 퍼스의 관점

루이스(I.M. Lewis)[5]는 사회인류학적인 입장에서 빙의현상을 면밀히 탐구했다. 그는 엘리아데가 샤머니즘의 전형적 형태라고 간주한 극지대(arctic locus)의 샤머니즘에서도 엑스터시 때 혼의 마술적 비상뿐 아니라 신령에 의한 빙의가 언제나 일어나고 있음을 제시함으로써 엘리아데가 신령의 빙의를 순수한 샤머니즘의 개념규정에서 배제한 것은 잘못이라는 점을 지적했다. 또 퍼스(Raymond Firth)[6]와 함께 샤먼은 능

---

4) Findeisen, Hans(1957), *Schamanentun dargestellt am Beispiel der Besessenheitspriester nordeurasiatischer Völker*, Stuttgart: W. Kohlhammer Verlag, p.8, pp.200~201.
5) Lewis, I.M.(1971), *Ecstatic Religion - An Anthropological Study of Spirit Possession and Shamanism*, Baltimore: Penguin Books, pp.50~56.

동적이고 통제된 상태에서 신령에 사로잡히는 '신령들의 장인'(master of spirits)임을 강조했다.

샤머니즘에 대한 이들의 의견은 모두 나름대로 일리가 있다. 우리가 확인하고 나갈 것은 망아체험에는 '마술적 비상'과 '신령에 의한 능동적 빙의'라는 두 가지 관념이 존재한다는 사실이다.

5) 샤머니즘은 주술인가, 종교인가

샤머니즘이 종교냐 아니냐를 따지는 것은 분석심리학적으로 그리 중요한 일이 아니다. 어떤 입장에서 종교라고 정의하느냐에 달린 문제이다. 분석심리학에서 종교(religion)는 근원적인 인간심성의 태도이다. 종교적 태도가 구조화되고 조직화된 체계는 종파(denomination, Konfession)라 불러 이를 구분한다. 이 관점에 따르면 샤머니즘은 종교적 현상의 하나이지만 종파를 형성하고 있다고 보기는 어렵다. 마술적 요소와 종교적 요소를 나누어 말한다면 샤머니즘은 마술적 요소를 포함한 종교현상이다.[7] 분석심리학의 관심사는 종파의 외형이 아니라 어떤 현상에서 인간정신의 원초적 의미가 얼마나 발견될 수 있는가 하는 점이다.

---

6) Firth, R.(1959), *Problem and Assumption in an Anthropological Study of Religion, Journal of the Royal Anthropological Institute* 39, pp.129~148; cited from Lewis, I.M.(1971), 앞의 책, p.56.
7) Jung, C.G.(1963), *Psychologie und Religion, G.W.* Bd.11, Zur Psychologie westlicher und östlicher Religion, Zürich: Rascher Verlag, p.4. 이부영(2011), 『분석심리학』(제3판), 일조각, 제10장 「종교와 심리학」 참조. 종교성과 마술성을 간단히 구분하는 방법은 '당신(신)의 뜻이 이루어지소서'라는 기도문의 주어를 '나'로 바꾸면 마술적 태도가 된다. '나'의 뜻이 이루어지이다.

2. 무당의 호칭과 역할

우리나라의 민간신앙에서 '무당'은 샤먼과 비슷한 역할을 한다. 무당은 보통 巫堂이라는 한자에서 온 것으로 보고 이능화[8]는 무당의 당(堂)은 국사당(國師堂), 성황당(城隍堂), 산신당(山神堂) 등 여무(女巫)가 신을 제사하는 곳을 당이라 부른 데서 나왔다고 추정한다. 그러나 그것이 무당의 어원인지는 확실치 않다. 우리가 무풍(巫風)이니 무교(巫敎)니 무속(巫俗)이니 하는 말은 무당을 중심으로 한 주술종교의 체계를 말하는 것이다. '무'라는 말이 한자인 만큼 중국 및 만주의 우(巫, Wu)와 관계가 있으리라 짐작된다.

1) 무(巫)·격(覡)·미코

『설문해자』(說文解字) 제5편에 따르면 한자의 巫(Wu)는 工과 〈〉으로 되어 있다. 공(工)은 교식(巧飾)으로서 자기를 치장하는 것을 의미한다. 마치 사람이 자기를 나타냄에 뚜렷한 규범이 있음과 같다. 工은 또한 巫와 동의어라고 했다. 또한 '우'(巫)란 '형체 없는 것'을 받들어 춤으로써 제신(諸神)을 내리게 하는 자이다. 특히 〈〉은 춤출 때 양소매가 펄럭이는 형상을 나타낸다. 샹(T.T. Schang)[9]의 글에 따르면 '우'(巫)는 남무(男巫)·여무(女巫) 양쪽에 쓰이던 말이다. 후세에 와서 남무를 지칭하는 격(覡)이 나오자 '격'은 남무를, '무'는 여무를 뜻하게 되었다. 그러나 샹에 따르면 격은 문헌상에 거의 나타나지 않으니 아

---

8) 이능화(1927), 『조선무속고』, 『계명』 제19호, 계명구락부, 1쪽.
9) Schang, T.T(1934), *Der Schamanismus in China, eine Untersuchung zur Geschichte der chinesischen "Wu"*(Inaugural-Dissertation), Hamburg; Kresmayer, H.(1954), *Schamanismus und Seelenvorstellung in China*, Wien.

마 보편적으로 쓰이던 말은 아니고 일시적인 창작이 아닐까 추측된다.

어쨌든 『설문해자』에 격은 견귀자(見鬼者), 즉 귀신을 보는 자를 의미한다고 했다. 무·격 이외에 '축'(祝)이 있는데 이는 사제에 해당되는 자로, 주로 기도로써 귀신을 받드는 사람으로 보인다. '우'(巫)는 귀신을 받들 때 춤과 노래와 비탄(悲嘆)의 감정으로써 한다는 특징이 있다. '축'은 당시 '우'보다 사회적 지위가 높았던 것으로 보인다. 「초사구가」(楚辭九歌)10)에는 신(神)과 무당과의 독특한 관계가 표현되어 있다. 마치 연인관계 같은 황홀감을 동반하고 있는 듯 보여 시베리아 민족의 샤머니즘처럼 중국무속에도 망아체험이 있었다고 생각하는 사람도 있다. 그러나 그것이 한국과 꼭 같은 성질이었는지는 불확실하다.

일본에도 우리나라의 무당과 비슷한 존재가 있으며, 여러 가지 명칭으로 불린다. 미코(みこ)라는 말은 흔히 무녀(巫女)라는 한자로 기술되기도 했는데, 이는 미코 본래의 기명(記銘)이 아니라는 걸 야나기다 구니오(柳田國雄)11)가 밝혀냈다.

우리나라 무속의 특징을 알려면 세계 다른 지역도 중요하지만 특히 만주·중국·일본의 무속과 비교해야 한다. 여기서는 샤머니즘의 개념에 관한 해설에 주목적이 있으므로 자세히 논급하지 않기로 한다.

---

10) Waley, A.(1957), *Die Neun Gesänge-Eine Studie über Schamanismus im alten China*, Hamburg: Marion von Schröder Verlag.
11) 柳田國雄(1967), 『巫女考』, 『柳田國雄全集』第9卷, 東京: 筑摩書房, 222~301쪽; 柳田國雄 監修(1967), 『民俗學辭典』, 東京: 東京堂出版, 550~552쪽; 中山太郎(1930), 『日本巫女史』, 東京: パルナス社, 3~25쪽; Eder, M.(1958), *Schamanismus in Japan*, Paideuma, Bd.VI, Heft 7, Wiesbaden.

2) 무당 · 박수

무당이라는 호칭이 한자어 무당(巫堂)에서 기원한다는 설,[12] 우랄·알타이어족에서 여무(女巫)의 존칭인 우타간(utagan), 우다간(udaghan), 우바칸(ubakhan), 이두안(iduan) 등의 호칭과 관계가 있다는 설[13]이 있다. 후자가 본래의 기원에 더 가까울 듯하다.

무당이라는 말은 비교적 한국 전역에 널리 보급되어 있고, 남무보다 여무의 통칭인 데 비해서, 남무인 경우 '박수' 혹은 '박수무당'이라 한다. 또한 독경(讀經) 점복(占卜)을 주로 하고 가무(歌舞) 없이 병을 고치는 맹격(盲覡)을 판수라 하는데, 박수 혹은 판수라는 호칭은 박사(博士) · 복사(卜師) · 박수(博數) · 판수(判數)에서 온 것이라는 설[14]도 있다. 그러나 우랄·알타이어족의 남자 샤먼을 가리키는 바아시(여진〔女眞〕말) · 확시(만주 말) · 곽사(골지 말) · 박시(퉁구스 말, 몽고 말)와 같은 계열이 아닌가 생각되기도 한다.[15] 무당은 노래와 춤으로 강신을 하는 여무를 말하고 박수도 남무이면서 같은 역할을 하는 것으로 생각된다. 이는 주로 서울 이북의 지역에서 볼 수 있는 경향이다. 판수와 같이 가무에 의하지 않고 독경에 의하여 귀신을 다스리고 점복을 주로 하는 사람으로 장님이 아닌 눈뜬 남격을 충청도 지방에서는 박수라 불렀다는 기록이 있다.

---

12) 이능화(1927), 앞의 책, 1쪽; 村山智順(1932), 『朝鮮の巫覡』, 朝鮮總督府, 48~50쪽.

13) 秋葉隆(1950), 『朝鮮巫俗の現地研究』, 奈良: 養德社, 34쪽의 트로슈찬스키(Troshchanski)의 설을 인용. Clark, C.A.(1961), *Religion of Old Korea*, Seoul: The Christian Literature Society of Korea, pp.183~184.

14) 이능화(1927), 앞의 책, 2쪽.

15) 秋葉隆(1950), 앞의 책, 43쪽.

3) 당골·만신

충청·전라·경상도 등지에서는 무당을 주로 당골이라 부르는데, 서울 당골무당의 약칭으로 보인다. 당대에 자연발생적으로 생긴 '선무당'이 아니라 대대로 무업을 세습한 무가(巫家)의 여무를 말한다. 영호남 지방의 당골이 중부 이북의 무당처럼 가무강신을 한다고는 해도 제의 과정에서 강신현상은 뚜렷하지 않다. 신탁(공수)을 내리지 않고 주로 신에게 기도를 올리는 데 주력을 하는 등 중부 및 이북의 무당과 그 기능이 다르다는 점이 우리 민속학자들의 조사에서 밝혀졌다. 또 강신과 빙의 등 망아체험이 없으니 당골과 그를 중심으로 한 주술종교를 샤머니즘이라 할 수 없다는 주장도 있다. 이는 우리나라 무속의 여러 가지 요소와 관련지어서 신중하게 다루어야 할 문제로 보인다.

또한 무당을 '만신'이라 부르기도 한다. 이능화는 이 말이 만신(萬神)에서 비롯되었으며, 여무에 대한 호칭으로써 무당이 믿지 않는 신이 없을 정도로 많은 신을 믿는 데서 왔다고 보았다. 『포박자』(抱朴子)에 이미 나왔을 만큼 오래되었으나 오늘날 부르는 만신과 같은지는 알 수 없다. 일반적으로 만신은 무당의 경칭이고, 무당이라는 말을 비천한 표현으로 생각하는 경향이 있다.

3. 명도·구치요세

영호남에는 현재 당골 말고도 명도라는, 마치 판수와 같이 굿보다 점복기복(占卜祈福)을 주업으로 하는 여인네들이 있다. 판수 혹은 맹격처럼 주문을 외기보다는 귀신을 불러서 그에게 빙의되어 그로 하여금 길흉화복을 점치게 하고 미래의 흉사(凶事)에 대한 예방조치를 일러준다. 서울의 '태주' 혹은 평안도의 '샛든이' 같은 공창무(空唱巫)와 비슷하다.

명도는 明圖라고 기술되고, 신성한 거울〔神鏡〕혹은 신의 얼굴을 의미하는 것처럼 생각되기도 한다. 하지만 현재 영남지방에서는 '점을 치는 사람', 혹은 점을 치는 여자에게 붙은 죽은 어린이의 영혼을 가리키는 말이다. 서울의 '태주'가 죽은 어린이의 '넋'을 말하는 것과 같이 어린이의 넋이 곧잘 과거와 미래를 잘 알아맞힌다고 생각되었던 것인데, 이것은 물론 그것대로 깊은 뜻이 있다.

명도는 일본의 구치요세(口寄せ)와 비슷하다. 일본무속의 한 주류는 간나기계(神和系) 무녀로 신사(神社)에 기착하여 의식화(儀式化)되고 신에 대한 기복을 주재하는 사제의 역을 주로 맡는다. 구치요세계 무녀는 이와는 다른 일종의 방랑무(放浪巫)이며 빙신상태를 통하여 저승의 영과 이승의 사람 사이를 매개하는 역할을 맡는다. 이와 같이 영호남의 당골이 가무와 약간의 주술로 비교적 체계적인 제의(祭儀)를 계승하되 빙신현상을 중요시하지 않는 반면, 명도는 주로 점복을 업으로 하면서 굿은 보조만 할 뿐 주재하지는 않을 만큼 체계적인 제의를 시행하지 않으면서 빙신현상만은 필요불가결한 조건으로 삼는 것과 무척 비슷한 관계라 할 수 있다.

영호남의 당골에 대해서는 좀더 면밀한 연구가 필요하다. 특히 여러 종류의 무당과 굿의 형태가 과거에서 현재까지 어떻게 변천해왔는가를 자세히 알아보아야 한다.

4. 빙신체험의 변천

무당이 시베리아 종족의 망아상태에 비길 수 있는 빙신현상(憑神現象)을 나타내고, 명도가 그러한 빙신상태를 점괘에 이용하기는 한다. 그러나 현재 우리가 볼 수 있는 무당의 빙신현상은 1930년대 무속관계 기록에서 볼 수 있던 강렬한 체험에 비길 수 없을 만큼 약하다. 굿을 하는 도중 굿거리마다 옷을 갈아입음으로써 무당이 그 옷으로 표현 되는 귀신이 되었음을 보여주는 정도로 빙의상태가 상징적으로 암시 되고 있을 뿐이다. 명도가 점을 칠 때도 '휘파람소리'를 내어 신이 들 어오고 나가는 것을 표현하거나, 산전(算錢)을 쥔 손을 떠는 등 빙신의 징조를 보인다. 때로는 어린아이 같은 목소리를 냄으로써 어린아이의 영혼이 들어왔다는 것을 암시하기도 한다. 옆에서 조상의 넋이 들어와 서 지금 당신에게 이야기를 해주고 있다고 설명해주어야 비로소 느낄 정도로 당사자의 의식변화가 미미한 것이 보통이다. 무당들이 그런 극 적인 행동을 보였다고 해도 완전빙의나 망아체험이라고 할 만큼 심한 의식상실과 인격전환현상을 일으킨 경우는 현재 매우 드물다고 생각 된다.

과거에 빙신체험에 대한 생생한 보고가 있었던 사실을 보면 현재 우 리나라의 무속이 점차 그 감정적 체험의 강도를 잃어가고 있는 것은 사 실인 듯하다. 엘리아데가 말하는 샤머니즘의 퇴화현상이라고 말할 수 있을 것이다. 망아체험과 같은 강렬한 정동체험(情動體驗)이 사라져간 다는 말이 사실인지 아닌지는 좀더 널리 조사해보아야 단언할 수 있겠 지만 선무당의 숫자가 나날이 증가되는 듯한 현상은 일견 샤머니즘의 퇴화현상설과 모순되어 보인다. 그러나 이는 우리나라 무속이 '발전'하 고 있다는 증좌가 아니라 무속이 평준화되고 상업화되고 있음을 반증 하는 것이다. 그것은 정신적 퇴화현상을 촉진하는 요소가 된다.

바꾸어 말해서 현재 우리나라 샤머니즘에서는 망아체험을 스스로 일 으켜야 할 만큼 강렬한 신조나 신념이 부족하고 망아체험의 표현수단 이 될 만한 상징을 잃은 것은 아닌지 모르겠다. 그러한 적절한 상징은 현재 기독교 도그마란 이름 아래 행해지는 각종 신흥 종파에서 볼 수 있다. 또 일본에서는 망아체험을 하는 무녀가 사라져가는 반면, 무속을 지탱하던 커다란 정동(情動, emotion)이 신흥종교로 이동하였다는 호리

이치로(掘一郎)[16)]의 소견을 한국의 상황에도 비추어볼 수 있을 것 같다. 그러나 언제나 예외가 있기 때문에 이런 의문을 일반화하거나 단언할 수는 없는 일이다.

다른 한편 무당과 무당의 굿에 관계하는 참가자의 태도는 무당보다 절실한 경우가 있다. 굿을 하는 도중에 한 번씩 나가서 춤을 추는 이른바 '무감을 설 때'는 때때로 무당을 무색하게 할 만큼 실신(失神) 직전 상태에 빠지는 수가 있다. 또한 전문가의 싸늘한 관찰에 의해 비록 무당의 빙신상태가 진실이 아니라 꾸며낸 것이라 판단되어도 참여한 사람들이 그것을 진실이라고 믿고 거기에 상응한 태도를 취할 때 빙신이나 망아현상은 그 참여자에게는 진실이 된다. 그러므로 한국무속의 망아체험에 관한 것을 논하려면 무당 자신의 망아체험의 성격도 중요하지만 참여자가 거기서 무엇을 기대하며 무엇을 보고 어떻게 체험하느냐 하는 것도 고려해야 한다.

무당과 명도·당골의 기능에 대해서는 민속지적(民俗誌的) 고증, 역사적인 고찰을 거쳐야 한다. 영호남의 당골이 본래부터 망아체험을 도외시한 독립된 체계인지 후대의 변형인지 하는 관계도 그 같은 고찰의 바탕에서 논해야 한다는 것은 이미 시사하였다. 그러나 아직은 이를 논할 만한 충분한 자료가 없어 다만 여러 가지로 그 가능성을 추측해볼 뿐이다.

중국의 축(祝)과 무(巫), 일본의 간나기계(神和系)와 구치요세계(口寄せ系)의 무, 중앙아시아 및 시베리아의 민족 간에 종종 볼 수 있는 사제와 샤먼의 구별은 마치 인간의 지성적이고 미학적인 측면과 감정적이

---

16) Hori, Ichiro(1964), "Penetration of shamanic elements into the history of Japanese folk religion," *Festschrift für AD, E. Jensen*, München: Teil I, München.

며 격렬한 망아에의 의욕 등 두 가지 측면을 대변하는 두 종류의 전문가가 오랜 시일에 걸쳐 대립 혹은 서로를 보완해왔음을 뒷받침해주고 있다. 둘의 대립은 문화의 여명기에는 한 인간 속에 내포되어 있던 것이 후대에 와서 분리되어 서로 다른 계열로 나타났을 것이다. 무속 혹은 샤머니즘을 에워싸고 있는 그 시대의 종교 사상의 작용에 따라 융합되거나 분리되다가 오늘에 이른 게 아닌가 생각된다. 따라서 현재의 무당과 당골의 생태가 고대 한국 원시종교에서 그대로 계승되었다기보다는 종교와 무속이 어떻게 습합(褶合) 혹은 서로의 고유성(혹은 일방성)을 자극했는가 하는 역동적인 관계를 구명하지 않으면 안 될 것이다.

5. 제주도의 신방

한반도에서 무당·당골·명도·판수 등 여러 가지 기능의 차이를 보여주는 무업자(巫業者)와 함께 한국무속을 고찰하면서 언급하지 않으면 안 되는 게 제주도의 신방(神房)이다.

제주도의 무속은 선구자적인 몇몇 민속학자에 의해 상당히 면밀하게 조사되어 앞으로 그 성격을 규명하는 데 큰 도움이 될 것이다. 이들 학자의 기록만 보고 판단하기로는 제주도의 굿과 신방의 역할은 확실히 육지의 무당과 다르다. 중부 및 그 이북지역에 비해서 아주 지적인 형식주의의 형태로 분화된 인상이고 직접적인 신인교통(神人交通)의 과정을 될 수 있는 대로 피하려는 경향이 보인다. 신을 노래와 춤으로 내려놓은 뒤 마치 제3자처럼 신의 뜻을 도자(禱者)에게 전달하기만 한다. 춤은 빙신되기 위해 추는 게 아니라 신이 내려올 수 있도록 신궁문(神宮門)을 여는 데 목적이 있다. 그 강신과정이 마치 '원님'의 행차처럼 단계적으로 규정되어 있는 것 같다.[17]

또한 신이 내려왔는지나 신의 뜻이 무엇인지 알기 위하여 자주 점을 쳐보아야 한다. 점을 치는 것은 신과 소통할 수 있는 유일한 방편이라고 한다. 신과 만나는 '수속'이 육지의 무당보다 복잡하다. 육지의 무당이 신과 직접 교통한다고는 해도 그 절차가 아주 형식적이고 무책임하게 수행되는 데 비해 신방의 경우에는 신을 무척 공들여 모셔온다고 할 수 있다. 그러니 신방은 신에 대한 성실한 '심부름꾼'으로서의 예의를 잃지 않으려 하기에, 신은 신방에 대하여 권위 있는 존재가 된다. 감히 그 '어른'과 나를 동일시할 수 없다는 의식에 따라 때로는 마치 신탁을 내리듯 일인칭으로 신의 대변인 노릇을 하다가도 결국 "……라고 합니다"라며 자기와 그가 일체가 아님을 애써 증명하려는 것이다.

무당이 신을 부르고 나서 스스로를 신이라 생각하고 신의 말을 하는 것과 자기는 신이 아니나 신의 뜻을 이해할 수 있어 그 말을 전달하는 것은 비록 신에 대한 태도의 차이는 있지만 그 목적에서는 본질적으로 크게 다르지 않다. 다만 신방의 경우는 부르는 신과 신방 사이에 무구(巫具)를 신체(神體)로 하고 조상을 내용으로 하는 수호신의 도움이 절대적인 역할을 한다는 게 특징이다. 그렇다고 해서 무당에 대한 몸주〔身主, 守護神〕의 역할이 육지보다 적은 것은 아니다. 다만 굿에서 몸주와 빙신현상과의 관계가 분명치 않다는 것뿐이다.

신방의 격렬한 춤도 육지의 무당들이 빙신을 목적으로 추는 춤과 그 기능에 큰 차이가 없다. "신궁문을 연다"는 말은 이승과 저승 사이의 닫

---

17) 현용준, 「제주도 무격의 직능자로서의 성격」, 『김재원 박사 회갑기념 논총』, 521~539쪽; 현용준(1965), 『제주도 무당굿놀이 개관』, 문화재관리국; 현용준(1966), 『제주도토산당굿』, 문화재관리국; 현용준(1986), 『제주도무속연구』, 집문당. 대만의 샤먼 격인 '땅기'는 빙신상태에서 신의 뜻을 전하지만 그것을 알기 쉽게 통역하는 자가 있다. 신방은 망아경에 빠지지 않은 채 신의(神意)를 전한다. Tseng, W.S.(1972), "Psychiatric study of shamanism in Taiwan," *Archives Gen. Psychiatry* 26(6), pp.561~565.

힌 문을 연다는 상징적인 뜻이 있다고 보아야 한다. 그럴 때 이것은 망아체험의 중요한 조건이 된다. 무속에서 신인관계(神人關係) 및 망아체험의 내용에 대한 심리는 다시 거론할 예정이다. 시베리아 민족의 샤머니즘에서도 샤먼의 넋이 하늘로 올라갈 때에는 혼자가 아니라 흔히 수호신의 도움을 받는다. 샤먼이 섬기는 신이란 무당이나 신방처럼 그 친소(親疎)의 정도에 따라 여러 층의 계위를 지니고 있음을 볼 수 있다.

6. 무속의 한계

우리나라의 민간신앙은 반드시 무당과 무당을 중심으로 한 주술종교만으로 이루어진 것이 아니다. 무당·당골·명도 혹은 맹격 말고도 각종 주의(呪醫), 예를 들면 칠성할머니(전북)·삼신할망(제주)·신장할머니(황해)와 주로 기도를 행하는 '보살' 등이 있다.

중앙아시아나 시베리아 민족에서도 가정신앙과 샤머니즘 신앙은 반드시 같은 것이 아니다. 주로 가정의 주부가 제사장(祭祀長)이 되는 우리나라의 가정신앙도 꼭 무당의 굿과 모든 면에서 동일시될 수는 없다. 그러나 성주신처럼 가정의 보호신이면서, 무당의 수호신으로서 중요한 역할을 하는 등 여러 측면에서 불가분의 관계를 맺는다.

상당히 유교적인 요소와 습합된 부락제도 무당의 개재를 아예 배제하는 부분이 있는가 하면, 무당이 대를 잡고 신을 내리는 등 강신과정 혹은 빙신체험이 중요한 경우가 있다. 이렇듯 여러 가지 양상과 유형을 보여주므로 무속신앙과 떼어놓고 이야기할 수는 없다.

따라서 무속 혹은 무속신앙이라는 말은 얼마든지 넓게도 좁게도 사용할 수 있는 개념이다. 그 한계를 규정함은 개인에 따라 다르고 인위적이다. 무속의 특징, 무속의 부정성(不定性), 그 한계의 모호성은 형체 없는 귀신과 같이 여기에도 붙고 저기에도 붙어 그 경계를 알 수 없는 곳에 있다고 해야 할지 모르겠다. 이것이 바로 일반 지성인들이 샤머니즘적이라는 말을 무속에 견주면서 열등하고 미숙한 주술신앙을 연상하게 되는 까닭이다.

그러나 결코 다른 제주(祭主)들과 바꿀 수 없는 무당의 특징은 역시 가무를 통한 강신(降神)과 빙의 등 강렬한 정동적 체험이며, 무당이 사태에 개입하는 것은 질병이든 재앙이든 빈곤이든 긴박한 상황에 처했을 때이다. 다시 말해서 저승이 필요해지는 순간이라는 것이다. 무속신앙의 표본은 정기적으로 하는 굿보다는 점괘에 긴박한 상황이라고 알려졌을 경우에 하는 임시 굿과, '글자'를 통해서 배우기만 한 세습무(世襲巫)보다는 어쩔 수 없는 소명에 의하여 무당이 된 강신무에게서 찾아볼 수 있다.

강신무도 물론 자연발생적인 빙신체험 뒤에 일정한 수련이 필요하고 입무제(入巫祭)를 거쳐 '정식으로' 신을 내린 뒤 비로소 완전한 무당이 되었다고 할 수 있다. 수련 및 올바른 빙신체험이 신모(神母)의 힘을 빌린 입무제라는 형식을 거치지 않고도 이루어진다는 사실은 시베리아 샤머니즘뿐만 아니라 우리나라 무당에서도 볼 수 있다. 어쨌든 아무렇게나 된 빙신현상이 아니고 '올바른' 빙신현상이 중요하게 여겨지고, 그러길래 귀신에 빙의되어 있는 자라 해서 다 샤먼이 되는 것은 아니라는 중앙아시아 및 시베리아 민족의 엘리아데적 원칙은 한국에도 어느 정도 적용된다고 보아야 한다.

한국무속은 중부 및 이북지방에서 전형을 볼 수 있는 무당과 그의 굿을 중심으로 생각해본다 하더라도 엘리아데가 샤머니즘의 전형이라고 생각하는 중앙아시아 및 시베리아 지역의 샤머니즘과 결코 같지 않다. 그러나 망아체험의 내용을 엘리아데처럼 엄격하게 규정하지 않고 슈미트처럼 넓은 의미로 사용하거나 슈뢰더처럼 동적인 관계에서 규정지으면 한국무속을 샤머니즘이라 부르는 데 주저하지 않게 된다.

한국의 무당과 무속을 무엇이라고 호칭하느냐 하는 문제보다 어떠한 전제 아래에서 어떤 말을 택했느냐가 더 중요하다. 서로 각자의 전제를 알고 그것을 분명히 할 때 불필요한 의론상의 혼선이 일어나지 않을 것이다. 샤머니즘을 엄격하게 규정한 것은 엘리아데이지만, 사실 엘리아데의 『샤머니즘』을 읽어도 중앙아시아 및 시베리아 지방의 샤머니즘이 결코 각 민족을 통틀어 서로 동일한 유형에 속하는 것은 아님을 알 수 있다. 엘리아데는 가장 원초적인 샤머니즘의 핵 혹은 전형을 찾으려 했고, 끝내 그것을 찾았다고 생각했으며, 감격에 젖어 있었다.

제3장 입무과정: 샤먼이 되는 길

샤먼이 되는 데는 두세 가지 길이 있다. 신령의 선택을 받는 강신적 입무, 가계를 통해 대대로 계승되는 세습적 전승, 그리고 양자가 결합한 경우이다. 샤먼의 역할을 수행하기 위한 학습은 언제나 뒤따르지만, 신령의 선택과정에서 이미 상징적 스승에 의해 수련을 받는 경우도 있다. 또 현실적인 스승 샤먼의 지도를 받는 경우도 있다.[1] 심리학적으로 특히 관심의 대상이 되는 것은 세습무나 학습무가 아니라 강신무로서, 이들은 특수한 질병 또는 고통(pains)을 겪고 이를 이겨내야 한다. 한국의 강신무도 비슷한 과정을 밟는다.

동북아시아와 우리나라 샤머니즘의 입무체험을 주로 고통에 대한 태도, 정신병리적 체험, 고행의 방법, 엑스터시의 이념과 상징, 마술적 비상(magic flight)의 의미를 중심으로 살펴보고자 한다.[2]

---

1) Eliade, M.(Übertragung durch Inge Köck)(1956), *Schamanismus und archaische Ekstasetechnik*, Zürich: Rascher Verlag, pp.22~33.
2) 이하의 글은 다음의 논문을 약간 수정하여 전재한 것이다. 이부영(1969), 「입무과정의 몇 가지 특징에 대한 분석심리학적 고찰」, 『한국문화인류학』 제2집, 111~122쪽.

1. 입무과정의 특성

1) 고통의 의미

샤머니즘의 입무과정이 적힌 여러 문헌에는 샤먼이 되는 일이 얼마나 어려운가를 지적하고 있다. 샤먼이 되기 위해서 엄청난 고통을 감수해야 한다는 이야기는 시베리아 샤먼뿐 아니라 1930년대 우리나라 무당 사이에서도 잘 알려진 사실이다.[3]

시베리아와 중앙아시아의 샤머니즘에서 이와 같은 고통은 입무 시 신체의 해체(뜯김)라는 형태로 나타난다고 알려져 있다. 야쿠트족(Yakut族)의 한 샤먼은 말했다. 장차 샤먼이 되고자 하는 사람은 대개 누구나 '죽음'을 겪어야 한다. 먹지도 마시지도 못한 채 사흘 동안 막사에 누워 있게 된다. 다른 한 샤먼은 샤먼이 될 후보자의 사지가 잘리고 쇠갈구리로 분리되는 입무의식을 보고했다. 살덩어리는 뜯기고 액체는 버려지고 뼈는 깨끗이 씻기며 눈알은 뽑힌다. 그 뒤에 모든 뼈가 수집되고 다시 쇠로 묶인다. 이런 일이 일어나는 동안 샤먼 후보자는 내내 호젓한 곳에서 숨도 제대로 쉬지 못하고 혼자 누워 있지 않으면 안 된다.[4] 오스트레일리아의 경우 마술사들[5]은 입무수술(入巫手術,

---

3) Eliade, M.(1956), 앞의 책, pp.43~73, pp.116~143; Findeisen H.(1957), *Schamaneutum*, Stuttgart: Kohlhammer Verlag; Friedrich, A. und Buddruss, G.(übersetzt)(1955), *Schmanengeschichte aus Sibirien*, München: Otto Wilhelm Barth-Verlag; Lèvy-Bruhl(1935), "Remarques sur I'initiation des medicine-men." *Die Kulturelle Bedeutung des komplexen Psychologie*(hrg.) vom Psychologischen Club Zürich, Berlin, p.216.
4) Eliade M.(1956), 앞의 책, p.46.
5) 같은 책, pp.59~62. 이상의 체험은 대체로 환상이나 꿈에서 겪은 것들이다. 원시 부족에게 환상이나 꿈의 체험은 실신, 신체적 동통, 정신적 해리와 마찬가지로 구체적 현실이나 다름없다.

Initiationsoperation)을 하는데, 모든 기관이 제거되고 그 자리는 결정(結晶)으로 메워진다.

한국무속에서도 무당이 될 사람은 병고를 치러야 한다고 생각하며, 실제로 많은 예가 발표되었음은 알려진 사실이다. 무당이 될 사람은 몹시 앓는데 그동안 먹지도 마시지도 못한다. 사람을 피하여 방 안에 들어박힌다. 그래서 피골이 상접해질 정도로 쇠약해진다. 그러다가 별안간 밖으로 뛰쳐나가고 싶은 충동이 생겨 한겨울에도 눈 내린 들판을 맨발로 달려 나가 미친 듯 춤을 추어 엑스터시 상태에 빠진다.[6]

원시민족의 성인식, 샤먼이 되는 과정에서도 어느 종족을 막론하고 공통적으로 고통과 죽음과 부활이라는 과정을 거친다.[7]

문제는 이 '고통'(das Leiden)을 어떻게 받아들이는가 하는 점인데, 중앙아시아와 시베리아는 적극적으로 받아들이려는 자세가 현저하다. 물론 야쿠트족은 이 몸서리치는 고통을 될 수 있으면 피하고 싶어 하며 정령들에게 해체의 고문을 중지해달라고 빈다. 그러나 정말 소명이라면 고행을 참고 견딘다. 이와 같은 고통을 많이 체험하면 할수록 종족으로부터 깊은 존경을 받는다고 한다. 야쿠트족의 경우 큰 샤먼은 해체를 세 번 거치는데, 그에 비해서 작은 샤먼은 오직 한 번만 거친다는 믿음이 있다. "그는 세 번 몸이 찢겼다"는 말은 그가 큰 샤먼이라는 뜻이다.[8]

이렇게 보면 우리나라의 이른바 강신적 입무과정에서 고통을 받아들이는 태도는 비교적 소극적이다. 우리나라 무속만 이런 태도를 가진 건

---

6) 秋葉隆(1950), 『朝鮮巫俗の現地硏究』, 奈良: 養德社, 50~65쪽; 김태곤(1981), 『한국무속연구』, 집문당, 194~228쪽.
7) Frazer, J.G.(1967), *The Golden Bough*, McMillan & Co., pp.905~907; Lèvy-Bruhl(1935), 앞의 책, pp.214~215.
8) Friedrich, A., Budruss, G.(übersetzt)(1955), 앞의 책, p.153.

아니지만 무당의 사회적 지위, 사회집단의 의식구조, 신령에 대한 무속 사회의 의미 규정 등과 관련시켜 생각해야 할 문제이다. 야쿠트족이나 다른 종족들이 입무의 잔인한 고통을 참는 적극적인 태도를 취하는 것은 신의 소명에 따른 성스러운 고통이기 때문이다. 또 신령이 주재하는 이와 같은 고통은 특수한 힘, 즉 천상과 지하계를 날 수 있으며 병자를 고칠 수 있는 능력을 준다고 믿기 때문이다. 다시 말하면 이 고통은 의미가 있기 때문이다. 정령이 힘의 원천이라는 생각이 우리나라 무속에도 없는 것은 아니지만 북아메리카에서는 더 확실히 각인되어 있다. 고통은 바로 다른 신령들처럼 구체적이고 때로는 인격적인 존재로 인정되어 있다. 그것은 질병의 원천이기도 한 동시에 힘의 원천이다.[9] 에스키모족은 입무고행으로 이끌어줄 정령을 만나기 위해서 어두운 굴속으로 들어가 며칠씩 굶기도 한다.[10]

시베리아와 중앙아시아의 샤머니즘에서 고통에 대한 적극적인 태도는 샤머니즘에만 국한되는 것이 아니라 현대인에게도 적용될 수 있는 심리적 사실을 나타내고 있다. 현대 기술문명은 고통을 해소하는 데는 지대한 공헌을 했으나 그것을 극복하는 데는 도움을 주지 못했다. 왜냐하면 고통이란 열등한 것이어서 없애야 하는 것이라는 전제를 지니고 있기 때문이다. 그러나 정신의학 특히 정신요법의 임상적 체험에서는 고통의 의미에 대한 과소평가가 질병의 원인이 된다는 사실을 입증하고 있다.

심인성(心因性) 신체반응에 속하는 환자 가운데 100년 전 시베리아에 태어났더라면 샤먼이 될 병이라고 했을 법한 증상을 가지고 오는 사람이 있다. 실제로 '신경증' 환자들의 병고(病苦)는 하나의 소명(召命,

---

9) Eliade, M.(1956), 앞의 책, p.111.
10) 같은 책, p.68.

Berufung)이다. 여기서 소명이란 낡은 생활태도를 새로운 생활태도로 바꾸어야 한다는 점에서 소명이다. 고통의 의미는 바로 여기에 있으나 '노이로제' 환자들은 그것을 의식하지 못하거나 고통의 대상을 지엽적(枝葉的)인 곳에 투사한다. 분석적 정신치료의 목적은 무의식 속에 숨어 있는 고통의 진정한 의미를 환자에게 깨닫게 해주는 데 있다.[11]

융이 말한 대로 '신경증'(노이로제[Neurose])이란 그 의미를 아직 발견하지 못한 심혼의 고통(das Leiden der Seele)이라고 이해해야 할 것이다. 그러나 이 심혼의 고통에서 모든 정신적 창조가 출현하여 정신적 인간의 발전이 가능하다고 융은 말한다. 여기에 의사가 환자에게 고통의 정신적인 의미를 전달해야 할 필요성이 생긴다. 왜냐하면 그것이야말로 환자가 요청하는 바이기 때문이다.[12] 이와 같은 관념은 결코 현대인의 발견이 아니라 샤머니즘 속에 이미 싹트고 있었음을 알 수 있다.

2) 고행의 방법: 해체

샤먼 후보자들이 환상이나 꿈속에서 체험하거나 실제로 경험했다고 생각하는 무참한 해체과정은 심리학적으로 어떻게 이해해야 할까. 이와 같은 생각은 진정 그들의 육체가 실제로 절단되었다가 다시 재생되는 구체적 사실을 말해주는 게 아니다. 물질적 분해가 아니라 무의식의

---

11) 현대의학이 잃어버린 '고통의 의미'와 '영성'(spirituality)에 관해서는 Rhi, B.Y.(2001), "Culture, Spirituality and Mental Health - The Forgotten Aspects of Religion and Health," *Psychiatric Clinics of North America* 24(3), pp.569~579 참조.
12) Jung, C.G.(1963), "Über die Beziehung der Psychotherapie zur Seelsorge," G.W. Bd.11, Zürich: Rascher Verlag, p.358; 이부영(2011), 『분석심리학』(제3판), 일조각, 223~234쪽; 이부영(1999), 「C.G. Jung의 '신경증'론——고통의 의미와 관련해서」, 『심성연구』 14:2, 46~73쪽 참조.

심적 체험을 표현하는 상징적인 과정을 말하는 것으로 보인다. 목이 잘리고 사지가 절단된다는 것은, 나와 동일시된 어떤 것이 산산조각이 난다는 뜻이다. 다시 말하면 의식의 해리과정(解離過程, dissociation)이다. 이 상태는 분열병적 상태와 비길 수 있다. '정신'이란 우리가 흔히 믿는 것처럼 항상 잘 통제되는 단일구조라기보다 분할 가능한 전체라고 할 수 있다. 의식세계가 감당할 수 없을 만큼 무의식의 세력이 증대하면 의식은 여러 가지 인격으로 해리될 수 있다.

해체과정은 정령(무의식적 콤플렉스)에 의한 자아의식의 해체를 의미한다. 그것은 자아의식의 죽음, 즉 무의식화를 초래한다. 이는 심리학적으로 대단히 위험한 정신적 위기이다.

해체의 모티브는 반드시 샤머니즘의 입무과정에만 있는 것은 아니다. 인간완성에 이르는 길에서 만나는 전환기적 위기는 흔히 해체(갈기갈기 찢김)라는 현상으로 나타난다.

융은 「미사에서 본 변환의 상징」에서 연금술사였던 초시모스(Zosimos)의 환상을 가톨릭에서 드리는 미사의 한 과정과 비교했다.[13] 이 환상 속에서는 샤먼들이 구체적으로 체험한다고 믿는 해체현상이 일어난다. 융은 이것을 샤머니즘의 해체과정이 샤먼 후보자를 새롭고 더 활성화된 인간으로 만들어내는 것처럼, 초시모스가 재생의 상징을 정신적으로 체험한 것이라고 지적했다.[14] 해체의 모티브는 샤머니즘이나 연금술 이외에 힌두교의 의식, 오시리스(Osiris) 신화, 디오니소스, 또는 티베트 사서(死書) 가운데에도 나타난다.[15] 죽음과 부활이 문제가

---

13) Jung, C.G.(1963), "Das Wandlungssymbol in der Messe," *G.W.* Bd.11, Zürich, pp.219~323.
14) 같은 책, p.297.
15) Armour, R.A.(1986), *Gods and Myths of Ancient Egypt*, Cairo: The American Univ. in Cairo Press, pp.54~69; Jung, C.G.(1963), *Zur*

되며, 전환과정이 중요해질 때 이 현상이 나타난다고 할 수 있다. 따라서 이것이 민간설화 혹은 개인의 무의식 속에 나타난다고 해서 이상할 것이 없다.

저자가 일하던 스위스의 한 정신과 병원에 입원한 60세 된 네덜란드 태생의 여자 분열증 환자는 식도와 내장이 악령들에 의해서 찢겨나가고, 따라서 몸이 텅 비었다고 호소하였다.

"나는 죽은 몸입니다. 나는 텅 비어 있습니다. 선생님은 마술을 할 줄 알지요? 내 목을 떼고 나를 진정으로 죽여주세요. 내 목을 수술해주세요. 나는 죽고 싶으나 죽을 수가 없어요."

입무의 고통과 다름이 없다. 진정한 '죽음'을 통한 진정한 '부활'. 새로운 인격형성에 대한 무의식적 희구(希求)의 표현이다. 그러나 이 환자가 말하는 죽음이란 구체적인 죽음이며 인격 변환으로서의 죽음을 뜻하는 것은 아니었다. 정신분열증에서 흔히 볼 수 있는 상징의 구체화(Konkretisierung des Symbols)[16]가 이 환자의 생각에도 반영되어 있었다. 그러므로 죽음이 새로운 자아로의 변환을 일으키는 중요한 기회라는 것을 모른다. 진실로 죽을 수 없는 사람은 진실로 살 수도 없다. 샤먼은 그러나 죽음 속으로 들어간다. 그는 산산이 부서진다. 그리하여 새로운 인간으로 부활한다. 죽음을 극복하지 못하고 그 심연에 잠겨 있는 상태는 정신병적 상태이다. 그러나 죽음을 극복하고 나면 이 정신병적

Psychologie westlicher und östlicher Religion, G.W. Bd.11, p.289, p.297, p.561.

16) 본래 상징은 그 의미를 말로 남김없이 설명할 수 없는 어떤 것인데 이것을 잘 알려진 구체적 사물이나 대상이라고 생각하는 것을 말한다. 상징(symbol)을 기호(표지, sign)로 파악하는 것이다.

인 고뇌와 지리멸렬한 정신상태는 인간이 새로운 인격으로 발전할 수 있는 중요한 계기였음을 알 수 있다. 낡은 자아가 죽지 않고 새로운 자아로의 전환은 있을 수 없기 때문이다.

그러나 모든 해체와 죽음이 부활로 인도되는 것은 아니다. 야쿠트족의 한 샤먼은 이렇게 보고했다.[17]

여기서는 샤먼의 목을 자른다. 머리를 막사의 벽판에 건다. 이때 그는 살아 있어야 한다. 의식을 지키고 심지어는 무슨 일이 일어나고 있는지 모든 것을 관찰해야 한다.

다른 보고에는 이렇게 썼다.

먼저 정령들은 내 머리를 잘라 기다란 막대기에 꽂는다. 정령들이 무엇을 하는지 모든 것을 눈으로 볼 수 있게 하기 위해서이다.

'본다'는 것은 인식한다는 말이다. 이 두 이야기는 위험한 정신착란상태에서도 항상 깨어 있어야 함을 의미한다. 고통이 아무리 심해도 그것을 직시할 수 있는 능력을 잃어서는 안 된다. 이와 같은 능력을 발휘하기 위해서는 어느 정도 강한 자아의식이 전제되어야 한다. 무의식의 여러 가지 문제를 소화시키는 데 어느 정도 분화되고 든든한 자아가 불가결하다는 분석적 정신요법의 진리를 샤먼들은 웅변적으로 말해주고 있다. "호랑이에게 물려가도 정신만 차리면 죽지 않는다"는 우리나라의 속담은 바로 이와 같은 사실을 일깨운다.

고통 속에서 깨어 있는 것. 이런 주제가 '샤머니즘'에 얼마만큼 널리

---

17) Friedrich, A., Budruss, G.(übersetzt)(1955), 앞의 책, p.140, p.152.

퍼져 있는지는 알 수 없다. 공식적인 입무제를 다시 한번 지내는 것은 진정한 '죽음'과 '부활'을 다시 한 번 가르쳐주는 기회를 부여하려는 의도일 것이다. 제대로 괴로워하는 것이 얼마나 중요한가를 보여주려는 것이다.

입무과정은 여러 가지 의미에서 현대의 분석가 수련과정과 비슷한 점이 많다. 분석(Analyse)이란 분석심리학에서는 고통과 죽음과 부활을 통한 연속적인 변환과정(Wandlungsprozess)이나 다름없다. 무의식의 세력은 분석을 통해서 활성화되기 때문에 약한 자아(ego)의 소유자는 분석과정 중 실제로 무의식의 콤플렉스에 지배받기 쉽고 때로는 해리현상이 나타날 수도 있다. 그러므로 위험한 원형적 자율적 심상군(自律的 心像群, autonome Komplexe)이 나타나면 조심해서 다루거나 사람에 따라서 계속 분석해서는 안 될 때가 있다. 무의식의 여러 심상을 이해하려면 감정적인 체험이 무엇보다 중요하며 지적인 이해만으로는 내용을 소화할 수 없다. 샤머니즘의 특징은 이와 같은 감정적 기능의 역할이 얼마나 중요한가를 인식하는 데 있다.

입무고행에 대해 시베리아 샤머니즘에서는 대단히 합목적적인 의미를 부여한다. 후보자의 '살'은 질병의 정령과 불행의 정령에게 나누어준다는 보고가 있다. 병귀(病鬼)에게 줄 살이 모자라면 그것을 취하지 못한 귀령(鬼靈)의 병은 고칠 수 없다. 정령과의 일종의 성찬(Kommunion)이 가지는 심리학적 의미는 분석가의 수련에서 항상 강조되는 감정적 소화, 즉 경험을 통하여 무의식의 내용을 자기의 피와 살로 소화시키는 체화과정(Einverleibung)이다. 샤먼 후보자는 몸소 질병의 성질을 체험해야 한다. 이와 같은 면은 치료자가 먼저 자기의 무의식의 내용을 소화시켜야 한다는 분석가의 수련원칙에서 볼 수 있다. 교육분석(Lehranalyse)이라 부르는 심리학적 작업을 위해 샤먼은 입무체험을 통해 그 주재자인 '정령'의 지도를 따른다고 할 수 있다.

3) 골격으로의 환원: 해체(찢김)와 먹힘

해체의 궁극적인 목적은 골격(骨骼)으로의 환원이다. 그보다 더 작은 해체는 없다. 골격은 원시인에게는 최소단위, 그 이상 분화할 수 없는 생명의 요소이다. '뼈'는 파손되어서는 안 되며 잃어버려서도 안 된다. 만일 잃어버리면 다른 사람의 것을 빼와야 하는데 이때 그 다른 사람은 죽는다. 그러므로 뼈는 다시 살아나는 데 가장 중요한 요소이다.

엘리아데의 풍부한 예증과 비교를 통한 설명은 뼈의 심리학적 의미를 거의 비슷하게 묘사했다.[18] 엘리아데가 생명의 원리, 생명의 최후 원천이라고 할 때 이 말은 그대로 심리학적 이론에 적용된다. 나아가 뼈는 인간의 마음속에 있는 영원불변의 창조적 원천의 상징이며 영혼의 근원적인 구조라고 할 수 있다. 골격으로의 환원은 일종의 영화과정 (靈化過程, Vergeistigungsprozeß)이며 육적(肉的)인 것, 물질적인 것, 세속적인 것의 지양이다. 에스키모 샤먼[19]에서 해체과정이 아니라 금욕과 단식, 정신집중을 통하여 스스로를 골격상태로 바라보는 행위는 중앙아시아의 샤머니즘이나 불교의 탄트라 요가(tantra yoga)의 명상과정에서도 볼 수 있다.[20]

정신과 임상에서 우리는 치료가 매우 어려운 환자를 만난다. 불치의 정신병이라고 함부로 말하기는 대단히 위험하지만 그런 환자는 자아의 죽음에서 부활에 이르지 못할 만큼 근원적인 정신적 구조가 손상을 입은 것은 아닐까. 샤머니즘 심리학으로 표현하자면 뼈의 손상과 손실은 불가역적인 영혼의 상처라 할 것이다. 현대 심리학에서 말하자면 정신분열증에서 콤플렉스의 자가 붕괴 같은 관념이다.[21] 그러나 눈부신 발

---

18) Eliade, M.(1956), 앞의 책, pp.159~160.
19) 같은 책, pp.71~72.
20) 같은 책, pp.407~408.
21) Jung, C.G.(1968), "Neuere Betrachtungen zur Schizophrenie," *G.W.* Bd.3,

전을 거듭하는 현대 정신의학에서 불치의 정신병이란 없다.

한국 샤머니즘에서 죽음과 부활이라는 입무과정이 인체의 찢김, 골격으로의 환원이라는 구체적 양상으로 나타나는 경우는 적어도 현존하는 문헌에서는 찾아보기 어렵다. 피골이 상접되도록 굶고 물만 마시고 방에 틀어박혀 있다는 이른바 무병(신병)의 어떤 시기는 골격으로의 환원을 방불케 하나, 이 경우는 자연발생적으로 일어나는 결과일 뿐 '골격'에 특별한 의미를 부여하기 때문은 아니다. 고통과 죽음과 부활이라는 입무과정에서도 고통에 대해서는 강조하면서 죽음과 부활에 대한 뚜렷한 관념은 설정되어 있지 않다. 한국 샤머니즘의 입무과정은 이른바 강신적 입무과정을 보아도 잡연(雜然)해서 얼핏 아무런 법칙도 없어 보인다.[22]

죽음과 부활이라는 과정은 한국 샤머니즘의 강신적 입무과정에서는 극도의 자폐(自閉), 질주, 광분, 엑스터시와 실신, 허주굿[虛主祭], 내림굿[降神祭]의 순서로 대치된다. 입무제 없이 엑스터시 뒤에 신어머니에게서 굿을 배우거나 스스로 굿을 하기도 한다. 죽음과 부활의 과정은 상징적으로는 존재하지만 한국 샤머니즘이 현실적으로 이를 이념으로 받아들이고 의식적으로 키우지는 못한 것 같다. 시베리아 유목민에게서 볼 수 있는 고태적(古態的)인 내용은 한국무속사회의 의식구조로는 받아들일 수 없게 되었기 때문인지 모른다. 사실 현대인에게 죽음이란 원시사회와는 아주 다른 체험을 의미한다.

그런데 시베리아나 중앙아시아의 몇몇 민족의 입무과정에서 흔히 보는 '해체'의 현상을 한국의 입무과정에서 잘 볼 수 없는 것은 의식구조

---

pp.283~292, Zürich: Rascher Verlag, p.288.
22) 자세히 보면 무병에 일정한 규준이 아주 없는 것은 아니다. 이 책의 제3장 2절 '입무의 병' 참조.

의 분화발달로 인하여 무의식에 숨은 고태적 관념이 의식에 떠오르는 것을 막기 때문이라고만 할 수 없는 다른 이유가 있는 것 같다.

예를 들어 아키바가 1930년대에 수집한 강신적 입무례(入巫例) 중에는 간접적으로 '해체'와 관계될 만한 체험이 기술되어 있다.[23]

한 무당이 보고하기를 15세 때 무서운 인상을 가진 사람이 나타나 신 앞에 바친 쇠머리를 들고 집 안으로 들어갔다. 이것을 둘로 쪼개어 지붕에 던졌다. 그것을 다시 내려서 쇠머리 복판에 큰 구멍을 뚫어 그녀의 머리에 씌우는 꿈을 꾸고 나서 병이 들었다고 하였다.

이 꿈은 여러 가지 의미로 해석될 수 있다. 그에 관해서는 나중에 나올 '강신의 꿈'에서 다시 거론하겠지만 해체의 모티브와 관련시켜 한 가지 특징만 말해본다. 쪼개고 구멍을 뚫는 것은 무당 후보자의 신체에 해당되는 것이 아니라 소의 두개골을 중심으로 이루어지고 무당 후보자는 거기에 '씌워진다'는 점이다. 굳이 말하자면 부분적인 해체 뒤에 빙의가 일어난 경우라 할 수 있다. 우리나라 샤머니즘에서는 '씌운다'든가 '벗긴다'는 표현이 빙의와 그 해결을 가리키는 말로 잘 쓰이는데, 이 꿈에도 비슷한 현상이 나타난 것 같다.

이 꿈에 나타난 현상은 앞에서 말한 시베리아 민족의 샤머니즘과 같은 단절, 분리, 골격으로의 환원, 재구성, 부활 등의 입무과정과는 양상이 전혀 다르다. 시베리아 샤머니즘과 우리나라 무속의 입무과정은 궁극적으로 같은 목적을 가지지만 거기에 도달하는 방법에서는 서로 다른 심리적 기전이 있는 것이 아닌가 생각한다. 시베리아의 그것이 분석적·능동적이며 강렬한 의지가 뒷받침된 것이라면 우리나라는 불확정

---

[23] 아키바의 이 사례에 관해서는 이 책 '강신의 꿈' 제하의 절에서 다룰 것이다.

적·수용적이며 인내와 폭발적 감정이라는 자연발생적인 양상을 띠고 있다.

이렇게 볼 때 엘리아데가 『재생의 비의』[24])에서, 해체(Zerstücklung)는 목축민족에게 특유한 것이고 농경민족에서는 흔히 먹힘(Verschlingung)이 이니시에이션의 모티브가 된다고 한 말은 흥미롭다. 하나의 씨앗이 대지의 품속에서 죽어 다시 싹이 트듯이, 혹은 신화나 전설에서 영웅이 거대한 괴물이나 짐승에 먹혔다가 다시 살아나듯 '먹힌다'는 것은 '죽음'으로 이르는 과정, 죽음에서 새로운 자아로 재생하는 과정이라는 점에서 해체의 주제와 그 목적을 같이한다.

즉, 같은 목적에 이르는 두 가지 길이다. 하나는 '해체'를 통하여, 다른 하나는 짙은 어둠에 휘감겨 싸우며 인간의 가장 원초적인 '얼'[25])로 축소되는 것이다. 어떤 유형이 어떤 민족에 해당하느냐는 심리학적으로 중요하지 않고 속단하기도 어렵다. 다만 두 가지 인간형인 외향적·내향적 유형이 존재하듯이 인간이 더 높은 차원으로 발전하는 과정에 두 가지 유형이 있다는 것을 확인하는 것이 중요하다.

자세히 찾아보면 해체의 모티브는 우리나라 전설에서도 발견됨 직하다. 『삼국유사』(三國遺事)[26])를 보면, 박혁거세의 유체(遺體)가 승천(昇天) 7일 만에 산산이 흩어져 땅에 떨어졌는데 모아 묻으려니 큰 구렁이가 나와서 방해했다는 이야기는 샤먼적 해체와 아주 무관하지는 않을 것 같다. 그러나 왜 구렁이가 방해를 하였는지, 모아놓으면 재생하여 인간으로 부활하지나 않을지, 그에 대한 원시적인 두려움이 있었던 것은

---

24) Eliade, M.(1961), *Das Mysterium der Wiedergeburt*, Zürich: Rascher Verlag, p.162.
25) 큰 고래의 배 속에 들어간 영웅이 고래 배 속에서 머리카락이 다 빠지고 어린이가 되어 다시 밖으로 나오는 이야기에서 이를 볼 수 있다.
26) 최남선 편(1946), 『삼국유사』 권1, 삼중당, 45쪽.

아닐지. 혹은 그런 관념과는 다른 음양오행과 같은 상징체계가 우세하여 왕의 유체가 5방에 두루 머물러 있도록 하는 관념을 지지한 것은 아닐지 생각해본다.

민담 「순이와 버들잎 소년」[27]을 보자. 하늘에서 내려온 소년이 의붓어머니 밑에서 고생하는 순이를 돕다가 들켜 불에 타 죽는다. 순이는 불탄 뼈를 모은 뒤 여러 가지 색깔의 물을 뿌려 소년을 살려낸다. 소년은 순이를 데리고 하늘로 올라간다. 이것은 무척 샤머니즘적인 주제를 지닌 이야기이다.

우리나라의 복장제도(複葬制度)에서는 '뼈'의 상징적인 역할이 두드러지게 강조된다. 민담·민간신앙·풍속 등에서 고태적인 무의식의 여러 가지 심적 표상이 나타난다는 점을 생각할 때 해체 모티브는 반드시 시베리아에만 있는 것이 아니며, 시베리아나 중앙아시아, 기타 모든 샤머니즘에 해체의 모티브만 있는 것도 아니다. 또 먹힘의 모티브가 반드시 한국적인 것이라고 할 수는 없다. 우리 민족의 무의식에도 시베리아 샤머니즘에서 볼 수 있는 유형이 살아 있으나 다만 한국의 샤머니즘 사회에서 그것이 체계화되고 의식적으로 키워지지 못했다고 보는 것이 타당할 것 같다. 무의식의 내용은 의식에 주는 영향력의 강도, 샤머니즘 사회의 의식적 태도와 관계가 있는 것으로 추정된다.

4) 저승으로의 여행

입무의 고통을 극복한 샤먼은 여러 가지 능력을 획득하는데 그중 하나는 천상과 지하계를 향한 마술적 비상력(飛翔力)이다. 그것은 수호신을 만나거나 죽은 자의 영혼을 저승으로 데리고 가는 등의 목적으로 수행된다. 이와 같은 저승으로의 여행은 이미 입무과정 가운데 엑스터시

---

27) 이원수(1963), 『전래동화집』, 현대사.

의 경지에서 경험된다. 저승으로의 여행은 엘리아데에 따르면 샤머니즘의 중요한 특징 가운데 하나이다. 실제로 시베리아 지방의 입무제에서는 둥근 막사에 산에서 베어온 백엽나무를 꽂고 샤먼 후보자가 그 위에 올라가 수호신의 이름을 높이 부르며 망아의 경지에 빠지는 절차가 있다. 나무에 일곱 개, 또는 아홉 개로 줄을 그어 천계(天界)의 여러 층을 상징하고, 샤먼 후보자는 망아의 경지에서 각 층에 있는 제신(諸神)을 만난다고 믿는다. 혹은 후보자가 어느 언덕의 높은 곳에 있는 구멍을 통해 지하세계로 가서 신들과 만난다고 믿는다.

우리나라 샤머니즘에서는 이와 같은 '저승으로의 여행'이 체계적으로 키워진 것 같지 않다. 입무제차(入巫祭次)에도 그런 상징적 표현은 없다. 입무제에서는 씌운 허주(虛主)를 벗기는 일과 새로운 신령을 받아들이는 일이 더 중요하다. 몸으로 무명천을 두 갈래로 가르는 과정은 저승과의 교통을 나타내지만, 타계로의 여행이라기보다는 혼의 배송(拜送)이란 뜻이 크다. 무당은 대개 아무 데도 가지 않는다. 무당은 땅 위에 서 있다. 그리고 제신(諸神)을 부른다. 그들이 와서 무당에게 든다. 허주도 붙고 신(神)도 든다. 시베리아의 샤먼이 하늘로 날아갈 때 우리 무당은 하늘을 향하여 빈다. 하늘은 그만큼 감히 침범할 수 없을 정도로 우리에게 절대적인 권력을 행사하기도 하고, 빌면 와주는 인자한 존재이기도 하다. 시베리아의 샤먼이 '나'(자아의식)의 의지를 앞세우는 마술적이고 능동적인 특징을 보여준다면, 우리나라의 무당은 자아보다도 '하늘의 뜻'을 생각하는 종교적 경향과 수동적 태세를 보여준다고 할까.

그러나 저승으로의 여행은 우리나라의 입무과정에서 간혹 꿈으로 나타나는 경우가 있다. 아키바의 사례를 보면 '하늘에서 줄이 내려와 타고 올라가거나 배를 타는 꿈'이라든지 천상에 있는 신령과의 접촉이라는 점에서는 '학을 탄 선관(仙官)이 여자의 머리카락을 움켜쥔 뒤 흔들고 나간 꿈' 같은 것이 있다.28) 그러나 그 꿈속 주인공(꿈자아)의 태도는 비교적 수동적이다. 우리나라의 민간설화에 '저승으로의 여행'이라는 모티브가 적지 않고 한국 민담이 반드시 하늘과의 수동적인 관계만 다루고 있는 것이 아닌 점을 감안한다면 우리 민족의 무의식 속에는 시베리아 샤먼에서 볼 수 있는 능동적 요소가 없는 것은 아니다. 다만 의식화되지 못했다고 말할 수 있다.

이런 관념이 한국 샤머니즘 사회에서 입무과정에 별로 반영되지 않은 것은 대륙을 통해 들어온 고등 종교사상의 영향으로 샤머니즘의 마술적 요소가 많이 제거된 탓인지도 모른다. 또 의식이 크게 발달한 한국사회에 비해서 시베리아 샤머니즘은 고태적인 요소를 보존하고, 표현하기에 알맞은 심적 조건을 구비하고 있다고 볼 수도 있다. 그러나 우리나라 샤머니즘의 정령과 저승에 대한 태도가 본래 수동적이었는지 혹은 그런 태도가 뒤에 생겼는지는 알 길이 없고, 앞으로 구명되어야 할 것이다.

저승으로의 여행, 이것은 잃어버린 세계에 도달하려는 인류의 그리움을 표현하는 것이며 분열에서 전일(全一)로, 좁은 세계에서 넓은 세계로 향하려는 인간의 끊임없는 노력의 표현이다.

그러기에 망아상태가 일어나는 장소는 시베리아와 중앙아시아에서는 원형천막의 중앙에 있는 나무이다. 그것은 세계의 축(Axis mundi),29) 즉 지하계와 현실세계와 천상계를 연결하는 축이다. 나무숭배가 아직 성행하는 우리나라에서는 솟대라든가 성수(聖樹) 등 시베리아와 비슷한 요소들이 있다. 이것이 하늘과 관계가 있다는 증거는 있으나 세계의 중심, 세계의 축이라는 관념은 없다. 나무나 '대'들은 여기저기 흩어져

---

28) 赤松智城·秋葉隆(1938), 『朝鮮巫俗の研究』下卷, 東京: 大阪屋號書店, 50쪽.
29) Eliade, M.(1956), 앞의 책, p.251.

있다. 쌍(雙)을 짓고 마주 서 있거나 혹은 이미 알고 있는 세계가 끝나는 촌락의 경계선에 자리한다.

세계는 그만큼 넓어졌다. 하늘이 자꾸 높아지며 땅이 무한히 넓어지는 데서 오는 산만성, 순수한 고태적 요소의 오염 등을 볼 수 있다. 다른 각도에서 본다면 세계의 중심이라는 관념보다 나와 너의 경계, 아는 것과 모르는 것의 경계에 대한 중요성을 인식하게 된 것이라고 볼 수도 있다. 그곳에 선 나무나 장승은 남녀 한 쌍이거나 오리의 형상이다. 이는 의식계와 무의식계 사이의 단절과 분열의 위험성을 대극합일의 상징, 치유의 상징으로 '화해'시키고 재결합하는 것이라고 설명된다. 심리적 의미상으로 두 유형은 정신의 통일이라는 하나의 목표를 가진다.

무당이 하늘로 올라가든 올라가지 않든 신이 들었을 때는 자기와 초인적인 어떤 요소가 접촉하였다는 사실을 가리킨다. 초인적 요소를 무당은 귀신이라 부르고 귀신은 자기 밖에 존재한다고 믿는다. 반면 분석심리학에서는 귀신을 무의식의 심적 요소로 보고 자기 안에 있는 것의 상징적 표현이라고 본다.[30]

5) 맺는말

입무과정의 특징 가운데 저자의 눈에 띈 몇 가지 문제만을 골라서 심리학적 해석을 해보았다. 이것으로 입무과정을 모두 설명한 것도 아니고 어떤 결론이 내려진 것도 아니다. 아직 가설이고 충분한 자료가 마련되면 시정될 수 있는 것들이다. 충분한 자료가 발표되기를 무한정 기다릴 수도 없어 빈약하지만 있는 자료를 근거로 저자의 인상을 검토한

---

30) 융은 그러한 요소가 자기 밖에 있을 가능성을 부정하지 않는다. Jung, C.G. (1967), "Die Psychologischen Grundlagen des Geisterglaubens," G.W. Bd.8, pp.341~360.

셈이다. 가변적인 모든 것 중 불변한 것이 있다면 분석심리학적 태도이며 그 입장에서 보는 심적 현실(psychische Wirklickeit)로서의 샤머니즘일 것이다.

샤머니즘은 현실의 제약을 뚫고 영원으로 향하고자 하는 모든 사회적 현상, 개인적 갈등 속에 숨어 있다. 의식의 제약을 뚫고 무의식의 세계와 통하려는 인간의 노력, 망아상태가 일어나는 모든 현상 뒤에 샤머니즘이 있다. 마리화나를 피우며 환상의 세계에 탐닉하는 히피족 뒤에, 유사종교의 엑스터시 발작 뒤에, 최루탄과 싸우며 거리를 밀고 도는 흥분한 학생집단의 체험 속에, 심지어 알코올 중독자의 엑스터시 뒤에도 샤머니즘은 있다. 현대문명의 합리주의적 일방성 때문에 잃어가는 그 세계, 저승으로 가고자 하는 동경의 몸부림이다.

그러나 샤먼은 방황하는 몽환자가 아니다. 그는 저승에 가지만 다시 지상으로 내려온다. 이 능력은 입무의 고행을 통해서만 얻을 수 있다.

2. 입무의 병—무병: 소명인가, 정신병리인가

샤먼이 되려면 특별한 병을 앓아야 하는 것으로 알려져 있다. 우리나라의 경우 샤먼이 되는 병, 즉 무병(巫病, Schamanenkrankheiten)[31)]의 실태에 관해서는 1930년대에 아키바·무라야마(村山)가 발표한 사례보고가 있다.[32)] 민속학적 견지에서 1960년대 중반에서 후반에 걸쳐 김태

---

31) 무병을 인류학자나 종교사학자가 '샤먼이 되기 위해 앓는 병'으로 지칭한 Schamanenkrankheiten의 번역어로 사용한다. 말하자면 무병이라는 말은 학술용어에 속한다. '신병'은 한국민간에서 무당이 될 병이라고 생각하는 병고에 붙인 이름이다. 한국에서 무병은 '신병'이라 부른다고 이해된다. 어느 단어를 사용하든 개념규정에 따른 용법에 맞게 쓰면 될 것이다. '신병'에는 '이른바 신병'이라는 뜻으로 인용부를 붙여 '신병'이라 기술해야 할 것이다.

곤이 조사·기록한 20례는 일본인 민속학자의 보고 이래 가장 자세한 내용을 담았다. 이 밖에 경기도 무당의 강신적 입무과정을 조사한 장주근·최길성의 기록도 있다.[33]

1960년에 저자는 아키바와 무라야마의 사례보고를 대상으로 무병(신병)의 정신의학적 연구를 했다.[34] 우리나라의 '신병'은 아이누족의 '이무'[35]라는 빙의 증후처럼 독특한 문화에 연계되는 특수한 증후군이 아닐까 하는 의문에서 시작하였다. 일본에서는 민간신앙과 관계가 있는 기도사의 기도를 받은 뒤 정신이상 증후군이 발생하였는데 모리다(森田)는 이를 기도성 정신병이라고 불렀다. 만주에서는 민간신앙과 접촉한 뒤 동물에 빙의되는 증후군이 있었는데 자빙(邪病)이라 불렀다. 유럽에서도 비슷한 예로 영매의 역할을 하다가 정신병이 발병되는 경우가 있었는데 영매성 정신병(mediumistische Psychose)·심령성 정신병(spiritistische Psychose)이라고 했다.[36] 한국의 '신병'도 그런 종류가 아닐까. 그래서 한국에 이런 독특한 병이 있다고 세계학회 국제질병분류에 등재해야 하는 것이 아닐까 하는 게 당시 지도교수의 생각이었고 나

---

32) 秋葉隆(1950), 앞의 책, 50~60쪽; 村山智順(1932), 『朝鮮の巫覡』, 朝鮮總督府, 6쪽.
33) 김태곤(1981), 『한국무속연구』, 집문당, 194~259쪽; 장주근·최길성(1967), 『경기도지역무속』, 문화재관리국, 115~131쪽.
34) 이부영(1965), 「소위 강신적 입무과정의 정신의학적 연구」, 『명주완 박사 환력기념 논문집』 제2집, 서울대 의대 신경정신과학교실, 1~26쪽.
35) 內村祐等(1938), 「アイヌいぬのいむに就いて」, 『精神神經誌』 42(1); 高畑直彦, 七田博文(1988), いむ, 札幌.
36) 田村幸雄(1944), 「滿洲の民族と精神病」, 『精神神經誌』 第48卷 第2號; 西川正修(1938), 「祈禱性精神病の臨床的研究」, 『慈惠會大森田名譽敎授追悼論文集』, 267쪽; Schneider, K.(1928), Zur Einführung in die Religions Psychopathologie; 賈蓮元(1943), 「滿洲國在住漢民族に於ける巫蠱はらびに邪病に關する研究」, 『精神神經誌』 第47卷, 594쪽; 岩崎義道(1929), 「Alopecanthropie(孤憑症)の比較神話學的及精神病學的研究」, 『實地醫家卜臨床』 第6卷, 90쪽.

도 이에 흥미를 느꼈다.

　문헌상의 사례보고 자료가 조사목적에 충분히 부합되지는 않았지만 정신병리학적 견지에서 자료를 분석한 결과 아키바와 무라야마의 자료에 관한 한 여러 가지 신체적인 고통과 함께 억제할 수 없는 행동·광기(狂氣)·광무(狂舞)·환영(vision)·의식상실·환청·명령자동 등 다양한 증후를 나타냈다. 인격의 전환증후(빙의의 형태)는 아키바의 10례 중 2례, 무라야마의 16례 중 2례에서 발견되었다. 또한 빙의의 가능성을 시사하는 꿈을 경험한 2례가 있었다. 다시 말해서 빙의증후가 다수를 차지하지 않았음을 알 수 있다. '신병' 사례의 문화적 배경을 살펴볼 때 샤머니즘 문화와의 관련이 뚜렷한 경우도 있었지만 그 관련성이 불분명한 경우, 또는 유교적 배경을 가진 경우도 있었다.

　모든 사례가 신병을 앓은 뒤 무당이 되거나 무업을 시작한다는 공통된 귀결을 보이는 점은 일본의 기도성 정신병, 아이누족의 이무, 만주의 자빙, 유럽의 영매성 정신병과 다르다.

　또한 한국의 사례에서는 빙의현상이 우세하지도 않고 빙의되는 주체가 만주의 자빙에서 볼 수 있는 호선(胡仙)·신선(神仙)·사선(蛇仙) 등처럼 다양하거나 뚜렷하지 않다. 막연한 신령이나 사령(死靈)으로 나타난다. 견신(犬神)·여우신·용신·너구리신 등의 전환인격을 보이는 기도성 정신병과는 달리 한국의 조사대상에서는 동물빙의가 발견되지 않는다는 사실을 알았다. 이것은 각 민족이 지닌 민간신앙의 문화적 형태의 차이에서 비롯되리라 생각했다. 다만 한국에서도 다른 빙의증후군처럼 사례들의 피암시적 성격이 두드러졌다.

　무병의 임상 및 원인적 관계를 검토한 뒤 저자가 당시 내린 결론은 다음과 같다. 현재도 대체로 같은 생각이다.[37]

---

37) 이부영(1965), 앞의 논문, 24쪽.

① 한국의 무병(신병)은 종류가 다른 신체적·정신적 질환을 바탕으로 한다. 증상도 다양하여 단일증후군이라기보다 복합증후군으로 보아야 한다.
② '신병'은 무속신앙과 밀접한 관계가 있다. 자신 또는 주위의 무속신앙적 관념이 그 정신적·신체적 장해의 유발·악화·치유에 영향을 주는 듯하다.
③ '신병'은 다른 민족(일본, 만주 등)의 민간신앙으로 촉발된 빙의증후군과 비슷한 양상을 보이는 경우도 있으나 그렇지 않은 경우가 많아서 빙의증후군이라고 하기 어렵다.
④ '신병' 사례에서 동물빙의가 발견되지 않은 것은 민간종교의 문화적 배경 차이에서 오는 듯하다.
⑤ '신병'은 기도사의 직접적인 암시에서 비롯된 정신병이 아닌 점에서 일본의 이른바 기도성 정신병, 또는 이와 맥을 같이하는 동북아시아의 빙의증후군과 다르다. 그러나 발병 소인이 환자의 피암시성에 있다는 점은 동일한 것으로 보인다.
⑥ '신병'은 전통적 신앙풍습에 영향을 받은 정신적·신체적 장해를 바탕으로 민간에서 명명된 질병명이다. 질병학적 대상으로서는 결함이 있으나 입무와의 절대적인 관련성으로 보아 좀더 종교적인 의의를 갖는다.

이미 앞에서 언급하였지만 나는 1961년의 문헌연구에서 무병을 특수한 질병으로 보는 접근방법에 회의를 느끼고 있었다. 그래서 정신의학적 방법론에 대한 불확실성을 피력했다. 웨그로키(Henry J. Wegrocki)[38]가 1939년에 펼친 의견을 소개하면서, 이런 무병과 같은

---

[38] Wegrocki, Henry J.(1939), A critique of cultural and statistical concepts of

현상을 덮어놓고 어떤 질병형에 적용하거나 경솔하게 '이상적'(異常的)이란 말을 쓰는 것을 삼가야 한다고 주장했다.

이 논문이 발표된 뒤 1970년대 초 김광일은 정신과에 입원했던 신병 증례를 제시하고 정신역동적 측면에서 이를 고찰했는데, 그 증례가 진정한 의미의 '신병'이었는지는 모르겠다. 기도성 정신병처럼 민간신앙에서 유발된 정신장애의 범주에 넣어야 하지 않을지 의문이 생기는 부분도 있다.

한국의 상표를 단 질환을 미국 정신과 분류에 등재하려는 일부 정신과 의사의 노력이 꾸준히 진행되었다. 1990년대에 '신병'이 '화병'과 함께 미국의 정신장애진단분류(DSMIV)「부록」의 문화연계증후군(Culture Bound Syndrome) 가운데 하나로 등재되었다. 문화연계증후군의 정의가 매우 느슨하게 규정되어 있는 만큼 '입무의 소명'이라는 문화적 가치관과 연계된 복합증후군이라는 점에서 신병을 문화연계증후군이라 불러도 이론적으로는 큰 문제가 없다고 생각하나 그렇게 한다고 특별히 얻을 것이 있는지 의심스럽다.

아이누족의 이무 같은 순수한 빙의증후군도 아니고 입무의 고통을 '증후군'이라는 병적 현상으로 환원해버리면 그것이 지닌 종교적 의미가 상실된다. 그러므로 저자는 일찍부터 강신적 입무과정을 질병학적으로 천착하기보다 입무 후보자의 체험내용이 나타내는 인류 보편의 원초적인 상징으로서 이해하는 데 더 관심을 가지고 살펴왔다.

그런 면에서 사회인류학자였던 아키바는 질병현상만으로는 해석할 수 없는 종교적·심리적 체험으로서 사례를 기술하고 있다. 아키바의 사례를 1960년대 후반 김태곤의 '신병' 사례 20례와 비교해보면 흥미롭게도 많은 유사점을 발견하게 된다.

---

abnormality, *Journ. Abno.* a. Soc. Psych. Vol.34.

첫째, 몸이 아파 아무것도 못 먹고 몸이 바짝 말랐다는 보고가 김태곤의 사례 중 7개의 사례(사례 1, 3, 4, 5, 6, 9, 17)에서 발견된다. 또한 신체적 고통이 정신적 고통과 함께 혹은 그보다 먼저 일어난다.

둘째, 무속적 요소와의 접촉, 즉 신령의 선택을 암시하는 체험이 전체 사례에 나타난다. 무신들·옥수(玉水)·염주·춤·벼락·불기둥·무신도·책, 그리고 신비한 이미지들이 환영이나 꿈속에 나타난다.

셋째, 트랜스 혹은 엑스터시 상태에서, 또는 꿈속 지시에 따라서 신물(神物)을 획득하는 사례가 여기서도 보고된다.

넷째, 무속신앙에 귀의함으로써 병고에서 해방된다.

현실의 한계를 뛰어넘으려는 충동이 일고 마음이 들떠 갈피를 잡을 수 없는 등 의식에 변화가 온다. 병굿 도중 미처 길길이 날뛰며 산으로 내닫는데, 말문이 열려 신의 이름을 크게 외친다(사례 4례). 굿의 제상 앞에서 별안간 신이 덮쳐 뛰쳐나간다. 맨발로 집을 한 바퀴 돌고 나서 산으로 치닫는다(사례 6례).[39]

이처럼 극적이고 강력한 정동체험을 겪는 것도 1930년대 무당의 기록과 다름이 없다. 김태곤의 사례 역시 입무자들은 병굿 도중 말문이 열려 내림굿과 학습을 거쳐 무당이 되었다는 경우가 대부분이었다. 무신들과 무의에 관해 긍정적인 태도를 취하는 경우가 대부분이고 무당이 된 것을 소명으로 알고 받아들이는 자세였다. 김태곤의 조사기록에는 꿈에 관한 기술이 유난히 많은 것이 특징인데 이는 아마도 조사자의 관심이 반영된 탓일는지 모른다. 꿈의 영향력은 입무과정에서 매우 결정적이며 꿈속에 나타난 풍부한 상징들에 관해서는 따로 논의할 것이다.

장주근과 최길성이 조사한 경기도 조 씨 무녀의 강신적 입무과정은

---

39) 김태곤(1981), 『한국무속연구』, 앞의 책, 196~223쪽, '신병' 사례 참조.

위의 모든 특징을 공유한다. 아버지가 강제로 잡귀를 내쫓는 독경을 받게 하려 했으나 물리치고 무당이 된 경우이다.

이제 우리는 이른바 신병이 현대 의학적으로 병인가, 종교적 소명인가 하는 물음에 답할 단계에 왔다.

무당이 되는 병, 즉 무병은 평범한 의학적 의미의 병이 아니다. 소명의 징조이며 무당이 되기 위한 병고, 다른 말로 치료자가 되기 위하여 겪어야 할 고통이다. 이 고통을 겪어야만 치료자로서 영력을 얻을 수 있다. 그러므로 이러한 병고는 신성한 고통, 선택된 자에게 주어진 의미 있는 고통이다.

그러나 한국의 샤머니즘에서는 신병을 앓는 것만으로 바로 무당이 되는 것이 아니고 신령과 함께 자기 몸 안에 들어온 잡귀를 물리치고 순수한 신을 받아들이는 동시에 말문이 열려야 무당으로 인정된다. 그러므로 신병은 신이 선택했다는 징조일 뿐 완성은 아니라고 함 직도 하다. 물론 병중에 겪는 모든 체험이 입무 수련의 전 과정인 경우도 있다. 그러나 공적으로는 허주벗김이라는 굿 뒤에 내림굿을 해야 하고, 학습이 따라야 한다. 그런 의미에서 '신병'은 아직 무속적 치료가 필요한 '오염된 상태'라고 볼 수도 있다.

그런데 우리가 '신병'을 질병학적 대상으로 연구하고자 한다면 '신병'을 앓고 성공적으로 무당이 될 수 있었던 사람뿐 아니라 무당이 될 수 없었던 사람들, 말하자면 신의 소명을 따를 수 없었던 사람들도 대상에 포함시켜야 하지 않을까 하는 생각도 해볼 수 있다. 신병이 입무의 징조에 대해 붙인 이름(병명)이라면 그렇게 보는 것이 타당하다. 그러나 신병이라는 관념에는 신에 의한 선택의 징조일 뿐 아니라 결국은 무당이 되어야 할 병이라는 관념이 강하게 들어 있다. '신병'을 거쳐 성공적으로 무당이 된 경우를 연구하기 위해 실패한 경우를 비교 고찰할 필요는 있으나 실패한 경우를 신병의 범주 안에 동일군으로 다루는 것은 적절치 않다는 생각도 든다. 실패한 경우는 무신들과 가까워지려는 내적인 욕구가 희박한데도 무당이나 점자가 신병이라 진단을 내리는 경우도 있기 때문이다.

점자나 무당의 '신병'에 대한 판단은 앞에서 본 '신병'의 특징을 기준으로 이루어진다고 볼 수도 없다. 김광일의 제1례처럼 보통 신체적인 증상뿐인데 무당이 '신병'이라고 말하는 경우가 있다. 무당이 병을 고치기 위한 굿에서 공수를 내린 다음 그것을 계기로 빙의증상을 수반한 정신병적 장애를 일으킨 경우로서 '신병'이라기보다 굿에 의하여 유발된 정신병에 해당된다. 무당이 됨으로써 병이 나았다는 사람들과 굿에 의하여 잠재적인 각종 정신병이 유발되었다거나 무당 되기를 거부하면서 불가역적인 빙의상태에 빠져서 입원치료를 받게 되는 사람들과는 임상적으로나 정신역동적으로나 다른 요인들이 간여하고 있을 것으로 생각된다. 이 문제는 굿과 관련된 정신장애에 관한 증례분석과 빙의증후군에 관한 고찰에서 따로 논의하겠다.

신병은 아키바와 김태곤의 사례에서 볼 수 있듯이 종교적 목적을 지닌, 범세계적이고 고태적인 이니시에이션의 병으로서, 종교적 의의를 내포하는 현상에 붙인 한국 민간의 병명이다. 현대 정신의학의 질병분류 원리와는 다른 원리에 입각한 병고(病苦)이다. 즉 종교적 소명이라는 목적을 지닌 것이다. 문화연계증후군이라고 불러도 상관없지만 그러려면 '신병'의 목적지향성을 명시할 필요가 있다. 현대정신의학의 질병관에는 질병의 목적지향성이라는 개념이 없다. 여기에 포함되어야 할 질병에 대한 또 하나의 관점을 신병이라는 현상에서 찾을 수 있을 것이다.[40] 의학적으로 '신병'은 각종 신체질환과 정신장애, 이른바 신체

---

40) Rhi, B.Y.(2001), "Culture, Spirituality and Mental Health – The Forgotten

화 장애, 해리성 장애, 우울증, 정신병적 에피소드, 심인성 신체장애, 성격장애 등 다양한 정신병리적 증후[41]를 나타내는 것으로 추정해볼 수 있다. 이것이 무속신앙에 의하여 의미 있는 고통으로 변환되면서 치유에 이르고 치료적 능력을 얻는다. 신병은 어디까지나 하나의 소명이다. 그러나 굿에 의해 유발된 적지 않은 정신장애가 있고 그로 인한 빙의증후가 나타나지만 신병이라 부르기 어렵다. 신병은 병이지만 병이 아니다. 병이라면 매우 독특한 병, 치료자가 되기 위한 병이다.

3. 강신의 꿈과 그 상징성

강신적 입무과정에서 매우 중요한 역할을 하는 것은 꿈이다. 시베리아 및 중앙아시아 유목민족들의 강신적 입무과정에서 전해지는 해체(찢김)와 재생의 고통은 꿈에서 경험되는 것으로 알려져 있다. 혹은 꿈에서 입무 후보자는 입무의 주재자(initiator)의 인도로 저승에 가서 귀령과 귀령의 세계를 배운다. 입무의 체험이 꿈속에서 이루어지는 것이다. 한국의 경우, 아키바의 강신 입무 사례나 김태곤의 사례나 꿈은 무신들과 접촉하는 장(場)으로서 신 내림의 결정적인 계기를 마련하는 경

Aspects of Religion and Health," *The Psychiatric Clinics of North America* 24(3), pp.569~579.

[41] 서동혁이 주관한 '신병' 증상에 대한 회고적 설문지 조사, 무업자와의 구조화된 면접을 통한 정신병리적 진단학적 연구에서 우리는 대상사례의 상당부분이 우울증후군에 속하고 다음에 신체화, 정신병 적대감 순으로 높은 점수를 받고 있고 대상의 87.2퍼센트가 미국진단분류 III-R 진단기준상 기분장애에 해당되고 해리장애가 8.6퍼센트를 차지함을 볼 수 있었다. 이 결과를 일반화할 수는 없으나 '신병'의 진단분류학적 연구의 한 시도로서 참고할 수 있을 것이다. 서동혁·유희철·신민섭·이부영(1996), 「한국무속의 '신병'에 대한 진단분류연구」, 『신경정신의학』 35(6), 1386~94쪽 참조.

우가 많다. 환영(幻影, vision)이나 환청 등도 꿈과 마찬가지로 흔히 신을 만나는 데 결정적인 역할을 한다. 환영 등은 무의식의 투사상이므로 꿈과 동격의 의미를 부여할 수 있다.

이제 아키바와 김태곤의 사례, 그리고 장주근과 최길성의 사례 가운데서 몇 가지를 들어 꿈의 원형적 상징성과 그 기능을 살펴보고자 한다.

1) 해체와 빙의의 꿈

아키바 제1례[42](47세 무녀)를 보자. 그녀가 15세 때 무당인 시어머니가 굿을 행한 날 밤에 그 행사를 꿈에서 보았다.

> 무서운 인상을 가진 사람이 나타나서 신전에 바친 소의 머리를 가지고 집 안으로 들어갔다. 이것을 둘로 쪼개 지붕에 던졌다. 다시 내려서 쇠머리의 가운데에 큰 구멍을 뚫고 그것을 여자의 머리에 씌웠다.

그녀는 무서운 꿈에서 깬 그날 밤부터 병에 걸려 심한 고통을 느끼기 시작했다. 다음 날 아침에는 얼굴이 붓고 전혀 딴 사람이 되어 아무것도 먹지 않고 뜨거운 물만 마셨다. 시어머니는 그녀가 빙신상태가 될 까닭이 없다고 무당이 되는 것을 반대했다. 병마를 쫓으려고 두서너 번 푸닥거리를 행하였으나 병은 점점 더 심해질 뿐이었다. 어느 날 갑자기 밖으로 뛰쳐나가고 싶어졌고 집집을 돌아 굿을 하기 위한 돈과 곡식을 구걸해 와서 강신제를 행하고 무녀가 되었다.

---

42) 秋葉隆(1950), 앞의 책, 50쪽. 이 사례는 '입무과정의 몇 가지 특성'에서 입무의 두 가지 문화적 유형과 관련하여 간단히 소개하였으나 여기서는 그 원형적 상징성을 해석하는 대상의 하나로 삼았다.

낮에 행한 굿을 꿈에서 보았다고 하였는데 현실의 행사와 꿈에서 본 행사가 얼마나 같고 다른지를 알아야겠으나 꿈에 대한 더 이상의 설명이 없으므로 부족한 대로 해석을 시도해볼 수밖에 없다. 무서운 인상을 한 사람은 아마 남성이었을 것이고 꿈에서 본 장면은 꿈꾼 사람이 낮에 본 굿과는 상당히 다르지 않을까 추정된다. 왜냐하면 소의 머리를 제물로 쓸 수는 있겠지만 꿈에서와 같은 일은 굿거리에 관한 기록에서는 찾아볼 수 없는 과정이기 때문이다. 그러나 그 또한 단언할 일은 아니다. 꿈에서 무당이 한 행위는 매우 의례적인 색채를 띠고 있기 때문이다. 어떻든 꿈을 계기로 그 소녀는 입무의 고행을 시작했다.

쇠머리는 대개 풍요의 신을 나타내며, 대감신에게 바치는 제물이었다. 제물은 곧 신 자체를 의미한다. 앞에서도 언급했지만 그 여자의 머리에 쇠머리를 씌웠다는 것은 그 신을 머리에 씌운 것이다. 즉 자기의 머리가 강제로 그 신의 것으로 대치되는, 말하자면 빙의되었음을 말한다. 쇠머리를 둘로 쪼개 지붕에 던졌다가 내려놓고 그 한복판에 구멍을 뚫고 그것을 소녀의 머리에 씌운다는 것은 시베리아나 중앙아시아 샤머니즘에서 볼 수 있는 해체(찢김)의 이념이 포함된 고통, 신에게 가해진 고통을 소녀가 자기의 고통으로 받아들여야 함을 제시한다고 볼 수 있다. 쇠머리를 지붕 위로 던지는 행위는 천상의 신령들에게 바친다는 뜻이 될 수 있고 높은 곳에 얹어놓음으로써 거룩하게 만들려는 의도가 숨어 있다고 할 수도 있을 것 같다. 왜냐하면 지붕은 우리나라뿐 아니라 다른 민족들에게 하늘과 가까운 신성한 장소, 신과의 교통 장소, 영혼의 출입구, 혹은 악귀가 침범하는 곳, 즉 여러 가지 주술의 대상이 되어왔기 때문이다.[43]

---

43) 한국문화상징사전 편찬위원회(1995), 『한국문화상징사전』 2 '지붕', 동아출판사, 647~650쪽.

우리나라에는 사람이 죽으면 그의 옷을 들고 지붕에 올라가 흔들며 죽은 사람의 이름을 하늘을 향하여 세 번 크게 외치는 초혼(招魂)의 관습이 있다. 꿈에서 무서운 형상을 한 사람이 소의 두개골에 행한 이해할 수 없는 의례적 행위는 신의 해체의 고통에 참여하고 그 신성한 뜻을 동화하는 데 목적이 있는 듯하다. 참여의 시작은 신체적 고통으로 현실화된다. 『변환의 상징』에서 융은 흥미로운 이야기를 인용하고 있다.

칸네기터(Cannegieter)는 몽마(夢魔, nightmare)에 대해 다음과 같이 말했다.
"농부들은 말의 머리뼈 하나를 지붕 위에 던졌다가 내려놓으면서 여자 귀령들(어머니 여신들, 운명의 여신들)을 내쫓는다. 종종 그런 뼈가 해당지의 농부들 지붕 위에 있는 것을 보기도 했다. 그러나 귀령들은 잠자는 시간에 말을 타야 했다."[44]

그림(Jacob Grimm)이 쓴 『독일의 신화』에서 융이 인용한 것으로, 악몽을 마귀의 소행으로 알고 물리치는 이야기이다. 이 같은 행위는 우리의 꿈과 아주 비슷하다. 다만 소와 말이라는 차이가 있다. 이 사례에서는 지붕 위에 뼈를 던졌다가 다시 내려놓는 것이 특이하다.

정말 개인적인, 기껏해야 지역문화적으로 독특한 내용인 줄 알았던 주제가 다른 문화권에서 비슷하게나마 발견된다는 것은 이런 주제가 집단적 무의식의 보편적 원형상을 나타내는 것이 아닌지 생각하게 한다. 독일의 『미신사전』을 보면 지붕은 거의 모든 민족에게 귀령들의 주

---

44) 한국융연구원 옮김, C.G. 융 기본저작집 제8권(2006), 『영웅과 어머니 원형』, 솔, 140~141쪽.

된 공격지점인 한편 인간의 보호처로 설명된다. 재앙을 막기 위해서는 무언가를 지붕 위로 던져야 한다.[45]

이 꿈은 특히 신체적인 병, 얼굴이 붓고 전혀 딴 사람처럼 되어 아무 것도 먹지 않고 뜨거운 물만 마시는 고통과 결부되어 있다. 즉 입무자는 꿈을 꾼 날 밤부터 병에 걸렸다. 인과적으로 꿈이 병을 유발했다기보다는 꿈과 동시에 꿈의 상징—쇠머리를 씌움—에 부합되는 신체적 고통—얼굴이 붓고 딴 사람처럼 되는—을 나타내는 것이다. 이는 융이 말하는 정신과 신체 사이의 비인과적 동시성현상의 한 예라고 할 수 있다. 꿈이 신체적 장해나 치유를 상징으로 반영하는 것은 인류가 고대로부터 경험해온 현상이며, 융은 그것이 시간과 공간을 상대화할 수 있는 무의식의 절대지(絶對知, das absolute Wissen)로서 가능하다고 말한다.[46]

2) 신물 획득과 꿈

동시성현상과 관련해서 언급하고 지나가야 할 것은 강신 입무에서 흔히 꿈이나 직감, 소리의 지시, 혹은 망아상태에서 무구(巫具)나 그밖의 신물을 획득한다는 진술이다.

갑자기 산에 올라가고 싶은 충동을 느껴 산속 골짜기에 이르렀을 때(아키바 제5례), 혹은 미친 사람처럼 산야를 방황하다가(무라야마 제11례), 어디론가 유인되는 기분을 느끼거나 공중에서 들려오는 방울 소리의 인도로 어떤 골짜기로 가서 한 군데를 팠을 때(아키바 제8례), 홀려

---

45) Hoffmann-Krayer, E. Hanns Bätold-Stäubli(hrg.)(1929/1930), *Handwörterbuch des deutschen Aberglaubens* Band II, Berlin: Walter de Gruyter & Co., pp.115~124.
46) 이부영(2011), 『분석심리학』(제3판), 일조각, 329~340쪽, 제9장 「비인과적 동시성론과 심성연구의 미래」 참조.

서 끌려가는 기분으로 벌거벗은 채 달려가 미쳐서 춤을 추다가(아키바 제4례), 그 자리에서 신물(神物)을 획득한 경우가 있고 좀더 분명하게 환청(소리)이나 꿈의 안내로 신성한 무구(巫具)를 발견한 경우(아키바 제10례, 무라야마 제13례)가 있다.

이때 획득된 무당의 신구나 신성한 물건은 단순한 도구가 아니라 그 자체가 신의 몸이며 신령한 능력을 가지고 있는 것이므로 입무자들은 이를 매우 소중히 간직할 뿐 아니라 수호신(몸주)으로 모신다. 신물의 획득은 조상무당으로부터 입무자가 이제 무당이 될 자격이 있음을 증명하는 징표일 뿐 아니라, 무당의 영적인 힘을 전수받았음을 의미한다. 신물 획득과 동시에 정신착란이 진정되었다고 하고 훌륭한 돌을 얻은 사람은 이를 수호신 삼아 몸에 지니고 있었는데, 그 힘으로 신령스러운 글자를 쓸 수 있게 되었다고 한다.

이상 열거한 1930년대의 신물 획득 사례의 공통점은 의도적으로 기도되었다기보다 신성한 것을 찾고자 하는, 안에서 올라오는, 즉 무의식적이고 강력한 희구의 뒷받침으로 일어나고 있다는 사실이다. 갑작스러운 충동, 이끌리는 기분, 방황의 형태로 시작하기도 하는데, 여기에 '소리'가 가세하고 심지어 의식상실이라는 망아상태에서 사건이 유도된다. 말하자면 자네(P.M.F Janet)가 말하는 의식수준의 저하(abaissement du niveau mental) 상태와 의식의 통제를 완전히 벗어버린, 의식과 무의식의 구분이 없어진 엑스터시의 상태에서 신물은 획득된다.

의식의 긴장도가 약화되면 무의식의 활성화된 콤플렉스에 의해서 의식이 여러 조각으로 해리되고 무의식의 콤플렉스는 밖으로 투사되어 '소리'로 변한다. 무의식의 소리는 꿈에서나 환청에서나 대개 경험하는 사람에게 강력한 영향력을 발휘하는 법이다. 무의식에는 프로이트의 정신분석에서 말하듯 억압된 성적 욕구만 있는 것이 아니라 창조적 원천과 시간과 공간을 넘어설 수 있는 잠재력이 들어 있다. 의식의 약화는 상대적으로 무의식의 활성화로 유도되고 그로써 무의식의 절대지(絶對知)가 의식으로 올라오면 동시성현상이 일어난다. 꿈에서 신물의 거처를 알려준다든가, 소리로써 그 장소를 가르쳐준다든가, 망아경이 신물 획득이라는 구체적인 사건과 시간적으로나 의미상으로 일치하는 동시성현상은 무의식의 이와 같은 특성으로 설명될 수 있다. 그 또한 전혀 불가능한 일은 아니다.[47]

무의식적인 신물 획득에 관한 진술은 1960년대 사례에서도 발견되는데, 김태곤의 입무 사례 가운데 다음과 같은 것이 있다.

> 57세 여자. 꿈에 칠성(七星)님이라는 하얀 할아버지가 나타나 구월산(九月山) 밑 골짜기로 가보라고 지시했다. 그녀는 깜짝 놀라 칠성님이 지시한 곳에 가서 땅을 파보았다. 장구 2개, 징 2개, 무복이 든 고리 3궤짝, 삼지창 1개, 대신칼 1자루, 방울 5개, 제금 2개, 명도 12개 등 무구 일체를 얻게 되었다.[48]

> 37세 무녀. 신을 받은 지 4일 만에 꿈에 하늘에서 하얀 할아버지 한 분이 내려와서 일생의 보배가 있으니 아무 곳에 가서 파보라는 말을 들려주었다. 그 길로 꿈에서 지시해준 골짜기에 이르러 땅을 파보니 무신도, 징, 장구, 잔대, 제금, 촛대, 무복 등이 든 궤짝이 나왔다.

꿈이 예시적 기능을 가진다고는 하지만 그럼에도 사람들은 이러한

---

47) Jung, C.G.(1967), "Synchronizität als ein Prinzip akausaler Zusammenhänge," *G.W.* Bd.8, pp. 475~591.
48) 김태곤(1981), 앞의 책, 209쪽.

보고에 의문을 가질 것이다. 정말 이런 꿈을 꾸었을까, 아니면 꾸었다고 상상한 것일까, 혹은 무속사회의 선배들에게 들은 이야기를 실제로 꾼 자기의 꿈에 덧붙인 건 아닐까, 아니면 순전히 꾸며낸 이야기일까. 이러한 의문은 강신의 꿈뿐 아니라 입무과정에 관한 체험담 전체에 관계되는 물음이다. 그러나 우리는 이것을 직접 감별할 도리가 없다. 사례보고자는 아무도 제보자 보고의 신빙성을 의심하지 않는다. 입무자들은 감정이 섞인 어조로 고통의 체험, '계시'의 체험을 이야기했고 그것을 듣는 사람들은 진지하게 듣고는 그대로 기록하여 우리에게 전하고 있다고 생각한다.

마치 어떤 이야기꾼이 옛날이야기를 들려줄 때 이야기꾼도 듣는 사람도 정말 일어난 일이냐 아니냐를 따지지 않고 이야기 속으로 몰입하는 과정과 같다고 할까. 이야기꾼과 듣는 자 사이에 신비적 참여가 일어나 집단적 무의식을 이루는 원형들의 교감 속으로 들어감으로써 이야기가 진짜냐 가짜냐를 따질 필요가 없게 된 것과 비슷한 상황이다. 그러나 꿈의 해석이 소설이나 전래동화가 아니라 현대 심리학의 과제인 이상 해석의 자료를 어느 정도 확실히 파악하고 있어야 할 것 같다. 그래서 나는 정보의 신빙성에 관해 일어날 수 있는 의문에 다음과 같이 응답해보았다. 우리가 살피고 있는 사례보고 속 꿈 이야기나 체험담은 그들이 실제로 경험한 일일 수도 있고 상상한 일일 수도 있다. 상상이라 하더라도 무의식의 표현일 수 있으며, 실제로 일어날 수도 있는 일이라는 것이다. 사례들이 경험한 것은 집단적 무의식의 직접적인 표현이거나, 집단적 무의식에서 우러나왔으나 문화집단의 체험양식으로 틀이 잡혀 대대로 전승되고 재현되어온 내용이라는 것이다. 그런 의미에서 이러한 자료들은 심리학적 해석의 대상이 될 수 있다. 물론 개인적인 권위나 마술적 능력을 과시하기 위한 의도적인 과장이 전혀 없다고 할 수는 없으나 이것은 그리 큰 문제가 되지 않는다.

신물의 획득은 전 세계적으로 분포된 민담의 주제인 '감추어진 보물찾기'와 맥을 같이하는 관념이다.[49] 아키바 제8례를 보면, 공중에서 나는 방울 소리를 따라 어느 골짜기에 이르러 신성한 새까만 거울과 녹쓴 방울을 땅속에서 파냈다. 무당의 신경(神鏡)이나 신령(神鈴, 신령스러운 방울)은 만약 생전에 이를 전할 만한 신딸이나 신아들이 없을 때는 산속에 묻었고 뒷날 이를 찾아낸 사람이 진정한 무당이 된다고 진술했다. 또한 옛날에는 무당이 죽으면 거울과 방울을 시체와 함께 묻었기 때문에 흐리거나 비오는 날은 무당의 무덤에서 장구나 방울이나 동발 소리가 났다고 한다. 무당이 되고자 거울이나 방울을 찾으러 산으로 들어가는 사람도 있고 무당의 무덤을 파는 사람도 있었는데 지금은 그 방울을 팔아서 돈으로 바꾼다고 한다.[50]

1972년 아시아 대양주의 민간요법에 관한 국제학술집회에서 프로이트 학파 정신분석자가 정신치료를 '숨바꼭질'(seek and hide play)에 비유하는 것을 흥미롭게 들은 일이 있다. 환자와 치료자 사이에 치료해야 할 문제를 놓고 숨바꼭질을 하고 있다고 설명한 것이다. 그러나 나는 정신치료는 숨바꼭질보다 '감추어진 보물찾기'와 같다고 말하고 싶다. 숨바꼭질이나 보물찾기는 모험과 스릴을 수반한다. 그러나 숨바꼭질 끝에 우리가 지향하는 것은 결국 보물찾기일 터이다. 보물은 여러 곳에 있으나 대개 쉽게 찾을 수 없거나 얻기 어려운 곳, 혹은 조건 속에 있다. 치료자는 환자를 도우며 환자와 함께 보물을 찾는다. 보물은 깊이를 알 수 없는 바닷속에 묻혀 있다. 바로 우리의 무의식 속이다.

---

49) Wilhelm, B.R.(hrsg.)(2004), *Enzyklopädie des Märchens*, Bd.11, Berlin: Walter de Gruyter, pp.1253~60.
50) 秋葉隆(1950), 앞의 책, 54~55쪽.

무의식이 보배를 간직하고 있다고 생각하면 무의식에 대한 우리의 태도는 긍정적이 된다. 그 속에서 유아적 욕구만을 보는 치료자는 무의식에 대해 의심스러운 눈초리를 보낼 수밖에 없다. 그들은 결국 술래잡기에만 전념한다. 위에 소개된 강신무들은 입무과정에서 무당의 징표인 신성한 도구들을 찾는 데 매우 적극적이다. 신성한 도구는 치료자 자신, 혹은 치료적 수단이다. 그러므로 숨겨진 무구를 찾는 행위는 치료적 주체 혹은 수단을 찾아 자기 것으로 만들려는 노력이라고 할 수 있다. 현대 분석의의 수련 목표도 이와 같다. 무의식 속 '치료자원형'을 인식하는 데 있다. 샤머니즘은 이를 극적인 방법으로 성취하려 하고, 현대 의료심리학은 오랜 기간 주의 깊은 관조를 통해 목적을 이루고자 한다.

3) 꿈에서 신성한 존재가 건네주는 귀중한 것

앞에서 말했듯이 강신 입무 시 신물 획득은 무의식의 도움을 받아 성취된다. 1960년대 사례에서는 그러한 신물 획득에 관한 보고가 1930년대보다 적은 대신 안에서의 획득, 즉 꿈에서 신성한 어떤 존재로부터 귀중한 어떤 것을 얻는 현상이 보고된다. 김태곤의 입무 사례를 보자.

제2례. 42세 남자. 꿈에 관악산에서 하얀 할머니가 내려와 종이에 쓴 글자 30자를 내놓으며 그중에서 하나를 짚으라 하여 3자를 짚었다. 그러자 "너는 때가 되어서 오는 2월에 알 일이 있으리라" 하고 사라졌다.

제18례. 51세 여자는 죽은 친정아버지의 꿈을 꾸었다. 친정아버지가 큰 책 한 권을 손에 쥐어주어서 받았다. 이런 일이 있은 이튿날부터 그는 예언을 하고 싶어져 점을 치게 되었다.

제19례. 47세 여자는 하얀 할아버지가 나체로 산속에 있는 그녀에게 목탁을 주며 가지라고 명했다.

제20례. 점잖은 할아버지가 커다란 책 한 권을 주어서 받는 꿈을 꾸었다.[51]

최길성과 장주근의 입무 사례인 경기도의 조(趙) 무녀는 어느 날 꿈에 수염이 긴 노인이 사주 책을 끼고 들어오는 것을 본다. 노인은 그 책을 그녀에게 보여주는데 첫 장을 넘기니 큰 글자 네 개가 보였다. 노인은 이것이 '신장(神將)님'이라고 설명했다.[52]

꿈에 죽은 사람이나 하얀 노인이 나타나서 중요한 사실을 알리거나 귀중한 것을 주는 일은 우리나라 고대 문헌에 자주 나온다.[53] 하얀 할머니나 할아버지는 우리나라 무속신앙에서 산신령으로 묘사된다. 책의 경우 사주 책이라고 명시된 것이 아니더라도 점술서나 경서 같은 신성하고 신비로운 책임에 틀림없고 글자는 흔히 자체로 주력(呪力)을 가진 표상이다. 꿈에서 죽은 자와 노인이 절대적 권위를 가지고 무언가를 고지하는 주제는 비단 우리나라에 국한된 현상이 아니고 다른 민족들에게도 널리 퍼져 있다. 즉 원형적 기반에서 나타나는 현상이라 할 수 있다. 무속문화의 언어로 말한다면 위의 꿈들은 입무자가 산신령이나 그의 사자(使者)에게 신비로운 능력을 전수받는 꿈이라고 할 수 있다.

---

51) 이상의 각 사례는 김태곤(1981), 앞의 책, 199쪽, 214~215쪽, 219쪽 참조.
52) 장주근·최길성(1967), 민속자료조사보고서, 『경기도지역무속』(양주군 무녀 조영자편), 문화재관리국, 115~120쪽.
53) 이부영(1984), 「한국인 꿈에 나타난 원형상(1) ―『삼국사기』와 『삼국유사』를 중심으로」, 『정신의학보』 8(1), 2~9쪽.

분석심리학적 언어로는 자아가 무의식의 심층에서 얻는 누미노제적인 앎과 통찰의 표현이다. 이런 꿈을 신격과 성교를 나누는 표현으로 보는 것은 상당한 비약이라고 할 수밖에 없다.[54] 정신분석에서 꿈이 근친상간의 금지된 욕구를 위장한 것이라고 보는 한, 꿈에 대한 환원적 해석은 지속되겠지만 그렇게 해서 무엇을 얻겠는가. 불행하게도 인간 무의식의 창조적 원천은 간과되고 말 것이다. 그래서 융은 말한다. "꿈은 감추지 않는다. 가르쳐준다." 입무자들이 본 하얀 할머니나 할아버지는 민담에 나오는 노인처럼 집단적 무의식의 원형상으로 심령(Geist)의 상징이거나 노현자, 노여현자 혹은 자기원형상을 표현한다.[55]

1930년대 아키바나 무라야마의 조사 사례에서는 볼 수 없었지만 1960년대 강신무의 꿈에서 책을 얻는다든가, 책에서 글자를 고른다든가, 사주 책을 받는다든가 하는 현상은 무당이 사용하던 무구를 그가 죽은 뒤 무덤에 함께 묻는 일이 없어진 것과 관계가 있을 것이다. 한편 한국의 샤머니즘에서 무구를 신성시하는 정도가 약해지고 도교·불교와의 습합이 현대사회로 내려오면서 강화되다보니 엑스터시의 강력한 정동체험보다는 정적인 로고스적 탐색이 우세해졌기 때문이 아닌가 하는 생각도 해본다. 이를 증명하려면 좀더 많은 사례가 필요하다.

4) 저승으로의 여행

시베리아 및 중앙아시아의 입무자들은 강신의 꿈속에서 입무 주재자의 인도로 저승을 방문한다. 그는 여러 유형의 귀령을 만나 여러 가지

---

54) 김광일·김태곤(1970), 「무(巫)의 강신몽 분석」, 『신경정신의학』 9(1), 47~56쪽.
55) Jung, C.G.(1976), "Zur Phänomenologie des Geistes im Märchen," *G.W.* Bd.9/1, *Die Archetypen und das kollektive Unbewußte*, pp.221~269.

일을 보고 겪는다. 샤먼이 된 뒤에도 병자를 치료하거나 죽은 자의 영혼을 저승으로 인도할 때 보호신의 도움을 받아 저승으로 비상하거나 지하계로 들어간다. 한국의 무당은 굿을 할 때 저승으로 가는 일이 없다. 그러나 앞에서 언급했듯이 강신무의 입무과정에서 겪는 환상이나 꿈을 보면 거기에 엘리아데가 말하는 마술적 비상, 천상 존재와의 관계가 단편적으로나마 표현된 것을 알 수 있다. 즉 학을 탄 선관(仙官)이 여자의 머리카락을 붙잡아 흔들고 나가는 꿈(아키바 제4례), 하늘에서 내려진 밧줄을 타고 천상으로 올라가는 꿈(아키바 제10례), 가슴이 답답하여 자기도 모르게 손뼉을 치면 하늘로 훨훨 나는 착각을 하는 경험(김태곤 제1례). 덩실덩실 춤을 추자 하늘에서 명주 두 필이 내려왔다. 명주는 사다리가 되었으니 올라오라는 분부가 하늘에서 내렸다. 명주 사다리를 타고 명주를 거둬가며 하늘에 올라가니 "너는 꽃밭에 물을 줄 사람이니 어서 내려가라"는 말이 떨어지자마자 누군가 발길로 차서 하늘에서 뚝 떨어진 경우를 들 수 있다.[56]

이상의 예로 한국의 샤머니즘에서도 하늘이란 세계로의 비상이라는 주제가 발견된다고 할 수 있다. 그러나 저승으로의 여행은 입무자의 적극적 의지나 마술적 수단을 빌려 수행되는 것이 아니라 하늘의 명령이나 지시로 내려온 명주, 또는 밧줄을 타고 올라가는 등 매우 수동적이다. 또한 위의 사례처럼 하늘로 올라가는 목적이 신령과 만나 잃어버린 영혼을 찾기 위한 정보를 얻는 데 있지 않고 '저 세상으로 가는' 즉 승천(죽음)이라는 한국 전래의 관념과 섞여 샤머니즘의 관념과는 전혀 다른 문화적인 주제를 나타낸다.

아무래도 한국의 강신 입무 사례들에서는 대부분의 입무자, 혹은 입

---

56) 각 사례의 출처는 秋葉隆(1950), 앞의 책, 50~60쪽; 김태곤(1981), 앞의 책, 197~220쪽 참조.

무자의 넋이 하늘로 올라가기보다는 신령들이 하늘에서 아래로, 밖에서 안으로 들어오는 경우가 많다는 사실을 다시 확인한다. 다시 말해서 강신의 주도권은 항상 하늘의 신들에게 있다. 이 관계는 강신으로 정해지는 무당의 수호신, 몸주에 관한 고찰에서 다시 다루고자 한다.

심리학적으로 '저승으로의 여행'은 의식 경계 너머 세계로의 여행, 즉 무의식계로의 여행을 의미한다. 미지의 세계로 가서 이승, 즉 의식계의 문제를 풀 수 있는 해결책을 구하려는 태도가 상징적으로 반영되어 있다. 저승으로의 여행에서 시베리아 및 중앙아시아 샤머니즘이 적극적인 탐색이며 마술적인 태도를 보인다면 한국의 샤머니즘은 저승이 지닌 권위와 권능에 대한 절대적인 순응이라는 종교적 태도를 나타낸다. 이를 한국 샤머니즘이 제시하는 심리적 특성이 무의식에 대한 수동적 의존과 기대, 혹은 종교적 태도라고 말할 수 있을지 모르겠다. 이 문제는 이 책의 여러 장에서 자주 거론될 것이다.

5) 개성화의 상징

김태곤의 입무 제2례는 상당히 복잡한 원형적 상징들을 경험하고 있다. 그 가운데서도 개성화의 상징이 특히 눈에 띈다. 김태곤의 제2례는 42세 남자로 들뜬 마음에서 경험한 환상체험, 혹은 꿈을 제시하고 있다. 그 내용의 상징적 의미를 살펴보자. 먼저 체험내용을 정리해보기로 한다.

1. (꿈): 과천 관악산에서 하얀 할머니가 내려와 글자 30자 가운데 하나를 짚으라 하여 3자를 짚었다. "때가 되어서 오는 2월에 알 일이 있으리라" 했다.

2. (꿈): 백마가 집으로 들어와 나를 물어 삼켰다. 결국 백마의 배

속에 들어가버렸다. 그곳에서는 말의 내장이 보였다. 어떻게 하다 보니 말의 배 속에서 나와 벙거지를 쓰고 백기, 홍기를 들고 그 말을 타고서 "나는 백마장군이다"라고 외쳤다.

3. (꿈 혹은 환상?): "늘 흰옷을 입으라." 그 소리를 듣고 입으면 개·닭·벌레가 물려고 덤빈다. 피하기 위해 나가면 똥을 끼얹는다(환각?). 하루에 옷 3벌을 물에 담근다.

4. (환상?): 용산역에서 사람 셋이 와서 장구·신장기(神將旗)·꽃을 가져가라 하여 가보았으나 아무도 없었다.

5. (꿈 혹은 환상?): 대문으로 하얀 할아버지가 호랑이를 데리고 '백두산'이라 쓴 기를 손에 들고 들어오는 것을 보았다. (좀 지나) 덕물산 최영 장군이 짚신 신고 칼 들고 들어왔다. 신의 이름을 알게 되었다. 덩실덩실 춤추고 있는데 하늘에서 명주 두 필이 내려와서 사다리가 되었으니 올라오라는 분부가 내렸다. 명주 사다리를 타고 하늘로 올라가니 점잖고 위풍당당한 대왕 두 분이 앉아 있다가 '너는 꽃밭에 물을 줄 사람이니 어서 내려가라'는 말이 떨어지자마자 누군가가 발길로 차서 하늘에서 뚝 떨어졌다.

떨어진 백사장에 글자 30자. 글씨가 신이 되어 지금 30위의 신을 모시고 있다(무당의 말).

꿈 1과 명주 사다리를 타고 하늘에 올라갔다가 떨어지는 꿈(혹은 환상)에 대해서는 이미 언급했다. 중요한 것은 꿈 2의 내용이다.

동물의 배 속에 삼켜졌다가 다시 나오는 주제는 전형적인 신화소(神話素)이다. 고래 배 속에 삼켜졌다가 갓난아기로 다시 나온 요나의 이야기, 이와 같은 유형의 태양신화, 우리나라 금강산 호랑이의 배 속에 삼켜졌다가 아버지의 시체에서 발견한 칼로 배를 갈라 원님의 딸을 데리고 나와 그녀와 결혼한 포수의 아들 이야기까지 이니시에이션의 주제 가운데 하나이다.[57] 이들은 모두 영웅신화와 결부되어 있다. 심리학적으로는 파괴적인 모성적 권력에 사로잡혔다가 극복하고 새로운 인격으로 다시 태어나는 인격의 창조적 변환과정을 의미한다.[58] 앞에서 말한 것처럼 중앙아시아 및 시베리아 샤머니즘의 해체를 통한 고통과 죽음 뒤에 새로운 몸으로 다시 태어나는 주제와 달리 농경민족 특유의 '괴물에게 삼켜짐'이라는 이니시에이션 주제로, 방식은 다르지만 '새로 태어남'이라는 목표는 같다. 이에 대해서는 이 책 입무과정의 상징성에서 언급했다.

이 사례를 보아도 말의 배 속에서 나오자마자 입무자는 완전히 다른 사람이 되어 있다. 즉 그는 백기와 홍기를 든 말 탄 장수가 되어 "나는 백마장군이다"라고 소리친다. 말의 내장이 보였다는 것도 음미해볼 일이다. 자신의 내장을 본다는 것은 요가수행자의 중요한 수행목적으로, 보이지 않는 자신의 내부를 투시하는 능력을 얻고자 함이다. 내장은 심리적인 의미의 무의식과 같다. 그것은 존재하고 작용하고 있으나 우리의 오관과 오성으로는 일부만을 느낄 수 있을 뿐이다. 입무자는 말의 내장을 본다. 그것은 무의식의 내용과 구조를 투시하는 능력을 갖게 된

---

57) 심재경(1990), 「한국의 전래동화 〈유복이와 금강산 호랑이〉의 분석심리학적 해석시론」, 『심성연구』 5(2), 73~101쪽; Von Beit, Hedwig(M.L. von Franz) (1977), *Gegensatz und Erneuerung im Märchen* 4. Aufl, Bern: Francke Verlag, p.398; Von Beit, Hedwig(M.L. von Franz)(1981), *Symbolik des Märchens*, 6 Aufl., Bern: Francke Verlag, p.342, p.366.
58) Jung, C.G.(1952), *Symbole der Wandlung*, Zürich: Rascher Verlag, pp.414~416(C.G. 융 기본저작집 제8권[2006], 『영웅과 모성원형』, 솔); Eliade, M.(1961), *Mysterium der Wiedergeburt*, 앞의 책, p.162.

다는 뜻이다. 모든 것을 산출하는 무의식은 모성 상징이기도 하다. 모성성이 지닌 비밀스러운 성질을 인식하면 모성성의 파괴적인 세력에서 해방될 수 있을 것이다. 삼켜지는 동물이 말이라는 것이 좀 생소하지만 민담에는 암말에게 삼켜지는 모티브가 있다.[59] 말은 모성을 상징한다. 이런 이야기를 입무자가 어디서 들은 것은 아닐 터이고 스스로 꾸며서 하기도 쉽지 않을 터이니 입무자가 원형적 꿈을 꾼 것을 이야기한 것이라고 보는 게 타당할 듯하다.

"흰옷을 입으라"는 소리에 흰옷을 입으니 개와 닭과 벌레들이 덤벼들고 똥을 뒤집어쓰게 만들어서 세 번이나 옷을 빨아야 했다는 이야기는 흰옷이 상징하는 순수성, 깨끗함, 순결성을 본능적 충동으로 보상하는 무의식의 표현이라고 볼 수 있다. 성(聖)과 속(俗)의 대결, 일방적 순수성에 대한 대극인 더러움의 도전과 반란이다. 무의식은 이 두 대극을 하나로 통합하고자 하는 경향이 있다. 대극과 대극의 합일을 지향하는, 분석심리학에서 말하는 자기, 객체정신의 의도가 여기에 제시된다고 볼 수 있다.

꿈인지 환상인지 명시되지 않은 채 백두산이라 쓴 기를 들고 호랑이를 데리고 안으로 들어오는 하얀 할아버지는 분명 무당의 신 가운데 하나인 산신임에 틀림없다. 뒤이어 나타난 최영 장군은 백두산 신을 이어받은 덕물산 산신의 위치에 자리한다. 신의 이름을 안다는 것은 자기 것으로 소유함이다. 일견 연관성이 없는 것처럼 보이는 체험 내용 가운데 반복되는 표상과 전체를 일관되게 연결하는 의미가 발견됨 직하다. 체험 내용과 환상의 계열을 전체적으로 정리해보면 다음과 같다.

---

59) Von Beit, Hedwig(M.L. von Franz)(1977), Gegensatz und Erneuerung in Märchen, 4. Aufl., Bern: Franke Verlag, p.427.

① 시작의 단계: 정서적 불안정, 염주의 발견(불교의 영향), 무속신에 대한 경배
〔신의 선택의 예비과정〕하얀 할머니의 글자 30자 중 3자 짚음.
② 이니시에이션(입무)의 꿈: 고통·죽음·재생(고통의 체험 희박). 백마의 배 속에 들어갔다 나오면서 백마장군이 됨.
③ 시련과 도전: 언제나 흰옷. 일방적 순수성과 그 대극(그림자) 사이의 긴장과 갈등
④ 신의 선택의 징조: 세 사람의 고지(告知)→장구, 신장기, 꽃을 가져가라(신물의 획득과 같은 맥락이지만 이루어지지 않음).
⑤ 신의 현현(神顯, Epiphania): 백두산 신, 덕물산 최영 장군 신
⑥ 천상의 대왕신들의 부름, 심사, 명령→지상으로.
⑦ 백사장에 글자 30자→30위 신이 됨.
⑧ 내림굿

이 사례가 경험했다는 것은 의식하기도 하고 전혀 의식하지 못하기도 한 것들, 들은 이야기이지만 잊어버린 것, 일찍이 들은 적도 의식한 적도 없는 원초적인 사고의 원천에서 나온 것이 모두 섞여 있다는 생각이 든다. 그리고 이야기의 표현자료는 한국의 전승문화, 무속신화, 민담, 불교설화에서 얻어온 것들이라고 하겠다. 그리고 입무자가 자기의 경험을 이야기하는 가운데 그런 문화적·종교적 표상들이 자신의 무의식 속 원형들의 활성화와 배열(constellation)에 따라서 서로 연결되고 구성된다고 볼 수 있을 것 같다. 따라서 합리적인 눈으로는 서로 연결이 안 되는 것처럼 보이는 내용도 상징적인 의미를 추구하다보면 인간 심성의 깊은 곳에 존재하는 개성화 과정의 상징들이 발견될 수 있다. 여기서 우리는 개인뿐 아니라 인류 보편의 원형적 조건을 확인한다.
이 사례에서도 그러한 개성화의 주제가 발견된다. 말의 배 속에 삼켜

지고 나오는 주제, 깨끗함과 더러움이라는 대극 사이의 갈등, 신들의 현현, 특히 최초의 하얀 할머니와 할아버지 산신들의 대위성에서 개성화의 주제를 짐작한다. 하얀 할머니는 입무자에게 최초의 인도자이다. 그녀는 완성하는 자라기보다 앞으로 중요한 변화가 일어날 것임을 예측하게 하는, 그래서 마음의 준비를 하게 만드는 역할을 한다. 심리학적으로 무의식 속에 종종 나타나는 예시적 기능의 인격화된 상이라 할 수 있다. 백두산이라는 글자가 적힌 기를 들고 호랑이를 거느리고 나타난 하얀 할아버지와 최영 장군과 하늘에 계신 두 분의 대왕은 계위의 차이가 있는 것 같지만 결국은 하나의 신이 여러 이미지로 나타났다고 보아도 될 듯하다. 남성의 꿈에 나타나는 남성적 신격은 대개 그의 본성의 상징적 표현, 바꾸어 말해서 자기원형상의 표현인 경우가 대부분이다. 신격의 심리학적 상징에 관한 고찰은 따로 다룰 것이다.

6) 영혼의 인도자, 상처 입은 자와 치유의 주제

다음의 강신 입무 사례에서 그러한 무의식의 원형적 상징을 살펴보기로 하겠다. 김태곤의 강신 입무 사례(제19례)로 무당 이 씨(47세 여자)의 진술이다. 그녀의 체험 내용을 전체적으로 정리하면 다음과 같다.

(1) 준비기
① 결혼 후 자기를 짝사랑하다 죽은 남자가 반복적으로 꿈에 나타나 짜증이 난다.
② 32세. 몸이 무거워지고 머리가 아프고 속이 답답하다. 물을 보면 몸이 좋아진다.
③ 굿하는 곳마다 가서 무감을 서거나 춤추며 논다.

(2) 신의 현현

꿈 1: 산의 바위 위에서 팬티만 입은 채 한없이 절을 한다. 하얀 할아버지가 말한다. "공을 닦아야 자손에게 좋다."

꿈 2: 산속에 나체로 있는 그녀에게 하얀 할아버지가 목탁을 준다.

꿈 3: 40세. 하얀 할머니가 엽전 7개를 주며 말한다. "천 사람, 만 사람의 손님을 접해라. 그래야 몸에 좋고 신수에 좋다. 시집과 친정의 불도가 세니 그렇게 하라."

꿈 4: 시기 미상. 할아버지 할머니가 꿈에 나온다. 할아버지는 촛불이 환하게 켜진 가운데 절만 받는다. 할아버지는 금강산 신령이고 둘은 부부라고 한다.

꿈 5: 시기 미상. 다른 하얀 할아버지가 설악산 절에서 자기에게 줄 짚신을 가져왔다고 한다.

(3) 호랑이와 구렁이의 만남(일종의 시련, 신들과의 대결, 수호신의 선택과정)

① 호랑이 8마리. 그 중앙에 어미 호랑이, 이들을 바위 밑에서 만난다.
② 어미 호랑이가 말한다. "다음에 천하를 움직이는 신령님을 네게 점지해주마."
③ 남자 하나를 물어다 구석에 처박아 놓는다. 나쁜 짓을 해서 지옥 보낼 사람이다.
④ 호랑이가 마른 북어 하나를 입에서 토하더니 두 발로 받아 이 씨에게 주어 이 씨가 치마폭에 받는다.
⑤ 북어를 들고 내려오다 다른 호랑이를 만난다. 호랑이가 말하기를 "밥·대추·소지·초·쌀을 사서 솥을 가지고 17일 이곳에 오너라."
⑥ 호랑이가 북어를 달라며 입을 크게 벌려도 주지 않고 산을 내려온다.

⑦ 산 밑에 내려오니 검고 누런 큰 구렁이 두 마리가 어우러져 있다.
⑧ 아까 호랑이가 와서 구렁이가 산신임을 알려준다.
⑨ 누런 구렁이가 이 씨의 왼쪽 다리를 감는다.
⑩ 쇠붙이 같은 것을 몸에 붙인 남자가 나타나 구렁이에게 물렸느냐고 묻는다. 그렇다 하니 백반을 발라준다.
⑪ 아까 호랑이가 또 북어를 달라, 주지 않으면 해치겠다 했으나 그대로 가지고 있다.
⑫ 구렁이 네 마리가 앞을 딱 가로막는다. 머리는 모두 사람의 머리이다. 북어를 달라던 호랑이가 다시 나타나 이 구렁이가 신령님인데 너의 말문을 열어줄 것이라고 한다.
⑬ 구렁이가 이 씨에게 북어를 호랑이에게 주라고 하나 주지 않는다.
⑭ 북어를 아랫목 이불 밑에 두었더니 두 마리 구렁이가 되었다. 상 위에 앉아 나물과 밥 등을 해올리라고 명령한다. 그렇게 하니 먹지는 않고 사라진다.
⑮ (3일 후) 그 구렁이 두 마리가 꿈에 찾아와 굿을 하라고 한다. 그래야 천사를 일러주고 천하를 울린다는 말을 남기고 사라진다.

이 씨의 경험담은 앞의 사례와 마찬가지로 하나의 신화이다. 그녀는 신화를 이야기하고 있다. 따라서 원형적 상들이 여기저기에 보인다. 입무의 시작에는 다른 사례처럼 개인적인 갈등과 신체적 고통이 따른다. 죽은 남자에게 얽힌 감정적 콤플렉스가 결혼 이후 그녀의 의식을 자극하여 괴로움을 주고 신체적인 고통을 준다. 물이 치유의 힘을 상징함은 다 아는 사실이다. 초월적 존재에 의지하고자 하는 소망이 커지고 굿놀이에 빠짐으로써 문제를 해결하고자 애쓴다. 이때 신들이 꿈에 나타나 해결책을 가르쳐준다. 정성을 드리라 하고, 목탁을 주고, 엽전 7개를 주고, 짚신을 가져다준다.

꿈속에 신들이 출현하여 해결책을 주는 현상은 이미 언급한 대로 인류 역사 이래 항상 되풀이되고 보고되어왔다. 꿈에서 치유의 신을 만나고자 하는 가장 적극적인 예는 고대 그리스의 사원수면(temple sleep, incubation)에서 볼 수 있다. 즉 환자가 아스클레피우스 의신(醫神)을 모신 사원에서 자면서 꿈에 의신이 나타나기를 기다린다. 신의 나타남(epiphania) 자체, 혹은 꿈에서 내린 신의 처방을 따를 때 여러 가지 병이 치유되었던 것이다.[60]

이 씨에게 내려진 신의 메시지는 공을 닦으라는 처음의 일반적인 권고에서 차츰 구체적인 과제로 바뀌어간다. 목탁은 불도를 닦아 번뇌에서 벗어나는 도구이며, 엽전 7개는 아마도 점을 치는 도구일 것이며, 도교계의 수명을 다루는 북두칠성신과 관계가 있을 것 같다. 짚신은 무속에서 흔히 제물을 담는 그릇이나 액을 멀리 물리치는 데 사용되며 배의 역할을 한다. 이 씨가 팬티만 입고 산에서 기도한다든가 나체로 있는데 하얀 할아버지가 말을 하거나 신물을 주었다고 하여 이것을 성적인 의미로 해석하는 경우가 있으나 성급한 환원적 해석이다. 특히 주목할 사실은 이 씨의 꿈에 나타난 노인은 하얀 할아버지일 뿐 아니라 하얀 할머니이며, 둘은 부부신이라고 알려져 있다는 점이다. 앞의 사례에서도 할아버지뿐 아니라 할머니가 나타난 점에 유의할 필요가 있다. 한국의 샤머니즘에서는 보통 부부신이거나 남녀 한 쌍의 신을 모시는 경향이 있다. 벌거벗은 몸은 페르조나를 버린 자연 그대로의 모습이다.

무의식의 치유기능이 활발히 의식에 올라온 뒤에도 입무과정, 즉 치료자가 되는 과정에 아직 할 일이 남아 있는 것 같다. 무의식은 이 경우

---

60) Ellenberger, H.F.(1970), *The Discovery of the Unconscious*, History and Evolution of Dynamic Psychiatry, New York: Basic Books, pp.32~33.

더욱 깊은 곳의 더 고태적인 상징을 내보내 대면하도록 한다. 호랑이와 구렁이의 이미지가 그렇다.

처음 만난 것은 호랑이 여덟 마리 중 한 마리, 어미 호랑이이다. 호랑이는 이 씨에게 '다음에 강력한 신령님을 점지해줄 것'이라고 한다. 호랑이는 북어를 토해 이 씨에게 정중하게 건네주는데 이 씨는 끝까지 놓지 않으려 한다. 북어가 무엇인지는 나중에야 암시된다. 또한 호랑이는 죄 지은 자를 물어다가 지옥에 보내는 역할도 한다. 이 씨가 산을 내려올 때 만난 또 한 마리의 호랑이는 제사드릴 날짜와 제수를 일러준다. 그런데 이 호랑이는 뒤에도 이 씨를 따라 내려와 거기 있던 구렁이가 산신이며, 또 다른 구렁이는 '너의 말문을 열어줄' 신령님이라고 알려준다.

여기서 어미 호랑이는 선악을 분별하며 악한 자를 응징할 수 있는 동시에 입무를 주재하는 존재이다. 자기 몸속에서 뱉은 것을 제공하여 입무의 전 과정 동안 간직하도록 만드는 등(그것이 호랑이의 뜻인지는 불명확하지만) 중요한 조절자의 역할을 한다. 이에 비해서 산으로까지 이 씨를 따라온 다른 호랑이는 제사에 관한 지시를 전하고 신령의 본체를 알리는 역할을 한다. 제주도의 신방이 신의 뜻을 굿의 참여자에게 알기 쉽게 풀이하는 것처럼 호랑이도 구렁이들이 신령이며 어떤 능력을 가졌는지를 알리고 있다. 시베리아 샤먼 후보자가 입무 주재자의 인도로 저승에 가서 여러 종류의 신령을 만나고 그 성질을 확인하는 것과 맥을 같이한다. 이 호랑이는 영혼의 인도자(psychopompos)이다.

인간의 무의식에도 그러한 안내자가 있고 조절자가 있다. 의식의 중심인 자아가 무의식의 깊은 층으로 안내되어 그곳의 집단적·원형적 콤플렉스를 인식하는 경우이다. 이때 자아를 무의식계로 매개하는 요소는 분석심리학에서는 남성에서는 아니마, 여성적 인격, 여성에서는 아니무스, 남성적 인격이라고 한다.[61] 개성화 과정의 모든 진행을 조절하는 조절자는 자기원형이라 부르는 것으로 꿈에서 여러 이미지로 출현되는데 호랑이의 이미지로 나타날 수도 있다. 우리나라 민담에서 호랑이는 여러 가지 상징적 의미를 나타낸다. 때로는 주인공을 신성한 장소로 인도하는 이른바 영혼의 인도자를 상징한다.[62]

산 밑에 내려오니 큰 구렁이 두 마리가 어우러져 있다. 검은 구렁이와 누런 구렁이이다. 대극 융합의 상이다. 모든 정신생활의 에너지가 여기서 분출되고 또한 이런 상태로 돌아온다. 산신인 호랑이가 하늘 가까운 곳에 사는 존재로서 부성적·영적인 요소를 상징한다면 구렁이는 대지와 지하계의 주민으로서 지하계적(chthonic)·본능적·모성적인 리비도를 상징한다고 볼 수 있다. 그러나 이 씨의 꿈 혹은 환상에서는 구렁이가 산신이라고 한다. 호랑이와 구렁이는 하나이다. 하나인 것의 두 측면이라고 보아야 할 듯하다. 수행자는 하늘의 이치뿐 아니라 땅의 이치도 알아야 한다는 한국의 전통적인 수행목표와 같이 여기서도 하늘의 신들을 접촉한 뒤에는 지하계의 신들을 만나야 한다는 뜻, 그 둘이 별개가 아니라 하나라는 뜻이 내포되어 있다. 구렁이는 무의식 자체를 상징한다.[63] 꿈은 입무자가 전통적 정신과의 대면뿐 아니라 무의식의 내용을 인식할 필요가 있음을 알려주고 있다.

한국, 특히 제주도의 샤머니즘이나 민속에서 구렁이는 무신 가운데 하나로 숭배된다. 구렁이를 산신이라고 하는 경우가 있는지 알 수 없으나 중국에는 있다. 산기슭에서 살며 그 산의 신으로 간주되는 특이한 구렁이에 관한 이야기이다.[64] 그러나 호랑이와 구렁이는 예부터 전형

---

61) 이부영(2001), 『분석심리학의 탐구 ② 아니마와 아니무스』, 한길사.
62) 이부영(2011), 『한국민담의 심층분석』, 집문당, 131~137쪽.
63) Jung, C.G.(1952), *Symbole der Wandlung*, Zürich: Rascher Verlag, p.654, p.662.
64) 정재서 역주(1985), 『산해경』(山海經), 민음사, 235쪽. 종산지신(鐘山之神)으

적인 대극상의 짝을 이루고 있지 않았는가 짐작된다. 이 씨의 꿈 혹은 환상은 하나이면서 둘이며, 둘이면서 하나라는 동서고금의 철학적 성찰을 절묘하게, 또는 마치 엉뚱한 실수처럼 표현하고 있다.

　무의식의 인식과정에서 삽화처럼 끼어든 이야기가 있다. 상처를 입고 난 뒤 그 상처를 치유받는 경험담이다. 치료자가 될 원형적 조건을 나타내는 것으로 '상처 입은 치료자'(wounded healer)라는 원형적 상징과 관련된다. 구렁이는 이 씨의 왼발을 감고(상처를 입히고) 남자는 그것을 고쳐줌으로써 그 치유법을 가르쳐준다. 쇠붙이 같은 것을 몸에 달고 나타난 남자는 분명 샤먼이다. 샤먼은 몸에 많은 쇠붙이를 달고 춤을 춘다. 악령들은 쇳소리를 싫어하므로 도망친다. 우리나라 무당들도 쇳소리로 악귀를 물리친다. 남자는 이 씨로 하여금 치유자가 되도록 하기 위하여 상처를 주고 이를 치유하는 과정을 경험하게 하는 자이다. 그런 존재가 인간무의식에 상징으로서 등장하는 경우가 있는데, 우리 민담에도 그런 주제가 종종 보인다.[65]

　무의식의 원형상들은 더욱 구체화되고 그 기능도 더욱 분화됨을 다음 장면에서 목격할 수 있다. 사람의 머리를 가진 구렁이 네 마리의 이미지이다. 이들은 '말문을 열어줄 신령'이라고 한다. 반은 사람이고 반은 짐승인 이미지는 신화에 자주 등장하는데, 흔히 본능세계와 의식계를 중계하는 상징적 의미를 갖는다. 뱀이나 구렁이가 신의 상으로 나타나는 경우는 무수히 많으나 사람의 머리를 가진 뱀은 그리 흔한 것 같지 않다. 다만 중국신화에서는 많은 천신과 상제가 사람의 머리에 뱀의 몸을 가진 것으로 묘사된다. 인류 창생과 세계 창조의 전설과 관계가 있는 복희씨와 여와도 뱀의 몸을 가졌다. 앞에서 말한 종산(鐘山)의 신

로 '촉음'이라 부르는 인면사신(人面蛇身)의 우주적 구렁이이다.
65) 이부영(2011), 앞의 책, 295쪽.

은 낮과 밤, 바람, 여름과 겨울을 조절하는 본체인데, 머리는 사람이나 몸은 거대한 뱀이다.[66] 중국 서방에 장수국이 있는데 그 나라 사람은 모두 머리는 사람이고 몸은 뱀이다. 사람의 머리 아홉에 뱀의 몸뚱이가 하나인 악한 괴물에 관한 이야기도 있다.[67]

분석심리학에서 뱀은 모성적 리비도, 정신적 에너지의 원천, 변환의 상징이다. 심리학과 연금술에서 융은 의미가 깊은 일련의 꿈을 소개하는 가운데 다음과 같은 흥미로운 꿈을 보여준다. 이 씨의 꿈과 공통된 주제여서 옮겨본다.[68]

네모난 공간. 거기에서 복잡한 의식이 거행된다. 목적은 짐승들을 사람으로 변하게 하는 데 있다. 서로 반대 방향으로 달리는 두 마리의 뱀은 즉시 제거되어야 한다. 여우와 개 같은 동물이 있다. 사람들은 다시 네모난 공간을 빙빙 돌아야 하고 그때마다 네 귀퉁이에서 동물들로부터 종아리를 물려야 한다. 만약 도망간다면 다 헛일이다. 이제 좀더 어진 동물들이 생겨난다. 즉 황소들, 알프스 염소들. 네 마리의 뱀이 네 귀퉁이로 간다. 그러자 모임은 밖으로 향한다. 두 사제가 엄청나게 큰 파충류 한 마리를 들고 있다. 그것으로 아직 형체가 불분명한 짐승 또는 생명뭉치의 이마에 댄다. 그랬더니 사람의 머리가 환한 모습으로 나타난다. 한 목소리가 외친다. "저것이 생성(生成, Werden)의 시도들이다."

---

66) 정재서 역주(1985), 앞의 책, 235~236쪽.
67) 원가(袁珂), 전인초·김선자 옮김(1988), 『중국 신화전설』 1, 민음사, 529쪽, 547쪽.
68) Jung, C.G.(1952), *Psychologie und Alchemie*, Zürich: Rascher Verlag, p.202.

융이 무의식의 탐구를 위해 어떤 해석이나 영향을 배제한 채 수집한 많은 꿈 가운데 하나이다. 융은 이 탐구에서 무의식에서 작동하는 개성화 과정의 상징적 표현을 증명하고 있다. 이 씨의 꿈은 여기에 비하면 단순한 면이 있으나 동물로부터 물려 상처를 입어야 하고, 피해서는 안 된다는 점에서 공통점이 있다. 뱀 네 마리의 등장, 부정의 뭉치에서 사람의 머리가 생겨나는 주제, 그리고 이러한 변환을 일으키는 엄청나게 큰 파충류(아마도 뱀)의 신비한 힘은 우리의 꿈을 이해하는 데 매우 도움이 된다. 동물들에게 물리는 꿈의 주제에 관하여 융은 다음과 같이 말한다.

이때 사람들은 동물들에게 물린다. 다시 말해서 사람들은 무의식의 동물적인 자극에 스스로를 노출시켜야 한다. 그것과 동일시함이 없이, 또한 도망가지도 않은 채. 왜냐하면 무의식으로부터의 도피는 이 과정의 목적을 허망하게 만들기 때문이다.[69]

꿈에서 자신의 왼쪽 다리를 감는 누런 구렁이를 보고 이 씨는 가만히 있었다. 놀라서 도망가지 않는다. 상처를 입는다는 사실이 뚜렷이 강조된 것은 아니지만 결국 상처를 입은 것으로 판명된다. 자아와 본능의 관계에서 다소의 무의식성이 드러난 셈이다. 우리의 꿈에 나타난 4마리의 뱀은 앞에 꾼 꿈의 8마리 호랑이와 연관될 듯하다. 분석심리학에서 4는 전체성의 상징이다. 8은 4의 배수로서 이중(二重) 만다라에 해당된다. 8이 4로 이행했다고 보는데 이는 전체성이 더 명료하게 드러남을 나타내는 것 같다. 무의식에 있는 전체정신을 실현하고자 하는 자기원형의 의도가 더욱 분명해졌다고 할 수 있다. 여기에 그 뱀들이 각

---

69) 같은 책, p.204.

각 사람의 머리를 하고 있다는 것은 동물의 인간화, 즉 원시적 본능이 자아의식과 소통하고 조절될 수 있을 만큼 분화되기 시작했다고 볼 수 있다.

'신령들'이 이 씨의 '말문을 열어준다' 함은 상징적으로 매우 적절하다는 느낌이 든다. 왜냐하면 말문을 연다는 것은 한국 샤머니즘에서는 입으로 신의 말을 전하는 것, 즉 신탁의 능력을 말하기 때문이다. 신이 자신 속에 들어 있고 그 징조가 분명하다고 하더라도 신탁, 즉 공수를 하지 못하면 무당이 될 수 없다. 공수를 한다는 것은 심리적으로 알 수 없는 무의식의 원형들이 가진 의도를 인식할 수 있을 뿐 아니라 말로 표현할 수 있음을 뜻한다. 이것은 무의식의 완전한 의식화이다. 한편으로는 무의식에 뿌리를 내려 동물적 속성을 지니고, 다른 한편으로는 의식과 같은 오성을 갖춘 사람과 동물의 결합체야말로 그러한 무의식의 심층에서 올라오는 소리를 의식에 전달하게 하는 능력을 가질 만하다고 할 수 있다.

이 씨의 꿈에서 이해하기 어려운 것은 계속 이 씨를 따라오는 호랑이가 북어를 달라지만 주인공은 끝내 주지 않으려 한다는 사실이다. 북어는 본래 어미 호랑이가 토해서 두 발로 공손히 이 씨에게 건네준 것이다. 그러니 앞에서 말한 대로 어미 호랑이의 몸에서 나온 귀중한 징표일 것이다. 북어는 우리나라 제사상에 올려놓는 제물 가운데 하나이다. 이것을 다른 호랑이가 계속 달라는데 주지 않는다. 마지막에 구렁이도 호랑이에게 주라고 하지만 듣지 않았다. 한국 샤머니즘에서 신과 인간의 관계를 보는 것 같기도 하다.

한국 샤머니즘에서 신은 언제나 절대적 권위를 누리는 것이 아니다. 때로 인간들은 말을 듣지 않는데도 신은 인간을 벌하지 않는다. 인간은 신과 흥정도 한다. 유대 기독교의 유일신교와는 다른 점이다. 이 꿈에서 결국 이 씨는 북어를 끝까지 차지하지 못한다. 신이 빼앗는 것이 아니라 북어 스스로 뱀으로 변해서 역할을 마치고 사라진다. 주인공이 북어를 집에 가지고 가서 보자기로 덮어두니 뱀 두 마리가 나왔다는 이야기는 마치 북어는 그런 식으로 변환되어야 할 제물이었음을 가르쳐준다. 모든 과정이 끝나기 전까지는 지니고 있어야 한다는 암시가 숨어 있다. 신령의 권고조차 거역해야 할 필요가 있음을 꿈은 가르쳐준다.

두 마리의 뱀은 제상에 올라 이것저것 음식을 요구해 모두 대령하지만 먹지 않고 사라졌다. 여기서 뱀 두 마리는 조상신들임에 틀림없다. 즉 주인공이 신령들 말고도 조상신들을 잊지 말고 대접해야 함을 일러준다. 두 마리 뱀은 다시 이 씨의 꿈에 나타나 "굿을 해야 천사를 일러주고 천하를 울린다"는 말을 남기고 사라진다. 마지막에 등장한 두 마리 뱀은 처음에 등장한 어미 호랑이의 배 속에서 나온 북어의 변신이다. 그것은 어미 호랑이의 분신이나 다름없다. 어미 호랑이는 이 씨에게 "천하를 움직이는 신령님을 너에게 점지해주마"라고 한다. 어미 호랑이의 분신인 구렁이는 굿을 해서 천하를 울리라 한다. 신의 선택에 관한 약속에서 시작하여 신의 의지의 구체적 실현으로 마감하고 있다. 치유자가 되는 길은 결국 전체정신의 실현, 개성화의 길이다. 개성화의 길은 다양하다. 그러나 스스로 상처 입고 치유되며 본능에 사로잡히지 않은 채 본능과 함께하고 이를 관조하며 신성한 힘을 만나 이를 경외의 마음으로 바라보되 자신의 감정에 충실한 것, 그 중요성을 이 씨의 꿈은 가르쳐주고 있는 듯하다.

4. 내림굿

강신적 입무과정의 마지막 관문은 내림굿이다. 강신 체험 뒤에 무업을 학습하고 내림굿 없이 무당이나 점자로 무업을 행하기도 하나 내림굿을 하고 이를 통과해야만 진정한 무당으로 인정된다. 말하자면 종합적인 자격시험이자 졸업시험인 셈이다. 내림굿이라 부르는 입무제는 예부터 부정한 허주를 물리치고 깨끗한 신령을 몸주로 받아들이는 제의이다. 지방마다 혹은 주재하는 무당에 따라 약간씩 차이가 있는 것 같다.

1) 내림굿에 관한 민속조사 사례

1930년대 아키바의 사례 가운데 하나를 보자. '신병'에 걸려 처음으로 공수를 내렸던 덕물산 무당의 경우이다. 그녀는 공수 뒤 집을 나와 마을을 돌며 돈과 쌀을 구걸하여 '헛풀이'라는 행사를 한다. 이때 신어머니는 신병에 걸린 자에게서 병귀를 내쫓기 위하여 좁쌀밥을 던지고 신이 들어오는 길을 열기 위하여 도산교(都山橋)라는 천을 찢는 굿을 한다. 허주풀이를 한 다음 신어머니와 함께 걸립(乞粒)을 하고 이것으로 떡을 만들고 내림굿을 하는 경우도 있다. 마을을 돌 때 입무 후보자는 왼발을 구르며 신의 말을 외친다고 한다.

양주 남무(男巫)의 경우는 허주제와 강신제 두 부분으로 된 점은 위와 같다. 그러나 허주제 때 미친 듯이 날뛰며 욕설을 퍼붓고 제물을 부수어 신어머니가 새끼줄로 묶어놓고 복숭아나무 가지로 치면서 조밥을 던진다. 그러고는 정귀(精鬼) 다리라 부르는 마포를 찢어 허주를 물리친다. 그 뒤 그는 집집을 돌며 받은 곡물(걸립-저자주)로 떡을 만들어 제물로 삼는다. 불사교(佛事橋)라고 부르는 백목 무명을 찢고 신칼을 세워 신들의 이름을 입에서 나오는 대로 부른다고 한다.

또한 서울의 입무제는 3단계인데 허주제, 강신제 다음에 몸주의 신령과 다른 신들과의 융화를 목적으로 하는 집신제가 추가된다. 그러나 이런 3단계의 입무제는 매우 드물고 허주제로 대신하는 경우가 대부분이라고 아키바는 말한다.[70]

1960년대 이후 우리나라 민속학자들의 내림굿에 관한 기록이나 연구를 보면 1930년대와 근본 골격에서는 차이가 없는 듯하다. 즉 신병의 치유와 성무(成巫)의 기능을 다 가지고 있다.[71] 그러나 김태곤의 설명에 따르면 허주굿이나 헛풀이보다는 강신제에 더 무게를 둔다. '강신자는 (내림굿의) 강신제를 통해 신'을 '몸주'로 맞아들이고 신단을 만들어 여기에 '몸주신을 봉안한다.'[72] 그가 보고한 내림굿 제2례에도 허주굿이나 헛풀이의 과정이 그리 뚜렷하지 않다. 다만 무형문화재 김금화가 행한 내림굿 과정에는 허튼굿이 들어 있다.[73] 내림굿에 관한 비교적 자세한 기술이 위에 든 몇 사례에 불과하여 무엇이 전통적인 내림굿의 전형인지 확인하기 어렵다. 저자 등은 내림굿에서 신내림과 말문 열기가 구체적으로 어떻게 진행되는지를 관찰하기 위해 그리 유명하지 않은 보통 무당의 내림굿 사례 두 가지를 조사해 보고한 일이 있다.[74] 이를 언급하기 전에 먼저 김태곤·김인회가 조사한 내림굿 사례를 살펴보겠다.

(1) 김태곤의 내림굿 사례 A[75]

굿하는 장소의 정화, 걸립 등의 준비단계 이후 일반 재수굿 12거리에 내림굿이 추가되는 형식이다.

중요한 것은 입무 후보자의 강신과 신탁(공수)의 능력을 증명하는 것이다. 격렬한 도무와 몸의 일부 떨림이 나타날 때 이를 강신의 징조로

---

70) 秋葉隆(1950), 앞의 책, 57~60쪽.
71) 김태곤(1981), 앞의 책, 357쪽.
72) 같은 책, 259쪽.
73) 김인회(1987),『한국무속사상연구』, 집문당, 223~243쪽.
74) 이부영·우성일(1990),「내림굿 과정의 심리역동과 그 정신치료적 의미에 관한 분석고찰」,『신경정신의학』, 29(2), 471~501쪽.
75) 김태곤(1981), 앞의 책, 357~361쪽.

본다. 그런 뒤에 접신된 사람에게 무슨 신이 들었는지 물었을 때 접신된 신의 이름을 대고 스스로 그 신이 되어 공수(신탁)를 내리면 '말문이 열렸다'고 한다. 이것은 일반적인 현상이다. 다만 1930년대 기록에는 신의 이름을 묻지 않아도 빙의된 변환 인격이 "나는 무슨 무슨 신이다"라고 외치는 등 감정이 수반되어 직접적인 표현을 하는 것으로 기술되어 있다.

김태곤의 내림굿사례 A(문덕순)에서는 강신된 신의 이름을 알기 위하여 종지기로 점을 치는데 이것은 감정을 배제한 간접적인 탐색방법이다. 한국의 샤머니즘이 그 사이 지적·미적·예술적으로 다양하게 분화되고 의례화(儀禮化)되어 야생적이고 원초적인 감정체험에서 다소 멀어졌기 때문일 것이다. 부정치기가 '헛풀이'에 해당될 수도 있겠으나 '부정치기'는 입무자가 악신의 종지기를 집었을 때로 국한된다. 그런데 신명상(神明床)의 종지기 아홉 개 중 악신이라 할 수 있는 내용이 담긴 종지기는 재·메밀·여물로 대변되는 세 가지 또는 부정신에 불과하다. 그만큼 부정치기의 중요성이 줄어든 셈이다.

(2) 김태곤의 내림굿 사례 B[76)]

저자도 참관했던 경우이다.

김태곤의 내림굿 A·B 두 사례에서 굿을 준비하기 위한 과정은 크게 다르지 않다.

사례 B(이 씨)에서는 특히 굿거리 사이사이 방울·쌀·신장기로 자주 점을 보는데, 이때 쌀은 입무자에게 삼키도록 한다. 모든 절차에 하자가 없는 자여야 하고, 신령들의 동의를 얻고, 조금이라도 부정한 짓이 드러나면 즉시 이를 처리하려는 용의주도함이 사례보고에 기술되어 있다.

---

76) 같은 책, 361~372쪽.

또한 헛풀이에 해당되는 축귀술이 실시된다.

내림굿의 주요 굿거리는 모두 글자 그대로 신을 받아 입으로 신의 말을 하는, 말문 열기의 반복이다. 신령들은 춤추는 입무자의 신장대를 통해 내려오기도 하고 무당이나 입무자가 하늘을 우러러 신을 받아 오기도 한다. 그러고는 말문이 열린다. 이 과정은 저자가 사례 B에서 관찰하기로는 좀 소극적으로 느리게 진행되어, 변환된 인격의 신탁이라고 하기에는 미흡한 인상이었다. 다시 말해서 언어나 감정의 표현이 많이 위축된 상태이거나 평소와 차이가 없는 것으로 여겨졌다. 물동이 위에 작두 비슷한 칼이 두 개 누인 채 얹혀 있었는데 그것이 작두를 대신한 것인가 짐작했으나 확실치 않다.

물동이 위에서 추는 춤은 상징적으로는 의미가 깊다. 물동이를 보통 용궁이라 간주하지만 그것은 치유의 물, 변환의 상징인 신비로운 물이 든 연금술의 그릇(vas Hermeticum)에 비길 수 있다. 그 위는 인격의 변환(신 내림)이 일어나는 성스러운 장이다. 신내림과 더불어 물은 더욱 성화(聖化)된다. 입무자는 그 물을 마신다. 그것은 영원한 물(aqua permanens)이므로.[77] 성화된 모든 것은 삼켜진다. 쌀점을 마치고 난 쌀도 입무자가 삼켜서 육화해야 한다.

입무자는 많은 무신에 빙의되고 공수를 주거나 점을 쳐준다. 또한 강신자의 신통력을 보여주기 위하여 삼지창과 언월도를 입에 붙이는 주력을 보이거나 담배 8개를 거꾸로 물고 피우는 재주를 보인다. 무엇보다 감추어둔 신물 찾기에서 신통력 시험을 통과하는 것이 중요하다.

내림굿거리까지의 과정은 강신의 꿈이나 환상에서 이미 겪은 여러 가지 일, 신들과의 만남, 신물의 전수, 감추어진 신물 찾기, 빙신, 신이 되어 말하는 신탁(공수), 예언 능력 등 영력을 보여준다. 이 과정에서

---

[77] Jung, C.G.(1952), 앞의 책, pp.325~326.

입무자는 주무의 매개 아래 모든 사람 앞에서, 또한 모든 신을 모시고 잡귀의 간섭을 배제하기 위해 부단히 점을 치고 부정을 물리치면서 입무자가 어엿한 무당으로서 살아갈 수 있는지 증명해야 한다. 또한 이 장소는 이를 확인하고 축원하는 자리일 터이다.

이제 입무자는 단순한 사회인이 아니라 신들을 모시는 자로서 과거의 삶을 모두 풀어버리고 새로이 태어나야 한다. 조상거리에서 입무자가 주무의 도움을 받아 대신다리라는 무명천을 몸으로 가를 때 입무 사례 B가 보인 비통한 표정을 나는 잊을 수가 없다. 주무와 조무도 눈시울을 적셨다. 무명천을 가르는 행위의 의미에 관해서는 민속학적으로 의견이 분분하다. 이에 대해서는 이 책의 사령굿에 관한 장에서 다시 논하겠다. 내림굿의 사례에서는 진정으로 허주굿의 헛풀이, 과거와 세속으로부터의 분리가 이루어지는 것이 아닌가 생각해본다.

김태곤의 내림굿 사례 A·B의 기본요소를 요약하면 다음과 같이 될 것이다.

① 정화(淨化)(장소와 입무자 자신)
② 주무에 의한 초신(招神) → 강신(降神) → 신탁(공수)
③ 입무자의 빙신과 말문 열기(공수)
④ 입무자의 영력 시험 → 통과
⑤ 끝맺음(액[厄]의 추방, 제사 도구를 불태움)

앞으로 함께 살아갈 '신령들'을 마음속에 받아들이기 위해서 마음을 정화하고 신령들을 받아들이는 과정은 비록 언어나 개념이 다를지라도 모든 종교에서 수도자나 성직자가 소명을 받아들이는 의식의 기본조건일 것이다. 그 신령과 하나가 되고 신령의 뜻을 말로 표현할 수 있는 능력을 보여주는 것도 고등종교의 사제가 될 자격이 됨 직하다. 왜냐하면 실천능력이 없는 앎만으로는 부족하기 때문이다. 그러나 그것이 예언, 투시, 초자연적인 힘을 발휘하는 능력이라는 점에 이르러 고등종교 특히 기독교와는 다른 샤머니즘의 주술 종교적 특성을 나타낸다. 입무자는 빙신과 말문 열기가 가능해진 순간 마술사가 된다. 다시 말해 마력의 소유자, 마나-인격(mana-personality)[78]이 된다.

기독교를 비롯한 불교·도교의 성직자 역시 일시적으로 마나 인격으로 변하거나 행세한다. 혹은 그러한 신도에게 투사를 받을 위험에 처한다. 그러나 샤먼은 서슴없이 몸소 실천한다. 아니 그렇게 되는 것이 내림굿의 목적이다. 그러나 샤먼은 항상 마나 인격으로 행세하지 않고 빙신된 순간 신령이 되어 신령의 말을 전할 뿐이며 그 뒤에 신령들은 다시 하늘로 보내진다는 사실이다. 그는 자신이 곧 신령이 아니라는 것을 잘 알고 있다. 그리고 모든 초인적 능력은 신령과의 접신을 통해, 신령의 도움으로 가능하다는 것을 알고 있다. 이것이 마술사와 샤먼의 중요한 차이이다.

여기서 우리는 내림굿이 현대 분석적 정신치료자의 수련 원리와 상징적으로 비슷한 면이 있음을 알게 된다. 즉 앞에서 기술한 내림굿의 첫 번째 기본요소, ① 정화는 무의식성의 해소작업이며 주로 그림자[79]를 씻어내는 과정이고, ② 무의식의 심층의 창조적 기능을 활성화하며, ③ 자아가 그 기능을 적극적으로 수용하고 표현하는 것(융의 적극적 명상[상상]에 비유될 수 있다)이며, ④ 눈에 보이지 않는 것, 즉 무의식적인 것을 알아차리는 직관력의 시험에 상응한다고 생각할 수도 있고 내림굿은 이 과정의 소박한 원초적 표현이라고 할 수도 있다. 그러나 전체

---

78) 마나 인격에 관해서는 Jung, C.G.(1963), *Die Beziehungen zwischen dem Ich und dem Unbewußten*, Zürich: Rascher Verlag, 6. Aufl., pp.123~138 참조.
79) 이부영(1999), 『분석심리학의 탐구 ① 그림자』, 한길사.

적으로 신통력의 발휘를 목적으로 하는 만큼 여전히 주술적 사고의 제약에서 벗어날 수가 없다. 또한 두 사례에서는 특히 악귀와 부정을 물리치는 발양적 성격이 두드러진다. 심리학적 용어로 말하자면 '그림자'를 의식세계에서 내쫓는, 즉 무의식으로 억압하는 방식이 채택된다. 깨끗하고 거룩한 존재와 부정한 것은 철저히 구분되고 격리된다.[80] 이 점은 분석심리학에서 그림자를 다루는 태도와 다르다.

(3) 김금화의 내림굿 비교

이상의 사례를 인간문화재 김금화의 내림굿과 비교하면 기본요소는 같으나 여러 면에서 차이를 발견할 수 있다. 이 내림굿은 황루시·김인회·김수남 등에 의해 보고되었는데 여기서는 김인회의 기록[81]을 주로 고찰 대상으로 삼았다.

김금화의 내림굿은 시작부터 다르다. 아침 일찍 삼각산 줄기 선바위 밑에 조그만 제상을 차리고 하얀 소복을 한 입무 후보자가 소지를 올리고 절을 한다. 신어머니인 김금화는 제금을 치면서 입무 후보자가 새 만신이 되고자 하는 사유를 고하고 산신께 축원한다. 산신다리라는 흰 무명천을 제단에 걸고 그 끝을 입무 후보자가 잡은 채 삼각산 산신을 받는다. 입무 후보자는 울면서 몸을 사시나무 떨 듯 떨며 춤을 추면서 자빠질 듯 몸을 젖힌다. 신어머니는 말문을 열어달라고 축원한다. 동쪽으로 난 소나무의 가지에 지전(紙錢)을 감고 팔도 명산의 산신들을 불러 축원하는 것이 특이하다. 입무자는 소나무 가

---

80) 최길성(1981), 『한국무속론』, 형설출판사, 182~206쪽. '민간신앙에서의 부정의 의미' 참조.
81) 김인회(1987), 앞의 책, 231~243쪽.

지를 들고 춤을 추다가 "워이 워이" 소리를 지른다. 격렬한 도무 끝에 눈물을 거두고 웃으면서 사방에 절한다. 신어머니가 주는 술을 받아 마시고 뒤풀이를 한 뒤 음복하는 것으로 명받기를 끝낸다.[82]

굿은 보통 열두거리대로 부정을 물리치고 신들을 청해 들이는 신청울림(주당물림)으로 시작한다. 그리고 마을 부군님을 모시는 상산맞이로 이어진다. 물베바치기거리 또한 흔한 제차가 아니다. 입무 후보자가 '수라찬'(베)의 한쪽 끝을 들고 다른 한쪽 끝은 신어머니가 물동이에 집어넣으면서 동서남북 바다의 용왕님에게 여러 가지 진주를 많이 '돋혀달라'고 축원한다. 물방울을 진주라 하는데, 많이 나올수록 큰 무당으로 자주 불려 다닌다고 한다.

허참굿은 허주를 풀어내는 입무제의 중요한 과정이다. 다른 내림굿에서 주술적인 축귀술로 부정한 잡귀를 내쫓는 것과 달리 상징적인 방식으로 진행된다.

입무 후보자는 허침밥(흰콩과 좁쌀)과 부정을 물리치는 베 조각, 길을 열어달라는 의미를 지닌 삼색 헝겊 조각 등을 담은 바구니를 머리에 이고 마당에서 춤을 춘다. 잡신 푸는 노래가 울리는 가운데 세 번 돌고 바구니를 뒤로 던진다. 이때 바구니가 엎어지면 잡신들이 아직 덜 받아먹었기 때문에 떠나지 않은 것으로 생각해서 바로 설 때까지 거듭 던지게 한다. 잡신을 물리며 옳은 귀신이 아닌 허튼 귀신을 벗겨내기 위한 것이라고 한다.[83] 심리적으로 신칼을 입무 후보자의 몸에 대고 찌르는 시늉을 하는 주술적 축귀술보다는 효과적인 방법으로 보인다. 김금화 만신의 창의적인 고안에서 나온 것인지 전통적으로 해오던 것인지 궁금

---

82) 같은 책, 233쪽.
83) 같은 책, 234~235쪽.

하다. 어떻든 '그림자'를 해소하기 위해서는 협박하여 내쫓는 억압과 억제보다 '밥을 먹여주는', 즉 관심을 기울이는 것이 이념적으로 진일보된 방식일 것이다. 그런 면에서 김태곤의 사례 A·B와 대조적이다.

김금화의 내림굿 사례 가운데 내림굿거리에 관한 김인회의 기술은 상당히 자세하고 현장감이 넘쳐 만신과 입무자와 참여자들의 심리적인 교감을 이해하는 데 도움이 되었다.

만신은 ① 부채를 감추고 ② 무명천으로 일월다리를 설치한다. 그러고 나서 그 앞에서 입무자와 주무와의 대화과정에서 되풀이되는 것은 신을 받아들이고 이름을 고하고 그 신의 옷을 찾아내 확인을 받는 것이다. 주무가 "신을 받아보라"고 하면 입무자는 마당으로 나가 춤을 추고 돌아와 일월다리 앞에 엎드린다. 주무가 "무슨 신명을 모시고 드는고?" 하면 입무자는 이름을 댄다. 주무는 "그러면 본색을 찾아보라"고 한다. 입무자는 그 신에 해당되는 무복을 찾아들고 춤을 추다가 물동이 위로 몸을 굽혀 바친다. 이렇게 반복하여 일월성신·산신·서해 용왕·용궁님·칠성·제석·오방 신장·최영 장군·김유신 장군·제갈 장군을 모시게 된다. 그동안 산신님과 용왕님을 왜 모셔왔는지를 주무가 물으니 입무자의 대답이 진지하다.

> 단군 할아버지의 명을 받고 산신님의 명을 받아 나라만신이 되어 자손 없는 자에게 대를 이어주고, 빈곤한 자에게는 부귀영화를 빌어주고, 아픈 자는 병을 고쳐주고, 만신의 힘을 얻어 옥황을 하늘같이 모시고, 중생에게는 충효를 다하고, 부모에게는 효도를 다하라고 전하러 왔습니다.[84]

---

84) 같은 책, 236쪽.

③ 숨겨진 방울과 부채 찾기에서 주무는 춤을 추다가 영이 대주는 대로 움직이는 법을 강조한다. 무의식의 심혼에 맞추어 심혼이 이끄는 대로 따라가는 것과 비슷한 심적 자세이다.

④ 말문을 열어 공수를 주는 방식은 통상적인 방식과 다름없다.

⑤ 녹 타기는 김태곤의 사례 A·B의 신명 종지기와 같다. 뚜껑을 덮은 주발 7개 가운데 임의의 주발을 잡고 그 내용에 따라 나타난 점괘를 주무가 해설해주는 점은 같으나 내용에 대한 해석은 다르다. 내용물은 신의 이름이 아니라 새 무당에게 부과된 사명이나 과제와 전망을 상징하는 것으로 풀이된다. 재는 김태곤의 사례에서는 부정한 것으로 간주되어 다시 집어야 했는데 김금화의 해석은 "만부정 사람의 마음도 부정하면 잿물로 다 내려서 씻고 닦고 하니 잿물을 열었구" 하며 매우 긍정적이다.[85]

⑥ 새 만신으로서 신과의 결혼을 상징하는 '머리 풀고 다시 올리기'. 정식으로 신어머니의 신딸로 맺어지는 과정이다.

⑦ 주무와 조무가 입무자의 치마폭에 방울·부채 등 무구를 던져주는 것으로 내림굿거리가 끝난다.

그 뒤에는 일반 굿거리가 계속되다가 마지막에 입무자가 작두를 타는 솟을굿으로 들어간다.

김금화의 내림굿은 전체적으로 아름답고 상징적이고 지적이다. 아침 일찍 삼각산 줄기의 선바위 밑에서 산신들을 초청하여 새 만신의 예비를 고하는 제의는 종교적인 분위기마저 느끼게 한다. 주악과 노래와 춤은 격렬하다. 그리고 입무자가 트랜스에 빠져드는 몸짓은 완벽하지만 주무 김금화와 입무 후보자의 문답은 절제된 감정상태에서 이루어진다는 인상을 받았다. 자상하지만 위엄을 갖춘 스승과 제자 사이의 문답과

---

85) 같은 책, 238쪽.

도 같다. 입무자가 고등교육을 받은 사람이라는 사실도 내림굿의 이러한 특성에 이바지했겠지만 김금화 개인의 인격의 폭이 그녀가 펼치는 굿의 세계를 넓히는 데 기여했다고 할 수 있을 것이다.

그런데 솟을굿에서 새 무당이 작두를 탈 때는 절제된 분위기가 홀연 바뀌어버린다. 김인회의 묘사를 보면 이런 변화를 짐작할 수 있다.

> 이렇게 거듭 태어나 신들의 축복을 받은 새 만신은 자기 몸에 실린 신의 영력을 믿으면서 거리낌 없이 작두 위로 뛰어오르는 것이다. 작두 위에 올라선 다음에는 정말 자기가 신의 제자임을 깨닫게 되고 신의 말을 하게 된다. 이때 새 만신은 먼저 방울과 부채를 찾은 다음 말문이 열려 첫 공수를 할 때와는 비교도 할 수 없을 만큼 당당하고 위엄 있는 공수를 내린다. 그녀가 작두 위에서 내린 공수의 첫마디는 이렇다. "네 이놈들, 너희가 단군님의 자손이냐 서양 놈들의 새끼냐, 괘씸하구나······."[86]

작두 타기는 내림굿의 백미이다. 신통력을 과시하는 것 이상의 의미를 가진다. 김태곤은 무당에게 장군신이 내리면 망아상태에서 작두를 탄다고 했다. 이때 부정하면 발이 베인다 하여 작두를 잡는 조력자들은 백지를 접어 입에 물고 있다. 작두날이 날카로울수록 신의 영검으로 발이 베이지 않는다고 했다.[87] 한국 샤머니즘의 신통(神統)에는 작두타기를 돕는 작두신장신, 혹은 작두대신이 있는데 후자는 무(巫)의 조상신이라고 한다.[88]

---

86) 같은 책, 242쪽.
87) 한국정신문화연구원(1991), 『한국민족문화 대백과사전』 제19권, 57쪽, '작두타기'(김태곤).

위의 내림굿 사례에는 칼을 휘두르는 것으로 보아서 신장신(神將神)의 도움으로 작두를 탄 듯하나 작두를 타고 춤을 추는 입무자는 온갖 신에 빙의되는 것으로 묘사되어 있다. 대체로 내림굿의 사례보고만 보아서는 그 입무자의 몸주신이 누구인지, 하나인지 둘인지, 몸주신의 역할이 무엇인지, 빙의되는 모든 무신(巫神)과 섞여서 구분을 짓기란 쉽지 않다.

어떻든 김인회의 사례에서 입무자에게 작두 타기는 최고의 망아경에 돌입함으로써 인격이 변환되어 자아의 팽창(inflation)이 일어나는 계기가 된다. 그뿐 아니라 자아의식의 제약을 뛰어넘는 무의식으로의 돌입 그 자체, 샤머니즘 용어로 저승으로의 여행 또는 마술적 비상이다. 무당은 칼날 위에서 날아갈 듯 춤을 춘다. 두 줄의 작두날은 저승으로 가는 길이다. 나는 여기서 엘리아데의 말을 회상한다.

그는 말하기를, 시베리아 샤머니즘에서 저승에 이르는 길은 매우 험난하며 신의 선택을 받지 못한 자에게 죽음의 나라에 이르는 다리는 면도날처럼 좁다고 하였다. 오직 신의 선택을 받은 자만이 그 다리를 쉽게 건널 수 있다는 것이다.[89] 그는 '좁은 문', '험난하고 위험한 길'의 주제를 『우파니샤드』(Katha Upanishad III, 14), 「마태복음」(7: 14)에서 인용했다. 즉 최고의 인식에 도달하게 하는 길의 상징적 표현으로서 소개한 것이다.[90]

우리나라 무당의 작두 타기가 그처럼 저승으로의 다리와 관계가 있다는 나의 추정이 근거 없는 비약은 아닌 듯하다. 현용준에 따르면 제주도무가인 「초공본풀이」에 '작두다리'가 나온다. '칼선다리'라는 말도

---

88) 김태곤(1981), 앞의 책, 284쪽, 285쪽.
89) Eliade, M.(1956), 앞의 책, pp.446~448.
90) 같은 책, p.448.

보인다. 이것은 제주도 무조신화(巫祖神話)에서 자지명 아기씨가 처녀의 몸으로 임신하자 아버지가 죽인다며 작두를 걸라고 명령한 것과 관계된다. 칼선다리도 같은 유래가 전해진다.

점을 칠 때 나오는 점괘 중 칼을 던져서 칼날이 위로 선 채 두 개의 칼이 교차된 모양이 되면 작두다리라 한다. 매우 불길한, 생명을 위협하는 괘로 간주된다. 칼선다리는 날선 칼이 평행으로 놓이는 것인데 신변의 위험을 나타내는 점괘로 간주된다.[91] 두 괘는 신의 강림을 차단한다는 점에서 칼과 작두가 신이 내려오는 다리의 역할임을 암시한다. 감히 추정을 확대하자면 이와 같은 점괘에 대한 설명은 무가「초공본풀이」가 알려진 이후 이와 관련해 내린 인위적인 해석이다. 그리고 다리와 칼 또는 작두의 관계는 이전부터 있어온 오랜 관념의 유산일 것으로 생각된다.

중요한 것은 그렇게 위험한 칼날 위에서 추는 춤이 갖는 상징적 의미이다. 분석의를 교육하면서 저자는 가끔 "작두를 타는 사람의 긴장과 집중력과 무사성(無私性)을 가져라" 하고 권한다. 특히 치료자의 약점과 빈틈을 집요하게 파고들 태세를 갖춘 편집증 환자 앞에서 치료자는 정신을 가다듬고 어느 한쪽에 치우침 없이 의식과 무의식이 하나가 된 전일의 정신으로 판단하고 이를 명확하게 전달할 수 있어야 한다. 이 경우에는 김금화의 내림굿에서 입무자가 작두를 타며 참여자에게 "너희가 단군의 자손이냐 서양 놈의 앞잡이냐" 하고 일갈한 것 같은 오만한 발언도 주의해야 한다. 그러나 본질적으로 둘은 무사(無私)·무아(無我)의 경지에서 행동한다는 점에서 일치한다. 분석심리학적으로 설명해서 자아 중심(ego-centered)이 아니라 자아를 넘는 전체정신, 자

---

91) 현용준(1980), 『제주도 무속자료사전』, 신구문화사, 179~180쪽; 현용준(1986), 『제주도 무속연구』, 집문당, 425~426쪽.

기 중심적 태도(self-centered attitude)에서 행동하는 것이라고 할 수 있다.[92]

김인회는 내림굿에서 교육학적 의미를 주장한다. 타당한 시도이고 대부분 공감하지만 '자기 자신의 삶에는 희망이 없지만 남들에게는 삶의 희망을 갖도록 도와주어야 하며'라는 대목은 심리적으로 수긍하기 어렵다. 왜냐하면 자신의 삶에 희망이 없는 사람이 다른 사람에게 희망을 갖도록 온전히 도와주기는 매우 어려운 일이기 때문이다.

2) 신내림과 말문 열기의 심리역동

다음에 소개할 내림굿 사례 2건은 신내림과 말문 열기 등 내림굿 참여자들의 감정체험이 어떻게 진행되는지를 직접 관찰과 면담으로 좀더 면밀하게 알아보기 위해 저자 등이 조사한 사례이다.[93] 유명 무당의 전통적인 내림굿보다는 일상적으로 실시되는 내림굿이 더 현실과 가까울 수 있다고 판단하여 이 사례를 선택했다.

(1) 내림굿 사례 1

입무 후보자 박 씨는 44세 기혼 여자이다. 야무진 언행에 솔직하며 정서적으로 안정되어 있었다. 그런데 내림굿하는 날과 그 직후에는 다소 마음이 들뜨고 불안정해 보였다.

---

92) 이부영(2002), 『분석심리학의 탐구 ③ 자기와 자기실현』, 한길사.
93) 이부영·우성일(1990), 앞의 논문, 471~501쪽 참조. 각각 1989년 7월 19~20일, 1989년 8월 2~3일, 북한산 상곡사(굿당)와 우의동 전 씨 굿당에서 실시된 내림굿이다. 여기서는 굿거리의 자세한 내용은 생략되었고, 입무자의 의식변화 상태(altered state of consciousness)의 유도과정과 결과를 중심으로 논의하였다.

● 생활사

　10남매 중 막내딸이다. 생후 40일에 천연두를 앓아 얼굴에 엷은 마마자국이 남았다. 박 씨는 이로 인해 호구별상 동자(마마귀신)를 자기의 수호신으로 생각하고 있다. 아버지는 6·25전쟁 때 이유 모르게 자살하고 큰오빠는 납북되었다. 초등학교를 마치지 못했다. 공장에 다니다가 18세 때 10년 연상의 남편과 연애 결혼해 두 아들과 딸 하나를 낳았다. 한식요리사가 된 남편은 착했으나 말수가 적고 여러 번 집을 나가기도 했다. 한강에 빠져 죽으려 하거나, 약을 먹고 자살기도도 여러 번 하였다.

　첫아들을 출산한 뒤 배가 아파 먹지도 못하고 젖도 없고 몸이 회복되지 않아 친정어머니가 어디 가서 물어보니 굿을 하라고 해 처음으로 굿을 했다. 산후 한 달도 안 되어 몸도 아프고 젓가락처럼 말랐던 박 씨가 겅중겅중 춤을 추자 주위에서 모두 놀랐다. 굿을 하고 나서는 차츰 회복되었다. 박 씨가 결혼한 후 죽은 셋째 언니가 꿈에 나타나 자주 괴롭혔다. 언니가 빗자루로 때리면 박 씨는 도망 다니느라 고생하는 꿈이었다.

　22세에 둘째로 딸을 낳은 뒤 아기를 목욕시키다가 심하게 토하면서 의식을 잃고 쓰러졌다(지금 생각하면 일산화탄소 중독 같다). 걱정이 되어 처음 굿을 해준 무당을 다시 찾아갔고 돈을 빌려서 굿을 했다. 이때도 박 씨는 신명이 나서 도무(跳舞)를 하고 날카롭게 날을 세운 쌍작두를 탔는데 내려와서 보니 발바닥에 자국만 나 있고 다친 곳은 없었다. 당시 어떤 신령이 온 줄도 몰랐고, 막상 작두를 타려니 겁이 났지만 죽기 아니면 살기라고 생각하며 탔다고 한다. 박 씨는 무당들이 시키는 대로 했는데 알고 보니 내림굿이었다.

　두 번째 굿을 하고 나자 신어머니가 집에다 신령을 모신 방을 차려놓으라 하였다. 구비하긴 했지만 점을 볼 줄도 모르고 남편도 창피해하므로 신방을 없애기로 했다. 무당의 말대로 방에서 고사를 지낸 뒤 태울 것은 태우고 남은 기물은 모두 버렸다. 그 후 얼마 지나지 않아 오른쪽 눈이 바늘로 찌를 듯 아프기 시작하여 충혈이 되는 등 1년여를 앓다가 결국은 실명하고 말았다. 이에 대해 입무 후보자는 신방을 없앤 데 대한 신의 조화라고 생각한다.

남편이 사고를 내고 직장을 잃은 뒤 말없이 집을 나가 오랫동안 행방을 감추었다. 박 씨 혼자서 아이 둘을 데리고 초겨울의 추위 속에 고생하다가 어디 가서 점을 쳤다. 죽은 셋째 언니가 남편을 가로막는다고 하여 무당의 지시대로 고사도 지내고 굿도 하였다.

첫아기를 낳은 후부터 계속 시름시름 아프고 기운이 없어 늘어지곤 했다. 그럴 때는 대문 밖에 나가기도 싫어 일을 해야겠다는 마음이 들면 하루에 빨래를 해치워버렸다. 그러니 남들은 꾀병이라 하였다. 몸이 아파서 굿을 하는 경우도 있었다. 그 뒤 신방을 다시 차렸으나 집주인이 무속을 싫어해 나가라 하여 다른 곳으로 이사를 하거나 다락에다 신방을 설치하기도 하는 등 곡절을 겪었다.

37세에도 집에 신방을 차렸다. 남편은 직장을 잃고 놀면서 술주정을 했고, 이런 것 해놓아도 되는 일 없으니 때려치우라 하여 날을 받아서 신방을 정리했다. 그리하여 지금까지 경제적으로 쪼들리며 살아왔다. 84세의 친정어머니는 박 씨에게 때가 되고 시가 되면 말문 열려 돈을 벌 거라고 했다. 그 뒤 한 달 동안 몸이 아프고 축 늘어져 거동을 못하고 지내다가 점을 치러 가서 굿날을 받자 아픈 것이 나았다.

굿하기 5일 전에 남편이 돈을 가지고 나가더니 전화를 했다. 먹기 싫어도 먹고 살기 싫어도 살라며 자기는 이제 간다고 했다. 그런데 밤중에 술 먹고 들어와 늘어져 잠을 잤다. 다음 날 아침 남편은 일어나서 토하고는 말도 잘하지 못하면서 농약을 먹었다고 말했다. 남편은 며칠 쉬면서 몸이 회복되었다. 이를 두고 입무 후보자는 신의 보호로 죽지 않앉고 집으로 끌어들였다고 말한다.

가족관계는 별로 원만하지 않았다. 박 씨는 태어나기 전에 돌아가셔서 얼굴도 모르는 아버지를 상상 속에서 그리워했다. 친정어머니는 냉정한 성격으로 박 씨에게 차갑게 대했다. 어머니는 44세 때 말문이 열려 보살이 되어 점을 쳐왔다. 박 씨를 위해 치성을 드리는 등 입무 후보자에게 무속적인 영향을 많이 미쳤다. 박 씨의 남편은 조사 당시 한 중소도시의 음식점에 취직하여 3, 4일에 한 번씩 귀가했다.

박 씨는 26세 아들, 20세 딸, 17세 아들과 전세 들어 살고 있으며 경제사정은 어렵다. 남편이 태어나기 전에 죽은 시아버지는 점을 치고 고사를 지낼 정도로 무속을 따랐다고 한다.

● 내림굿 과정

1989년 7월 19일(수) 오후 7시부터 7월 20일(목) 오전 8시까지. 북한산 상곡사(굿당)에서 진행되었다.

남법사가 장구를 치며 독경하듯 낭랑하게 신들의 이름을 부르며 만수바지 조로 무가를 불렀다. ① 부정거리 ② 대감거리 ③ 말명거리 ④ 애기씨거리 ⑤ 창부거리 ⑥ 불사거리 ⑦ 신장거리 ⑧ 대신할머니거리의 순서로 자정부터 오전 1시 50분까지 진행되었다.

대감거리에서 부정풀이를 하였다. 입무 후보자와 남편을 나란히 바깥을 향해 마루에 무릎을 꿇린 후, 오방신장기를 등과 머리에 덮고, 그 위에 흰 창호지를 깔고 그 위에 북어 두 마리를 얹고 소금을 뿌린 후 북어를 마당으로 던졌다. 북어의 머리끝이 바깥으로 향하자 부정이 나간 것으로 보았다. 그 후 주무(主巫)는 박 씨가 무업을 하려다 말기를 되풀이한 것을 꾸짖고, 이제 말문을 열게 해달라는 정성이냐고 묻기도 한다. 주무는 남편에게도 참지 못함을 나무라고 신을 무시한 것이 분하다고 꾸짖는다. 여덟 번째 대신할머니거리가 끝나고 잠시 쉬는 동안 입무 후보자에게 무복을 입혀 아홉 번째 내림굿 준비를 시킨다. 무(巫)는 입무 후보자에게 이제까지 풍진도 많고 환난도 많았다고 위로한다. 그러고는 신당을 때려치웠다가 다시 차린 것을 나무란 뒤 "내가 말문을 줄 터이니 미친 척하고 지껄이라"고 말한다. 또한 대주(坐主, 남편)에게는 "직장을 충실히 다녀야 한다. 우리 대주가 죽지 않게 신령이 보살폈다. 걱정하지 마라, 내가 도와주마"라며 공수를 내린다.

⑨ 내림굿거리는 오전 2시부터 오전 3시 30분까지. 뒤이어 ⑩ 장군거리 ⑪ 조상거리 ⑫ 터대감거리 ⑬ 진오귀거리가 이어졌다. 마지막에 ⑭ 뒷전으로 마무리되었다.

내림굿거리에서 관찰한 신내림의 과정은 다음과 같다.

● 최초의 신내림

입무 후보자에게 여러 벌의 무복을 겹쳐 입힌다. 입무 후보자는 오른손에 방울을, 왼손에 부채를 들고 제금, 장구에 맞춰 춤을 춘다.

남법사와 여법사가 마당에 나가서 동서남북에 재배한다. 거기서 신을 받아오라고 권해 박 씨는 밖으로 나간다. 마당에서 하늘로 양손을 올리고 신내림을 기원한다. 신어머니는 옆에서 징을 계속 쳐준다. 굿청에서는 계속 장구와 제금으로 무악(巫樂)을 울린다. 입무 후보자는 마당에서 신명을 돋우고는 격렬하게 춤을 춘다. 그런 다음 천천히 방으로 들어오더니 맹렬한 무악에 맞춰 다시 격렬하게 춤을 춘다. 함께 나온 옆집 아낙네는 며칠 전만 해도 서지도 못했다고 신기해한다. 계속 격렬하게 춤추고 뛴다. 춤추다가 언월도와 삼지창을 집어 들고 시위하듯 휘젓는다. 칼을 목에 기대놓고 통돼지를 쳐다보며 시위하는 흉내를 내며 춤을 춘다. 이윽고 입무 후보자의 춤이 멈추자 무악도 그친다.

주무 가만히 보시오. 장군이 들어오셨어.

다시 징, 제금, 장구의 격렬한 무악에 맞춰 입무 후보자가 춤을 춘다. 15분이 지났다. 신명이 내린 듯 홀린 듯 맹렬히 춤을 춘다. 입무 후보자의 춤이 멈추자 무악도 따라 멈춘다.

무당들이 누가 오셨는지 말씀하라고 거듭 묻자 입무 후보자는 숨이 찬 듯 몰아쉬며 선뜻 대답을 못하다가 가냘프고 자신 없는 목소리로 말한다.

　　입무 후보자　내가 대신할머니야. (숨을 헐떡이며) 내가 말문 주고 글문 주고…….
　　주무　옳습니다.
　　주위　네, 옳습니다.
　　신모　(확인해주듯) ○○하는 대신할머니.

다시 격렬히 무악에 맞춰 춤추다가 멈추고 팔도명산 보살령님이라고 댄다. 또 춤추고는 천하장군, 일월도사까지 그럭저럭 댄다. 신모가 계속 누가 들어오셨는지 묻자 조상불사, 삼천명기도사, 삼천명기 바우할머니, 최일 장군 등으로 신의 이름을 대는데 점점 자신을 잃어가고 신명이 감소한다. 때로 신모가 재촉하듯이 입무 후보자에게 누가 오셨는가 물으면 "그렇게 다그치면 누가 왔는지 잊어버린다"며 다급하게 말을 막기도 한다. 그 뒤에 "누구시오?" 하고 물으면 약수보살, 호구별상 동자마마 등 신의 이름들을 자신 없게 호명한다. 감소된 신명을 돋우려는지 밖으로 나가서 마당을 건너 산 쪽으로 올라간다. 그곳에는 바위에 산신령상 등이 놓여 있고 어두컴컴하다. 남법사가 징을 들고 마구 쳐대며 따라가고 신모도 따라간다. 박 씨는 방울을 흔들면서 계단을 올라간다. 징의 반주가 따라간다. 굿청 안에 남은 무당과 여법사는 계속 무악을 울린다.

● 신명의 감소 및 좌절

굿당 뒤편의 산신각을 찾아서 산신령상에게 절을 한다. 남법사는 계속 징을 쳐댄다. 입무 후보자는 산신령상에게 이배, 삼배, 사배, 오배하고 제자리에서 도무한다. 양손을 들고 원을 그리며 돈다. 다시 제자리에서 뛴다.

신모, 남법사 누구 오셨어요?

입무 후보자 삼천명기도사.

(입무 후보자는 다시 도무하다 멈춘다.)

신모, 남법사 (재촉하듯이) 명호를 딱딱 붙여주세요……. 제자들은 아무것도 몰라요…….

입무 후보자 (풀이 죽어서) 나도 누군지 모르겠네…….

신모 누군지 잘 모르는 게 어디 있어요?

(신명이 빠져버린 입무 후보자가 누군지 모르겠다고 대답해 어색한 분위기가 되어버렸는데, 남법사는 신명을 돋우려는 듯 징을 마구 쳐댄다.)

입무 후보자는 불안한지 자기의 대답이 맞으면 맞다, 틀리면 틀리다고 확인해달라고 자꾸 부탁한다. 이에 대해 신모는 나오는 대로 말하라고만 한다. 신명이 완전히 빠져버린 입무 후보자가 어색한 표정을 지으며 산신각 밖으로 나간다. 신모와 남법사는 그 뒤를 따라가서 "여기가 어딘가", "누구를 모셨는가" 하고 묻는다.

입무 후보자 (불안하게) 최일 장군 아니야?

신모 (냉정하게) 잘못 보셨어요……. 다시 봐야겠어요. 다시 봐야겠어요……. 신령도 아니고 개막대기도 아니야. 다시 봐야 돼요…….

(이때는 산신령상 앞에 있었는데 입무자가 최일 장군이라고 대답한 것이다.)

남법사 (꾸짖듯이) 누구보고 물어요? 누구보고…….

신모 (꾸짖듯이) 내가 누구다 호령을 해야지 누구보고 물어보는 것 아니에요.

입무 후보자는 말이 없고 남법사는 신명을 돋우려는 듯 징을 치며 독경을 한다.

입무 후보자는 산신각 안에 들어가서 절을 하기 시작하더니 잠시 후 도무를 시작한다.

입무 후보자 (그제야 알았다는 듯이) 여긴 산신님 아니야?

신모 맞습니다.

그러더니 밖으로 나간다. 징도 멈추고 입무 후보자는 신명이 빠져버렸다. 산신각을 내려가 굿청으로 간다. 남법사가 징을 치기 시작한다. 굿청으로 가면서 입무 후보자는 방울을 흔들기 시작하고 신명을 좀 느끼는 듯하다. 그러다가 굿청 안에 들어가서 도무를 시작한다. 무복을 다 벗어버리고 계속 뛴다. 두 팔을 치켜들고 원을 그리며 돈다. 다시 제자리에서 도무한다. 오방신장기 중 오른손에 청홍 백기를 왼손에 다른 색의 기들을 들고 도무하다가 양손을 뒤로 해서 섞은 다음에 뛴다. 하나를 뒤에서 뽑는데 노란색 깃발이 잡혔다. 다시 기들을 등 뒤에서 섞는다. 그중 하나를 뽑는다. 청색기가 뽑히자 버리고 그 자리에서 뛴다. 다시 절을 한다. 남편을 부른다. 그리고 쉰다. 대화가 시작된다. 입무 후보자는 신명이 사라지자 풀이 죽어 있고 좌중에는 어색한 분위기가 감돈다. 신모는 "다시 신내림을 받아야 한다"며 "이판사판이라는 각오로 하라"고 냉정하게 농담한다. 그래도 지난번에 비해 말을 했으니 낫다는 지적도 한다.

● 좌절 및 울음

입무자는 신을 받는 데 실패한 것으로 보고 서러운 듯 눈물을 흘리며 울기 시작한다.

남법사는 말한다. "제자님, 실컷 울어. 엉엉 울어." 신모도 말한다. "울어야지, 울면서 들어오는 사람, 뛰어서 들어오는 사람. 별별 가지야. 울고 싶을 거야."

입무 후보자는 "아버지가 들어오셔서······ 말문 열게······" 하며 운다. 울면서 창(唱)을 하듯이 자기 처지를 한탄한다.

    입무 후보자 ······아버지 가실 때에······ 아이고······ 불쌍해라 ······. 아이고 불쌍하지······. 스물두 살부터 오늘날까지 갖은 풍파 겪고······ 갖은 고생하고······ 엉엉······. (흐느끼며) 삼우제 적에는 ······ 응······ 어떻게 살았나? ······아빠도 몰라······. 아는 건 알고 모르는 것은 몰라요······. 엉엉······.
    남법사 누가 오셨어? 누가 오셔서 울리는 거야?
    입무 후보자 ······아이고 아버지······ 우리 아버지······ 아버지 얼굴도 몰라요······. 나 하나 살려놓고······ 북망산천 왜 가는가? 아버지······ 나 좀 도와주세요······. 응, 응······ 천하에 원도 많고 한도 많은 사람······.

입무 후보자는 구슬피 울며 자신의 처지를 슬퍼하고 한탄한다.

●다시 신이 내림

입무 후보자는 울다가 갑자기 입무 후보자라는 현실로 돌아온 듯 스스로를 꾸짖지만, 다시 슬픔에 잠기다가 신내림 상태에서 스스로를 위로한다.

입무 후보자 (큰 소리로) 야! ……(방바닥을 치며) 울지 마…… 내가 도와줄 텐데 왜 우니? 너 운다고 해결되는 게 아니야……. (스스로를 꾸짖는다.)

무당들 (고개 끄덕이며) 그럼요…….

남법사 아버지가 무슨 명호로 오셨어요?

입무 후보자 일월도사.

남법사 일월도사? ……아버지가 일월도사로 오셨구만요……. 빌어줘야죠…… 자손이 불쌍했어요?

입무 후보자 (아버지의 신이 내린 듯) 우리 막내딸 내가 도와줄 거예요…….

입무 후보자 (다시 흐느끼며) 나는 아버지 얼굴도 모르고, 아플 때나 서러울 때나 괴로울 때나 아버지 생각만 하면 내 자신도 모르게 눈물이 나요……. 엄마는 정이 없어. 내가 다달이 엄마한테 가도 정 소리도 못 듣고 맨날 욕만 얻어먹고 와요……. 그래도 부모라고 찾아가는데…… 아이고, 아버지…… 내가 아버지를 찾는데…… 내가 왜 아버지 얼굴을 몰라?

(흐느끼며 창을 하다가 시아버지의 신이 내린 듯)

입무 후보자 (스스로에게) 아가, 나도 왔어…….

신모, 모두 누구세요?

입무 후보자 우리 시아버지.

신모 그러면 들어오셨으면, 누구로 들어오셨어요?

입무 후보자 아가, 내가 너를 얼마나 도와주고 아끼는데…… 우리 아들이 너 속 많이 썩이지?

남법사 시아버지는 뭘로 오셨어요?

입무 후보자 신장님…….

(그러자 신모가 입무 후보자에게 시험을 내린다.)

● 시험

신모는 신장님이 오셨다면 자기 양손 중 어디에 분홍 꽃과 빨간 꽃이 들어 있는지 알아맞히라며 박 씨에게 시험을 내린다. 박 씨는 풀이 죽어 모르겠다고 대답하고는 자신 없이 회피한다. 신모는 집요하게 입무 후보자를 달래기도 하고, 틀리면 다시 온다며 위협을 하기도 한다. 제자 노릇하기가 수월한 줄 아느냐며 시험에 대한 입무 후보자의 대답을 재촉한다. 결국 입무 후보자는 내가 그걸 알아맞히면 발바닥에 흙을 안 묻히고 다닌다며 끝내 신모의 시험을 회피한다.

● 다시 신내림 유도

주무 한 번 더 뛰실까?

입무 후보자 싫어…… 힘들어…….

입무 후보자가 끝내 신모의 시험을 회피하자 다시 도무시켜 신내림을 유도하려고 주무와 신모와 여법사는 입무 후보자에게 열두거리 옷을 한꺼번에 입힌다. 입무 후보자는 거부하며 "뭘 알아야 하지, 망신 주려고 그래"라며 아예 포기하듯 대답한다. 그러나 주무와 남녀법사들은 "이게 요술바가지야, 입으면 술술 나온다" "이게 뭐 수월한 줄 알았어?"라며 입무 후보자에게 무복을 입힌다. 결국 입무 후보자는 "죽기 아니면 살기겠지"라며 무복을 다 입는다.

새벽 2시 45분경, 서서히 무악이 울리자 입무 후보자는 도무한다. 점차 격렬해진다. 춤추면서 양손에 언월도와 삼지창을 들고 밖으로 나와 사방에 절을 한 후 굿청으로 들어간다. (옷을 벗고 잠시 쉰다.) 다시 신을 내리기 위해 12가지 무복을 차례로 입고 열심히 도무하다가 잠시 말문을 열 듯 쉬자 남법사가 "누구세요, 누가 오셨어요?" 하고 묻는다.

● 신내림 성공

입무 후보자는 "최일 장군"이라고 답한다.

제금과 장구가 울리고 입무 후보자는 자신이 생기는 듯한 어조로 천불산의 대신령님이 왔다고 한다. 다시 도무하다가 멈추고 "칠성님이 왔구나……" 한다. 격한 도무를 하고 나면 무당들은 계속 "누구세요, 누구 신지 말씀하셔야 알지요?" 하고 다그친다. 입무 후보자는 대답을 하지 않다가 갑자기 남편을 찾는다. 마당에 있던 남편이 걸어서 굿청 안에 들어온다. 남편은 여전히 무표정하고, 우두커니 손을 모으고 서 있다. 입무 후보자가 도무하다가 멈추자 무악도 따라 멈춘다. 남편을 향하여 불쌍하다고 말한다. "내가 누군지 알아, 대주야? 내가 말을 막 하더라도 이해해야 돼. 난 내 정신이 아니니까." 양손에 쥔 연꽃 두 송이를 내밀고 남편에게 돈을 달라고 한다. 남편이 돈을 놓자 잘못 놓았으니 바로 놓으라고 꾸짖듯이 호령한다. 그러고는 조상으로서 그럴싸한 공수를 남편에게 내린다.

입무 후보자 (타이르듯) 재수를 열어줄게. 걱정하지 마라. 못 다 먹고 못 다 쓰게 시켜주고 쓴 자리 다 메꿔주마. 네 삼 남매 자손, 옷가지 잘아도 숲속같이 키워주고, 인삼 녹용 먹었더냐 불로초를 먹었더냐 건강하게 해주마.

   신모 예, 아주 영험하시네요.

   입무 후보자 손주 같은 지암석도 다 걷어주고 받들어주마. 천리도 굽어주고 만리도 굽어주고. 다 산 처맹기도사님, 바우 할머님, 유황 불도사님, 나 알아. 옛날에 셈자를 못해 우리 시아버지가 도와준 거 다 알아.

   (꽃을 손에 든다. 하얀 꽃과 빨간 꽃을 양손에 바꿔 쥔다.)

  입무 후보자는 무악에 맞춰 도무하다가 멈추고 도무하다가 멈추면서 자신 있게 일월도사, 신장군님, 산신님, 대감님, 호구별상 동자마마, 열두 장군 대신, 조상님 등 신의 이름을 댄다. 그러면서 무당들에게 명리를 주고 부귀를 준다고 공수를 내린다. 통돼지가 작다고 호통치고, 남편에게 자기를 이해해달라고 한다. 태어난 지 한 달 만에 마마(천연두)를 앓다가 나으면서 '엄마' '아부지' '인내' '업어달라'는 말을 했다는 내력을 얘기한다.

  입무 후보자는 조상이라며 노란 치마를 머리에 뒤집어쓰고 춤을 춘다. 주위에서 벗으라고 해도 치마끈으로 묶는다. 남편이 돈을 주자 벗는다. 그러다가 다시 뒤집어쓴다. 주무와 남법사, 신모가 버릇없다고 꾸짖는 가벼운 실랑이도 있었다. 차비를 줘야 벗겠다고 하다 신모에게 야단을 맞고 벗는다.

  마지막 빨간 치마를 벗어 건네주고 나서 오방신장기를 들고 남편에게 간다. 남편에게 깃발을 뽑으라고 시킨다. 초록색 기가 나왔다. 파란 기가 나왔다. 흰색 깃발까지 뽑은 후 완전히 펄펄 뛴다. 좌중을 휘어잡고 오방신장기를 다 던지고 털썩 앉는다. 다 끝내고 앉아 물을 마신다. 주무와 신모와 남법사들은 입무 후보자에 대해 흐뭇해하고 똑 소리 난다고 칭찬한다. 주무는 입무 후보자가 자기를 따라잡겠다고 농담을 한다. 여법사가 치던 제금을 치겠다고 입무 후보자가 들자 제금을 빼앗겼다고 농담을 한다.

(장군거리에서) 주무가 다시 춤을 추기 시작한다. 오전 3시 40분. 입무 후보자가 서투르게 징을 치자 "안 되겠다. 그 장단엔 내가 춤을 못 추겠다"라고 한다. 주무는 춤을 추다가 멈추고 무가를 부른 뒤 입무 후보자인 기자(祈者)에게 공수를 준다.

주무 "내 기자야 인제는 때가 오고 시가 왔다. 인제는 잡아두지도 못하고 오늘 니 말문 열었으니 인제는 낙인 찍혔어. 인제는 무당이고 보살이야……. 우리 대주(남편)하고 기자하고 인제는 서로가 불쌍히 알아야 돼. 알았니? ……작년에 너희 모두 큰일같이 끊으시니, 우리 대주가 꼭 죽을 고비 넘어갈 뻔했어. 이번에 이 정성 받으시고…….
(도무. 무악)
인자는 우리 기자야 신령님 몸주가 되었으니…… 그럼, 내 몸이 내 몸이 아니야…… 또 줏대를 탄탄히 가져야 되고 주장은 튼튼히 가져야 된다. 중심이 튼튼해야 된다. 너희 내외는 돈을 가져도 돈놀이 못 해, 엉……. 오냐, 사주가 우리 대주에게 흐르는 물에 기주의 흙하고. 물과 흙이 만났어. 그러니까 오냐, 먹고 이렇게 흔들고 나면 한푼이라도 통장을 가져야 먹고 살아…….
입무 후보자 도와주세요.
(주무는 대주에게 잘해주라는 공수를 빠뜨리지 않는다. 주무는 왼손에 삼지창을 들고 오른손에 부채를 들고 춤춘다. 입무 후보자도 따라서 춤춘다. 주무가 입무 후보자에게 "이제는 낙인 찍혔으니까 불러야지" 하며 "나오면 미친 척하고 지껄여줘"라고 한다.)

입무 후보자 아무거나 지껄여줘요?

주무 오냐 그럼, 아, 지껄여주면 어떠냐?

입무 후보자 틀리면 어떻게 해?

주무 니 말마따나 다 그냥 말끝마다? 할아버지도 한마디에도 바라도 보고 그러는 거야.

통돼지를 삼지창에 꽂아 바로 세우는 사실세우기가 잘 끝났다. 그러고 나서 별상과 신장에 관한 무가를 부른 뒤 주무는 입무 후보자를 불러 세우더니 공수를 주었다. 서로 불쌍히 여기고 옛날 일로 싸우지 말라고 훈계한다.

주무 월급 타면 법당에 먼저 놓고 고맙습니다 절하고, 자식들 삼남매 있는 것 잘되게 해달라고 절하고, 나 몸 건강하게 해달라고 빌 것이며. 그동안 고생시킨 대주를 이제 호강시킬 것이고, 내가 이렇게 놀고 나서 재수 도와주마, 소원을 이뤄서 도와주마.

몹시 흥겹게 무악에 맞춰 도무하다가 멈추고 대감님에게 돈을 달라고 한다. 적게 준다는 둥 즐거운 실랑이 끝에 주무가 대주에게 공수를 준다.

주무 (남편에게) 고개 외로 틀지 말아, 괜찮아. (웃음) 떳떳하게 아주 어깨에다 힘주고 제대로 있으우. 마누라가 무당됐다고 그냥 금방 이놈마냥 돌아서서 훌쩍훌쩍해도 소용없어. 내가 그렇게 갖다가 버린다 해도 몸에 붙은 게 어디가? 인제는 직업에도 귀천이 없고, 옛날에도 대대손손이 임금님을 해먹으면 대대손손이 해먹었어. 지금은 제미랄, 리어카꾼 쓰레기꾼도 잘만 하면 대통령이 될 수도 있어. 그러니까 고개 틀지 말우. 안 그래? 안 그래?

남편 네.

주무 옛날에는 다 망해도 해먹었어. 지금은 잘못하면 임금이라도 잡아넣으라고 하잖아. 그러니까 고개 틀지 말아. 무당의 자식도 잘 되면 대통령 될 수가 있으니까…… 오냐, 또 옛 법 버리지 말고 신법을 내지 말라고. 우리는 이제 유교야, 우리 한국의 옛날부터 선대로부터 온 신이야…… 오냐, 우리 대주님아 근력 돋아 도와주고 원력 돋아 도와주고. 그저 마음속에…… 오겠습니다, 건강하게 해주십쇼, 그러면 돈 다시 벌어줘. 우리 대주가 야, 인간의 고덕에 풍진병이 들었어. 우리 대주가 노이로제가 걸렸어. 어떤 놈이 뭐라고 하면 겁이 덜썩 나…… 그렇지? 엉? 어허허.

(주무와 입무 후보자, 함께 웃는다.)

공수 속에 주무의 가족관·윤리관이 엿보인다. 매우 평범하고 인간적이다.

조상거리에서는 여법사가 입무 후보자에게 남편에게 잘해주라며 공수를 주고, 남편 집안의 신들까지 짊어지겠느냐는 다짐을 받는다. 남편에게는 술 먹는 버릇 등을 들어 호되게 꾸짖다가 마음을 풀고 입무 후보자와 화목하라는 공수를 준다. 여법사에게 내렸다는 신은 입무 후보자의 시할아버지, 시아버지, 시작은아버지, 시동생 등으로 주로 시댁의 조상들이다. 입무 후보자의 신들과 남편의 신들이 서로 입무 후보자와 남편을 무당으로 만들려고 다투었다고 보는 듯하다. 입무 후보자가 내림굿을 하니 남편 쪽의 신을 위무하는 듯하다.

터대감거리, 진오귀거리를 지나 뒷전으로 끝을 맺는데 오전 8시까지 진행되었다.

〈굿에 대한 입무 후보자의 주관적 반응〉

내림굿을 하고 8일 뒤 입무 후보자 박 씨를 면담하고 굿에 대한 주관적 반응을 들었다. 빙의의 신체적 지각(고딕체로 표시한 부분)에 관한 진술이 흥미롭다.

전에는 그렇게 굿을 수차례 해도 입이 한 번도 안 떨어졌다. 야, 소리 한 번 안 불렀다. 이번에는 때가 되어 그런지 어째서 그런지 여러 말이 나왔다. 전에는 어디 가서 물어보면 40이 훌쩍 넘어야 된다고 그랬다. 지금 생각하니 이번에 입이 떨어져 몇 마디 했는데 때가 되어서인지 도가 차서인지 지금도 어리벙벙하다……. 내림굿 때 내 정신으로 한 건지 거짓말로 한 건지 아찔하고 뭘 모르겠다. 뭐가 가슴에 와서 딱 닿는 게 없다. 신령들이 내 몸에 와서 실렸으면 뭐가 딱 닿는 게 있어야 하는데 그게 없다. 그러니까 내가 자신이 없다. 안 그렇겠는가? 그런데 이모님(신어머니인데 박 씨보다 나이가 어려 이모라 호칭)은 이판사판 공사판이니 자기 하라는 대로 죽이 돼든 밥이 돼든 가만히 있으라는 거다. 이모는 저렇게 설치고 하라는 대로만 하라는데 나는 용기와 자신이 없어 앞이 캄캄하다. 속상하고 부담스럽다……. 3일 전에 이모와 함께 산(굿당)에 다시 가봤다. 바위에 새겨진 산신령에게 축원해보라 한다. 이모가 올라와 내 곁에 서더니만 축원하며 뭐가 몸에 오실오실하게 느껴지는 게 없냐고 물어본다. 난 모르겠다 하니 그날의 법사가 하는 것을 잘 들으라고 하여 서너 시간 듣다가 왔다. 어제 딸과 얘기한 후 슬퍼서 누워 울먹였다. 용기도 없고 자신도 없는데 신령에게 자꾸 축원이 나오면서 머리를 숙였다가 쳐들자마자 몸에 와 닿았다(이때 고개를 훌쩍 뒤로 젖히는 동작[jerking movement]을 보인다).

그전에 친정어머니를 보면 뭐 축원할 때나 공수 내릴 때나 그랬다…….

나는 그게 전혀 없었는데 어제부터 그랬다. 그저께 저녁에 20년간 다니던 산(굿당)에 다녀왔는데 그게 효험이 있구나 생각이 든다……. 자신이 생기고. 내가 신령 생각하거나 축원하면 몸에 그런 현상이 온다……. 전에 이모에게 물었을 때 그런 현상이 오는 사람이 있고 안 오는 사람이 있다고 그랬다. 그런데 그게 아니고 나에게 신령이 몸에 닿는 것 같은 현상이 온다……. 어제 울면서 누워 있는데 약수보살님이 오더니 배를 쓰다듬어주었다. 내 손으로 내가 쓰다듬지만 신령이 하는지 내가 하는지 나도 모른다. 입에서 말이 나오며 문질러주라고 한다. 가슴 답답한 것이 그러니 좀 나아졌다……. 그러면서 그런 현상이 자주 온다. 이웃집 아주머니에게 낙상 조심하라고 하고, 남편에 대해 얘기해주고, 이사 가지 말라고 얘기해주니 맞다고 그런다. 그이를 보니 그런 현상이 오면서 말이 나왔다……. 다른 여자에게도 아들과 남편에 대해 얘기해주는데 몸에 그런 현상이 왔다. 어제부터 몸에 와 닿는 게 생겨 자신이 생겼다.

〈내림굿 후 경과〉

내림굿 2개월 후 한 면담에서 입무 후보자는 전과는 달리 내림굿이 실패였다고 했다. 남편은 또 속았다고 한단다. 올해는 부정만 씻어내고 내년에 내림굿을 해야 하는데 때를 지키지 않아서 실패한 것이라고 했다. 내림굿하기 전에 점을 쳤을 때 올해는 재수굿만 하라고 했단다. 그러나 다른 곳도 알아보자 하여 신모에게 점을 쳤는데, 내림굿을 하자 하여 했단다. 두 달이 지난 지금 박 씨는 신모와의 갈등을 얘기하며 내림굿이 실패했고 그래서 그동안 마음이 혼란스럽고 괴로웠는데 이제 진정이 되어간다고 한다. 내년에 다시 내림굿을 해야 할지 모르겠다고 하였다. 신모가 제자인 입무 후보자에게 축원이나 관심을 적게 주고, 신모가 굿은 별로 하지 않고 점만 치면서 녹음 테이프를 통해 입무 후보자에게 무업을 배우라고 한단다. 박 씨는 자기 머리가 둔해서 배우기가 어렵다는 점 때문에 신모와 갈등이 빚어졌다고 했다.

(2) 내림굿 사례 2

입무 후보자(김 씨, 30세)는 12세 연상의 남편과 결혼했고 아기는 낳지 못했다. 입무 후보자는 2년간 심하게 앓아왔다고 하며 병원에서는 자궁이 나쁘다고만 할 뿐 특별히 병명을 잡아내지 못했다고 한다. 아버지는 사망했고 어머니는 살아 있다. 남편은 보일러 기술자이다. 지방도시 부근에서 살면서 서울까지 출장을 오기도 한다. 시아버지는 약을 먹고 자살했다 하며 시숙도 어릴 때 약을 먹고 죽었다고 한다. 그 이상의 개인력과 가족력은 얻을 수가 없었다.

● 내림굿 과정

시간: 1989년 8월 2일 오후 9시 20분부터 8월 3일 오전 1시 30분까지.
장소: 우이동 전 씨 굿당
참여: 주무(50대), 조무 1(40대), 조무 2(40대), 기자와 남편,
    이웃여자(친구) 및 남편
진행: 1) 부정, 2) 내림굿거리, 3) 불사거리, 4) 제석거리, 5) 신장거리,
    6) 가망거리, 7) 대신할머니거리, 8) 조상거리, 9) 애기씨거리,
    10) 장군거리
내림굿거리를 중심으로 소개하고 고찰한다.

● 내림굿거리

내림굿거리는 오후 9시 50분부터 10시 45분까지 진행되었다. ① 입무 후보자에게 신내림을 유도하는 과정 ② 입무 후보자가 해리되어 광폭해지는 과정 ③ 입무 후보자가 제정신을 차리며 부끄러워하는 과정

으로 나누어 기술하고자 한다.

● 신내림 유도

오후 9시 50분. 입무 후보자 김 씨에게 무복을 입힌다. 김 씨는 바깥쪽을 쳐다보며 오른손에 부채를 들고 왼손에 방울을 들고 서 있다. 이때 무당들이 힘차게 제금과 장구를 연주하기 시작한다. 조무 2는 입무 후보자에게 "하고 싶은 대로 하라"고 한다. 조무 1은 입무 후보자의 몸집이 애기 같다고 한다. 주무가 무가를 시작한다. 김 씨는 그 자세로 바깥쪽을 보며 서 있는데 무악이 점점 커진다. 입무 후보자는 오른손을 부르르 떨기도 하고, 오싹오싹 진저리를 치기도 한다. 점차 그런 현상이 잦아진다. 방울을 부르르 떨기도 하고 부채를 살살 흔들기도 한다.

9시 55분. (장구와 제금에 맞춰) 부채를 점점 크게 흔든다. 턱을 앞으로 들썩들썩하고, 입술도 움찍거리며 진저리를 친다. 표정이 점점 일그러지며 뭔가에 사로잡혀 있는 듯하다. 주무가 얼굴을 보더니 항아리 위에 올라가자고 한다. 대주(남편)가 항아리를 붙들자 김 씨는 창호지를 덮은 항아리의 모서리에 올라선다. 김 씨는 거기에 올라서서 방울과 부채를 떨고 입을 계속 실룩거린다. 김 씨는 2~3분 후 항아리에서 내려와서도 여전히 괴로운 듯 뭔가에 사로잡혀 있는 듯하다. 김 씨가 방울을 든 손으로 가슴을 치며 "답답해"라고 하자 주무는 "하고 싶은 말 있으면 하고, 뛰고 싶으면 뛰고 그래요……"라고 한다. 입무 후보자는 눈을 감고 "어휴 답답해!" 신음소리를 내며 고통스럽게 울부짖는다. 김 씨는 부채를 마구 흔들면서 자지러질 듯한 몸짓에, 다리를 들썩이다가 방울로 가슴을 계속 치다가 도무하기 시작한다.

10시. 주무는 입무 후보자에게 "누가 오셨어요? 말을 하세요"라고 말한다. 입무 후보자는 정신 나간 상태에서 눈을 감은 채 "어휴"라는 신음소리를 내며 몹시 괴로운 표정을 짓는다. 침을 삼키면서도 말을 하지 않는다. 입무 후보자는 방울을 든 손으로 가슴을 계속 친다. 눈을 감고 신음소리를 내며 답답한 듯 거친 동작을 반복하면서 춤을 춘다.
춤을 잠시 멈추자 무악도 멈추면서 다음과 같은 대화가 진행된다.

조무 1 누가 오셨어요? 누가 이렇게 뛰셨는지 얘기해보세요, 누가 오셨어요?

입무 후보자 (괴로운 듯 울부짖는 표정으로) 아흐…….

주무 눌러놓고 덮어놔서 그래. 누구세요? 누가 그렇게 답답해요? 얘기하세요.

입무 후보자 아흐…….

주무 입으로 얘기해야 덜 답답해요…….

입무 후보자 (괴로운 표정으로 신음한다.) 아흐…….

주무 말을 해야 덜 답답해요. 얘기해요. 입으로. 그래야 안 답답하다고…….

(입무 후보자는 춤을 계속 춘다.)

주무 말을 해야 안 답답하다고. 그전에는 다 눌러놓고 덮어놓고 지르고 그랬는데, 오늘은 맺힌 맘 푸시고 말루다 술술 얘기해줘요. 그래야 안 답답하지. 불사할머니인가? 산신님인가? 누군가 얘기해주세요. 불쌍하잖아요. 신딸이 저렇게 고생하는데, 오늘 좀 말로 술술 해주세요…… 예? 부처님이 오셔서 그런다고…… 그럼…… 오늘 얘기를 다 해주세요…… 그렇지 않으면 다 잊혀버린다고…… 얘기해주세요…… 누구신가?

(김 씨는 여전히 눈을 감고 듣기도 싫다는 듯, 짜증스럽고 괴롭고 울부짖는 듯한 표정이다. 방울 든 손으로 가슴을 마구 문지른다. 두세 번 몸을 자지러지듯 떨다가 춤을 추고, 멈추었다가 다시 춘다.)

주무 누군가 얘기하세요.

입무 후보자 (신음) 아……아…….

조무 2 누구세요?

입무 후보자 아…….

(김 씨는 여전히 눈을 감은 채 괴로운 듯 신음하다가 배가 아프다고 울부짖는다. 주무는 누구신가, 누가 그렇게 아프게 하느냐며 계속 묻는다. 김 씨는 말없이 춤만 춘다.)

주무 배가 아파요? 그럼 애기 낳다가 죽은 사람이 씌었어요?

(주무가 베를 찢어서 입무 후보자 몸 위로 걸치며 베 가르기를 한다. 입무 후보자는 여전히 눈을 감은 채 괴로운 표정을 지으며 무악에 맞춰 점점 더 격렬하게 춤을 춘다. 깨금발로 뛰기 시작하더니 넘어질 듯이 도무한다.)

●난폭한 공격 반응

입무 후보자는 깨금발로 도무하다가 멈추고 신경질적으로 고개를 흔들며 "다 답답해, 다……"라고 소리친다. 주위에서 뭐라건 전혀 반응이 없다. 발작적으로 뛰다가 격하게 "놔…… 놔!"라고 소리치며 쓰러져서 뒹군다. "아 허리야, 아 허리야!"라고 비명을 지르고 부채와 방울을 내던진다. 걷잡을 수 없이 울부짖는다. "아…… 배야!" 계속 비명을 지른다. "안 해, 안 해…… 안 해!" 옷도 다 벗어던지고 발광을 한다. 주무가 무복을 벗긴다. 무복을 다 벗기자 원래의 바지와 티셔츠 차림으로 그대로 누워서 울부짖는다. "아…… 허리야, 아…… 배야…… 엉엉!" 주무가 뭐라고 진정시키려 하나 발광하듯 발로 차고 운다. 조무 2가 배를 만지고 허리를 만져주고 등을 두드려주지만 입무 후보자는 광란상태로 신경질을 내며 발작을 한다. 정신이 나간 듯하다. 입무 후보자는 내내 눈을 감고 있다.

주무 (남편에게) 집에서도 배 아프다고 그래요?

(남편은 묵묵부답. 무관심해 보인다.)

주무 신을 이기지 못해. 부처님만 모셔놓고 해야 해요.

(입무 후보자는 눈을 감은 상태에서 남편을 발악적으로 때리고 욕설하고 앙탈을 한다. 무당들이 진정시키려 해도 반발하고 심지어 남편을 발로 차기도 한다. 무당들이 입무 후보자의 발광에 대해 꾸짖지만 "냅둬, 내가 선생이다. 웃기고 있네…… 시끄러워…… 떠들어싸?"라며 막무가내로 분노를 발산한다.)

조무1 아이고, 여러 가지네.

입무 후보자 그래. 내 맘이다.

조무1 어허…….

입무 후보자 어허…… 한 번 가만히 있으라면…….

입무 후보자 (남편이 뭐라고 조그맣게 중얼거리자) 어허…… 정말 웃기네…….

조무1 체…… 에이그.

입무 후보자 (여전히 눈을 감은 채 대든다.) 뭐라고? 왜? 좀 뛰고 놀든가, 가만히 냅두든가?

조무1 그럼 더 쳐. 더 쳐봐…….

입무 후보자 뭐라고?

조무1 배 아프다고 그랬다, 왜?

입무 후보자 (사납게) 안 아파…… 어디 갔어? 나에게 아주 어른처럼 행세하려고 해. (소리치며 명령한다.) 불러와봐! 불러와봐!

입무 후보자는 다시 남편을 불러다 앉히고 "이리 와, 너 그럴래? 때려봐, 또 그럴래? 때려봐, 또 때려봐" 하며 대든다. 무당들이 타이르다가 꾸짖는다. "이건 뭐 아래위도 없어? 귀신이 진짜 씌었으면 그런 소리 안 해. 영(靈)한 소리 하지." 입무 후보자는 여전히 눈을 감은 상태로 반발하며 자기 입을 제 손으로 때린다. 그러다가 결국 친구를 붙들고 울음을 터뜨린다. 이때는 조무의 타이름에 고개를 끄덕이며 순응한다.

10시 35분.
입무 후보자 누가 알아? 말도 마, 말도 마, (울며) 이 속을 누가 알아? 잘해준다 그래도…… 내가 남에게 말은 안 해도…….
주무 다 그런 거야…….
입무 후보자 뭐가 착해? 뭐가? 날 위해 뭘해?
(입무 후보자는 손으로 방바닥을 두드리며 화를 낸다. 여전히 눈은 감고 있다.)
입무 후보자 답답해, 나도 몰라, 나도 몰라…… 아! (앙탈)
주무 이겨야지.
입무 후보자 답답해. (눈을 감고 가만히 있다.)
주무 누가 이렇게 아프게 하니?
입무 후보자 시아버지가.
(양손으로 가슴을 계속 쓸어내리며 답답하다는 듯한 표정을 짓는다.)

● 제정신을 차림(부끄러워하며)
입무 후보자는 시아버지 얘기를 하다가 눈을 떴다. 제정신이 들었다.

주무 괜찮아?
입무 후보자 (고개를 끄덕인다. 부끄러워하는 듯하다.)

조무1 시아버지가 약 먹고 돌아가셨어. 그래서 속이 녹는 것 같지. 진오귀를 해드려야 돼. 당신도 잘돼. 이 사람도 사람 돼. 그 얘기 하니까 정신이 돌아왔어…… 상업적인 게 아니야. 진오귀를 해줘야 돼.
　주무 먼저 아버지 진오귀 해드려. 올해 못 넘길 것 같으니…….

10시 45분. 식사를 시작한다.
11시. 식사가 끝나고 잠시 쉰다.

오후 11시 5분. 불사거리로 시작하여 뒷전까지 다음 날 오전 1시 30분에 모두 끝났다. 입무 후보자가 광란을 하고 무당 되기 어렵다는 것이 주무와 조무의 공수에서 이미 명백해져서 그 뒤 절차는 다소 활기가 없었다. 주무는 입무 후보자에게 무당 대신 부처님 모시는 보살이 되라는 공수를 주었다. 주무가 김 씨에게 준 공수의 내용은 다음과 같다.

"이 정성 받아서…… 삼 년 못 되어 삼신 자손 내려주시고…… 너 한 많은 세월에 원 많은 세월 살았구나…… 기자가 아주 불릴 사주는 아니다. 부처님 모셔다가 입으로다가 어쩌다가 한마디 해도 모든 영검 내려주시고…… 우리 기자가 어떡하든지 입으로 내색 안 하고 뭐든 이렇게 덮어놓고 살아보려고 갖은 노력을 다하다가 그래도 아무래도 7, 8월 고비가 어렵고 두렵고 오래 못 살 것 같애…… 체수가 적어도 배포가 크고 마음이 넓어…… 혼자서 이리 궁리, 저리 궁리, 울기도 많이 울고, 그래도 누가 알랴, 하늘이 알고 땅이나 알랴? …… 그래도 걱정 마라. 깊은 소원 이뤄주마…… 빠르면 내년이야, 부처님 모시고 암자라도 이룩하게 해줄 터이니 걱정 말고 부처님 모시거라. 내 모실까 들이 모실까 갖은 입조롱 천조롱 하지 말고 죽으나 사나 붙들고 매달려라…… 가슴 아프고 속이 뒤틀리고, 아까도 그냥 물 마시는데 창자가 끊어져 나오는 것 같고 그래…… 그래서 헛구역질을 하고 먹은 것도 없어…… 그런 일 없게 해줄게…….”

주무가 남편(대주)에게 준 공수는 다음과 같다.

“대주가 기술이 좋아서 이렇게 살아가니 내 덕(신장신)인 줄 알고…… 내년 찬 바람 나면 서울로 오게 해줄게…… 조그만 집이라도 짓고 조그만 아파트라도 사게 해줄게…… 이 정성 받으셔서…… 우리 대주 생각하면 무척 불쌍하시다…… 부처님 가운데 토막이야…… 그래도 참는 것 참고 우리 기주(김 씨)가 불쌍하고 잔양(?)하다가도, 우리 기주가 미워서 그런 것 아니야. 맨날 아프다고 하니, 그게 불쌍하고 측은하고…… 우리 대주가 잘 왔어. 이번에도 기자 혼자 와서 쓰적쓰적 했으면 소용도 없는 건데, 그래도 우리 대주가 눈으로 보고 귀로 듣고 잘 왔어…… 우리 대주도 괜찮아, 이제…… 맨손으로다 머리 쓰는 걸로 살고, 이제는 돈 벌 요령도 생기고, 부자도 부럽지 않고, 그때도 얘기했지만 3년이 못 가서 집 사게 해줄 거야.”

(3) 사례 1, 2의 고찰

① 전통적 내림굿 사례와의 비교

앞에 소개한 김인회·김태곤 등의 사례와 1930년대 기록과 이상 두 내림굿을 비교하면 신내림과 공수를 통한 말문 열기가 내림굿의 핵심인 점에서는 다른 사례와 다를 바 없다. 하지만 앞의 사례들에 비해 의식절차가 아주 단순했다. 그러나 강신과 신탁의 주요 과정은 한국무속의 보편적인 형식을 따르고 있다고 생각된다. '말문을 열어' '공수'를 주는 과정은 본 조사례나 다른 사례나 비슷한 양상을 보이고 있어 무속의 일정한 틀이 반영되었음을 알 수 있다. 또한 전통적인 굿에서 볼 수 있는 과정으로 무명천을 찢어 '길을 여는 과정'은 본 조사례에서도 볼 수 있다. 다만 내림굿 뒤 신모가 신명(神名)이 적힌 종이와 곡식을 꾸려준 것을 날을 잡아 신모가 다시 한 번 입무자 집에서 그것을 밖으로 내서 '여는 의식'을 해야 무업(巫業)을 시작할 수 있다는 것은 좀 특이하다. 또한 두 사례 모두 내림굿을 저녁에 시작하여 밤새도록 진행한다는 특징이 있다.

그러나 사례 1의 신모의 자격조건에 대해서는 이론의 여지가 있다. 신모는 강신적 점자(占者)이기는 하지만 무당이 아니기 때문이다. 이 관계는 다시 논의하겠으나 바로 이 점 때문에 사례 1 내림굿의 문제점이 제기되며, 전통 무속연구 대상에서는 드러나지 않는 한국 샤머니즘의 현실이 노출된다고 할 수 있다.

② 입무의 동기와 배경

내림굿은 신병, 즉 입무의 병에 걸렸다고 간주되는 사람의 병귀를 내쫓고 신명을 받아들이는 치유 의식이다. 또한 세속의 평범한 사람을 원초적 치료자로 새로이 탄생시키는 창조적 변환에 목적을 두는 통과의례(rite de passage)의 의미를 가진다는 점에서 다른 민족의 이니시에이션(입사식)과 같은 뜻을 지닌다.

사례 2에서는 내림굿을 하게 된 확실한 동기를 파악하기 어려웠다. 가족배경에 관한 정보를 얻을 수 없었고 몸이 좋지 않다고는 하나 '신병'이라고 할 만한 것이 있었는지도 알 수 없었다. 그러므로 여기서는 사례 1의 경우만 다룰 수밖에 없다.

사례 1의 과거 생활력을 보면 표면상 솔직하고 활발하지만 안으로 깊은 열등감과 낮은 자신감, 우울, 정서적 갈등을 품고 있었다. 그 같은 가능성을 가정할 만한 사건들을 발견할 수 있었다. 유년기에 6·25전쟁을 겪으며 이유가 불확실한 아버지의 자살, 큰오빠의 실종, 천연두에 걸려 구사일생으로 살아남았으나 초등학교 교육을 마치지 못한 점, 우울한 성격에 가출과 자살기도를 한 일이 있는 과묵한 남편과의 결혼생활에서 오는 불확실함, 가난, 냉정한 친정어머니, 따뜻한 가족적 유대감의 결핍 등이 눈에 띈다.

다른 한편 사례 1은 자연스럽게 삶의 여러 가지 사건을 초자연적인 힘의 영향이라고 해석하고 굿을 통해 문제를 해결하는 방식에 익숙한 문화배경에서 자랐다. 가장 결정적인 영향을 준 것은 당시 보살로 점을 쳐주기도 한 친정어머니였다. 어머니는 그녀를 가졌을 때 신명이 올라 춤을 추다가 아기를 낳았는데 딸이어서 실망했다고 한다. 어머니는 무신들을 여러 가지 긍정적인 작용을 하는 존재로 보는데, 딸을 천연두에서 살려냈고 착한 남편을 만나게 했다고 믿었다. 그런 어머니의 영향 아래서 사례 1은 평소에도 굿판에 가서 춤추기를 좋아했다.

사례 1의 입무 배경에는 가난과 고통이라는 조건과 어머니의 권위로 형성된 운명에 대한 믿음, 특히 점과 예언에 대한 믿음이 있었다. 내림굿을 해서 무당이 되어야 한다는 어머니의 예언은 사례 1의 마음에 늘 책무로서 준비되어왔다. 여기에 신어머니를 자칭하는 점자의 적극적인 권유가 있었다. 시름시름 아픈 몸은 그것이 신병임을 느끼게 해주었다. 그리고 굿으로 깨끗해진 경험이 있는 그녀에게 내림굿으로서 병고에서 해방되고 무당으로서 생계를 꾸려 나간다는 실제적인 필요가 무당이 되어야 할 숙명이라는 믿음과 더불어 내림굿을 받는 계기가 되었다.

그러나 사례 1의 입무 동기에는 보통 강신무가 겪는 소명으로서의 신비체험이나 정신적 이상체험, 즉 환각·착란 혹은 소명의 징표로 무속 신령들이 나타나는 꿈을 통한 충격이 없는 것이 특징이다.

내림굿을 받은 동기가 자신의 내면에서 일어나는 초월적 존재의 절대적 권위가 아니기 때문에 충분한 힘을 발휘할 수 없었다. 어머니와의 소원한 관계, 신모에 대한 갈등적 관계는 더욱 입무의 의지를 약화했다. 무엇보다 사례 1의 지적 열등감은 말문 열기에서 자주 방해요인으로 작용했다. 사례 1은 무당이 되는 것에 대한 양가적(兩價的) 감정을 느끼고 있는 듯했다. 내림굿을 해서 신당을 차렸다가 태워버린 것을 보아도 알 수 있다. 그녀는 춤을 추면 신나게 추고, 그러고 나면 기운이 생기고, 망아상태에서 작두를 탈 정도로 정서적 고양을 일으킬 수 있는 소질이 있었다.

그러나 그 감정을 무속적 언어로 번역하고 표현하는 것, 즉 말문을 여는 데 어려움이 있고 자신감이 없었다. 주무가 이번 내림굿은 성공적이라고 하는데도 점괘를 보고는 "때가 아니어서" 내년에 다시 내림굿을 해야겠다는 태도를 보면 지적인 능력에 대한 열등의식과 무당 되는 것에 대한 주저함이 엿보인다. 내림굿에 임하는 그녀의 마음 역시 이러한 의식적·무의식적 부담에서 시작되었고, 내림굿 과정은 바로 그러한 갈등과 부담의 노출과 해결의 과정이다.

③ 신내림과 말문 열기의 과정

사례 1이나 2의 경우 내림굿 과정에서 무엇보다 강조되는 것은 첫째, 무자(巫者)들이 입무자에게 어떻게 해서든 감정적으로 고양되거나 변화된 상태를 유도하고자 한다는 것. 둘째, 그 상태에서 신의 이름을 대도록 하고 공수를 주게 하는, 즉 말문을 열게 한다는 것. 셋째, 신내림의 증거로 '알아맞히기' 등을 통한 '신통력' 등 범상치 않은 힘에 관한 시험이 있다는 것. 그밖에 주무가 입무자의 마음 자세를 교육하는 과정이 있는데, 이는 특별히 일정한 순서가 있는 것이 아닌 듯하다.

사례 1의 경우에는 첫째와 둘째 단계까지는 그런 대로 들어갔다고 볼 수 있으나 감정표현의 강도에 심한 동요가 있었다. 셋째 단계의 시험은 회피해버렸고 주무의 교육으로 마무리를 짓게 되었다고 할 수 있다. 사례 2의 경우에는 첫째 단계에서 좌절되고 말았다. 어떠한 내외적 요인들이 이런 영향을 주었을까.

 기본적으로 사례 1은 친가와 시가가 무속문화의 배경을 지녔다. 또 때론 양가적인 태도를 취하기는 했으나 무신과 굿놀이에 친숙하고, 신령의 복록에 대한 믿음[94]이 있기 때문에 다른 사람과 달리 쉽게 주변 환경과 무자들의 격려와 암시에 영향을 받을 수 있는 조건이었다. 신모가 무복을 입히면서 "이게 요술바가지야, 입으면 나오고 벗으면 안 나오고……"라고 한다거나 '귀신이 잘 나오는' 밤에 산중 호젓한 곳이나 당 밖 산신각 앞, 또는 당 안의 제단 앞, 혹은 밖에 나가 사방을 경배하고 손을 하늘로 올려 신을 받는다는 사실에 대한 믿음이 있었다. 도무 끝에 신이 내린다는 믿음이 있고, 무신들의 성격에 대해 가진 얼마간의 지식 등은 입무자의 종교적·주술적 체험의 토대를 이룬다. 다시 말해서 사례 1이 굿에서 경험한 것은 개인적인 것뿐 아니라 우리나라 샤머니즘 문화의 여러 가지 집단적 측면인 것이다.

④ 신내림과 의식의 변화상태

 일반적인 종교체험으로는 엑스터시와 트랜스를 빙의와 함께 구별 없이 의식의 변이(變異)상태(altered states of consciousness)[95]라는 이름 아래 포괄적으로 정의한다. 루트비히(A. Ludwig)[96]는 의식의 변이상태의 특징으로는 주의력·집중력과 기억 및 판단의 장애, 조절 상실, 감정표현의 변화(망아적 극치감 또는 일탈감 등), 체상(體像, body image)의 변

---

94) Kendall, L.(1977), "Mugam, The Dance in Shaman? Clothing," *Korea Journal*, December, pp.38~44.
95) Hastings, J.(ed.)(1981), *Encyclopedia of Religion and Ethics*, Vol.V, Edinburgh: T and T Clark, pp.157~159.
96) Ludwig, A.(1968), "Altered states of consciousness," *Trance and Possession States*(ed. Raymond Prince), Montreal: R.M. Bucke Society.

화, 왜곡, 주관적 체험, 관념 및 지각 강도의 과도한 증가, 그 중요성이나 의미의 변화, 표현할 수 없는 느낌, 다시 젊어진 듯한 느낌, 그리고 고도의 암시성을 들고 있다.

피셔(R. Fischer)[97]는 의식 상태를 중추신경의 흥분(ergotropic excitation) 정도에 따라 각성 저하(Hypoarousal)의 상태가 있는가 하면 감수성, 창조성, 불안의 증가에서 정신분열증의 각성 항진(Hyperarousal)으로, 더 나아가 신비체험에서의 황홀 상태에 도달하는 경우를 지적한다.

사례 1에서는 무악에 따른 격렬한 춤을 통하여 홀린 듯한, 동시에 경직되고 북받치는 감정에 사로잡힌 듯한 표정을 지었다. 얼굴 근육과 온 몸에 가벼운 경련이 일었고, 평소와 달리 격렬한 몸짓을 했다. 나중에 굿거리에서 보인 자기의 언동에 대해 정신이 아찔하고 무엇을 했는지 모르겠다고 회상했다. 그렇다고 당시의 에피소드를 완전히 망각한 것 같지는 않았다.

이 상태는 루트비히의 의식 변화상태의 규정에는 꼭 일치하지 않지만 일종의 흥분상태를 수반한 의식의 변화라 보아도 무방할 듯하다. 그 강도는 사례 1보다 사례 2에 더욱 증가되어 있다. 황루시(1988), 김태곤(1981)의 입무사례와 아울러 피셔가 지적한 중추신경의 각성 항진 상태의 일종이라고 할 수 있을 것이다. 다만 이 사례는 망아의 극치감 보다 의식성의 저하와 과호흡으로 인한 몽롱상태, 형언할 수 없는 감정적 흥분상태라고 할 수 있다. 사례 1의 경우는 굿 뒤에 가진 면담에서 말했듯이 신들림의 이상 신체감각, '뭔가 몸에 딱 닿는 것'이 굿 도중에는 없었다고 한다.

---

97) Fischer, R.(1970), "Über das Rhythmisch - Ornamentale in halluzinatorisch - Schöpferischen," *Confinia Psychiatrica*, 13, pp.1~25.

객관적으로 관찰하면 사례 1의 경우 의식상태는 전체 굿과정에서 시기에 따라 양적으로나 질적으로나 동요되고 있음을 볼 수 있다. 여기에는 입무 후보자 자신의 내적 요인, 주무를 비롯한 무자들의 반응과 같은 외적 요인, 양자 상호 감정적 작용이 개입한 것으로 보인다.

한편 "신이 내렸다"는 무당들의 해석은 사례 1의 경우 반드시 격렬한 몸짓이나 황홀경과 같은 의식변화만을 염두에 둔 것이 아니다. 사례 1이 회전무를 하다가 도무를 하고 난 뒤 신칼과 삼지창을 들고 제물인 돼지를 노려보며 춤춘 뒤에 그 행동에 부합되는 장군신이 들어왔다고 해석되는 등 무속 고유의 전통적 관념에 입각해서 '신내림'의 판단이 이루어졌음을 알 수 있다. 사례 1도 어느 정도는 이런 '규칙'에 익숙한 듯하다. 신의 이름을 즉각 부르기를 요구하는 무당들의 요구에 제대로 응하지 못하면 신내림이 제대로 안 된 것으로 간주한다. 신내림은 곧 신명의 호명(呼名) 등 '말문'을 통한 증거 없이 충분치 않다는 점을 무당들이 강조하는 셈이다. 그러나 신모나 무자들의 재촉은 기계적인 기억력이나 지능시험과 같이 되어 그것이 사례 1의 기력을 소진시키는 결과를 빚었다고 볼 수 있다. 왜냐하면 기억력 테스트는 사례 1의 열등한 사고기능을 건드리기 때문이다.

빙의 문제는 따로 장을 마련하여 논의할 예정이므로 여기서는 자세히 다루지 않겠다. 빙의란 '나' 이외의 다른 인격이 내 안에 들어와 그 인격으로 말하거나 행동하는 상태를 말하며, 인격의 해리 상태이다. 루이스가 말하기를, 빙의는 트랜스(황홀상태) 없이도 나타나는 만큼 트랜스 현상보다 넓은 범위를 차지하며, 각 문화 환경의 관점에 의해서 규정된다고 했다. 샤먼이란 퍼스[98]도 말한 바와 같이 혼령의 장인(匠人)

---

98) Firth, R.(1967), *Individual Fantasy and Social Norms; Seances with Spirit Mediums in Tikopia Ritual and Belief*, Boston: Beacon.

(master of spirits)으로서 혼령을 육화한 강신사제(降神司祭)이다. 이들은 자발적으로 조절된 상황에서 빙의된다. 빙의란 빙의되는 실체의 존재를 전제로 하는 만큼 사례 1의 경우나 그밖에 입무례의 신내림이 빙의의 심리학적 의미를 충족한다고 볼 수 있을지는 의문이다.

⑤ 말문 열기의 심리적 동기

"말문이 열린다"는 말은 강신자에게 신이 실려 처음 신어(神語)를 말하는 과정이다.

김금화의 황해도 내림굿의 기록과 사례 1을 비교해볼 때 황해도 내림굿에서 입무자는 신을 받아 말문을 여는 데는 그다지 어려움을 겪지 않는 듯 보인다. 하지만 사례 1은 트랜스 상태에서 도무를 격렬히 하는 데도 말문을 열어서 빙의된 신의 명호를 붙이고 공수를 주는 데 크나큰 어려움을 겪는다. 사례 1은 무당들의 지지에 힘입어 신의 명호를 붙이지만 점차 자신을 잃고 불안해하다가 신모와 남법사의 다그침에 풀이 죽어 좌절하고 만다.

내림굿 초기인 사례 1의 말문은 무척 자신 없이 주워섬기는 신의 이름들이다. 무의식적으로 튀어나오는 말이라기보다 무신의 이름을 그저 기억에서 간신히 찾아서 불러보는 데 불과하다는 느낌이다. 그녀의 강도 높은 트랜스 체험과 비교하면 매우 대조적이다. 사례 1에게 내렸다는 신의 이름은 열두 개나 된다. 그나마 10번까지는 더듬거리며 부르다가 그 뒤에는 점점 불안해져서 앞의 이름을 되풀이한다. 대신할머니를 겨우 불렀는데 산신각에서 절을 하고는 최일 장군이라 불렀다가 호되게 편잔을 받고는 겨우 산신님이라 부르더니 지쳐버리고 말았다. 그러므로 비록 무당들이 사례 1에게 신내림이 이루어졌다고 간주하였다 하더라도 이것을 빙의 차원의 강신현상이라고 할 수 있을지는 매우 의심스럽다. 무당이나 입무 후보자는 이처럼 자신 없는 신명의 나열을 아직 충분한 신내림으로 보는 것 같지 않았다.

신내림과 말문은 무당들에게는 "딱딱 부러지게 얘기해야" 하고 상황과 자세가 신격과 맞아야 한다. 즉 무신에 맞는 무복을 입어야 함은 물론 제단의 무신도(巫神圖)나 제물 등이 제각(祭閣)의 성격과 맞아야 한다. 여기서 우리는 내림굿이 지닌 고도의 규율과 엄격한 기준을 볼 수 있다. 이러한 기준을 충족하기 위해서는 감정적인 흥분뿐 아니라 무신(巫神)에 관한 광범위한 지식, 지적 판단력과 주의력 그리고 기억력이 필요하다는 점을 알 수 있다. 사례 1은 바로 후자의 기능을 발휘해야 할 때 늘 자신이 없고 위축되는 것을 볼 수 있다.

사례 1은 신의 명호를 붙이려고 의식적으로 노력을 많이 하다가 좌절한 상태에서, 울면서 깊은 한의 감정을 발산한다. 사례 2와는 달리 창조(唱調)로 감정을 표현한다. "아이고 아버지…… 우리 아버지…… 아버지 얼굴도 몰라요……. 나 하나 살려놓고…… 북망산천 왜 가는가? 아버지…… 나 좀 도와주세요……. 천하에 원도 많고 한도 많은 사람……"이라고 울부짖는다. 참여자의 마음을 찡하게 흔드는 장면이었다. 그러다가 사례 1은 정신을 가다듬어 아버지의 이름으로 스스로를 꾸짖고 위로해가며 자세를 가다듬는다.

내림굿 전체과정에서 이와 같은 사례 1의 좌절과 울음은 여러 가지로 중요한 측면이 있고 무당들도 그러한 감정표현을 마음껏 지원해주고 있다. 6·25전쟁 때 자살한 얼굴도 잘 모르는 죽은 아버지에 얽힌 입무 후보자의 마음의 응어리가 의식에 떠오르고 감정 어린 표현으로 다시 체험되는 순간이다. 그것은 창조적인 형태, 즉 창(唱)이라는 예술적인 형식으로 터뜨려져 무의식 속 아버지 상(father image)에 얽힌 감정, 즉 정신적 에너지가 의식에 흘러감으로써 자아의식에 활력을 주도록 자극했다. 이는 자아로 하여금 아버지 상과 동일시하게 하고 다른 한편으로는 지금 울고 있는 또 하나의 약한 자아로 분할하여 아버지가 딸을 꾸짖게 하여 슬픔과 한을 딛고 일어서는 계기를 마련한다. 그 뒤 사례 1은 비로소 자신감을 갖기 시작한다. 무당들의 요구에 자기 입장에서 거절하기도 하고 이를 계기로 말문을 열고 공수를 내리는 데 성공한다.

시로코고로프(S.M. Shirokogoroff)[99]는 샤먼이 제의 중에 엑스터시에 빠지면서도 참여자의 존재와 제의의 목적을 동시에 의식하고 유지하는 이중적 능력(doubling)을 가지고 있음을 지적했다. 필드(M.J. Field)[100]는 가나(Ghana)에서 관찰된 빙의된 사람의 특징은 "의식의 흐름을 두 가지 흐름의 병행으로 분리하는 데 있다"고 했다.

사례 1에게도 비슷한 현상이 일어났다. 그것은 한국인이 판소리 일인극(monodrama)을 통해 전통적으로 사용해온 화법이었다. 그러나 이러한 의례적인 능동적 의식분할(active splitting of consciousness)은 사례 2에서는 성공적으로 수행되지 못했다. 사례 2는 자기의 마음속에서 일어나는 말할 수 없는 감정의 응어리나 콤플렉스를 무속적인 언어로 번역하거나 표현하지 못했고, 세속적인 언어로도 표현하지 못했다. 사례 1에 비해서는 무속에 대한 믿음이 갖추어져 있지 않을 뿐 아니라 정상적인 의사소통 방법도 결여된 듯 보였다. 결국 적개심과 불만의 무분별한 발산으로 발광상태에 빠져버렸다.

사례 1과 2의 내림굿 과정의 경과를 비교하면 다음과 같다(표 1).

사례 1에서 심리학적으로 진정한 빙의는, 그녀가 아버지의 영이 되어 스스로를 꾸짖었을 때 시작되었다고 볼 수 있다. 그 이전에 행했던 신의 호명은 상당히 지적인 연습으로서 춤을 통한 의식의 고양과 흥분상

---

99) Shirokogoroff, S.M.(1935), *Psychomental Complex of the Tungus*, London: Kegan Paul, Trench. Trubner and Co., Ltd.

100) Field, M.J.(1969), "Spirit possession in Ghana," *Spirit Mediumship and Society in Africa*(ed. John Beattie and J. Middleton), London: Routledge and Kegan Paul.

⟨표 1⟩ 내림굿 과정의 경과

사례 1	사례 2
(1) 신내림 - 의식의 고양과 흥분(ASC)* 신의 호명 - 매우 자신 없는 지적 기능행사	(1) 신내림 안 됨 - 강한 의식변화, 흥분, 말문 안 열림
(2) 신명 격감 - 의식의 피로→좌절 (지적 열등감) 울음 - 한의 창조적 표현 아버지를 향한 넋두리 - 아버지 콤플렉스 (father complex)의 표현	(2) 광폭, 광란(눈을 감은 상태 지속) (3) 정신을 차림 - 신내림과 말문 열기 실패
(3) 아버지가 되어 스스로를 질타 - 의식의 능동적 분할, 아버지 상에 의한 의식의 사로잡힘(possession)	
(4) 신내림, 말문 열기	
(5) 시험(신의 영험을 증명하기 위한) - 회피, 위축	
(6) 신내림, 공수(성공) - 개인적 콤플렉스의 표명(소원 성취)	

* altered states of consciousness

태가 그러한 지적 작업과 제대로 연결되지 못하였을 뿐 아니라 때로는 식어버리는 결과를 빚었다. 여기에 신모의 호된 비판과 시험이 사례 1을 좌절시켰다. 그러나 절망의 밑바닥에서 울음이 터졌다. 기억 속에서 아버지가 나타남으로써 사례 1은 새로운 힘을 얻고 장차 무당으로서의 당당한 주체성을 발휘하기 시작한다.

한 민간치료사의 탄생은 끊임없이 신내림이 반복됨으로써 이미 고정화된 무신의 상들을 입무자의 의식변화 상태에 맞추어 연결하여 표현함으로써 이루어진다. 신내림의 주체인 무신(巫神)들의 기원은 아마도 융의 집단적 무의식의 원형적 조건에서 나왔을 것이나, 무의식의 정신적 에너지를 가장 잘 끌어들일 수 있었던 것은 집단적으로 규정된 무신상들이라기보다 입무자의 가장 개인적인 마음의 응어리, 그녀 자신의 고통의 역사에서 이루어진 콤플렉스였다. 입무자는 개인적으로 격정상태에 도달해 이를 표명하면서 다른 한편으로는 무속세계의 전통적 규범에 따라 의사소통의 무속적 방식(말문 열기)에 적응하려는 노력 속에서 신모와의 실랑이를 거쳐 차츰 독립된 무당으로 주조되기 시작한다. 사례 1의 경우는 이러한 과정을 여실히 증명하고 있다.

그런데 왜 사례 1은 신내림에 성공하고 사례 2는 실패했는가? 사례 1은 여러 번 경험이 있어 무속세계에서 통용되는 감정의 언어화에 비교적 숙달되어 있다는 점, 두 사례의 성격 차이, 콤플렉스의 강도 등을 그 요인으로 추정할 수 있다. 어쨌든 두 사람 모두 굿을 하면서 남편의 존재에 무척 신경을 쓰고 있다. 남편에 대한 평소의 불만이 크게 노출됨으로써 남편과의 의사소통에 항상 문제를 지녀온 사람들임을 짐작할 수 있다.

사례 2에 관한 정보가 너무 부족해서 이 물음에 만족할 만한 답을 할 수 없는 실정이다. 짐작하기로는 사례 2에게 아기가 없다는 것, 자궁에 문제가 있다는 것, 굿 도중에 허리가 아프다고 뒹군 사실, 남편에게 자살의 가족력이 있다는 것, 무엇보다 내림굿 도중에 남편을 불러 세우고는 "이리 와⋯⋯ 너 그럴래? 때려봐, 또 그럴래? 때려봐, 또 때려봐" 하며 대든 사실, "누가 알아? 말도 마, 말도 마, 이 속을 누가 알아? 잘해준다 그래도⋯⋯ 내가 남에게 말은 안 해도⋯⋯" 하며 운 사실. 이 모든 것으로 미루어 남편에 대한 적대적 감정이, 말할 수 없이 깊은 한이 가슴에 사무치는데 마음대로 표현하지 못하는 상태에서 내림굿을 한 것 같다. 사례 2는 내림굿을 통해서 '치료자'가 되기에는 해소해야 할 너무나 많은, 혹은 강한 마음의 응어리를 품고 있다고 볼 수 있다. 아마 의식 밑에 억압되거나 억제된 콤플렉스가 신내림을 유도하는 무악과 춤에 자극되어 의식 표면으로 올라와 감당할 수 없을 정도의 증오와 불만

(가슴 답답함)에 사로잡힌 것일 수 있다. 그 답답한 감정을 한국 샤머니즘 가운데 어떤 신의 이름으로 대변하겠는가. 무신에 적개심을 대변하는 신은 없다.

의식의 긴장도를 낮추고 무의식에 집중시켜 무의식을 활성화할 때 온갖 그림자가 너무 강하게 나타나서 적절히 처리할 수 없는 경우 외견상 '치료가 실패'한 듯 보일 수밖에 없다. 무감을 서는 사람이 발광을 일으키려 해서 주무가 계속 춤추는 것을 말리는 일도 있다. 치료자가 되겠다고 정신분석을 하다가 무의식에 잠재된 정신병적 요소가 폭발할 위험에 처해 분석을 중단하는 경우도 있다. 그 까닭은 이런 종교의식이 주는 강한 암시성 때문이다. 사례 2는 내림굿의 정상적인 신내림에는 실패했으나 그 난장판과 발광을 반드시 부정적으로만 볼 것은 아니다. 창조는 혼돈에서 시작한다. 최소한 그녀는 남편에게 표현하지 못했던 분노를 표출했다. 또 주무는 입무 후보자에게 매우 교육적인 공수를 내린 동시에 남편(대주)에게도 적절한 위로와 격려를 주어 둘의 화해를 이끄는 등 유익한 역할을 했다.

3) 맺는말

이상의 두 내림굿 사례에서 우리는 신내림과 말문 열기는 단순한 감정의 고양만으로는 이루어질 수 없고 한국 샤머니즘 문화에서 규정한 일정한 격식에 맞추는 일이라는 사실을 확인했다. 내림굿은 마치 샤머니즘 이념과 의사소통의 독특한 방식에 입무자가 끊임없이 적응하도록 요청되는 과정처럼 보인다. 내림굿의 샤머니즘적 이념이란 신내림, 즉 강신과 말문 열기, 신의 호명과 신탁이 접신의 증거라는 믿음이다. 의사소통의 독특한 방식이란 입무자가 자아의식의 의도적·집중적 분할을 통해서 무의식의 복합적인 감정을 샤머니즘적 전통의 규격화된 신격들의 이름으로 언어화, 행동화함으로써 객관화하는 것이다.

두 사례에서 입무의 주재자들은 입무자들에게 단순한 고통의 푸념이 아니라 개인적인 감정을 신격 이미지로 대변하도록 요구한다. 이 과정은 이들 경우에는 단순하고 무의식적인 투사를 촉진하는 것이라기보다 입무자의 고도의 지적 능력, 샤머니즘의 기초지식과 상상력을 요구하는 일종의 '창조적' 행위이다. 사례 2는 이 시험에 실패했고 사례 1은 우여곡절 끝에 성공했다.

한국 샤머니즘의 신들은 본래 집단적 무의식의 원형층에서 나온 것인데 그것이 문화적인, 즉 집단의식적인 틀로 이미 고정되어 오늘에 이른 것이라 생각된다. 그럼에도 신의 본풀이에서 읊어지는 신들의 내력에 관한 이야기는 풍부한 신화적 상징들을 표현하고 있어 이들을 매개로 한 신과의 의사소통은 입무자의 자아의식으로 하여금 더욱 깊은 무의식의 세계와 관계를 맺도록 한다. 다시 말해서 신내림 가운데 의식의 변화상태 혹은 자네(P. Janet)가 말하는 정신수준의 저하(abaissement du niveau mental)를 바탕으로 상대적인 무의식의 활성화 상태에서 입무자는 신격의 상징을 통해 그동안 단절되었던 무의식의 내용을 표명한다. 그것은 의식의 확장에 기여할 것이다. 물론 약한 자아 조정력의 소유자에게는 걷잡을 수 없는 의식의 해리가 일어날 수도 있다.

샤머니즘 특유의 의사소통 방식을 통한 자아와 무의식의 치유적인 교류와 통합은 무신과 같은 신격보다 사령, 특히 가족의 혼령에 얽힌 감정 콤플렉스를 매개로 할 때 순조롭게 이루어질 수 있을 것이라는 사실을 우리는 사례 1에서 보았다. 비록 사례 1이 굿에 자주 참여하여 춤추기를 좋아했고 굿거리의 진행에 익숙하다고는 하지만 무신들은 그녀의 의식세계로부터 아득히 먼 곳에 있었다. 사례 2는 그 점에서 더욱 멀리 있었다. 두 사례는 무신과 감정적 유대가 없었다. 심신의 고달픔과 괴로움은 심인성 신체장애일 가능성이 충분히 있지만 신병이라고 할 수는 없었다. 왜냐하면 신병 개념의 필수요건인 '접신의 징후'가 없었기 때문이다. 사례 1에게 무신들은 단지 이름에 불과했다. 그것도 기억을 더듬어 겨우 생각해낼 정도였다. 사례 2는 남편에 대한 적개심과 분노, 개인적인 감정에 사로잡혀서 감정을 객관화할 겨를조차 없었다. 그녀는 내림굿보다 병굿을 받아야 했고 거기서 따뜻한 위로와 지지를 받을 필요가 있었다.

내림굿을 주새한 무자들은 물론 가족 치료적인 공수를 적절히 주었고 격식에 따라 신내림을 하도록 도왔다. 그러나 조금은 권위적이고 때론 냉담했다. 무당 되기가 이렇게 어렵구나 생각할 정도로 몇 번씩 연습을 시켰다. 그러나 평생 신을 모실 자로서 운명적인 길을 가게끔 그 길을 열어주는 자의 애정과 정성이 부족해 보였다. '이판사판 죽기 아니면 살기로' '딱 부러지게' 내가 누구라고 말부터 할 수 있는―그 신을 믿건 말건―기능인을 제조하려는 조급함이 있었다.

사례 1이 신내림과 말문 열기에 성공했으니 이제 너는 무당이 되었다고 보증하고도 그 뒤에 이어질 무업의 학습을 도와주지 않았다는 것은 이해하기 어렵다. 사례 1과 신모의 신뢰관계에도 문제가 있었다. 그리고 무엇보다 그녀의 일관성 없는 태도에도 문제가 있어 보였다. 그러나 사례 1에게는 지적인 열등감에서 벗어나려는 끊임없는 욕구가 엿보였다. 내림굿을 다시 하기보다 좋은 신모를 골라 무업을 배우는 것이 중요할 듯하다. 그 경우 내림굿은 입무과정의 끝이 아니라 수업의 시작이 되는 셈이다.

말문 열기의 잦은 시험에서 거듭 실패하여 위축되고 지친 사례 1에게 새로운 활력을 불어넣어준 것은 하늘 멀리 있는 무신들이 아니라 죽은 아버지에 대한 애틋한 감정이었다는 사실은 잊혀진 신들(deus otiosus)로서의 무신들과 사령의 관계를 상기시킨다.

저자는 1960년대에 '전쟁과 심리학'이라는 주제로 스위스 군의관들의 학술모임에서 6·25전쟁에 관한 이야기를 한 적이 있다. 군대 훈련을 마치고 일선에 배치되기 전 며칠 동안, 전방에서 죽을지도 모르기에 '무엇을 위해서 죽을 것이냐'를 생각했는데, 이때 가장 마음에 와닿은 단어가 '가족'이었다고 말했다. 발표 뒤 한 참가자도 제2차 세계대전 때 영국군이 싸운 가장 중요한 이유는 가족을 지키기 위함이었다는 사실을 알려주었다. 부모 형제를 포함한 가족 콤플렉스는 개인적 무의식의 내용으로 의식 가까이에 있을 뿐 아니라, 복합적 감정이 강하게 얽힌 응어리이다. 동시에 그것은 집단적 무의식의 조상 콤플렉스, 나아가 친족 리비도에 뿌리를 내리고 있다. 사례 1의 경우 거듭되는 지적 시험 때문에 의식에는 더 이상 가용 에너지가 없었다. 이 상태에서 죽은 아버지 콤플렉스를 창(唱)의 형식으로 표현했다. 여기에 맺혀 있던 에너지가 방출되고 흐르면서 의식이 활력을 찾은 것이다.

현대 분석적 정신치료는 무의식의 콤플렉스를 의식화하는 과정이다. 즉 '맺힌 것을 풀고 막힌 것을 뚫는 것'이다. 사례 1의 경우, 누미노제의 체험과 이해를 위해서는 만들어진 신적 형식에 의식적·지적으로 맞추기보다 자신의 마음 가까이에서 우러나오는 자연스러운 감정에 주의를 기울이고 이를 표현함으로써 무의식에 한 걸음 다가가는 것이 현명하다는 가르침을 제시하고 있다. 내림굿은 현대 분석가의 수련과 상징적으로 비교할 만한 원시 주의(呪醫)의 수료시험인데, 원시치료자의 전 수련과정이 상징적으로 압축되어 있다. 그러나 이 사례가 보여주듯 우리나라 샤머니즘의 내림굿에는 다양한 품격이 있고 그를 주재하는 사람이나 받는 사람의 영력과 개성에 따라 품격이 다름을 알 수 있다.

제4장 귀령현상과 그 심리학적 상징성[1]

1. 귀령의 세계

한국인의 신앙에서 하늘과 땅, 그리고 바다는 귀령으로 가득 차 있다. 귀령은 그늘을 만드는 나무들, 그늘진 계곡, 수정같이 투명한 샘, 그리고 산마루에 출몰한다. 푸른 언덕의 능선, 평화로운 농토가 있는 골짜기, 숲이 우거진 협곡, 나무가 울창한 고지, 호숫가, 냇가, 길가와 강가, 북쪽, 남쪽, 동쪽과 서쪽에 가득 차 있으며, 운명의 고약한 장난을 일삼는다. 귀령은 지붕, 천장, 아궁이에 그리고 대들보에 있다. 그들은 굴뚝을 채우고 광과 대청마루와 부엌, 모든 서랍과 독 속에 있다.[2]

---

1) 이부영(1976), 「귀령현상의 분석심리학적 이해」, 이상일 외, 『한국사상의 원천』, 박영사, 294~340쪽 가운데 특히 312~320쪽 참조. 스위스에서의 귀령현상의 분석심리학적 고찰은 Jaffé, A.(1958), *Geistererscheinungen und Vorzeichen*, Zürich: Rascher Verlag 참조.
2) Bishop, I.B.(1970), *Korea and Her Nieghbours*, Seoul: Yonsei Univ. Press (reprinted), pp.403~404.

1897년 영국인 여행가 비숍(I.B. Bishop) 여사는 『한국과 그 이웃나라들』이라는 여행기에서 한국 민간의 귀령신앙을 위와 같이 묘사했다. 근대화 이전의 한국사회에서 이런 보고는 조금도 과장된 표현이 아니다. 다만 그녀의 다음 진술은 지나치게 연극화된 표현을 쓰고 있는데, 중세 기독교 국가에서 유행한 마귀학(demonology) 가운데 마귀에 대한 묘사를 닮았다. 그러나 당시 상황의 일단이 노출되었으리라는 점을 충분히 짐작할 수 있다.

여행가가 집을 떠나면 수천의 귀령이 습격한다. 옆에서, 뒤에서, 앞에서 춤을 춘다. 머리 위에서 날고, 땅속에서, 공중에서, 물속에서 그에게 떠들어댄다.[3]

1930년대에 발표한 일본인 무라야마의 민속조사 보고서 「조선의 귀신」[4]에는 한국 민간에도 전통적인 관념으로서의 귀신 이외에 원시민족에서 볼 수 있는 것과 같은 수많은 귀령(Geister)이 존재함을 제시했다. 인간을 둘러싼 모든 공간에는 귀령이 있다. 심지어 시간조차 귀령의 지배를 받고 있어 이사를 가거나 혼인을 시키거나 중요한 계약을 할 때 '손이 없는' 날을 택한다.

비숍은 이 가운데 80퍼센트는 나쁜 귀령이라고 했지만, 사실은 대개 좋기도 하고 나쁘기도 한 이중적인 성향을 띠고 있다. 이들의 분노를 사면 해롭지만 잘 달래서 환심을 사면 유익하다. 물론 철저하게 배격해야 할 악귀도 있다. 그래서 원시종족의 메디슨맨이나 유목민족의 샤먼처럼 귀령의 성질을 잘 알아 다스리고 인간의 삶에 유익하도록 조절하

---

3) 같은 곳.
4) 村山智順(1929), 『朝鮮の鬼神』, 朝鮮總督府.

는 전문가가 필요해진다. 우리나라의 경우에는 무당이 그 전문가이다. 과거에는 판수라고 불렸던, 독경으로 귀신을 내쫓는 장님이 있었다. 물론 무당이 모든 귀령을 상대하는 것은 아니다. 사소한 잡귀는 집안 할머니가 다스릴 수 있다. 집을 지키는 신령은 안주인이 모실 수 있다. 무당은 인간을 위한 큰 행사나 개인이나 가족 혹은 인간 공동체가 위기에 처했을 때 망아경에서 신령들을 초청하여 신과 인간 사이를 중재해 문제를 해결한다.

그런데 사람들이 두려워해 조심스럽게 다루어야 한다고 생각하고 각종 방어책을 강구하는, 보이지 않는 귀령이란 도대체 무엇인가. 귀령을 두려워하는 까닭은 우리 눈에 보이지는 않으나 어떤 '힘'을 가지고 영향을 주고 있다고 생각하기 때문이다. 사람은 보이지 않는 힘을 두려워한다. 그런데 사람들이 귀신, 잡귀, 신령, 죽은 자의 넋이라 부르는 것은 도대체 무엇인가. 그것은 모두 인간 정신에서 나온 이미지들이다. 인간 정신을 구성하는 감정적 복합체가 있다. 우리는 그것을 콤플렉스라 부른다. 그러나 사람들은 이것을 밖에 있는 것으로 여겨왔다. 귀령은 콤플렉스 가운데서도 자유롭게 돌아다니는 무의식의 자율적 콤플렉스(autonome Komplexe)들의 투사상이라고 생각할 수 있다.[5]

폰 프란츠는 옛날이야기(Märchen)가 일차적으로 심령현상으로서 사람들이 체험한 내용에서 나왔을 것이라고 말했다.[6] 귀령현상과 관념도 사람들이 무의식의 투사상으로서 직접 보고 체험한 것들이며 그를 토대로 귀령신앙이 이루어졌다고 가정할 수 있다. 사람들은 환상

---

5) Jung, C.G.(1967), "Die psychologischen Grundlagen des Geisterglaubens," *G.W.* Bd.8, *Die Dynamik des Unbewußten*, Zürich: Rascher Verlag, pp.341~360.
6) Von Franz, M.L.(1970), *Interpretation of Fairytales*, New York: Spring Publication, p.14.

이나 꿈에 본 이미지를 통해 귀령의 성질과 활동을 추정했고, 그것이 귀령학에 대한 기본자료를 제공했다. 헝가리의 신화학자 케레니(Karl Kerényi)는 1960년대 스위스 취리히의 융연구소에서 행한 강의에서 "고대 그리스의 석공들은 신들을 직접 보았다. 그들은 그것을 신상(神像)으로 조각했다"라고 주장했다. 김태곤의 한 강신무는 꿈에 나타난 신상을 몸주로 삼았다. 무신도를 그리는 화공에게 그녀가 꿈에서 본 신상의 모습대로 그리라고 했다.[7] 그 환상과 꿈은 바로 무의식의 표현인 것이다.

인간들의 직접적인 경험은 이야기가 되었고 입에서 입으로 전해졌다. 그러면서 알 수 없는 세계에서 오는 위협의 성질과 그 대책에 대한 사람들의 상상을 보태어갔다. 그러는 가운데 원시종족이나 민중의 마음속에 있는 것들을 자신도 모르게 표현해온 것이 귀령현상이다. 연금술사들은 최고의 물질을 추구하기 위하여 전력을 다하여 상상의 날개를 펴서 '물질'의 화학적 변화를 시도했다. 그 과정에서 연금술사 자신의 무의식의 심적 변환 과정을 상징적으로 표현했다. 이처럼 밝혀지지 않은 세계의 비밀을 알고자 하는 인간의 간절한 욕구는 우리가 오늘날 무의식이라고 부르는 것의 내용들을 이름을 달리하여 구체적이고 외적인 현실 속에 노출시켰다고 볼 수 있다.

융의 분석심리학에서 콤플렉스(심복합체)란 병적이거나 열등한 것이 아니라 심리적 구성요소들로서 여러 가지 강한 감정으로 뭉친 심리적 복합체를 말한다.[8] 의식도 여러 가지 콤플렉스로 구성되어 있고 자아도 하나의 콤플렉스이다. 다시 말해 의식이나 무의식은 이차원의 평면

---

7) 김태곤(1970), 「한국무신의 계통」, 『문화인류학』 제3집, 75쪽.
8) 한국융연구원 옮김, C.G. 융 기본저작집 제1권(2001), 『정신요법의 기본문제』, 솔, 227~243쪽, '콤플렉스 학설의 개요'; 이부영(1998), 『분석심리학』(개정증보판), 일조각, 43~57쪽, '콤플렉스론' 참조.

이 아니라 입체적인 복합체의 결합으로 이루어져 있다. 콤플렉스는 다양한 감정적 강도를 지니고 있다. 무의식의 콤플렉스에 자극을 받으면 의식의 흐름은 다양할 정도로 방해를 받는 동시에 이에 상응한 정서 반응을 일으킨다. 콤플렉스가 문제를 일으키는 것은 그들이 무의식에 오랫동안 억압되어 있을 때이다. 콤플렉스는 이때 의식의 통제 밖에서 독자적으로 작용한다. 이것이 융이 말하는 자율적 콤플렉스이다. 귀령은 무의식의 자율적 콤플렉스라는 이유가 여기에 있다.[9] 다 아는 바와 같이 우리의 무의식에는 개인적 무의식뿐 아니라 보편적·집단적 무의식이 있다. 그러므로 개인적 무의식을 구성하는 개인적 콤플렉스가 있고 집단적 무의식을 구성하는 집단적·원형적 콤플렉스가 있다. 집단적 무의식의 구성요소는 한층 강력한 에너지를 지닌다. 이러한 원형적 콤플렉스는 고도의 자율성을 가지며, 이들이 의식에 미치는 영향력은 엄청나게 크다.

우리가 일상적으로 꿈에서 보는 이미지들, 꽃과 나무와 바다와 샘, 산과 바위, 각종 짐승과 남녀노소, 각종 모습의 인간상들과 기괴한 신화적 이미지를 전부 콤플렉스라 부르는 심적 요소를 나타내는 상징이라고 생각해보자. 그러면 원시인들이 밖에 존재하는 것으로 보아온 수많은 귀령이 인간 무의식에 존재한다는 사실을 조금은 이해하게 될 것

---

9) Jung, C.G.(1967), "Die Psychologischen Grundlagen des Geisterglaubens," 앞의 책, p.349. 귀령이 무의식의 자율적 콤플렉스의 투사현상이라고 하면서도 융은 그가 귀령 자체를 말하고 있는 것이 아님을 분명히 했다. 심리학은 사물 자체를 다루지 않고 사물의 표상을 다룰 뿐이라고 함으로써 귀령 자체의 실재성에 대한 물음을 열어놓았다. 그리고 개정된 논문의 마지막 각주에서 귀령에 대한 심리학적 방법과 관찰이 귀령현상을 파악하는 유일하고도 정당한 방법인지 회의를 느낀다고 하면서 시간-공간의 연속성과 핵물리학영역에 관계되는 정신의 근처에 있는 초정신적 실재의 문제를 제기하고 있다. Jung, C.G., 같은 책, p.360 참조.

이다.

무의식의 신화적 요소는 정신활동의 뿌리이며 원천으로서 현대인 심성의 토대를 이루는 만큼 여러 가지 계기에—가령 호젓한 달밤 으슥한 곳에서—여러 가지 심령현상, 경악할 만한 환상체험, 감동적이거나 무서운 꿈, 혹은 밖에 있는 대상들에게 투사되어 나타난다.

이러한 분석심리학적 전제 아래에서 귀령의 세계를 보면 우리는 그곳에서 한국인 마음속의 수많은 콤플렉스뿐 아니라 인류의 보편적인 마음, 집단적 무의식의 원형적 콤플렉스를 볼 수 있을 것이다. 우리는 그 속에서 우리를 불안케 하는 것, 기쁘게 하는 것, 슬퍼하고, 분노하고, 미워하고, 절망하게 하는 것 등 온갖 감정적 콤플렉스를 찾아볼 수 있을 것이다.

그러나 구체적으로 귀령의 세계에서 개별적인 콤플렉스의 특징을 가려내기란 쉬운 일이 아니다. 귀령의 성격이 너무나 잡연해서 종잡을 수 없고 귀령에 대한 인간의 태도 또한 불명확한 경우가 많기 때문이다. 다만 귀령과 인간의 개인적 접촉의 성격을 짐작할 수 있는 사례들이 샤머니즘의 신앙대상으로 정해지고, 무의(巫儀)를 통해 다루어지는 무신(巫神)들에서 혹은 귀령 가운데 하나인 사령(死靈)의 현상 속에서 그 심리적 성격을 조금이나마 추정할 수 있다.

2. 한국 샤머니즘의 만신전과 신들의 계위

무조 바리공주를 노래한 서울 지방의 한 무가에는 바리공주가 '만신(萬神)의 인위왕'이 되겠다고 노래한 대목이 있다. 오늘날 무당의 경칭으로 쓰이는 '만신'이 이능화의 주장처럼 무당이 믿지 않는 신이 없을 만큼 많은 신을 섬기는 까닭이라 한다면 그 진실 여부는 그만두고라도, 어지러울 만큼 잡다한 무신의 세계와 관련해볼 때 조금은 어울리는 말이라 하겠다.

한국 샤머니즘에서 무신의 세계는 매우 잡다하여 체계를 세워 정리하기가 어렵다. 그래도 불교와 도교의 신들을 받아들여 조금 고급화된 한국 샤머니즘에서 신들의 계위를 어느 정도 분류해놓은 이는 일인 민속학자 아카마츠 지조(赤松智城)였다.[10] 그 뒤에 김태곤은 237종의 무신을 보고하면서 그 계통을 분류했으며, 무신의 기원에 이르기까지 상세히 고찰했다.[11] 민속지적 연구는 귀령현상의 객관적 사실을 파악하는 데 유익한 정보를 제공한다. 그러나 귀령의 세계를 심리학적인 입장에서 이해하려면 그 현상의 평면적인 기술만 가지고는 부족하다. 그 역동적인 관계, 즉 귀령과 그에 대한 사람들의 감정적 관계를 중심으로 살펴보지 않으면 안 된다. 그러므로 귀신의 이름을 무엇이라고 부르느냐보다는 그 이름으로 대변되는 상이 사람들에게 어떻게 체험되고 있는지가 중요하다.

이렇게 볼 때 비록 수많은 신의 이름이 서로 다른 것처럼 열거되었어도 실상 그 체험은 같을 수 있고, 같은 콤플렉스에서 나온 경우도 있을 것이다. 또한 어느 신이 다른 신보다 숫자가 월등하게 적더라도 통계적인 숫자의 다소만으로는 그 신이 차지하는 중요성이 전적으로 평가될 수 없다. 왜냐하면 감정적 가치를 기준으로 볼 때 때로 하나는 열보다 강할 수 있고, 열이 영에 가까운 무의미한 존재일 수도 있기 때문이다.

1) 잊혀진 신

한국무속의 신앙대상이 되는 제신의 세계에 관해서는 아직 너무 모

---

10) 赤松智城·秋葉隆(1938), 『朝鮮巫俗の硏究』下卷, 東京: 大阪屋號書店, 69~125쪽, '巫俗の神統'(赤松).
11) 김태곤(1970), 앞의 책, 69~78쪽; 김태곤(1981), 『한국무속연구』, 집문당, 279~296쪽.

르는 것이 많으므로 심리학적 측면을 살피기에는 이르다. 먼저 이에 대한 역사적 고증과 더욱 면밀한 민속학적 조사연구를 기다리지 않으면 안 된다.

그러나 무신계의 질서도 많이 느슨해지는 경향을 보이고 신력(神力)의 원천인 귀령의 세계보다 고객을 위한 전시효과로 체면상 무신을 받들고 있는 경우도 생기는 듯하다. 그러므로 비교적 고형(古型)을 지녔다고 볼 수 있는 1930년대보다 더 신빙성 있는 자료가 나올지 의문이다.

어쨌든 우리는 한국 샤머니즘에서 계보를 달리하는 수많은 신을 함께 가지고 있다. 얼핏 보기에 무질서한 듯하나 신의 계위가 어느 정도는 정해져 있어 한 무리의 최고신이 하위신과 구별된다는 아카마츠의 한국 샤머니즘의 신통(神統)에 대한 주장은 그대로 믿어 무방하다고 생각한다.[12] 아카마츠는 한국의 무속신 등은 하느님을 최고의 신으로 삼는 유일신교가 다신교로 타락한 것이라고 본 클라크(Clark)의 견해와 다신 가운데 하나의 최고신을 둔 이른바 교체일신교(交替一神敎, henotheism)라고 주장한 언더우드(Underwood)의 견해를 모두 비판했다.

교체일신교에 관한 뮐러(F. Max Müller)의 원뜻은 '교대로 어떤 한 신을 최고의 신으로 삼는 신앙'이다. 이에 따라 한국 샤머니즘의 신통은 결국 다신 가운데 유일 절대신이라는 형태로 있지 아니하고 최고의 신이 때에 따라 하나에서 다른 하나의 신으로 바뀌는 교체일신교적 경향(henotheistic tendencies)을 가지고 있다는 것이다.

또한 그는 하느님이란 존재는 지상의 인간으로부터 너무 멀리 떨어져서 지상의 신사(神事)에 별로 직접 관여하지 않는다고 했다. 그러나 이것이 옥황상제, 천주(天主)로 습합되어 무가에서 볼 수 있듯이 최고

---

12) 赤松智城·秋葉隆(1938), 앞의 책, 69~125쪽.

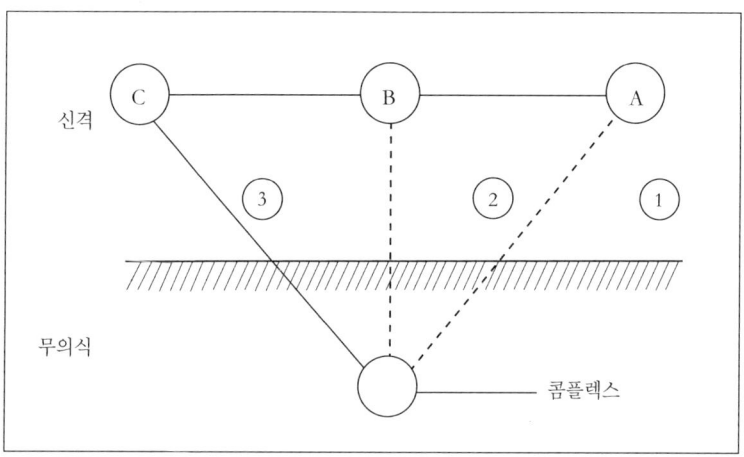

〈그림 4〉 피투사체의 이동

의 신으로 축원기도를 받으며 인간사도 지배하여 만능한 신처럼 대우를 받게 될 때도 있음을 지적했다. 그는 바로 이 현상을 교체일신교적인 경향으로 설명하고자 했던 것이다.[13]

아카마츠의 교체일신교설에는 논란의 여지가 있다. 그러나 이런 현상이 일어날 수 있는 심리학적 근거는 무의식의 존재와 그 투사현상을 전제로 할 때 충분히 가능하다. 즉 이것은 무의식의 어떤 심적 내용의 피투사체(被投射體, Projektionsträger)가 하나에서 다른 하나로 이동되는 현상을 말한다. 투사를 받는 상(像)은 달라지지만 그 상에 투영되는 무의식의 심적 내용은 같으며, 일반적으로 투영현상에서 일어나는 주객 사이의 강렬한 감정적 유대감은 그 투영 운반체의 이동과 함께 새로운 대상으로 옮겨진다(그림 4).

피투사체가 하나에서 다른 것으로 이동하는 이유는 여러 가지로 생각해볼 수 있으나 여기서는 더 논급하지 않기로 한다. 아카마츠의 주장

---

13) 같은 책, 114~125쪽.

가운데 또 하나의 문제점, 즉 지극히 높은 천신이 존재하여 최고의 권위가 인정되고는 있지만 인간세계에 대해서 항구적이며 직접적인 영향은 미치지 않는다는 점에 주의를 돌리기로 한다.

2) 천상신의 운명

엘리아데는 중앙 및 북아시아 민족 가운데 고대민족에서와 같이 천상의 최고신의 존재를 발견할 수 있다고 주장한다. 그에 따르면 이 최고신들은 점차 제의에서 능동적인 위치를 상실하면서 더 역동적이고 더 친근한 종교적 양식에 길을 열어주었다. 이를테면 폭풍우와 생산의 신, 사령, 대여신(大女神) 등이다. 또한 엘리아데는 여가장제(女家長制, matriarchy)라고 부르는 주술적·종교적인 복합요소로 인해 천상의 신이 한가한 신(deus otiosus)으로 변화하는 것이 더욱 확실하게 되었다고 지적했다.[14]

우주적 최고신들의 종교적 영향력이 아주 없어지거나 감소된다는 이야기는 일찍이 하늘과 땅 사이의 교통이 쉬워 누구나 오갈 수 있었던 태초의 낙원 같은 시기의 신화에서 나타날 수 있다. 다시 말하면 어떤 일이 일어나서 하늘과 땅 사이의 교통이 끊어지고 최고신들은 먼 하늘로 가버렸다는 이야기이다. 다만 샤먼과 같이 오직 선택된 사람들만이 망아체험을 통해 천상 혹은 지하계로 여행할 수 있다. 하늘과 땅이 갈라지기 이전 그 옛날의 천국을 재현하려는 것은 인류의 무한한 동경의 대상이다.[15]

---

14) Eliade, M.(1970), *Shamanism*(transl. W. Trask), Princeton: Princeton Univ. Press, pp.495~507(Conclusion); Eliade, M.(1954), *Die Religionen und das Heilige*, Salzburg: Otto Müller Verlag, pp.71~76.
15) Eliade, M.(1961), *Mythen, Träume und Mysterien*, Otto Müller, pp.88~107(das Heimweh nach dem Paradies in dem primitiven Überlieferungen, 원시

우리나라에서는 정기적으로 하늘에 제사하는 풍습이 있었다. 음력 정월 부여의 영고(迎鼓), 시월 고구려의 동맹(東盟), 같은 달 예(濊)의 무천(舞天)이 그것이며, 천신을 모시는 제주(祭主)를 천군(天君)이라 불렀다. 백제에서는 사중지월(四仲之月)에 왕이 천(天)과 오제(五帝)의 신에게 제사지냈다. 물론 이들 나라에서 정기적인 제사가 하늘을 대상으로만 실시된 것은 아니다. 고구려에서는 시월 수신(隧神)을 맞이하여 나라의 동쪽 위로 돌려보내어 이를 제사한다 하였다. 마한(馬韓)에서도 5월과 10월 농사가 시작될 때와 끝날 때 귀신에게 제사한다고 했으나(『진서』〔晋書〕「사이전」〔四夷傳〕), 그 귀신이 무엇인지는 불확실하다. 그밖에 정기적인 제사라는 확증이 없는 제신들이 예, 고구려, 부여, 백제, 신라에서 발견된다. 어쨌든 북방과 남방부족 사이에 약간의 차이가 날 수는 있지만, 둘 다 제천의식의 중요성이 강조되고 있었음에 틀림없다.[16]

천신제(天神祭)는 여러 변천과정을 거쳐 현재의 부락제에 전달되어 왔다고 볼 수 있다. 1930년대의 부락제 조사보고를 보면 제신(祭神)의 상당수가 산신이며, 다음에 동신(洞神)·성황신(城隍神) 등의 순위이다. 위 세 가지는 전체 7할 이상의 분포를 나타낸다고 한다.[17] 따라서 그 신명을 중심으로 볼 때 천신의 숭배 정도는 아주 미약해졌다고 볼 수 있다. 문제는 동신·성황신이라 부르는 부락제 제신의 성격에 천

전승에서의 천국을 향한 그리움) 참조.
16) 『후한서』(後漢書), 「동이전」(東夷傳); 『삼국지』(三國志), 「위서동이전」(魏書東夷傳); 『삼국지』, 「부여전」「고구려전」「예전」; 『북사』(北史), 「고구려전」「백제전」; 『당서』(唐書), 「동이전」; 한국문화인류학회, 『중국 문헌에 나타난 한국 상고사 자료』; 『한국문화인류학 자료총서 3』(1969), 17쪽, 21쪽, 28쪽, 35쪽, 113쪽, 117쪽, 120쪽, 171쪽; 류동식(1975), 『한국 무교(巫敎)의 역사와 구조』, 연세대출판부, 46~56쪽 참조.
17) 村山智順(1937), 『朝鮮の部落祭』, 朝鮮總督府, 122~128쪽.

신 혹은 천신적인 요소가 없는가 하는 문제이다. 무라야마의 조사 결과로는 성황신이 일부 시조신과 관계된다는 사실 외에 별다른 구체적인 언급이 없을 뿐 아니라, 부락제 제신의 성격에 대하여 부락민들이 별로 관심이 없는 것 같다고 했다. 또 인격신이 적고 자연신이 많아 특징이 분명하지 않을뿐더러, 부락민과 신격과의 인격적인 유대관계를 보이는 경우가 매우 드물다고 했다.[18]

여기에 대해 장주근과 김택규는 무라야마의 조사가 철저하지 못했기 때문이라고 지적했다. 그의 보고서에는 부락제에서 가장 기초적인 '골맥이'란 말이 한 마디도 안 보인다는 것이다. 두 분에 따르면 골맥이란 '마을의 액(厄)을 막아주는 이' 등으로 추측될 수 있으리라 보았다. 경북지역의 부락마다 골맥이의 고유명사가 있어 '김 씨 할배'니 '이 씨 할매'니 하여 성씨가 붙는다. 골맥이·할배 등은 부락의 수호신인 동시에 그 부락의 창건신·시조신으로 여겨지는 경우가 없지 않다고 했으며, 골맥이의 성(性)이나 유래 등을 다각도로 고찰했다.[19] 부락제 제신의 성격에 관해서는 앞으로 좀더 자세히 조사되어야 할 것이다.

골맥이라 부르는 동신이 어쨌든 하나의 인격신으로서 고을의 시조신인 경우도 있다면 천상의 지고신(至高神)보다는 한 단계 더 인간의 세계에 가까워진 존재라 아니할 수 없다. 다른 한편 이러한 인격신들이 제의에서는 대개 위에서 내려온다는 점을 생각하면 천상적인 속성을 지닌다고 보아야 한다. 그리하여 우리는 천신이 인간과의 접촉을 멀리하는 반면 인간적인 신격 조령(祖靈), 기타 사령(死靈)들이 강조되면서 거기에 천신적인 요소가 습합되는 현상을 발견할 수 있을 것 같다.

---

18) 같은 책, 235~238쪽.
19) 장주근·김택규(1963), 「동제(洞祭)와 세존단지」, 『신라가야문화』 제1집, 청구대학 신라 가야문화연구원, 111쪽.

그런 의미에서 누석단(累石壇)·신수(神樹)·당(堂)집에 대한 조지훈(趙芝薰)의 연구[20]에서 성황당(城隍堂)에는 여러 제신이 있는데, 산신과 성모(聖母)와 단군이 또한 성황신으로 모셔지고 있다고 한 사실은 흥미롭다. 그는 비록 신의 명칭은 여러 가지이지만 그 신앙의 내용은 천신·산신·부락신 숭배로서 아주 같은 계열이라고 주장하며 그 근거를 당(堂)의 각 계열에 따라 제시했다. 그 논거의 타당성은 덮어두고라도 상위에 있는 신의 형태를 서로 꿰뚫는 동일한 성질을 감득하였다는데 의미가 있다고 보아야 하겠다.

또한 무신 가운데 특히 중요한 자리를 차지하는 것은 옥황상제라기보다는 가택신(家宅神)으로 알려진 '성주신'이다. 민속학자에 따라서는 이것이 천상적인 속성을 지닌다는 의견이 있어 참고할 만하다.[21] 어쩌면 그것은 천상신의 지상공관(地上公館), 천상과 지상을 연결해주는 매개자로서 천상신의 모든 권한을 차지했는지 모른다.

'한가한 신'은 확실히는 모르겠으나 이상의 예를 통해서 한국 샤머니즘 사회의 신통에서도 발견될 수 있다.

태초의 천국, 어떤 실수, 천상과 지상세계의 분리, 천상신의 권력 약화, 지상신의 팽대. 그리고 잃어버린 천국에 대한 동경과 천상과 지상을 다시 이으려는 끊임없는 인간의 노력과 그 수단으로서의 망아체험. 신화와 원시신앙의 이와 같은 주제는 의식적으로 만들어낸 이야기나 특수한 지역의 산물이 아니라, 보편적인 생각이라는 점에서 분석심리학적으로 중요하다.

융은 인간이 인격의 완성에 이르는 심적 과정은 진정한 개성을 찾는

---

20) 조지훈(1963), 「누석단(累石壇), 신수(神樹), 당(堂)집신앙 연구 - 서낭고(城隍考)」, 『문리논집』, 문학부편 제7집, 고려대 문리대, 60쪽.
21) 김태곤(1968), 「성주신앙고」, 『후진사회문제연구논문집』 제2집, 경희대 후진사회문제연구소.

다는 뜻에서 개성화 과정(individuation), 혹은 자기실현(Selbstverwirklichung)의 과정이라고 했다.[22] 자기실현의 과정은 1차적으로 내적인 갈구(der innere Drang)이며 무의식적이다. 따라서 이것은 인위적인 작용을 덜 받은 신화나 원시신앙과 같은 정신현상 가운데 상징적으로 표현되는 수가 있다.

한가한 신(잊혀진 신)과 같은 신의 위계 변화는 바로 어린이에서 어른에 이르는 정신의 발달과정을 상징적으로 표현한 것이 아닌가 생각된다.[23] 즉 자아의 힘이 아주 미약한 시기에는 의식과 무의식의 대립 관계는 아직 생기지 않고 이른바 주체와 객체의 신비적 융합(participation mystique, 레비 브륄)이 모든 정신현상의 중심이 된다.

그러나 정신 발달을 위해서는 자아의식이 강해져서 모든 무의식적 행동에 휩쓸리지 않아야 한다. 이리하여 무의식의 의식적인 억압현상과 의식과 무의식의 구별과 동시에 그 사이에 긴장과 대립이 생긴다. 한가한 신은 인류의 정신적 발달의 이 시기에 일어나는 무의식의 집단적 표상으로부터 자아의식의 분리현상을 단적으로 표시한다.

이와 같은 의식에 의한 무의식의 억압과 소외는 의식과 무의식의 심각한 분열을 초래한다. 그러므로 자아는 다시 무의식과 관계를 맺고 그 내용을 의식에 소화시킴으로써 인간정신의 전체성을 구현하는 단계로 발전되지 않으면 안 된다. 그렇게 하나가 되는 것이 바로 망아체험의 본래 목적이기도 하다.

한국 샤머니즘의 만신전(萬神殿)은 무의식의 심리학과 어떤 관련이 있을까? 무의식에는 하위·상위의 가치판단에 입각한 구분이 있을 수

---

22) Jung, C.G.(1963), *Beziehungen zwischen dem Ich und dem Unbewußten*, Zürich: Rascher Verlag, pp.65~80; 이부영(2002), 『분석심리학의 탐구 ③ 자기와 자기실현』, 한길사, 93~168쪽.
23) 이부영(2002), 같은 책, 34쪽, 그림 1 참조.

없다. 다만 각 콤플렉스가 지니고 있는 정감 가치, 즉 에너지의 강약이 있다. 또 자아의식과 얼마나 접근하기 쉬우냐 어려우냐 하는 접근성에 따르는 구분이 있을 뿐이다. 죽은 지 얼마 되지 않은 가까운 가족의 혼은 아직 의식 가까이에서 강력한 에너지를 발휘하는 콤플렉스이고, 아득한 조령이 될수록 그 의식에 가해지는 부정적 영향력은 줄어든다. 식물과 동물, 자연의 상들은 무의식의 신체적 토대에 뿌리를 내린 원형들의 표상일 수 있다. 개인적 무의식의 그림자들, 개인적 무의식과 집단적 무의식 사이에서 다리 역할을 하는 내적 인격, 아니마와 아니무스는 영혼의 인도자상으로 투사되어 나타남 직하다. 그리고 모든 귀령의 이중성은 원형상이 지닌 이율배반성을 반영할 수도 있다.

그런데 태양계의 중심인 태양처럼 모든 원형적 콤플렉스 가운데 가장 핵심적인 객체정신, 대극합일의 상징이 한국 샤머니즘의 판테온(만신전)의 어디에서 발견될 것인가는 한마디로 말하기 어렵다. 하늘의 신(천신)이 어느 정도 그처럼 핵심적인 요소, 즉 자기 콤플렉스를 대변하는지 알 수 없기 때문이다. 그것들은 개별적인 귀령의 이미지를 중심으로, 또한 그 귀령과 그것을 믿는 사람들의 관계에 관한 면밀한 연구로 규명할 수 있을 것이다. 우선 이 많은 귀령이 실은 우리 꿈에 나타나는 온갖 종류의 상으로 표현되는 무의식적 콤플렉스들의 투사상일 수 있다는 사실에 주목할 필요가 있다.

3) 몸주신과 그 상징성

신령의 심리학적 특성을 살피는 데 가장 유익한 것은 샤먼의 경험자료이다. 그 가운데 하나가 강신무의 몸주(보호신)와의 체험내용이다. 충분치는 않으나 주어진 자료 안에서 잠시 살펴보겠다.

(1) 몸주를 정하는 과정

몸주는 무당의 수호신으로 대개 내림굿에서 받는다. 무당은 무업을 수행하는 내내 이를 수호신으로 모신다.[24] 예전에는 허주제(虛主祭) 뒤에 따로 몸주의 신령을 초청하는 강신제가 있는 등 그 과정이 복잡했으나 일찍부터 간소해져 앞에서 본 것처럼 강신제 속에 허주풀이를 포함시키는 형식으로 변했다. 몸주의 신은 영력의 원천이다.

무당은 그 영력으로 신탁을 예언하거나 작두 타기를 하는 등 초능력을 발휘해야 한다. 물론 열두거리에서 무당이 부르는 모든 신령은 영력의 원천이다.

몸주 신령과 그밖의 무신이 어떻게 다른지 확실치 않을 때도 있다. 앞에서 본 강신무의 입무과정에 관한 보고처럼 빙의된 신 가운데 어느 신을 몸주로 삼았는지, 몸주를 어떻게 점지했는지에 대해 명확한 언급이 없는 경우가 많다.

아키바의 입무 제4례에서는, 망아경에서 춤추고 쓰러진 짚더미 속에 죽은 무당의 아들이 어머니의 무구를 감추어두었는데 여기서 신거울〔神鏡〕과 신방울〔神鈴〕을 얻었다. 신거울(명도)[25]을 몸주로 삼아 신단에 모셨다.

제8례에서는, 땅속에서 파낸 신성한 무구들을 몸주인 작두대신 앞에 바쳤더니 꿈에 산신이 나타나 산신이 준 것을 어떻게 몸주대신 앞에 바치느냐고 노하여 그 뒤에는 산신도 모시기로 했다고 한다.[26] 어떻게 작두대신을 몸주로 삼았는지는 설명이 없다.

김태곤의 사례에서는 꿈에서 본 해와 달을 화공(畵工)에게 그리게 하

---

24) 김태곤(1981), 앞의 책, 259~260쪽.
25) 신경(神鏡)을 명도(明圖)라 부르지만 영남지방에서는 '명두'라 부르기도 한다. 이는 빙신상태에서 점치는 신자의 명칭이다.
26) 秋葉隆(1950), 『朝鮮巫俗の現地硏究』, 奈良: 養德社, 55쪽.

여 이 무신도를 모시게 되었다.[27] 경기도 무녀 조 씨는 꿈에서 하얀 할아버지가 사주책을 가지고 와서 첫 장을 들추니 큰 글자가 네 개 보였다. 이것이 '신장님'이라며 설명해주었고 그 뒤 조무녀의 몸주대신이 되었다. 꿈에서 영감이 사라진 뒤 일식인지 월식인지 모를 현상으로 무척 어두워졌을 때 갑자기 갑옷 입고 삼지창을 든 사람이 툇마루로 뛰어올라 "끝까지 고집 피우다가는 큰일이 날 테니 마음을 돌려 밝은 곳으로 가라"고 외쳤는데 그가 곧 무녀 조 씨의 몸주였다.[28]

이 모든 경우는 내림굿을 하기 전에 이미 몸주대신이 초자연적인 수단—꿈이나 신물의 획득으로—에 의해 정해졌으며, 무당 개인의 무의식을 통한 특별한 선택이다. 내림굿 때 무당 후보자에게는 많은 신이 내리는데, 그 신의 말로 공수를 내린다. 어느 신이 어떻게 몸주로 정해지는 것일까. 최초로 빙의되어 말문을 열게 한 신이 몸주가 되는 경우도 있으나 그렇지 않을 수도 있다. 내림굿에서 처음에 천신계의 신이 내려 공수를 했으므로 천신이 몸주가 된 경우가 있는가 하면 내림굿에서는 다른 신들이 내렸으나 처음 몸주로 대신할아버지를 모셨으므로 사람들이 할아버지라고 부른 경우도 있다. 그런데 이 무당은 그 뒤 계속 꿈에 선덕여왕이 나타나 몸주로 모시라 해서 그렇게 했단다. 어쨌든 꿈을 통한 신의 현현은 매우 중요하다.

(2) 몸주신의 특성과 무당과의 관계

무당은 영적인 남편인 신을 세속의 남편과 다른 거룩한 배우자로 모신다. 그렇기 때문에 몸주가 들 때는 남편과 성관계를 하지 않는다. 그

---

[27] 김태곤(1981), 앞의 책, 294쪽, '문씨의 경우'.
[28] 장주근·최길성(1967), 「민속자료조사보고서」, 『경기도지역무속』(양주군 무녀 조영자편), 문화재관리국, 115~120쪽.

러나 모든 몸주가 반드시 이성(異性)의 신은 아니므로 일반화할 수는 없다.

엘리아데는 귀령에 빙의된 자와 샤먼이 다르다고 했다. 샤먼은 인간적 존재로서 귀령들과 관계를 맺고 귀령을 통제하지만, 빙의된 자는 귀령의 도구와 같은 상태에 있다고 보았다.[29] 알타이족에서 보호신령은 하나 이상일 수 있다. 대개 일곱이고 동물 신령이 대부분인데, 곰·늑대·사슴·토끼·새 등이다. 새 중에서도 오리·독수리·부엉이가 있다. 북아메리카 인디언들에게 강력한 샤먼은 하나 이상의 귀령들이 도움을 준다. 이들에게 모든 동물과 모든 방향은 보호신 혹은 힘의 원천이다. 오직 샤먼에게만 지정된 보호신이 있다. 뱀, 안개, 푸른 하늘, 동쪽, 서쪽, 여자, 소녀, 소아, 손, 발, 남녀 성기, 박쥐, 영혼의 땅, 흡혈귀, 무덤, 죽은 자리, 이빨, 뼈, 그리고 머리카락 등이다.[30]

보호신령은 망아경에서 샤먼이 저승으로 날아갈 때나 악령을 물리칠 때 돕는다. 엘리아데는 말하기를 보호신령은 신적 존재와 다르지만 신적 존재의 사자(使者)와 같은 위치에 있고, 선녀나 반신(半神) 같은 존재이다. 남성 샤먼의 여성보호신은 샤먼의 천상 배필로 샤먼의 망아체험을 돕는다. 엘리아데는 말한다.

물론 천상의 여인이 출현할 때 흔히 샤먼이 신화적 체험을 하는 가운데 성적인 흥분이 동반된다. 모든 망아체험은 그런 샛된 길로 들어설 가능성이 있다. 우리는 신화적인 사랑과 육체적 사랑 사이의 밀접한 관계를 잘 알고 있기에 두 가지를 오인할 일은 없을 것이다.

---

29) Eliade, M.(1956), *Schamanismus und archaische Ekstasetechnik*(Übersetzt von Inge Köck), Zürich: Roscher Verlag, p.15.
30) 같은 책, pp.96~102, pp.106~115.

엘리아데는 샤머니즘의 제의에서 볼 수 있는 성애적 요소는 샤먼과 천상의 배필 사이의 관계를 넘는다는 사실에 주의를 환기시킨다. 그것은 남성들의 성적 강화를 목적으로 하며 그 우주론적 기능은 세계와 삶의 갱신이라는 것이다. 천상의 배우자(아야미[ayami])라고 상상된 보호신령은 시베리아 샤머니즘에서 중요한 역할을 수행하지만 결정적인 것은 아니다. 결정적인 역할은 입무의 드라마, 즉 제의상의 죽음과 재생이며, 샤먼의 아야미에 대한 성적 관계는 그의 망아적 소명을 위해 건설적인 것이 아니라고 한다. 그 이유로 성적 요소는 샤머니즘에 국한하지 않는다는 점, 샤머니즘 의식 가운데 성적 요소는 샤먼과 아야미의 관계를 넘어 성적인 힘의 증강을 목적으로 한다는 사실을 든다.[31]

「초사구가」(楚辭九歌)에 대한 웨일리(Arthur D. Waley)의 연구를 보면 중국 샤머니즘은 「초사구가」에 관한 한 시베리아나 만주, 중앙아시아의 전형적인 샤머니즘과는 다른 형태를 취했음을 알 수 있다. 즉 샤먼의 신령에 대한 관계는 일종의 애정관계라고 표현하고 있다. 또한 샤먼과 신격 관계는 단지 일시적일 뿐임을 지적한다. 「초사구가」의 전형적인 형식은 신격이 여성이면 무(巫)는 남성이고, 신격이 남성이면 무는 처녀로, 신령 내림을 알아차리고 보호신령들을 맞이한다는 사실이라고 그는 말한다.[32]

나카야마 다로(中山太郎)는 지적하기를, 일본 무녀는 고대에는 신의 위치에 있다가 신의 대리인이 되었으나 신과 결혼하였으므로 신성(神性)의 초월성을 유지하기 위해서 속세의 남편을 두지 않았고 그로 인해 무녀의 성격이 남성화하였다고 지적했다.[33] 웨일리는 12세기 일본 무

---

31) 같은 책, pp.89~91.
32) Waley, A.(1957), *Die Neun Gesänge - Eine Studie über Schamanismus im alten China*, Hamburg: Marion von Schröder Verlag, p.16.
33) 中山太郎(1984), 『日本巫女史』, 東京: パルトス社, 245쪽.

가에서 무녀와 신령의 일시적인 연인관계를 발견했다. 나카야마도 『무녀사』(巫女史)에서 일시적으로 하룻밤만 신을 섬기는 가족적인 무녀의 존재를 언급했다.34) 문학작품에 묘사된 것과 현실 사이에 약간 차이가 나지 않을까 생각한다.

「초사구가」에 나타난 무의 보호신령과 시베리아 및 중앙아시아, 또는 북아메리카 인디언 샤먼들의 보호신령은 분명 분석심리학에서 말하는 무의식의 심혼 아니마의 상징적 표현이라고 할 수 있다. 세속의 인간이 동경하고 때론 함께 살기도 하지만, 놓치기 쉬운 선녀의 이미지는 아니마 원형상의 전형적인 상징이다.35) 아니마(심혼[Seele])와 아니무스(심령[Geist])는 각각 남성 마음속의 여성적 속성, 여성 마음속의 남성적 속성으로, 남성과 여성이 성숙해지기 위해 인식해야 할 무의식의 중요한 요소 가운데 하나이다. 아니마와 아니무스는 남성과 여성의 사회적 역할, 외적 인격에 포함되어야 할 내적 인격이다. 남성의 자아는 무의식 내면의 여성적 인격에 의해 더 깊은 무의식의 심층과 관계를 가질 수 있다. 여성의 자아로 하여금 무의식의 깊은 층으로 이끌도록 하는 것은 여성 무의식의 남성적 인격이다.36) 샤머니즘은 이런 자아와 무의식 세계와의 관계를 샤먼과 저승의 관계, 그리고 샤먼의 저승으로의 비상을 도움으로써 이를 매개하는 보호신령의 현상으로 설명한다.

한국 샤머니즘에서 몸주대신과 무당의 관계는 일시적인 연인관계라고 할 수 있을까. 그럴 수도 있을 것이다. 그러나 한국 샤머니즘에서 몸주는 연인이라 하기에는 근접하기 어려운 권위자의 이미지를 지닌 경우가 많지 않은가 생각한다. 강신의 꿈에 나오는 하얀 영감이나 하얀

---

34) 같은 책, 469쪽; Waley, A.(1957), 앞의 책, p.16.
35) 이부영(1965), 「한국전래동화 '선녀와 나무꾼'의 심리학적 제문제」, 『명주완 박사 환력기념 논문집』 제1집, 21~36쪽.
36) 이부영(2001), 『분석심리학의 탐구 ② 아니마와 아니무스』, 한길사, 44~45쪽.

할머니들은 무당들의 무의식 속 노현자(老賢者) 또는 노여현자(老女賢者) 원형상[37] 혹은 자기상을 반영한다.

물론 꿈에서 신과 관계를 한다든가, 현실에서도 신의 배우자로서 신이 들 때에는 세속 배우자와의 동침을 거부하는 등 성적인 의미가 포함된 것처럼 보일 때가 있다. 정신분석에서는 이를 너무 일방적으로 근친상간의 욕구라든가 신분상승의 욕구충족으로 해석하는 경우가 있었다. 무당 자신이 개인적으로 구체적인 성적 의미나 신분상승의 욕구를 느끼거나 이를 과시할 수 있다. 그러나 꿈은 흔히 개인적인 소망보다 객관적이며 보편적인 인간의 원초적 사유에 속하는 것들을 나타낸다는 점을 간과해서는 안 된다. 꿈이나 환상에 나타나는 신과의 동침은 대극융합의 상징이다. 거룩한 것과 세속적인 것의 융합, 여성성과 남성성의 융합, 바꾸어 말해서 외적 인격, 페르조나를 대변하는 자아와 내적 인격인 아니마, 아니무스와의 통합이다. 이러한 융합은 의식과 무의식을 통틀어 전체정신을 실현하고자 하는 자기원형의 자율적 기능에 의해 이루어진다. 이는 흔히 남녀의 성적 결합이라는 이미지로 표현된다.

무당과 보호신령과의 관계가 일시적인가 아닌가 하는 문제는 관계의 성격에 달렸으며, 항상 빙신상태에 있는 것은 아니다. 그러나 신당에 신상으로, 또는 신물을 모시고 무업을 계속하는 한 매일 정한수를 바치고 축원한다. 김금화 만신이 자전적 에세이에서 한 말이 이에 대한 해답이 될 듯하다.[38]

무당도 보통 사람이다. 잠깐 잠깐 신의 부름을 받고 신의 일을 대신

---

[37] Jung, C.G.(1953), *Symbolik des Geistes*, Zürich: Rascher Verlag, pp.17~34.
[38] 김금화(1995), 『복은 나누고 한은 푸시게』, 푸른숲, 131쪽.

하지만 대부분은 다른 사람과 똑같은 생활을 한다.

무당은 몸주대신뿐 아니라 모든 무신에 접신되며 그로써 미래를 예언하고 악귀를 물리칠 수 있는 영험한 힘을 발휘한다. 우리의 무의식은 억압된 것의 창고가 아니라 무한한 창조의 샘이며 인격을 변환시킬 수 있는 힘의 원천이다. 그러므로 자아가 무의식과 관계를 함으로써 힘을 쓸 수 있는 기회를 갖는다. 이와 같은 분석심리학의 무의식관은 비록 설명하는 언어와 지각하는 각도가 달라도 샤머니즘에서 귀령 관념 그리고 이에 대한 샤먼의 태도와 상징적으로 같은 의미를 나타낸다.

다만 몸주신과 다른 신과의 관계에서 특별히 몸주신에게만 부여된 역할이나 특성이 있는지가 의문이다. 과거 몸주신령이 다른 무신들과 화합하는 집신제를 지내던 사실이나 몸주와 다른 신 사이의 사소한 갈등에 관한 에피소드로 미루어볼 때 몸주신령은 신령계 전체 여러 신령과의 관계를 조절하는 위치에 있거나 조절받아야 하는 존재인지 모른다. 그러나 무엇보다 공통된 특징은 몸주신은 어떤 다른 신령들보다 입무 후보자에게 가장 가까이 있으며, 후보자의 신내림을 최초로 유도한 일종의 입무 주재자가 아닐까 생각한다. 몸주는 무당이 될 때 그녀 자신의 몸과 마음의 직접적인 체험에서 나온 산물이다. 그것은 망아경에서 얻은 신물, 꿈에서 점지받은 신령, 또는 무의식 중에 입에서 터져나오는 신의 이름과 같은 무의식의 직접적 체험이다. 이는 정신계 안에 자아의식을 무의식으로 매개하는 매개자적 위치에 있는 강력한 에너지를 품은 어떤 콤플렉스이다. 그 성격은 개별적 사례를 살펴보지 않고는 자세히 알 수 없다.

(3) 몸주신으로서의 신장(神將)

몸주신을 무의식의 아니마·아니무스와 견주어 생각해볼 수 있는 비교적 적절한 사례는 무당이 장군신을 몸주로 삼는 경우이다. 특별히 장군신을 몸주로 삼지 않더라도 한국 샤머니즘의 무신 가운데 장군신의 역할은 매우 크다. 한국의 샤머니즘은 제주도를 제외한다면 주로 여성들에 의해 키워져왔다. 그것도 조선조 이후에는 남존여비 시대사조의 영향 아래 있었다는 사실을 주목할 필요가 있다. 한국의 샤머니즘은 역사적으로 그러한 사조에 의해 억압되어오면서도 끈질기게 살아남아 지배적 가치관에 대응하는 일종의 보상기능을 발휘해왔다. 또한 무녀들이나 무속사회 여성들에게 영웅과 장군신은 이들의 무의식 속에 있는 아직 충분히 표현될 기회가 없던 남성적인 생명력을 대변한다. 그것은 지배적인 집단의식을 보상하는 무당들의 마음속에 있는 용맹스럽고 남성다운 생명력이다. 한국의 샤머니즘은 그러한 생명력에 대한 그리움을 구상화한다.

그런데 무신으로서의 장군들은 승리와 개선의 영광을 누리지 못한 원한을 가진 넋이다. 또한 무당 자신의 마음속에 맺힌 '한'(恨)이기도 할 것이고, 억압된 모든 여성의 한일 수도 있다. 무의식의 이 '남성다운 생명력'은 여러 가지 사회적 제약 속에 억눌렸다가 역사적인 인물상에서 이를 표현할 수 있는 알맞은 상징을 발견한 것이다. 무당은 장군의 영혼을 매개로 하여 자기 자신 속 남성적 영웅상의 힘을 발휘한다. 어느 만신이 말했다. "작두거리에서 무당의 몸에는 장군신이 내린다. 장군신은 사람들에게 힘과 위엄을 보이고 싶어 한다. 그래서 보통 사람은 하기 힘든 작두타기 같은 일을 제자인 무당에게 시킨다."[39]

신들은 무당에게는 살아 있는 상징이다. 신들의 세계를 프로이트의 정신분석적인 투사(投射, projection)의 기제로만 설명하는 것은 좀 일방적이고 단순한 해석이다. 그러나 장군령과 무당과의 관계가 실제로 어

---

39) 같은 책, 209쪽.

떤지 그에 관한 조사기록은 아주 불완전하기 때문에 장군령이 무당의 몸주로서 일종의 신성한 배우자의 역할을 하는 경우가 있는지 없는지를 확실하게 말할 수는 없다.

아키바는 한 무당의 장군령과의 관계를 다음과 같이 시사했다. 만일 최영 장군이 그녀를 보기를 원한다면 그는 그녀를 병들게 한다. 그녀는 부름을 받은 것 같은 기분으로 장군당으로 가서 굿을 한다. 그러면 병이 낫는다.[40] 이것을 중국 무가에 나타난 것과 같은 '님'과 '나'의 연인 관계에 직접 대비하기는 어렵지 않을까 생각된다. 이 사례에서 장군령은 무당에 대하여 절대적인 지배력을 가지고 있고 무당은 이에 끌리어 그 뜻에 순종한다. 병고는 신의 부름, 하나의 소명이다. 이러한 권위는 이 심상이 의식에서 멀리 떨어져 있어 원형의 속성을 지니는 데서 기인한다고 추정된다. 원형에는 강력한 심적 에너지가 축적되어 있다. 그러므로 자아의식이 집단적 무의식과 접촉할 때는 언제나 강한 정동체험과 이에 해당된 생리적 반응을 일으키는 법이다.

엘리아데는 라스무센(Rasmussen)의 다음과 같은 보고를 인용한다. 수호신이 누군가에게 내릴 때 그는 형용하기 어려운 오싹한 느낌을 받는다.[41] 우리나라 만신도 같은 말을 한다. "갑자기 몸이 저릿저릿해지고 머리가 쭈뼛 서는 것 같은 느낌이 오면 어떤 센 힘에 이끌리듯 뛰어올라가 작두를 탄다."[42]

---

40) 秋葉隆(1950), 앞의 책, 53쪽, 사례 6.
41) Eliade M.(1956), 앞의 책, p.99. "나의 보호신은 이름이 같은 나의 조카 작은 '아우와'이다. 그녀가 내게로 올 때 갑자기 지붕이 걷힌 것 같았고 나는 집과 대지를 통하여 아득한 하늘을 들여다보는 엄청난 환상에 사로잡혔다. 나의 작은 '아우와'는 내가 노래를 부르는 동안 내 주위를 날면서 어떤 내적인 빛을 가져다준 것이다"(Rasmussen, K.C., *Intellectual Culture of the Inlulik Eskimos*, p.119의 인용).
42) 김금화(1995), 앞의 책, 214쪽.

(4) 몸주로서의 어린이의 넋

몸주뿐 아니라 여러 무신을 섬기고 이들을 부리는 무당과 달리 굿은 하지 않고 빙신상태에서 점을 치는 신자(神者)라는 점술사가 영남지방에 있는데, '명두'라고도 부른다. 첫 장에서 이미 언급한 바 있다. 이들은 대개 7세 미만 어린이의 사령을 몸주로 삼는 점술사이다. 굿을 하지 않고 어린이의 넋을 불러 영계(靈界)의 일을 탐지시켜 점을 치는 것을 주업으로 한다.[43] 점을 치기 전에 어린이의 옷이 걸려 있는 집 안의 작은 신당에 촛불을 켜고 빈 다음 점을 치는데 여러 신과 함께 명두신을 불러 그 영력으로 죽은 자의 말을 전한다. 어린이의 초자연적인 예언능력은 혼인을 못하고 죽은 공주의 혼을 모신 서울의 한 사당에 대한 보고기록에도 보인다.[44]

한국의 무신도에는 '도령님'이라 부르는 무신이 있다. 점을 치거나 굿을 할 때 영력을 발휘하는 동자신(童子神)이다.[45] 죽은 미혼 소녀의 영은 각시 또는 손각씨(孫閣氏)라 부른다. 특히 천연두로 죽은 여자아이의 사령을 태주(胎主) 또는 태자귀(太子鬼)라 불렀고 무당에 빙의되어 복화술(腹話術)을 일으킨다고 믿었다.[46] 죽은 자의 혼을 저승으로 데려가는 영혼의 인도자 역할을 하는 강림도령(降臨道令)은 상위의 신격은 아니지만 무시할 수 없는 저승사자 3명 가운데 하나이다. 그는 영웅설화를 배경으로 하는 매우 독특한 귀령이다. 동자신은 방위신과 습합하여 동방청제청의부인동자신(東方靑帝靑衣夫人童子神)이라 부르는 신

---

43) 김태곤(1981), 앞의 책, 145~146쪽.
44) 서울 성동구 사당 1동의 애기씨 혼. 문화공보부(1979), 『전국민속조사보고서』 (서울판), 문화재관리국, 77~82쪽.
45) 윤열수 엮음(1994), 『그림으로 보는 한국의 무신도』, 아기책, 178~179쪽.
46) 赤松智城(1937), 「巫俗と神統」 聖所; 赤松智成・秋葉隆(1937), 앞의 책, 下卷, 107~108쪽.

이 생기기도 한다.

중요한 무신(巫神)에는 부인과 함께 그 딸과 아들이 숭배의 대상이 된다. 예를 들면 남성신인 일월성신(日月聖神) 중 일신(日神)의 딸은 해 아기씨로, 월신(月神)의 딸은 달아기씨로 불린다. 최영 장군의 아들은 호구(胡鬼) 도령님, 딸은 호구 아기씨라 불러 그 신상이 장군상 옆에 봉안되었다고 한다.[47] 어린이의 초자연적 능력, 신성성, 지혜, 투시력, 인도자의 기능에 관한 믿음은 한국 샤머니즘에 국한되지 않고 신화·민담·속신(俗信)에서 종종 발견된다.[48] 심지어 귀신의 믿음을 별로 탐탁하게 여기지 않았던 조선조 실학자 성호(星湖) 이익(李瀷)조차 다음과 같이 시인했다. 소아귀(小兒鬼)는 의지할 곳 없이 방황하는 혼령으로, 이름을 불러 응답하는 자에게 붙는데 끝내 소아귀가 떠나지 않으면 병들어 죽을 수도 있어 위험하다. 그런데 소아귀를 사로잡으면 남이 하는 말을 알아들을 수도 있고 먼 곳의 사정을 알려주기도 한다는 것이다.[49] 소아의 예언능력 같은 신통력을 얻기 위해 끔찍하게 소아 학대를 자행했다는 보고도 있다.[50]

신선으로서 인도자의 역할을 하는 동자에 관한 이야기는 조선시대 문헌설화에 자주 나타난다.[51] 신숙주는 알성시(謁聖試)를 보러 가는 길에 입이 큰 괴물의 입으로 들어가서 청의동자(靑衣童子)를 만났고 그 뒤 신숙주가 죽을 때까지 따라다니면서 잘되도록 도와주었다는 이야기

---

47) 같은 책, 72~75쪽.
48) 이도희·이부영(1993), 「심리학적 상징으로서의 어린이」, 『심성연구』 8(1·2), 1~40쪽.
49) 이부영(1982), 「전통적 귀신론의 분석심리학적 연구」, 『정신의학보』 6(1), 2~15쪽; 이익(1977), 『성호사설』 권5, 「만물문, 소아귀」, 민족문화추진회, 252~254쪽.
50) 村山智順(1932), 『朝鮮の巫覡』, 朝鮮總督府.
51) 서대석(1991), 『조선조문헌설화 집요』(1), 집문당, 63~64쪽, 636~637쪽.

가 있다.52) 이것은 무당이 동자신을 몸주로 모시는 것과 같은 심리현상이다. 다만 동자신을 활용하는 목적에 차이가 있을 뿐이다. 무당은 정해진 틀에 따라 동자신의 영력을 민중에 봉사하는 데 쓰지만 앞 이야기의 주인공은 자신의 삶을 위해 썼다.

'신성한 소녀'와 '신성한 소년'의 관념은 인류 보편이다. 어린이를 비상한 능력을 지닌 존재로 간주하고 이에 따라 제의에서 중요한 역할을 하도록 하는 것은 비단 한국 민속신앙에 국한된 현상은 아니다. 일본·중국의 민간신앙에서 어린이는 조령(祖靈)의 대리인으로 중요한 역할을 해왔다. 한자의 시(尸)는 시체라는 뜻도 있지만 옛날에 조상에게 제사를 지낼 때 신령 대신 서서 제사를 받는 사람을 가리켰다. 중국뿐 아니라 일본에서도 아이를 신주(神主), 정령의 대리인으로 삼는 풍습이 있었다.53)

그것은 또한 동서 신화에 신성한 소년과 소녀의 이미지로 널리 퍼져 있는 보편적인 어린이 원형상에 심리적 토대를 둔다. 케레니와 융은 고대 그리스 신화에 나오는 신성한 소년과 소녀로 이를 입증했다. 융은 어린이의 심상을 아직 성(性)의 분화가 일어나지 않은 양성적 존재이며 미래의 가능성을 잉태하고 있는 자로 보았다. 또 전체정신, 즉 자기의 상징으로 대극을 통합하는 무의식의 기능으로, 치유의 기능뿐 아니라 시공간을 상대화할 수 있는 무의식의 절대지를 상징하는 것으로 보았다.54)

---

52) 같은 책, 90~91쪽.
53) 諸橋轍次(1968), 『大漢和大辭典』 卷4, 東京: 大修館書店, 3523쪽; 柳田國雄 監修(1967), 『民俗學辭典』, 東京: 東京堂出版, 208쪽, 531쪽.
54) Jung, C.G.(1951), Zur Psychologie des Kind Archetypus Jung, C.G., Kéreny, K.(1951), *Die Einführung in das Wesen der Mythologie, das göttliche Kind und das göttliche Mädchen*, Zürich: Rhein-Verlag, pp.107~147.

불교나 도교 설화에 나오는 신비로운 동자상들은 이와 같은 전일성, 즉 자기원형의 상징을 나타낸다. 이렇게 깊은 뜻이 담긴 어린이의 넋을 유독 한국 샤머니즘에서 특히 신령과 신격의 지위로 높이고, 원시적 주의(呪醫)의 보호신령으로 삼는다는 사실은 의미 깊은 현상이다. 유교를 지배이념으로 삼은 조선 왕조에서는 어린이의 자유로운 성장에 그리 큰 관심을 가지지 않았을 뿐 아니라, 어린이의 죽음을 불효라 하고 '어린이다움'을 일찍부터 억제해온 사실과 아주 대조되기 때문이다. 한국 샤머니즘은 지배적인 시대의식에 부족한 것을 보상한다. 한국 샤머니즘에서 남신에 부인신을 결합함으로써 여성의 지위를 높인 사실과 함께 어린이의 높은 가치에 대한 발견은, 반드시 의도적으로 만들어냈다기보다 무의식적인 보상기능—즉 전일을 향한—의 표현이 아닐까 생각된다.

지금까지 몸주와 무당의 몸주에 대한 관계를 살펴보았다. 앞에서 시사했듯이 몸주에 대한 무당의 관계는 사례별로 자세히 살펴보아야 할 것이다. 왜냐하면 무당 개인의 성격과 몸주신의 성격에 따라 그 관계가 다를 것이기 때문이다. 그런데 만신 김금화의 자전적 에세이에서 나는 이와 관련된 흥미로운 언급을 발견했다. '나는 왜 세상에 남편 하나 없나'라는 제목 아래 그녀는 이렇게 말하고 있다.

어떤 사람은 신령님이 우리를 무당으로 만드느라 일부러 세상과 정을 떼고 결혼에도 실패하도록 만든다고 말한다. 세상과 너무 정이 들면 아무래도 신의 일을 하는 데 소홀해지고 심지어 제자가 어느 한 사람을 깊이 좋아하는 것을 신이 질투하기 때문이라고까지 한다.

---

pp.225~250, *ibid*, Jung, C.G., Zum psychologischen Aspekt der Korefigur.

속이 좁은 생각이다. 신령님을 제대로 이해하지 못하는 경박함에서 나온 생각이다. 신령님은 진정으로 제자인 우리를 아끼고 사랑한다. 우리가 세상에서 행복하고 즐겁게 살 수 있기를 누구보다 바라고 그렇게 되도록 도와준다.[55]

이러한 언급은 수술적이라기보다 상당히 종교적인 의미를 담고 있다. 이러한 종교성은 신딸에게 주는 그녀의 글 속에 더욱 뚜렷이 반영되어 있다.

부디 신령님을 잘 모시거라. 네가 힘들고 외로울 때마다 신령님의 넉넉한 빛만이 네 마음을 도울 수가 있을 것이다.

신령님을 모시는 길은 바로 세상사람들을 잘 보살피고 도와주는 일과 통한다. 그것이 신령님이 우리 제자에게 내신 가장 큰 숙제이다.

너의 힘으로 안 되는 일은 신령님께 빌고 의지해라. 신령님의 크신 능력은 우리 조무래기 무당에 비할 바가 아니니 마음을 다하고 정성을 바치면 절대 외면하지 않고 도와주실 것이다.[56]

물론 신령님이 무엇을 어떻게 도와주는가에 대해 사람들은 신학적으로 논란을 벌일 수 있을 것이다. 그러나 그녀의 신령에 대한 태도는 '자아보다 크고 강력한 어떤 역동적인, 누미노제를 지닌 존재에 대한 주의

---

55) 김금화(1995), 앞의 책, 250~251쪽.
56) 같은 책, 250쪽.

깊은 고려'57)라는 점에서 '종교적'이다. 게다가 신령님은 그녀에게 심판의 신이 아니라 사랑의 신이다. 그녀는 신령에게 개인의 복락뿐 아니라 가족과 지역공동체, 나아가 국가의 안녕을 기원한다. 즉 동쪽에서 해가 솟아올라 햇살이 운동장으로 퍼질 때 "나는 그때를 놓치지 않고 눈을 지그시 감고 해에 계시는 신령님께 기도를 올린다. 그럴 때는 조금 거창한 소원을 빈다. '대한민국 모든 사람 건강하고 행복하게 하소서. 아프고 맺힌 맘 없이 편안하고 즐겁게 살도록 신령님의 기운 골고루 내려주소서.'"58)

신령님에게 묶여 있는 우리(강신무)보다는 (세습무가) 자유로울 것이라고, 평생을 신에게 갇혀 사는 것보다는 낫지 않을까.59)

때로는 소명의 무게에 힘겨워하면서도 한국의 큰 만신은 무엇보다 신령님과 사람 사이에서 중재역할을 잘할 수 있기를 기원한다.
한국 샤머니즘의 귀령 가운데 결정적으로 중요한 역할을 하는 것은 사령(死靈)이다. 여러 종류의 사령이 있고 이를 다루는 여러 가지 방법이 있다. 사령의 현상과 상징적 의미에 관해서는 제9장에서 자세히 고찰할 것이다.

---

57) 종교에 관한 융의 정의는 한국융연구원 옮김, C.G. 융 기본저작집 제4권 (2008), 『인간의 상과 신의 상』, 솔, 17~18쪽 참조.
58) 김금화(1995), 앞의 책, 264쪽.
59) 같은 책, 261쪽.

제5장 한국민간의 질병관 및 정신병관[1)]

  질병관은 한편으로는 그 사회에 통용되는 세계관·자연관·인간관 등 그 민족 특유의 문화적 바탕 위에 형성된다. 다른 한편으로는 '설명 불가능'이라는 의식의 한계에 부딪힐 때 출현하는 개개인의 무의식의 내용으로써 이루어진다. 무의식의 내용들은 개인적 특성뿐 아니라 인간의 원초적인 사유내용을 담고 있다. 이는 또한 사회의 전통적 관념과 습합하여 일정한 틀을 이루고 사회집단의 보편적이고 정형화된 질병관을 만들어내기도 한다. 다시 말해서 원시민족이나 민간의 질병관에는 그 민족 특유의 사고방식뿐 아니라 인류의 보편적이고 원초적인 사유형식이 반영될 수 있다.

  원시적 질병관을 분석심리학적 입장에서 탐구하는 목적은 전통적이고 한국적인 사유형식의 탐구뿐 아니라 무엇보다 질병관에 반영된 인간 무의식의 보편적 특성을 살펴보는 데 있다. 분석심리학적 방법론의 특성은 원시적 관념과 현상을 구체적 현실이라기보다 미지의 어떤 것

---

1) 이부영(1970), 「한국민간의 정신병관과 그 치료(1)──무속사회의 정신병관」, 『신경정신의학』, 9(1), 35~45쪽. 여기서는 상당한 보완을 거쳤다. 특히 현대의 민간의료 조사자료와 외국의 비교자료를 추가하였고 심리학적 해석을 보강했다.

을 표현하는 상징들로 이해하는 것이다. 그때 그 현상은 무지한 종족들의 미개한 사고방식을 넘어 현대인의 살아 있는 심리와 관계를 맺는다.

한국의 민간요법 및 민간의 질병관은 이제까지 민속학자들에 의해 부분적으로 수집·검토되어왔으나 심리학적인 면에서는 별로 논의되지 못했으므로 저자는 앞에서 말한 두 가지 측면 가운데 우선 정신병관을 중심으로 그 관계를 살펴보기로 하겠다.

우리나라 민간의 질병관 및 정신병관과 그 민간요법에는 도교적인 요소, 샤머니즘적인 요소, 불교적인 요소, 한방의학에서 도입된 이론, 기타 원시민족에서 볼 수 있는 마술적 요소들이 포함되어 잡다한 양상을 띠고 있다. 한방의학과 관련된 것은 편의상 논외로 한다.

1. 조사대상 자료

한국의 민간의학에 관한 조사자료는 1930년대의 보고를 비롯해, 1960년 이래 민속학자, 정신의학자의 개별적인 현장조사와 정부 지원의 전국적인 조사보고에서 볼 수 있다. 이들 모두를 고찰의 대상으로 삼았다.[2]

역사적인 질병관, 정신병관에 대한 대체적인 인상을 알아보기 위해

---

2) 村山智順(1929), 『朝鮮の鬼神』, 朝鮮總督府; 村山智順(1933), 『朝鮮の占卜と豫言』, 朝鮮總督府; 村山智順(1932), 『朝鮮の巫覡』, 朝鮮總督府; 赤松智城·秋葉隆(1937/38), 『朝鮮巫俗の硏究』 上·下, 東京: 大阪屋號書店; 현용준·김영돈(1965), 『중요무형문화재 지정자료』(제주도 무당굿놀이), 문화재관리국; 김영돈(1966), 『제주도민의 통과의례』, 문화재관리국; 현용준(1966), 『제주도 토산당굿』, 문화재관리국; 현용준, 「제주도 무속의 질병관」, 『제주도』 통권 제21호, 106쪽; 김택규·장주근(1974), 「민간의료 및 금기」, 『한국민속종합조사보고서』(경북편), 문화재관리국, 325~385쪽; 이부영(1972), 「민간의료」, 『한국민속종합조사보고서』(경남편), 331~341쪽; 이부영(1975), 「민간의료 및 금기」, 『한국민속종합보고서』(충남편), 314~336쪽.

무라야마의 조사자료와 조선총독부 중추원에서 간행한『풍속관계자료
촬요』를 참고자료 가운데 하나로 선택했다.[3]『풍속관계자료촬요』등은
물론 민간의학을 염두에 두고 정리한 것이 아니어서 고려·조선조의 민
간의학을 전부 대변했다고 단언하기는 어렵다. 자료의 출처를 가능한
한 확인하고자 노력하였다.

 연구 방법은 첫째로 질병관을 유형별로 분류해 질병관 일반과 정신
병관과의 같고 다름을 살펴봄으로써 한국민간에서 정신병이 다른 질환
과 달리 취급되어왔는지를 확인하고, 한국적 정신병관의 특이성 유무
를 알아보았다. 둘째로 한국민간의 질병관을 다른 민족들 사이의 유사
한 관념과 비교해 역시 한국적 유형 유무를 보고자 했다.

2. 질병관의 종류

 위에 열거한 자료에서 추려낸 질병관의 대요를 병인(病因)에 따라 열
거하면 다음과 같다.

1) 자연의 순리와 질병

 예부터 우리나라에는 자연현상이나 별의 운행이 조화롭지 않고 이상
이 생기면 바로 질병 발생의 증후라고 생각하는 경향이 있었던 것 같
다. 월식(月蝕)은 전염병이 유행할 징조라든가 "별이 떨어지면 유행병
이 돈다"고 생각했다. 이럴 때 나타나는 사태는 질병뿐 아니라 재앙도
내포되는데, 요컨대 인간의 운명 전반에 걸친 '흉'(凶)이다. 개인이 아

---

3) 김부식, 김종권 옮김(1960),『삼국사기』, 선진문화사; 일연, 최남선 편(1946),
  『삼국유사』, 삼중당; 朝鮮總督府中樞院(1939),『李朝實錄風俗關係資料撮要』, 朝
  鮮總督府.

니라 집단의 생명이 위협을 받는 것이다. 일기도 마찬가지여서 평북(平北)에서는 "정월 초하루에서 닷새까지 날이 흐리면 그해에 병이 많다"고 했다. 함북에서는 "정월 엿새에 날씨가 나쁘면 그해에 나쁜 병이 유행한다"고 했다.

춘분(春分)에는 비가 와야 좋다. 만일 청명하고 구름이 없으면 만물의 성장이 잘 안 되어 백성이 열병에 걸린다. 하지(夏至) 오후 남쪽에 붉은 구름이 없고 맑으면 오곡이 안 되고 안질(眼疾)이 생긴다고 전한다.[4] 대우주(macrocosmos)로서의 자연과 소우주(microcosmos)로서의 인간은 분리 또는 대결되어 있지 아니하고 떼려야 뗄 수 없는 상호 의존관계를 이루고 있으며, 이와 같은 전제가 질병관에 반영되어 있는 것으로 본다.

2) 귀신의 분노 · 신벌 · 복수

민간에서 신성시하는 나무를 베거나 어떤 특별한 동물을 해치면 그 분노나 원한으로 벌을 받아 병이 든다는 믿음이 있다.

무라야마는 나무신이 동네사람의 꿈에 나타나 "나를 침범하는 자는 그 가정을 전멸하고 마을사람에게 병을 준다"고 하였는데, 그 나무를 범하는 자가 있어 동네에 병이 돌자 나무신에게 기도하여 비로소 나았다는 이야기를 보고하고 있다. 성수(聖樹)를 자르면 병이 된다는 생각을 가진 지역이 많음도 지적했다.[5] 우리 민간전설에서도 같은 이야기를 찾아볼 수 있다.[6]

집터를 닦느라 많은 구충(龜蟲)을 죽였는데 새집이 들어서 입주하자

---

4) 村山智順(1933), 앞의 책, 122쪽, 155쪽, 157쪽.
5) 村山智順(1929), 앞의 책, 241~247쪽.
6) 최상수(1984), 『한국민간전설집』, 통문관, 116쪽.

그 집 장자(長子)가 미쳐서 구충이 그의 입을 빌려 자기 종족을 죽였음을 주인에게 힐책했고 결국 집을 지은 사람은 병들어 죽어버렸다는 이야기가 있다.[7]

함부로 목석을 움직이거나 토지를 다루면 목석동토귀(木石動土鬼)를 노하게 하여 병이 생긴다 한다. '손'이 있는 방향으로 못을 치면 손 귀신이 노하여 병을 일으킨다는 관념도 같은 예로 볼 수 있다. 무라야마가 제시한 '가정백방 길흉비결'(家庭百方吉凶秘訣)은 도교의 영향을 크게 받은 것으로 보인다. 날짜에 따르는 귀신의 종류, 들어오는 방향, 나가게 하는 방향이 상세히 적혀 있다.[8] 모든 공간과 방향, 시간이 초자연적인 힘과 관련되며, 이를 무시하면 뜻밖의 재앙을 만난다는 관념이다.

제주도에서는 뱀을 죽이거나 죽인 것을 보아 그 죄를 업어 씌웠거나 하여 칠성신(七星神, 蛇神)의 노여움을 사면 혀를 날름거리고 피부에 뱀의 비늘처럼 기미가 끼고 아픈 병에 걸린다고 한다.[9] 이 두 경우에는 귀신이 분노하여 벌을 주는 것이라기보다 직접 인체에 빙의하여 병을 일으킴으로써 복수를 한다고 볼 수 있다. 죽여서는 안 될 동물을 죽이는 금기침해(禁忌侵害, breach of taboo, Tabu-Verletzung)와 귀신이 신체에 드는 빙의의 두 가지 과정이 동시에 일어나는 것이다. 뱀을 죽이니 그 원혼이 뱀장어가 되어 죽인 사람의 몸에 들어가 병을 일으켰다는 이야기[10]도 비슷한 유형이다.

이에 반하여 대접을 해주지 않으면 노하여 벌로써 병을 내리는 점잖

---

7) 村山智順(1929), 앞의 책, 171쪽.
8) 김동진 편(1925), 『가정백방길흉비결』, 덕흥서림; 村山智順(1929), 앞의 책, 188~199쪽에서 인용.
9) 현용준, 「제주도 무속의 질병관」, 『제주도』 통권 제21호, 106쪽.
10) 최상수(1984), 앞의 책, 388~390쪽, '백로리 전설'.

은 귀신이 있다. 천연두를 일으킨다고 생각하는 두신(痘神),[11] 제주도에서 어린이의 병을 다스린다는 삼승할망과 구삼승할망[12]이다. 그러나 천연두신의 경우에도 천연두를 앓는 어린이의 허튼소리가 신의 소리이며 얼굴의 반흔(瘢痕)을 신의 발자국이라고 하는 것을 보면 천연두는 일정 기간 두신의 신체 내 '통과'를 의미한다고 볼 수 있다. 이것이 귀신의 빙의와 다른 점은 귀신을 정중하게 섬기면 조용히 지나간다는 데 있다. 두신·삼승할망은 일종의 의신(醫神, Heilgott)인데, 병도 주고 고치기도 하는 양면성을 가지고 있다. 특히 어둡고 파괴적인 면을 신의 대역인 구삼승할망 또는 식문(瘜門, 두역으로 죽은 자의 원혼) 등이 대변한다고 저자는 생각한다.[13] 맹인신·정귀(精鬼) 등도 죽은 자의 영혼이 무신의 위치까지 오른 질병신이다. 전자는 안질이 생겨 장님이 되어 죽은 자의 원혼이고 후자는 정신병귀이다. 일설에 따르면 창부(倡夫, 광대)의 넋이라고도 한다.

제주도에서는 신랑 신부의 설사병은 '금상님'이라는 세화리(細花里) 본향당신(本鄕堂神)이 보내는 것이라고 생각하며, 그 이유는 금상님이 제물을 얻어먹고자 하기 때문이라고 한다. '여드렛당'의 '여드렛또'는 처녀신부들에게 급질을 주어 숭앙을 받는다.[14] 제주도의 경우 질병을 주는 동기나 방법이 호방하고 비정한 면이 있다. 여기서는 그 유형을

---

11) 赤松智城·秋葉隆(1937), 앞의 책, 556~563쪽.
12) 현용준(1976), 『제주도 신화』, 집문당, 23쪽, 36쪽, '신과 아마신'; 현용준(1986), 『제주도 무속의 연구』, 집문당, 162~163쪽.
13) 秋葉隆(1950), 『朝鮮巫俗の現地研究』, 奈良: 養德社, 84~85쪽. 천연두신의 심리학적 상징에 관해서는 다른 논문에서 자세히 다루었으므로 여기에 재론하지 않는다. 이부영(1984), 「한국설화에 나타난 치료자원형상—손님굿 무가를 중심으로」, 『심성연구』1(1), 5~27쪽; 이부영(2002), 『한국민담의 심층분석』, 집문당, 239~260쪽에 전재되어 있다.
14) 현용준, 「제주도 무속의 질병관」, 『제주도』 통권 제21호, 106쪽; 현용준(1986), 앞의 책, 162~163쪽.

지적하는 데 그치고 본질까지 들어가지는 않겠다.

민간에서 병의 원인체[病原]로 무엇보다 중요하게 여긴 것은 원한을 가지고 죽은 영혼의 존재인 것 같다.

『삼국사기』의 기록15)을 보자. 고구려 유리왕(瑠璃王) 19년(기원전 1) 8월 왕이 제천의 희생물인 멧돼지를 놓쳐 탁리(託利)와 사비(斯卑)를 시켜 붙잡게 하였다. 잡기는 하였으나 다리를 칼로 자른 것을 알고 노하여 두 사람을 죽였다. 그러자 9월에 왕은 병이 들었는데, 무(巫)는 탁리와 사비의 저주 때문이라고 했다. 왕이 사자를 보내 사과하니 곧 병이 나았다.

조선조에는 역대 왕들이 원혼으로 말미암아 발생된 전염병 등을 막기 위하여 제사를 지낸 기록이 수없이 많다.16) 특히 황해도 극성(棘城)에는 잦은 전쟁에 전사체(戰死體)가 제대로 매장되지 않고 흩어져 있었다. 도내에 나쁜 병이 돌자 사람들은 모두 극성의 해골들이 내린 재앙이라고 했다. 세종(世宗) 대에는 그들의 원한을 풀어주기 위하여 수륙재(水陸齋)와 더불어 여제(厲祭)를 올렸다.17) 또 어느 고장에 전염병이 돌았는데, 갑옷 입은 장군이 백마를 타고 나타나 "해골이 흩어져서

---

15) 김부식, 김종권 옮김(1972), 『삼국사기』(상), 대양서적, 287쪽(권13, 「고구려본기」제1·2, 유리왕 19년, 21년).
16) 朝鮮總督府中樞院(1939), 앞의 책, 17~838쪽. 태종에서 고종까지 여제(厲祭)를 지내지 않은 왕이 없을 정도이다. 국사편찬위원회(1970), 『조선왕조실록』권49, 총색인 참조.
17) 『세종실록』권97, 세종 24년 8월 참조. 여제라 함은 여귀(厲鬼)를 위해 지내는 제사를 말한다. 여귀란 무사귀신(無祀鬼神), 또는 주인 없는 혼(무주혼)이라 하여 전쟁터에서 죽은 자, 도둑 맞고 죽은 자, 천재지변, 맹수 독충에 죽은 자, 각종 사고사, 자살자들의 귀신들이다. 여귀의 원한의 기가 응집해서 역질을 일으키고 화기(和氣)를 상하게 하여 변괴를 일으키게 된다고 믿었기 때문에 이를 미연에 방지하기 위해 이 귀신을 여로로써 위로한다고 한다. 村山智順(1929), 『朝鮮の鬼神』, 앞의 책, 154~155쪽; 朝鮮總督府中樞院(1939), 앞의 책, 718쪽. 탈혼(奪魂, Seelenraub)의 질병관이 제시되어 있다.

그러니 좋은 곳에 묻어달라"고 하여 그대로 해주니 병이 나아 3년에 한 번씩 제사를 지낸다는 전설도 있다.[18]

죽은 자와 산 자는 보통 어느 나라에서나 연속성을 가지게 마련이지만 좋은 땅에 제대로 묻히고, 살아 있는 사람으로부터 늘 공경을 받아야 한다는 것이 우리나라의 풍습이다. 나병(癩病)이나 정신병 혹은 두역(痘疫) 같은 중병은 죽은 뒤에도 자손에게 영향을 미치기 때문에 조상의 무덤에 합장하거나 제대로 묻지 않고 야외에 버리거나 화장을 해 버려야 한다는 생각으로 금세기 초까지도 실천되었다.[19]

3) 귀신의 체내 침입 혹은 빙의

신의 분노는 종종 신체에 '범접'하기 때문에 2)와 3)의 질병관은 서로 결합되어 출현한다. 그러나 신의 복수와 상관없이 정신이상이 허주(虛主)나 귀신이 붙기 때문이라든가 악귀원혼이 들어 병이 생긴다는 관념은 아주 강하다. 빙의되어 질병을 일으키는 것은 도깨비신(제주도)[20]·정귀(精鬼)·조령(祖靈)·잡귀·구삼승할망 등이다. 뇌척수병(腦脊髓病)을 일으킨다는 '척휘'[21]나 중병을 일으키는 '살'(殺)[22]은 체내에 침입하

---

18) 최상수(1984), 앞의 책, 105~106쪽, '은산별신당'.
19) 村山智順(1929), 앞의 책, 486쪽.
20) 현용준, 「제주도 무속의 질병관」, 앞의 논문; 현용준(1986), 앞의 책, 236쪽.
21) 秋葉隆(1950), 앞의 책, 87쪽. 척휘는 뇌척수 병마이다. 하늘에 사는 잡귀의 일종으로 날개가 있어 지상으로 날아오는데 눈에 보이지 않고 작은 물고기의 뼈와 같고 또는 하얀 털 같은 것이다. 이것이 하늘에서 일직선으로 내려와 사람의 머리를 치고 뇌수에 침입하면 척휘라는 병이 되어 점차 아래로 내려와 배에 다다르면 생명을 잃는다고 한다. 이 경우 무당은 척휘잡이라는 굿을 한다. 우리나라에 흔하지 않은 물침입(object intrusion) 질병관의 예이며, 뒤에 설명될 홍코의 발사체 관념(Projektilvorstellung)과 공통된 질병관이다. 현재 이 관념은 무속사회에 알려져 있지 않은 듯하다. Honko, L.(1959), *Krankheitsprojektile, FF Communications* No.178, Helsinki 참조.

여 병을 일으킨다. 그런데 무가에서 보면 '살'은 주당(周堂) · 조상령(祖上靈) · 대감(大監) · 군웅(軍雄) · 영산(靈山) · 상문(喪門) 등의 무신에 붙는다. '살'은 이들 신이 굿거리에서 내려올 때 꼭 따라다닌다.

『삼국유사』에는 이런 기록이 있다. 신라 선덕여왕에게 병이 나자 밀본법사(密本法師)가 독경과 주술로 잠자리 안의 한 마리 늙은 여우와 법척(法惕)을 무찔러 고쳤다는 이야기이다. 또한 선덕여왕 때의 승상(丞相) 김양도(金良圖)가 어렸을 때 갑자기 입과 몸이 굳어 자유스럽지 못했는데, 한 대귀(大鬼)가 군소귀(群小鬼)를 이끌고 집 안의 포식물(飽食物)을 헤치고 있어 이를 물리쳤다고 한다.[23] 이 사례는 병귀의 체내 침입이라기보다 현존 혹은 범접이라 할 수 있다. 이런 관념은 상당히 오래전부터 있었음을 알 수 있다.

이미 여러 사람이 지적했듯이 악귀의 침입으로 인한 질병관은 우리나라 말에서 발견할 수 있다. "병이 든다" "병이 나았다" "감기 들린다" "감기 나갔다" 하는 표현이다.[24]

민간의 몽점(夢占)에 죄인의 탈주는 병이 나감을, 나간 사람이 돌아오면 병이 든다는 해석이 있다. 들어오고 나가는 일련의 움직임을 병과 관련시켰던 민간의 질병관과 상통하는 점이 있다.

살귀(殺鬼)의 체내 침입이 그 사람을 즉사케 한 이야기로 동화 「바늘구멍으로 도망간 귀신」이 있다. 맛있어 보이는 사과 위에 앉았던 귀신이 그것을 먹은 처녀의 몸에 들어가 그녀를 즉사시켰다. 이를 본 도사가 경을 읽어 내쫓았으나 귀신이 바늘구멍으로 도망가서 붙잡지 못했다. 나중에 귀신은 도사에게 복수를 했다는 이야기이다.[25]

---

22) 秋葉隆(1950), 앞의 책, 88~89쪽.
23) 일연, 『삼국유사』 권1, 제5, 「신주」(神呪), 제6, 밀본최사(密本摧邪).
24) 김두종(1966), 『한국의학사』, 탐구당, 22쪽.

제주도에는 이런 이야기도 있다. 한명(限命)이 다 된 병자는, 저승을 다스리는 시왕(十王)의 명에 의하여 이승으로 보내진 저승차사가 그 영혼을 차압하여 저승으로 데리고 감으로써 죽음으로 끝난다고 생각한다. 그래서 차사와 시왕에게 잘 빌면 생명을 연장할 수 있다는 것이다. 그 치료로서 '시왕맞이' '액막이' 등을 한다.[26]

이 같은 생각에는, 인간이란 각자에게 주어진 일정한 생명의 궤도가 있어서 이 불가항력적인 운명에 따라 생사가 결정된다는 사상이 그 배경을 이룬다. 동시에 악귀에 의한 영혼의 피탈(저승차사가 살아 있는 자의 영혼을 차압하여 저승으로 데려가는 것 - 저자주)로서 중병 또는 죽음이 온다는 원시적인 관념이 반영되어 있다. 그러나 여기서 더 나아가 그러한 저승의 절대 권력자(시왕)의 명에 따른 영혼의 피탈조차 그 명령의 주체인 죽음의 나라 왕에게 잘 빌면 생명을 연장할 수 있다는 인간의 능력에 대한 긍정적인 생각도 있다.

4) 영혼의 상실

우리말에는 "혼(魂)났다" "혼내준다" "얼빠진 놈" "정신 나갔다" "정신없이" "정신을 잃다" "실신(失神)한다"는 말이 있다. 놀랐다는 표현을 '혼비백산'(魂飛魄散)이라고도 한다. "혼났다"라는 말은 놀랐다는 뜻으로 쓰이고 "정신 나갔다"라는 말은 "얼빠진 놈"의 '얼빠진'과 같이 주의

---

25) 이상노(1964), 『한국전래동화독본』, 을유문화사, '바늘구멍으로 도망간 귀신'; 한상수(1980), 『충남 민담』, 형설출판사, 199~205쪽, '아버지의 유물'. 질병관과 치료를 한국민담을 통하여 살펴보면 정형화된 무속사회의 민간질병관보다 훨씬 다양하고 풍부한 내용을 볼 수 있다. 이 부분은 다른 저서에서 이미 발표하였으므로 여기서 재론하지 않는다. 이부영(2002), 『한국민담의 심층분석』, 집문당, 259~313쪽, '한국민담속의 질병관과 치유' 참조.
26) 현용준(1986), 「제주도 무속의 질병관」, 앞의 논문; 현용준(1986), 앞의 책, 374~382쪽.

력이 산만하고 멍한 상태를 말한다. 이것은 모두 병과는 직접 관계가 없고 비교적 정상범위 내의 일시적인 심적 이상반응을 표현한다. 다만 "정신을 잃다"는 의식상실로서 중대한 상태를 표현할 때 쓰이는 경우가 있다. 그러나 흔히 의사를 찾아오는 환자나 그 가족이 병의 원인으로 얼마 전 혹은 어릴 때 몹시 놀란 일이 있다고 보고하는 경우가 있다. 이것은 병이 영혼의 상실 때문이라는 원시적인 질병관과 관련된 관념일 것이다.

제주도에서는 높은 데서 떨어지거나 갑자기 놀라거나 익사할 뻔하거나 우마(牛馬)에 치이거나 하면 병이 된다. 영혼의 일부가 몸에서 나가기 때문이다. 이것을 '넋남'이라 한다. 영혼의 전부가 나가버리면 죽고, 일부가 나가면 병이 드는데 이때는 '넋들임'을 해야 한다고 믿는다.[27]

'아버지의 유물' 유형의 민담[28]을 보면 죽은 자의 혼귀가 사람의 혼을 빼앗음으로써 급사시킨다는 탈혼(奪魂, Seelenraub)의 질병관이 제시되어 있다. 주인공이 주머니에 든 혼을 코를 통하여 다시 넣어줌으로써 살려낸다는 이야기이다. 영혼의 유리(遊離)나 상실이 병의 원인이 된다는 보고는 1930년대 무속관계 자료에서는 찾아보기 어렵다. 현대에서도 제주도 무속에서만 보고되어 있다. 물론 이 방면에 대한 자세한 조사가 충분하지 못한 탓도 있지만, 귀령의 빙의와 공격설이 혼의 상실설보다 압도적으로 우세한 것은 한국민간 질병관의 특색을 나타내는 것 같기도 하다.

---

27) 현용준, 「제주도 무속의 질병관」, 앞의 논문; 현용준(1986), 앞의 책, 57쪽, 234쪽.
28) 이상노(1964), 앞의 책, '아버지의 유물과 세 형제'; 한상수(1980), 앞의 책, 99~205쪽, '아버지의 유물'.

3. 정신병관

1) 고대문헌에 나타난 정신병관

현대 임상정신의학에서 '정신질환'이라고 부르는 것이 우리 민간에 언제부터 있었고 언제부터 질병으로 치료 대상이 되어왔는가를 아는 것은 그리 쉬운 일이 아니다.

김두종[29]은 한(漢)나라 양웅(揚雄)이 수집한 질병에 관한 방언(方言)과 후한(後漢) 허신(許愼)의 『설문해자』를 소개함으로써 정신증상에 관한 고대 한국의 개념을 막연하게나마 알려주고 있다. 즉 면(眄)을 보자면, 방언 제2에 "흑동자(黑瞳子)를 조선 열수(洌水) 사이에서 면 혹은 양(揚)이라 한다"했고, 『설문해자』에서는 장목직시(張目直視)의 증상이라 했다. 그 해자주(解字注)에 우려로써 일어나는 장목직시의 증상이라 하였는데, 오늘날 우울증상 혹은 기타 긴장상태를 표현했던 것 같다.

또한 김두종은 방언 제7에 한만(漢瞞)이라는 말이 있는데 이는 "진현(賑眩)이니 만(懑)이고, 조선 열수에서 분만(煩懑)을 한만이라고 하고 전순(顛眴)을 진현이라 한다"고 했음을 소개하고 있다. 만(懑)은 『설문해자』에 '번'(煩)이고 현(眩)은 「영추위기편」(靈樞衛氣篇)에 '상허즉현'(上虛則眩)이라 하였으니 심신(心神)의 분만증(煩懑症)과 현우증(眩暈症) 같은 것으로 해석된다고 했다. 그러나 이것은 하나의 증상을 표현하는 말에 불과하고 그 병인론(病因論)이나 치료방법은 알 길이 없다.

『삼국사기』에 실린 각간(角干) 충공(忠恭)의 병에 관한 기록[30]을 보

---

29) 김두종(1966), 앞의 책, 22쪽.
30) 김부식, 『삼국사기』 권45, 「열전」 제5, '녹진'; 한동세(1967), 「한국사상 최초의

면 당대에는 약물요법이 비교적 우세하지 않았나 짐작된다. 녹신(祿愼)이 각간을 정신요법으로 치료한 것이 기록에 남을 만큼 신기했던 것이 아닌가 싶다. 각간은 그전에 용치탕(龍齒湯)이라는 약을 먹었지만 효과가 없었다. 그런데 이 용치는 약초의 이름이지만 이름으로 보아 악귀를 내쫓는 주력을 지닌 약이 아니었을까 추정된다. 정신병은 악귀의 빙의 또는 범접 때문에 일어난다는 관념에서 이것을 처방한 것이 아닌지 모르겠다.

조선조 연산군(燕山君)의 광질(狂疾)에 대하여『조선왕조실록』「연산군」권59에 기록이 있다. 왕이 광질을 득하여 중야(中夜) 규호(叫呼)하여 일어나 후원(後苑)으로 달려가고, 또 무격기도(巫覡祈禱)를 즐겨 무가 되어 노래하고 춤추며 폐비(廢妃) 빙의의 모습을 보여 궁중에서는 이를 폐비의 탈이라고 했다고 한다.[31] 민간의 무격신앙이 궁중에까지 파고 들어갔다는 사실을 입증하는 여러 가지 예 가운데 하나가 되겠고, 광질과 빙의의 관련성을 단지 간접으로나마 암시한다고 볼 수 있다.

『한중록』(閑中錄) 사도세자(思悼世子)의 병에 관한 기록[32]을 보면 '화증'(火症) · '심증'(心症) · '의대증'(衣帶症)과 같은 병명이 나온다. 이 가운데 '화증' · '심증'은 아마도 중국 의학이론에서 온 개념이 아닌가 생각된다. 왕자를 뒤주에 넣어서 죽였다면 귀신을 묶어서 땅에 묻거나 병속에 넣는 '무속의 봉박법(封縛法)'[33]이라는 정신병의 민간요법과 어떤 관계가 있지 않았을까 생각해볼 수도 있으나 지지할 만한 증거는 없다.

정신병과 이의 치료에 관한 기록」,『서울의대잡지』8(1).
31) 朝鮮總督府中樞院(1939), 앞의 책, 412쪽;『조선왕조실록』권59, 연산군 11년 9월의 일이다.
32) 이병기, 김동욱 교주(1961),『한듕록』, 민중서관.
33) 村山智順(1929), 앞의 책, 316~333쪽.

2) 민속조사자료에서 본 민간의 정신병관

1930년대 민속조사에서 무라야마는 미친 사람은 사귀(私鬼)가 그 정신에 들어갔기 때문에 약이 필요 없지만, 장님은 고칠 수 있다는 민간의 관념을 소개하였다.[34] 또 가족 중 병에 걸려 얼핏 보기에 발광자(發狂者)처럼 되면 병자에게는 객신(客神)이 붙은 것이라 한다. 이에 대한 주술적 치료를 하자면 객신 혹은 객귀(客鬼)는 천한 귀신이라 권위적으로 협박해 내쫓는다고 했다. 앞에서 말한 대로 허주(虛主)가 붙었거나 정귀(精鬼, 정신병귀)가 붙어 정신병이 된다는 생각은 1930년대 당시 무속사회에서 볼 수 있는 특유한 관념이다.

대체로 병귀의 빙의에 의한 것이 병인론으로서 압도적인 듯하고 이런 점에서는 제주도도 예외가 아닌 듯하다. 현용준에 따르면 제주도에서는 미지의 사령이 범접했을 때 정신병이 되고, 그를 고치려면 범접된 혼을 탐지하여 굴복을 받는 '두린굿'을 해야 한다고 믿는다.[35]

그러나 금기침해나 신을 대접하지 않기 때문에 신이 노하여 광증이 생긴다는 생각은 과거의 문헌에도 더러 보인다. 때로는 가족 전체가 귀신의 징벌로 죽었다는 이야기도 있다. 앞에서 든 것처럼 새집을 짓기 위해 땅을 고르다가 벌레를 죽인 것이 탈이 되어 그 귀신이 가족에게 빙의되어 모두 죽은 사례는 신의 복수가 보인 극단적인 사례라 할 수 있겠다.[36] 주로 강신적 입무과정에서 볼 수 있는 현상이고, 이때 정신병은 신벌(神罰)로 영원히 저주를 받은 것이 아니라 무당이 될 소명이라고 생각한다.

질병이 소명일 수 있다는 생각은 샤머니즘 특유의 정신병관이라고 할 수 있다. 물론 이와 같은 무병에는 일정한 틀이 있어서 병이 무속신

---

34) 같은 책, 204쪽.
35) 현용준(1986), 앞의 책, 344~346쪽.
36) 村山智順(1929), 앞의 책, 171쪽.

앙과 관계되는 무신, 무구와 특수한 증후와 더불어 출현할 때 이것을 소명으로서의 정신착란이라고 본 것 같다. 그러나 대체로 정신이상이 수반되면 무(巫)가 될 징조라고 했던 것이 사실이다.[37] 그렇다고 모든 정신질환을 소명으로 본 것은 아니다.

  정신병을 한국 무속사회에서 다른 병과 어떻게 다른지를 깊이 살펴보려면 빙의로 생각되는 귀신의 성질에 어떤 차이가 있는가를 보아야 한다. 현재로서는 그 귀신의 성질에 대한 설명이 부족하여 확인하기가 어렵다. 얼핏 보아 특별히 정신병귀의 일정한 특성이라고 내세울 만한 것이 많지 않고 통일성이 없는 질병관이라는 인상을 준다. 다만 창부(倡夫, 광대)의 사령이며 무신의 하나로 숭앙되는 정귀(精鬼)가 빙의하여 정신병을 일으킨다는 생각에는 정신병과 광대의 유사성, 혹은 감정(Affekt)의 관계나 광인과 예술적 창조의 관계가 무속사회에서 어느 정도 인식된 증거가 아닌가 생각된다. 또한 정신병을 나병과 동일하게 취급하여 시체에도 영향을 주어 후손에게 병을 준다는 생각도 특이하며 그만큼 무서운 병으로 인식되고 있었다.

  빙의되는 귀신의 성격상 정신병과 관련해 특히 주목할 점은 정신병귀의 치료에서는 다른 질환의 귀신에 비해 유달리 복숭아나무 가지〔桃枝〕를 사용하는 비율이 많다는 것이다. 이것은 복숭아나무 가지의 상징적 의미를 중심으로 생각해볼 문제인데 치료에 속하므로 민간요법을 논할 때 고찰하고자 한다.

  민간에서 병이라고 할 때는 거의 모든 병을 망라하므로 자료수집 시의 면담기술 여하에 따라서는 좀더 구체적으로 정신병의 특수성 여부도 드러나지 않을까 생각된다.

  김태곤에 따르면 충청도에서는 여자의 정신병은 용궁수배(龍宮隨陪)

---

37) 이 책의 제3장, '입무과정' 참조.

의 범접에 의한 것이라고 전해진다. 용궁수배는 남성인데, 용궁을 지키는 하급귀신으로 보이지만 그밖의 자세한 속성은 알 수 없다.

제주도에서는 해녀(海女), 특히 미인의 병은 '도깨비'의 빙의에 의한 것이라고 한다.[38] 병의 양상은 밝혀지지 않아 알 수가 없지만 도깨비의 매혹적인 속성을 감안할 때 어떤 종류의 정신증상을 보이는 병이 아닌가 추측된다.

귀부(鬼婦)나 귀신에 홀린 예가 많은데 이와 관련된 정신병관은 안동군에 사는 한 남자의 체험에서 볼 수 있다.[39]

그의 보고는 그가 실제로 겪은 환시와 환청 ― 아마도 알코올성 정신병 ― 에 대한 내용으로 보인다. 죽은 자가 산 자를 데리러 온다는 민간의 관념이 엿보일 뿐 순수한 의미의 빙의나 실혼(soul loss)의 질병관

---

[38] 현용준(1966), 『제주도 토산당굿』, 문화재관리국; 현용준(1965), 「제주도 무속의 질병관」, 앞의 책 참조.
[39] 경북 안동군 도산면 계남리의 신재철(申載喆) 씨(54세 남자, 의성 출생)의 체험담이다(1969년 12월 7일 그의 자택에서 채록). 8년 전에 그는 6개월 동안 병을 앓았다. 남이 자기를 욕하는 소리를 듣기도 하고 사람들이 솥을 떼어 간다고 야단 치고 문 밖에서 귀신 수백 명이 난리를 피우는 것을 보았다고 한다. 죽은 사람도 나타나고 괴로웠다. 덮어놓고 죽고 싶어서 무엇이든지 손에 잡히면 자기 목을 찌르려고 했다. 처조카에 맹갑이라고 있었는데, 1·7사건에 빨치산이 되었다가 행방불명이 되었다. 장례도 지냈으니 죽은 것과 마찬가지였다. 그 사람이 내가 아파 누워 있으니까 천장 대들보에 앉아서 "고모부를 데리고 가자니 더러워서 못 데리고 가겠다. 고모나 데리고 갈까?" 하기도 하고 자기는 이북에서 명장(名將)이 되었다고 했다. 그는 맹갑이를 생전에 무척 귀여워했다. 그 뒤 처가에 가서 오구를 풀어주고 나왔다. 굿을 어떻게 했는지 잘 기억이 나지 않는데 대를 쥔 것 같기도 하고 불을 지핀 일은 없는 것 같다. 그저 오구를 풀었다. 이런 때는 오구를 열어주어야 한다. 열고 풀어야 한다. 오구를 푼다는 것은 수살귀신(水殺鬼神)처럼 비명(非命)에 죽은 것을 푼다는 말이다. 이런 귀신은 운이 나쁜 사람에게만 범접한다. 마음이 약해도 붙는다. 굿을 한 뒤 한약도 먹으니 병이 차차 나았다. 제보자는 14세 때 몹시 놀란 일이 있었는데 그것이 계속 쌓여서 그렇게 된 것 같다고 했다. 산바람을 탄다는 말이 있는데 산소를 잘못 쓴 바람을 타면 병에 걸린다는 이야기도 있다.

이라고 할 만한 것은 없다. 다만 "오구를 풀어주고 나왔다"는 말은 죽은 자의 원혼을 달래고 넋의 원한을 풀어주어야 고칠 수 있음을 시사한다. 그러나 비명에 죽은 귀신은 운 나쁜 사람에게만 '범접한다'고 하거나 마음이 약해도 '붙는다'고 한 말에는 귀령의 공격과 침입의 관념이 엿보인다. 결국 정신병은 비명에 죽은 원한이 맺힌 사령 때문에 일어난다는 관념을 발견할 수 있다. 제보자는 그밖에도 실혼 관념과 연결되는 놀람, 풍수지리사상과 관련되는 잘못 쓴 산소의 바람을 질병관의 하나로 소개하고 있다.

민간의 정신병관에는 뚜렷하지는 않으나 예후가 좋은 정신병과 예후가 나쁜 정신병 혹은 정신의학의 이른바 '정신병'(psychosis)과 '신경증'(neurosis)을 구별하는 것 같은 인상을 받는다.

서울의 64세 된 한 보살[40]은 환자를 보면 병의 종류를 알 수 있다고 한다. 귀신이 들었기 때문인지 죽은 영 때문인지도 분간할 수 있다는 것이다. 정신병에 귀신이 든 병은 낫기 쉽지만 마음이 상했다면 오래 간다고 한다. 학교교육을 전혀 받지 못한 그녀에게서는 그 이상의 설명은 들을 수 없었다.

강원도 영월군의 경우 정신병에는 여러 가지가 있다. 가벼운 것과 귀신 들린 것은 쉽게 고치는데, 심하면 어려울 수도 있다고 한다.[41] [42]

---

40) 1969년 11월 23일 채록.
41) 1969년 11월 25일 채록. "정신병은 나무목신, 귀신, 지신(地神), 그밖의 잡신 탓이다. 심장이 뒤집히거나 간에서 온 것은 못 고친다. 남의 '능신'(뒤틀린 머리에서 남에게 공사주는 것)이 든 것, 귀신, 당산잡신, 목신이 든 것은 뗄 수 있다. 심장이 뒤집혔는지 잡신이 들었는지는 점을 쳐보면 안다. 나무[木]신이 들면 잘 안 떨어진다(앞의 언급과 모순됨 - 저자주). 그럴 때는 굿을 청해도 사절하는 수가 있다.
42) 경북 밀양, 43세, 신자(神者), 무업자(巫業者), 1971년 1월 30일 조사. 조상이 들어가서 미치는 수도 있는데 이때는 조상이 아니고 사자(使者)이다. 가령 죽은

정신병에는 잡신이 든 것과 심장이 뒤집히거나 간에서 온 것이 있는데 앞의 것은 잡신을 떼면 되지만 뒤의 것은 못 고친다는 주장이다. 심장이니 간이니 하는 것은 한방의학적인 개념과 관련이 있을 것으로 추정되지만 아마도 구체적인 생명활동의 기본구조에 장해가 생긴 경우라고 이해된다. 잡신의 빙의나 범접보다 더 중독된 신체적·기질적 이상을 지적한 셈이다. 정신병에는 빙의나 침입 등 원시질병관 이외에 다른 병인이 있다는 생각이 반영되었다. 뇌의 기질적 장애로 인한 정신병과 '기능적 정신병'의 구분을 연상시킨다. 시베리아 샤먼이 입무 시에 뼈에 손상이 있으면 온전한 몸으로 재생할 수 없다고 보는 생각과도 통한다. 신장이나 간은 그만큼 생명활동을 영위하는 근본 상징이 되는 것이다. 정령 관념에 입각한 원시질병관과 전통 의학적 관념이 그러한 질병관에 결합되어 있다.

또한 정신병에서 조상이나 가족의 원혼이 병을 직접 일으키는 것이 아니라 간접적인 영향을 준다고 한 점은 "조상이나 가족의 영이 아니라 집과 아무런 관계가 없는 잡신이 정신병을 일으키는 것이지 조상의 혼이 들어와 정신이상이 된다고 볼 수 없다"고 단언한 해운대의 한 남성 무업자의 보고[43]와 상통하는 정신이다. 즉 조상이나 가족을 정신병처럼 어려운 병을 일으키는 실체로 삼지 않으려는 마음이 반영되어 있다. 잡신과 조상신을 혼동하는 사람도 있지만 조상신은 빙의, 즉 환자의 몸에 들어감으로써 병을 일으키기보다는 조상신의 분노가 병을 일으키고 조상신을 공경함으로써 병을 고친다는 것이 일반적인 질병관인 듯하

형제가 와서 병이 들 경우에도 그 부하가 온다. "혼이 나가서 병이 되어 혼을 넣어주면 병이 없어진다는 것은 생각도 할 수 없다. 혼이 나가는 것은 천명(天命)에 의한 것이기 때문이므로 다시 넣을 수 없다."
43) 해운대 김석출 씨 등 조부 때부터 무업(巫業)에 종사. 1970년 저자의 조사. 이부영(1972), 「민간의료」, 『한국민속종합조사보고서』(경남편), 333쪽.

다. 그런데 정신병의 경우는 그마저 제외시키는 것 같다. 다만 이런 관념이 제보자 개인의 가치관에 의한 것인지 무속사회 전체의 보편적인 관념인지는 좀더 광범위한 조사가 뒷받침되어야 할 듯하다. 또한 실혼이 병의 원인이 된다는 관념은 철저하게 부인되었는데, 제보자가 인간에게는 많은 혼(Seele)이 있다는 원시적 정령관에서 벗어난 근대적 생명관을 지녔기 때문이다.

이와 관련하여 장주근이 충청북도에서 실시한 설문조사가 있다. "병이 잘 낫지 않고 오래가면 옛날부터 그 원인이 무엇이라고 전합니까?"라는 질문에 가장 많은 답은 "잡귀나 잡신이 붙었으므로 굿을 해서 떼야 한다"(69명)였다. 다음이 "조상귀신이 노했으므로 조상을 잘 섬겨야 한다"(35명)였다. 그에 비해 "혼이 몸에서 나갔기 때문이므로 혼을 불어넣어야 한다"는 대답은 3명에 불과했다.[44]

위 자료는 원시적 질병관의 하나인 실혼이 제주도를 제외한 우리나라 육지에서는 보편적인 질병관이 아니라는 추정을 부분적으로 지지한다고 할 수 있다. 혼유(魂遊, 혼이 몸을 떠나 놀러다님)와 다수의 혼이라는 원시적 관념이 우리나라 전설에 없는 것은 아니다. 다만 그것이 정신병관을 포함한 질병관의 일부로 보편화되지 않은 듯하다.

설문조사에서도 잘 낫지 않는 병의 원인은 잡귀나 잡신이 붙었기 때문이라는 점을 다수가 지적했다. 정신병의 원인에 대해서도 제보자들이 한결같이 잡신이 들었기 때문이라 하니 잡신이나 잡귀의 정체를 알아볼 필요가 있다. 그런데 개념이 사람마다 조금씩 다르고 일정치 않다. 이를 예시하면 다음과 같다.

• 정신병은 귀신·나무목신·지신(地神), 그밖의 잡신 탓이다. '남

---

44) 장주근(1976), 「민간의료 및 금기」, 『한국민속종합조사보고서』(충북편), 226쪽.

의 능신', 즉 "뒤틀린 머리에서 남에게 공사주는 것, 영향을 미치는 것"(아마도 대인관계에서 생긴 일종의 스트레스일 듯함-저자주) 이 든 것, 귀신·목신·당산 잡신이 든 것은 뗄 수 있다.[45] (경남 밀양)

- 정신병은 목신·도깨비(잡귀)에게 들렸다고 한다. 여자가 보이면 잡신이다. 도깨비는 여자에게 잘 붙는다. 환자가 그렇다니까 알 수 있다. (충남 연기군)
- 정신병은 잡신이 붙었다고 한다. 도깨비 들렸다고 한다. 도깨비신이 들었다는 말이다.[46] (충남 서천군)
- 도깨비에게 홀린 사람은 정신병과 다르다.[47] 잡귀가 들면 정신병이 된다. 잡귀 귀신 때문에 생긴다. (충남 청양군)
- 정신병은 잡신이 끼어야 된다. 잡신은 귀신이란다. 동토(動土)인지 조상인지 모른다. 죽은 조상일 것이다.[48] (충남 부여군)

목신·도깨비신·잡귀(또는 잡신)는 때론 구분되고 때론 혼동되지만 도깨비신은 나름대로 독특한 성격을 가진 듯하다. 그 가운데서 경남 해운대에 사는 한 제보자의 설명은 큰 참고가 된다.

정신질환은 잡귀가 범해서 생긴다. 오다가다 죽은 귀신, 먹지 못해 죽은 귀신이 얻어먹으러 온 것이다. 가족이나 조상의 영이 아니고 집과 아무런 관계가 없는, 어디 길 가다 객사한 귀신이 잡귀이고 촌수에 드는 것이 아니다.[49]

---

45) 『한국민속종합조사보고서』(경남편)(1972), 340쪽.
46) 『한국민속종합조사보고서』(충남편)(1975), 320쪽.
47) 같은 책, 327쪽.
48) 같은 책, 332쪽.

정신질환은 "먹지 못해 죽은 귀신이 얻어먹으러 온 것"이라는 설명이 흥미롭다. 상징적으로 읽으면 이 대목은 그동안 돌봄을 입지 못한 무의식의 콤플렉스들이 의식으로부터 관심을 받고 보살핌을 받고자 병을 일으켰다고 해석된다. 말하자면 정신병의 목적 의미가 숨어 있다. 이에 대해서는 뒤에 여러 차례 언급할 것이다.

충남 연기군의 한 제보자는 정신병은 목신·도깨비(잡귀)에게 들린 것이라고 한다. 여자가 보이면 잡신이라 했다. 잡귀와 도깨비를 동일시하고 있지만 "도깨비는 여자에게 잘 붙는다. 환자가 그렇다니까 알 수 있다"고 했다. 색정적 색채를 띤 여성의 (히스테리성) 해리장애의 증후를 경험한 데서 이런 개념이 생긴 것으로 추정한다. 또 제보자는 흥미롭게도 "정신병에는 음적인 것과 양적인 것이 있다. 음적인 것은 여자같이 말이 없는데, 더 고치기 어렵다"고 말했다.[50]

현대 정신의학에서 정신분열증의 양성 증상과 음성 증상을 연상시키는 견해이다. 전통적인 동양의학이론에 영향을 받은 점도 있겠으나 경험에서 나온 말일 것이다.

끝으로 '신병'에 대한 두 가지 보고를 소개하고자 한다.

앓고 난 뒤 정신이상이 생겨 허망한 소리를 하는 것을 신병이라 한다. 정신이상과 신병을 어떻게 구별하는지는 잘 모르겠다. 모르는 사람을 갖다 대었을 때 신병을 앓는 사람이 그가 어떤 상태인지를 일러내면(예언) 그 신은 옳은 신이다. 옳지 않은 신도 드는데 그것을 '껏' '헛것'이라 한다. 헛것에 홀리면 사람이 미친다. 이것은 떼어주어야

---

49) 앞의 책(경남편)(1972), 333쪽.
50) 앞의 책(충남편)(1975), 320쪽(제보자는 이성옥, 49세. 임영수, 남, 50세. 연기군 남면. 1973년 조사).

한다.51)

일종의 신병을 7년 전에 본인이 직접 앓았다. '도둑신'이 들었다고 했는데, 이것이 들면 쓸데없는 허황한 생각이 든다. 어중간한 점바치도 똑똑한 점바치도 못 되고 모르는 것도 아는 체하게 만드는 신이다. 절에 가서 이 신을 뗐다.52)

신병에 대해서는 이미 앞에서 논했지만 민간의 치료자인 무당과 환자의 견해가 대조적이어서 흥미롭다. 정신병의 질병관이라는 각도에서 다시 다루어야 할 대상이다.

무속사회에서 병의 진단은 사실상 어떤 경험에 의한 합리적인 분석의 결과가 아니라 점복의 수단에 의한 직관적인 판단이다. 따라서 고정불변의 질병관 또는 정신병관이라는 것은 본래 존재하지 않는다고 해도 과언이 아니다. 그러나 점복에 의해 내려진 판단은 거의 위에서 기술한 유형에 제한되어 있다. 고작 빙의된 것이 무엇인가를 알아맞히는 데서만 가변성을 가졌을 정도라 할 수 있기 때문에 질병관에 대한 연구에서는 그 관념을 산출하는 정신적 전제부터 살펴야 할 것이다.

이상의 자료를 토대로 한국민간의 정신병관을 개관하면 유형 면에서는 일반 질환에 관한 질병관과 별로 다르지 않음을 알 수 있다. 가장 우세한 유형은 귀령의 빙의이고, 혼의 상실이라는 질병관은 강력히 부인된다. 그러나 빙의되는 귀령은 사귀(邪鬼)·나무목신·도깨비·비명에 간 사령이다. 대체로 무신의 반열이나 조상신까지는 못 되는 천하고 잡

---

51) 같은 책, 325쪽(제보자는 조춘자. 60세 여자. 충남 서천군 한산면. 1973년 조사).
52) 앞의 책(경남편)(1972), 339쪽(제보자는 권중학. 54세 남자. 밀양군 무안면. 1971년 조사).

된 귀신, 배고픈 귀신, 한을 품거나 길 가다 객사한 넋, 헛것의 빙의라고 설명된다. 이들을 주술적 수단으로 굴복시킬 수 있다고 보는 경향이 현대로 올수록 우세하다는 인상을 받는다. 1930년대 문헌에 기록된 정신병귀는 죽은 광대의 넋이며 무신의 소행이라는 관념은 현대의 제보자로부터 확인할 수 없었다. 다만 정신병 증세는 무당이 되는 병의 중요한 징조라는 관념은 계속 유지되어오고 있다.

여성의 정신병이 용궁수배의 탓이라든가 도깨비가 접신했기 때문이라 하고, 또한 도깨비 들림과 정신병을 구분하는 점으로 보아 정신병 증상에 대한 치료경험이 그런 구분을 뒷받침하고 있지 않은가 짐작한다.

특히 '잡신의 빙의로 인한 정신병'이나, '심장이 뒤집히거나 마음이 상한 정신병'을 나눈다든가, '양적 증상과 음적 증상'을 구분하는 점도 치료경험을 토대로 전통 의학적 사유방식의 영향을 받은 관념일 듯하다.

정신병은 천한 잡귀의 빙의로서 고칠 수 있다고 보는 한편 대대로 후손에 영향을 미치고 고칠 수도 없어 문둥병처럼 공포의 대상이라는 점도 정신병에 대한 민간의 양가적 감정일 것이다.

4. 민간 질병관과 분석심리학

1) 샤머니즘 사회와 원시종족의 질병관

엘리아데[53])는 샤머니즘에 관한 연구에서 세계 각지 여러 민족의 질병관을 다음과 같이 소개했다.

중앙 및 북부아시아의 샤머니즘에서는 영혼의 피탈(탈혼)이라는 질병관이 널리 퍼져 있다. 영혼이 길을 잃거나 다른 귀신에게 붙잡히거나

---

53) Eliade, M.(1956), *Schamanismus und archaische Ekstasetechnik*(Übersetzt von Inge Köck), Zürich: Rascher Verlag, pp.288~293.

해서 병이 생기기 때문에 이것을 치료하려면 잃어버린 영혼을 찾아서 다시 몸 안에 넣어주어야 한다. 그러나 어떤 지역에서는 병은 어떤 마물(魔物)이 환자의 몸 안에 침입하거나 환자가 악귀에게 빙의되었기 때문이라고 본다. 경우에 따라 영혼의 피탈은 악귀의 빙의로 말미암아 병을 더 악화시켜 샤먼은 잃어버린 혼을 찾는 일과 악귀 내쫓는 두 가지 치료를 해야 한다. 이 모든 것은 한 인간이 여러 개의 영혼을 가지고 있다는 관념 때문에 더욱 복잡해진다. 영혼이 몸에서 이탈하는 그 자체로 병을 일으키고, 악귀가 이탈한 혼을 먹어버리거나 죽음의 나라로 데려가서 죽음을 초래한다.

북남미 대륙의 종족들 중 에스키모족은 질병은 금기침해, 즉 '성스러운 것에서의 무질서'[54] 때문에 생기거나, 죽은 자가 영혼을 빼앗아갔기 때문이라고 생각한다. 북아메리카의 종족들은 병원체의 침입과 실혼(失魂)의 두 가지 병인론으로 구별한다고 한다.

아쿠마비족(Achumawi族)에는 샤먼의 여섯 가지 병인론이 있다. ① 눈에 보이는 사고 ② 금기침해 ③ 괴물의 출현으로 말미암은 놀람 ④ '나쁜 피' ⑤ 다른 샤먼에 의한 중독 ⑥ 실혼 등이다. 아마존과 안데스 지방에는 혼이 다른 귀신에게 유혹을 당해 방황할 때 병이 생긴다는 관념이 광범위하게 분포되어 있다. 그러나 남미의 열대지방에는 이런 관념이 비교적 약하고 마물(魔物)이 신체 안에 침입한다는 생각이 같이 있는데, 후자가 전자보다 많다고 한다.

동남아의 네그리토(Negrito)는 병은 하늘의 최고신이 인간의 죄를 벌하기 위하여 직접 보낸 것이라고 생각한다. 인도네시아 전역에는 실혼으로서의 질병관이 널리 퍼져 있는데, 대개는 다른 귀신에 의하여 영혼이 붙들린 것이라고 믿는다.

---

54) 같은 책, p.277.

흥미로운 것은 인도네시아 발리(Bali)섬의 민간의료에 대한 베크(Wolfgang Weck)의 연구[55]이다.

발리의 의사에는 두 종류가 있다. 토착의술의 전문가인 발리 테탁손(Balayan tetakson)과 인도 의술의 영향을 받아 외래의술을 펼치는 발리 우사다(Balayan usada)이다. 원시적 질병관과 의료는 발리 테탁손의 몫이며, 그는 탁수(Taksu)라는 발리 신을 모신다. 사람들이 병이 나서 물으러 오면 테탁손은 탁수 신을 불러 이에 빙의되어 트랜스 상태에서 무엇이 또는 누가 병을 일으켰는지 탁수 신의 목소리로 말한다.

"그가 관심을 가진 것은 신체가 아니라 공간적·시간적인 부수 환경을 살펴보면서 병을 일으킨 근거를 찾고자 하는 데 있다." 그런데 발리 사람들은 "병은 밖에서 몸으로 어떤 것이 침입한 것" 또는 "누가 그것을 몸 안으로 넣어준 것"이라고 생각한다.[56] 문제를 일으키는 것은 신·귀령·조상신·주술사·적대감을 가진 사람과 그의 주술 또는 마력이다. 주민이 신과의 서약을 소홀히 하면 신들은 질병을 보내어 벌을 주는데 페말리(Pemali)라는 악귀가 몸에 들어가 돌아다니면서 병을 일으킨다. 그밖의 귀령들은 모두 몸 밖에서 작용하며 무서운 모습으로 직접 공격하거나 마술적 수단으로 공격한다고 전한다.

큰 전염병을 일으키는 악귀가 있고 질병과 죽음을 주는 시바의 부인인 악령이 있다. 신체의 구멍을 통해 파멸을 가져오는 바람을 집어넣어 병이 들게 만든다. 조상의 넋들도 후손이 의무를 다하지 않으면 병을 만든다. 주술사는 병을 일으키는 흑주술(Black Magic)도 알고 이에 대항하는 주술도 알고 있다. 그밖에 우주의 이원론에 입각하여 물과 불의 대극 간 균형이 어긋나 병이 생긴다는 인도 의설(醫說)에 영향을 입은

---

55) Weck, W.(1947), "Die balische Heilkunde," *Ciba Zeitschrift* 9, p.106.
56) 같은 논문, p.3868.

질병관도 있다.57)

뉴기니의 남쪽 섬 도부(Dobu)에서는 멜라네시아(Melanesia)의 다른 지역에서와 같이 '병은 마술사나 사령에 의하여 생긴다'고 믿는다. 환자의 영혼은 신체에서 밖으로 유인되지 않더라도 공격을 받거나 간섭을 받는다.58) 이렇게 보면 외인(外因)이 뚜렷한 질병을 제외하고 샤머니즘에서의 질병관은 ① 실혼과 탈혼에 의한 피탈 ② 악귀의 빙의와 병원체의 체내 침입 ③ 금기침해, 신벌 ④ 기타 다른 주술사로 인해 생긴 중독, '나쁜 피' 등으로 요약할 수 있다. 우리나라 무속사회의 질병관과 비슷하면서도 분명한 차이를 보인다.

원시적 질병관을 광범위하게 조사 연구한 클레멘츠(F. Clements)는 질병관을 다음과 같이 분류한다.59) ① 주병(呪病, disease sorcery) ② 금기침해 ③ 물침입(物侵入, object intrusion) ④ 정령침입(精靈侵入, spirits intrusion) ⑤ 실혼(loss of soul).

그는 질병관의 전 세계적·지역적 분포를 조사하여 지역에 따라 우세한 유형의 질병관을 제시했다. 어떻든 이 분류로 미루어보아도 샤머니즘의 질병관이 원시종족과 비교하여 특별히 다르다고 볼 수 없으나 입무의 병만은 샤머니즘 사회에 특유한 질병관이라 할 수 있을 것이다.

실혼이나 빙의가 병을 일으킨다는 관념은 중국무속이나 민속에서도 찾아볼 수 있다.60) 일본의 경우, 야나기다의『일본무녀고』(日本巫女考)

---

57) 같은 논문, p.3869.
58) Eliade, M.(1956), 앞의 책, p.347.
59) Clements, F.(1932), "Primitive concepts of disease," *American Archeology and Ethnology*, Vol.XXXII, Berkeley: Univ. of California Press, pp.185~252.
60) Schang, T.T.(1934), *Der Schamanismus in China, eine Untersucjhng zur Geschichte der chinesischen "Wu"*(Inaugural-dissertation), Hamburg; 손진태,「중화민족의 혼에 관한 신앙과 학설」, 손진태(1948),『조선민족문화의 연구』, 을유문화사, 393~437쪽.

를 보면, 악귀가 빙의하여 사람을 괴롭히거나 병들게 하는데, 이는 대개 대대로 그 귀신에 붙어 있는 가계(家系) 사람의 소행이라고 하여 저주와 빙의의 두 가지 질병관이 있음을 알 수 있다.[61] 병귀가 빙의나 침입 또는 공격으로 병을 일으킨다는 생각은 게르만족(German族)에게서도 찾아볼 수 있다.[62] 실혼 관념은 유럽 대륙에선 극히 일부 지역에만 존재하는 것으로 알려졌다.[63]

티베트 라마교의 질병관 가운데 히말라야산의 귀신, 붓산(btsan)이 병과 죽음을 화살로 쏘아 보낸다는 관념이 있다. 일찍 병들어 죽는 것은 죄 지은 자에 대한 귀령의 징벌이고, 죄는 자연귀의 복수를 유도한다. 그것은 인간들이 함부로 자연에 침입함으로써 산악의 안정을 해치는 행위 등으로 생긴다. 모든 병은 악귀의 소행인 동시에 점성학적 신격이 인간의 안녕과 고통에 큰 위력을 발휘한다. 광기도 악귀의 빙의로 일어난다. 전염병귀는 벌레 같은 형태로 거미처럼 찌르고 환자의 사지와 혈관 속으로 들어가 병을 일으킨다.[64]

어떤 물질 또는 혼귀가 몸속으로 들어가서 병이 생긴다는 관념은 원

---

61) 柳田國男(1967), 『巫女考』, 『柳田國男全集』 第9卷, 223~301쪽, 東京: 筑摩書房. 또한 오키나와 주변 섬의 샤먼인 '유다'는 혼이 빠져서 병든 경우 혼불침(마브리쓰케[マブリツケ]) 혹은 혼 엮음(마브리구미[マブリグミ])의 주술적 행위로 치료한다. 신불(神佛)의 분노(금기침해로 인한) 또한 병의 원인이고 어떤 샤먼은 광기를 고치므로 신경수렴(신게이오사메[シンゲィオサメ])이라는 이름을 가지고 있다. 今村充夫(1983), 『日本の民間醫療』, 弘文堂, 98~104쪽 참조.
62) Hoffmann-Krayer, E., Bächtold-Stäubli, H.(1929/1930), Handwörtngerbuch des deutschen Aberglaubens, Bd.II, Berlin: Walter de Gruyter, pp.154~156.
63) Clements, F., 앞의 논문, p.227.
64) Reinhold F.G. Müller(1927), "Die Krankheits-und Heilgottheiten des Lamaismus.—Eine medizingeschichtliche Studie," Anthropos, Bd.22, pp.956~991. 특히 pp.959~961, pp.963~964.

시 질병관 가운데 하나이다. 홍코(Lauri Honko)는 북유럽 문화에서 질병을 구체적인 발사물(發射物, Prokektil)의 침입으로 설명하려는 질병관(Projektilerklärung)을 집중적으로 연구했다. 질병상(疾病像), 발사물의 형태, 그것을 보낸 자와 보내는 방식, 치료과정 등을 상세히 조사했다. 이런 질병관은 고대로부터 전 세계에 널리 분포되어 있었다. 질병상은 대개 급격한 동통을 수반하는데, 발사되는 형태는 벌레·날개·화살·뼛조각·가시 등 여러 가지이다. 발사체를 보내는 자는 마귀·마녀 또는 나쁜 마음을 품은 인간이다.[65]

질병관 중 물침입(物侵入)은 앞에서 말한 대로 우리나라 샤머니즘 사회의 '척휘'라든가 '살'(殺)의 침입으로 병이 생긴다는 관념이 반영되어 있는데, 그리 흔하지는 않다. 특히 그러한 것을 주술사나 나쁜 마음을 가진 사람이 보낸다는 관념은 현재 우리나라 민간 질병관에서는 발견하기 어렵다.

분명 우리나라에서도 과거 궁중에서는 저주(咀呪)라는 이름의 흑주술이 성행했고, 병의 저주(disease sorecery) 같은 행동이 발각된 사례가 있었다.[66] 그러나 이것은 현재 무속사회의 질병관으로 인정되지는 않는다.

정신병 개념이나 질병관은 한국민간에서와 마찬가지로 다른 원시종족 사이에서도 근본적으로 그 유형이 다르지는 않은 듯하다. 카플란과 존슨(Johnson)[67]은 나바호(Navajo) 인디언들은 정신병을 일반 질병과

---

65) Honko, L.(1959), *Krankheitsprojektile - Untersuchung über eine urtümliche Krankheitserklärung, FF Communications* No.178, Helsinki, pp.81~100.
66) 朝鮮總督府中樞院(1939), 앞의 책, 11, 107, 120, 467, 477, 479, 591, 608, 617, 631, 637, 639, 641, 648, 650, 668, 695, 704, 734, 741, 745쪽 참조(태조, 세종, 중종, 광해군, 인조, 효종, 현종, 숙종, 영조왕 대).

구별하지 않는다고 지적했다. 훅스(Fuchs)[68]는 중앙 인도에서는 정신병이 초인적인 힘이나 마력에 의한 빙의이며 전통적인 행동규범을 깨뜨릴 때 생긴다고 믿는다고 보고했다. 슈미트는 보르네오에 있는 말레이 영토 내 사라와크(Sarawak) 지방에서는 모든 정신병은 초자연적인 원인이 있는데, 금기침해를 주요 원인으로 본다고 보고했다.[69]

프린스(Prince)[70]는 나이지리아 서부의 요루바족(Yoruba族) 흑인들은 질병의 원인을 세 가지로 생각한다고 보고했다. ① 자연적 원인의 병(natural disease) ② 비자연적(非自然的, 이상한) 질환(preternatural disease) ③ 초자연적 원인의 병(supernatural factors) 등이다. ②는 주술에 의한 병이며, ③은 사람이 태어날 때부터 지니고 있는 '짝'(double)과의 계약 위반, 혹은 오리사스(Orisas)라는 신에 대하여 제사를 제대로 드리지 않을 때 생기는 병을 말한다. 오즈투르크(Ozturk)[71]에 따르면 터키 민간에서는 정신병을 진(Jin)이라는 악령에 의한 빙의, 혹은 '혼란'(mixed up)의 결과인 동시에 '사악한 눈초리'(evil eye) 때문이라고 생각한다.

이렇게 보면 질병 일반이나 정신병에 대한 원시적 해석은 문화민족이든 원시민족이든 그 기본 유형에 큰 차이가 없는 듯하다. 그러나 이들 질병관을 자세히 들여다보면 민족마다 강조하는 것이 다르고, 같

---

67) Kaplan, B., Johnson, D.(1964), "Social meaning of Navaho psychopathology and psychotherapy," Kiev, A.(ed.), *Magic, Faith and Healing*, New York: MacMillan, pp.203~228.
68) Fuchs, S.(1966), "Magic healing techniques among the Balahis in Central India," Kiev, A., 앞의 책, p.121.
69) Schmidt, K.E., "Folk Psychiatry in Sarawak: A Tentative System of Psychiatry of the Iban," Kiev, A., 앞의 책, pp.139~173.
70) Prince, R.(1964), "Indigenous Yoruba Psychiatry," Kiev, A., 앞의 책, p.84.
71) Ozturk, O.M., "Folk Treatment of Mental Illuess in Turkey," Kiev, A., 앞의 책, p.343.

은 유형 가운데서도 내용을 서로 달리한다. 또 어떤 민족에게서만 볼 수 없는 관념 등 각각 특이성을 드러내고 있다. 여기에는 확실히 그 민족의 문화적 기반과 사고방식의 특이성이 중요한 역할을 한다고 생각된다.

아프리카에서는 귀령의 침입이라는 질병관이 발달하지 못했다는 것이 클레멘츠의 의견이다. 유령(ghost)이나 귀령(spirits)이 병의 일차적 원인인 것은 틀림없으나 대부분의 병은 귀령의 공격 때문이지 반드시 신체 내에 귀령이 있기 때문은 아니라는 것이다. 클레멘츠는 귀령의 침입(spirit intusion)은 높은 문화에서 특히 분화되었다고 보았다.[72]

이와 같은 질병관의 민족적 차이를 확인하려면 비교대상으로 삼는 다른 종족의 질병관에 대한 아주 광범위한 조사가 필요하다. 저자의 자료로는 도저히 이 전제를 만족시킬 수 없다. 그러므로 여러 다양한 문화적 배경에 관해서는 원시질병관의 분석심리학적 이해와 더불어 가설적인 의견을 제시하는 데 그치겠다. 다만 강조할 것은 입무를 목적으로 한 정신적 장해라는 샤머니즘 공유의 질병관은 의미 있는 고통, 즉 정신이상이 어떤 원인의 결과일 뿐 아니라 그보다 환자로 하여금 그 고통을 통하여 새로운 인격으로 변화시킬 목적의 구현이라는 사실이다. 이런 관념은 샤머니즘의 질병관에 보존되어 있을 뿐 아니라 현대종교, 특히 기독교에서 고통의 의미, 나아가 융[73]·프랭클(V.E. Frankl)[74] 등의 신경증적 고통에 대한 주장과 상통하는 것으로 주목을 요한다. 현대의학은 물론 현대 정신의학조차 질병에 대한 인과론적 결정론의 입장에서 벗어나지 못하여 샤머니즘이 제기한 이 귀중한 통찰을 망각하

---

72) Clements, F., 앞의 논문, pp.222~223.
73) Jung, C.G.(1963), "Über die Beziehung der Psychotherapie zur Seelsorge," G.W. Bd.2, p.358.
74) 이부영(1999),「V. E. Frankl의 '신경증'론」,『심성연구』14(2), 74~85쪽.

고 있다.

2) 실혼 · 탈혼 그리고 빙의의 분석심리학

질병이 영혼의 유리로 생긴다는 관념은 인간의 영혼은 죽을 때가 아니더라도 종종 신체로부터 유리된다는 관념을 전제로 한다. 프레이저(Frazer)[75]는 원시민족 사이에 특히 널리 퍼진 영혼의 나들이에 관해서 자세히 기술하고 있다. 특히 민간설화에 나타난 영혼의 현상을 말하면서 거인이 자기의 영혼을 아득한 장소에 숨겨둔다는 사실을 언급한다. 이것은 결국 영혼을 보호하여 영생을 꾀하려는 인간의 노력이라고 지적했다. 적으로부터 아무리 현재의 육체에 공격을 받아도 영혼이 아득히 먼 곳에 숨겨져 있는 한 죽지 않기 때문이다.

그는 또한 이를 토테미즘(totemism)과 관련시켜 토템(totem)이란 결국 자기의 영혼을 보호하는 용기(容器)와 같은 것이고, 이것이 토템 살해를 금지하는 금기(tabu)가 될 근거를 마련한다고 하였다. 그러나 융[76]이 말한 바와 같이 영혼의 유리는 무엇보다 의식구조의 가분성(可分性, Dissoziabilität)을 전제로 하는 정신현상을 의미한다고 보아야 한다.

앞에서 말한 대로 원시부족에서는 '놀람'이 병의 원인일 수 있다고 본다. 특히 히싱크(K. Hissink)[77]는 이 관계를 타카나 인디언(Tacana-Indian)에서 보고하기를 소변을 볼 때 나무가 수런거리는 소리, 개울이 흐르는 소리, 물이나 숲의 정령이 내는 소리에 놀란 사람은 병을 앓게

---

75) Frazer, J.G.(1967), *The Golden Bough*, London: MacMillan.
76) Jung, C.G.(1967), "Theoretische Überlegungen zum Wesen des Psychischen," *G.W.*, Bd.8, Zürich: Rascher Verlag, pp.202~208.
77) Hissink, K., "Krankheit und Medizinmann bei Tacana - Indianern," *Festschrift A.D. E. Jensen I*.

된다고 한다. 히싱크는 이와 같은 놀람에는 충격(shock)이나 그 귀령들에 의하여 실시되는 탈혼이 관련되어 있다고 설명한다. 아쿠마비족의 경우 괴물로 말미암아 놀라면 병이 된다는 말은 이미 소개했다.

그런데 현대인에게도 어떤 특수한 상황에서는 '경악'(驚愕)이 병의 유발요인이 될 수 있다. 독일 정신의학[78]은 이를 글자 그대로 경악신경증(Schreckneurose) 혹은 경악정신병(Schreckpsychose)이라는 말로 진단했다. 미국 정신의학에서 재앙신경증(catastrophic neurosis), 큰 스트레스 반응(gross stress reaction)[79]이라 부르던 것과 같다.

미국 정신의학에서는 스트레스 반응의 한 종류인 전투신경증의 일차적 유인(誘因)으로 죽음에 대한 공포, 내적 갈등, 무의식 속에 억압된 공격성, 그리고 이차적 유인으로 신체적 피로, 전쟁 목적의식의 박약, 집단지도력 부족, 가족과의 접촉 결여에 있다고 설명한다. 분석심리학적으로 해석하자면 이것은 자아의식의 약화, 그 연속성의 결여, 의식을 위협하는 무의식 내의 위험한 감정적 콤플렉스의 존재를 말한다. 병은 바로 이 콤플렉스에 의한 의식기능의 일시적 마비, 심지어는 그 분해를 표현한다고 할 수 있을 것이다. 그러므로 이 병은 외적인 스트레스와 내적 준비태세에 의해 발생한다. 여기서 공격성이니 감정적 콤플렉스니 하는 것을 원시인들은 바깥세계에서 본다. 그것이 나뭇가지가 흔들리는 소리나 괴물의 출현 속에 투사되고 인식되는 것이다.

경악신경증뿐 아니라 일상적인 경험을 보아도 인간의 의식은 경우에 따라서 해리될 수 있음을 알 수 있다. 병의 원인으로서 영혼의 유리

---

[78] Bleuler, M.(1979), *Eugen Bleuler Lehrbuch der Psychiatrie*, Berlin: Springer Verlag, p.549.

[79] Noyes and Kolb(1958), *Modern Clinical Psychiatry*, Philadelphia: Saunders, pp.527~540. 현대정신의학에서는 외상 후(스트레스 후) 장애(Post Stress Disorder)와 관련된다.

가 원시민족에게 상당히 널리 분포되어 있는 것은 이들의 의식구조가 얼마나 해리되기 쉬운가를 입증하는 것이다. 이런 경향은 문명사회의 어린이가 가진 심적 구조에서도 엿볼 수 있다. 우리나라와 같이 비교적 의식이 조직화되고 강화되어 있는 경우, '놀란다'는 것이 어린이에게만 주로 병의 원인으로 적용된다는 사실은 이해가 된다.

융은 「귀령신앙의 심리학적 토대」라는 논문[80])에서 원시적 질병관을 언급하면서 흥미로운 사실을 지적했다. 원시종족들이 실혼과 귀령의 빙의를 병의 원인으로 삼을 때 잃어버린 혼과 빙의되는 귀령은 각기 주체에 대해 다른 성질을 나타낸다는 것이다. 즉 몸에서 나가는 혼들은 본래 그 사람에게 속한 것이므로 만약 밖으로 나간다면 그에게 해로운 결과를 빚는 대신 귀령들은 본래 그에게 속하는 것이 아니라 멀리 떨어져 있어야 하므로 그것들이 자아를 사로잡을 때 병이 된다고 믿는다는 것이다.

융은 이런 현상을 인간의 심리구조에 관한 자신의 학설에 따라 설명한다. 혼들은 자아의식에 소속된 콤플렉스로서 그것이 의식으로부터 이탈, 즉 무의식으로 억압되면 의식 활동의 에너지 상실의 결과, 의식기능의 저하로 여러 가지 증후가 일어난다. 이 경우 무의식에 억압된 콤플렉스를 찾아내어 의식에 되돌려주는 '의식화'로써 의식은 활력을 되찾는다. 잃어버린 영혼을 찾아 몸에 되돌림으로써 병을 치유한다는 원시민족의 관념에서 우리는 현대분석심리학의 콤플렉스 학설과 콤플렉스의 의식화를 통한 치유방식의 구체적 표현을 본다.

다른 한편 귀령들은 집단적 무의식을 형성하는 콤플렉스로서 개인적

---

80) Jung, C.G.(1967), "Die psychologischen Grundlagen des Geisterglaubens," *G.W.* Bd.8, pp.342~360.

무의식처럼 자아의식이 의식화할 수 없는 강한 정동과 에너지를 지닌다. 그러므로 가능한 한 자아의식에서 멀리 떨어지는 것이 바람직하다. 만약 이것이 자아의식을 사로잡으면 자아는 섬뜩함·불편함·충격·혼란 혹은 크나큰 매혹이나 팽창감을 느껴 정서적인 동요에 휩쓸릴 수 있다. 후자의 경우에는 그러한 원형적 콤플렉스와 자아의식을 분리함으로써 마음의 평정을 되찾을 수 있다는 설명이다. 빙의되는 귀령들은 융에 따르면 집단적 무의식을 구성하는 콤플렉스들에 비길 수 있다. 이것이 외계로 투사되어 마치 몸 밖에 존재하는 위험한 실체처럼 지각된다.[81]

그런데 한국민간에도 그에게 속하고 그에게 친숙한 어떤 실체가 몸 밖으로 나가서 다시 들어오지 못하면 생명이 위험해진다는 관념이 있다. 잠자는 사람은 갑자기 깨우지 말고 조심해서 깨워야 한다는 믿음은 그 한 예이다. 혼은 나가면 위험하고 귀(鬼)는 빙의하여 말썽을 일으킬 수 있음도 짐작할 수 있다. '귀'는 '나'에게 속하는 것으로 보지 않는다. 그것은 낯선 것, 혹은 낯설게 변한 저승의 존재이다. 그러나 죽은 자의 혼(魂)도 때로는 빙의하여 건강을 해칠 수 있다. 이 경우 죽은 자의 혼은 이미 산 자의 생명 콤플렉스(Seele)가 아니라 저승의 주민, 낯선 타자이다.

정신병의 원인으로 빙의되는 것은 가족이나 조상의 영이 아니라 죽은 자 가운데서도 집과 관계가 없는 귀신들이라는 주장에서 보듯이 위험하고 낯선 것에 의한 빙의를 자아가 그와 똑같이 낯선 집단적 무의식

---

81) Jung, C.G.(1967), *G.W.* Bd.8, 같은 논문, pp.352~353. "원시인들의 정령들은 개인적 무의식의 자율적 콤플렉스들에 해당되고 이에 대해서 귀령들은 집단적 무의식의 콤플렉스들이다." 같은 책, p.353 참조. 실혼이란 사실 자아의식의 일부가 무의식으로 억압되는 현상에 해당된다. 무의식에 억압된 의식내용은 의식의 통제를 벗어나 자율적으로 작용한다. 즉 그 순간부터 저승의 '혼령' 같은 역할을 한다. 그것이 의식의 내용으로 통합됨으로써 치유된다.

의 콤플렉스들에 의해 사로잡힌 상태와 비교해볼 수 있다. 그러나 우리나라 민간 질병관에서는 친숙한 조상의 사령도 대접이 소홀하면 빙의하여 병을 일으킨다는 개념이 있고, 빙의에는 목적이 있다는 것을 보여주고 있다.

질병과 관련한 실혼과 귀령의 빙의에 관한 융의 관점은 질병관을 무의시 심리학과의 관계에서 살펴볼 수 있는 유익한 시도라 할 것이다. 그러나 그 해석을 그대로 한국민간의 질병관에 대입시키기에는 우리 민간의 영혼 개념, 귀령 개념이 너무 복잡하고 다양하다. 게다가 우리의 질병관에는 제주도를 제외하고 귀령의 범접, 빙의가 절대적으로 우세하다.

중앙아시아나 시베리아에 널리 분포된 실혼에 의한 질병관이 해체와 해리의 문화를 대변한다면 동아시아의 문화는 응집과 수렴과 결속의 정신문화를 형성해온 것이 아닌가 생각해본다. 의식의 해리보다 결속을 지향하는 문화 속에서는 의식을 구성하는 콤플렉스가 더욱 강하게 결속됨으로써 의식의 해리를 어렵게 만든다. 그 대신 이런 상황에서는 의식의 강화로 말미암아 억압된 콤플렉스가 자아의식을 급격히 사로잡아 큰 장해를 일으킬 가능성이 있다. 억압된 콤플렉스가 외계로 투사될 때 원시부족 사람은 그것을 귀령이라 부르고 귀령의 범접이라고 인식한다. 우리의 질병관에는 또한 범접이니 탈(암)이니 하는 말에서 나타나는 바와 같이 귀신의 간섭은 신의 분노를 전제로 하는 도덕적인 함의를 지닌 귀령의 공격적 빙의의 양상을 띤다.

어쨌든 병이 중한 것과 가벼운 것, 가볍게 내쫓을 수 있는 사귀(邪鬼)와 겸손하게 숭앙해야 될 귀신을 우리 민간에서 구별한다는 사실은 우리 마음에서 가변적(可變的)인 것과 불변적(不變的)인 것, 개인적·일회적인 요소와 집단적·항구적인 요소를 어느 정도 구별한다고 보아야 할 것 같다. 이는 각 병귀의 계위(Hierarchie)를 통해서 확인된다.

영혼의 유리가 귀령의 빙의보다 더 오래된 관념인지 아닌지를 알 수는 없다. 그렇다 하더라도 영혼이 유리되어 돌아다닌다(Seelenwanderung)는 관념이 그 종족에게 우세하다고 해서 반드시 그 종족의 의식구조의 미발달이나 불안정성의 정도가 크다고 할 수는 없을 것 같다.

시베리아 샤먼의 영(靈)이 육체를 떠나 저승으로 여행하는 것은 무당이 신을 내리게 하는 것과 마찬가지로, 혹은 그보다 더 능동적인 행위이다. 그뿐만 아니라 샤먼들은 부족으로부터 특히 강한 융통성과 유연성 있는 자아를 갖도록 요구된다. 자아의식이 강하고 약함은 혼의 빙의나 유리나에 따라 규정되는 것이 아니고 그것이 의식적으로 일어나느냐 무의식적인 행동이냐, 그 빙의 또는 이혼(離魂) 체험이 가역적이냐 비가역적이냐에 따라 규정되어야 한다. 건강과 질병의 경계도 자기 자신에 대해 의식하고 있느냐 그렇지 않느냐에 달렸다. 빙의는 자아가 무의식에 사로잡힌 상태로 무의식성(Unbewußtheit)이 바로 병이라는 진실이 민간의 질병관 속에 숨어 있다 할 것이다.

한국무속에서는 빙의를 귀신이 '씌다' '든다' '붙는다'는 말로 표현한다. 그것을 치료하려면 예컨대 허주를 '벗겨야' 하며 살을 '풀어야' 한다.

우리나라 민간에서 질병관에 빙의가 두드러지게 강조되는 사실은, 무속사회에서 이혼(離魂)보다 강신(降神)과 빙의가 무엇보다 지배적인 관념이라는 사실과 관계가 있을 것 같다. 이혼과 빙의, 영혼의 비상과 제신의 강하는 초자연적 실체와의 접촉이라는 하나의 목적에 이르는 두 가지 양식이다. 이렇게 보면 엘리아데가 지적한 목축민족과 농경민족의 이니시에이션 양식의 차이[82]는 다음과 같이 결부할 수 있을 것이

---

82) Eliade, M.(1961), *Das Mysterium der Wiedergeburt*, Zürich: Rascher Verlag, p.162; 이부영(1969), 「입무과정의 몇 가지 특징에 대한 분석심리학적 고찰」, 『한국문화인류학』 2(1), 111~122쪽.

〈표 2〉 시베리아와 한국 샤머니즘의 특징

지역별	세계관	정령관	입무 양식	망아경	질병관
중앙아시아 및 시베리아 (목축사회)	• 3계 (천·지·지하) • 세계의 축	• 다수의 혼	• 찢김(해체) • 죽음 • 뼈로의 환원 • 재생	• 혼의 저승으로의 비상	• 주로 실혼
한국 (농경사회)	• 평면적 경계의식	• 하나 또는 소수의 혼	• 신병, 귀령과의 접촉 • 빙의 • 허주 벗김 • 신내림	• 신내림과 가역적 빙의	• 주로 귀령의 공격적 빙의, 범접

다(표 2).

그러나 이러한 특이성을 두 문화의 정신적 또는 삶의 양식의 특이성으로 확대 해석할 수 있는지, 그렇다면 두 가지 양식을 심리적으로 무엇이라 규정할지는 아직 의문이다. 우리나라 민간에 빙의로서의 질병관만 있는 것이 아니므로 이것만으로 민족의식의 심리체계를 결부할 수는 없다. 귀령의 빙의와 영혼의 유리는 함께 결부되어 질병을 일으키는 경우가 있다.

3) 시간과 공간에 결부된 귀령학

앞에서 소개하였듯이 다른 나라와 마찬가지로 한국민간 속신에서도 모든 시간(계절·해·달·날짜·시분[時分])과 공간, 특히 방향은 특수한 귀령의 지배를 받는다. 시간과 공간은 신성하다. 좋은 의미든 나쁜 의미든 범상치 않은 힘의 지배를 받으며, 여기에는 일정한 체계와 법칙이 있다. 이를 잘 알고 각 시간과 공간을 지배하는 힘의 실체를 공경하고 비위를 건드리지 말아야 한다는 심리적 전제가 있다. 이 체계는 귀령신

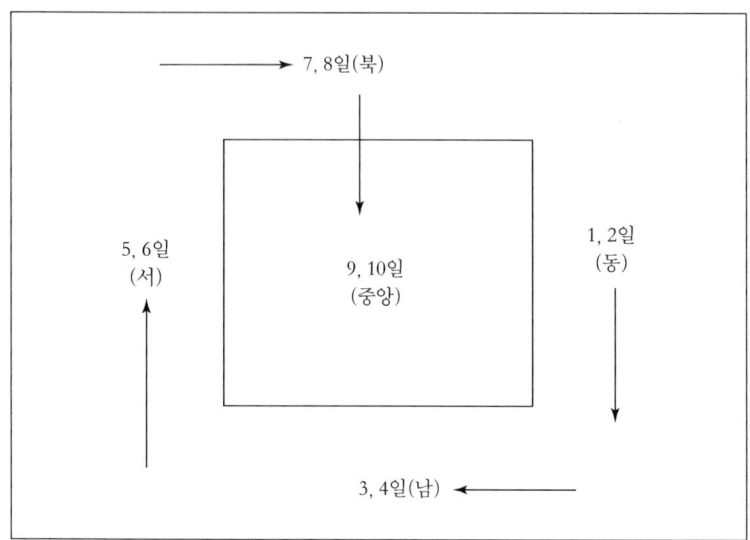

〈그림 5〉 '손'의 운행

앙이 음양오행설과 결합되어 매우 복잡한데, 그 상징적 의미를 알아내려면 더 많은 자료조사와 분석이 필요하다.

여기에서는 아키바가 「조선무속의 현지연구」[83]에서 잠깐 언급한 '손'의 운행에 관해서, '손'의 운행이 이것만은 아니라는 전제 아래 간단히 설명하기로 한다. '손'이란 말은 손 없는 날을 택해 이사를 간다든가 큰일을 착수한다든가 할 때 쓰는데, 아마 손님귀신을 가리키는 말일 것이다. 손님은 천연두신을 가리킬 때도 있고 객귀(客鬼)의 객을 가리키기도 한다. 어떤 외래적인 것, 낯선 것, 나에 속하지 않는 것, 따라서 위험할 수 있는 실체이다.

아키바의 설명에 따르면 손은 이틀 간격으로 동쪽에서 남쪽, 서쪽을 거쳐 북쪽으로 이동한다(그림 5).

---

83) 秋葉隆, 앞의 책, 86쪽.

다음 이틀은 중앙으로 가는데, 이날이 바로 '손 없는 날'이어서 손님 귀신의 감정을 건드림 없이, 또 이에 신경 쓰지 않고 자유로이 행동할 수 있다. 다른 날은 손 있는 방향으로 못을 치거나 해서 자극하지 않도록 조심해야 한다. 그렇지 않으면 질병을 포함한 불길한 일을 겪는다. 이런 관념을 상징적으로 살펴보면 거기에 심리학적인 의미가 담겼음을 알 수 있다.

방향이란 '일방성'을 의미한다. 동·서·남·북, 각 방향은 모두 '치우쳐 있다.' 동쪽은 서쪽의 반대이며, 남쪽과 북쪽은 서로 엇갈리는 상충 관계를 만들 수밖에 없다. 바꾸어 말해서 방향은 항상 대립극을 전제로 한다. 일방성은 그래서 발전의(또는 후진의) 가능성이지만, 늘 대극의 도전으로 말미암아 불안정하고 갈등의 조건을 안고 있다. 그러나 '중앙'(die Mitte)에는 그러한 일방성이 없고 4방을 통합한 전체의 중심을 이룬다. 그러므로 대극 간 갈등의 소지가 없을 뿐 아니라 마음의 평화를 누릴 수 있는 상태를 상징한다. 중앙이란 분석심리학에서 말하는 자기(Selbst), 즉 전체정신을 실현해가는 목표이다. 자기실현은 전체정신의 중앙에 집중하는 것, 그것을 중심으로 빙빙 돌아가는 하나의 순행(巡行)이라고 융은 말한다.[84]

방향과 시간의 금기를 창안한 사람이 이러한 심리학적 배경을 알고 만들어냈다고 생각되지는 않는다. 다만 인간들이 불가해한 현상을 설명하고자 할 때 무의식의 치유와 관련된 상징이 그의 관념 속에 나타난다고 할 수 있다.

---

84) Jung, C.G.(1951), *Aion*, p.324; 이부영(2002), 『분석심리학의 탐구 ③ 자기와 자기실현』, 한길사, 58쪽.

4) 저주와 죽은 자의 원한

'흉악한 눈초리'(Böser Blick)는 주로 지중해 연안지역에 분포된 관념으로 보인다. 그러나 주술을 써서 타인을 괴롭히는 예는 원시민족 사이에 널리 퍼져 있는 관념이다. 우리나라 민간에서도 여러 가지 행위로 타인을 '저주'하는 기술이 있었던 것으로 보이나[85] 현재는 별로 보고된 것이 없다. '모략'이라든가 '중상' 또는 '음모'라는 발달된 현대의 흑주술에 흡수되어 원시적인 저주는 세력을 잃고 소극적으로 시행되어왔는지 모른다. 우리나라 민간에서 흑주술은 적극적으로 남을 해치려는 것보다는 재앙을 미연에 방지하는 액막이 또는 예방과 같은 경우가 더 많지 않을까 추정한다.

한국민간에서 질병의 원인으로서 주도적인 역할을 한 것은 산 사람보다 죽은 사람의 원한이었다. 죽은 사람의 원한은 왕도 두려워했다. 『삼국사기』를 보면 무당은 고구려 유리왕에게 인간의 원혼은 토템 동물의 상해보다 더 무서운 존재임을 가르쳐주었다. 유리왕은 부하들이 제물로 쓸 동물의 다리심줄을 끊은 것에 격분하여 부하를 죽였다가 병이 들었다. 무당은 그것이 죽은 부하들의 원한 때문이라고 알려주었다. 유리왕은 신성한 동물이 인간보다 귀하다고 생각했기 때문에 인간을 죽였고, 병이 들었다. 다시 말해서 인간의 존엄성에 관한 자각은 아직 그의 무의식 속에 있었다. 그러자 병을 통해서 비로소 신성한 동물보다 인간이 귀하다는 사실을 알았다. 이때 비로소 병에서 해방되었다. 기원전 100년의 이 짤막한 기록은 어둠에서 광명으로, 맹목적인 터부의 추종에서 인간적인 정동과 자각에 이르는 중요한 전기를 상징적으로 표현했다.

---

85) 朝鮮總督府中樞院(1939), 앞의 책, 11~745쪽. 태조에서 영조에 이르기까지 역대 왕대에 있었다.

비운의 죽음을 부른다고 여겨지는 여기(厲氣)는 그 유해가 충분히 위로받고, 정당한 장례로써 다루어지고 싶어 하는 한이 응결되어 생긴다. 한(恨)이란 감정적 잔재(Gefühlsrest)이며, 그것이 있는 한, 그 외계로의 투사인 원령과의 관계는 끊기지 않고 유지될 것이다. 그러나 원령은 제대로 대우받고 매장되기를 희구한다. 다시 말해서 합당한 질서 속에 안주되기를 원한다. 금기침해는 바로 이와 같은 집단적 질서원리의 침해를 의미한다. 개인의 심리를 통해서 본다면 개인적 콤플렉스와 집단적 콤플렉스와의 오염상태를 벗어나서 개인적 콤플렉스를 의식화하고 집단적 무의식의 콤플렉스를 개인적 무의식에서 분리함으로써 순수한 내적 질서로 정리하는 것을 말한다.[86]

한국민간에서도 다른 나라와 마찬가지로 질병은 중요한 사건이었다. 모든 원시종족에게 그러했듯이 한국민간에서도 의약으로 치료를 했고, 병의 원인에 대한 비교적 과학적인 식견이 있었다. 그러나 병이 그와 같은 수단에도 별 효과가 없을 때 모든 인간의 상상력이 동원되어 거기에 일정한 관념이 산출된다. 그리하여 질병관이라 할 만한 것이 생긴다. 이것은 또 대대로 계승되어 하나의 형식을 이루기도 한다.

의식이 기능을 발휘하지 못하는 곳에서 무의식의 움직임은 활발해진다. 질병이라는 사건을 중심으로 전개되는 상상은 바로 그 상상의 원천인 무의식의 여러 가지 내용을 노출시킨다. 그러므로 질병관이란 하나의 무의식의 심적 드라마와 같다. 하나의 귀신이 병원(病原)이라고 규정되면 그 귀신에 대한 새로운 신화를 창조하게 마련이다. 이리하여 귀신들은 각각 특이한 개성을 지니게 된다.

---

[86] 이부영(1968), 「한국무속관계자료에서 본 '사령'(死靈)의 현상과 그 치료 '제1보'」, 『신경정신의학』 7(2), 5~14쪽; 이부영(2002), 『한국민담의 심층분석』, 집문당, 175~187쪽. '원령전설과 한의 심리'.

한국무속사회의 질병관은 유형별로는 단순하지만 그 내용은 실로 다양해서 일률적으로 논의 대상으로 삼기가 어려울 정도이다. 왜냐하면 하나의 병원에 대한 신화는 구체적인 사건으로서의 질병현상과는 너무나 거리가 멀고, 질병관과도 관계가 없는 독립된 신화로 취급해야 하기 때문이다. 그러므로 여기서는 개개의 질병관은 깊이 설명하지 않고 일반적인 경향만을 고찰했다.

질병관에 반영된 심적 내용은 무엇보다 의식과 무의식의 관계를 표현하므로 병이 신체의 병일지라도 그 질병관은 심리학적인 과정을 반영한다. 최고의 금속을 산출하려던 고대와 중세 서양의 연금술사(alchemist)들의 화학적인 공정(工程)은 사실 심리학적인 발전과정을 상징적으로 표현한 것이나 다름없다.

5. 요약 및 맺는말

지금까지 저자는 한국 샤머니즘 사회의 질병관과 정신병관을 개관하고 이를 타 민족의 질병관 및 정신병과 비교하여 공통점과 차이점을 찾아보았다. 원시적 질병관에 나타난 심리적 요소에 대하여 고찰하였다.

① 한국무속사회에서 정신병관은 질병관 일반과 비교해 유형상 큰 차이가 없다.
② 그러나 한국 샤머니즘의 정신병관에는 정신병이 성무(成巫)의 소명이라는 샤머니즘 고유의 목적론적 질병관이 있다.
③ 한국 샤머니즘 사회의 질병관은 타 민족의 질병관과 그 유형이 상당히 비슷하지만 그 유형의 분포 정도는 달랐다. 즉 실혼보다는 빙의가 병인(病因)으로 우세해 보였다. 이것은 각 문화권의 심리학적 전제의 차이와 관련이 있을 것으로 보았다.
④ 원시적 질병관의 두 양식인 실혼과 빙의, 혼(Seele)과 영(Geist)에

대한 융의 분석심리학적 소견은 한국 샤머니즘 사회의 질병관과 귀령관에 어느 정도 부합되는 면이 있다. 그러나 한국의 경우에는 혼과 영의 구분이 모호하여 그의 가설을 한국 사례에 그대로 적용하기 어려운 점이 있다. 병귀의 빙의냐 혼의 유리냐의 문제보다 병귀의 성질과 계위, '나'와의 관계, 그리고 이에 대한 치료적 태도 등을 종합적으로 확인할 필요가 있음을 알게 되었다.

⑤ 흉악한 눈초리(evil eye)나 주술사의 저주는 현재 표면상 한국 샤머니즘 사회의 질병관으로 간주되고 있지 않다. 살아 있는 사람의 원한보다 죽은 자의 원한, 즉 원혼(怨魂)의 저주는 흔히 병인이라 생각된다. 이 두 가지 질병관에는 상관관계가 있다.

⑥ 도저히 주술적 행위로 처리될 수 없고 다만 기도공경으로만 다스릴 수 있는 신적 존재를 질병의 원인 중 하나로 생각하고 있다. 예로는 천연두신을 들 수 있다.

⑦ 정신병관과 일반 질환의 질병관 사이에 유형상으로는 특별한 차이가 발견되지 않으나 빙의 또는 범접되는 귀령의 성질에는 차이가 있다.

⑧ 한국 민간의 정신병관에서 원시적 질병관에서는 볼 수 없는 개념들(음과 양, 심[心], 내장, 간 등)을 구사해 정신병 예후의 경중을 구분하는 경우가 있다.

⑨ 정신병은 대체로 '잡신'에 의해 생기는 것으로 간주한다. '잡신'이란 가족이나 조상이 아닌, 떠돌아다니는 배고픈 사령이라는 관념이다.

⑩ 도깨비에 들린 정신병을 그밖의 정신병과 구분하는 듯하다. 정신병에는 음적·양적 유형이 있는데, 음적인 것은 고치기 힘들다고 본다.

⑪ 주로 실혼의 질병관이 우세한 시베리아 샤머니즘과 주로 귀령의

범접이 우세한 한국 샤머니즘의 질병관을 비교하여 혼의 마술적 비상, 해체의 관념을 토대로 한 문화양식과 빙의, 신내림의 관념을 배경으로 한 문화양식의 심리적 특성을 추정해보았다.

또한 질병관에 나타난 무의식의 심리학과 치료자 원형상, 질병의 목적의미, 현대의학이 간과한 질병의 윤리적 측면과 질병관의 심리학적 상징성을 언급하였다.

제6장 한국민간의 정신병치료[1]

앞에서 우리는 한국민간의 정신병관을 일반 질병관과 함께 살펴보았다. 이제는 한국민간의 정신병치료에 대해 알아보기로 하겠다. 민간의료에는 민간의약과 같은 자연치료와 주술적·비자연적 치료의 두 가지 방향이 있는데 주로 후자를 중심으로 살펴보고자 한다. 정신병치료 역시 일반 민간치료와 밀접한 관계가 있는 이상 양자를 함께 보지 않을 수 없고 예부터 내려오는 민간치료의 양태를 알기 위해서는 역사적 문헌을 조사하지 않을 수 없다. 그러므로 여기서는 과거와 현대의 정신병의 민간치료를 주로 다음과 같은 점에 중점을 두고 살펴보고자 한다.

① 치병방법의 정리 및 분류, 정신병과 일반 질환의 치료방법 비교
② 각종 마술적 치료의 실제적 기능과 효력
③ 현대적 치료 효과를 중심으로 한 민간치료와 고대 및 현대 서양

---

[1] 이부영(1972), 「한국민간의 정신병치료에 관한 연구——무속사회의 정신병치료」, 『최신의학』 15(2), 57~79쪽. 여기서는 부분적으로 보완 수정을 거쳤다. 이 논문에서는 최근의 진단분류에서는 잘 쓰지 않는 '신경증적'(neurotic), '정신병적'(psychotic) 장애라는 용어를 인용부를 붙여 사용한다. 그것이 역동정신의학적 관점에서 아직 유효하다고 보기 때문이다. 그러나 여기서 '정신병치료'라고 할 때 '정신병'은 정신질환 일반이라는 뜻으로 사용한다. '정신치료'는 정신질환 치료 중 심리적 치료를 말한다.

정신의학 치료와의 비교
④ 각종 마술적 치료방법에 내포된 심리학적 의미, 특히 거기에 반영된 인간 무의식의 상징들
⑤ 현대 정신치료(psychotherapy). 특히 융의 분석심리학적 정신치료 과정과의 비교

정신병이라 하면 고치기 어려운 중병을 연상하고 치료법 역시 통상적인 질병의 치료와 다른 방식을 취하게 마련이다. 그러나 오늘날의 정신의학은 '정신병'(psychosis)만을 대상으로 하는 것이 아니라 '신경증적' 장애, '적응' 장애, '정신신체' 장애 등 실로 여러 종류의 질환과 장애를 대상으로 한다. 그리고 모든 환자에게 심리적 치료를 약물치료와 병행하거나 단독으로 시행해야 하는 경우가 많다. 이렇게 볼 때 민간의 정신병치료는 많은 정신질환 중 주로 '정신병적 장애'(psychotic disorder)에 속한다고 할 것이다. 정신치료(심리치료)의 측면에서 보면 정신병의 주술적 치료뿐 아니라 모든 민간의료는 상징적으로 현대적 정신치료의 한 측면을 표현한다고 할 수 있다. 그 가운데 혼의 상실을 병의 원인으로 생각하고 잃어버린 혼, 또는 길 잃은 영혼을 찾아서 환자에게 되돌려줌으로써 병이 치유된다는 설명은 분석적 정신치료의 과정을 웅변적으로 표현하고 있다 하겠다.

또한 우리나라 샤머니즘의 굿이야말로 어떤 병을 대상으로 하든 현대 정신치료와 비교되어야 할 중요한 치병 제의이다. 이에 대해서는 다른 곳에서 집중적으로 다룰 것이므로 여기서는 문헌자료에 나타난 사례에 국한하여 개괄적으로 살펴보는 데 그칠 것이다.

I. 대상 자료

1. 민간치료 일반

1) 역사적 문헌에 나타난 주술적 치료

원시부족들이 전부 주술적인 방법에만 치료를 의존했던 것이 아닌 것과 같이 한국 고대에도 오늘날과 같이 비교적 합리적인 약물 및 물리적 치료방법이 있었던 것은 사실이다.[2] 그러나 약물치료도 아커크네흐트(E. Ackerknecht)의 설명대로 겉으로는 합리적인 듯하면서 마술적인 관념에 의거한 경우도 많았던 것으로 보인다.

백제에서는 의약·복서(卜筮)·점상(占相)의 술(術)을 해득하였으며(『주서』(周書) 「이역전」(異域傳)), 또한 의약시귀점상(醫藥蓍龜占相)의 술(『수서』(隋書)), 혹은 의약시귀와 음양오행법(『북사』(北史) 「동이전」(東夷傳))을 알고 있었다는 기록으로 보아서 물리적 혹은 약물요법과 주술은 결코 분리되어 있지 않았음을 짐작할 수 있다. 그러나 어떤 종류의 치료였는지를 자세히 알 수는 없다.[3]

다만 병을 일으킨 원령(怨靈)을 위로함으로써 병을 치료한 역사는 최소한 삼국시대로 거슬러 올라간다.[4]

또한 불교적인 치료로서 고구려에서 온 사문(沙門) 묵호자(墨胡子)가 양제(煬帝)가 준 향으로 왕녀의 병을 삼보(三寶)에 발원(發願)해 치료하였다는 기록이 있다. 일본 윤공 천황(允恭天皇) 3년에 신라로부터

---

2) Ackerknecht, E.(1971), "Naturalistic and supernaturalistic diagnoses and treatments," Ackerknecht, E., *Medicine and Ethnology*, Bern: Huber, pp.135~161.
3) 朝鮮總督府中樞院(1932), 『高麗以前の風俗關係資料撮要』, 朝鮮總督府, 41쪽, 46쪽, 55쪽; 김두종(1966), 『한국의학사』, 탐구당, 10~28쪽.
4) 김부식, 『삼국사기』 권13, 「고구려본기」 제1, '유리왕' 19년(김부식, 김종권 옮김 [1960], 『삼국사기』 상, 선진문화사, 287쪽 참조).

양의(良醫)를 구하여 천황의 병을 고쳤다고 하나 어떻게 고쳤는지는 알 수 없다.[5]

『삼국사기』「열전」(列傳)에는 부모에게 효순(孝順)한 자식이 굶주림과 병에 허덕이는 어머니에게 자기 살을 베어서 먹여 상을 받았다는 향덕(向德)과 성각(聖覺)에 관한 기록이 있다.[6] 그러나 이 경우는 순수하게 치료를 목적으로 했다기보다는 기아에 놓인 부모를 구출하려는 효심이 더욱 강조되고 있다. 이러한 행위는 두고두고 장려되어왔다. 다만 이때 자른 살이 비육(髀肉), 고육(股肉)이었음을 기억해둘 필요가 있다.

이렇게 보면 삼국시대의 주술적 치료는 원혼의 위로, 불교적 서원, 자기희생 등에 관계했다는 것은 확실하나 그밖의 경우는 분명히 알려지지 않아 앞으로 더 자세한 조사가 있어야 할 것 같다.

고려 이후 조선조에 이르는 주술적 치료방법을 개관하면 다음과 같다.

(1) 병을 피해 거처를 옮김

질병사망이 생기면 옛집을 버리고 새집을 만든다는 사실은 『후한서』(後漢書)「동이전」(東夷傳)에 예(濊)의 풍습으로 기록되어 있다.[7]

『고려사』(高麗史)에는 왕이 폭질(暴疾)을 얻어 천효사(天孝寺)로 옮겨갔다는 기록이 있고 왕이 병이 나자 민수(閔脩)의 저택에 옮겼다고 했다.[8]

조선조 사서(史書)에서 풍속관계만을 발췌한 자료들[9]에 따르면 왕

---

5) 김부식, 『삼국사기』 권4, 「신라본기」 제4 '법흥왕' 15년; 『일본서기』 권13.
6) 김부식, 『삼국사기』 권48, 「열전」 제8, '향덕' '성각'.
7) 朝鮮總督府中樞院(1932), 앞의 책, 9쪽, 18쪽, 73쪽; 『삼국지』, 「위서」, '동이전' '예전'; 한국문화인류학회(1969), 『중국문헌에 나타난 한국상고사 자료』, 35쪽.
8) 『고려사』 제123, 「별전」 권36(정세신, 염승익).

궁에서 병을 피해 거처를 옮기는 행위(피병이거[避病移居])는 왕궁에서는 흔한 일이었다. 때로는 일반 민중도 이러한 방법으로 병을 피하려는 조치를 취했던 것 같다. 대부분의 경우 병자 자신이 피병(避病)이라 하여 궁을 옮기지만 병자가 아닌 사람도 함께 집을 옮기는 경우가 있었다. 궁중에 천연두가 생기면 대개는 왕이 궁을 옮겼다. 어디로 옮기는지가 중요할 듯하나 일정하지 않았다. 궐내에서 옮기기도 하고 궐외로도 옮겼다. 점복자(占卜者)의 말에 따라 옮기는 경우[10]가 종종 있었다.

태비(太妃)가 야처(野處)에 장막을 설치하고 유숙하는 경우,[11] 세자빈이 병이 들어 부마 집에 피한 경우,[12] 혹은 무가(巫家)에 피했다는 기록,[13] 왕이 잠저(潛邸, 왕이 되기 전에 살던 곳)로 병을 피해 옮기는 경우[14] 등 모두 흥미롭다. 사대부의 자녀를 그 머슴의 집으로 피하게 하는 경우(연산군 10년 11월)처럼 병을 병귀의 소행으로 알고 병귀가 눈치채지 못하는 곳으로 숨거나, 절이나 무당집처럼 강력한 마력을 지닌 곳에 숨어 병귀의 근접을 막으려는 심리가 작용한 결과일 것이다. 또한 풍

---

9) 朝鮮總督府中樞院(1939), 『李朝實錄風俗關係資料撮要』, 32쪽, 68쪽, 83쪽, 112쪽, 242쪽, 268쪽, 272쪽, 444쪽, 521쪽, 647쪽, 664쪽, 712쪽.
10) 朝鮮總督府中樞院(1939), 앞의 책, 116쪽;「세종실록」권33, 세종 8년 8월; 국사편찬위원회(1968), 『조선왕조실록』3, 40쪽.
11) 朝鮮總督府中樞院(1939), 앞의 책, 83쪽,「세종실록」권8, 세종 2년 6월; 국사편찬위원회(1970), 『조선왕조실록』2, 385쪽.
12) 朝鮮總督府中樞院(1939), 앞의 책, 480쪽,「중종실록」권80, 중종 30년 11월; 국사편찬위원회(1969), 『조선왕조실록』17,「중종실록」4, 618쪽.
13) 朝鮮總督府中樞院(1939), 앞의 책, 178쪽.「세종실록」권101, 세종 25년 8월; 『조선왕조실록』4, 505쪽; 朝鮮總督府中樞院(1932), 앞의 책, 272쪽,「예종실록」권4, 예종 원년 3월.
14) 朝鮮總督府中樞院(1939), 앞의 책, 112쪽,「세종실록」권29, 세종 7년 8월; 국사편찬위원회(1970), 『조선왕조실록』2, 687쪽.

수신앙에 입각한 방위금기 등도 옮기는 곳을 결정하는 데 어떤 역할을 했다.

효종의 경우[15] 왕이 병을 앓은 지 한 달 가까워지자 삼공(三公)은 이 궁궐을 수리한 지 오래지 않아 밖에 나갔다가 돌아올 때 갖고 온 오염된 기(氣)가 아직 없어지지 않은 듯하니 앞에 행차하셨던 곳에 도로 옮기시라는 권고를 했다고도 한다. 질병의 위험성을 어렴풋이 감득한 사람들이 병을 상징하는 예기(穢氣)가 집에 붙었다는 믿음 아래 제안된 말인 듯하다.

이와 관련해서 한 가지 첨가할 것은 나병환자의 전염을 두려워하여 사람 없는 땅에 시체를 버리거나, 매장을 하지 않거나, 죽음의 예를 행하지 않거나, 경우에 따라서는 태워 죽이거나 생매장을 했다는 등의 기록들이다. 이러한 모습들은 나병의 직접적인 전염성을 명확히 알게 된 데서 행해진 것이 아니라, 나병이 풍수지리와 관련된 유전설이라는 전혀 다른 전제에서 출발한 것이다. 나병환자에게 묘지를 만들어줌은 산 자에게 영향을 줄 수 있는 길을 터놓는다는 점에서 기피해온 것인지 모른다.[16]

(2) 구병기도

구병기도(救病祈禱)의 양상은 대개 왕의 병에 국한되어 보고되어 있으므로 민중에 대해서는 잘 알려져 있지 않다.

고려시대의 기록[17]에는 왕의 병을 연두연비(燃頭燃臂)하여 구했다고

---

15) 朝鮮總督府中樞院(1939), 앞의 책, 650쪽, 「효종실록」 권10, 효종 5년 5월.
16) Ackerknecht, E.(1971), "Naturalistic and supernaturalistic diagnoses and treatments," Ackerknecht, E., *Medicine and Ethnology* 135~161, Bern: Huber.
17) 『고려사』 제33, 「세가」(世家) 권33.

했다. 또 부도(浮屠)에 염원하여 스스로 병을 고친 염승익(廉承益)이 부처님의 힘으로 다른 이의 병을 고쳤다 한다. 한 왕녀는 병이 나자 법석(法席)을 마련하여 손바닥을 꿰뚫으며 불(佛)에 기도했다. 가사(袈裟)를 쓴 다음 숯불을 손바닥에 놓고 분향염불(焚香念佛)하는데 안색도 변하지 않더라는 기록[18]은 흥미롭다.

조선조에서 구병기도는 다른 주술적 치료와 마찬가지로 대개 왕의 병이 오래 지속되어 백약이 무효일 때 실시했던 것 같다. 기도의 대상은 불(佛), 성황(城隍), 종묘 산천, 신불(神佛), 삼각(三角), 백악(白岳), 목멱(木覓)의 신, 천(天) 등으로 승(僧)과 무(巫)를 동원했다.

특히 천연두의 경우는 무녀가 신증(神甑)이라 하여 떡을 마련해 신을 내쫓거나 팥떡을 만들거나 당화(唐花)를 마련하여 두창이 순하게 지나가기를 기도했다고 한다.[19] 그 공과(功過)에 대해서는 말이 많았던 것 같다. 두역(痘疫)에 대한 금기는 철저하여 왕은 강무(講武)·육선(肉膳)·시사(試射)를 금하고 형(刑)의 집행을 중지했다.

(3) 위령

앞의 구병기도에도 어느 정도는 사령의 분노를 풀려는 의도가 있었으리라 짐작되나, 위령(慰靈)을 가장 조직화한 것은 조선조 여제(厲祭)가 아닌가 싶다.

위령은 전염병이 만연해서 좀처럼 사라지지 않을 때 나라에서 실시한 것이다. 전염병의 만연을 전몰자(戰沒者)의 촉루(髑髏)의 탈이라고도 보기 때문에 승(僧)을 모집하여 그 뼈를 모아 태워서 원한을 풀고자 했다. 문종(文宗) 1년 9월 왕은 역려(疫癘)를 구하는 밀례(密禮)를 도승

---

18) 『고려사』 제123, 「열전」 권36.
19) 朝鮮總督府中樞院(1939), 앞의 책, 703쪽, 「숙종실록」 권35, 숙종 27년 9월.

지(都承旨)에게 내려 밤낮으로 향을 피워 수륙재(水陸齋)를 지내고 여귀(厲鬼)를 제사하며 싸움터에서 죽은 자의 뼈를 태워 물에 흘렸다.[20] 황해도 역질(疫疾)의 원인이 단군제를 지내지 않고 기우단(祈雨壇)을 더럽혀 신이 싫어해 나쁜 병이 생긴 것이라 하여 왕이 이를 조사해 보고토록 하였다. 그 역질의 원인이 성황당의 고목을 잘랐기 때문이라고도 했다.[21] 때로는 경한 죄수들을 방면함으로써 원혼을 위로하여 병을 막아보려고도 했다.[22]

여제란 원한을 가진 사령들을 위로하기 위한 주술적인 행사였음에 틀림없으나 여기에는 음양학설에 입각한 심리학 이론이 뒷받침되고 있었다.

(4) 병귀를 물리침

반야도량(般若道場)을 설하여 역질을 물리쳤다는 『고려사』의 기록[23]이 있기는 하나 조선조 궁중에서는 흔히 대포를 쏘는 것으로 병마를 물리쳤다. 특히 문종(文宗)·세조(世祖)·연산군(燕山君)·중종(中宗) 대에 보고가 많다. 그밖에 축귀(逐鬼)의 수단으로는 도지(桃枝)를 사용하는 방법이 많았다. 세종은 마(魔)를 쫓기 위해서 도류승(道流僧) 14명을 모아 도지를 마련해 밤에 정근(精勤)케 하였다. 왕도 도지를 쥐고 기도하였는데[24] 병마가 어떤 것이었는지는 알 수 없다. 연산군은 매년 봄과

---

20) 朝鮮總督府中樞院(1939), 앞의 책, 219쪽, 「문종실록」 권9, 문종원년, 9월; 국사편찬위원회(웹사이트), 『조선왕조실록』 영인본 6책, 430면.
21) 朝鮮總督府中樞院(1939), 앞의 책, 286쪽, 288쪽, 「성종실록」 권13, 성종 2년 11월, 권15, 성종 3년 2월; 국사편찬위원회(1968), 『조선왕조실록』 권8, 610쪽.
22) 朝鮮總督府中樞院(1939), 앞의 책, 838쪽; 「고종실록」 권23, 고종 23년 8월; 국사편찬위원회(웹사이트), 『조선왕조실록』 영인본 2책, 246면.
23) 朝鮮總督府中樞院(1932), 앞의 책, 296쪽, 310쪽; 『고려사』 권13, 예종 4년, 17년.

가을에 병귀를 내쫓을 때 복숭아나무 가지와 복숭아 판을 쓰도록 명했다. 나쁜 기운을 물리치는 벽사부(辟邪符) 혹은 벽사물(辟邪物) 등은 궁중에서도 이용되었다.[25] 오곡잡반(五穀雜飯), 현우(玄牛, 검은 소)의 고기는 역질을 물리칠 수 있다는 민간의 신앙이 있었다. 특히 역병이 돌 때 보리밥을 먹어야 병을 면한다는 헛소문이 돌아서 소동을 벌인 일이 있었다.[26] 또한 이 기록에는 현우의 피를 문에 뿌리면 병을 막을 수 있다고 하였다. 또한 연산군은 살귀환우분(殺鬼丸牛糞)을 벽사물로 쓴 듯하다.[27]

주물식음(呪物食飮)의 경우 특기할 일은 인골(人骨)·인혈(人血)·인육(人肉) 등을 질병치료에 사용하였다는 사실이다. 이것은 근대에 이르기까지도 산견(散見)되던 주물로서 난치의 병, 혹은 부모에 대한 효도의 일환으로 시행되어 사회로부터 칭송의 대상이 되는 등 장려되기도 했다.

물론 좀더 많은 문헌을 찾아보면 이밖에도 여러 가지 주술적 치료방법이 발견될 것이나 이 글의 목적이 민간치료의 역사적 연구에 있지 않으므로 개괄적인 경향을 지적하는 데 그치고자 한다.

---

24) 朝鮮總督府中樞院(1939), 앞의 책, 83쪽, 세종 2년 8월, 「세종실록」 권8; 국사편찬위원회(1970), 『조선왕조실록』 2, 385쪽.
25) 朝鮮總督府中樞院(1939), 앞의 책, 414쪽, 415쪽, 「연산군일기」 61, 연산군 12년 5월; 국사편찬위원회, 『조선왕조실록』 영인본 4책, 38면; 朝鮮總督府中樞院(1939), 앞의 책, 414쪽. 벽사부의 사용은 『연산군일기』 61, 연산군 12년 3월 참조.
26) 朝鮮總督府中樞院(1939), 앞의 책, 528쪽, 「선조실록」 권11, 선조 10년 1월; 국사편찬위원회(1969), 『조선왕조실록』 21, 344쪽.
27) 朝鮮總督府中樞院(1939), 앞의 책, 415쪽, 「연산군일기」 권62, 연산군 12년 5월; 국사편찬위원회(1969), 『조선왕조실록』 권14, 50쪽, 52쪽.

2) 1930년대 이후에 기술된 주술적 치료

구태여 1930년대라고 시대에 구분을 긋는 까닭은 시대의 특수성보다는 당시에 기록된 무속관계 자료가 비교적 많고 현재 무당의 주술행위와 별로 다르지 않기 때문이다. 사실 민간주술에 관해서 시골노인들에게 들은 이야기는 현재 실시하는 것보다는 대개 그들이 어렸을 때 경험한 것들을 상기한 것이다. 물론 앞으로 광범위하고 철저하게 조사하면 더 새로운 사실이 나올 수도 있을 것이다.

(1) 병굿의 종류

아키바[28]는 무속사회의 병굿을 거론하면서 간단한 '푸닥거리'를 비롯하여 ① 천연두 치료──마마 배송, ② 안질(眼疾) 치료──맹인풀이, ③ 정신병 치료──청귀벳김, ④ 특수한 이른바 뇌척수 질환 치료──척휘잡이, ⑤ 절명(絶命) 직전의 급중병(急重病) 치료──살풀이 혹은 헛장〔虛葬〕 등을 소개하고 맹격(盲覡)의 독경을 설명했다.

또한 제주도의 안산(安産)과 어린이의 병을 다스리는 삼신할머니라는 무녀가 있음을 지적했다. 남부와 중부에도 삼신할머니를 제사하는 풍습이 있고 북부에도 이와는 조금 내용을 달리하나 신장맞이라는 굿이 있어 아기의 장수를 빈다고 했다.

병마를 대상으로 하는 병굿은 정기적인 굿이 아니고 임시로 하는 굿이지만 안택굿 같은 것은 악귀를 내쫓는 발양적(祓禳的)인 요소가 농후하다고 그는 지적했다.[29] 사실 넓은 의미의 질병치료, 즉 오늘날의 예방의학적인 관념까지 생각한다면 굿 가운데 병의 치료에 조금이라도 간여하지 않는 것은 없다. 깨끗한 신명을 모셔오기 위해서는 항상 부정

---

28) 秋葉隆(1950), 『朝鮮巫俗の現地硏究』, 奈良 : 養德社, 84~96쪽.
29) 같은 책, 83쪽.

한 잡귀를 내쫓는 주술행위가 선행되었기 때문이다. 다만 진오귀와 같은 사령제도 병의 원인이 사령의 원한에 있다는 무당의 '진단'에 의하여 실시되는 경우 병굿의 중요한 부분을 차지할 수 있다.

따라서 굿은 병의 예방목적과 치료목적의 두 종류로 구분할 수 있고 아키바가 말하는 병굿은 후자에 속한다고 할 수 있다. 유의할 것은 일찍이 질병이란 한국 샤머니즘 사회에서는 오늘날과 같이 다른 재앙과 독립 분리된 관념이 아니라 재화(災禍)의 한 측면으로서 재복(財福)·명복(命福)과 밀접한 상관관계를 유지해오고 있다는 점이다. 그러므로 현재에 재수굿이나 조상굿을 하는 것은 대개 돈도 벌리지 않고 사람도 아프고 재앙이 많이 생기기 때문에 한다는 다목적적인 의의가 있음을 알 수 있다.

앞에서 기술한 병굿을 장황하게 소개하는 것은 무의미하다고 생각되므로 특징만을 적어보자. 배송굿이라 불리는 천연두 치료는 두신(痘神)에 대한 철저한 외경을 표시함으로써 비위를 건드리지 않고 기다리다가 때가 오면 잘 모셔서 배송을 한다는 원칙이다. 두신의 비위를 건드리는 것은 두역(痘疫)으로 죽은 원귀인 식문(瘜門)들이 두신이 오는 곳에 모여들기 때문이라는 것이 아키바가 보고한 손님굿[30]의 특징이다. 이 관념은 현재에는 좀처럼 찾아볼 수 없지만 심리학적으로 무척 중요한 현상이다. 이에 대해서는 다른 곳에서 상세히 논의하였으므로 여기서는 다만 병에 대한 치료가 모두 비슷한 듯하면서 질병의 근원이 되는 신격마다 개성을 가진다는 것, 이것은 병의 성질을 어느 정도 경험한 데서 연유할지도 모른다는 점을 지적하는 데 그치고자 한다.[31]

---

30) 같은 책, 84~85쪽.
31) 이부영(1986), 「한국설화에 나타난 치료자원형상—손님굿 무가를 중심으로」, 『심성연구』 1(1). 이 논문은 이부영(2011), 『한국민담의 심층분석』, 집문당, 239~260쪽에 수록되었다.

(2) 주술적 치병방식

눈병의 치료는 천연두의 치료와 같이 병으로 죽은 자의 원한이 문제가 된다. 이 경우는 식문과 같은 존재로 질병신의 청정(淸淨) 양면이 분리되지 않고 그 질병원인 자신이 신격화하여 치료능력을 갖게 된 점이 다르다. 여기에는 원한의 음성적인 작용보다는 병을 체험한 자가 그 병을 고칠 수 있는 능력도 소유한다는 고통의 적극적인 의미가 내포된 듯하다. 또한 안질의 원인은 손 있는 방향을 자극하여 맹인 원귀가 발동한 탓이라는 방향금기 침해로 귀착되는데, 치료방법은 주술적이지만 '물할머니'[藥水의 女神]의 영력을 필요로 하는 등 복합적인 양상을 띤다.

주술행위는 대명(代命) 희생으로, 대명을 맡은 닭·옷 등 이외에 치료수단이자 제물이 되는 맹인대[盲人竿]에는 우리나라 무속에서 흔히 사용하는 청홍황(靑紅黃) 삼색의 포편(布片)이 이용된다. 이는 두신 배송(拜送) 때에도 쓰인다.

척휘잡이도 그 병인론에서 특이하며 이물(異物) 체내 침입의 전제 아래 척휘를 주술적으로 몸에서 잡아내어 흰 닭에게 먹임으로써 치료한다. 그 목적을 달성하기 위해 칠성신(七星神)에게 신공(神供)을 드린다.

병귀를 잡는 주술행위는 맹격들의 주경(呪經) 때에도 볼 수 있다. 귀신을 잡아서 병에 넣거나 십자로 묶어서 국사당(國師堂)의 신목(神木)에 매달거나 땅속에 파묻는다.

헛장의 목적은 저승사자를 잘 대우하고 환자 체내의 살을 풀고 대장(代葬)을 지내는 데 있다. 한편으로는 사자를 대우하고, 다른 한편으로는 축귀(逐鬼)하고, 그리고 대장으로 귀신을 속이는 등 세 가지 서로 다른 감정적 반응으로 연결되어 있으나 대체로 발양적인 성격이 강한 것 같다. 이에 대해서는 사령제와 함께 따로 논의될 것이다.[32]

이제 아주 일반적으로 보이는 무속적인 구병기도를 무라야마[33]의 보고에 따라 소개해본다.

함남(咸南) 장진(長津)에서는 병이 발생하면 격(覡, 박수, 남무)을 초청하여 기도한다. 격이 오면 집안 사람은 병이 무엇이냐고 묻는다. 박수가 신점(神占)을 한 뒤 병원(病原)은 무엇이고 어떻게 기도해야 하는가를 고한다. 환자의 집에서 기도를 의뢰하면 박수는 병실에 여러 신장(神將)의 이름을 쓴 신위(神位)를 놓은 신대(神臺)를 설치하고 제물을 놓는다. 북과 종을 치며 독경, 대장신(大將神)을 불러 역신을 처내고, 2척(尺)쯤 되는 나뭇가지를 환자가 갖게 하고 독경 사이사이 이 가지를 향하여 역신(疫神)이 무슨 신인가 묻는다. 귀신 이름을 차례로 부르다가 나무가 흔들리면 어떤 귀신인지 판명된다. 나뭇대를 향하여 무슨 원(願)이 있느냐 묻고 이를 또한 그 진동에 의하여 판명한다. 그 원을 들어줄 테니까 곧 환자로부터 떠나 병을 고치자고 교섭한다. 교섭이 끝나면 환자에게서 그 대를 취해 거기에 환자에게 붙은 귀신이 옮겨온다고 믿어 국사당(國師堂)에 가지고 가서 꺾어버린다.

무리야마는 「조선의 귀신」[34]에서 치병을 목적으로 한 민간주술에 대하여 실로 방대한 자료를 수집 보고하였다.

그는 퇴귀(退鬼)의 방법을 정면 공격형인 적대류(敵對類), 복종류, 의타류(依他類), 기교류, 기타 다섯 가지로 분류했다.

정면 공격형은 다음과 같다.

---

32) 秋葉隆(1950), 앞의 책, 86~90쪽.
33) 村山智順(1932), 『朝鮮の巫覡』, 朝鮮總督府, 282쪽.
34) 村山智順(1929), 『朝鮮の鬼神』, 朝鮮總督府, 261~556쪽.

① 구타법(毆打法): 뽕나무·복숭아나무·버드나무 가지 사용
② 경압법(驚壓法): 호랑이 고기, 뱀, 불, 권력기관의 이름
③ 화기법(火氣法): 방화·발한(發汗)·뜸
④ 자상법(刺傷法): 침, 출혈, 절개(切開), 찔러 상처 입히는 시늉
⑤ 봉박법(封縛法): 병귀가 든 몸을 묶고 병귀를 협박 혹은 병귀가 든 사물을 묶음.

비적대적 유형은 다음과 같다.
① 공물법(供物法): 제물(祭物) 적반(赤飯, 팥밥), 백미, 맑은 물, 생선 등을 바치고 기도
② 공순법(恭順法): 귀신의 비위를 건드리지 않으려고 근신하고 이를 공경, 당산제 등을 행함(천연두신의 경우)
③ 주부법(呪符法): 사방 벽에 붙이거나 태워서 복용
④ 차력법(借力法): 소가죽·개의 피·머리카락·떡·열쇠·생선비늘· 우표·콩·수호정령·벽토(壁土)·주부(呪符)·인골(人骨)·피·기타 장기의 주력을 빌림
⑤ 고묘법(顧墓法): 무덤을 돌보아 지기(地氣)를 풍부히 함
⑥ 오감법(五感法): 색·음·향·미·촉을 이용
병귀가 싫어하는 색(色) —— 적(赤), 황색(黃色)
음(音) —— 금속성(종·징·바라·방울 등), 북, 애달픈 소리, 외치는 소리, 시끄러운 소리, 가무음곡(歌舞音曲)
향(香) —— 강취성(强臭性)
미(味) —— 산(酸), 고미(苦味)
촉(觸) —— 열감(熱感), 통감(痛感)
⑦ 촉법 및 처단법(處斷法): 말, 소 등과 입맞춤으로 병귀를 내보냄. 금줄로 병의 침입을 차단

⑧ 음양법: 성기 숭배의 관념, 음양설을 합한 방귀법(防鬼法)
⑨ 기타: 광명법(光明法), 십자법(十字法), 매매법

　치료 대상으로 열거된 질병은 무수하나 대부분 전염병·소아질환·정신병 등의 순서이다. 대개 치료방법은 위에 열거한 유형 중 어느 하나에 속하거나 혹은 여러 가지가 섞여 있다. 공물법 같은 수동적 대응에도 적반(赤飯) 고추 등 병귀가 싫어하는 것을 주는 경우가 있어 발양적 성격은 어느 유형에서나 발견된다.
　정신병의 치료는 특별히 다른 질환의 치료와 뚜렷이 구별되지는 않으나 대부분 정면공격형을 사용하고 그 가운데 도지구타법이 성행했던 것 같다.
　현존하는 병의 무속적 치료에 관해서는 아직 자료수집이 충분치 않으나 현용준 및 김영돈의 조사보고[35]를 종합해보면 제주도의 치병의식에는 일반적인 '푸다시'와 특수한 질환에 대한 특수한 치병의식 두 가지가 있다. 후자는 특별한 증상을 가진 병에 대한 것과 목숨이 다 된 질병, 두 가지로 다시 나눌 수 있다.
　진단은 물론 신점에 의하는 듯하고 다른 약물 등 현대치료로 잘 듣지 않을 때, 다시 말해서 긴급할 때에만 무속적 치료를 한다는 것은 육지와 다름이 없다.
　치병의식은 병인론에 따라 방법이 다르다. 앞의 장에서 기술한 것처럼 신의 분노에는 공경을, 신의 범접(일종의 빙의적 공격)에는 발양을, 혼의 일실에는 혼을 찾아 넣어주는 행위를 하게 마련이다. 목숨이 다

---

[35] 현용준, 「제주도 무속의 질병관」, 『제주도』, 통권 제21호, 106~117쪽; 현용준 (1966), 『제주도 토산당굿』, 문화재관리국; 현용준·김영돈(1965), 『중요무형문화재지정자료』(제주도 무당굿놀이), 문화재관리국; 김영돈, 『무형문화재지정자료』(제주도민의 통과의례), 문화재관리국.

되었다고 생각되는 중병에서도 저승사자를 대우해서 죽음을 연기시키는 것을 목적으로 한다.

제주도에서 특이한 것은 절대 선적(善的)인 의신(醫神)인 '삼신'이 상당히 강력하게 작용하고 있어 어린이와 출산에 관계되는 병을 미연에 막아주는 적극적인 예방 및 치료기능을 발휘함으로써 천연두신 및 홍역신(마누라신: 큰마누라, 작은마누라) 등 질병신과 맞서 있고 신화상으로도 이 양자의 상관관계가 흥미롭게 표현되어 있다는 것이다. 또한 당신(堂神)과 질병의 관계가 어느 곳보다 밀접하고 증상도 특수해서 빙의 병의 존재를 짐작하게 한다. 여성의 병들이 거론되는 것도 특이한 일이어서 좀더 자세하고 긴밀한 연구검토가 필요하다.

(3) 제주도의 치병의식

현용준 등의 보고에 따라 제주도 샤머니즘의 질병관과 치병의례를 전체적으로 개관하면 다음과 같다(표 3).

이밖에 '멍청이 귓것'이라는 탐욕스러운 감기귀신의 예방, 그리고 야뇨증 치료에 대한 간단한 보고가 있다.

제주도 샤머니즘에서의 '푸다시'란 현용준[36])에 따르면 그 병원(病原)이 막연하고 다만 '신령의 조화'에 의한 것이라고만 알려졌을 때 쓰는 주술적 의식이다. 육지에서 하는 '푸닥거리', 영호남지방에서 '객귀물림'이라고 하는 것보다 더 잘 짜인 방법인 듯하다.

굿하는 사유를 고하고 차려놓은 음식을 대접하는 과정, 그러고는 본격적인 제차로 3단계가 있다. 첫째는 벌풀이, 둘째는 신풀이, 셋째

---

36) 현용준,「제주도 무속의 질병관」, 앞의 책, 107~108쪽; 현용준(1986),『제주도 무속연구』, 341~346쪽.

〈표 3〉 제주도 샤머니즘의 질병관과 치병의례

병	원인	치병의식〈명칭〉
1. 출산 및 어린이와 관계되는 병	삼신의 분노 '구삼승할망'의 현존	〈불도맞이〉 할망에 빈다. 축출, 〈구삼승 낸다〉
2. 천연두·홍역	홍신국대별상(큰마누라) 서신국대별상(작은마누라)의 소행 (절대적, 피할 수 없음)*	〈마누라 배송〉
3. 뱀같이 혀를 낼름거리고 피부가 뱀비늘처럼 기미가 지고 아픈 병	뱀을 죽이거나 남의 죄를 업어 칠성신[蛇神]의 분노 혹은 원한을 삼 (금기파괴)*	〈칠성새남〉 칠성 부활, 사죄 교사신(敎唆神) '허맹이' 귀양
4. 급질(急疾)	6월, 방아찧는 토산당 신이 대접을 받기 위하여 색시에게 걸림. 긴 하품, 짧은 하품. 쓰러져 뒹굶. 모계 전승함 (일종의 히스테리성 질환?)*	치제(致祭)
5. 눈병·옴 등 피부병	미상(未詳)	이렛 당신(堂神) 치제 (치료신)*
6. 신랑 신부의 설사	세화리당신(細花里堂神)이 줌. 주육(酒肉) 대접을 받기 위함	치제 (예방가[豫防可])*
7. 해녀 등 주로 미인에게 생기는 증상. 기타 미상	도깨비 범접	형도깨비가 동생도깨비를 데리고 감 〈영감놀이〉굿
8. 무엇에든 집착하는 병 (일종의 강박증)*	〈전상〉이 붙음	〈전상차지〉 혹은 〈삼공맞이〉
9. 병종(病種) 미상	〈넋남〉	넋들임
10. 병종 미상 헛소리를 할 수 있음	〈척귀〉 및 〈죽산이〉 (원령들의 빙의)	〈신풀이〉 탈을 일으킨 사령이 누구인지를 확인하고 그의 원한을 풀어주기로 약속함
11. 병종 미상	잡귀빙의 (얻어먹지 못한 귀[鬼])	〈잡귀풀이〉 구축(驅逐)
12. 정신 이상	사령 범접	〈두린굿〉 범접혼 탐지, 굴복받고 치송(致送)
13. 중병	시왕(十王)이 부름	차사(差使)를 사귐 예방가능 〈액막이〉라 함

* 괄호 안은 저자의 주(註)

는 잡귀풀이다. '벌풀이' 제차는 '신격'에 대해서 죄를 풀어내는 것으로 어느 신께 걸린 벌인지 몰라서 "모든 신전에 걸린 죄를 풀어주십사"하고 빈다. 신풀이란 그 집 사령들의 빙의를 풀어내는 것이다. 집안 조상, 부모형제의 영혼을 호명하고 원한을 풀어달라고 빈다. 세 번째 잡귀풀이는 어떤 원한을 품은 채 죽어서 저승에 못 가고 중간에서 헤매다가 인간에게 빙의하여 원한을 푸는 악귀인 잡귀의 한을 푸는 과정이다. 신풀이에서는 조령의 한을 풀지만 '잡귀풀이' 남자귀, 여자귀, 청춘귀, 노망귀' 등 모든 잡귀를 불러내어 "얼른 물러가라, 아니 물러서면 옥추경(玉樞經)을 읽고 오륙신장(五六神將) 불러다 결박하고 귀신 잡는 신칼로 간 날 간 시 모르게 하겠다"고 위협하여 쫓아낸다.

이상을 세 번 반복하고 제신을 송신(送神)하는 것으로 굿이 끝난다.

신에 대한 불경(不敬)이라는 도덕적 관념이 질병에 유난히 강조되어 있고 신령계의 위계가 분명하여 무신에게는 공경과 사죄를, 조상에게는 한풀이를, 하급 잡귀에게는 협박으로 대하는 등 접근의 다양성이 분명히 드러난다.

앞에 기술한 바와 같이 무속사회에서 모든 주술적 행위는 병과 관련이 있다. 병의 예방까지 고려한다면 각종 세시풍속·음식·의복·민속유희·민속극 가운데 역신(疫神)의 발양을 목적으로 하는 것이 많고 내용도 매우 다양하다.

2. 정신병의 주술적 치료

샤머니즘 사회의 정신병관에서 특징적인 것 가운데 하나는 앞에서 자주 되풀이했듯이 입무의 '신병', 즉 소명으로서의 병이라는 관점이다. '신병' 중 나타나는 정신착란 상태는 무당이 되기 위한 고통이고 동시에 신명을 받아 올바른 무당이 되기 위해서는 허주벗김, 헛풀이 같은 주술적 치료가 필요하다. 신령들에게 기도하는 것만으로도 치유된 경우가 보고되고 있으나 허주굿은 신명을 더욱 잘 받아들이기 위한 선행 과정임을 앞의 장에서 자세히 살펴보았다.

1) 허주굿

허주굿의 방법은 앞에서 본 대로 입무자에게 빙의된 것으로 보는 부정한 귀령을 위협하여 내쫓는 축귀술이다. 다음은 무명 혹은 마포(麻布)를 찢거나 그밖의 주술적·연희적 방법으로 허주를 푸는 것이다. 정신착란이 심할 때는 과거에 새끼줄로 환자를 묶고 추가로 복숭아나무 가지로 구타하는 방법을 취했으나 현재 이런 경우는 드물다. 허주를 벗긴 뒤에는 신명(神明)을 받아들이기 위해 '도산다리'[都山橋], 또는 '불사다리'[佛事橋]라는 천을 찢어 신명을 부른다.[37]

헛풀이만으로는 병이 완치되지 않고 '말문이 열려' 신명(神名)을 외칠 때 몸이 깨끗해졌다는 김태곤의 사례[38]도 있다. 결국 내림굿의 허주를 벗기고 입신의 두 절차를 거친 뒤라야 완전한 무당이 될 때 건강해진다고 보는 것 같다. 또한 건강상태란 무사(巫事)를 중단하면 다시 악화되므로 무당들은 모두 어쩔 수 없이 굿을 계속한다고 주장한다.

2) 복숭아나무 가지로 때리는 법

광증의 민간요법으로 집중적으로 실시된 치료는 복숭아나무 가지로

---

37) 秋葉隆(1950), 앞의 책, 58~59쪽.
38) 김태곤(1970), 「입무과정의 강신신병현상연구」, 『아세아여성연구』 제9집, 93~109쪽.

환자를 때리는 방법(도지구타법[桃枝毆打法])이다.39)

복숭아나무 가지 외에 뽕나무 가지, 호두나무 가지, 버드나무 가지를 쓰는 경우도 있으나 드물다. 도지는 동쪽으로 향한 가지를 골라 썼으며 예외로 남쪽 도지에 대한 기록도 있다. 술자(術者)는 대개 무당이 아니면 장님이며 독경과 도지난타를 겸한 것 같다.

기간은 2~3일에서 2주, 어떤 것은 20일 동안 하는 기도도 있다. 잠을 자면 귀신이 들어온 증거이므로 잠을 못 자도록 때려서 숨지게 한 사례가 보고된다. 비명을 지르면 귀신이 나가는 것이라 생각하여 비명을 지르고 실신할 때까지 때리는 등 구타의 방법은 글자 그대로 지속적인 난타였다. 혹은 용서해달라고 할 때까지 때렸다. 이것을 귀신의 굴복이라고 간주한 것이다.

구타를 하는 신체 부위는 모두 밝혀지지는 않았으나 안면과 둔부, 전신이었던 것 같다. 머리 위의 침이나 뜸 혹은 수족의 침, 얼굴에 침난자를 구타와 겸하는 경우도 있었다. 도지로 만든 화살을 안면에 난사하기도 했다.

이른바 화기법(火氣法)을 겸용하기도 하는데, 솔잎을 태워 연기를 콧구멍에 쏘여 질식시키거나 불을 붙인 천 조각을 면전에 갖다대는 등 위험한 행동을 하였다. 통나무 네 개를 세운 고좌(高座) 바구니와 볏짚의 그물 같은 곳에 환자를 넣어 매달아 밑에서 솔잎을 태워 연기를 내거나 건조한 솔 껍질에 불을 붙여 환자에게 던지고 도지로 구타하는 방법도 썼다.

환자는 대개 수족을 묶었고 서까래에 매달기도 했다. 공중에 매단 채 급회전을 시키고 도지로 강타했다. 구타할 때 환자를 소 안장에 엎드리

---

39) 『세종실록』 권57, 14년 8월; 국사편찬위원회(1968), 『조선왕조실록』 권3, 408쪽; 村山智順(1929), 앞의 책, 261쪽, 556쪽.

게 하기도 했다.

구타와 더불어 무(巫) 혹은 맹인이 흔히 사용하던 타악기는 북이고 경(經) 중에는 「옥추경」(玉樞經)이 효능이 있는 것으로 알려져 있다.

구타법은 정신병에 많이 이용되기는 했으나 그것만을 위한 전용 치료방법은 아니었다. 도지 사용도 반드시 정신병에 국한되지 않으나 양적으로는 정신병의 경우가 월등하다.

이밖의 주술적인 치료는 지엽적이다. 다른 질병치료와 같이 화기(火氣), 한 방안의 수용기도, 주부(呪符), 주물음식, 묘지의 돌봄 등을 이용하거나 오감법을 썼다. 난치병인 만큼 주물에서는 구하기 어려운 물건을 먹였다. 목이 졸려 죽을 때 쓴 목피(木皮)를 먹인다든가 음양법을 곁들인, 남자환자에게는 여음(女陰)이, 여자환자에게는 남근(男根)이 유효하다는 보고도 있다. 그러나 이 모두가 정신병 치료에만 쓰는 방법은 아니었던 것 같다. 주부도 정신병귀와 다른 경우의 근본적인 차이를 발견할 수 없다.

도지구타법은 현재에는 보기 어렵지만 1970년대만 해도 기도원이나 신흥종단에 속하는 정신병 민간수용소에서 유사한 민간주술이 여러 가지 색채를 띠고 성행되었다.

무라야마의 보고[40]를 보면 정신병 또는 중병환자의 경우 기도자가 제단을 설치해 북을 치며 독경을 한다. 2일 후 나뭇가지로 신봉(神棒)을 만들어 그 병의 원인을 묻는다. 잡신이면 축사경(逐邪經)만 읽고 잘 퇴거하지 않으면 신봉을 써서 항아리 속으로 유인, 뚜껑을 덮어 개천에 던진다.

아키바[41]는 정귀벳김(서울), 도깨비굿(양주), 살량굿 또는 실신제(失

---

40) 村山智順(1932), 앞의 책, 282쪽.
41) 秋葉隆(1950), 앞의 책, 87쪽.

神祭, 해남), 척휘굿(순천) 등을 소개한다. 이들 대부분은 굿 도중에 무당이 신도(神刀) 혹은 신창(神槍)으로 환부(患部)를 찌르는 시늉을 한다. 또한 맹렬한 세력으로 병마의 퇴산을 명하고 환자에게 병마가 두려워하는 조밥을 던지며 때로는 불을 행사할 때도 있다고 하였다.

예컨대 해남에서는 실내에서 빈 뒤, 냇가로 나가 통나무 세 개를 세워 멍석을 덮고 그 속에 병을 덮어둔다. 그런 다음 환자를 앉히고 그 앞에서 무녀가 동고(銅鼓)를 치면서 축귀경(逐鬼經)을 읽는다. 그리고 나자마자 오막살이에 불을 질러 병을 깨는 행사를 벌이므로 환자는 놀라서 집으로 달려간다. 또한 무녀가 축귀경을 읽을 때 미친 환자가 대항하여 신도를 빼앗아 무녀를 찌르는 경우도 있는데, 상당히 위험하며 화재가 날 수도 있다고 한다.

3) 꿈과 치병

꿈이 치병 기능을 한다는 사실은 우리나라 역사서에서도 산견(散見)되는데 『고려사』에서 한 가지 예를 들어보기로 한다.

> 윤수태(尹壽台)가 일찍이 말하기를 아직 삼십이 못 되었을 때 왼쪽 다리가 부실했다. 그는 천마산사(天磨山寺) 약사(藥師) 앞으로 가 맹세코 말하기를 불(佛) 만일 나의 병을 고쳐주면 불전(佛殿)을 만들겠다 하였다. 꿈에 일승(一僧)이 있어 말하기를 그대 병이 나을지어다. 불전을 만들라 하였다. 꿈에서 깨자 병이 즉시 나았다. 마침내 불전을 만들어 참법석(懺法席)을 설치하고 이를 낙성하였다. 고로 수(壽)를 얻음이 이와 같다. 왕이 말하기를, 그렇다면 내 일찍이 왕궁의 병에 약사법석(藥師法席)을 마련한 일이 있거늘 그날 밤 꿈에 어떤 스님을 보고 병이 즉시 치유되었다. 불(佛)이란 헛된 것이 아니니라.[42]

1930년대 무속자료 가운데에는 강신적 입무과정에서 광인과 같은 정신이상을 나타낸 사람의 꿈에 신령이 나타나 "무신에게 기도하면 낫는다" 하여 그리하니 병이 나았다는 사례들이 적지 않게 보고되었다.[43] 현대의 자료 가운데에서도 입무사례에서 꿈이 병을 일으키기도 하고 병을 치유하기도 함을 알 수 있다. 이런 현상은 한국 샤머니즘 특유의 현상이라기보다 인류 역사와 더불어 널리 퍼져 있는 관념이다.

4) 두린굿

악한 사령에 범접하여 정신이상이 생기는 경우 행하는 제주도의 병굿은 매우 흥미롭다. 현용준에 따르면 두린굿의 '두린'은 '두리다'에서 온 제주도 방언으로 '미치다'란 뜻이라 한다. 그러므로 두린굿은 미친 자의 병을 고치는 굿이다. 전체 과정은 네 부분으로 이루어진다.

① 보호신령들의 초대와 기원(초감제)
② 석살림(신들을 즐겁게 놀리는 제차)과 환자의 춤
③ 악령을 협박, 축출(대감 받음)
④ 악령을 위로, 신들의 보냄(옥살 지움)

특이한 것은 두 번째 거리에서 가족, 신방과 함께 환자를 음악에 맞추어 즐겁게 춤추게 하는 과정이다. 음악 템포를 점점 빨리하여 환자를 기진맥진할 정도로 춤추게 하여 쓰러질 때 환자의 입에서 저절로 나온 이름이 빙의된 악령의 정체라고 본다고 한다. 때로는 환자가 네댓 시간이나 계속 춤을 추기도 한다는데, 목적은 분명 망아경을 유도하는 데 있지 않은가 짐작된다. 처음부터 협박하여 귀신을 쫓는 것이 아니라 감

---

42) 『고려사』 상, 「세가」 권45, '공양왕' 1년 10월, 아세아문화사, 884쪽.
43) 村山智順(1932), 앞의 책.

정을 고양시켜 무아지경을 유도하는 점이 특이하다. 샤머니즘에서 치유의 전형인 '망아경에서의 치유'(healing in ecstasy) 형식을 나타내기도 한다. 그러나 망아경에서 빙의된 귀령의 이름을 고백한다는 것은 중세 유럽에서 마녀를 '진단'할 때의 고문과 고백을 연상시킨다. 또 중앙아시아 및 시베리아의 망아경에서의 혼의 탐색·탈환과는 다소 형태를 달리한다.

그 뒤를 이어 실시되는 '대감 받음'의 제차에서 '밝혀진', 빙의된 악귀를 협박하여 내쫓는 축귀술은 육지의 정신병에 대한 주술적 치료와 같다. 이때는 버드나무 막대로 환자(속의 악귀)를 때리거나 고통을 주어 "또 환자에게 범접하여 괴롭히겠는가?" 하며 협박한다. "절대 범접하지 않을 테니 용서해달라"는 말이 환자의 입에서 나오면 병이 낫는다고 생각한다.

네 번째 '옥살 지움'의 제차는 빙의된 악령이 고통을 가한 신방 등에게 복수하지 않도록 달래는 과정이다. 빙의되는 악귀에 대하여 퇴거를 명할 때는 너무 단호하고 엄격하면서도 과도하게 하여 이것이 또 하나의 원한이 되지 않도록 조심스럽게 배려하는 모습도 다른 주술적 방법과 구별되는 점이다.[44]

히스테리성 해리장애의 경우는 모르겠으나 정신병을 앓는 환자가 이런 방법으로 어떤 효과를 보았을지는 의문이고, 확인할 도리도 없다.

5) 심신질환의 치료: 칠성새남

앞에서 지적한 대로 무속사회에는 정신질환과 신체질환, 심신질환 (psychosomatic disorders)에 대한 구별이 없다. 다만 정신병 중에 고칠

---

44) 현용준, 「제주도 무속의 질병관」, 앞의 책, 116쪽; 현용준(1986), 앞의 책, 236쪽, 344~346쪽.

수 있는 것과 고칠 수 없는 중병을 구별하고 있을 뿐이다. 어떻게 보면 샤머니즘 사회의 질병관은 모두 심인성에 가깝다고 할 수 있고, 치료도 굳이 이야기하자면 모두 정신적인 것이다. 그러나 원시문화에서는 신체와 정신의 구분이 명확치 않고 항상 양자를 포괄하는 미묘체(subtle body) 관념이 우세했기에 현대 합리적 의학의 입장으로 원시의학을 비교하거나 해석하는 것은 무리이다.

어쨌든 병의 증상이 어느 정도 구체적으로 알려진 제주도의 몇 가지 병은 나타나는 모양이 심인성 신체질환을 방불케 하므로 여기에 그 예를 적으려는 것이다. 그러나 그 기술이 너무나 간단해서 현재로서는 병의 실체를 단언하기 어렵고 어디까지나 참고로 제시하는 데 불과하다는 것을 밝혀두고 싶다. 현용준의 보고[45] 가운데 치료부분만 소개한다.

칠성신이라 부르는 뱀신을 죽이면 병이 드는데, 칠성새남을 해서 뱀을 살려야 병이 낫는다. 칠성새남이란 종이로 뱀을 만들어 모셔놓고 '허맹이'라는 교만한 악신을 짚으로 만들어놓아 행하는 굿이다. 허맹이가 사람으로 하여금 뱀을 죽이게 한 것이라 단정하고 신방은 이 허맹이에게서 뱀을 죽이도록 교사했다는 다짐을 받고 귀양 보낸 뒤 '칠성'을 살려내는 극적 의례이다.

이밖에 '토산당굿' '영감놀이' 등이 부녀들의 특수한 심인성 신체질환에 대한 치료인 듯하나 자세한 상호관계를 알 수 없는 것이 유감이다.

이상에서 주로 문헌상에 나타난 정신병 치료방법을 제시했다. 이미

---

[45] 현용준, 「제주도 무속의 질병관」, 앞의 책; 현용준(1986), 앞의 책, 236쪽; 현용준(1966), 앞의 책, 3~4쪽.

적은 대로 몇 가지 특수한 경우를 빼놓고 오늘날에도 민간의 정신병치료란 주먹구구식으로 이것저것 안 해보는 것 없이 하기 때문에 다른 질병의 치료와 확연히 구별할 수 있는 것이 많지 않다. 저자가 영남의 함안·진주·밀양·해운대 등 몇몇 지역에서 민간의료에 대해 현지 조사를 한 결과도 도무지 잡연(雜然)해서 종잡을 수가 없으나 다만 정신병은 잡귀가 든 탓이므로 쫓아야 한다는 관념이 우세했다. 그러나 집안에서 어떤 병에나 시도하는 '객귀물림'[46]이라는 주술행위로는 정신병을 고칠 수 없다는 의견이 강했다.

또한 그 지방에서 얻은 인상은 정신병의 근원을 목신(木神)의 탈이라고 생각하여 「동토경」(動土經) 등을 읽는다고 한다. 그러나 일반적이고 간단한 주술적인 치료방법을 잘 아는 사람들 가운데에도 정신병에 관해서는 체계적인 설명을 할 수 있는 사람이 없었고, "옛날에는 복숭아나무 가지로 때렸다"는 말만 되풀이할 뿐이었다.

영남에서 '오구' 때문에 정신병에 걸린 뒤 사령제를 직접 체험했다는 한 남자(경북 안동군 도산면 계남리, 신재철[申載喆], 54세)도 치병의식에 대해 기억을 제대로 못해 "불을 지핀 일은 없고 다만 오구를 풀었다"고만 했다. 수살귀신(水殺鬼神)처럼 비명에 죽은 자의 한을 푼다는 말로, 이를 오구를 열고 푼다고 한다. 이 귀신은 운 나쁜 사람만 범접하거나 마음이 약해도 붙는다고 했다. '진오귀'(서울), '오구굿' 등도 정신병 치료에 적용된 것이 틀림없고, 위의 사람은 어쨌든 굿을 한 뒤 약도 먹

---

46) 물을 담은 바가지에 썰어놓은 파와 소금을 담아 한 손에 쥐고 한 손에는 식도(食刀)를 들고 환자 뒤에 술자(術者)가 서서 식도로 환자의 머리와 어깨 등을 치면서 귀신의 이름을 있는 대로 부르고 주는 것 먹고 썩 나가라고 외치면서 칼을 문 밖으로 내던지는 방법이다. 이때 칼날이 집 밖으로 향하면 객귀가 나간 증거이고 그렇지 않으면 그렇게 될 때까지 되풀이한다. 이것은 모든 병에 시험해보는 간단한 방법으로 술자는 반드시 무당이 아니어도 되고 대개 마을의 노파들은 그 방법을 안다.

어 병이 나았다고 한다. 그러나 자기 병의 원인은 14세 때 몹시 놀란 일이 있어 그것이 쌓여서 그렇다는, 귀신의 범접과는 관계없는 '실혼'의 질병관을 갖고 있었다.

민간치료 일반, 그리고 정신병의 민간치료에 관해서는 민속학자들의 좀더 광범위하고 면밀한 조사가 필요하다.

II. 고찰

1. 샤머니즘과 한국민간 치병방식의 비교

한국 샤머니즘 사회의 여러 가지 치병방식의 특징을 알기 위해서는 다른 민족의 유사한 현상과 비교하여 그 이동(異同)을 살펴볼 필요가 있다. 민간치료에 관해서는 사실 수많은 문헌이 있어 남김없이 살펴본다는 것은 거의 불가능한 일이다. 엘리아데는 세계 각지에 산재한 샤머니즘과 관련되는 민족들의 주술적 치병방법을 종합적으로 검토해 우리에게 훌륭한 참고자료를 제공했다. 그에 따르면 샤머니즘의 치병과정은 다음과 같이 요약된다.[47]

① 진단은 망아경(忘我境)을 통한 신의(神意)와의 교통으로써 얻어진다. 저승으로의 여행, 초신(招神), 빙신(憑神) 등 방법은 여러 가지이다.
② 치료는 신의로부터 얻은 병인론에 입각하되 항상 수호신의 도움이 필요하다.

---

47) Eliade, M.(1964), *Shamanism, Archaic Techniques of Ecstasy*(Trans. by Willard R. Trasl), Princeton: Princeton Univ. Press. pp.215~258, pp.300~304, pp.326~332.

③ 도움을 위해 격렬한 가무와 망아상태가 필요하다.
④ 치료는 병인론에 따라 대개 병원체 흡출, 영혼의 체내로의 재투입, 주술적 수술 등인데, 항상 구체적인 '증명'을 요한다(예컨대 흡출한 물건 속에서 병원체가 나왔다며 벌레 같은 것을 보여준다거나 하는 일).
⑤ 치병의식을 반복한다.
⑥ 치병의식은 대개 밤에 한다.

또한 샤머니즘 사회뿐 아니라 다른 원시적 치료방법에 공통적인 것은 여러 사람이 지적하듯이 주의(呪醫)와 환자 사이 개인적인 치병의식이 아니라 환자에 가까운 가족을 비롯한 공동체의 성원이 참가한 집단적 치료의식으로서 성원들 각자의 치료에도 이바지한다는 점이다.[48]

이렇게 볼 때 한국 샤머니즘의 치료의식도 이 원칙에서 벗어나는 것 같지 않다. 다만 방법상의 차이가 발견될 뿐이다. 다시 말해서 진단과정으로서의 망아상태에 대한 이념의 차이, 주술적 수단의 종류상의 차이, 주술적 발양의 구체적인 양상에서 서로 다른 모습을 나타낸다는 것이다. 이것은 한국 샤머니즘이 차지하는 문화적 특수성에 기인하는 것으로 결코 치병의식에만 국한되는 것은 아니다.

역사적인 자료에 입각해볼 때 한국의 주술적 치병의 밑바닥에는 병

---

48) Carstairs, G.M.(1964), "Healing ceremonies in primitive societies," *The Listner* 72, pp.195~197; Leighton, Alexander, H, Leighton, Dorothea C.(1941), "Elements of psychotherapy in Navaho," *Religion, Psychiatry* 4, pp.515~523; Kramer, Brett, Hart(1970), "Psychotherapeutic implications of traditional healing ceremony: The Malaysian main puteri," *Transcult. Psychiatry*, Res. Rev. Vol.VII, pp.145~150; Hissink, Karin, "Krankheit und Medizinmann bei Tacana‐Indianern," *Festschrift A.D.E. Jensen*, 1, pp.204~211.

에 대한 강한 도덕성이 엿보인다. 한 나라의 국왕이 전염병이 창궐할 때 자신의 죄를 의식했다는 것은 오늘날과 같이 병을 생물학적 현상으로 보고 기계적으로 처리하는 시대와 무척 대조적이다. 백약이 무효할 때 "내가 누구에게 무슨 잘못을 했는가" 하는 질문을 던지는 것은 병에 대한 한국적 태도의 특징이었다. 그 죄의 도덕성은 절대자에 대한 불안이라기보다는 인간에 대한 우려, 다시 말해서 인간의 원한에 대한 두려움에 근거를 둔다는 점에서 특이하다. 천재(天災)를 지낸 경우가 없는 것은 아니나 전사자(戰死者)에 대한 여제(厲祭)를 빈번히 지냈고 왕실에 병자가 생기면 죄수를 방면하는 것 등은 대표적인 예라고 할 수 있다.

둘째로는 질병치료의 이면에는 풍수지리사상이 뿌리 깊이 박혀 있었다는 사실이다. 질병관에 대한 논의에서 지적했듯 이는 대우주를 본뜬 소우주로서의 인간관을 바탕으로 한다. 질병은 곧 대지의 오염이며 치료는 오염된 공간을 벗어나는 것이다. '피병이거'(避病移居)는 보통 주술적 발양으로는 어떻게 할 수 없을 때 최후의 수단으로 행해지는 듯하며 그 가옥, 그 터에 있는 부정한 지기(地氣)의 위력이 얼마나 큰가를 보여주는 것이다. 이를 투사라고 본다면 인간 무의식 심층의 가장 원초적인 세력(energy)의 투사일 것이며, 그 심적 세력원(勢力源)의 여러 가지 작용양식 혹은 체계를 외계의 형세를 통해서 의식하는 것이라고 볼 수 있다.

물론 풍수지리사상과 피병이거는 한국에만 있는 것이 아니다. 한국에서 무가(巫家)와 같은 마력을 지닌 곳에서 병귀를 피하려는 치료방법은 다른 민족에게서도 실시된다.[49] 그러므로 여기서 특징적이라 함은

---

49) Weck, Wolfgang(1947), "Die balische Heilkunde," *Ciba Zetischrift* 9 Nr.106, p.3885.

다만 그 정도를 가지고 논하는 것뿐이다.

망아상태에서의 치유를 샤머니즘 치료의 유일무이한 특징이라고 볼 때 한국 샤머니즘의 치료의식에서 강조하는 점은 망아체험 자체보다 원한이라는 감정의 과장에 있다. 물론 망아상태가 형식상으로나 극적으로 실현되지만 신의(神意)를 물으러 가는 과정보다 빙의된 제신(諸神)의 '공수'에 더 역점을 두는 것 같다. 다만 제주도에서는 특히 신의의 탐지, 즉 진단과정이 상당히 중요한 부분을 차지한다. 신탁을 내리는 제신 가운데 가장 중요한 역할을 하는 것이 조상신인 점에서는 제주도와 육지의 차이가 없는 것 같다.

다른 민족 가운데도 뚜렷한 망아경을 보여주지 않고 상징적 행위로 대치하는 경우가 없지 않다. 어쨌든 이념상으로는 샤먼, 혹은 메디슨맨이 병을 고치기 위하여 저승과 저승의 존재와 접촉을 한다는 점이 충분히 강조되어 있다.[50]

한국 샤머니즘 사회의 치료의식은 지역마다 특이하며 현재와 같은 빈약한 자료로는 단언하기 어렵다. 그러나 함경도 지방에서 주로 맹격에 의해 처절한 독경과 주술적 축귀술에 치중했다면 중부에서는 가무 등 감정의 다양한 표현을 통한 복잡한 주술행위에, 제주도에서는 해학적인 연극성에 특징이 있지 않은가 생각해본다.

2. 주술적 원시 치병방식과 문화심리학

많은 정신의학자가 현존하는 원시부족들의 주술적 치료에 흥미를 가지고 연구하는 주된 목적은 치료방법의 현실적 효용성을 살피는 데 있

---

50) Sandner, Donald, F.(1971), "Navaho medicine men: The psychological cure," *Transcult. Psychiat Res Rev*, Vol.VII, pp.92~94.

다. 특히 현대 서양의학의 치료방법이나 질병관이 어떤 특수한 문화권에는 그대로 적용될 수 없다는 사실을 알게 된 몇몇 학자가 문화와 정신건강의 관계를 중심으로 치료방법의 문화적 특수성에까지 관심을 가지게 된 것이다.

거의 모든 학자는 이 민간치료가 현실적으로 효과가 있음을 여러 면에서 인정하고 그 치료기능에 대하여 긍정적인 결론을 내린다. 특히 알렉산더 레이턴(A.H. Leighton)과 도로시아 레이턴(D.C. Leighton)[51] 등은 나바호 인디언이 자기 고유의 치료를 버리고 백인의 치료방법을 강요받을 필요가 없다고 무척 열정적으로 옹호하고 나섰다. 나바호 인디언의 치료의식은 강력한 감정적 호소, 암시, 강력한 보증(reassurance)으로 환자가 꼭 낫게 되리라는 확신을 보통 사람과는 다른 초인적인 권위를 가진 주의(呪醫)가 환자에게 부여한다는 데 치료효과의 핵심이 있고, 주의는 또한 환자의 사정을 잘 알기 때문에 여러 가지 충고를 줄 수도 있다는 것이다. 또한 치료효과는 환자 개인뿐 아니라 모든 참여자에게 불안정한 세계에서의 보장감(保障感)을 주고 사기를 돋우어주고 우주 가운데서 한 자리를 차지하고 있다는 신념을 부여한다는 의미에서 크다는 것이다.

카스태어스(G.M. Carstairs)[52]는 모든 원시적 치료가 공동체의 모든 성원을 대상으로 삼고 있으며, 신성한 의식에 참여한다는 의식과 강력한 주력(呪力)을 지닌 치료자의 말에 따라 고양된 암시를 근거로 한다고 보았다. 특히 치료효과의 하나로 평소에 못하던 환자의 과거 일들을 격한 감정적 체험으로 재현하는 일종의 발산법(發散法, abreaction), 신

---

51) Leighton, Alexander, H., Leighton, Dorothea C.(1941), 앞의 책, pp.515~523.
52) Carstairs, G.M.(1964), "Healing ceremonies in primitive societies," *The Listner* 72, pp.195~197.

공(神供)을 통한 대상적(代償的) 자기 징벌에 따르는 죄악감의 소실, 치료의식이 환자에게 주는 애타적(愛他的) 태도로서 신경증에 동반하기 쉬운 과도한 자체 몰두(excessive self absorption)를 지양하고 심적인 균형을 얻게 하는 점 등을 든다.

그는 필리핀 니그리토족(Negrito族)의 치료를 연구한 스튜어트(Kilton Stewart)를 인용했다. 즉 원시적 치료는 고도로 감정적인 집단치료이며 심리극(psychodrama)이라 했다. 또 니그리토는 프로이트 없이 '신경증적' 갈등을 해결하는 데서 금지된 행동을 사회적으로 허용된 형태로 간접적으로 표현하는 것이 좋다는 것을 발견하였다는 점을 강조하였다. 또한 그는 가족과 친지가 참여한 치병의식은 환자로 하여금 공동체로부터의 유리를 막고 공동체의 성원으로 하여금 모든 쓰라림을 잊고 환자를 다시 받아들이게 하는 데 중요한 역할을 한다고 보았다.

크레이머(Kramer)[53] 또한 말레이(Malay) 보모(bomo)의 치료 효과를 인정했다. 치료자의 권위, 치료자에 대한 믿음, 노래, 농담, 춤, 식사 등 감정적이고 명랑한 분위기에서의 반동행위(acting out), 혹은 역할놀이(role-playing)가 중요한 역할을 함을 지적했다. 이것은 특수한 문화체계를 위한 정신치료(psychotherapy for a particular cultural system)라 할 수 있다. 다만 기질적 정신병치료에는 효과가 제약된다는 단점이 있을 뿐이라고 하였다.

키에브(A. Kiev)는 민간 정신의학의 치료기능을 좀더 깊이 파고들어 원시적 민간 정신의학적 치료가 공동체의 가치체계와 연결되어 있음을

---

53) Kramer, Brett, Hart(1970), "Psychotherapeutic implications of traditional healing ceremony: The Malaysian main puteri," *Transcult. Psychiatry*, Res. Rev. Vol.VII, pp.145~150.

지적했다. 그 특징이 군무(群舞)와 가창(歌唱)으로 유도된 암시가 치료의식에 대한 환자의 기대치를 높여주고, 그런 상태 아래에서 직접적인 명령·보증·환경조절 등이 환자 및 참가자의 불안을 감소시키는 데 있다고 하였다. 또한 치병의식의 집단 참여는 의식상의 역할을 통하여 높은 사회적 지위를 누려볼 수 있다는 것, 공격적이며 성적인 행위를 방출할 수 있는 기회와 자기의 성(性)과 상반되는 성의 역할을 실현할 수 있는 기회를 준다는 것이다. 그리하여 그 행위의 책임으로부터 일시적이나마 벗어날 수 있는 치료적 이득을 가진다고 하였다. 손쉽게 이용할 수 있는 그 공동체의 신앙체계(belief system)는 공격심 등 울적한 감정을 적극적으로 표현할 수 있는 기회를 줌으로써 각자의 심리적 방어를 강화한다. 이 신앙체계야말로 개인적인 특수한 고민들을 공동체에 의미 있는 용어로 설명하는 데 이바지한다는 것이다.[54]

스피로(M.E. Spiro)[55]는 신앙체계가 병리적 현상이 아니고 병적 현상의 출현을 막아주는 사회적인 방어체계라는 사실을 지적하고 있다. 머피(M.J. Murphy)도 샤머니즘적 치료 효과는 그 문화집단에 의하여 감정적으로 받아들여지고 널리 이용되는 신앙에 있으며, 이 점에서 다른 여러 신앙체계의 각종 신앙치료(faith healing)와 같다고 했다.[56]

주술적 민간치료에서 학자들이 이렇듯 긍정적인 면만을 강조하고 있는 것은 기이한 현상이며 레이턴의 동정적인 소론도 너무 일방적인 느

---

54) Kiev, A.(1968), *Curanderismo: Mexican-American Folk Psychiatry*, New York: The Free Press, pp.3~7.
55) Spiro, Melford E.(1965), "Religious systems as culturally constituted defense mechanisms," Spiro M.(ed.), *Context and Meaning in Cultural Anthropology*, New York: The Free Press, pp.100~113.
56) Murphy, Jane M.(1964), "Psychotherapeutic aspects of shamanism on St.Lawrence Island, Alaska," Kiev A.(ed.), *Magic, Faith, and Healing*, New York: The Free Press, pp.53~83.

낌이다. 그러나 개중에는 주술적 민간치료의 부정적인 측면을 긍정적인 것과 아울러 간파한 사람도 있다.

패티슨(E.M. Pattison) 등은 신앙치료의 실례를 조사하였는데, 환자의 치유 혹은 치유되었다는 느낌(perception of healing)은 그 병의 기질적 병리(病理)나 증세와는 아무 관계가 없고, 그들의 신앙체계와 그 삶의 양식(life style)을 재강조하는 데 도움을 준다는 사실을 실증했다.[57]

오플러(M.K. Opler)는 샤먼 치료의 특징은 샤먼의 치료력에 대한 환자와 참가자의 절대적 믿음과 그 믿음을 성취시키기 위한 특수한 의식적 과정에 있다고 하였다. 그러나 치유는 순전히 증후적이며 한 히스테리증 환자가 다섯 번이나 재발해서 치병의식을 하는 것을 보았다고 했다. 원시인에게 증후는 별개의 질병이므로 증후이행(symptom shift)의 이유를 모른다는 것이다.[58]

키에브도 데브러(Devereux)의 말을 인용하여 샤먼의 치유는 엄밀히 말해서 현대 정신의학적 치유(psychiatric cure)가 아니라 일종의 교정적(矯正的)인 감정적 체험(corrective emotional experience)으로서 진정한 병식(病識)이 없는 방어의 재배열(repatterning)을 유도하는 것임을 시인하였다.[59]

이와 같은 재배열로 말미암아 개인적이고 특수한 갈등과 방어가 그

---

57) Pattison, E.M., Lapins Nikolajs A., Doerr Hans A.(1973), "Faith healing: A study of personality and function," *Transcult. Psych*, Res. Rev, Vol.VII, pp.73~76.
58) Opler, M.E.(1936), "Some points of comparison and contrast between the treatment of functional disorders by Apache shamans and modern psychiatric practice," *Am. J. Psychiat* 92, pp.1371~87.
59) Kiev, A.(1964), "The study of folk psychiatry," Kiev, A.(ed.), *Magic, Faith, and Healing*, New York: The Free Press, pp.3~35.

집단의 인습적인 갈등이나 의식적인 증세로 변화하게 된다는 것이다. 그러나 데브러는 이러한 병식 없는 회복(remission)도 비록 환자의 병이 재발될 가능성이 있다는 점에서, 치유는 아니지만 사회적 회복이라고 할 수 있으니 환자에게나 그 사회에 대해서는 가치 있는 일이라고 한다.

주술적 치료의 효과에 관해서 샤크만[60]과 같이 실제 치유사례를 보고함으로써 장기간 재발이 없는 치유를 입증한 경우도 있다. 이 경우에는 질병의 발생 원인에 대해 좀더 면밀히 조사할 필요가 있다. 그렇게 되면 히스테리증이 아닌 단순한 심인성 신체장애나 반응성 우울증(reactive depression), 그밖에 질환 사이의 치유율이 밝혀질 것이다. 다만 그의 보고에서 특히 의미 있는 것은, 거의 모든 예에서 치료 도중 황홀상태에 빠졌다는 사실이다.

정신분석의 배경을 지닌 이상의 여러 의견을 개관할 때 거의 모든 학자의 의견이 상반된다기보다는 서로를 보충하고 있으며 또한 비슷한 견해를 말하고 있고 나름대로 일리가 있음을 알 수 있다.

한국 샤머니즘의 주술적 치료를 생각해볼 때 원시집단의 주술적 치료에 대한 이상의 여러 긍정적 및 부정적 견해 가운데 하나도 해당되지 않는 것이 없다.

무당의 권위, 무속적 치료에 대한 신앙의 강조, 환자와 가족과의 감정소통, 집단적인 강한 암시와 설득, 환자의 개인적 갈등의 극적 재현, 지성보다 감정에 호소하는 점, 노래와 춤, 그리고 환자 혹은 무당의 초인적 실체와의 교통, 병식(病識)이 없는 증후적 치유 등 무속의 치병의식은 다른 나라의 민간치료에서 학자들이 발견한 것을 다 가지고 있다.

---

[60] Shakman, Robert(1969), "Indigenous healing of mental illness in Philippines," *Int. J. Soc. Psych*. XV(4), pp.282~285.

특히 한국의 경우는 앞에서 말한 여러 치료 요인 중에서 특히 원한의 재체험이 강조되는 듯하고, 여기에 이 치료의 긍정적·부정적 측면이 내포되어 있다.[61] 그러나 환자에게 비인간적일 정도로 신체적 고통을 주는 정신병에 대한 도지구타법이나 화기법 같은 것이 어떤 효과가 있었는지, 이런 치료법에 대해서도 우리가 지금 열거한 모든 학자의 치유에 긍정적인 요인으로 인정할 수 있을지는 매우 의문이다. 이러한 치유방법은 실제 효과의 측면보다 그 방법에 표현된 무의식적 상징의 측면에서 보아야 한다. 이에 대해서는 다음에 따로 다루게 될 것이다.

샤머니즘의 치병, 또는 원시적 치병은 질병이라는 극한 상황에서 활성화된 무의식의 내용을 바탕으로 한다. 앞에서 말한 연구가들은 샤머니즘적 치료의 실제적 효과와 사회적 기능, 문화적 특수성에만 관심을 가진 나머지, 그 효과와 사회적 기능을 가능하게 하는 무의식의 근원적인 원천에 별로 주의를 기울이지 못한 면이 있다.

만일 우리가 이러한 원시적 치병을 진정으로 심리학의 대상으로 삼고자 한다면 치병과정을 기술적인 차원에서만 관찰하고 실용성을 운위하는 데 그칠 것이 아니라 더 깊은 심적 실재(psychic reality)를 파고들어야 마땅하다.

'샤먼'의 권위, 그에 대한 환자나 참여자의 절대적 신뢰 등이 현대 정신치료에서의 분석가에 대한 피분석자의 기대와 비슷하며, 치료효과의 유사함을 주장하는 것[62]만으로는 부족하다. 그 권위와 신뢰가 어떻게 형성되는가, 그것은 과연 암시의 산물에 불과한가, 암시라면 어떻게 효력을 발휘하는가, 왜 샤머니즘적 치료의식의 모든 참여자가 노래와 춤

---

61) 이부영(1970), 「'사령'의 무속적 치료에 대한 분석심리학적 연구―특히 분석적 정신요법과 관련하여」, 『최신의학』 13(1), 65~80쪽.
62) Carstairs, G.M.(1964), 앞의 책, pp.195~197.

을 통한 망아상태에 빠지기를 주저하지 않는가, 이 모든 것이 단순히 샤먼의 간교한 지혜에 지나지 않는다고 보아야 할 것인가. 이와 같은 질문을 면밀히 검토해야 한다.

레비-스트로스(Claude Lévi-Strauss)는 그의 흥미로운 논문[63]에서 보아스(Boas)의 늙은 샤먼에 관한 보고를 인용한다. 즉 환자의 신체로부터 병원체를 흡출할 때 샤먼은 각자 나름대로 계략을 쓴다는 사실을 밝혔다. 그러나 핵심은 계략의 기술이 아니라 그 행위가 환자의 병을 고친다는 '샤먼'의 확언이라는 것이다. 이와 같은 '믿음'이 환자의 주술사에 대한 믿음, 주술사와 환자 사이의 관계를 결정하는 일종의 인력권(引力圈, gravitational field)으로서의 집단의 믿음과 기대로 상호 보완된다고 주장한다.

레비-스트로스도 이러한 믿음이 어떻게 일어나며, 무엇을 의미하는가를 이야기하지 않았다. 다만 치병의식에서 소명의 실연을 통한 재활성화(reliving)와 해제반응(발산법[abreaction])의 효과를 언급하되 특히 환자와 집단 이외 치료자 자신의 해제반응을 강조한다. 주술사와 환자의 쌍(雙)이 치병의식을 통하여 능동과 수동, 자기소외와 자기투사, 표현 미흡과 정동적 활동성 등 보완적인 길항관계를 성립시킨다. 치유는 이 양극을 서로 연결하며 하나에서 다른 하나로의 이동을 촉진하고 전체 체험 속에서 정신적 우주의 일관성(coherence)을 증명한다고 했다. 이것은 현대정신치료자와 환자 사이에서 전이와 역전이의 동시 발생과 비슷한 관계를 암시하고 있거니와 그의 견해는 어디까지나 기술적(記述的, descriptive)일 뿐 그 현상의 역동적인 관계를 다루지는 않

---

[63] Lévi-Strauss, Claude(1967), "The socerer and his magic," John Middleton(ed.), *Magic, Witchcraft, and Curing*, New York: The Natural History Press, pp.23~41.

는다.

그는 또한 정신분석도 면접실에서의 '의미 있는 신화'(meaningful myth)의 창조를 통해서 치료작용을 성취하는 것이 아닌가 하고 말한다. 샤먼의 잃어버린 영혼에 대한 신화적 탐색(mythological search)은 결국 그 종족집단에 의미를 갖는 신앙체계에 환자의 고통을 연결하는 역할을 한다는 데 정신분석과의 차이점이 있다고 했다. 그는 분석심리학에서 이야기하는 바와 같이 인간이 신화를 창조하는 것이 아니라 신화가 인간 속에 살아 있어서 그것이 인간을 통해서 현시된다는 사실을 말하지 않았다.

키에브[64]는 나바호 인디언의 치료와 정신분석 사이의 밀접한 관계를 주장한 피스터(O. Pfister)의 해석을 소개하면서, 샤먼의 종교적 의식에서 병고가 한편으로는 상징적으로 인정되고 다른 한편으로는 현실의 상징적 현시로 치료되는 것은 정신위생상 크나큰 예방적·치료적 의미가 있다고 보았다. 또한 피스터는 이 종교의식에서 메디슨맨의 무의식이 그 환자의 무의식을 향하여 말했다고 한다. 흥미 있는 적절한 설명이지만 샤먼이 병을 상징적으로 이해하고 '현실의 상징적 현시'(symbolic exposition of reality)를 통하여 병을 치료한다는 피스터의 설에서는 아직 내적 진실로서의 현실과 외적 현상으로서의 현실을 혼동하고 있다. 따라서 상징의 의미도 비유(allegory)나 징표(徵表, sign)의 한계를 넘어서지 못하여 그 현상의 내부까지는 파악하고 있지 못하다는 느낌을 받는다.

---

64) Pfister, O.(1932), "Instructive Psychoanalysis Among the Navahos," *Journal of Nervous and Mental Disease* 76, 251 cited from Kiev, Ari(1964), *Magic, Faith, and Healing*, New York: The Free Press, pp.3~35.

3. 원시 치병의 상징적 이해

샤먼의 치병의식이 단순한 암시요법에 지나지 않으며 하나의 카타르시스(catharsis, 세척) 혹은 해제반응(발산법)이라는 설명보다는 다음의 해석이 더 깊은 통찰을 보여주고 있다고 생각된다. 가령 샌드너(Sandner)[65]가 나바호 인디언의 메디슨맨의 경우 샤먼의 치료방법이 단순한 암시가 아니라 일종의 상징적 정신요법(symbolic psychotherapy)이라고 한 것은 새로운 발견이다.

그러나 그의 다음과 같은 설명, 즉 "메디슨맨은 항상 환자의 무의식에 직접 작용하는 '상징'을 조작함으로써 치유를 유도하며, 환자의 고통과 혼란스러운 체험에 의미와 질서를 주고 그 '상징'을 받아들일 때 환자는 치유된다"고 할 때 그가 말하는 상징의 의미가 융의 개념[66]에 어느만큼 부합되는지 의문이다.

융학파의 원로 정신과 의사 마이어(C.A. Meier)[67]는 이집트에서 시작하여 고대 그리스에서 활발히 실시된 사원수면(寺院睡眠, incubatio)의 치병과정과 현대 정신요법과의 관계를 분석심리학적 입장에서 논했다. 그 치료효과의 핵심은 꿈에 의신(醫神) 아스클레피우스(Asclepios)를 만나는 데 있다. 오랜 기다림 뒤에—환자는 그때까지 사원의 일정한 장

---

65) Sandner, Donald, F.(1971), 앞의 논문, pp.92~94. 이 말은 그의 논문을 리뷰한 사람의 해석일 가능성이 있다. 다른 곳에서 그는 샤머니즘과 융의 분석심리학 사이의 매우 적절한 비교를 하고 있다. Sandner, F.D.(1997), Analytiscal Psychology and Shamanism, Sandner Donald F., Wong Steven H.(ed.), *The Sacred Heritage*, New York: Routledge, pp.3~11.
66) Jung, C.G.(1960), *Psychologische Typen, G.W.* Bd.6, Zürich: Rascher Verlag, pp.515~523 'Symbol' Definition.
67) Meier, C.A.(1949), *Antike Inkubation und moderne Psychotherapie, Studien aus dem C.G. Jung Institut*, Bd.1, Zürich: Rascher Verlag.

소에서 잠을 잔다―아스클레피우스가 환자에게 현몽하여 치료에 대한 지시를 전달하거나 환자 꿈에 보이기만 해도 병은 쾌유되었던 것이다. 저자는 1965년 그리스 에피다우로스(Epidauros)에 있는 아스클레피우스 사원의 작은 전시관에서 환자가 병의 치유에 감사하여 신에게 바친 수많은 석상 및 비석(votive offerings)을 목격한 일이 있다.

한국민간치료의 역사 가운데서도 꿈과 그 꿈에 나타나는 치료신의 역할은 그리스인들의 꿈에 나타난 의신의 역할이나 그 치료과정과 심리학적으로 동일한 현상에 속한다. 이 치료신들이 위기에 처한 인간들의 필요에 따라서 인위로 만들어진 것에 불과하다고 생각한다면 이는 아주 피상적인 견해라고 아니할 수 없다.

마음속에 그러한 치료신의 상(像, image)을 산출할 수 있는 원초적인 조건 없이 어디에서 그러한 신이 나타나며 어째서 그러한 상의 출현이 지역적·시간적 제약에 관계없이 여러 민족에게 동일하게 반복될 수 있는가. 융의 집단적 무의식과 원형에 대한 가설이 적용되지 않을 수 없는 까닭이 여기에 있다. 더 구체적으로 말하자면 이러한 의신들은 결국 인간의 마음속에 존재하는 원초적인 치유능력의 형상적 현시, 즉 치유자 원형상(healer archetype)이라고 설명할 수 있다.

치병의식의 참가자가 샤먼에 대하여 절대적인 신임을 하게 되는 이유는 그들이 이와 같은 원형상을 샤먼이라는 인간 속에서 발견하기 때문이며, 샤먼의 절대적인 권력을 높이기 위한 어떠한 노력도 참여자의 마음을 자극하여 치료자 원형상이 활성화하도록 하는 데 목적이 있다고 할 수 있다. 그리하여 무의(巫儀)의 참가자들도 무당에게 평범한 부모의 상뿐 아니라 신화적인 의미의 초인적 구원자의 상을 투영하여 대인관계가 아닌 하나의 신인(神人)관계를 형성하기에 이른다.

현대의 정신치료에서 흔히 일어나는 전이현상(轉移現象, transference)도 사실은 환자의 개인적인 과거 감정의 재현을 넘어서서 항상 원초적

이고 보편적인 원형의 투사를 뒷받침한다.[68]

다른 한편, 무당이나 샤면은 정신치료자가 환자의 이와 같은 특수한 투사작용을 환자로 하여금 심리학적 문제로 소화하도록 하는 데 비해서 환자나 참여자들이 투사하는 원형상에 스스로 자신을 동일시한다. 달리 설명하자면 이들은 참여자가 투사하는 원형상에 자신을 동일시하는 것이 아니라 이에 일치하는 자신의 마음속의 원형상을 적극적으로 불러내 그것과 일체가 되어 행동함으로써 참여자 자신이 내면의 치료자원형들과 접촉할 수 있게 해준다. 무당이나 샤면들은 조상이 되고 옥황상제가 되고 손님이 되고 시왕(十王)이 된다. 다시 말해서 그들은 무의식적 상징인 치료자원형과 하나가 된다. 인간인 그가 스스로 신격을 받아들이는 것이다. 그리하여 원형상의 투사와 원형상의 적극적 수용이라는 두 가지 작용이 그 극치까지 진행되는 것이 굿 혹은 샤머니즘 제의(祭儀)의 과정이다.

그러나 이 치료자 원형상의 투사란 아무런 근거 없이 일어나는 것은 아니다. 샤면이 그러한 것처럼 무당은 범속한 사람과 달리 고행을 체험한 사람이며 그를 극복한 사람이며 또 범속한 성(性)의 분극(分極)을 극복한 사람이다.[69] 연극이든 진실이든 그는 망아상태를 통하여 저승의 존재들에 주의를 기울이고 저승에 대하여 알며 그 기능을 조절할 수 있다.

한국의 무당은 치병의식이든 다른 명목의 의식이든 제의 도중 종종 자기의 고통을 최대한 반추한다. 이 재체험의 강도와 진실성에 따라서

---

68) Jung, C.G.(1958), "Die Psychologie der Übertragung," *G.W.* Bd.16, Zürich: Rascher Verlag, pp.174~345.
69) Rhi, Bou-Yong.(1968), "Über das Weiblichen und das so-genannten Doppelgeschlecht im ostasiatischen Schamanismus,"『최신의학』11(12), 1~7쪽.

환자나 참가자에게 주는 영향의 정도가 다르다. 대개 무당이 무신 가운데서도 조상신으로 자기를 현시할 때와, 환자가 느끼는 가족에 대한 한(恨), 후회 등의 감정이 무당 개인이 가족에게 가지는 감정과 일치될 때 그 영향력은 더욱 강해지는 것 같다. 다시 말해서 무당과 환자 및 참가자 사이의 공감은 무속사회층의 공통된 감정적 갈등을 토대로 이루어진다. 이는 일종의 집단적 콤플렉스의 재체험을 의미한다.

따라서 이와 같은 치유과정에는 투사현상을 하나의 구체적 현실로 오해하는 맹목적 태도와 동병상련의 감상주의와 무의식에 대한 무한한 의존성이라는 심리학적 문제성이 개재되지 않을 수 없다. 특히 후자는 현실적으로 종종 발견되는 무당과 고객의 모녀 또는 모자적(母子的) 상호의존관계로까지 발전한다. 그리하여 조상의 한으로 대변되는 참여자 자신의 무의식 콤플렉스는 의식에 의해 완전히 소화되지 못하고 항상 잔재를 남긴다. 고객들이 여러 번 무당을 찾지 않으면 안 되는 이유가 여기에 있다.

'개운치 않은 감정'으로 경험되는 이 감정적 잔재는 인과론적 정신분석이 주장하는 바와 같이 쓰다 남은 찌꺼기에 불과해서 씻어내야 할 성질의 것은 아니다. 의식(意識)의 양식으로 쓰이기를 촉구하는 무의식의 요청과 결부된 것이라고 보아야 한다. 그리고 반복적인 고통의 재현—우리가 병의 재발이라 일컫는—은 무의식으로부터 어떤 미지의 내용을 의식화하도록 촉구하는 끊임없는 경종이라고 생각해야 한다.

무의식의 비인과적 법칙을 주장하고 그 목적론적 해석의 중요성을 강조한 융은 신경증이란 아직 그 의미를 발견하지 못한 고통이라고 한다. 그리하여 모든 신경증 뒤에 그 환자로 하여금 진정한 자기를 실현케 하는 동기와 목적이 숨어 있다고 하였다. 그리고 이 의식 너머에 숨어 있는 무의식의 목적의미(Zwecksinn)를 환자로 하여금 깨닫도록 하는 것은 분석심리학적 정신치료의 근본적인 특징인 것이다.[70]

현대 서양의학은 질병의 신앙적 해석에 대하여 무척 냉담하며 종교적 질병관을 받아들이기에는 지나치게 합리주의적이고 기계주의적인 입장을 지니고 있다. 그러나 질병이란 어떤 원인에 대한 결과가 아니라 어떤 목적을 위한 사건인 경우가 많다. 특히 수많은 심인성 질환에서 이 관계는 뚜렷하며 단순한 신체적 질환, 심지어 사고로 인한 외과적 장애에서도 이러한 질병의 목적의미를 발견할 수 있다.

　한국 샤머니즘뿐 아니라 각 민족의 샤머니즘에서 특수한 정신적·신체적 장애는 무당, 혹은 샤먼이 되기 위한 징조이다. 샤먼이 되는 수련을 거쳐 그 병이 치유된다는 사실을 통해 샤머니즘이 소명의 수단으로서 병을 얼마나 소중하게 여겼던가를 알 수 있고 고통의 목적의미를 어느 정도 인식했다는 이야기가 된다. 문제는 소명의 징조라고 하는 현상의 규정이 집단에 의하여 일률적으로 정해진 규정인 만큼 개인적인 체험이 결여되어 '소명의 오해'가 빈번히 일어날 수 있다는 데 있다. 병의 완전치유가 아닌 부분적 치유, 고통의 목적의미를 부분적으로밖에는 의식하지 못하는 상태에서 무업(巫業)을 계속한 예도 많았을 것으로 짐작된다.

　그런데 정신장애와 입무와의 연관성과 아울러 특기할 것은 다른 민족에서의 샤머니즘과 같이 한국의 샤머니즘에서도 입무의 소명과 그 징조만으로는 샤먼이나 무당이 될 수 없고 입사 의례 혹은 내림굿을 성공적으로 거쳐야 비로소 샤먼 혹은 무당으로 인정받는 경향이 강하다

---

70) Jung, C.G.(1963), "Über die Beziehung der Psychotherapie zur Seelsorge," Jung, C.G., *Zur Psychologie westlicher und östlicher Religion*, G.W. Bd.11, Zürich: Rascher Verlag, p.358; 이부영(1999), 「C.G. Jung의 신경증론 — 고통의 의미와 관련하여」, 『심성연구』 14(2), 55~73쪽; 한오수(1999), 「C.G. Jung의 신경증론 — 원인론과 관련해서」, 『심성연구』 14(2), 46~57쪽.

는 점이다.

이것은 엘리아데도 주장한 것처럼 샤머니즘이 얼마나 정신병적 장애와 신성한 소명으로서의 고통을 구별하고 있으며 샤먼은 정신병환자가 아니고 병을 극복한 사람이어야 한다는 관념이 강했던가를 입증해주고 있다.

입무의 징조가 저승의 여러 신령과의 접촉에 있고 그 존재들과의 만남이 무질서한 황홀상태에서 이루어지는 것이라면 입무제(入巫祭)에서의 허주벗김, 내림굿거리, 그리고 말문이 열리기까지의 여러 과정은 망아상태에 질서와 의미를 부여함으로써 진정한 샤머니즘적 망아상태를 구현하는 데 목적이 있을 것이다.

그리하여 저승의 여러 신령에 의한 잡다한 피동적 간섭, 심리학적으로 말하자면 무의식의 자율적인 콤플렉스로 말미암은 의식의 해리상태 혹은 빙의상태에서 벗어나기 위하여 먼저 의식을 사로잡은 '비본질적인 것' '허주' '헛것'을 적극적으로 처리함으로써 무의식과의 새로운 관계를 이루게 하는 것이 내림굿이다. 여기서 새로운 관계란 무당의 수호신이 될 몸주와 하나가 되는 고도로 강렬한 감정상황에서 이루어진다. 그것은 마치 분석심리학적 정신치료과정에서 볼 수 있는 그림자(Schatten)와의 갈등을 극복하고 무의식의 심층에 있는 심혼적인 내적 인격, 이른바 융의 아니마와 아니무스를 인식하는 과정과도 비슷하다.

무당의 몸주는 무당이 가진 무의식의 아니무스가 투영된 것이라고 할 만하다.[71] 그것이 투사현상임을 무당이 깨닫지 못하고 있을지언정 무당과 몸주와의 관계는 치료적 역할에서나 인도자적인 역할에서 자아의식과 무의식의 아니무스, 아니마와의 관계와 흡사하다. 이 경우 허주를 무의식적 그림자의 투사상으로 볼 것인가 본질적인 원형층에 오염

---

71) Rhi, Bou-Yong(1968), 앞의 논문, pp.1~7. 또한 이 책의 해당되는 장.

된 의식상황, 혹은 극복해야 할 페르조나, 즉 가상(假相)이라고 볼 것인가 하는 해석의 가능성은 여러 가지이다. 다만 허주벗김은 글자 그대로 허주를 나로부터 떼어내는 작업이다. 심리적으로 '구별' '배제' '억압'의 과정이지만 분석심리학에서 말하는 그림자는 '헛것'이 아니고 무의식의 중요한 요소로서, 억압하기보다 살려서 의식에 통합해야 할 내용이라는 점에서 다르다. 이렇게 보면 그것은 진실된 삶을 가로막고 있는 가상으로서의 세속적·집단적 삶의 방식──페르조나──을 지양하는 작업에 가깝다고 할 수 있다.

주술적 치료가 아주 효과적이었다는 샤크만[72]의 보고 가운데 거의 대부분이 치료 도중 망아경을 경험했다는 사실은 앞에서 이미 말하였다. 이제 우리는 샤머니즘에서의 치병의식이 효과적이라는 일련의 사실을 엘리아데의 샤머니즘적 치료의 상징으로 내세우는 '망아경에서의 치유'라는 관점에서 음미해볼 필요가 있다. 왜냐하면 망아경이란 우리나라의 입무제뿐 아니라 다른 모든 샤머니즘의 핵심이 되기 때문이다. 인간은 망아경으로의 무한한 동경을 가지고 있다. 따라서 망아경은 치병수단이나 기술이라기보다 잃어버린 하늘과의 연계를 되찾으려는 인간의 원초적인 희구의 대상이라는 데 엘리아데의 논거가 있다. 망아경은 다시 말하면 떨어져 나간 저승(Jenseits)과 이승(Diesseits)을 연결하려는 인간의 열망의 발로이다.

그런데 심리학적 경험에 따르면 인간은 그러한 열망의 원천과 열망을 실현할 수 있는 원동력을 다름 아닌 자기의 무의식 속에 가지고 있다. 그리고 우리는 그러한 내적 가능성의 실재를 융이 언급한 무의식의 자기(Selbst) 원형상 속에서 본다. 병이란 분열이며 치유는 분열의 지양

---

72) Shakman, Robert(1969), 앞의 논문, *Int. J. Soc. Psych.* XV(4), pp.282~285.

이며 전체의 실현, 즉 자기실현이다.

샤먼은 그것을 우주적 차원에서, 무당은 그것을 무신과의 교통을 통하여 실현하고자 한다. 그러나 현대 분석적 정신요법은 그것을 자기자신 속에서 실현하고자 한다. 인간정신의 우주로의 투사, 인간 내적 갈등의 조상(祖上)으로의 확대가 결국은 지양되지 않으면 안 되기 때문이다. 인간이 인간 속에 구원의 씨앗을 가지고 있다는 것을 알아야 하며 그것이 무의식의 원초적 속성임을 깨달아야 한다. 다시 말해서 분열이란 의식의 무의식으로부터의 분열이며 통일이란 의식과 무의식의 통합이며 이는 무의식의 창조적 기능에 대한 깨달음을 전제로 한다.[73]

4. 정신병의 주술적 치료: 도지구타법의 상징성

한국민간에서 정신병치료의 대표적인 것으로 알려진 도지구타법은 아주 잔혹한 주술행위로 효과보다 폐해가 컸던 것으로 보고되었다. 민간의 정신병치료는 도지구타법에 국한된 것은 아니고 제주도의 두린굿, 영남 일부의 나무목신에 대한 병굿, 경우에 따라서는 오구굿 등 다른 치병의식이 있었음은 물론이다. 또한 다른 민족의 민간요법에서도 지적되었듯이[74] 민간에서는 현대적 의미의 정신질환과 신체질환과의

---

73) 전체정신의 핵인 자기원형은 무공간성, 무시간성이다. 원시종교에서 고등종교에 이르는 모든 종교의 세계관이 하늘의 절대자, 우주에 충만한 정령, 조상의 넋을 이야기한다고 해서 그것이 무의식의 자율적 콤플렉스, 즉 원형의 투사상이라고만 말할 수 없다. 융의 심리학은 사람들이 바깥세계에서 본다고 하거나 존재한다고 믿는 것이 마음속에도 있음을 발견했고 그에 대한 인식이 인간의 완성에 필요하다는 점을 강조할 뿐이다. 이부영(2002), 『분석심리학의 탐구 ③ 자기와 자기실현』, 한길사, 제1장 「왜 자기실현인가?」 참조.

74) Murphy, M. Jane(1964), "Psychotherapeutic aspects of shamanism on St. Lawrence Island, Alaska," Kiev, A.(ed.), *Magic, Faith and Healing*, New York: The Free Press, pp.53~83.

구별을 거의 하지 않으므로 모든 굿이 심신을 막론한 치병기능을 가진 것이 사실이다. 따라서 구태여 정신병치료를 일반질환의 치병의식과 구별한다는 것은 인위적이라 할 수 있다.

아마도 도지구타법은 정신장애 가운데서 가장 다루기 힘들고 고치기 어려운 중환자에게 적용되었던 특수한 방법이었을 것이다. 따라서 이 것은 거의 치료 불가능한 병, 다시 말하면 가장 집요한 악귀를 다스리 는 방법으로 실시되었다는 의미에서 고찰의 대상이 된다. 왜냐하면 극 복해야 할 현실의 어려움이 크면 클수록 인간은 그것을 해결하는 수단 으로 그만큼 중요한 것들을 선택하기 때문이고, 여기서 무의식이 지닌 내용들의 가장 근원적인 면이 나타나기 때문이다.

1) 복숭아와 복숭아나무 가지의 상징적 의미

왜 사람들은 이 경우 복숭아나무 가지를 쓰는가.

민간에서 복숭아나무 가지는 독이 있어 악마가 싫어하거나 무서워한 다는 정도로 알고 있었다. 그래서 대개 그 기능을 생각하지 않고 정신 병에 좋다고 하여 실시하는 경우가 많았던 것 같다.

무라야마는 한국민간에서 복숭아 가지를 주술적으로 사용하는 것은 중국의 풍습과 같다고 지적했다. 중국에서 복숭아는 오목(五木)의 정 (精)으로 사기(邪氣)를 염복(厭伏)하며 백귀(百鬼)를 자(刺)하는 힘을 가졌다고 생각했다. 또 복숭아나무 가지로 구타하는 것은 양으로 음을 다스리는 것과 같다고 하였다. 그는 중국 고서인 『용편』(龍篇)의 기사 를 소개했다. 도(桃)에는 춘양(春陽)의 생기가 있어 귀신이 두려워한다. 그뿐 아니라 복숭아나무[桃樹] 밑에서 백귀(百鬼)를 간열(簡閱)하는 '차'(茶)와 '울'(鬱)이라는 위인이 무서워서 도수(桃樹), 도지(桃枝)에는 이 위력이 있다고 연상된다. 그래서 도목(桃木)을 귀신이 두려워한다고 전해진 듯하다는 것이다.

민간에서 동쪽으로 난 도지를 즐겨 쓴 이유를 그는 드 그루트(De Groot)의 설명에 따라 도(桃)가 봄의 태양을 상징하기 때문이라고 한다. 잎도 나오기 전에 꽃이 먼저 피기 때문에 생기에 차 있고, 특히 동남방에 면한 가지는 가장 양기를 많이 받으므로 힘이 있다는 것이다. 민간에서는 섣달 그믐날 밤 악귀를 물리칠 때 동쪽으로 난 복숭아 가지를 쓰며, 악룡(惡龍)에게 빼앗긴 아름다운 부인이 버드나무 가지로 기슭을 치고 노래를 부름으로써 구출되었다는 고대 신화를 예시하였다.[75]

복숭아나무는 북중국에서 기원하는 것으로 알려져 있는데 특히 중국에서는 고대부터 주술적 수단으로 애용되어온 것이 사실이다. 중국 신화에 따르면 복숭아나무는 서왕모(西王母)의 탄생일에 불로불사(不老不死)의 선인(仙人)들이 모이는 요지(瑤池)에 있으며 불로장생의 능력을 주는 과실의 하나이다. 3천 년에 한 번 싹이 트며 그 뒤 3천 년에 한 번 열매를 맺는 신목(神木)이다.[76] 또한 웬만해서는 사람 손이 닿기 어려운 산꼭대기에 있고 그 과실을 먹으면 몸이 가벼워져 하늘을 날 수 있는 힘이 생긴다.[77]

도과(桃果)는 선과(仙果)로서 도가(道家)들의 생명수(Elixir vitae)의 주성분이었으며 불로장생의 성인(聖人)은 도과에서 나온 것으로 기술되었다. 도형(桃形)으로 새긴 도석(桃石, peach-stone)은 어린이를 죽음으로부터 보호하는 주부(呪符)이며, 새해에 복숭아꽃을 문가에 뿌리면 모든 종류의 사귀(邪鬼)를 물리친다고 생각했다. 도지(桃枝)는 축사력

---

75) 村山智順(1929), 『朝鮮の鬼神』, 朝鮮總督府, 261~556쪽.
76) Werner, E.T.C.(1932), *Dictionary of Chinese Mythology*, Kelly and Walsh, Shanghai, p.163; Williams, C.A.S.(1960), *Encyclopedia of Chinese Symbolism and Art Motives*, New York: The Julian Press, pp.312~313.
77) Werner E.T.C., 앞의 책, pp.39~40; Eberhard, W.(1987), *Lexikon chinesischer Symbole*, pp.224~226.

(逐邪力)이 있는 것으로 생각되어 도사(道士)들은 그것으로 인장을 만들어 주부(呪符)를 만들 때 사용하였고 또한 열귀(熱鬼)를 내쫓는 힘이 있다고 하여 열병환자에게 적용되었다.[78]

주대(周代)에는 궁중에서 도목(桃木)을 휘둘러 악귀를 내쫓았는데[79] 이러한 내용은 중국 민담에도 나타난다.[80] 그밖에 불로장생을 돕고 기갈을 없애는 주과(呪果)도 이야기되는데 톰슨(Stith Thompson)의 민담 주제 지표(Motif-Index)에는 모두 중국의 민담뿐이다.[81]

도(桃)는 또한 봄과 다산, 결혼의 표징이며 여성원리, 신부의 표지였다. 동시에 액을 물리치는 꽃이다.[82]

대만에서도 무의(巫儀)에서 도지를 사용하였다.[83] 아모이(Amoy) 지방에서는 이른 봄 따뜻한 날에 광란발작이 생기면 도화귀(桃花鬼)의 소행이라고 생각하며 따라서 사람을 복숭아나무 가지로 때리면 그 사람은 광란하게 된다고 하였다.[84]

이렇게 보면 도(桃)는 봄, 빛, 열, 생명력, 여성적인 출산성, 천상성, 그리고 영원성과 관계가 있는 듯하다. 이러한 속성으로 인해 어둠과 광

---

78) Williams, C.A.S.(1960), 앞의 책; 李叔還 編(1987), 『道敎大辭典』, 抗州: 浙江古籍出版社, 380~382쪽.
79) Leach, M.(1950), *The Standard Dictionary of Folklore, Mythology and Legend*, Vol.2, New York: Funk and Wagnalls, p.849.
80) Thompson, Stith(1956), *Motif-Index of Folklliterature*, Vol.2, Bloomington: Indiana Univ. Press, p.399.
81) 같은 책, Vol.2, p.118.
82) Williams, C.A.S.(1960), 앞의 책, p.118; Jobes G.(1962), *Dictionary of Mythology, Folklore and Symbols*, New York: The Scarecrow Press, Inc., p.1246; 한국문화상징사전 편찬위원회(1995), 『한국문화상징사전』 I, 동아출판사, 348~350쪽, '복숭아'.
83) 增田福太郞(1937), 『台灣本島人の宗敎』, 台南: 附童占.
84) De Groot, J.J.M.(1910), *The Religious System of China*, New York: McMillan, p.693.

란, 시간적 제약성과 질병을 제거하는 능력이 있는 것으로 표현되지만 경우에 따라 신화에서의 치료신의 이중적인 성격처럼 광란을 주는 부정적인 면도 있다.

도목(桃木)은 민담상에 흔히 나타나는 '천국의 나무'나 샤머니즘에서 볼 수 있는 '세계의 축'(Axis mundi)[85]으로서의 나무와도 같다. 그것은 정신적 세력의 원천이며 그를 통하여 정신계를 하나로 통일할 수 있는 무의식의 근원적 합일성과 성질을 같이한다. 중국신화에 고명(高明, Piercing Sight)·고당(高堂, Keen Perception)이란 두 형제 이야기가 나온다. 고명이 선도(仙桃)나무이며 고당이 이목(梨木)이라 지칭된 것은 도(桃)의 초월적 인식능력이라는 상징적 성격의 일부를 이해하는 데 어떤 암시를 던져준다.

도(桃)의 치료적인 기능은 한국의 무속 이외에 민간설화 가운데 더러 산견(散見)된다.[86] 『삼국유사』에는 아유타국(阿踰陁國, 인도)의 공주가 수로왕의 배필이 되고자 바다를 건너올 때 가지고 온 세 가지 선물 중의 하나로서 하늘에서 얻어온 진도(蓁桃)라고 기록되어 있다.[87] 또한 같은 책 「신주」(神呪) 제6에는 혜통(惠通)의 마룡축출(魔龍逐出)의 시간적 배경으로 선도(仙桃)가 핀 봄의 정경이 묘사되어 있다.[88] 또한 신라 서악(西岳)은 선도산(仙桃山)이라 불리고 신모(神母)가 오래 살았던 곳으로 알려져 있다. 그녀는 본래 중국 제실(帝室)의 딸이라는 설명이

---

85) Eliade M.(1964), *Shamanism, Archaic Techniques of Ecstasy*(Trans. by Willard R. Trasl), Princeton: Princeton Univ. Press. pp.215~258, pp.300~304, pp.326~332.
86) 최상수(1984), 『한국민간전설집』, 통문관, 204~205쪽, No.132, 「화장산전설 ─ 복숭아꽃이 신라 왕의 병을 고침」; 이원수(1964), 「동화, 선도복숭아」, 이상노, 『한국전래동화독본』, 을유문화사.
87) 일연, 이병도 역주(1962), 『삼국유사』 권2, 「가락국기」, 동국문화사, 289쪽.
88) 『삼국유사』 권5, 428쪽.

있다.[89] 또한 도화(桃花)는 아름다운 여인의 대명사였고 귀력(鬼力)을 가진 아들의 어머니이다.[90]

『삼국사기』에는 이변의 하나로 10월에 도리(桃李)꽃(복숭아와 살구꽃)이 피었다는 기록들이 있다.[91] 조선조 세종(世宗) 2년에 대비의 병이 불승(佛僧)의 기도만으로 낫지 않자 왕이 도류승(道流僧)을 모아 도지정근(桃枝精勤)케 했다. 한 번은 몸소 복숭아 가지를 잡고 성을 다하여 종일 기도하였으나 효험이 없었다는 기록이 있고,[92] 연산군(燕山君) 12년 축역용 복숭아를 이용하였다고 한다.[93]

도(桃)의 산출성(産出性)과 축사력(逐邪力)과의 관계는 일본의 민담 「모모다로」(桃太郞)에도 반영되어 있다.[94] 복숭아 가지는 화살의 형태로 신에게 바치는 제물로 이용되었고[95] 신 자신이 복숭아나무의 배를 타고 들어와서 제사의 대상이 되었다는 이야기가 한국과 거래가 있었다는 일본의 한 지역에 있고 중고(中古)까지 매년 미녀를 바치는 풍습이 있었다고 전한다.[96] 이 외래 신은 여성신이어서 도(桃)의 여성적 속성의 일면을 보여준다.

또한 3월 3일의 춘제(春祭)인 '셋쿠'(節供)를 도제(桃祭)라고도 하며, 일정한 나이에 도달한 남녀 어린이가 신공을 바쳤다고 한다.[97] 3월 셋

---

89) 『삼국유사』 권2, 430~432쪽.
90) 『삼국유사』 권1, 212쪽, '도화녀와 비형랑'.
91) 『삼국유사』 권2, 「신라본기」 2, 내해이사금 8년; 권19, 「고구려본기」 제7. 21, 문자왕 3년.
92) 국사편찬위원회(1969), 『조선왕조실록』 2. 14; 50, 52쪽, 385쪽(세종 2년 6월).
93) 국사편찬위원회(연산군일기 권61;『조선왕조실록』, 연산군 12년 1월; 국사편찬위원회(웹사이트), 영인본 14책, 38면.
94) 柳田國雄 監修(1967), 『民俗學辭典』, 東京: 東京堂出版, 625~626쪽.
95) 예컨대 中山太郞 編(1941), 『日本民俗學辭典』, 東京: 梧桐書院, 836쪽.
96) 같은 곳.
97) 같은 곳.

쿠의 도주(桃酒)는 5월의 창포주(菖蒲酒), 9월의 국주(菊酒)와 함께 배 속에 든 뱀을 녹여 없애 병을 고치는 역할을 하며,98) 『고사기』(古事記)에는 어떤 복숭아씨 3개로 신이 쫓아오는 적을 물리쳤다는 기록이 있다.99)

복숭아나무의 신성력과 주력(呪力)에 대한 관념은 중국의 기원이며, 그것이 한국·일본 기타 등지로 전파되었을 가능성이 아주 없다고 이야기할 수는 없다. 한국의 전통의학에서 도(桃)를 의약적·주술적으로 적용한 것도 그 기원이 중국이었던 만큼 물론 중국의 영향을 받았을 것이다. 그러나 복숭아에 대해 전술한 관념들이 중국 인접국뿐 아니라 무릉도원의 고사(故事)까지 알고 있었다고 하기에는 너무 먼 나라에서 있어 왔음을 지적해야겠다.

예컨대 팔레스티나에서는 복숭아씨를 주술사의 '악한 눈초리'(저주의 눈-저자주)에 대항하는 주물(呪物)로 썼고, 10세기경 땅에 매몰된 도과(桃果) 덕분에 간질이 치유되었다는 보고가 있다. 독일 바이엘 지역에서는 도핵을 황달이나 열을 치료하는 데 이용했으며, 눈병 치료에도 썼다는 기록이 있다.100) 또한 복숭아는 세계 각지에서 보편적으로 점복의 도구로 높이 평가를 받았다고 하는데 영국 북부에서는 복숭아나무의 잎사귀가 일찍 떨어지면 가축에 전염병이 돈다고 했다. 주니(Zuni) 인디언들은 도원을 지키는 무서운 사람(또는 악귀)을 믿었으며 푸에블로(Pueblo) 인디언들은 복숭아를 먹으면 불에 데지 않는다고 생각하였다. 나바호 인디언들은 마른 복숭아를 하제(下劑)로 썼으며 이탈리아에서는 도엽(桃葉)을 묻으면 사마귀를 없앨 수 있다고 믿었다. 미국 텍사스

---

98) 朝倉治彦(1963), 『神話傳說辭典』, 東京: 東京堂出版, 398쪽.
99) 같은 책, 457~458쪽.
100) Bächtold-Stäubli, Hans(1934/35), *Handwörterbuch des deutschen Aberglaubens*, Bd.VI, Leipzig: Walter de Gruyter, p.1704.

(Texas)에서도 이와 비슷하게 생각했는데, 도엽을 물에 끓인 것은 소화에 좋고 물을 적신 도지(桃枝)는 급격한 심장부 동통(疼痛) 혹은 맥통(脈痛) 및 복부 종창(腫脹)에 효과가 있다고 보았다.[101]

이상에서 우리는 불로장생이나 세계 축으로서의 도목은 아니라 하더라도, 도의 치료적 주력(呪力)에 관한 관념이 다른 지역에도 널리 퍼져 있었음을 알 수 있다. 그러나 자료를 좀더 자세히 찾아보면 개념의 분포가 더 넓어지고 내용도 다양할 것이라 믿는다.

복숭아나무, 복숭아 가지, 복숭아 잎, 복숭아 과일 등이 가지고 있을 화학적 성분의 작용을 참고로 한다고 하더라도 도지를 마력 있는 것으로 간주한 점에서 상술한 여러 민족의 관념에는 공통점이 있다. 따라서 도의 의학적 사용에는 경험적인 면과 주술적인 면, 생리적인 면과 심리적인 면이 있다고 할 수 있다. 이제 후자를 논할 때 인간들은 복숭아에 대하여 심리의 어떠한 면을 투사하였느냐 하는 문제가 제기된다.

중국이나 한국의 경우 복숭아의 이미지는 인간 무의식에 존재한다고 믿는 시간성과 공간성의 제약 없이 작용하며 인격의 통합을 끊임없이 촉구하고 있는 융의 이른바 집단적 무의식의 투사상이다. 동시에 그것은 특히 선녀적 속성, 즉 치유하며 변화시키며 산출하며 투시적인 성격으로 보아 원형으로서의 아니마의 기능에 비길 수 있다.

따라서 사귀(邪鬼)가 복숭아나무 가지를 두려워한다는 생각은 무의식의 에로스적인 것, 정동적(情動的)인 것(affectivity)의 작용이 환자의 정신적 혼란을 지양하는 데 중요한 역할을 한다는 정신분열병의 현대적 정신치료자, 특히 융학파 치료자들의 체험과 일치된다. 사귀(중국)나 허주(한국)에 빙의된 상태란 어둠이자 허위이며 맹목적 상태이다. 양(陽)과 광명과 열에 상응하는 복숭아는 이 어둠에 던지는 빛, 무

---

101) Leach, M.(1950), 앞의 책, p.849.

의식의 어둠을 밝히는 자각(die Bewußtheit)의 기능과 같다고 설명될 수 있다. 이를테면 무의식 속에 있는 자각의 싹(Das Bewußtsein im Unbewußten)이다. 그것은 다름 아닌 무의식에서 자율적으로 작용하는 개성화 과정(individuation), 다시 말해서 치유과정과 관련된다. 복숭아에는 이와 같은 인간 정신의 중요한 요소가 투사되어 있었던 것이 아닌가 생각된다. 물론 모든 민족이 그와 같은 요소를 복숭아라는 대상으로만 투사하고 있었다고 말할 수는 없다. 지역에 따라서 원형은 여러 가지 다른 모습으로 나타날 수 있기 때문이다.

2) 주술적 구타법

구타법이 민간의 정신병치료에만 적용된 게 아니고 정신병치료가 구타법에만 국한되었던 것이 아님은 전술한 바와 같다. 그러나 대개 지금까지 알려진 구타법에는 도지+구타+주문(呪文, 독경)의 삼자가 함께 실시되었던 것이 사실이다. 정신병의 원인에 대한 특별한 지식이 없던 민간에서 정신착란에 대해서만은 유달리 도지구타 혹은 난자(亂刺), 화기법(火氣法) 등 위험한 신체적·정신적 위협을 주는 방법을 쓴 것은 일차적으로 광란하는 환자를 제압하기 위한 강력한 수단을 쓴 것으로 이 병을 다스리기가 어려웠다는 사실을 반증한다.

정신병환자에 대한 구타법이 결코 한국민간에만 있던 것이 아니라 서양에도 있었을 것이라 생각하여 중세의 축사법(逐邪法, exorcism)과의 관계를 살펴보았다. 치병의식으로서 교회의 축사법에서는 별로 신체에 가해를 한 흔적이 없었으나 마녀(witch) 여부를 확인하는 과정에서는 극히 무자비한 고문이 실시되어 1930년대 한국민간에서 실시된 정신병환자에 대한 충격적 치료과정을 방불케 한다는 사실을 발견했다.[102] 후자는 어디까지나 신체로부터 병귀 축출이라는 치료목적의 행위이지만 전자는 자기가 마녀임을 고백시키기 위한, 좋게 말해서 이른바 광적 상태의 진단과 확인에만 목적을 두었다는 데 큰 차이가 있다. 결국 그렇게 확인된 마녀라고 불린 환자, 혹은 정상인은 화형장의 이슬로 사라지고 말았다.

그보다 더 시대를 거슬러 올라가면 예컨대 고대 그리스, 중동부 유럽의 일부 지역, 그리고 독일 등지에서는 특별한 날에 나뭇가지로 서로를 때리는 관습이 있었고, 그것이 건강에 좋다고 알려져 있었다는 프레이저(T. Frazer)의 보고가 있다.[103] 그에 따르면 그때 사용되는 나뭇가지는 여러 종류인데 특별한 주력(呪力)을 가지고 있어서 악귀를 내쫓는 데 도움이 된다고 여겼고, 둔부를 때리는 경우에는 생식능력을 활발하게 한다는 관념도 있었다고 한다.

정신과 의사에 의하여 구타가 정신병치료의 한 가지 방법으로 권장된 것은 근대 서양 정신의학의 여명기인 18세기 말에서 19세기에 걸친 시기였다. 크레펠린(E. Kraepelin)은 『정신의학백년사』[104]에서 당시 유럽 각지에서 실시되던 구타의 치료적 적용을 소상히 소개했다. 당대 정신과 의사들의 구타법에 대한 의견은 빙의설보다 치료방법의 실제적인 효과에서 나온 듯하다. 물론 그 적용의 타당성에 대해서는 학자 간에 격렬한 찬반양론이 있었다.

어쨌든 정신병환자를 공중에 매달고 회전을 시키고 구타를 하던 한국의 주술적 치료방법도 다윈(Erasmus Darwin)의 이론에 의하여 콕스(Cox)가 처음으로 응용했다는 회전기(廻轉機, Drehmaschine), 러시

---

102) Rossell, Hope Robins(1966), *Encyclopedia of Witchcraft and Demonology*, New York: Crown Publishers.
103) Frazer Theodor(1959), *The New Golden Bough*, New York: Criterion, pp.541~544.
104) Kraepelin, Emil(1918), *Hundert Jahre Psychiatrie*, Berlin: Julius Springer Verlag, p.6, p.52.

(Benjamin Rush)의 회전의자와 같이 정신과학이 눈을 뜨기 시작하던 시기에 원인을 알 수 없는 정신병을 고쳐보려는 인간의 눈물겨운 노력의 일환이라고 이해해야 할 것이다. 다만 후자가 그 방법의 이론을 뇌 속 혈액순환과 연관시키고 임상적인 적응증까지 생각한 데 비해서 한국의 경우는 철저히 원시적 빙의관념에 토대를 둔 행위라는 점에 차이가 있다.

게르만계 민족들에게서는 악귀의 추방, 산출성의 촉진, 병의 치료 등에 가벼운 구타법이 실로 다양하게 실시되었다고 보고되었다. 모든 통과의례·성인식·결혼·장례 등에 필수적인 과정이었으며, 그 예는 현대 교회의식이나 우리나라 풍습에도 남아 있다.[105] 대상은 반드시 인간에 국한되지 않았고 가축·농작물 등의 풍산을 꾀하는 데도 이용되었다. 구타에 이용된 나뭇가지에는 백양나무, 버드나무 가지 등을 주로 썼는데 버드나무 가지는 특히 한국무속에서도 복숭아나무 가지 다음으로 사용되었다.

이러한 가지에는 생명력이 있어 한편으로는 구타를 통하여 악귀를 물리치고 다른 한편으로는 그 생명력을 구타 대상에게 옮겨준다고 믿어왔다. 만하르트(Mannhardt)의 이른바 '생명의 채찍으로 때림'(Schlag mit der Lebensrute)이 그 한 예이다.

치료주술에서는 특히 환자의 병이 나쁜 마력에 빙의되었을 때 이 방법이 사용되었는데 남부 헝가리에서는 사지마비에, 혹은 그밖의 지역에서는 기침에 구타를 했다. 만하르트에 따르면 간질, 빙신자(Besessene), 저주당한 사람들(Behexte)도 이렇게 치료되었다고 한다. 빙신된 농부들을 주의(呪醫, Hexendoktor)가 채찍으로 때리는 치료는 아일랜드에도 있었다. 또한 정신이상이 된 남편을 고치려고 수도원에 갇

---

105) Bächtold-Stäubli, Hans(1934/35), 앞의 책, pp.1091~1114.

이 찾아간 부인에게 카푸치너(Kapuziner) 수도사가 매일 세차게 때리는 것 말고 좋은 방법이 없다고 말했다는 것을 보면 적어도 빙신상태의 사람에게 구타를 한 것은 실상 중세교회에서도 있었으리라 짐작된다.[106)]

게르만 민족의 풍습에서는 또한 치병 주술이나 산출성 촉진 등의 효과 이외에 구타는 결말의 확인, 구별(Trennen)의 행위, 혹은 의지의 강화(Bekräftigende)를 목적으로 실시되었다.[107)] 오늘날 재판정이나 국회의사진행 과정에 망치를 두들기는 풍습은 근원이 상당히 오래되었으리라 짐작된다.

구타와 관련된 고금의 풍습은 이밖에도 많으나 일일이 소개할 수는 없다. 다만 저자는 구타행위를 뒷받침하는 민간 이론이 어떤 것이든 그 행위 자체는 실상 이론에 근거한 의식적 행위라기보다 극히 본능적인 무의식적 행동이라는 점을 지적하고 싶다. 그런 의미에서 '치는 것'(Schlagen)은 인간의 쾌, 불쾌의 감정을 방출하는 '표현행위'(Ausdrucksbewegung)라는 설(說)[108)]을 다시 강조하고 싶다.

사람은 어떤 생각이 갑자기 머리에 떠오를 때 이마를 친다. 혹은 뜻밖의 말이 새나갔을 때는 입을 친다. 호머가 기술한 제신(諸神)과 영웅들은 무척 기분이 상했을 때 무릎을 쳤으며, 현대인들은 기막힐 정도로 즐거울 때 무릎을 친다. 격한 감정 속에 자기의 가슴을 친다거나 상대방의 어깨를 치는 경우를 우리는 동서고금을 통해서 본다. 따라서 치는 행위는 격정의 신체적 표현이며 능히 상대방에게 충격을 줄 수 있다.

구타법이 정신적 치료에 이용된 것은 그와 같은 격정적 감정의 신체

---

106) 같은 책, pp.1105~1106.
107) 같은 책, pp.1094~95.
108) 같은 책, pp.1092~93.

적 표현이 해이해진 정신상태에 긴장과 질서를 주는 데 효과가 있다는 것을 민간에서 인식했기 때문이다. 이것은 본래 머리를 짜서 만들어낸 기술이라기보다 체험에서 나온 것이었다.

이렇게 볼 때 주술적 치료로서의 도지구타법은 상징적으로 정동적 충격(emotional shock)을 의미하며 정신적 해리상태(解離狀態)에 대한 감정의 중요성을 나타낸다. 또한 현대적 정신요법과 상징적 의미에서 공통된 점이 있다.

무의식의 콤플렉스는 지적인 이해만으로 소화할 수 없으며 감정적인 동화(Emotionelles Verarbeiten) 과정을 겪어야 한다는 것을 융은 누차 지적하였다. 이것은 피분석자뿐 아니라 치료자 자신에게도 해당된다. 융학파의 수련과정에서는 치료자의 부자연스러운 감정억압이 진실한 감정표현보다 피분석자에게 해로운 영향을 준다는 주의를 자주 듣게 된다. 이러한 자각이 비단 융학파에 국한된다고 볼 수는 없다. 이와 같은 극히 단순한 진리를 아마도 인간은 원초적인 상황에서부터 무의식적으로 인지해오지 않았는가 생각한다. 다시 말해서 무의식의 지혜가 스스로를 현시해왔으며 다만 인간은 지적 수준과 문화적 전제에 따라서 제각기 다른 말로 그 지혜를 설명해왔다고 할 것이다.

끝으로 도지구타법이 상징적으로 의미가 있다고 해서 그 현실적인 적용의 타당성을 인정하는 것이 아님을 분명히 할 필요가 있다. 우리가 보고자 하는 것은 어떤 주술행위에 나타난 인간 무의식의 상징적 표현이다. 어떤 심각한 병에 대해 무의식이 상징적으로 제시하는 정신적 치료원리를 보고자 하는 것이다. 그러나 원시 심성은 항상 상징을 구체적인 행위로 환원한다.

III. 맺는말

이상에서 저자는 현재까지 알려진 한국의 주술적 치료방법에 관한 자료를 토대로 심리학적 상징과 현대 정신치료의 상관성을 논했다. 앞에서 말한 바와 같이 민간의 질병관념이란 현대 서양의학의 규정과 달리 넓은 의미의 개념이며 더욱이 이것을 '질병관'의 테두리에서 보지 않고 '치료'의 측면에서 보면 이는 재앙·불행·빈곤과 항상 연결되어 있는 현상이다. 또한 거기에는 현실적인 인과관계가 있다. 재앙은 병이며, 병은 재앙이고, 모든 '굿'은 치병의식이다.

그러한 관점에서 우선 주술적 민간치료 일반에 대한 학자들의 해석을 여러 측면에서 고찰하고, 분석심리학적 입장의 이해와 비교했다. 또한 정신병의 주술적 치료 중 현재까지 많이 알려진 도지구타법을 상징적인 면에서 새로이 이해할 수 있는 가능성을 제시했다.

치료주술에 대한 민속학자들의 보고는 너무나 단편적이며 개괄적이어서 저자 역시 치료의식의 대체적인 경향을 중심으로 고찰했고, 몇 가지 흥미 있는 굿거리에 대한 분석은 자료가 완비될 때까지 미루기로 했다. 또한 치료주술 가운데 주문(呪文)·주부(呪符) 등 분석대상으로 삼아야 할 것이 많으나, 여기서는 그 대상을 일반 치료의식과 민간의 정신병치료 중 도지구타법에 국한하였다.

거듭 느끼는 것은 원시적 치료방법의 보편적 공통성이다. 공통성에서 시대적·문화적 특수성과 원시 주술행위에의 영향을 가려낼 만한 자세하고도 충실한 사실의 기록과 면밀한 문헌적 검토가 아직 우리나라에서는 매우 부족한 실정이다. 그렇기 때문에 이처럼 총괄적인 고찰을 시도한다는 것은 여간 무리가 아니라는 생각이다.

제7장 빙의현상과 증후

1. 빙의란 무엇인가

원시질병관의 전 세계적인 분포를 민속지학적으로 조사한 클레멘츠는 원시질병관 분류에 귀령의 빙의(spirit possession) 대신 귀령의 침입(spirit intrusion)을 포함시켰다. 왜냐하면 빙의란 초자연적인 존재가 이에 빙의된(사로잡힌) 주체의 입을 통해서 말하는 것이고, 질병관으로서는 특수한 경우에 국한되고 귀령의 침입에서는 초자연적인 존재가 신체에 들어 있는 모든 경우라고 보았기 때문이다.[1] 그러나 홍코(Lauri Honko)는 빙의와 침입을 질병관에 포함시켰는데 빙의의 개념은 클레멘츠와 다르지 않았다.[2] 헤이스팅스(Hastings)의 『종교와 윤리백과』[3]에는 빙의가 다음과 같이 정의되었다.

---

1) Clements, F.(1932), "Primitive concepts of disease," *American Archeology and Ethnology*, Vol.XXXII, Berkley: Univ. of California Press, pp.185~245. 특히 p.189 참조.
2) Honko, L.(1959), *Krankheitsprojektile*, FF Communications No.178, Helesinki, pp.11~258.
3) Hastings, J.(ed.)(1981), *Encyclopedia of Religion and Ethics*, Vol.X. New York: T. and T. Clark, p.122.

빙의란 신령스러운 것이든 신성한 것이든 어떤 초자연적인 힘이 사람의 몸에 일시적이거나 지속적으로 포괄된다는 믿음이다. 이상한 신체적·정신적 발현들은 선하든 악하든 신이나 혼이 (그 사람 속에) 현존하는 증거라고 간주되며, 모든 그 또는 그녀의 말과 행동은 그 또는 그녀가 통제할 수 없고 오직 안에 살고 있는 힘으로 진행된다고 간주된다. 어떤 자극이나 그밖의 것으로 강렬한 감정적 흥분상태에 도달한 사람은 경련성 떨림과 몸의 흔들거림에 휩쓸리게 되고 팔로 공격적인 몸짓을 하며 거칠어지고 흥분된 모습을 보인다.

빙의는 단지 믿음만이 아니라 하나의 체험이다. 이 정의에 따르면 빙의의 특징은 자아의 의지로써 조절할 수 없는, 안으로부터의 다른 힘에 의한 말과 행동이라는 점, 일시적 또는 지속적 빙의를 모두 포함한다는 점이 지적된다. 신체적·감정적 흥분상태와 빙의의 관계에 대해서는 직접적인 언급이 없다. 부르기뇽(Erika Bourguignon)[4]은 황홀경(트랜스)에서 귀령의 빙의를 일으킨 빙의-트랜스와 귀령의 빙의가 없는 트랜스, 또한 트랜스 없는 빙의를 구별했다. 그리고 이 모든 것을 의식의 변화상태로 볼 것을 제안하였다. 실지현상을 보면 이런 세부적인 분류에 해당되는 사례가 많기 때문에 이런 구분은 실제적으로 효용성이 있다. 그러나 『펭귄 심리학 사전』에서 루이스[5]가 인용한 바에 따르면 트랜스는 귀령의 빙의가 가장 자주 동반되는 의식의 변화된 상태라고

---

4) Bourguignon, E.(1973), "Introduction: A framework for the comparative study of altered states of consciousness," Bourguignon E.(ed.), *Religion, Altered States of Consciousness and Social Change*, Columbus: Ohio State Univ. Press.
5) Lewis, I.M.(1971), *Ecstatic Religion - An Anthropological Study of Spirit Possession and Shamanism*, Middlessex: Penguin Books, pp.37~65.

하였다. 그것은 수의운동의 결여, 행동과 사고의 자동성의 특징을 지닌 정신적 해리상태이고 최면과 영매적 조건에서 예를 볼 수 있다 하였다.

퍼스[6]는 귀령의 빙의를 사회적 관점에서 해석하고자 한다. 즉 귀령의 빙의와 심령술과 샤머니즘을 다음과 같이 구분한다.

> 귀령의 빙의는 이상행동현상으로서 그 귀령이 빙의된 그 사람의 행동을 조종하고 그 사람의 몸 안에 살고 있을 것이라고 그 사회 성원들이 해석하는 경우를 말한다. 심령술은 사회 성원이 귀령의 세계에 있는 실체로 알고 있는 것과의 의사소통 수단으로 그런 행동을 이용하는 것이다. 샤머니즘은 귀령들을 조종하고 사회적으로 용납된 방식으로 그들을 지배하는 것이다.

이렇게 빙의를 사회성원의 해석으로 보면 실제적인 체험내용과 그 해석 사이를 구분하기 어렵다는 흠이 있다. 예를 들어 빙의와 빙의감, 또는 빙의 망상 등의 구분이 없어진다.

그런데 너무 경직된 개념 설정은 해석의 본질적인 유동성과 그 현상의 언어적·행태적 표현의 명료성을 왜곡할 수 있다는 사람도 있다.[7] 질병관의 입장에서 본다면 앞의 장에서 설명한 대로 한국의 경우 순수한 의미의 빙의보다는 여러 가지 원시적 질병관이 혼합되어 있어 인위적으로 나눌 필요가 없는 것처럼 보인다. 그러나 세부적인 분류와 개념

---

[6] Firth, R.(1967), *Individual Fanstasy and Social Norms: Seances with Spirit Mediums in Tilopia Ritual and Belief*, Boston: Beacon, cited from Crapanzano V., Garrison V.(ed.)(1977), *Case Studies in Spirit Possession*, New York: John Wiley & Sons, p.9.

[7] 같은 책, p.10.

규정은 그럴수록 기본 유형으로서 필요하다고 하겠다.

한자어인 빙의(憑依)의 빙(憑)은 의(依)와 같은 말로서 의지하다, 부탁하다, 의탁하다 등 여러 가지 뜻이 있다. 그밖에 붙는다, 옮겨 붙는다는 뜻은 귀신이 붙는 것을 말하는 것으로 귀령에 의한 빙의와 귀령 침입 모두에 해당된다. 『당서』(唐書)에 근거한 것이니 서양학자가 학술용어로 차용한 possession이라는 용어를 한자로 번역한 것이 아님은 말할 것도 없다.[8]

우리나라에도 빙의현상을 지칭하는 말이 많다. '신들리다'는 귀령침입에 해당될 것이고, '신이 씌었다' '신에게 집히다'는 '신의 범접'과 함께 귀령의 빙의에 해당될 듯하다. 물론 이 말로는 빙의망상이나 빙의관, 순수한 의미의 빙의를 구분할 수 없다. '신 내리다'도 신을 내려서 무당후보자로 하여금 접신케 하는 것이므로 귀령의 빙의를 의미할 수도 있으나, 언어상 신의 현전(現前)을 의미하고 접신을 하지 않는 경우도 지칭한다. '귀신의 탈이다'는 귀신의 응징 전체를 포함하는 말이 된다. 순수한 빙의만을 가리키는 우리나라 말은 없는 셈이고 다만 한국 샤머니즘에서 '말문이 열린다'는 말은 성공적인 신내림과 신의 말을 전달하는 공수 능력의 획득을 가리킨다.

귀령의 침입은 클레멘츠에 따르면 유럽·아프리카·남아시아, 대부분의 대양주 지역에 고르게 분포되어 있지만 신세계에서는 산발적으로 발견될 뿐이다. 아프리카에 널리 나타나지만 이 관념은 특별히 발달하지 못하여 대부분의 질병은 귀령이 몸 안에 있다기보다 귀령의 공격(attacks by spirits) 때문이라고 한다. 그에 따르면 귀령의 침입은 중국·인도·서아시아·이집트·유럽 등 문화가 매우 발달한 지역에서 정교하게 다듬어졌다고 보았다. 귀령의 침입이 시베리아 지역에 드문 것은 여

---

8) 諸橋轍次(1968), 『大漢和大辭典』 卷4, 東京: 大修館書店, 1181~82쪽.

기에 압도적으로 우세한 실혼의 질병관념 때문이다.[9]

빙의의 관념은 역사가 오랜 나라들에서 발전되었고 구세계에 널리 퍼졌으며, 유럽에 보편적으로 분포되어 있고, 대부분의 아프리카·인도·중국, 그리고 시베리아 샤머니즘에서도 중요한 역할을 한다. 피그미족(Pygmy族)이나 오스트레일리아에서는 발견되지 않고 북남미에도 매우 드물다. 분포상태로 보아 귀령의 빙의는 아마도 귀령의 침입이라는 관념을 토대로 발전되었을 것이고 귀령의 침입보다 뒤에 생긴 관념일 것이라고 그는 보고 있다. 클레멘츠는 원시질병관의 보편성에 회의를 가지지만 저자는 원시질병관은 보편적이긴 하지만 강조의 정도가 문화에 따라 다를 수 있다는 생각이다.[10]

빙의라는 말에 이미 자아의 타자에 의한 현저한 제약이라는 뜻이 포함되어 있는 이상 정상적·비정상적 빙의라는 말을 쓰는 것은 적합하지 않다. 하지만 샤먼들이 경험하는 가역적 빙의는 환자들의 비가역적 빙의와 구별할 필요가 있다. 가역적 빙의란 자아의 의지로서 무의식에 대한 집중을 통해 자아를 넘어서는 원형의 세계와 접촉하고 거기서 다시 현실로 되돌아올 수 있는 경우를 말한다. 그것은 원시종족뿐 아니라 역사상 위대한 신비가들의 체험에서 볼 수 있다. 이 경우는 빙의(Besessenheit)보다 사로잡힘(Ergriffenheit, Ergriffensein)이라고 불러야

---

9) Clements, F.(1932), 앞의 글, pp.216~218, pp.222~223.
10) 질병관념의 발전과 전파에 관한 클레멘츠의 견해는 매우 흥미롭지만 그의 1930년대 민속지연구 결과가 완성된 상태라고 보기 어려운 만큼 하나의 가설로 참조할 만하다. 그가 빙의를 질병관의 하나로 보는 것보다 종교적 현상으로 보고자 한 것은 주목할 만한다. 그는 빙의는 질병관으로는 광기의 경우를 제외하곤 드물다고 하였다. Clements(1932), 앞의 글, p.224. 사회문화를 문화인류학적 관점에서 유형화하는 것은 흥미롭고 현상의 일면을 밝히는 데 중요한 연구이지만 인류의 보편적·원초적 사유형식에 관한 탐구는 이와 같은 차원을 넘는 작업이다. Bourguinon, E.(1973), 앞의 책 참조.

할 것이다. 그러나 신비가들은 사로잡힌 채 있는 것이 아니라 무의식적인 상들의 뜻을 찾아내고 그것을 현실로 매개하는 역할을 한다.

아폴론의 신탁을 내리던 고대 그리스의 무당인 피티아(Pythia), 영혼을 불러 죽은 자들의 말을 전한다고 하는 영매들, 그리고 굿을 통해 신을 내려 공수(신탁)를 주는 한국의 무당들은 그 사회가 공인하는 의사소통의 방법으로서 빙의 체험을 하지만 결코 빙의된 상태에 머무르지 않는다. 여기에 이른바 정상과 이상의 경계가 있다. 그 차이는 자아의 의식성과 무의식성에 달렸다. 물론 무당이 몸주로 삼는 신령을 항상 품고 있으면서 굿을 할 때마다 불러오는 경우, 신령이 안에 머물러 있다는 뜻에서 귀령의 내재를 의미한다고 할 수 있다. 그러나 그것은 빙의가 아니다. 무당은 능동적으로 그를 부르고 보내는 관계를 유지한다. 병적인 고통이 있는가, 없는가로 정상과 이상이 갈라지는 것이 아니라 병고를 얼마나 진지하게 받아들이고 그 의미를 실천했는가에 달렸다. 샤머니즘이 강조해온 것이 바로 이러한 이니시에이션의 정신이다.

2. 우리나라의 빙의현상

우리나라의 빙의현상은 아마도 한국 샤머니즘의 역사만큼 오래되었을 것이다.[11] 그러나 역사적 문헌에서 정확하게 빙의라고 할 수 있는 현상의 기재는 그리 흔하지 않다. 『삼국유사』에 용한 스님이 경을 읽어 귀신을 처치하여 병을 고쳤다는 이야기는 귀령의 빙의 또는 침입을 시사한다.[12] 『삼국사기』에도 원혼의 탈로 병들어 무당이 이를 고친 이야

---

11) 한국 샤머니즘의 역사에 관해서는 류동식(1985), 『한국무교의 역사와 구조』, 연세대출판부 참조.

기가 있으나 두 경우 모두 엄격한 의미의 빙의라고 할 수 없다. 가역적인 빙의현상은 고려시대부터 한국 샤머니즘의 제의에서 성행하였다.[13]

한국의 민담에는 귀령의 침입으로 급병이 생기고 그 축출로 회복되는 이야기가 있다. 원혼이 몸에 들어가 병을 일으킨다거나 방으로 들어와 주인공과 함께 살게 되었다는 이야기도 있다. 또한 호랑이가 이미 잡아먹은 어머니로 가장하고 집으로 가서 아이들에게 어머니처럼 행동한다는 식의 변신을 주제로 빙의현상을 묘사했다.[14]

그러나 명백한 빙의현상은 한국 샤머니즘의 질병관에 관한 조사자료에서 발견된다.[15] 이미 앞 장에서 지적했지만 한국에는 제주도의 뱀 빙의를 제외하면 대체로 인격적인 귀령들, 즉 도깨비·원령이 대부분이고 동물빙의가 적은 편이다. 그러나 정신과 입원환자 가운데는 드물지만 실제로 동물빙의가 보고되고 있다.[16] 기독교의 방언과 축사의식은 일종의 빙의현상이라고 할 수 있고 무속의 축귀술과 공통점이 있다. 그러나 이에 관해서는 기독교 특유의 종교적 표상, 도그마와의 관계에서 별도의 고찰이 필요하다고 보기 때문에 여기서는 다루지 않겠다.[17]

---

12) 일연, 『삼국유사』 권5 「신주」 제6 '밀본최사'(密本摧邪). 밀본법사가 선덕왕의 병과 김양도 어릴 때의 병 치료. 이 책의 제5장 「한국민간의 질병관 및 정신병관」 참조.
13) 김부식, 『삼국사기』 권13 「고구려본기」 제1 '유리왕' 참조. 신이 무당에게 내렸다든가 신의 말을 한다는 사실은 『고려사』에 기술되어 있다. 류동식(1985), 앞의 책, 146~151쪽.
14) 이부영(2011), 『한국민담의 심층분석』, 집문당, 239~288쪽.
15) 村山智順(1929), 『朝鮮の鬼神』, 朝鮮總督府.
16) 동물빙의 사례연구는 다음 논문을 참조. 김광일·이근덕·김명정(1979), 「고양이 빙의 1례」, 『신경정신의학』 18(4), 444~448쪽; 김광일·임휴종(1988), 「뱀 빙의 1례」, 『정신건강연구』 7, 166~178쪽; 김광일·박용천·황순덕(1991), 「소 빙의 1례」, 『정신건강연구』 9, 68~79쪽; 이병욱·김무진·이수일(1989), 「여우 빙의 1례」, 『신경정신의학』 28(5), 880~883쪽.
17) 방언, 기독교 축사의례에 관해서는 다음의 논문을 참조. 문상희 교수 지도의

앞에서 본 대로 빙의현상 자체가 병적인 현상이라 할 수는 없다. 빙의가 비가역적일 때, 즉 임의로 빙의를 조절할 수 없는 상태를 지속하게 될 때 개인이나 사회생활에 심각한 장해를 일으키는 병적 장애로 간주된다. 이때 우리는 빙의현상이나 빙의체험이라는 말 대신 '빙의증후' (possession syndromes)라 부른다.

3. 빙의증후의 개념과 연구

세계보건기구 국제질병분류 제10판 '정신 및 행태장애 분류'에는 트랜스와 빙의장애(trance and possession disorder)라는 병명이 있는데 다음과 같이 정의한다.

개인적 동질성과 주위에 대한 충분한 인지능력을 일시적으로 상실하는 장애이다. 어떤 경우에는 그 개체가 다른 인격, 영혼, 신, 또는 '힘'에 사로잡힌 듯이 행동한다. 주의력과 인지능력은 인접한 환경의 오직 한두 측면에 국한되거나 집중되고 흔히 제한적이지만, 반복되는 일련의 행동, 자세 및 발성(發聲)을 볼 수 있다. 오직 불수의적이고 원치 않는 트랜스 장애와, 종교적 또는 그밖의 문화적으로 수용될 수 있는 상황 밖에서(또는 상황의 연장으로서) 일어나 일상적인 활동 속에 침투해 들어온 트랜스 장애만을 이 분류에 포함시켜야 한다.

연세대 교육대학원 석사학위 논문들. 이광수(1970), 「방언현상연구」; 강성진(1979), 「축사현상에 관한 실험적 연구」; 이청미(1973), 「순복음교회의 신유현상의 연구」 등이 있다. 이후에도 많은 연구가 발표되었을 것으로 짐작된다. 정신의학적 심리학적 연구로는 김광일(1981), 「기독교적 치병현상에 관한 정신의학적 조사 연구」, 서광선 외, 『한국교회 성령운동의 현상과 구조』, 대화출판사, 233~296쪽; 이정희·이부영(1983), 「기독교 신앙치료의 심리학적 고찰—증례추적조사를 중심으로」, 『신경정신의학』 22(1), 67~80쪽.

환청이나 망상을 가진 정신분열병이나 급성 정신병의 경과 중 또는 다중인격에서 일어나는 트랜스 장애는 이 분류에 포함시키지 말아야 하며, 트랜스 장애가 어떤 신체질환(측두엽성 간질이나 두부손상 등)이나 정신활성(psychoactive) 약물중독과 밀접히 연관되어 있다고 판단되어도 이 범주를 이용해서는 안 된다.[18]

빙의증상을 수반하는 정신과 임상사례에 관한 연구는 일찍부터 여러 나라에서 여러 연구자가 실시해왔다.[19] 1993년 동아시아 문화정신의

---

18) 세계보건기구, 이부영 외 옮김(1994), 『국제질병분류 제10판 ICD-10 정신 및 행태장애』, 일조각, 195쪽.
19) Yap, P.M.(1960), "The possession syndrome: A comparison of Hong Kong and French findings," *J. Med. Sci.* 106, pp.114~137; Koch, F., On 'Possession' behavior in New Guinea(*J. Polynesian Society* 77, no.2(June 1968: 1354-146) *Transcultural Psychiatry Research Review* Vol.VII, Oct. 1970, pp.155~156; Suwanlert, S.(1976), Neurotic and psychotic states attributed to Thai "Phii Pob" spirit possession. *Australian and New Zealand J. of Psychiatry* 10, pp.119~123; Peiffer, W.(1971), *Transkulturelle Psychiatrie*, Stuttgart: Georg Thieme Verlag, pp.105~134; Bourguignon, E.(ed.)(1973), *Religion, Altered States of Consciousness and Social Change*, Columbus: Ohio State Univ. Press; Crapanzano, V., Garrison, V.(1977), *Case Studies in Spirit Posession*, New York: John Wiley & Sons; Goodman, F.D., Henney, J.H., Pressel, E.(1974), *Trance. Healing and Hallucination, Three Field Studies in Religious Experience*, New York, London: John Wiley & Sons.
荻野恒一(1950), 「憑依狀態の精神病理學的考察」, 『腦硏究』 6, 115~134쪽; 久場政博(1973), 「憑依症候群の精神病理學的ならびに社會文化精神醫學的硏究」, 『精神神經學雜誌』 75(3), 169~186쪽; 高橋紳吾(1984), 「都市における憑依現象」, 『社會精神醫學』 7(3), 225~234쪽; 西村康(1976), 「南部地方の憑依症候群をぬぐる文化精神醫學的硏究」, 『精神醫學』 18(12), 25~33쪽; 稻田浩(1972), 「祈禱性精神病についての精神病理學的一考察」, 『岩手醫學雜誌』 24(5), 517~531쪽; 石塚尊俊(1983), 『日本の憑依きモの』, 東京: 未來社; 小松和彦(1982), 『憑依信仰論』, 東京: 傳統と現代社.

학회에서 제4차 문화정신의학 심포지엄을 동아시아의 빙의현상을 주제로 논의하게 된 것도 이에 대한 관심의 표명이었다.[20]

한국에서 정신의학적·의학심리학적 관점의 빙의사례에 대한 연구는 한국 샤머니즘의 연구와 역사를 같이한다. 빙의사례의 정신분석적 해석, 임상사례 보고, 빙의증상을 가진 정신분열증 환자군을 대상으로 그 특징을 임상 정신의학적으로 살펴본 연구 등이 있다.[21]

저자는 서경란과 함께 서울대학교병원 신경정신과에 입원한 빙의증상을 가진 환자 22명을 대상으로 연구한 바 있다.[22] 여기에 연구결과를 간단히 소개하면서 임상적인 빙의사례를 여러 측면에서 조명하고자 한다.

4. 빙의증상을 수반한 임상사례

우리는 1981년 1월 1일부터 1989년 12월 31일 사이 서울대학교병원 신경정신과 폐쇄병동에 입원한 2,813명의 의무기록을 검토하여 일시적이거나 지속적으로 빙의증상을 보인 환자를 고찰 대상으로 삼았

---

20) *Possession Phenomena in East, Asia, Proceedings of The Fourth Cultural Psychiatry Symposium in Korea, Japan, and China*(*Taiwan*), The East Asian Academy of Cultural Psychiatry, 1993.
21) 빙의증상에 관한 국내 연구는 강석헌(1972), 「빙의증후군 2례―정신역동적 연구」, 『최신의학』 15(8), 93~102쪽; 이부영(1965), 「소위 강신적 입무과정의 정신의학적 연구 - 한국무속관계자료에 의한」, 『명주완 박사 환력기념 논문집』, 1~26쪽; 정동철(1972), 「정신분열증 빙의환자에 대한 정신의학적 연구」, 『신경정신의학』 11(3), 137~155쪽; 유정희·이부영(1983), 「민간신앙에 관련된 정신장애에 대한 고찰―증례분석을 중심으로」, 『신경정신의학』 22(2), 233~252쪽.
22) 이부영·서경란(1994), 「빙의증상을 수반한 정신과환자의 임상적 고찰」, 『신경정신의학』 33(1), 47~66쪽.

다. 빙의증상의 정의는 다소 느슨하게 잡았다. 즉 초자연적인 존재(신·신령·귀령·귀신·혼·마귀·신격·동물·신장·마귀·조상신·살아 있는 사람)가 들었다, 들렸다, 들어왔다, 범접했다, 신이 씌었다, 잡혔다, 붙었다, 내렸다는 등의 표현으로 지칭되는 현상, 또는 경험을 포괄했다. 따라서 빙의믿음(possession belief)과 빙의체험을 망라하는 것으로 정했다.

여기서 강조할 것은 임상사례란 병적인 과정을 나타내는 대상이라는 것이다. 이 대상에 관한 고찰은 주로 병적 과정의 질병학적 특성과 정신병리적 관점에서 진행되지만 그렇다고 빙의현상을 전적으로 이상 현상이라고 단정짓는 것은 아니다. 또한 우리는 환자의 병고를 고찰함에서 병리적 측면뿐 아니라 환자의 심리·사회·문화적 배경과 그 병고를 이겨내려는 환자의 의식·무의식적인 노력을 이해하고자 한다. 결과를 간략히 추리면 다음과 같다.

① 빙의증상을 보인 환자는 22명, 총 입원환자의 0.78퍼센트를 차지했다.

② 여성이 남성보다 월등히 많고 그밖에 사회인구학적 특성에서 특이한 것은 없으나 기독교를 믿는 경우가 50퍼센트(11명)에 달했다.

③ 빙의환자의 진단분포에서는 정신분열증이 전체 대상의 59퍼센트(13명)로 가장 많고 우울증, 해리성 장애, 단기반응성 정신병, 비정형성 정신병, 기질성 정신장애의 순이었다.

④ 빙의내용은 총 47종이 발견되었는데 마귀·악마류 12종, 사령 16종, 살아 있는 사람의 혼 4종이 발견되었다. 동물은 없었으며 무신(巫神) 계통의 신이 11종, 기독교계가 4종이었다. 한 사람이 여러 종류의 신격 또는 악령에게 빙의되는 경우가 있었다.

⑤ 빙의체험의 형태에서 귀령의 빙의에 해당하는 예는 7가지, 귀령의 침입에 해당하는 예는 15가지가 있었다. 앞의 경우는 전부 여성으

로 해리성 장애(2명), 단기반응성 정신병(2명), 비정형성 정신병(1명), 주요 우울증(1명), 정신분열증(1명)이었다.

⑥ 빙의증상을 보인 22례 중 19례에서 뚜렷한 유발요인이 발견되었다. 입시실패, 주요 인물과의 사별이나 이별, 경제적 파탄, 시댁과의 갈등이었고, 1례는 스테로이드 약물과용이었다.

1) 한국의 사례

22례 가운데 질병별로 몇 가지 빙의증상을 소개하겠다.

① 18세 남자, 미혼, 학생, 도시 출생, 중류 가정, 기독교.
진단: 정신분열증.
빙의증상: "내가 마귀다." "내 속에 마귀가 가득 찼다." "마귀는 666이다."

② 25세 남자, 미혼, 대학 중퇴, 무직, 도시 출생, 기독교.
진단: 정신분열증.
빙의증상: "영에 씌운 것 같다. 돌아가신 어머니의 혼, 동생의 혼 등이 씌운 것 같다. 때로는 형도 영을 뿌린다."

③ 20세 남자, 미혼, 고졸, 도시 출생.
진단: 정신분열증.
빙의증상: "윗집 사람의 정신이 나에게 들어와 눈을 내리깔고 아래를 보면서 눈동자를 아래로 움직여야만 한다."

④ 29세 여자, 미혼, 대학 중퇴, 무직, 도시 출생, 중류 가정, 무속.
진단: 정신분열증.
빙의증상: "친구가 내 몸속에 들어와서 내 행동과 말을 조종한다. 그 친구가 내 몸에 달라붙어서 내 몸을 빼앗아갔다."

⑤ 65세 여자, 과부, 초졸, 농촌 출생, 중류 가정, 불교에서 기독교로

개종.

진단: 주요 우울증.

빙의증상: "몸에 마귀가 들어오는 것 같고 가슴이 답답해진다."

⑥ 48세 여자, 기혼, 고졸, 영업직, 농촌 출생, 중류 가정, 기독교.

진단: 해리성 장애.

빙의증상: 죽은 동서가 말하는 것처럼 조카에게 환자가 말한다. "네가 내 간호를 잘못했다." 남편에게는 "술 그만 먹고 교회에 가라"는 이야기를 하고, 1년 전에 죽은 시아버지처럼 말한다.

⑦ 45세 여자, 주부, 초졸, 농촌 출생, 중류 가정, 무속.

진단: 해리성 장애.

빙의증상: 자다가 갑자기 일어나서 펄쩍펄쩍 뛰고 남편의 죽은 전처의 신이 들린 것처럼 이야기하고 행동한다. 또 죽은 백부처럼 전처의 행동을 꾸짖는 등 1인 2역을 한다. "장군, 신장, 산신 동자, 할아버지가 들어와 몸을 때려서 도저히 못 살겠다."

⑧ 51세 여자, 주부, 고졸, 도시 출생, 중류 가정, 불교.

진단: 비정형성 정신병.

빙의증상: 남편에게 "당신 어머니 귀신이 내게 들어왔다"면서 "네 이놈! 술 마시지 말라는데 왜 마시고, 여편네를 잘 위해주라고 하니까 왜 그렇게 하지 않느냐!"고 한다. "내가 곧 도사가 될 것이다." "조상귀신들이 내게 씌었다. 숙모 내외의 죽은 귀신이 나를 죽이려고 한다."

⑨ 27세 여자, 미혼, 고졸, 공원(工員), 도시 출생, 경제수준 하, 무속.

진단: 정신분열증.

빙의증상: "사자가 와서 피 내린다." 내림굿 후 집에 신주를 모셔 놓고 신이 들려 말한다. "내게 몽고 황제, 중국 사신, 옥황상제, 염마대왕, 아버지, 예수가 들어왔다." "옛날에 무당조상을 3,500명

이나 죽인 엄마 왕 보살이 내일 오면 내게 수많은 잡귀가 달라붙어요."

증례 ①의 빙의증상은 정신분열증의 빙의망상에 속한다. 몸속에 마귀가 가득 차 있다는 망상이다. 엄격한 의미에서 빙의는 아니다. 증례 ②도 빙의망상 수준으로 추정된다.

어떤 것이 씌었다는 것은 상당히 강한 어조이다. 자아는 그 어떤 것에 의해 완전히 지배를 받는다는 뜻이므로 몸속에 무언가가 들어가 있는 것과는 다르다. 증례 ③에서는 정신분열증 특유의 조종망상의 일부로 빙의 관념이 이용된 것 같다. 귀령이나 죽은 자의 혼이 아니라 산 사람의 '정신'이 들어가 조종한다는 생각이 특이하다. 증례 ④도 산 사람의 혼이 조종한다는 조종망상을 근간으로 한다. 증례 ⑨도 정신분열증인데 환자가 무속신앙을 믿고 내림굿을 받아 망상체계에 무속의 신들이 포함된 경우이다.

빙의증상만 보아서는 정신분열증인지 아닌지 알 수 없는 경우가 있다. 인격의 와해 정도, 정신분열증 특유의 증상들을 참고해야 하는데 원시종족의 사유형식과 정신분열증 환자의 체험에는 상당한 공통점이 있는 것이 사실이다. 그것은 정신분열증 환자가 집단적 무의식의 원형상들을 직접 체험하기 때문이다.[23]

증례 ⑤는 주요 우울증을 앓는 환자로서 몸에 마귀가 들어오는 것 같다는 느낌을 가슴이 답답한 것과 결부해서 말하는 것으로 보아 빙의감이고 망상으로 보기는 어려운 것 같다.

---

23) Jung, C.G.(1958), "Schizophrenia," *G.W.* Bd.3, *The Psychogenesis of Mental Disease*, Princeton Univ. Press, pp.261~262(Schizophrenie, *G.W.* Bd.3, pp.293~312); 한국융연구원 옮김, C.G. 융 기본저작집 제1권(2001), 『정신요법의 기본문제』, 솔, 333~353쪽, '정신분열증' 참조.

증례 ⑥, ⑦, ⑧은 해리성 장애나 비정형성 정신병에 속하는 환자이다. 여기서 우리는 전형적인 빙의증상을 볼 수 있고, 증상에는 이해할 만한 심리적 의미가 들어 있다.

증례 ⑥은 과거에 정신적 해리상태에 빠진 적이 있는 사람으로 무척 가깝게 지내는 동서가 돈이 없어 수술을 못 받고 죽은 뒤 병을 얻었다. 환자는 동서의 수술비를 마련하고자 백방으로 애를 썼으나 소용이 없었다. 잠도 못 자고 밥도 제대로 못 먹은 채 동서를 극진히 간호했다. 동서의 딸에게 죽은 동서가 되어 "네가 내 간호를 잘못했다"고 한 것은 동서가 숨진 다음 날 교회신도들과 함께 기도하던 가운데 일어났다. 이는 환자가 원통한 마음을 간접적으로 표현한 것이다. 시아주버니에게 1년 전에 죽은 시아버지가 말하는 것처럼 "술 그만 마시고 교회에 가라"고 한 것도 환자의 마음속에 맺힌 술에 얽힌 응어리(콤플렉스)의 표현이라고 볼 수 있다.

상대방보다 더 강력한 힘이나 지위에 있는 존재를 내세워 평소에 품고 있었으나 직접 표현할 수 없었던 불만이나 적개심을 빙의의 형식을 통해서 제3자의 이름으로 전달하는 방식은 한국 샤머니즘의 제의 중 행해지는 관습적인 의사소통 방식이다. 표현하고자 하는 것이 일상적인 것이고 그러한 의사소통 방식이 허용되고 받아들여지는 환경이라면 그런 방식이 병이 되지는 않는다. 그러나 환자의 동서를 잃은 상실감과 비탄과 한의 감정은 극에 달하여 환자는 죽은 동서의 고통을 몸소 자기의 것으로 겪는다. 목이 답답하다며 죽은 동서가 가래 뱉기를 힘들어하던 몸짓을 하였다. 입원 후에도 반복적으로 침을 뱉고 가래를 올리면서 심하게 흥분하고 혼란스러운 상태에 빠지고 말았다.

환자는 입원 4일째 안정을 되찾은 뒤 지난 일을 모두 기억했다. "내가 어떻게 할 수 없이 형님이 내 속으로 들어와서 얘기를 했어요. 마치 살아 있는 것처럼요." 이는 환자의 무속적 대화방식을 이용한 애도 및 비탄 반응이었을 것이다. 환자와 죽은 자는 거의 일심동체라 할 정도로 동일시되어 있었기 때문에 환자의 한은 바로 동서의 한이기도 했다. 마치 죽은 자가 죽음의 원통함을 호소하기 위해서 저승으로 가기 전에 이승 사람의 입을 통하여 말하는 것처럼 보이기도 한다. 그렇게 본다면 환자는 본의 아니게 영매 역할을 한 것이다.

그런데 그런 일이 실제로 일어날 수 있는가. 그것을 증명하기는 어렵다. 심리학적으로는 죽은 자의 혼으로 대변된 한의 응어리가 환자의 의식과 무의식, 죽은 자의 삶에 얽힌 감정적인 콤플렉스라고 본다. 그리고 그 내용은 죽은 자의 한과 의미상 일치된다고 말할 수 있다. 이 문제는 사령에 관한 장에서 다시 논의될 것이다. 여기서 중요한 것은 환자가 겪는 빙의 체험이 어느 정도 자연발생적인가, 혹은 다소 의도적인 조종 아래에서 일어난 체험인가 하는 점이다.

증례 ⑥은 자아의지와는 상관없이 어쩔 수 없는 무의식적 힘에 의한 빙의였음이 분명하다. 그러나 증례 ⑨는 정신병의 흥분상태에서 어머니에게 상처를 입힌 경우가 있었는데 입원 후 이에 대하여 "조상 바람이 몰아닥쳐서 그랬다. 미안하다"고 말했다. 입원 17일 이후 그동안의 빙의체험에 대해 다시 묻자 신명이 시켰지만 자신의 생각으로 만들어낸 것이 더 많았다고 말했다. 이와 같이 빙의체험의 진정성은 사람에 따라 다를 수 있다.

2) 대만·일본 사례와의 비교

원(文, J.K. Wen)은 대만의 빙의증후를 소개하는 가운데 60세 된 여자의 사례를 들었다. 풍수지리를 신봉하고 도교계 민간신앙을 깊이 믿고, 농장을 경영하던 주부가 남편이 사업에 실패하자 회복을 시도했다. 신들에게 의지해 신당을 차리고 제물을 마련하고 명상에 잠기고 귀령에 사로잡히기도 하는 등 우여곡절을 겪었다. 하지만 구세주의 기적이 일어나지 않자 그녀의 남편은 신과의 접촉을 더는 시도하지 않기로 했다. 그러나 여자는 완전히 신들과 이에 저항하는 악귀들 사이에서 방황하다가 흥분과 혼란상태에서 병원치료를 받았다.[24] 순수한 의미의 빙의보다는 귀령의 공격을 더 많이 체험한 듯하다.

이 환자는 정신분열증 망상형의 진단을 받았고, 남편은 배우자와 망상을 공유하는 공유망상장애로 간주되었다. 발병한 지 7년이 지나도록 가족이나 주위에서는 병이라고 생각하지 않다가 이상한 행동이 극에 달하자 단순한 종교적 수행의 행동이 아님을 알고 병원에 데려온 사례이다.

대만의 샤먼인 당기는 경련발작과 트랜스 상태에서 신이 들려 신탁을 내리는 전형적인 가역적 빙의를 일으키는 전문가이다. 트랜스 상태에서 하는 말은 이해하기 어려우므로 통역해주는 자가 있어 글로 적어 내담자에게 준다. 당기에게 다니는 신도 가운데 트랜스를 동반하면서 돌이킬 수 없는 비가역적인 빙의를 보이는 예가 대만에는 제법 있을 것으로 추정된다.

기타니시(北西憲二)는 일본의 빙의증후를 설명하는 가운데 현대의 빙의사례를 보고했다. 증례 ①은 56세의 주부로서 승려의 딸이었다. 남편은 심한 알코올 중독자였고 남편의 사업실패 등으로 많이 지친 상태에서 "조상을 잘 섬기지 못해서 그렇다. 기도하지 않으면 가족에게 질병과 상해가 생길 것"이라는 말에 놀랐다. 열심히 조상에게 기도하던 중 갑자기 모든 과거가 눈앞에 펼쳐지면서 전류가 온몸을 통과하는 느낌이 왔고, 조상의 혼이 자신의 몸을 사로잡았다고 생각했다. 혼란상태

---

24) Wen, J-K.(1993), "Spirit possession phenomenon in Taiwan," *Proceedings of the Fourth Cultural Psychiatry Symposium in Korea, Japan and China(Taiwan) Possession Phenomena in East Asia*, The East Asian Academy of Cultural Psychiatry, pp.5~21.

에서 남편이 병원에 데려왔으나 치료를 제대로 받으려 하지 않고 절에 다니며 정화의식을 받았다.

증례 ②는 52세의 주부로 결혼생활의 갈등 등으로 우울증 치료를 받은 일이 있다. 여동생의 갑작스러운 자살 뒤 무자(巫者)에게 다니기 시작했는데 무자는 그녀가 죽은 여동생의 혼에 씌었다고 했다. 그 뒤 귀에서 소리가 들렸는데 무자는 죽은 고승의 혼이라고 했다. 정화의식을 받았으나 혼이 나가지 않았으며 이것저것 명령하거나 협박했다. 그녀는 입원치료로도 혼을 뗄 수 없었지만 어떤 무자를 만나 뗄 수 있었다.

증례 ③은 27세의 남성으로 나이칸(內觀) 치료 시 아버지에 관해 명상하던 도중 트랜스-빙의를 경련발작과 함께 빙의를 일으킨 전형적인 사례이다. 죽은 아버지 동생의 혼에 빙의되어 아버지에게 삼촌처럼 말하며 명령했다. 그는 의사에게 아버지와의 갈등을 이야기했다. 그러나 상담에 응하지 않았고 경을 읽는 여인이 에너지 파동을 보내자 증세가 없어졌다고 한다.

증례 ④는 35세 남성으로 말을 더듬었다. 내원하여 모리다(森田) 요법을 받았는데 치료 도중 기독교 기도문이 생각난다면서 기도를 하다가 멈출 수 없는 상태에 빠졌다. 감정적으로 매우 고양된 상태가 되어 다른 사람들에게 "병이 나을 것이다. 나는 그리스도로부터 힘을 얻었으며 신이 되었다"고 말하는 등 흥분하였다. 환자는 성령이 자기 안에 들어와 그런 말을 시켰다고 한다. 모리다 요법을 중단하고 집에서 쉬도록 했으나 흥분상태가 가라앉지 않아 내원 치료를 받은 사례이다.[25]

이상의 증례를 보면 한국의 사례와 별로 다르지 않음을 알 수 있다.

---

25) Kitanishi, K.(1993), "Possession Phenomenon in Japan," 같은 책, pp.34~52.

그런데 일본의 다른 학자들의 사례를 종합해본다면 임상적으로 한국의 사례와는 약간 다른 점이 발견된다.

첫째, 상당수가 신체감각과 운동 이상을 호소한다는 점이다. 손의 떨림, 마비, 몸의 경직, 전율감, 경련 등이 있다. 특히 자동기술(automatic writing)이 비교적 흔하다는 인상을 준다. 손이 저절로 움직여 글을 쓰게 되는 사례가 한국에 없지 않았다. 망아경에서 쓴 글씨를 신필(神筆)이라 하여 신체(神體)로 모시는 관습이 우리나라 무속에도 있었으나 현재는 보기 드물다.

둘째, 자기암시로 비교적 쉽게 빙의상태에 빠지는 경우가 눈에 띈다.

셋째, 사례에서는 확실히 보고되지 않았지만 일본의 빙의에는 특히 동물빙의인 경우 저주로 인한 빙의 관념이 전통적으로 있어왔다.

넷째, 기도성 정신병의 사례보고를 제외하면 동물에 빙의된 경우는 보고되어 있지 않다.

다섯째, 기독교와 무속, 무속과 불교 간의 갈등보다 각종 신흥 종파의 기도과정에서 생긴 빙의증후가 많다는 것. 또한 정신병리적 해석에서는 동시적 이중인격이라는 용어를 많이 쓰는 것이 눈에 띈다.[26]

어떻든 기타니시의 사례들은 종교적인 집회나 기도뿐 아니라 무의식의 심층을 자극하고 이에 집중하게 하는 모리다 요법이나 나이칸 요법과 같은 현대화된 정신치료도 어떤 형태로든 빙의증상을 일으킬 수 있음을 가리킨다. 증례들 가운데 눈에 띄는 것은 증례 ④를 제외하면 모두 병원치료로 회복된 것이 아니라 민간요법사가 증상을 제거했다는 사실이다. 이 점은 정신분열증을 제외하고는 대체로 병원치료로써 회

---

[26] 石塚(1983), 小松(1982), 萩野(1950), 久場(1973), 高橋(1984), 西村(1976), 稻田(1972) 등 앞의 논문 참조.

복된 한국의 사례와 다른 것 같지만 우리나라에서도 비슷한 경우가 없지 않을 것으로 생각된다. 빙의된 것으로 보이는 '신병'이 굿으로 치유된 사례가 있기 때문이다.[27] 한국의 사례에서도 해리성 장애나 반응성 정신병의 경우 항정신병 약물만으로 호전된 것인지, 아니면 입원 격리, 안정, 충분한 수면과 영양, 치료진의 수용적인 태도, 보호된 환경 등이 치료적 역할을 했는지는 확실치 않다. 또한 무속에 대한 시대적·사회적 편견이 이들의 입원을 촉진한 것은 아닌지 생각해볼 필요가 있다.

기타니시의 증례 ①의 조상에 대한 기도 도중 경험한 강렬한 신체감각과 함께 조상이 자기 안에 들어왔다는 확신, 자기의 과거가 일순간 눈앞에 펼쳐진 체험 등은 반드시 병적이라 할 수 없다. 보통 사람도 그런 경험을 할 수 있기 때문이다. 그녀에게는 정신의학적 진단이나 약물치료보다 체험의 의미를 공감하고 의식화할 필요가 있었는지 모른다. 성령의 힘으로 인격의 변환을 일으키는 것 역시 보편적인 종교적 현상이다. 다만 그것이 인격의 창조적 재구성에 도움이 되지 않고 조절할 수 없는 정신적 흥분상태를 일으키는 것이 문제이다. 그런 상태는 자아의식이 집단적 무의식의 원형들과 접촉하여 그것이 지닌 엄청난 에너지의 영향을 받을 때 일어난다. 자아는 자기원형의 영향을 받아 팽창되고, 원형의 창조와 파괴의 양 측면에 무력하게 휩쓸리는 것이다.[28]

---

[27] 김광일(1972), 「신병증례의 정신분석학적 연구」, 『신경정신의학』 11(4), 223~234쪽.
[28] 자아의 팽창(inflation)이란 의식의 중심인 자아가 무의식의 자기원형의 영향을 받아 팽창되어 마치 신과 같이 모든 것에 통달하고 무슨 일이나 할 수 있다고 착각하게 되는 경우를 말한다. 이부영(2002), 『분석심리학의 탐구 ③ 자기와 자기실현』, 한길사, 150~158쪽 참조.

5. 빙의증후의 횡문화적 비교

1) 발생 빈도

문화연계 빙의증후군(culture bound possession syndrome)을 처음 발표한 사람은 홍콩의 얍(P.M. Yap)이라는 정신과 의사였다. 얍은 1954~56년 사이에 홍콩 정신병원에 입원한 환자 중 빙의증후군을 포함해서 다른 정신질환의 한 요소로 빙의증상을 보이는 환자들을 연구했다. 그 결과 전체 입원환자의 2.4퍼센트가 빙의증상을 수반하고 순수한 빙의증후군은 전체 환자의 0.3퍼센트를 차지한다고 보고했다. 정동철은 1971년 한 해 동안 청량리뇌병원에 입원한 환자의 5.45퍼센트가 빙의증상을 가진 환자라고 했다. 서울대병원 환자의 경우는 전체 입원환자의 0.78퍼센트이고 순수한 빙의증후군이라고 볼 수 있는 경우는 0.07퍼센트에 불과했다. 이런 차이는 빙의의 개념 설정, 의무기록자의 관심, 조사방법, 해당병원 입원환자의 사회문화·경제적 특성, 그 지역의 종교문화 배경, 시대적 사조의 변천 등 여러 요인이 관계한다.

2) 진단 배경

얍이나 인도의 테자(J.S. Teja)는 빙의증상은 여러 종류의 정신장애를 바탕으로 나타난다는 사실을 지적했다. 빙의증후군은 단일질환이 아니라는 것이다.[29] 이 점은 자신이 빙의되었다고 믿는 환자 16명을 조사한 영국의 휘트웰(F.D. Whitwell)도 지적했다.[30] 한국 정신과 의사들의 연

---

29) Yap, P.M.(1960), 앞의 책, pp.11~137; Teja J.S., Khanna B.S., Subrahmanyam T.B.(1970), "Possession states in Indian patients," *Indian Journal of Psychiatry* 12, pp.71~87.
30) Whitwell, F.D., Barker, M.G.(1980), "Possession in psychiatric patients in Britain," *British Journal of Medical Psychology* 53, pp.287~295.

구결과도 같다.³¹⁾ 따라서 임상경과도 그 배경을 이루는 질환에 따라 다르다. 뚜렷한 유발인자가 있고 급격히 발병했으며 해리성 장애나 적응장애, 일과성 정신병의 경우는 빨리 회복된다. 그러나 귀령의 빙의에 대한 원시적 믿음과 이에 따르는 공포는 임상적 치료만으로는 완전히 소실되기 어려운 경우가 한국의 사례에서 발견되었다. 또한 별 준비 없이 개종했다면 이로 인한 갈등과 죄책감은 한국의 경우에 유난히 두드러진다는 인상이다.

3) 빙의 내용

얍의 연구로는 죽은 가족의 영혼이 절대 다수를 차지했고 다음이 도교·불교계 신들이었으며 드물게는 기독교계의 마귀 혹은 하느님이었다. 우리 연구에서는 기독교계 마귀를 포함한 악마·예수·하느님 등과 죽은 친척 가족의 영혼이 똑같이 많고 무속 신들도 그보다는 적지만 상당수였다. 이와 같은 빙의 내용상의 차이는 환자의 종교적 배경과 밀접한 관계가 있는 것 같다. 홍콩의 사례는 대부분 불교·도교의 배경을 가지고 있었고 우리의 대상군은 기독교의 배경이 과반을 차지하고 불교와 무속신앙, 종교가 없다고 한 경우가 각각 비슷하게 분포되어 있었다. 그러나 우리 대상에서 볼 때 환자가 불교이든 가톨릭이든 무속이든 관계없이 무속신들에 의해 빙의된 것으로 나타났다. 이것은 한국의 불교·기독교·가톨릭 교도에는 무속적인 토대를 마음속에 지닌 사람이 적지 않기 때문일 것이다.

외스터라이히(T.K. Oesterreich)³²⁾는 빙의 내용으로 마귀나 악마, 죽

---

31) 이부영(1965), 앞의 논문; 김광일(1972), 앞의 논문; 정동철(1972), 앞의 논문; 유정희·이부영(1983), 앞의 논문 등 참조.
32) Oesterreich, T.K.(1966), *Possession: Demoniacal and Others*, New Hyde Park, N.Y. University Books.

은 사람의 영혼, 동물의 영을 분류했는데 동물빙의는 일본과 만주에서 발견된다. 우리나라 샤머니즘에서는 드물고 우리의 조사대상에서는 발견되지 않았지만 임상에서는 드물게 보고되었음은 이미 언급한 바 있다.[33]

4) 사회인구학적 배경과의 관련성

얍은 빙의증상은 교육수준과 사회경제수준이 낮은 여성에 많으며 미혼의 경우보다 과부, 홀아비, 이혼녀, 첩에서 더 많았다고 하였다. 또한 일반 인구집단보다 기독교인에 많았다. 테자 등도 전형적인 빙의환자는 교육·경제수준이 낮은 여자라고 하였다.

정동철도 빙의환자는 40대 이후 여성이면서 교육수준이 낮고 성장지가 농촌이며 경제상태가 낮은 층에서 많고 결혼 상태는 정상적인 경우가 많았다고 했다.[34] 이는 우리의 연구와 여성에게 빙의증상이 많이 발견된다는 점은 일치하지만 경제상태는 대부분 중류이고 20대가 가장 많고 교육정도도 고졸 이상이 대부분이며 출생지도 도시인 경우가 과반을 차지하므로 위의 소견과 다르다. 시대의 흐름에 따라 빙의환자의 사회적 배경이 변화되었을 가능성이 크다.

6. 빙의증후 및 체험의 정신역동적 해석

빙의체험을 하게 되는 심리적 동기에 대해서는 여러 입장에서 여러 가지 해석이 있다. 욕구충족의 환상적 시도를 극화한 것, 공격자와의 동일시, 자아 이조적(異調的)(ego-dystonic) 욕구의 방출 등 일련의 정신

---

33) 주 16)의 문헌 참조.
34) Teja 등(1970), 정동철(1972), 앞의 논문 참조.

분석적 해석이 있는데 모두 일리가 있다.[35] 증례에 따라서는 순수한 빙의 형태로 인격의 해리를 일으킬 수 있는 소인을 가진 사람이 있을 것으로 추정된다. 그런 소인이 있는 환자가 권위주의 사회에서 지나치게 감정표현이 억압될 때 빙의라는 의사소통 수단을 의식·무의식적으로 이용할 가능성이 있다.[36] 그러나 심층적으로 무의식의 동기가 무엇이었는지는 여기 고찰된 대상에 관한 의무기록으로는 판단하기 어렵다.

분석심리학에서 인격의 해리는 무의식적 콤플렉스들이 자아의식을 자극하여 분해시키는 것이라고 설명한다. 해리가 발생하려면 네 가지 조건이 있다. 빙의증상은 이 네 가지 조건 모두와 관계될 것이다.

첫째, 자아의식도 콤플렉스들로 구성되므로 그 콤플렉스 사이의 연결이 조직화되어 있지 않으면 (원시인·소아 같은 경우) 작은 충격에도 해리되기 쉽다.

둘째, 자아가 집단정신, 즉 페르조나와 일방적으로 동일시됨으로써 의식에서 억압된 내용들이 보상적으로 에너지를 증강하여 의식을 압박할 때이다.

셋째, 무의식의 에너지가 내적인 요인에 의하여 이상하게 항진될 때 (정신병적 과정)이다.

---

35) Hippler, A.E.(1973), "Possession and trance cults: a cross-cultural perspective," *Transcultural Psychiatric Research Review* 10, pp.21~23; Kos, J.D.(1964), "Puerto Rican spiritualism in Philadelphia," quoted from Isaac Lubchansky et al., "Puerto Rican spititualists view of mental illness: The faith healer as a paraprofessional," *Amer J. Psychiat* 127(3), pp.212~ 321; Wittkower, E.D.(1970), "Trance and possession states," *Int J. Soc Psychiatry* 16, pp.153~160.
36) Obeyesekere, G.(1969), "The idiom of demonic possession: A case study," *Transcultural Psychiatric Research Review* 6, pp.62~64; O'Connell, M.C. (1982), "Spirit possession and role stress among the Xesibe of Eastern Transkei," *Ethnology* 21, pp.22~37.

넷째, 의도적으로 여러 가지 방법으로 의식의 긴장도를 낮추고 무의식에 관심을 집중함으로써 무의식을 활성화하는 경우(각종 종교적 수행, 이니시에이션) 등이다.

또한 능동적 빙의는 무의식의 콤플렉스를 발언하게 한다는 점에서 무의식의 깊은 뜻을 의식에 전달하는 역할을 할 수 있다. 그런 의미에서 적극적 명상과 비슷한 기능이 있다. 그러나 다른 점은 빙의에는 무의식의 표현을 관찰하는 또 다른 자아의 개입이 미약하거나 없다는 사실이다.

한국의 샤머니즘 사회는 문화적으로 빙의현상을 일으키기 쉬운 사고형태를 가졌다. 죽은 사람의 넋에 의한 빙의는 이미 우리 문화에 뿌리 깊이 박힌 의사소통의 지배적인 유형이다. 죽은 자에 대한 두려움과 경외, 죽은 자가 산 자보다 더 알고 초능력을 가진다는 관념은 인류보편적인 현상이지만 우리 문화는 굿을 통해 산 자와 죽은 자와의 의사소통을 이어주는 풍습을 오래전부터 키워왔다. 우리나라·중국·일본 등지는 '빙의문화'(possession culture)를 가졌다고 말해도 과언이 아닐 것이다. 중앙아시아·시베리아·알래스카가 '실혼문화'(soul loss culture)를 가졌다고 할 수 있다면 말이다. 이와 관련해서 추정되는 바는 우리나라 빙의환자 가운데 어떤 경우는 순수하게 무의식적 현상이라기보다 반의식적인 행동일 것이라는 점이다.

크라판차노(V. Crapanzano)가 빙의에 대해서는 문화적으로 규제된 의사소통상의 독특한 관습(idiom)이라고 설명하는 것이 적합한 경우가 있다고 했는데 저자도 이에 공감한다.[37] 가역적 빙의의 대가인 무당의 경우에 해당되는 말이 될 것이다. 키에브는 빙의를 좀더 구체적으로 어릴 때부터 보고 배우고 언젠가는 빙의되기를 바라는 사회문화

---

37) Crapanzano, V., Garrison, V. (1977), 앞의 논문 참조.

에서 합법적으로 '미치는'(crazy) 방법 가운데 하나라 했다. 또 여러 가지 억압된 자아 이조적 충동과 생각을 문화적으로 인정되도록 고도로 제도화된 상징적인 방법을 써서 행동으로 표현하는 수단이라는 것이다.

빙의현상의 현실적인 측면을 설명[38]한 것이라고 볼 수는 있을 것이다. 그러나 모든 빙의가 그렇게 의도적·제도적으로 이용된 표현방식에 국한된다고 볼 수는 없다. 그것은 기본적으로 자연발생적인 인간의 원초적 충동에서 생기는 것이고, 거기에는 변환을 향한 인간의 희구가 존재한다는 점을 잊어서는 안 된다.

7. 맺는말

가역적인 빙의를 빙의 범주에 넣는다면 모든 빙의가 병이라고 할 수는 없다. 무당의 빙의는 죽은 자와 산 자, 저승과 이승을 매개하는 종교적 치유목적에 이바지하는 행위이다. 무당은 신을 내리고 말하고 다시 보낸다. 병적인 빙의는 조절이 불가능할 뿐 아니라 공동체에 이바지하는 긍정적 목적을 수행하지 않는다. 물론 그 목적이 없는 듯이 보이는 정신적 해리의 이면에는 무의식의 창조성이 작동한다. 그러나 신병을 앓는 사람들이 굿을 통하여 치유되어야 하는 것처럼 창조적 충동을 실현하기 위해서는 치료가 필요하다.

그런데 문제는 빙의증상을 가진 많은 환자가 현대 정신의학의 약물치료를 받아야만 낫는 정신병을 앓는다는 사실이다. 위의 사례에서도 내림굿을 해도 낫지 않은 빙의환자를 발견할 수 있다. 샤머니즘 사회성

---

38) Kiev, A.(1961), "Spirit possession in Haiti," *Am J. of Psychiat* 118(2), pp.133~138.

원과 목회자, 성령운동 종사자, 그밖의 종교인은 현대 정신의학의 질병과 치료에 대한 지식을 갖추어야 할 것이다. 또한 정신과 의사나 정신치료자는 민간신앙이나 고등종교의 언어를 이해하고 적절히 구사할 수 있어야 한다.

빙의현상은 문화와 시대에 따라 변천할 것이다. 빙의 주체의 고태적 성격이 현대적인 색채를 띨 것이고 인간 정신의 내면을 성찰하는 정신이 발전하고 자유로운 감정표현이 허용되는 사회와 시대에는 굳이 분리된 자아로 의사를 전달할 필요가 없을 것이다. 그런데도 원초적 충동에서 일어나는 빙의 혹은 무의식의 힘에 의한 '사로잡힘'은 없어지지 않을 것이다. 그것은 언제나 그 자체의 창조적 목적으로 때로는 의식의 혼돈과 일시적 장해를 무릅쓰고 출현하기 때문이다.

제8장 무속신앙과 정신장애

1. 머리말

종교적인 신앙은 신도들의 정신적 안녕에 도움을 주기도 하지만 때로는 여러 정신질환을 유발하거나 기존의 정신질환을 악화시킬 가능성이 있다.[1] 특히 격렬한 감정적 고양을 일으키는 종교집회나 주술적 신앙의 제의, 굿과 같은 경우에는 잠재적 정신병적 요소를 자극하여 정신병을 발현할 수 있다. 또 일시적이거나 지속적인 정신적 해리를 유도할수도 있다. 이런 사실은 이미 오래전부터 정신의학에서 알려져 있었다. 일본의 기도성 정신병, 아이누족의 '이무', 만주의 '자빙'(邪病) 등은 주술기도행위와 밀접한 연관 아래 발병된 정신상태들[2]이다. 서양에서는

---

1) Schneider, K.(1928), *Zur Einführung in die Religions Psychopathologie*; Kiev, A.(1961), "Spirit Possession in Haiti," *Am. J. Psychiatry* 118, pp.133~138; Kiev, A.(1972), *Transcultural Psychiatry*, London: Penguin Books; Wittkower, E.D., Prince, R.(1974), "A Review of transcultural psychiatry," *American Handbook of Psychiatry*, 2nd ed, vol.2, (ed.) Caplan, G., Arieti, S., New York: Basic Books.
2) 西川正修(1938),「祈禱性精神病の臨床的硏究」,『慈惠會大論文集』, 東京, 267쪽; 岩崎義道(1929),「Alopecanthropie(狐憑症)の比較神話學的及精神病學的硏究」,

심령술 집회에 의하여 유발된 영매정신병이 보고되었다.[3] 종교적 신앙이 아니더라도 특수한 문화적 신념이나 관념을 배경으로 일어나는 이른바 문화연계증후군이 중국과 동남아지역에서 보고되었다. 이는 그 사회집단의 문화와 정신건강의 관련에 대한 연구를 촉진하는 계기가 되었다.[4]

굿에 참여했다가 정신적 장애가 생겨 병원에 입원하는 경우 그 증상은 여러 가지이지만 대개 불가역적인 빙의현상을 수반하는 경우가 많아 정신의학자들은 빙의증례를 중심으로 한 정신역동적·임상정신의학적 관련에 주된 관심을 갖게 되었다. 여기서는 1960년대 후반 서울대학교병원에서 경험한 증례 가운데 무속신앙이 어떠한 형태로든 발병에 영향을 주었다고 보는 증례를 선택하여 질병학적 측면보다 사례의 내면 심리의 측면에서 무속신앙과 정신병리와의 관계를 살펴보고자 한다. 요컨대 환자의 마음속에 무엇이 일어나고 있는가를 알기 위한 시도의 일환이다.[5] 다만 무의식의 경향을 볼 수 있는 자료가 미흡하여 때로

『實地醫家ト臨床』, 第6卷, 90쪽; 田村幸雄(1944), 「滿洲の民族と精神病」, 『精神神經誌』第48卷 第2號; 賈連元(1943), 「滿洲國在住漢民族に於ける巫醫ならびに邪病に關する硏究」, 『精神神經誌』第47卷, 594쪽.

3) Kraepelin, E.(1909), *Psychiatrie*, Bd.1, Leipzig: Verlag von Johann Ambrosius Berth, p.140. 크레펠린은 여기서 최면 및 심령술 뒤 정신장애의 원인을 '정신적 전염'이라는 범주에서 다루고 있다. Henneberg(1901), "Über Spiritismus und Geistesstörung," *Archiv f. Psychiatrie* 34, pp.999~1039; Henneberg(1903), "Zur forensisch-psychiatrischen Beurteilung spiritischer Medien," *Archiv. f. Psychiatrie* 37, pp.673~723.

4) Opler, M.E.(1959), *Culture and Mental Health*, New York: McMillan.

5) 이부영·이철규·장환일(1970), 「토속신앙과 관련된 정신장애 3례의 분석」, 『한국문화인류학』제3집, 5~32쪽 참조. 이 논문의 증례기술 부분은 저자의 지도 아래 공동연구자인 이철규·장환일이 담당하였다. 병력(病歷)·생활력·진단 등 임상정신의학의 기본정보는 정신병리현상의 심리적 해석에 필요한 만큼만 소개하고 증례의 이름과 구체적 신상사항은 기술하지 않는다. 증례들은 1967~70년 사이에 서울대병원에 입원한 경우이다.

는 추론을 감행할 수밖에 없었음을 밝혀둔다.

2. 개별적 증례의 임상적·심리학적 분석

1) 증례 분석

(1) 증례 1: 45세 농촌의 가정주부

● 입원동기와 병의 경과

사람을 못 알아보고 엉뚱한 말을 하며 때로는 흥분하여 잠을 못 잔다며 처음 입원했다.

입원 약 2개월 전부터 소화불량이 있었고, 식후에는 늘 설사를 해 15일 전에 마을 사람들의 권유로 푸닥거리를 했다. 이때 무당이 환자가 걸고 있던 천주교 목걸이(십자가 목걸이)를 빼앗으니 "저년이 내 목을 잘라갔다"고 했다. 이때부터 증상이 눈에 띄게 나타났다. 노래를 부르고 예수, 마리아를 찾고, 침을 자주 뱉고, 만나는 사람마다 "서방질할 년"이라고 욕을 하고 "작은 아들이 대통령이 되었으니 얼마나 좋으냐" "큰아들이 이 세상에서 최고다"라는 등 엉뚱한 소리를 늘어놓았다.

또 "내가 마귀를 믿다가 마귀에게 미친 것이다"라는 말을 자주 하고, 시청 앞에 태극기가 꽂혀 있는 것을 보고 "성당에 왜 빨간 기가 꽂혀 있느냐"고 하기도 했다. 밤에도 전혀 잠을 자지 않고, 다른 사람과 이야기할 때는 한참 무언가를 생각하는 듯 눈을 깜박이며 그 사람을 유심히 쳐다본다. 찾아온 사람에게 아무나 보고 "너"라고 하기도 하고, 또는 "아주머니" "형님" 등으로 부른다. 어느 때는 사람을 알아보기도 하고, 어느 때는 알아보지 못하기도 했다. 때로는 옷 입은 채로 대변을 보고 나서 냄새가 난다고 씻겨달라기도 했다. 방바닥을 뜯거나 문의 창호지를 찢고는 다시 바르라고 시키기도 했다.

굿하기 약 한 달 전에 천주교 신자인 환자를 위해 다른 신자들이 병이 낫도록 24시간 기도를 해준 일이 있다. 그 뒤 시누이 집에 갔는데, 시누이가 시어머니와 싸우는 것을 보고 놀라서 잠시 사람을 못 알아보고 헛소리를 한 적이 있었다.

환자는 6개월 전에 "내가 이상하다. 천주교 신공을 드리자"고 했는데 가족들이 반대하자 며칠 동안 얼굴 표정이 멍청해지고 또 헛소리를 했다. 약 2년 전에는 별로 충격을 받은 일도 없는데 헛소리를 한 적이 있어서 그때는 성당에서 기도를 받고 나은 일이 있었다.

16일의 입원기간 동안 처음에는 전혀 현실파악을 못하고, 인물과 장소와 시간에 대한 지남력(指南力, orientation, 분별력)이 아주 상실되어 있었다. 대변을 아무 데나 싸고 함부로 욕지거리를 하며, 병식(病識, 자신의 상태가 병적임을 알아차림)이 전혀 없었다.

약물 및 면담치료를 통하여 차차 안정되면서 의사와 관계가 형성되고, 지남력도 차차 회복되었다. 자기의 병적 상태에 대한 기억도 살아나고, 어느 정도의 병식도 생겨서 거의 완치된 상태에서 1967년 7월 집으로 퇴원했다.

퇴원하고 약 3년을 별 문제없이 지내다가, 1970년 6월 엉뚱한 말을 하거나 불면증 등을 호소하며 대학병원 정신과에 재입원하였다. 이때는 환자의 남편이 소화가 잘 안 되어서 1주일 전에 환자가 남편의 반대에도 불구하고 푸닥거리를 하자고 했다. 그때 무당이 환자에게 대를 잡지 말라고 했다. 새벽녘이 되어 자는 사람을 깨우기가 미안해서 환자가 대를 잡았는데 그때 벌벌 떨면서 "왕우 할머니가 귀찮게 군다"고 소리쳤다. 왕우 할머니란 먼 친척뻘 되는 마을 할머니인데, 신이 올라서 무당이 되려다가 채 되지 못하고 몇 년 전에 사망했다. 그 할머니가 죽은 뒤로 가끔 대 잡는 동리사람들에게 왕우 할머니 귀신이 올라서 귀찮게 군다고 했다. 환자는 푸닥거리 며칠 뒤부터 "눈이 온다" "비가 온다" "올라간다" "못 올라간다" "내려간다"는 등 헛소리를 계속하며 잠을 자지 않고 흥분해 있었다.

입원 초에는 묻는 말에 대답을 하지 않고 간혹 외마디를 질렀다. 가식적인 인상은 주지 않았으나 특별한 환시나 환청의 존재 여부는 확실치 않았다. 또한 첫날은 "눈이 온다. 비가 온다"라며 헛소리를 계속하여 불분명하나 환시가 있는 듯도 했다. 그다음 날부터는 특별한 치료 없이 잠도 잘 자고, 헛소리도 없어졌다.

정신치료를 목적으로 한 면담을 통하여 병적 상태에 대한 기억력도 좋아지고, 병식도 완전히 회복된 상태에서 입원 10일 후 퇴원하였다. 이때 면담 시 환자는 푸닥거리에 관하여 이야기하기를 꺼렸는데 이러한 저항은 퇴원할 때까지 제거되지 않았다.

● 생활사 및 가족배경

환자는 중부지방의 비교적 부유한 농가의 1남 2녀 중 막내딸로 초등학교를 졸업했다. 작은 마을에서 대대로 살아오다가 17세 때 대도시 근처 작은 농촌으로 이사했다. 그 뒤 곧 일제의 징용 때문에 동리사람의 중매로 18세 때 현재 남편과 결혼했다. 10년 뒤에 소화불량·설사 등의 증세가 생겨서 오랫동안 고생했다. 부모는 인자하고 온순한 사람이었는데 모두 사망했다. 가족 내 정신병 소질은 발견되지 않았다.

남편은 삼대독자로서 체격이 왜소하고 내성적이었다. 고집이 세며 무능한데다가 6·25 때 나무하다가 등을 다치고 나서 등이 굽어 바깥출입이나 활동을 잘 하지 않는 사람이었다. 이에 반해서 환자는 아주 활발하고, 활동적인 성격이어서 남편과 뜻이 맞지 않았으며 바깥일도 거의 맡아서 처리했다. 슬하에 2남 2녀가 있으며 모두 건강하고 비교적 부유한 농촌활동을 하고 있다. 친정 쪽에는 종교가 없었으나 친정 어머니는 유난히 푸닥거리를 좋아했다.

반대로 시가는 천주교 집안이었다. 시어머니 집안이 독실한 천주교 신자였으므로 시아버지도 결혼 후 독실한 교인이 되었다. 환자도 결혼 후 시가를 따라서 신자가 되었다. 시아버지가 사망한 후, 남편이 성당에 가는 것을 싫어해서 그만둔 뒤에는 환자만 가끔 나갈 정도였다. 남편이 반대하는 이유는 종교를 믿으나 안 믿으나 자기 마음먹기 달렸다고 생각했기 때문이라고 하나, 환자의 큰아들에 따르면 "아버지에 대한 반발 때문"인 것 같다고 했다. 그리고 "할아버지 생시에도 아버지는 성당에 가는 것을 매우 싫어했지만 할아버지에게 아버지는 삼대독자이므로 무척 사랑하고 아꼈다"고 한다.

  남편은 굿이나 푸닥거리를 극구 반대하는 사람이었다. 시가에서 처음 천주교인이 되었을 때는 그 동네의 약 300호 가운데 유일하게 성당에 가는 집이었다. 그러나 현재는 세 집이 성당에 나가고 있는데 자신의 집이 가장 불성실하다고 환자는 생각하고 있다. 환자는 성당에 성실하게 나가지 못하는 데 대해서 죄스럽게 여기고 언젠가는 다시 성실하게 나가겠다고 생각하고 있었다. 따라서 푸닥거리 같은 것을 해서는 안 된다고 생각하면서도 주위에서 권하면 남편이 반대해도 해버리는 성격이다.

  푸닥거리를 할 때 대를 잡아도 남편은 절대 신이 오르지 않으나 환자는 그 동네에서도 신이 잘 오르기로 유명했다. 그래서 천주교인인데도 신이 잘 오른다고 동네 사람들이 신통하다 했지만 환자는 이런 말을 듣는 것이 창피했다.

  시어머니는 환자가 시집오기 전에 사망했으므로 환자와 관계가 전혀 없었고, 시아버지는 4년 전 사망하기 전까지 독실하게 천주교를 믿어 아들과 며느리인 환자에게 자기가 죽은 다음에도 계속 성당에 나가라고 강요했다. 환자의 자녀들은 성당에 잘 나가고 있으며 그들에게 "너희들만이라도 독실한 신자가 되어야 한다"고 환자는 말하고 있다. 그리고 자신의 병이 천주교를 믿지 않고 푸닥거리를 했기 때문에 벌을 받아서 생긴 것이라고 생각한다.

● 임상적 진단

　병력(病歷)에 따르면 환자는 1965년경부터 현재까지 총 4회에 걸쳐 의식장애를 일으켰다. 2회는 일과성으로 자연소실 또는 기도로 회복되었고 2회는 입원이 필요했으나 두 번 다 20일 미만의 치료로 많이 회복되어 퇴원했다.

　감정적인 문제가 발병의 유인이 되었다는 점, 특별한 정신과의 치료를 요하지 않고 증상이 소실된 점 등 병의 경과나 병상(病像)으로 볼 때 제1차 입원 전의 정신장애는 모두 일과성인 심인성 반응이고 그전 2회의 장애는 해리성 장애로 생각된다. 어느 경우든 근본치료보다는 증후적 치료로서 증세만 없어졌다가 1967년 6월에 이르러 입원해야 할 만큼 상태가 악화한 것으로 보인다.

　제1차 입원 당시의 증세는 간헐적인 인물에 대한 지남력 장해, 비정상적인 언동, 시청 앞 태극기를 성당의 빨간 기로 보는 등의 착시, 수면장애, 유분증(遺糞症, encopresis)으로 특별한 망상이나 환각은 없었던 것 같다. 아들에 대한 과대망상적인 말을 한 적이 있지만 망상이라고 할 만큼 병적인 것이었다고 보기는 어렵다. 지병인 설사를 고치기 위하여 푸닥거리를 할 때 무당이 환자의 '천주교 목걸이'를 빼앗은 것이 정신장애를 악화시킨 직접적인 동기인 점이나 짧은 시일 내에 회복한 점을 볼 때 심인성 반응으로서 해리성 장애라고 진단해도 무방할 것 같다.

　그러나 제2차 입원은 자기의 병보다 남편의 소화불량으로 푸닥거리를 하다가 발병하였는데 이때 대를 잡고 신이 오른 것이 발병의 계기가 된 만큼 푸닥거리가 병적 증세를 일으키는 유발요인으로 중요한 역할을 하였음에 틀림없다. 그러므로 이 병적 사건은 상술한 바와 같은 종교적 집회로 유발된 빙의증후들과 같은 계열에 속한다. 그러나 이 병의 유발인자가 어떠한 것이든 그 인자로 말미암아 병적인 장애가 생기는 데는 그 개인의 특수한 심적 준비태세가 작용하였을 것이다. 그러므로 이 환자의 상태를 진단분류상의 어떤 범주에 분류하느냐 하는 것은 필요한 일이지만 병적인 상태의 심리학적 배경을 살피는 것은 이에 못지 않게 중요하다.

● 환자의 체험내용에 대한 심리학적 분석

소녀기의 체험이나 부모와의 관계 등에 관한 자세한 정보가 없어서 확실히 알 수는 없으나 결혼 초기까지는 별로 눈에 띄는 장애 없이 생활에 잘 적응해왔던 것 같다. 결혼생활도 두드러지게 나빴던 것 같지는 않다. 다만 남편의 성격이 꽁한데다가 체격도 왜소하고 6·25 때 다쳐 등이 굽어 있는 등 외모나 성격 면에서 환자가 기대하던 남성이 아니어서 실망도 컸을 것이다. 실제로 환자가 남성의 역할을 도맡아 부족한 남편의 일을 대신해왔다. 남편은 또한 남편대로 삼대독자라는 가족 내 입장 때문에 조부모와 부모로부터 누적된 보호와 염려의 대상이 되었을 가능성이 크고 거기서 오는 중압감에 눌려 기를 펴지 못해 내적인 불만에 시달렸을 수 있다. 이와 같은 배경에서 결혼 10년 후 소화불량, 설사 등의 첫 번째 장애가 신체 면에서 나타나고 1965년부터는 '헛소리'라는 일과성 의식장애가 발생하기 시작하였다.

● 신앙에 대한 태도

천주교 신앙에 대한 남편의 태도는 비판적이었고 푸닥거리나 민간신앙도 배척하고 대를 잡아도 '신이 오르지 않는 성격'으로 피암시성이 적고 합리적인 의식구조의 소유자였던 것 같다.

추측건대 환자는 현 남편과 결혼을 하기는 했으나 인습적인 한국가정에서 가끔 볼 수 있듯 감정적으로는 시아버지와 동일시한 듯하다. 또한 환자의 남편은 천주교 자체보다 아버지에 대한 반발 때문에 천주교를 싫어하게 된 것이 아닌가 생각된다. 이는 그로 하여금 민간신앙을 포함한 모든 비합리적인 것을 배격하게 했는지도 모른다. 그러므로 이들의 종교에 대한 태도는 어떤 뚜렷한 자각보다 어떤 사람에 대한 개인적인 친화성에 따라 결정되었다 할 것이다. 그렇게 환자는 수월하게 천주교 신자가 될 수 있었고 시아버지의 사후에 자연스럽게 천주교에서 멀어졌다고 생각한다.

또한 환자의 천주교 신앙에 대한 태도는 종교적이라기보다는 마술적 기대에 치우쳤던 것 같다. '신공'으로 여러 차례 정신적인 안정을 기도한 사실은 천주교의 기도치병의 기능에 의지하려는 경향을 나타낸다. 그러므로 신자가 되기는 했지만 환자에게 중요한 것은 천주교 신앙 자체가 아니라 '교우집단', 교회의 '권위'와 그 주술적 신통력이었던 것 같다. 이렇게 볼 때 환자의 무속사회에서의 푸닥거리나 무당에 대한 태도와 천주교에 대한 태도 사이에는 결국 큰 차이가 없었고 그러므로 천주교 목걸이를 하고도 굿에 참여할 수 있었던 것이다.

● 무속신앙과 천주교 사이에서

환자의 의식·무의식에는 유난히 푸닥거리를 좋아하던 어머니와 친가의 세계가 있었다. 의식에서는 천주교와 동일시하고 시가의 신앙세계에 충실하려는 의지가 있었으나 무의식에는 이에 대한 강한 저항이 오랫동안 준비되어온 것이 아닌가 생각된다. 천주교에 대한 표면적인 적응에 대한 무의식적 대상작용(代償作用)으로 환자는 기도로 일관된 천주교 신공의 치병방법에 만족하지 않고 무교의 푸닥거리로 그 방법을 바꾸었다. 기도보다 빙의에 의한 방법이 스스로를 표현할 수 있는 적합한 방법이었을지 모른다.

그러나 무당은 천주교 목걸이를 하고 굿을 하는 어정쩡한 환자의 태도를 용납하지 않았고 목걸이를 빼앗음으로써 환자에게 그의 소속을 따졌다. 이로써 환자의 아픈 점을 자극하고 그녀를 혼란에 빠뜨린 것이다. 환자의 합리적 자아는 와해되고 무의식의 콤플렉스에 휩쓸리게 된다. 이것이 다른 사람 눈에는 '헛소리'이고 '이상한' 말이었으나 모두 환자의 의식하지 못한 무의식의 내용의 표출이었다. 환자의 약한 자아로는 그 콤플렉스들을 통합하고 이해할 수 있게 표현할 수 없었다. 우리는 그 의미를 상징적으로 이해할 수 있을 뿐이다. 천주교 목걸이는 환자의 '목숨'과 동일시될 만큼 무당의 몸주에 대한 신봉과 마찬가지로 마력(Mana)을 가진 실체였다. 환자는 이때 무당이 "내 목을 잘라갔다"고 했는데 "목을 잘라간다"는 것은 상징적으로는 신체로부터 머리가 분리됨을 의미한다. '머리'를 지성과 의식의 자리, '몸'을 감정이나 본능과 무의식의 자리[6]라고 한다면 이것은 지성과 감정, 의식과 무의식, 정신적인 것과 본능적인 것 사이의 분리를 의미한다. 글자 그대로 환자는 의식을 잃은 것이다. 이와 같은 분열과정 뒤에는 시베리아 샤먼의 입무식에서 볼 수 있는 해체의 주제[7]가 엿보인다. 본질적으로는 입무과정에 필연적으로 통과되어야 할 고통과 죽음의 체험으로 하나의 재생에 이르는 창조적 목적을 내포한 의미 있는 체험이다.

　　천주교 목걸이를 하고도 무당을 찾지 않을 수 없는 모순, 시아버지에 대한 충성과 친부모에 대한 그리움 사이의 갈등과 죄책감은 결국 만나는 사람마다 "서방질할 년"으로 투사되어 그들을 저주하기에 이른다. 이것은 "마귀를 믿다가 마귀에게 미친" 두 개의 신앙에 대한 자기 자신의 부정(不貞)과 불성실을 두고 하는 말이다. 여기에서 오는 불안 가운

---

6) Jung, C.G.(1963), "Das Wandlungssymbol in der Messe," *G.W.*, Bd.11, Zürich: Rascher, p.260, p.266, p.269.

7) Eliade, M.(1956), *Schamanismus und archaische Ekstase Technik*, Zürich: Rascher, pp.45~48; Schamanengeschichte aus Sibirien, München: Otto Wilhelm Barth-Verlag GMBH. 1955.

데 환자의 마음속에서는 권력(대통령이 된다)에 대한 강한 희구가 일어난다. 환자는 이를 '아들'에 대한 환상으로 실현하고자 한다. 이것은 "서방질할 년"으로의 자기 비하를 위대한 것으로 높여 보상하려는 극단적인 무의식적 반작용이다. 이른바 융의 정신적 에난치오드로미아(enantiodromia, 대극의 반전) 현상이라 할 수 있다.

어쨌든 환자는 종교적 위기에 직면하여 지금까지 믿어온 천주교 신앙이 근본적으로 흔들리는 위기에 처했다. "시청 앞의 태극기"가 "성당의 빨간 기"로 보인 것은 단순한 정신병적 체험이라기보다는 위기에 처한 천주교 신앙을 상징적으로 표현한 것이라 할 수 있다. 여기서 빨간 기는 무의식으로부터의 위험신호를 의미한다.

환자의 자아는 이 강렬한 문제를 극복할 만큼 발달되어 있지 못하다. 그리하여 찾아온 사람에게 아무나 보고 "너"라고 하는 자신과 "아주머니" 또는 "형님"이라고 부르는 자신으로 분열된다. 어떨 때는 사람을 알아보나 어떨 때는 알아보지 못하는 시기가 교차되다가 급기야는 유분증 같은 퇴행현상을 통하여 완전히 자기자신을 포기함으로써 주변 사람에게 전적으로 자기를 간호해달라고 강요하기에 이른다.

불행히도 우리는 1차 입원 중이었던 환자의 무의식적 과정에 관하여 자세히 구명할 수 없었고 경쾌 퇴원 후의 종교적 문제가 다음 발병까지 어떻게 처리되었는지 확실히 알 수 없었다.

2차 입원인 1970년 6월의 발병유인은 굿 도중에 대를 잡은 것이다. 환자는 대를 잡으면 신이 잘 오르는 편이니, 남편보다 피암시성이 강한 사람이라 할 수 있다. 이는 자아의식구조의 전반적인 약화를 의미함과 동시에 특수한 요소에 대한 강한 무의식성을 의미한다. 무의식 속에 미분화된 콤플렉스가 의식되지 않고 오래 머물러 있다면 그만큼 자율성을 지니며 에너지를 확대하여 자아의식을 쉽게 지배할 수 있는 상태가 된다.

● 왕우 할머니

환자가 대를 잡았을 때 환자에 빙의되어 그를 괴롭힌다는 왕우 할머니는 환자의 무의식 속에 있는 특수한 콤플렉스를 의미한다. 왕우 할머니가 환자의 친척뻘 된다는 의미에서 개인적이며 가족적인 연관을 지닌 존재이기도 하지만 그보다 마을 전체의 사람들에게 어떤 공감을 줄 수 있는 사람인 점에서 집단적 콤플렉스라 할 수도 있다.

원한을 가진 영혼이 굿 도중에 내려와서 무당이나 대를 잡은 사람에게 들어가 그 원한을 풀고 다시 저승으로 가는 과정은 한국 샤머니즘에서 흔히 볼 수 있는 현상[8]이다. 신이 올라서 무당이 되려다 못 되고 죽은 왕우 할머니는 마을의 대표적인 원혼으로서 무속사회에서 의식적으로 강조되어 굿을 할 때 많은 사람에게 빙의가 되는 것일지도 모른다. 빙의된 것은 신이 올랐으나 무당이 될 수 없었던 원한에 얽힌 콤플렉스이다.

왕우 할머니는 이와 같은 원한의 집단적인 투사 대상으로 선택된 인물이다. 그러므로 이것은 대를 잡고 신이 오른 환자 개인의 무의식적 원한인 동시에 그 환자가 속하는 집단의 공통적인 원한을 대변한다. 엄밀하게 말해서 왕우 할머니는 순수한 의미에서 무의식의 콤플렉스를 가리키지는 않는다. 본래는 무의식의 소산이었으나 무속사회의 전통에 따라 다분히 의식적으로 보호 육성한, 이를테면 집단적 의식에 의하여 인위적으로 형성된 상징이다. 그러므로 왕우 할머니의 근원에는 무의식적인 면과 함께 의식적·집단적인 면이 있다.

그러나 그 마을에서 왕우 할머니만 빙의되는 게 아닌데도 여러 가능성 중에서 왕우 할머니가 환자에게 빙의된 점은 의미가 있으며 개인의

---

8) 이부영(1970), 「'사령'의 무속적 치료에 대한 분석심리학적 연구」, 『최신의학』 13(1), 79~94쪽.

심리적인 측면에서 고찰해볼 여지가 있다.

왕우 할머니에 대한 환자의 연상은 매우 빈약하여 먼 친척뻘인 동네 할머니라는 것 이외에 특별히 개인적인 감정을 가진 관계라거나 왕우 할머니의 성격 등은 알아볼 수 없었다. 그러므로 왕우 할머니는 인척이기는 하나 환자의 감정세계, 의식세계에서 멀리 떨어진 존재이다. 본래 '할머니'란 개인적이라기보다는 집단적이며 때로는 고태적인 속성을 표현하는 일이 많다. 그것은 환자 개인에 대한 모성적인 요소라기보다 집단 전체에 대한 모성, 이를테면 모성적인 조상의 상징이다.

왕우 할머니는 환자의 무의식 속에 있는 고태적 모성적 요소라고 할 수 있다. 그런데 이 요소는 신이 들어 무당이 되지 못한 '원한'이라는 감정과 관계를 맺고 있다. 정신분석학파에서 이런 경우 흔히 규정짓는 바와 같이 무당이 되고 싶은 '욕구의 좌절'이라고 보아도 아주 틀리는 말은 아니다. 환자의 무의식 속에 무당이 되고 싶은 '욕망'이 있었다면 무당이 될 수 없었기 때문에 느낀 '좌절감'이 숨어 있을지도 모른다. 그러나 저자는 이것을 좀더 다른 차원에서 해석하고 싶다.

'신이 들어 무당이 된다는 것'은 하나의 입무과정인데 이는 신이 드는 과정과 무당이 되는 과정의 두 단계를 내포한다. 신이 든다는 것은 엘리아데[9]가 말하는 것처럼 초인적인 것, 세속을 넘어선 것과의 소통을 의미한다. 이는 분석심리학적으로 자아의식과 무의식의 소통을 말한다. 그러나 몸속에 신이 들어 있는 상태란 하나의 사로잡힘(posession state)이므로 의식과 무의식과의 자유로운 관계라고 할 수 없고 지양되어야 할 성질의 것이다. 원칙적으로 한국의 샤머니즘은 시베리아의 샤머니즘과 마찬가지로 빙의가 곧 입무라고 생각하지 않고 상징적으로나 구체적으로 완전히 무당이 되는 절차를 밟아야 한다.

---

9) Eliade, M.(1956), 앞의 책, p.33.

그러므로 신은 들었으나 무당이 될 수 없었던 왕우 할머니는 그 동기가 외적인 조건에 있든 내적인 원인에 있든 의식을 무의식의 세계로 확대할 충분한 기회와 능력은 있었으나 끝내 그것과 조화로운 관계를 맺을 수 없었던 미완성된 성인과정을 의미한다. 왕우 할머니의 원한은 의식과 무의식의 조절을 제대로 할 수 있는 완성된 인간이며 권력의 상징인 무당이 될 수 없다는 데 대한 원한이다. 다시 말해서 인간 완성을 성취할 수 없었다는 데 대한 유감이다.

융에 따르면 무의식은 '욕구'만 있거나 원인만 가지고 있는 것이 아니라 목적의미(Zwecksinn)를 가진다.[10] 환자에게 들어 "귀찮게 구는" 왕우 할머니는 앞에 말한 성인과정에 이르는 고민을 환자에게 인식시켜줌으로써 환자가 잊어버렸던 무의식의 세계를 소화하도록 촉구하는 것이다.

그러나 이것은 그때마다 너무나 급격하게 환자에게 엄습하기 때문에 환자의 자아는 무의식의 의미를 깨닫기 전에 붕괴되고 만다. 환자는 다시금 고태적 양가 경향 속에 해리되어 '눈'(겨울)과 '비'(여름), '올라가는 것'과 '내려가는 것' 사이를 방황한다. 급격한 빙의란 엄습하는 무의식의 콤플렉스가 얼마나 오랫동안 의식세계와 차단된 곳에 억압되었으며 얼마나 강한 세력으로 충전되었는가를 나타낸다. 1965년부터 1970년까지 여러 차례에 걸쳐 심리적 장애가 되풀이되는 것은 환자가 진정으로 해결해야 할 것을 해결하지 못하고 표면적인 증세 소실에 만족해 버렸기 때문이다.

2차 입원 중 치료적 면담에서 환자는 무속신앙에 대해 깊은 열등의식과 수치감을 가지고 있었으며 이것이 이 문제를 의식으로 올려 깨닫

---

10) Jung, C.G.(1963), "Über die Beziehungen der Psychotherapie zur Seelsorge," G.W. Bd.11, pp.355~376.

게 하는 데 큰 장애가 되었다. 환자는 지나간 일을 모두 "창피한 일"로 억압해버리고 의식에 매달려 있는 천주교 신앙에 형식적으로나마 순응하는 것이 제일 바람직하다고 여겼다. 무의식에 대한 저항이 심해서 병을 앓는 동안 표면에 나왔던 일을 재빨리 의식세계에서 배제하여, 이후 또 하나의 해리과정을 겪지 않으면 안 될 가능성을 남겨두고 있다.

(2) 증례 2: 35세 기혼여자

● 입원동기와 병의 경과

결혼해 아이도 있는 환자는 무단가출하여 먼 길을 방황했다. 또 가위로 머리카락을 자르거나 부엌칼로 왼손의 중지를 절단했다. 둔부에 석유를 뿌리고 불을 질러 1도 화상을 입었다. 이러한 문제 때문에 1970년 1월 정신과에 입원했다.

1969년 2월경 읍내 삼신할머니로 유명한 무당집으로 이사를 간 후 미신을 불신하던 환자가 무당의 말을 믿기 시작하여 이사한 지 3, 4개월째 되어서는 그녀의 말이라면 무조건 믿기에 이르렀다. 아이가 병이 들면 무당에게 묻고 남편에게 "굿을 해야 한다"고 주장했다. 그러나 남편은 이 말에 반대하여 의사에게 왕진을 청하거나 병원에 가서 치료를 받게 하는 등 일방적 조치를 취했다.

1969년 여름(6, 7월경)에 수족이 떨리고 틀어져 돌아가는 등 병적 증세를 일으켰다. 환자가 몸이 아파서 굿을 하겠다고 했으나 남편이 반대하여 병원에서 치료받기를 주장한 직후에 일어난 일이다. 의사가 왕진하여 그날로 수족의 뒤틀림은 멈추었으나 완쾌되지 않아 약 1주일간 집에 누워 안정을 취해야만 했다. 환자는 심하게 앓지는 않았으나 항상 두통이 있고 고단했다. 소화가 안 되고 트림이 나와서 밥도 제대로 못 먹었다. 무당은 "시어머니(남편이 6세 때 36세로 사망)가 너를 괴롭히기 때문인데 굿을 해야만 낫는다. 시어머니가 너를 괴롭히는 이유는 네가 남편에게 할 바를 다 못했기 때문이다"라고 했다. 남편이 굿을 반대하자 몰래 작은 굿을 했다. 굿을 하고 난 다음부터 남편을 대하는 태도가 아주 공손해지고, 존경심이 엿보이고, 남편이 잠들면 머리맡에 찬물을 떠다놓고 비는 등 전에 볼 수 없었던 행동을 했다.

1969년 10월 말경 "겨울엔 부엌이 추워 힘드니 이사를 가자"는 환자의 주장에 따라 300미터쯤 떨어진 다른 동네로 옮겼다. 이사를 하고 나서 큰아들이 전혀 먹지를 못하고 설사와 곱똥을 번갈아 누는 등 앓기 시작하여 며칠 지나지 않아 아주 쇠약해졌다. 환자는 다시 무당에게 물었다. "이사 간 집이 상을 당한 상가여서 상문살(喪門殺)이 있고, 또 이사를 할 때 잡귀가 끼어서 그렇다." 큰 굿을 해서 귀신도 쫓고 상문살도 바로잡아야 한다는 것이었다. 이때에도 남편은 미신이니 믿지 말라면서 반대했다. 아들을 병원에 데리고 가 치료를 받아야 하는데 환자가 이에 응하지 않자 남편은 시간을 내어 직접 아이를 업고 다니면서 병원 치료를 받았다.

얼마 후 아들이 많이 회복되었다. "아이가 약지 못하고 어리석으니 아이들 사이에서 지내면 좀 성격이 달라질 것이다"라는 남편의 일방적 주장에 환자도 결국 동의하여 아들을 아이가 여럿인 큰집에다 떼어놓았다. 환자는 이후 계속해서 건강하지 못했다. "몸이 아파 괴로워 죽겠다. 꼭 굿을 해야겠다" "항상 머리가 쥐어뜯는 것처럼 아프고 몸이 무겁고 피곤하다." 그러면서 몸 움직이기를 싫어했고 이때부터 병적 소견이 더 확실해졌다. 머리맡에 재봉틀이 있었는데 이렇게 말하기 시작했다. "어머니가 따라와서 지금 재봉틀 근처에 계신다" "항상 어머니 귀신이 따라다닌다" "굿도 해드렸고 하자는 대로 해드렸는데 왜 따라다니느냐?" 또 남편을 공경하던 태도가 많이 사라졌다. "시어머니가 어린 자식들을 두고 돌아가셨으니까 마찬가지로 손자들을 고아로 만들려고 하신다" "나를 죽이려고 한다"고 말하기도 했다.

나중에 알게 되었지만 환자는 4개월 전부터 동네 사람들에게 근무처의 일이 바빠 늦게 돌아오는 남편에 대해 "남편이 수상하다. 늦게 귀가하는 것은 다른 여자가 있기 때문일 것이다"라는 말을 자주 했다고 한다. 남편은 항상 늦게 돌아왔고, 건강이 나쁘다는 이유로 부부생활을 여러 달 동안 하지 않았다. 환자는 원래 성격대로 바깥 출입이 없고, 이웃과 만나는 일도 거의 없이 집에서 둘째 아들과 지냈다.

1970년 1월부터 환자는 갑자기 심해져 "큰 굿을 해달라" "이사를 해야 한다" "상가인데다가 잡귀가 들어와 우리를 이토록 괴롭힌다"는 이야기를 며칠 계속했다. 1월 4일경 만동서가 근처의 판수에게 점을 친 결과 무당과 같은 점괘가 나온 것을 환자에게 알렸다. 환자는 남편에게 이사를 가자며, 굿을 하자며 졸라 남편은 결국 동의했다.

이사 갈 집을 알아보던 중 1월 9일 환자는 남편과 의논도 없이 큰집에 가서 하룻밤 자고 그 집에 가 있던 맏아들과 막내 조카를 데리고 돌아왔다. 두 아들과 조카를 데리고 집을 나가면서 이유를 묻는 주인에게 "저기 좀 다녀온다" "이제 가면 못 온다"고 말했다. 나중에 안 사실인데, 환자는 집을 나가 택시를 타고는 운전사에게 부산까지 가자고 했단다. 운전사가 거절하자 도중에서 내리는 등 여러 번 택시를 갈아타고 평택역 앞에 이르렀다. 추운 날씨에 모두 굶주린 채 맏아들은 신발도 없이, 평택역 부근을 방황했다. 날이 어두워지자 도로변에 있는 가게 몇 군데에 들러 재워달라고 청했단다.

어떤 사람은 그들이 추위에 떠는 모습이 딱해 자고 갈 것을 승낙하는데도 머물지 않고 다른 집으로 가는 등 환자의 행동이 이상하다고 여겨 파출소에 신고했다고 한다. 연락을 받은 남편이 집으로 데려갔다.

그날 밤 환자는 잠을 안 잤으며 가위로 머리카락을 잘랐다. 이유를 물었다. "나는 이제 죽은 사람이다. 모든 것은 끝났다. 말리지 말라."

11일 아침엔 조금 정신이 나는 듯 "출근 시간이 늦어져서 미안하다.

그런 대로 출근하라"고 해서 남편은 그대로 했는데, 환자는 사람들의 감시를 피해 "속죄하기 위해" 부엌칼로 왼손 중지를 절단했다. 인근 외과병원에서 입원치료를 받았으며, 13일엔 전에 살던 무당집에 환자를 데려다놓고 굿을 했다 한다.

14일 병원 외래에서 환자는 "내가 무당의 모든 비위 사실을 알기 때문에 무당귀신이 나를 죽이려고 한다. 지금도 내 뒤에 무당귀신이 지키고 있다. 나는 살 수가 없다" "나는 너무 죄가 많다. 속죄하기 위해서 손가락을 잘랐다"고 말했다.

입원 당시 환자는 기진한 상태에 가까우면서도 공포와 흥분이 현저했으며, 말을 잘 안 했다. 식사나 건강상태를 검사하는 것 등 일체를 거부했다. "나는 이미 죽은 사람인데 재어서 뭐 하느냐" "나는 죄가 많다" "귀신이 내 몸에 꼭 붙어 있기에 정신이 있지, 만약 귀신이 내 몸을 나가면 정신을 잃어 아무것도 모르고 죽는다." 그 귀신은 '만신'이라고 했다. 좋은 신과 나쁜 신 가운데 나쁜 신에 속하며 자기를 말려 죽이려 한다고 중얼거렸다.

경구투약이 거절되었으므로 항정신병 주사제와 다량의 항생제를 주었다. 충분한 수면을 취하게 하였으며 입원한 지 이틀 뒤부터는 밥을 먹기 시작했다. 그러고는 말했다. "우리 가족이 왜 안 오느냐? 빨리 무당을 경찰에 신고하여 피해를 막아야 하는데……."

"경찰에 신고해달라. 나는 무당의 비밀을 안다. 무당이 어린아이들에게 홍역과 소아마비 등의 질병을 걸리게 해놓고는 다시 굿을 하게 하여 돈을 벌어들인다"는 말을 되풀이했다. 남편이 입원비가 없어서 빨리 퇴원시켜야겠다고 하여 1월 26일부터 2월 2일까지 네 차례 전기충격요법을 시행했다. 28일엔 충분한 식사를 하였고 "집에 돈이 없다"고 걱정했으며 "처음 입원했을 때보다는 만신이 나에게 이야기를 덜한다"고 말했다. 항정신병약을 잘 복용했으며 잠을 잘 자고 귀신에 관한 이야기는 차차 줄었지만 일체를 기억하지 못하고 대답도 잘하지 않았다. 29일엔 "경찰을 불러드릴까요?"라는 간호사의 물음에 "그건 왜 불러요?"라고 할 만큼 병적 체험에서 분리되기 시작했다. 2월엔 전신상태가 대단히 좋아졌으나 묻는 말엔 "허스밴드"(husband), "하이스쿨"(high school) 식으로 영어로 대답하는 등 아직도 진지한 태도가 보이지 않았다. 완쾌되지는 않았으나 경제적 사정 때문에 보호자의 요청으로 퇴원시켰다.

● 생활사 및 가족배경

농촌 중류가정의 둘째 딸로 태어났고 미신에 부정적이고 비교적 개방적인 가정에서 건강하게 자랐다. 어머니의 성격은 과격하고 엄하였고, 아버지는 침착하면서 개방적이었다. 환자는 어릴 때부터 성격이 날카로워 누구와 심하게 다투면 자기 성질을 못 이겨 졸도했던 일까지 있었다. 형제 남매 간의 사이는 아주 좋았다. 그러나 어머니와 충돌이 잦았던 것으로 보아 환자는 어머니로부터 귀여움을 못 받고 자랐던 것 같다. 친구가 적고 비사교적인 편이었다.

환자가 자란 지역은 무당굿 등 미신적인 행사가 많은 곳이었지만, 환자의 가정은 비교적 개화되어 굿을 싫어했다. 환자도 미신을 믿지 않았다.

환자는 결혼생활 시작부터 읍사무소에서 일하던 내성적이고 말이 없던 남편을 근거 없이 의심하기 시작했으며 이 때문에 처음 3년은 부부싸움이 잦았고 사이가 나빴다. 따라서 결혼 후에 환자는 남편의 냉대 아래 불안과 불행 속에서 살아왔던 것으로 보인다. 둘의 성격은 대립적이고 양보가 없었다고 한다. 남편이 이발을 하기만 해도 질투를 하고 의심을 했다.

환자는 점차 몸이 쇠약해졌고 두통이 심해졌다. 소화불량 때문에 식사도 제대로 할 수가 없었다. 4개월 전부터는 남편이 몸이 약하다는 구실로 부부관계도 전혀 없었다. 환자의 병이 악화되었을 때는 아들의 성격을 바꿔야겠다는 이유로 장남을 큰집에 보내기도 했다. 여기서 밝혀두어야 할 것은 내용 대부분이 환자의 남편 단독진술이며, 그나마 남편도 지방에 있어서 자주 만날 수가 없었고 또한 환자가 충분한 의사를 표현할 정도의 상태가 못 되어 퇴원하였으므로 진술의 신뢰도가 약하다는 점이다.

● 임상적 진단

환자는 목적 없는 방황, 신체의 상해, 양가적 행동, 피해망상, 자살기도, 죄악망상 등의 정신병적 증세를 가지고 입원했다. 임상적으로는 정신분열장애라고 진단되며 편집형(偏執型, paranoid type, 망상형)의 특징도 보이나 입원하기 바로 전에는 분열증성 우울증의 경향이 현저했다. 또 히스테리성 경련발작이 의심되는 증상을 보이기도 했다. 두통·소화불량 등 신체적 증세는 심인성 신체장애이거나 정신분열증의 전구증상, 그리고 우울증상의 신체적 표현과 관련이 있는 듯 보였다.

그러므로 환자의 병은 굿이나 점쟁이와의 접촉이 유인(誘因)이 되어 발생했다기보다는 그것과 직접적인 관계없이 발병된 분열증 때문에 굿이나 점쟁이와 같은 대상에 친화성을 느끼고 그로부터 상당히 암시적인 영향을 받은 경우라 할 것이다. 따라서 기도성 정신병이나 심령 정신병(Spiritistische Psychose)이나 문화적으로 규제된 질환과는 발생기전의 양상을 달리하는 것으로 본다.

● 환자의 체험에 대한 심리학적 분석

대인관계의 역동적 측면에 국한한다면 환자의 병은 자기중심적이고 내적으로 공격적인 성격, 어머니와의 갈등, 결혼생활에서 남편과의 갈

등, 이 세 가지 요인이 발병에 관여했다고 할 수 있다.

환자는 비슷한 성격의 어머니와 자주 다투었으며 어머니로부터 따뜻한 사랑을 받지 못한 것 같다. 여기 비해서 아버지와의 관계는 비교적 좋았던 것으로 보인다. 아버지는 특히 환자에게 사랑을 많이 주었다고 하는데 '긍정적인 부성 콤플렉스'(positive father-complex)를 환자의 무의식에 심어놓았을 가능성이 크다. 그리하여 결혼이라는 피동적인 사건을 중심으로 환자는 마음속의 아버지 이미지를 전이할 대상을 남편에게서 구하게 된다. 그러나 공교롭게도 남편에게는 그를 대신할 만한 능력이 없다. 어머니를 일찍 잃고 어머니의 따뜻한 사랑 없이 자라난 남편은 아직 체험되지 못하고 남아 있는 어머니 이미지(mother image)를 환자에게 투영하고 거기에 의지하려고 한다. 그러나 어머니 이미지란 환자가 어머니와의 부정적인 관계 때문에 바로 분화할 수 없었던 부분이며 무의식에 억압되어 좀처럼 인식하려고 하지 않는 마음의 일부분이었을 것이다. 그러므로 남편의 이와 같은 기대는 환자에게는 부담이었을 것이다. 다른 한편 남편에 대한 환자의 기대도 그가 감당하기에는 너무나 버거웠을 것 같다.

환자는 이유 없이 남편을 의심했다고 하는데 이것은 남편만의 진술이므로 전적인 신뢰도가 없다. 하지만 남편에게 그럴 만한 이유가 없었다면 이는 환자의 무의식에 잠재하는 남편에 대한 불신 및 애정의 결핍을 남편에게 투영하는 과정으로 생각된다. 차차 남편은 냉담성을 노골적으로 드러냈고 성관계를 피한다든가 집에 늦게 들어온다든가 하는 행동을 보였고 이에 점차 환자의 불안과 불만을 증폭시키는 역할을 했으므로 남편에게도 문제가 있는 것처럼 보인다.

애정이 없는 결혼관계에서 태어난 첫째 아들은 누구보다 이들 부모의 개인적인 문제를 해소하는 수단이 되어버린다. 남편은 별안간 아들의 교육을 염려하기 시작하며 감정적인 접근보다 합리적인 훈련 쪽을 택하여 환자에게서 아들을 격리한다. 환자가 가정에서 절망적으로 고립될 때 매달린 것이 바로 점복자 할머니였던 것이다.

환자의 가족은 아버지를 비롯하여 어머니도 무속적인 것에 상당히 부정적이고 교육열이 있는 합리적인 가족이었다고 한다. 환자의 남편은 남편대로 절대 굿을 허용하지 않는 고집이 있었다.

환자가 1969년 2월경 삼신할머니로 유명한 무당집에 이사를 간 것은 우연한 일처럼 보인다. 환자는 갑자기 삼신할머니에게 전적으로 의존하기 시작했다. 이와 같은 관계는 정신병 초기에 나타나는 자기포기와 마나-인격(mana-personality)[11]에 대한 무조건 복종 등 병적 현상이라고 볼 수 있다. 바로 이 마력적 존재란 다름 아닌 환자의 무의식 심층에 있는 치료자원형의 투사상이다. 환자의 자아는 원형이 가진 강한 세력을 자기 밖의 대상에서 인식하지만 사실은 자기 자신의 내부에서 활성화되고 있는 무의식의 비합리적 요소이다. 그리하여 삼신할머니는 환자의 마음속에 숨어 있는 모성적 치료자원형의 투사대상이 된다.

치료자원형이 투사 형식으로라도 자아로부터 인식되는 데는 그럴듯한 이유가 있을 것 같다. 즉 환자를 에워싸고 있는 합리주의적 의식상태의 범람이 그것이다. 환자의 가족, 부모, 그리고 남편의 합리주의적 태도 때문에 자신의 비합리적 요소를 여간해서 살릴 수 없었던 환자는 오랫동안 무의식에 축적되었던 비합리성의 표현을 우연처럼 만난 삼신할머니에게서 발견한 것이다.

따라서 이와 같은 '만남'은 무의식적으로 오랫동안 준비되어온 것이지 결코 우연한 것만은 아닐 듯하다. 다만 이 경우 원형의 투사와 그 투

---

11) 마력(魔力)을 지닌 인격. Jung, C.G.(1963), *G.W.* Bd.7, *Die Beziehungen zwischen dem Ich und dem Unbewußten*, Zürich: Rascher Verlag, pp.123~138.

사상에 대한 절대적 의존이 반드시 대인관계나 환경의 특수성만으로 해결될지는 의문이다. 정신분열증의 병적 과정이 서서히 진행되면서 정신적 와해의 위기에 처하여 이를 극복하고자 하는 치료자원형이 활성화되고 그것이 현존하는 민간치료자에게 투사된 경우라고 볼 수 있을 듯하다. 정신분열증에서는 우리가 알지 못하는 이유에 의해서 집단적 무의식의 여러 요소가 비정상적으로 활성화되고 의식을 지배하기 때문이다.12)

환자에게 삼신할머니의 '처방'인 굿은 이를 철저하게 반대하고 양의(洋醫)의 치료를 내세우는 남편에게 대항할 수 있는 유일한 권력수단이었던 것 같다. 1969년 여름, 환자는 명백한 히스테리성 사지뒤틀림의 현상을 통해 남편의 힘에 대항하고자 한다.

환자의 병에 대한 삼신할머니의 해석은 물론 원령이 병을 일으킨다는 민간의 질병관에 근거를 둔다. 하지만 "시어머니가 너를 괴롭히는 이유는 네가 남편에게 할 바를 다 못했기 때문이다"라는 말은 상당히 개인적인 의견으로 교육적인 의도가 엿보인다. 환자는 여기서 완전히 삼신할머니의 의사에 순종하고 남편에게도 무조건 순종하며 "할 바를 다하는" 태도를 보인다.

1969년 10월 말 환자는 부엌이 추우니까 이사를 하자고 해서 집을 옮겼다. 부엌은 음식을 만드는 어머니의 일터, 조왕(부엌의 수호신 - 저자주)을 모시는 곳이기에 부엌이 춥다는 것은, 상징적으로 보호하고 양육하는 모성 본능이 동결됨을 의미한다. 환자는 무의식의 문제를 '집'에 투사하여 구체적인 '이사'로써 피하려 한다.

어쨌든 이사는 아들에게는 적응장애를 일으켰던 것 같고 그것은 다

---

12) Jung, C.G.(1968), *Psychogenese der Geistes-krankheiten*, G.W. Bd.3, Zürich: Rascher Verlag, pp.261~292.

시금 환자의 민간신앙의 원인론과 처방에의 의존을 유발했다. 그리고 그에 대한 남편의 대결을 첨예화했고 무당의 토속적인 진단[13]인 '상문살'은 환자에게 큰 영향을 주었다.

환자의 병이 진행함에 따라 남편은 우선 환자의 병을 깨닫고 그것을 치료하기 전에 아들의 훈련에 주의를 기울이며 아들을 어머니로부터 격리하였다. 이로써 환자의 고립을 극도로 몰아넣고 갈등을 악화시켜 결국 환시 등 정신장해가 일어난다.

환자의 환시는 "재봉틀 곁에 따라온 시어머니", "시어머니귀신"이며 늘 환자를 따라다니며 괴롭히는 존재처럼 인식되었다. 환시 내용을 보면 이 귀신은 환자에게 박해를 가하지는 않고 다만 환자에게 어떤 의혹을 던진다는 데 특징이 있다. 그 의혹을 합리적으로 해설하려는 환자의 노력은 "시어머니가 어린 자식들을 두고 돌아가셨으니까 마찬가지로 손자들을 고아로 만들려는 것" 혹은 "나를 죽이려는 것"이라는, 임상적으로 피해망상에 속하는 사고를 하게 된다.

환자는 당시만 해도 환시와 같은 체험을 이상하다고 느낄 만큼 자아의 판별능력은 있었다고 볼 수 있다. 시어머니의 환시 또한 1969년 여름에 삼신할머니가 환자에게 한 말이 암시적으로 작용한 결과라고 생각된다.

그런데 남편이 어릴 때 사망한 환자의 시어머니가 어째서 환자에게 이토록 중요한 존재가 되는가는 반드시 무당의 실없는 암시로만 돌릴 수는 없을 것 같다. 그보다는 삼신할머니는 환자가 무의식 속 어떤 콤플렉스를 자극한 소치가 아닌가 생각해보고 싶다. 왜냐하면 암시란 전술한 바와 같이 암시될 수 있는 심적 내용 혹은 준비상태가 있을 때라

---

13) 이부영(1970), 「한국민간의 정신병관과 그 치료」(1), 『신경정신의학』 9(1), 35~45쪽.

야 비로소 강력한 작용을 하기 때문이다. 시어머니는 며느리에 대하여 새로운 어머니의 역할을 하는 존재이다.

친어머니가 자애와 사랑과 보호의 모성적 기능의 상징이라면 시어머니는 때로는 옛이야기에 나오는 계모[14]와 같이 질시와 탐욕에 찬 음성적인 모성 상징의 투사상이라고 할 수 있다. 다시 말해서 친어머니와 시어머니는 신화나 민담에서 볼 수 있는 모성 일반의 양성적인 면과 음성적인 면을 흔히 대변하는 경우가 있다. 또 그것과 뿌리를 같이하는 무의식 심층에 있는 모성 원형의 선과 악, 사랑과 미움, 양육과 파괴의 양면성이 현실적으로 투영될 수 있는 대상이라고 할 수 있다. 그러나 민담에 나오는 계모가 악의를 통해서 의붓딸을 파멸로 이끌지 않고 오히려 성숙시키는 동기가 될 수 있듯이, 시어머니의 악의도 경우에 따라서는 친어머니와의 안온한 공서(共棲)관계를 깨뜨리고 어른이 되도록 며느리를 단련시키는 성인과정의 지도자의 기능을 할 수가 있다.

환시에 나타난 시어머니 귀신은 바로 환자의 무의식 속에서 아직 환자에게 인식되지 못한 채 남아 인식되기를 촉구하는 부정적인 모성(negative Mutter)이 외계로 투사된 것이다.

삼신할머니가 시어머니의 원한을 남편에 대한 불경(不敬)이라는 극히 인습적인 차원에서 설명했듯이 환자도 시어머니의 환상을 단순한 원한의 차원에서 해석할 뿐 본래의 상징적 의미, 즉 성인사(成人師)로서의 역할을 인식할 여유는 없었다. 그리하여 시어머니의 유해한 측면만 팽대하다가 결국은 "나를 죽이려고 할 만큼" 위협적인 존재가 된다.

물론 우리는 환자의 무의식에서 모성상의 부정적인 측면이 왜 친어

---

[14] 상대적 악과 절대적 악에 관해서는 Von Franz, M.L.(1961), "Das Problem des Bösen im Märchen," *Das Studien aus dem C.G. Jung-Institut Zürich*, Zürich: Rascher Verlag, pp.103~104 참조. 계모 이야기는 이부영(2011), 『한국민담의 심층분석』, 집문당, 252~255쪽 참조.

머니가 아닌, 보지도 못한 시어머니의 형태로 나타났는가를 생각해보지 않을 수 없다. 증세가 이렇게 발현된 이유로서 첫째 삼신할머니의 첫 번째 암시를 들 수 있다. 둘째로는 그것이 삼신할머니가 아무렇게나 던진 우연한 말이 아니라 환자와 남편 사이의 심리학적 관계를 제대로 알아맞혔을 가능성이 있다는 점이다. 다시 말해서 시어머니는 남편의 의식세계에서 오래전부터 떨어져나가 무의식계에 콤플렉스(심적 복합체)로서 남아 있는 음성화된 고태적인 모성상이다. 이것은 바로 남편 자신의 문제로서 부인에 대한 좋은 감정관계를 항상 차단 혹은 방해하여 모성 콤플렉스를 가진 사람 공유의 냉담성을 자아내게 한 것이다.

사실상 부인은 남편의 냉담에 항상 고민해왔으며 그 근원에는 남편의 마음속에 있는 분석심리학에서 말하는 부정적 아니마의 작용이 핵심적인 역할을 했다고 볼 수 있다. 남편 마음속의 콤플렉스[15]가 바로 부인의 마음속에 있는 문제성과 일치(correspond)된 것으로 여겨진다. 배우자 가운데 한 사람의 정신장애는 다른 한 사람의 정신역동을 이해하지 않고 이해될 수 없음은 정신의학에서 잘 알려진 사실이다. 따라서 환자의 분열증적 발병에 남편의 무의식에 존재하는 여러 가지 문제가 전혀 무관하다고 할 수 없다. 거기에 그들의 심적 상황, 두 사람의 특수한 가족력도 영향을 주어 삼신할머니의 원인 규정, 시어머니라는 말이 양자의 콤플렉스에 자극을 줄 만큼 그 방면으로 '배치'(constellate)되어 있었을 것이다.

점복과 굿의 주재자로서 삼신할머니는 환자에게 죽은 자의 세계를 열어주는 매개자이다. 그러나 귀신의 세계는 환자를 내면의 통찰로 인

---

[15] 융에 따르면 콤플렉스란 어떤 감정적인 체험으로 결합된 심적 복합체를 모두 말한다. 콤플렉스는 반드시 나쁘거나 병적인 요소가 아니다.

도하지 못했을 뿐 아니라 환자는 그로써 더욱더 자신으로부터 투사된 초월적인 힘에 압도당하게 되었다. 삼신할머니의 치료방법인 굿이 어떤 것이었는지 환자나 가족으로부터 자세히 들을 수는 없었으나 어쨌든 결과적으로 효과를 거두지 못했던 것은 사실이다.

환자는 1970년 1월 9일 굿을 하고 난 뒤 자식들을 데리고 "이제 가면 못 오는" 길을 떠난다. 저승으로의 완전한 몰입, 자살을 향한 비극적인 방황이 시작된 것이다.

귀신·잡귀에 대한 공포감에서 방황과 자기상해의 심정으로 옮아가는 과정에 굿이 어떤 역할을 했는지는 확실치 않다. 다만 추측할 수 있는 것은 "나를 죽이려는" 귀신에게 이제는 환자가 완전히 굴복하고 "이왕 죽을 사람"으로 자기를 규정함으로써 귀신에게 대항 혹은 교섭하는 것을 포기한 점이다.

머리카락과 왼손 중지의 절단, 둔부의 화상은 자기에게 속한 생명력의 상징을 탈거(脫去)하는 것으로 자살의 간접적 표현이다. 환자는 "너무나 많이 지은 죄"에 대해 속죄를 하기 위해서였다고 말하는 등 고태적 신에 대한 인신공의(人身供儀)와 같은 양상을 드러낸다. 그런데 입원 당시부터 환자의 피해망상, 죄악망상은 새로운 국면을 나타내기 시작했는데, 박해하는 것이 시어머니 귀신에서 무당귀신과 만신으로 옮겨졌다는 사실이다. 입원 중 환자는 자기가 무당의 비밀을 알기 때문에 무당귀신이 자기를 죽이려고 한다고 호소했다. 치료자원형의 투사 대상이던 삼신할머니는 이제 "어린아이들에게 홍역과 소아마비 등 질병에 걸리게 하고 굿을 해서 돈을 버는" 악한 마술사로 낙인이 찍힌다.

의신(醫神)은 보통 치료신이지만 동시에 질병을 일으키는 등 양면을 가지고 있음은 신화학자 카를 케레니[16]도 주장하였다. 융도 원형의 양면성을 지적했는데 삼신할머니에 대한 환자의 투사상이 이렇게 두 가지 모순되는 측면으로 변화되는 것은, 집단적 무의식의 근원적 양가성 때문이다. 입원 초기 환자의 진술에 무당이라는 인물로부터의 박해가 아니라 무당귀신의 박해로 표현된 것은 환자의 피해망상이 무당 개인에 대한 공포감보다 초인적 속성, 귀신에 대한 감정의 표시임을 드러낸 것이다.

물론 무당에 관한 초기 무조건의 의존이 별로 효험을 거두지 못한 데 대한 실망과 분노가 무당에 대한 불신, 증오감을 불러일으켰고, 무당귀신으로 위장되어 표현되었다고 설명할 수도 있을 것이다. 물론 그러한 측면이 없는 것은 아니나 "귀신이 내 몸에 꼭 붙었기에 정신이 있지, 만약 귀신이 내 몸을 나가면 정신을 잃어 아무것도 모르고 죽는다"는 환자의 진술은 만신이라는 귀신의 본체가 결코 어느 무당 개인을 지칭하는 것이 아니며 그 내용도 개인의 체험세계를 넘어서는 것으로 원시적 정령관념과 그 맥을 같이하는 것이다. 여기서 귀신은 생명력의 실체로서 자기의 의식을 지탱하는 심적 세력으로 간주되며, 귀신이 나가면 정신도 나간다 함은 원시인에게서 영혼의 일실(逸失)이 질병 혹은 죽음을 초래한다는 관념과 일치한다.

만신은 "몸에 꼭 붙어 있어서" 환자를 지탱해주는 수호신 역할을 하는 동시에 악신으로서 자기를 말려 죽이려 한다고 환자는 말했다. 대체 어떤 무서운 콤플렉스이기에 생명력과 파괴력을 동시에 행사하는가. 분열증의 심리학적 원인에 대하여 많은 것을 모르는 현재, 이러한 파괴적 요소가 환자의 심리 속에 존재한다는 사실을 인정하는 것 이외에 다른 추론은 삼가야 될 것 같다.

환자는 경제적 이유(아마도 남편의 무의식도 곁들인)로 충분한 치료를

---

16) Kerényi, K.(1948), *Der göttliche Arzt*, Basel: Studien über Asklepios und seine Kultstätte Ciba Aktiengesellschaft, p.22, p.44.

받지 못하고 퇴원하였다.

(3) 증례 3: 47세 기혼여자

● 입원동기와 병의 경과

정신을 깜빡깜빡 잃고 헛소리를 하며 괴상한 행동을 한다고 하여 1970년 5월 입원되었다.

환자는 5월 초부터 정신을 깜빡깜빡 잃었다는데 5월 12일 석가탄신일에 화장실을 갔다오다가 갑자기 큰딸에게 "미쳤다"며 웃기도 했다. 5월 13일 모 병원에서 받은 뇌파검사 결과는 정상이었으나 약을 타다 먹었다. 환자는 다음 날부터 "정신이 없다"면서 멍하니 앉아 있다가 갑자기 울거나, 주위 사람들에게 욕을 했다. 다리를 벽에 올려놓고는 "팬티를 갈아입혀 달라"고 했고, 손자를 등에 업고 "산에 가야겠다"고 하다가, 약 10분간 누워 있다가 일어나곤 했다. 이러한 일이 하루에도 몇 번 되풀이되어 근처 병원의 의사가 와서 주사를 놓아주면 그날은 잠을 잤다.

환자는 이후에도 화장실에 가서 치마를 털거나, 정신이 없다 하거나, 어떨 땐 바깥으로 나가려 하기도 하고, 계속 다락문을 열기도 하고, 다락에 올라가 있기도 했다. 왜 문을 여느냐고 물으면 "답답해서 그런다"고 대답했다. 또한 "팔다리가 내 몸 같지 않다"고 하기도 하고, 주위에서 보면 눈동자가 흐려지기도 했다.

병원에 와서도 대학생 같은 사람이 지나가면 "큰아들도 학교에 다니면 좋겠다"고 했다. 또한 파란 옷을 입은 사람을 가리켜 "왜 붉은 옷을 입고 다니느냐"고 하고, 여자들의 치마가 짧다고 흉을 보기도 했다.

환자는 입원 후에 "누군가가 여기는 무서운 곳이니 빨리 나가라는 꿈을 꾸었다"는데 그것은 아마 자기 방이 사람 죽은 곳이기 때문일 것이라고 풀이하기도 했다. 신경안정제 소량을 투여하는 한편 주치의와 정신치료를 목적으로 자주 면담을 했다. 환자는 밤에는 잠을 잘 잤으며 집에서 보인 증세는 경미한 상태였다. "나는 아들이 시험에 실패해서 병이 났어요. 주위 사람들보다 그 애 장래가 항상 염려되어요" "가끔 정신이 없어요"라고 말하며 한숨을 쉬기도 했다. 입원 4일째엔 "아픈 곳이 없으며 정신만 약간 흐릿하다"고 말할 정도였고, 7일째엔 퇴원을 희망했고 객관적인 소견도 정상적이었다. 입원 9일째가 되어 통원치료를 하는 조건으로 경쾌한 상태에서 퇴원했다.

● 생활사 및 가족환경

환자는 가난한 집의 3남매 중 둘째 딸로, 초등학교 교사였던 아버지는 남에게 싫은 말을 못하는 성격이었다. 평소에는 말이 없으나 술을 마시면 많아졌다. 환자에게 엄격했으며 44세 때 뇌일혈로 사망했다.

환자의 어머니는 성격이 괄괄하고 하고 싶은 말을 못 참는 성격이었다. 그러나 자식들에겐 매우 인자하고 헌신적이었다. "부모가 반대로 되었더라면 좋았을 텐데"라고 환자는 말했다.

환자는 어려서 야학에 6년간 다녔고 이후 집에서 지냈는데 일을 많이 했다. 21세에 남편과 결혼했는데 시집에서도 일을 많이 했으며 구박을 심하게 받았다. 시어머니가 남편과 식사도 같이 못하게 해서 늘 부엌에서 했다. 시어머니는 잔소리가 심했고 미신을 좋아해서 집에서 굿을 자주 했다. 시어머니보다 더 무서운 사람은 시할머니였다. 시할머니도 굿을 많이 했으나 환자는 당시 너무 어려서 뜻도 몰랐다. 정말 엄격한 집안이라 장에도 못 가게 했다.

결혼 당시 직업이 헌병이었던 남편은 매우 얌전하지만 남에게 지지 않으려는 성격에다 가끔 성질을 부렸다. 종교는 믿는 것이 없었다. 첫째 딸을 임신하여 일찍 결혼을 하게 된 것, 시가에서 도와주지 않은 것이 불만이었다. 환자는 2남 2녀를 두었다. 맏아들이 환자의 말은 잘 들으나 내성적이고 공부를 하지 않고 대학입시에 두 번이나 실패한 것이 환자의 걱정거리이다. 해방 이후 남편과 월남을 했다가 생활이 안정되자 환자가 단신 월북해서 큰딸을 데리고 왔다. 살림은 넉넉한 편이 아니었고 포목상을 하다가 실패한 일도 있다. 남편은 폐결핵을 앓아 정양하러 산에 갔다가 그곳에서 가게를 보는 주인여자와 1년 전부터 같이 살고 있다. 환자는 이 사실을 전혀 모른다고 한다. 남편이 처음 산으로 간다고 했을 때 환자는 반대했으나 지금은 체념하고 있다.

환자가 26세 때 둘째 딸이 아픈 적이 있었는데 단골로 알고 지내는 무당이 수원 근처 자기가 다니는 절에 다녀보라고 해서 이후 20년 동안 이 절에 불공을 드리러 다닌다. 하지만 최근에 불공에 회의를 느끼고 안식교(安息敎)로 옮겼다. 교회에 가려 하면 환자는 남자가 칼을 가지고 위협하기도 하고 때리기도 하는 꿈을 꾸어 괴로웠다. 처음 교회에 나갔을 때는 까만 치마, 흰 저고리에 머리를 산발한 낯선 여자가 예수를 믿으라고 소리치는 꿈을 꾸었다고 했다.

● 임상적 진단

일과성 의식상실과 이상행동, 비교적 잘 보전된 성격, 정상적인 뇌파, 갈등을 초래할 만한 여러 가지 가정문제, 그리고 그 갈등이 쉽게 인지되는 '허튼소리' 등으로 미루어보아 이 환자는 임상적으로 히스테리성 신경증 해리형(현재의 해리성 장애)이라고 진단할 수 있다.

● 체험 내용의 심리학적 분석

병을 일으키는 데 기여한 가정문제로는 오랫동안 별거하고 있는 남편에 대한 불만, 미군부대에 다니는 딸과 공부를 하지 않는 아들에 대한 실망을 들 수 있다. 부모와 어떤 갈등이 있었는지는 알려지지 않지만 시어머니와 시할머니가 무서운 존재여서 남편과 관계가 원만히 성립될 수 없었다는 점 등을 들 수 있다. 환자의 병전(病前) 성격은 자기 감정을 표현하지 않는 편이며 혼자 생각하는 경향이 짙다. 경제적인 여건도 발병에 간여했으리라 생각된다.

그런데 이 병이 5월 12일 석가탄신일에 급격히 악화된 데는 신앙 면에서의 갈등이 중요한 역할을 했을 것이다.

환자가 무속신앙과 접촉한 것은 굿을 자주 하는 시어머니와 시할머니가 있던 시댁에서였지만 당시 환자의 의식적 태도에 강한 영향을 준 것은 아닌 듯하다. 환자가 개인적으로 민간신앙에 직접 참여한 것은 20년 전 둘째 딸이 앓은 뒤부터였다.

환자가 오랜 불공을 그만두고 안식교로 옮기고자 한 이면에는 불공이 결코 집안의 재앙을 시원하게 막지 못할 뿐 아니라 스스로도 보람을 느끼지 못했기 때문이라고 생각한다. 그런데 이 무렵 환자가 꾼 꿈은 무속과 안식교가 환자의 무의식에서 무엇을 대변하는지를 암시하는 점에서 흥미롭다.

꿈 1. 남자가 칼을 가지고 위협하기도 하고 때리기도 했다.
연상: 교회로 가려 하면 꾸었다. 괴로웠다.

환자에게 꿈에 관한 자세한 연상은 들을 수 없었다. 다만 이것이 교회에 가고자 하는 시도와 관계가 있음을 시사하였다. 이 꿈은 마음속에서 일어나는 격렬한 갈등을 표현하는 것으로 자아를 위협하는 무의식 속 어떤 위험이며 남성적인 요소이다. 칼은 자르고 찌르는 것, 혹은 분별력을 상징한다. 칼을 든 남자는 환자의 마음속에 있는 로고스(logos) 적인 것, 공격적인 면이 인격화되어 나타난 것이다. 만일 우리가 이것을 교회 길을 가로막는 어떤 요소라고 추리한다면 그것은 또한 입교(入敎)에 대한 내적인 분노를 표시하는 것이라고 할 수 있다. 융의 이른바 부정적 아니무스는 여성에게 흔히 이와 같은 분노의 상징으로 잘 나타난다. 그러나 교회에 나가고 난 뒤 꾼 꿈은 양상을 달리한다.

　　꿈 2. 까만 치마, 흰 저고리에 머리를 산발한 여자가 예수를 믿으라고 소리친다.
　연상: 없음.

　까만 치마와 흰 저고리는 극히 상징적인 색깔이다. 백색은 깨끗하고 티 없음, 반면에 흑색은 어둠과 죽음을 의미한다. 이 두 가지는 대극(Gegensatz)이며 감정을 환기하기는커녕 오히려 누르는 기능을 한다. 까만 치마는 본능의 죽음을 의미하며 흰 저고리는 극도의 정신적 순수성을 표현한다. 더 나아가 흰 저고리와 검은 치마의 결합은 검소함과 절제를 나타내지만 흑백 판단의 조건을 나타내기도 한다. 여자의 산발은 귀신의 속성이며 이 여자의 비범성, 특히 광적인 성격을 표현한다. 꿈의 이 여자는 의식에 가까운 심적 요소라기보다 무의식의(낯선 여자) 광신적인 양자택일의 심적 경향을 표현하는 것 같다.
　두 가지의 꿈을 통하여 우리는 환자의 무의식 속에 어떠한 것이 환자로 하여금 안식교로 치닫게 했는가를 알 수 있다. 금욕과 정신적 순수성을 강조하는 처녀와 같은 약간 광적인 무의식적 성향이다.
　여기에 대해서 무속은 아마 더 동적이고 정력적이며 때로는 위험할지도 모르는 남성적인 심적 경향과 관계되었던 것 같다. 안식교에 다니면서도 환자는 늘 마음이 편치 않았다고 토로하지만 의식적으로는 안식교가 좋다고 생각하고 있었다.
　간헐적인 의식 상실은 무의식 속에 자아의식의 기능을 마비시킬 수 있을 만큼 강한 콤플렉스가 존재함을 의미한다. 콤플렉스가 강해진다고 함은 그 무의식성이 그만큼 심하다는 말이다. 우리는 이것이 무엇인지 확언할 수는 없다. 다만 무속적 요소와 결부된 것이 아닌지 추측해 볼 뿐이다.

"팬티를 갈아입혀 달라"는 유아적 요구, 화장실에 갔다오면서 미쳤다는 말을 한다든가 치마를 털고 정신이 없다고 하는 것으로 보아, 성적 본능을 포함한 본능적 충동의 조절에 문제가 있는 것 같다. 이와 동시에 파란 옷을 입은 사람더러 왜 붉은 옷을 입고 다니느냐고 한다든가 여자들의 치마가 짧다고 흉을 보는 것은 역시 정열[적색]과 여성적 본능의 질시를 엿보게 하는 것으로 무의식에서 표현되기를 기다리는 그러나 의식적으로 억압되어 있는 요소가 아닌가 생각된다.

5월 12일 석가탄신일은 환자가 매년 불공을 드리던 날이었으나 그 해에는 안식교에 입교했으므로 아무런 행사에도 참가하지 않았다. 환자도 이것이 약간 마음에 걸렸다고 하지만 환자의 기독교 입교와 무속 사회로부터의 이탈이 준 마음의 갈등이 무의식상태에서는 더욱 강했던 것 같다.

환자는 임상적으로는 병세도 소실되어 완쾌하여 퇴원했으나 신앙에 대한 근본적인 준비 없이 퇴원하였고 거기에 대한 자각을 목적으로 한 면담에도 나타나지 않았다.

3. 종합적 고찰

1) 굿은 때때로 왜 위험한가

위의 증례를 통해 굿이나 신앙의 개종이 잠재적인 정신병을 유발하거나 일시적인 정신적 해리를 일으킬 수 있으며, 기독교의 철야기도·금식기도·안찰기도 등이 이에 못지않게 정신장애의 유발요인이라는 사실을 알 수 있다. 물론 굿이나 기독교의 기도집회가 건강한 사람의 정신적·영적 삶의 충족에 이바지할 수도 있다. 그러나 사람은 우울, 불안, 그밖의 신경증적 상태에 있을 때 무의식의 작용에 쉽게 영향을 받는 상태가 된다. 특히 집단적 무의식의 원형적 콤플렉스들이 병적으로 활성화되기 시작하는 잠재성 정신병이나 정신병의 초기에 환자의 관심은 특히 무의식에서 올라오는 각종 비합리적 마술적 사고나 감정, 또는 종교적·철학적 주제에 쏠린다.

무의식의 원형상들은 밖으로 투사되어 환자는 이에 따라 밖의 현실을 있는 그대로 보지 못하고 평범한 인물에서 구원자를 발견하거나 밖에서 들려오는 소리, 즉 환청을 사실이라고 믿는다. 환청이 원형상일 때 그것은 '천사마귀' 또는 '하느님의 소리'로 들린다. 굿이나 기도집회는 무의식의 내용을 활성화하므로 환자의 피암시 성향을 더욱 부채질해서 심각한 정신적 해리 또는 분열현상을 일으킨다. 원형이 창조적 작용을 하는지, 아니면 파괴적인 작용을 일으키는지는 자아가 얼마나 무의식의 내용을 통합하는 능력을 가졌느냐에 달렸다. 또한 무의식에 얼마만큼 강한 감정적 콤플렉스들이 억압되어 표출될 준비를 갖추었느냐에 달렸다.

우리 환자들은 대부분 가난했다. 결혼생활은 불우했으며 남편에 대한 불만과 갈등의 소지를 안고 있었다. 신앙에 대한 남편들의 몰이해, 다른 종파로의 개종에 대한 고민도 있어 해결해야 할 콤플렉스가 무의식에 깊이 억압되어 있을 가능성이 크다. 그러나 정신장애의 발병에는 그밖에도 의식적·무의식적 조건과 생물학적·사회문화적 요인이 간여한다는 사실을 잊어서는 안 된다.

2) 정신장애와 체험내용의 특성

정신분열장애의 경우에는 조종당한다는 망상이 강하고 세계의 이상지각의 정도가 심하며, 환각 내용이 더욱 강렬하고 고태적이다. 집단적 무의식의 원형이 비정상적으로 활성화하여 자아의식을 분열하는 것과 관계된다. 그래서 원초적인 양가적 태도와 '선한 소리'와 '악한 소리'가 번갈아 들리는 환청 내용의 대극성, 상징의 구체화[17] 경향이 더욱 두드러지며 인격의 와해 또한 심한 상태에 놓인다. 이에 비해 해리성 장애나 '신경증적' 장애의 경우에 망상보다는 선입견과 고정관념, 환청보다 착각, 인격의 와해는 심각하지 않다. 환청이 있다고 해도 그 내용이 정신병에서 볼 수 있는 신화적 원형적 콤플렉스라기보다 비교적 이해할 수 있는 개인적 콤플렉스인 경우가 많다.

그러나 우리 증례의 공통점은 모든 환자가 여러 가지 체험과 함께 불가역적인 빙의 체험을 하고 있다는 사실이고 무속적인 신들림과 공수의 형식을 빌려 의사소통을 하고자 한다는 점이다. 기독교의 영향을 받으면 마귀와 성령의 첨예한 대립과 상호투쟁의 양상을 나타내는 경향이 있다. 여기서 우리는 원형적 그림자의 성질과 선과 악의 대극갈등을 관찰한다.[18]

3) 원초적 대극성

굿과 기독교의 철야기도를 함께 경험한 한 환자는 철야기도 중 구원해주겠다는 목소리(환청)와 함께 종교적 체험이라 할 수 있는 황홀경을 경험했다. 그런데 다음 날 다시 교회에서 들린 환청은 마귀의 목소리였다. 신의 구원으로 표현되는 긍정적인 자기원형을 보상하려는 극단적

---

17) 상징적인 심리적 내용을 구체적 사물로 환원하는 경향을 상징의 구체화(Konkretisierung des Symbols)라고 한다. 이런 성향은 원시인 심성과 정신분열증의 망상체험에서 볼 수 있고 후자의 경우에는 자주 신체적 또는 환각으로서의 신체적 이상감각을 수반한다.
18) '그림자'의 개념과 의식화에 대해서는 이부영(1999), 『분석심리학의 탐구 ① 그림자』, 한길사 참조. 선과 악에 관한 융의 입장은 한국융연구원 옮김, C.G. 융 기본저작집 제9권(2004), 『인간과 문화』, 솔, 134~153쪽 '분석심리학에서의 선과 악', 109~133쪽 '분석 심리학적 관점에서 본 양심' 참조.

인 무의식적 반작용으로 자기원형의 그림자인 마귀가 나타난 것이다. 물론 그 반대의 경우도 있다. 이것은 융의 대극으로의 반전을 의미하는 이른바 정신적 에난치오드로미아(enantiodromia) 현상이라 할 수 있으며 인간심성의 원초적인 대극성을 바탕으로 일어난다.[19]

신(Gott)이란 심리학자에게는 원형적 동기에서 나온 표명이라고 융은 말했다. 기독교에서 신은 지고선으로서 악의 대자를 분리했을 뿐[20] 아니라 한때 '악'은 선의 결여(privatio boni)로서 가볍게 다루었다. 그러나 『욥에의 회답』에서 융은 신이 대극의 일치(coincidentia oppositorum)임을 시사한다. 인간은 신의 대극갈등에 함께 참여함으로써 신을 인식한다. 전체성의 상징인 '자기' 또한 대극의 결합(complexio oppositorum)이다.[21]

또 다른 증례는 40일의 금식기도 중 무당마귀, 늑대의 울음소리를 집 둘레에서 듣는가 하면 십자가, 천사의 모습이 환시로 보이기도 했다.

기독교는 신의 선한 측면만을 강조하였으므로 나쁜 것은 마귀의 소행이며 나의 밖에서 나를 위협하는 존재처럼 여겨왔다. 그런데 융은 반문한다. "빛은 어둠을 필요로 한다. 그렇지 않다면 어떻게 빛이겠는가."[22]

분열된 마음을 통합하는 것이 궁극적인 정신치료의 목적이지만, 실제로 인간이 인격의 가려진 부분을 인정하고 그 내용을 인식해나가는 일은 결코 쉽지 않다. 환자들이 혐오하고 무서워하는 잡귀·악령·무당 잡귀 등이 바로 그들 자신의 일부임을 깨닫는다는 것은 밖에 투사된 사

---

19) Jung, C.G.(1967), *Die Dynamik des Unbewußten*, G.W. Bd.8, Zürich: Rascher Verlag, p.250(Theoretische Überlegungen zum Wesen des Psychischen).
20) Jung, C.G.(1963), G.W. Bd.11, p.331(Vorwort zu White: Gott und das Unbewußte).
21) 같은 책, pp.447~450, p.475(Antwort auf Hiob).
22) 같은 책, p.372(Die Beziehungen der Psychotherapie zur Seelsorge) 참조.

탄(satan)의 세력을 몰아내기만 하려는 교회에서는 상당히 받아들이기 어려울 것이다.

어떻든 우리의 환자들은 여러 가지 정신병리적 혼란 상태에서 때로는 그 혼란을 이용해서, 또는 혼란에도 불구하고 스스로 의식하지 못한 채 마음의 심층 언어로 그들의 고통을 우리에게 호소하고 있었다.

4) 신앙의 갈등

증례 1에서 우리는 천주교와 무속문화의 갈등을, 증례 3에서 무속적 불교신앙과 안식교 사이의 갈등, 그밖의 다른 증례에서도 기독교와 무교 사이의 갈등이 이들의 병적 체험 가운데 나타남을 볼 수 있다. 전반적으로 이 사례에서 어떤 종파에 입교하는 동기는 그 종파의 교리에 대한 확신보다 병을 고치고 복을 누리고자 하는 데 있다. 십자가 목걸이를 하고 무당굿에 참여하고도 모순을 전혀 깨닫지 못하거나 딸의 병을 고치기 위해 20년간 불공을 드렸으나 효과가 없다는 이유로 안식교로 입교하는 사례가 생길 수 있다. 그런데 대개 기존의 토착문화인 무속문화에 대한 환자의 무의식적 애착은 생각보다 매우 강하다. "네가 병원을 나가도 결국 신을 모시게 될 것이다. 법당을 지어라" "무당으로 써 먹으려다 배신당한 게 서러워서 계속 괴롭히겠다"는 등의 환청[23]은 기독교에 대한 무속의 완강한 저항을 보여준다.

대부분의 환자는 증상이 소실된 뒤에도 다시 마귀 또는 악귀에 사로잡히게 되지 않을까 두려워했다. 무속에서 벗어나려는 것에 대한 죄책감을 가지면서도 빙신에 대한 두려움을 정신의학적 치료보다 강력한 종교적 행위로 해결하려는 경향이 있었다.

---

23) 유정희·이부영(1983),「민간신앙에 관련된 정신장애에 대한 고찰—증례분석을 중심으로」,『신경정신의학』, 22(2).

몇몇 개인의 정신장애를 통해서 드러난, 개종과 그로 인한 토착종교와의 갈등을 목격할 때 나는 여기서 이 시대에 사라져가는 샤머니즘의 운명과 고통을 보는 것 같다. 버리고 싶어도 버릴 수 없이 친숙해져버린 주술과 종교가 혼합된 무당굿의 감정 어린 연극적 의사소통 방법, 선악 혼융의 원시적 무분별성, 조상이 내려와 위로해주는 축제의 한마당. 그곳을 떠나야 하는 아쉬움과 아픔. 더 강력한 절대자를 찾아 재앙을 피하고자 하는 몸부림. 샤머니즘과 기독교 사이의 힘겨루기. 이 문화적 충격이 기독교로의 귀의로 해결될 것인지는 알 수 없다.

5) 치료적 접근 방향

무속신앙의 제의로써 유발되거나 악화된 정신장애의 치료는 기본적으로 각 질환의 특성에 맞추어져야 한다. 약물치료와 정신치료 중 어디에 더 초점을 둘지도 질환의 성질에 따라 다르게 적용되어야 할 것이다. 정신분열병이면 기본적으로 약물치료를 충실히 실시하면서 정신치료, 환경치료 등을 함께 한다. 해리장애에는 환경의 변화와 정신치료만으로도 상당한 효과가 있고 필요에 따라 일시적으로 항불안제나 항우울제를 쓴다. 여기 소개된 증례도 정신병을 제외하면 비교적 짧은 기간에 증상이 소실되었다.

문제는 위에서 말한 대로 증상소실 뒤에도 남아 있는 환자들의 빙의 공포를 어떻게 다루느냐는 데 있다. 몇몇 환자는 자신의 문제를 살펴보고 인식하기보다 자아의식이 어떤 타자에 의해 통제할 수 없이 지배되었다는 무서운 기억을 떨쳐버리기 위해 더욱 강력한 누미노제를 지닌 존재에 의지하고자 했고 이들은 기독교에서 그 해결책을 찾고자 하였다.[24] 그러나 새롭고 강력한 보호자를 찾는 이들의 태도가 마술적 사고

---

24) 무속적 치료와 기독교적 신앙치료의 관계를 제시하는 사례와 이에 관한 고찰

에서 나온 마술적 기대의 성격을 갖는 한 그 효과는 일시적이 될 것이다. 통상적인 기독교의 선악관에 따라 이들은 그들을 사로잡은 존재를 '악'으로 규정하고 '성령'의 힘으로 이를 굴복시키려 하였다.

그러나 억제하고자 하는 것이 개인적 무의식의 콤플렉스가 아니고 집단적 무의식의 원형적 콤플렉스라면 악에 대한 선의 일방적인, 완전한 억제는 이미 각 증례의 정신병리 체험에서 드러난 바와 같이 성공하기 어려울 것이다. 왜냐하면 원형은 언제나 창조와 파괴의 양면을 가지고 있고 그것의 부분적 억제를 견딜 수 없으며 언제나 전체로서 표현되고자 하기 때문이다. 이 경우 선에 의한 악의 억제는 항상 대극의 반전, 정신적 에난치오드로미아를 반복할 것이다.

현대 정신의학은 정신의료에서 통상적인 심리학적 통찰을 넘어 '영성'의 중요성에 눈을 뜨기 시작하였다.

우리의 환자들에게 영성은 마술적 공포와 기대라는 형태 속에 있었다. 정신치료는 마술이 아니고 마술적 치료의 암시적 방법을 자기인식에 방해되는 것으로 보기 때문에 치료는 먼저 이들의 의식으로 하여금 원시적 피암시성에서 벗어나게 하는 작업부터 시작해야 했다. 그러나 이들은 증상이 호전되어 퇴원한 뒤에는 정신치료를 포함한 정신의학적 치료를 지속적으로 이용하려 하지 않았다. 환자나 주변의 친지들, 종교집단의 성원들은 현대 정신의학이 지닌 다양한 치료를 제쳐두고 오직 믿음과 주술적 방법만으로 문제를 해결하고자 했다. 환자의 무의식의 콤플렉스들을 의식화하는 심층적인 치료접근이 여러 가지 이유로 충분히 이루어지지 못한 것도 사실이다. 우선 치료진은 흥분하고 혼란에 빠

은 유정희·이부영(1983), 같은 논문 참조. 기독교 신앙치료는 경우에 따라 정신분열증의 환각증상을 일시적으로 소실시키는 효과를 나타내기도 한다. 이에 대한 사례 추적연구는 이정희·이부영(1983), 「기독교 신앙치료의 심리학적 고찰──증례추적조사를 중심으로」, 『신경정신의학』 22(1), 67~80쪽 참조.

진 환자의 의식 기능을 회복시키고 사회로 복귀시키는 작업에 집중할 수밖에 없었던 것이다.

　종교인들은 정신질환과 이에 대한 정신의학의 여러 발전된 지견과 치료방법을 배워서 원시적·마술적 질병관과 치병관이 얼마나 정신질환의 조기발견과 치료의 기회를 박탈하는지를 알아야 한다. 반면에 정신과 의사는 인간의 종교적 욕구를 존중하며 정신질환의 심리·사회·문화적 측면에 대한 관심과 배려를 더욱 높여가야 할 것이다. 환자의 체험내용에 대한 분석심리학적 이해는 그런 의미에서 정신치료의 매우 중요한 전제가 될 것이다.

제9장 죽음, 저승, 사령과 살(殺)[1]

1. 죽음과 저승길

1) 무가 「죽음의 말」에 나타난 저승길

일직사자(日直使者), 월직사자(月直使者), 강림도령(降臨道令)
봉의 눈 부릅뜨고 삼각(三角)쉬염 거스르고
문지방 가루길고
이봐 망자(亡者)야, 어서 바삐 나서거라
천둥같이 뒤 지르니
가택이 무너지고 우주가 바뀌는 듯
아무 성(姓)의 망자 씨 일신수족이 벌벌 떨리고

---

[1] 제9장은 Rhi, B.Y.(1966), "Die Toten und 'SAL', das Tötende im koreanischen Schamanismus," Diplom Thesis C.G. Jung Institut Zürich의 일부와 이부영(1968), 「한국무속관계자료에서 본 '사령'의 현상과 그 치료 '제1보'」, 『신경정신의학』 7(2), 1~10쪽; 이부영(1970), 「'사령'의 무속적 치료에 관한 분석심리학적 연구」, 『최신의학』 13(1), 79~94쪽을 많이 추가하고 보완한 것이다.

진퇴유곡되었을 제
사랑동 아들아기, 진지동 딸아기, 애중한 며늘아기 —
입담 좋은 만신 불러 적적이 풀어내서
그도 잠시 인정이라 못 잡아 가요.
삼세 번째 강림도령이 와락 뛰어 달려들어
천둥같이 소리치며 우레 같은 큰 소리로
벽력같이 호통하니
망자 씨 일신수족을 벌벌 떨고
진퇴유곡되었을 제
강림도령 달려들어
한 번 잡아 나꿔치니 열 손에 맥이 없고
두 번 잡아 나꿔치니 열 방에 맥이 없고
삼세 번 나꿔치니 폈던 손, 뻗은 다리 감출 길이 전혀 없네
삼만 육천 일신수족을 감출 길이 전혀 없네
살아서 하던 말씀 한마디 할 길 없네
아무리 '정신차려' 부모동생 처자권속
다시 보고 죽자 한들 한명(限命)이 돌아오고
시대(시간) 되었으니 살아날 길 전혀 없네[2)]

1930년대 시흥 박수 하영운(河永云)이 부른 무가(巫歌) 「죽음의 말」의 일부이다. 산음(散陰)이라는 가장 큰 초혼굿에서 부르는 무가로 불교의 영향을 크게 받은 노래이다. 죽음의 사자에 의한 무자비한 생명의

---

2) 赤松智城·秋葉隆(1937), 『朝鮮巫俗の硏究』上卷, 東京: 大阪屋號書店, 280~337쪽, 「죽음의 말」 중에서 일부, 286~288쪽. 띄어쓰기와 일부 단어를 표준어로 바로잡은 것 외에는 원문대로 소개하였다.

차압, 죽은 자와 산 자의 형언할 수 없는 슬픔과 한과 애도의 감정, 죽음의 충격과 허무함을 이렇게 절절히 노래한 것은 그리 흔하지 않다. 여기서 죽음은 두 번 연기된다. 한 번은 구변 좋은 만신의 풀이로, 다른 한 번은 조상과 성조신의 호소로. 그러나 그것도 잠시 세 번째 강림도령 앞에서는 인정이 통하지 않는다. 노래는 계속 영웅호걸, 제왕조차 죽음 앞에서는 무력했음을 알려주면서 아직도 망설이는 망자에게 완전히 죽었음을 확인시킨다.

> 삼갑사자(三甲使者) 달려들어
> 머리에 천상옥(天上玉), 이마에 벽력옥(霹靂玉),
> 눈에 안경옥, 혀 밑에 바늘을 단단히 걸어놓고
> 입에 하무 물려, 귀에 쇠 채워놓으니
> 망자 씨 명(命) 끊는 소리 대천바다 한가운데
> 일천석(一千石) 실은 중선 닻줄 끊는 소리 같다.
> 아무 생(生) 망자 씨 속절없고 할 일 없다[3]

문밖에 놓인 제상에 밥 세 그릇, 신 세 켤레, 돈 석 냥을 받쳐놓은 것을 바라보고 또한 혼을 부르는 소리를 듣고 망자는 그제야 '나 죽을 시 분명하다'고 시인한다. 이때 망자는 하는 수 없이 이 세상을 떠나 탄식하며 돌아선다.

> 혼백 혼신이 방 안을 살펴보니
> 신체 육신 방 안에 뉘어두고
> 자손들이 늘어앉아 나무아미타불 관세음보살

---

[3] 같은 책, 289쪽.

염불하며 하늘을 우러르며 섧게 우는 것이 보인다[4]

「죽음의 말」은 전생과 후생으로 나뉘고 전생의 초반에 초앞말[初前語]이라는 제목의 노래가 끼어 있다. 내용은 초혼굿을 받으러 오는 망자의 길 안내, 죽음의 허무함과 무자비함, 죽음 뒤 이별의 과정과 슬픔, 굿을 받고 시왕(十王)으로, 천당으로 가라는 축원과 시왕으로 가는 도중에 알아야 할 것들, 해야 할 기도, 일어나게 될 일 등이다. 이런 내용이 세 차례 마치 변주곡처럼 조금씩 궤를 달리하여 반복된 뒤 마지막에 저승의 아름다운 극락모습과 망자의 이승으로의 재탄생으로 끝맺는다. 그러므로 이것을 보면 우리나라 민속신앙에서 본 죽음에 대한 관념과 사령의 현상, 저승세계에 대한 관념을 알 수 있다. 전체적으로 「죽음의 말」은 죽은 자의 귀에 대고 읽어주는 티베트 사서(死書)처럼 체계적인 서술은 아니지만 죽은 자의 새로운 이니시에이션 과정을 그리고 있다.[5]

「죽음의 말」을 통해서 본 죽음은 저승의 절대 권위자의 명령에 따라 저승사자에 의해 가차 없이 집행되는 생명의 강탈이다. 앞에서 지적된 만신이나 조상신과 가신(家神)들의 호소로 집행시간을 조금 연기해볼 수는 있으나 절대로 피할 수 없다. 저항할 수 없는 생명의 차압, 원시종

---

[4] 같은 책, 289~290쪽. 혼이 자기의 시체와 그 주변에서 애도하는, 또는 놀라서 우왕좌왕하는 사람들을 위에서 바라보는 것은 심장수술환자의 임사체험에서 볼 수 있고 융의 임사체험에서도 뜻깊은 경험이 보고되고 있다. 레이먼드 무디, 유근일 옮김(1979), 『잠깐 보고 온 사후의 세계』, 정우사; 야페, A. 엮음, 이부영 옮김(1989), 『C.G. 융의 회상, 꿈 그리고 사상』, 집문당, 330~334쪽.

[5] Evans-Wentz, W.Y.(hrgb.)(1951), *Das Tibetanische Totenbuch*, Zürich: Rascher Verlag. 그리고 이에 대한 융의 다음 논평. Jung, C.G.(1963), "Psychologischer Kommentar zum Bardo Thödol," Jung, C.G., *G.W.* Bd.11, Zürich: Rascher Verlag, pp.550~567 참조.

족에서 죽음을 악귀에 의한 영혼의 피탈(Seelenraub)이라고 생각하는 것과 맥을 같이하면서 '저승과 저승의 왕국'이라는 좀더 후기 고등종교의 영향으로 이루어진 저승관이 포함되어 있다. 죽은 자가 이승을 떠나기 싫어해도 슬픔을 안고 가야만 하는 것이 저승길인데 '사람이 죽어지면 집이 한 댓 아니 두고(집의 한곳에 아니 두고) 강산 원래(遠來)로 짐 내어 모실 제(실어 나를 때)'라는 말에서 보듯 죽은 자는 산 사람들의 집에서 될 수 있는 대로 멀리 두고 멀리 보낸다는 주검에 대한 원시적 공포의 일단이 반영되어 있다.

죽음은 여기서 생의 종말이 아니라 산 자에서 죽은 자로 전환하는 것이다. 죽은 자의 모습은 어떤가. 그는 이승의 사람처럼 보고 느끼나 형자(形姿)가 없고 이승의 사람과 말이 통하지 않는다. 죽은 자는 혼신(魂神)이 되어 자기의 시체와 그것을 애도하는 가족들을 보지만 그들과 대화를 할 수는 없다. '신령으로서 자취 없이 오는 줄을 모르거든/가는 줄을 뉘 알소냐, 아마도 허사로다' 하는 노래 가사처럼 실체는 없다. 초앞 말에서 말한다.

어야(아) 영가(靈駕)시여
사람이 죽어지면 이름 달라지고 성도 달라지네
이름은 영가시요 성은 귀부(鬼簿)더라[6]

세상 사람과는 전혀 다른 계보의 존재가 된다. 시체는 전통장례에 따라 처리되고 나서 초단 진오귀(지노귀)(初段指路歸)를 지낸다. 자리걷음과 초단 진오귀를 정성들여 행할 때 자손의 정성을 인정받아 그제야 죽음의 사자는 조용히 '혼백, 혼신을 고이 모시고 저승전으로 들어간

---

[6] 赤松智城·秋葉隆(1937), 앞의 책, 285쪽.

다.'7) 이승과의 애틋한 작별은 매우 인상적이다. 이 노래를 부르는 무당은 말하자면 죽은 자의 말 못할 설움을 산 자에게 전하는 동시에 죽은 자가 스스로 죽음을 받아들이도록 설득한다.8)

> 요령 쟁쟁 치는 소리, 구천 영혼 슬프도다
> 강산 먼 곳으로 바삐 모셔 들어갈 제
> 망자 씨 속절없다고 사당에 하직하고
> 마당에 수결(手決)두고 개더러 전계하고(주의 주고)
> 있던 동네 하직하고 있던 집 하직하고
> 좌우 산천 하직하고 혼백혼신이 탄식하고
> 좌우전면 선후고개
> 앞뒷길이 나 다니던 길이언만
> 어느 때나 다시 와서 생시같이 다녀볼까
> ……
>
> 손 헤쳐 하직한들
> 사후(死後)길이 달랐으니 누가 알고 대답할까
> 애고 애고 서룬지고 탄식하고 들어갈 제9)
> ……

수결이란 문서상의 결정을 확인하는 사인인데 마당에 수결을 둔다는 것은 집으로부터 영구히 작별함을 확인한다는 표현인 듯하다. '개더

---

7) 같은 책, 290~291쪽. '자리걷음': 사석(死席)의 부정풀이.
8) 제주도의 사령제에서는 죽은 자를 불러들여 신방이 죽은 자의 심경을 말하는 영매 행위를 한다고 한다. 현용준(1986), 『제주도 무속연구』, 387~388쪽 참조.
9) 赤松智城·秋葉隆(1937), 앞의 책, 291~292쪽.

러 전계하고'는 무슨 뜻인지 확실치 않다. 개는 집 지키는 짐승이니 집을 잘 지키라고 '주의시킨다'는 말인지, 개는 신화적으로 저승의 인도자이므로 수결을 개에게 전하게(전계하고) 하려는 것인지 모를 일이다.[10] 죽은 자가 살던 집, 마을과 산천에 이별을 고하며 저승으로 가는 슬픔과 고독이 절절히 표현되어 있다. 이제 육신은 땅에 누워 있고, 혼은 저승으로 잡혀 들어가 거기서 지부왕(地府王)을 만난다. 지부왕이 말한다.

초단 짐 두어라 하고, 신체로 조주어라(먼저 청원서를 써라. 채찍으로 고문하라) 새채로 조주어라(쇠 채찍으로 고문하라)[11]

고문으로 땀과 피가 범벅이 된 망자에게 지부왕은 처자가 있는지, 선왕제(善往齋)를 지냈는지, 누가 어느 절에서 지냈는지 묻고 불공을 드린 것이 확인되자 사흘의 말미(식칼 말미)[12]를 준다. 이승에 가서 혼령을 위한 (새남)굿을 받아먹고 오면, 시왕(十王)에게 보내주겠다고 약속한다.

망자가 굿의 제물을 먹으려고 이승에 나올 때 잡신이 뒤를 따라오거나 산신이나 길의 신이 해하는 수가 있으므로 지부왕은 이를 물리치는 방법을 망자에게 가르쳐준다. 온 천지에는 수많은 귀축(鬼畜)이 모여 있으니 모든 신을 밤새도록 놀게 한다는 노래가 있고, 돌아올 수 없는 길에 들어선 죽은 자들을 석가세존이 어떻게 구제했는지를 노래한다.

---

10) 같은 책, 292쪽. 본문의 일본어 번역은 '뜰에 수결 놓고 개에게 주의시켜'라고 되어 있다. 집을 하직한다는 뜻으로 이해하고 있다. 수결을 개에게 '전하게 하고'라는 뜻일지도 모른다는 생각을 해본다.
11) 같은 책, 294쪽.
12) 같은 책, 296쪽. 식칼은 귀신이 싫어하는 것이며, 말미는 유예(猶豫)라는 뜻이다.

사람은 한번 죽어지면 수만 년이 돌아가도 살아올 길 전혀 없고 다
시 한 번 못 오느니
석가세존님이 인간제도 하옵실제
천금새남 만금 수륙법을 마련하옵기로
망자 씨 자손들이 천금새남 정성으로 잘하오면
어둡던 눈도 밝아오고 아프던 다리도 가벼워지고
팔만 사천 지옥을 면하시고
시왕세계로 등천당(登天堂)하신다 하오니
어여쁜 망자 씨 굿 받아 잡수시고
시왕으로 들어가실제 석제근시사천왕(釋提謹侍四天王)을
읊으고 가소서13)

　이상의 초앞말이 끝나면 5방의 조상신과 수천의 보살과 아미타불이 설법하는 장면이 묘사된다. 여기서 망자의 성격에 따라 시왕세계의 각기 다른 입구를 지정받은 뒤 망자가 시왕에게 갈 때 붉은 귀신 붉은 살(殺)을 내쫓는 주문을 외고 갈 것이며, 시왕의 이름을 알고 가도록 권유를 받는다. 간간이 "염불공부하시면 시왕으로 가시나이다"를 되풀이한다.14) 죽은 자는 시왕으로 가는 통과의례를 치르는 가운데 부딪칠 문제와 해결책을 하나씩 배워 나간다. 그런 점에서도 「죽음의 말」은 티베트 사서(死書)의 가르침과 목적이 같다.
　「죽음의 말」후생(後生) 2부에서는 1부 전생(前生)과 같은 죽음의 무자비함, 허무함, 슬픔이 다시 한 번 절절하게 재현된다. 그러고 나서 다음과 같이 갈 길을 가르쳐준다.

---

13) 같은 책, 299~300쪽.
14) 같은 책, 300~303쪽.

천금새남 만금 수륙제를 받아 잡수시고
구품연화대(九品蓮花臺)로 부처님 제자 되어 들어가소서[15]

  48원(願)을 외면서 시왕으로 가는 도중 망자의 방황과 해결이 자세히 소개된다. 즉 망자는 끝없이 간다. 더러 쉬기도 하면서 수없는 산과 들을 넘고 다리를 건너고 고개를 넘으며 울면서 가다가 별의 들[星王野], 빛의 들[光王野]을 건너자 돌다리와 나무다리가 나온다. 그 다리를 넘으니 일찍이 보지 못한 세 갈래 길이 나타난다. 망자는 어느 길이 시왕으로 가는 길인지 몰라서 울면서 서성인다. 길 위에 있던 스님이 망자가 선행을 베푼 것을 알고 오른쪽의 길은 지옥으로 가는 큰 길이고 왼쪽 길이 시왕으로 가는 좁은 길이니 왼쪽 길로 가라 한다. 망자는 왜 지옥길은 큰 길이고 시왕길은 좁은 길이냐 물으니 스님이 대답하기를 옛날에는 악인이 적고 성현이 많았기 때문인데 지금은 세상인심이 나빠져서 시왕으로 가는 사람이 적고 지옥에 가는 사람이 많아져서 그렇다고 한다.[16]
  망자는 좁은 길을 가는 도중 석가세존에게서 염불로 강을 받고 시왕에 갈 때 법성게(法性偈)를 잘 외고 가야 한다. 그 뒤 석가세존에게 염불을 바치니 석가세존이 이를 받은 후 망자를 어여삐 여겨 구품연화대로 인도하여 환생시키니 극락으로 들어간다.
  구품연화대 앞에는 한 그루 나무가 있다. 천길 만길 높고 우거진 나무 틈틈이 부처님들이 앉아 있다. 이 나무는 저 세상의 일천성현목(一千聖賢木)인데, 이 나무에 공양하고 가니 또한 부처님이 어여삐 여겨 서천서역국 극락의 초문(初門)이라는 곳을 찾아가 사천왕을 만나라 한다.

---

15) 같은 책, 316쪽.
16) 같은 책, 320~323쪽.

망자는 나무 밑에서 노인, 젊은이, 아이 죽은 꽃 등 3색 꽃이 핀 것을 구경하고 또 한 곳에 이르니 유사강(流沙江)이 나온다. 그 강을 건너야 시왕에 이를 수 있다. 백선주(白船主)라는 뱃사공이 계수나무로 배를 만들어 망자를 맞는다. 강을 건너 강변에 배를 묶고 시왕의 문전에 이르러 다정문(多情門)으로 들어간다. 시왕문을 열어줄 것이니 전곡(錢穀)으로 인정을 베풀라고 한다. 제1문에서 제3문에 이르기까지 판관들이 망자의 죄목을 심판하는데 세 번째 문으로 들어가니 억만의 미륵, 만의 지장보살이 있다.

앞을 살펴보니 황금의 연못 중앙에는 돌산을 층층이 쌓고 계수나무 난간, 화초 속에 일엽주를 띄워두고 여러 대보살님이 다투어 진수(進水)하고 5색 연화꽃이 피어 있는 등, 극락의 화려하고 고귀하며 즐거운 풍정이 펼쳐진다. 칠중난간의 누각을 기둥 없이 허공에 덩그렇게 지은 광경을 즐겁게 바라보고 망자는 금지연지(金池蓮池)에 목욕한 뒤 서천 명월님이 탄 칼 같은 배를 타고 명월강산으로 노 저어간다. 시왕의 집이 덩그렇게 지어져 있는데, 황금 기와, 백옥 문, 호박 주춧돌, 밀화(蜜花) 기둥을 한 환상적인 집이다. 동서남북에 또한 놀라운 광경이 펼쳐진다. 그 안을 살펴보니 우담화(優曇華)·장생화(長生花)·명살이〔蘇命花〕·꽃숨살이〔蘇息花〕가 있어 망자는 이를 꺾어 이승 자손들에게 갖다 주도록 전한다. 8선녀가 수청 드는 곳에 불로초·불사약과 장생화·백도화 등이 갖추어져 있고 "향기로운 풍악소리 극락을 희롱하니 그 아니 시왕인가" 하는 찬탄의 소리가 높다.[17]

결국 망자는 백운탑(白雲塔)에 올라앉아 학관(鶴冠)을 쓰고 청룡지팡이를 손에 들고 금단(金丹) 선수 보살님들과 장기를 둔다. 시왕과 동등한 위치에 오른 것이다.

---

17) 같은 책, 324~334쪽.

마지막으로 무당은 "나의 자손들이 정성으로 재산을 많이 드려 진오귀, 새남(산음), 수륙제 등을 잘 지내서 저승길을 닦아주었다"고 노래한다. 그리하여 사천왕님, 시왕님, 여러 보살님, 부처님 등이 모두 옥황전에 말씀드려 망자를 세상으로 인도환생시키자 하여 옥황상제가 망자를 불러 이 세상으로 인도환생하라고 명한다는 내용의 노래를 한다. 노래는 부모가 죽으면 정성을 다해 저승길을 닦아주도록 자손에게 당부하는 말로 끝맺는다.

> 세상에 나가 인도환생하되
> 남자는 왕이 되고 여자는 옹주되어
> 천만세 유전하여 한 백년 한 천년을 살 것이니
> 그리 알고 세상에 나아가라 하옵시니
> 억조창생만민들아 재산을 아끼지 말고
> 부모가 사후가 되거든 정성을 다하여
> 황금새남 만금수륙제를 극진히 하여
> 저승길을 닦아주라[18]

저승길은 시왕으로 가는 길이다. 그런데 이 노래에서 시왕의 세계는 저승의 10명 심판관이기도 하지만 극락세계, 혹은 극락 자체인 것 같기도 하다. 우리나라 불교사찰의 「지장시왕도」에서 시왕이 지장보살 주위 다소 낮은 위치에 좌정하는 것과는 다르다.[19] 석가모니 부처님이나 보살들이 망자를 돕지만 이승의 고귀한 신분으로 환생하는 최고의 보상을 결정하는 것은 한국 샤머니즘의 무신 중 최고신으로 자리 잡은 옥황

---

18) 같은 책, 334~335쪽.
19) 이기선 외(1992), 『지옥도』, 대원사, 58~59쪽, '지장시왕도' 참조.

상제이다. 이는 도교에서 빌려온 것이다. 그러나 망자가 부처님 제자가 되어 연화대로 올라간다거나 수많은 다라니경, 불경을 외라고 하는 등 불교의 영향과 도교적 색채가 곳곳에 들어 있으면서도 주술적·기복적 요소가 많이 가미되어 있다.

「죽음의 말」의 핵심요소는 다음과 같다.

1. 죽음이란 무자비한 현실의 확인
2. 죽은 자(혼신)의 이승과의 이별, 통곡과 애도
3. 저승길로 가기 위한 준비와 진행과정
   1) 자리걸음과 초단 진오귀 후 저승전으로 감
   2) 지부왕과의 만남
      ① 고문을 통한 신앙심과 선행의 심판
      ② 통과된 뒤에 올 장애물(잡신, 산신, 길의 신)에 대한 해결책을 얻음
      ※ 저승 가는 길에서 유의할 점
      ① 염불 ② 붉은 귀신[赤鬼]들을 물리치는 주문 ③ 시왕의 이름, 성, 생일, 원불(願佛)을 알아야 함 ④ 잡신을 천수(千手) 1편으로 제어 ⑤ 48원(願)을 읊을 것 등이다.
   3) 이승으로 돌아가 새남수륙제 받고 나서 시왕으로 가는 길

●시왕으로 가는 길

1) 끝없이 먼 길, 산, 강, 다리를 넘음
2) 방황—돌다리, 나무다리 건너니 길 세 가닥. 한 스님의 길안내에 따라 왼쪽으로 감
3) 한 그루 큰 나무[一千聖賢木]에 공양. 그 나무 밑에서 노인, 젊은이, 아이가 죽은 세 개의 꽃을 발견

4) 유사강을 돛배로 건넘
5) 시왕문(3중의 문) 앞에서 다시 심판을 받고 통과
6) 극락세계로. 최고의 일락과 고귀함과 화려함을 만남
   4개의 꽃(목숨을 소생시키고, 숨을 돌리고, 장생하는 꽃 등)을 꺾음.
   불사약, 장생화, 불로초 등도 받음
7) 망자는 시왕의 반열에 오름(시왕과 바둑을 둠)
8) 이승의 왕 또는 옹주로 환생하도록 옥황상제의 허락이 떨어짐

죽은 자는 지부왕의 지독한 고문과 도덕적 검증을 거치고 살아 있는 자의 정성 어린 제사에 힘입어 시왕의 세계로 인도된다. 몇몇 장애물은 부처님의 도움으로 극복되었으며 유사강을 건너 시왕의 문을 통과하여 드디어 고귀한 보배와 빛과 아름다움으로 꾸며진 극락에서 시왕과 바둑을 두는 자리에 오르는 동시에 이승의 왕, 또는 옹주로의 환생을 약속받는다. 불교의 주문과 신심은 언제나 결정적인 도움을 주는 것으로 강조되고 생시 망자의 선행(善行)은 큰 보상을 받게 하는 결정적 근거가 된다. 망자가 공양한 엄청나게 큰 나무 일천성현목은 전체 성현의 조상나무일 것이나 샤머니즘의 세계수를 방불케 한다.

극락으로 가는 왼쪽 좁은 길, 죽은 자의 꽃 3개와 죽음을 살리고 오래 살게 하는 네 가지 꽃, 부용 속을 진수하는 초승달을 닮은 칼날 같은 배, 유사강을 건너는 돛배와 뱃사공, 길을 가르쳐준 스님 등은 모두 죽음의 말에서 중요한 역할을 하는 원형적 상징들이다. 거기에는 삶과 재생의 상징들(나무·꽃), 변환의 상징(금지연지에서의 목욕), 영혼의 인도자 상들(스님, 뱃사공)이 있다. 결국 이야기는 죽음에서 시작하여 혼의 정화와 변환을 거쳐 재탄생으로 끝맺음한다.

「죽음의 말」에는 극락·천당 때로는 시왕이라 부르는 저승 세계가 주

로 묘사되어 있고 지옥에 관해서는 단편적인 시사밖에 없다. 세 갈래 길의 오른쪽에는 지옥이 있다. 그곳은 철퇴로 박석을 깔고 철망으로 다리를 놓았다. 건너가면 다리가 무너지고 아래로 떨어지면 악귀가 달려들어 물어다가 구천지옥에 던진다. 그곳에서 배가 고프면 쇠몽둥이를 먹이고 목이 마르면 쇠를 녹여서 먹인다.

저승 세계는 산 넘고 강 건너 저편에 있는 끝없는 평면이다. '천당'이라 하고 그곳에 '오른다'는 말을 하지만 수평선 연장선상에 있다. 다만 유사강이 이승과 저승의 경계처럼 되어 있는데 이는 고대 그리스의 스틱스(Styx)를 비롯하여 범세계적인 저승관과 일치한다.[20] 지옥 또한 평면이동으로 들어가지만 쇠다리가 무너져 망자가 아래로 떨어지고 악귀가 달려들어 물어다가 구천지옥에 던진다 하니 지하계임이 분명하다. 우리나라 불교사찰에 걸린 시왕도들도 지옥은 아랫부분에 그려져 있다. 위의 세계는 구름이나 성곽 그림으로 지옥과 구분된다.[21]

2) 「차사본풀이」와 저승길

제주도 무속의 사령제 가운데 하나인 귀양풀이의 「차사본풀이」에서 저승은 연못을 통해서 들고 나는 것으로 묘사된다. 그렇다고 저승이 연못 속에 있다기보다 연못을 거쳐서 가는 또 하나의 이승과 같은 평면이다. 연못은 입구의 문과 같은 역할을 할 뿐이다. 1930년대에 수집 보고된 제주도의 「차사본풀이」에도 연못이 나오지만 그곳은 기도를 하거나 목욕재계하는 곳이지 저승 입구는 아니다. 현용준의 연구와 같이 「차사본풀이」에서도 저승은 아득히 멀고 험한 곳, 갖가지 장애를 이겨내야

---

20) Rose, H.J.(1964), *A Handbook of Greek Mythology*, London: University Paperbacks, Methuen, p.32, p.36.
21) 이기선 외(1992), 앞의 책, 64~65쪽, '지장시왕도' 참조.

비로소 도달할 수 있는 곳이라고 설명된다.

차사란 죽음의 나라의 왕(염마대왕)의 명령으로 죽음을 집행하는 무자비한 집행관인데 「차사본풀이」는 혼령을 저승으로 데려가는 저승사자 강임 도령이 어떻게 해서 저승사자가 되었는지를 설명하는 무가이다.[22] 이야기는 이렇다.

강임은 용감하고 호방한 이승의 관리차사였다. 과거에 합격하고 돌아온 세 아들이 이유 없이 일시에 죽어 원인을 밝혀달라는 한 여자의 독촉을 받은 원님이 저승의 염마대왕을 잡아오라고 할 목적으로 특별히 선정한 관리이다. 강임은 죽음을 무릅쓰고 저승에 가서 우여곡절 끝에 염마대왕을 이승에 잡아와 의문사를 깨끗이 해결한다.

사연인즉 하늘 왕의 아들 중 살아남은 삼형제는 짧은 수명을 타고 태어났다 하여 이들이 일찍 죽는 것을 막기 위해 지상에 내보내어 장사를 시키게 되었다.[23] 삼형제는 어떤 지점에 이르러 몹시 시장기를 느끼게 되었고 그곳에 사는 악한 여자(과양생의 처)에게 음식을 청했으나 거절당하였다. 그러다가 재물에 욕심이 생긴 여자는 이들을 방에 들여 독주를 마시게 해(또는 독을 귀에 부어서) 살해하고 못에 버렸다. 뒤에 못에 예쁜 꽃 세 송이가 피어 꺾어 집에 걸어두니 그것들이 자꾸 머리를 긁어서 화로에 던져 태워버렸다. 그러자 예쁜 구슬이 되었고 과양생의 처는 구슬이 너무 예뻐 가지고 놀다가 삼켜버렸다. 그 후 잉태하여 세 아들을 낳았다. 그들이 장성하고 과거에 합격하여 돌아와서 부모에게 인사하기 바로 전에 죽어버린 것이다. 그것은 삼

---

22) 赤松智城·秋葉隆(1937), 앞의 책, 507~519쪽.
23) 스님에게 맡겨 3년 수도하게 한다는 설이다. 현용준(1986), 앞의 책, 370쪽; 현용준(1976), 『제주도신화』, 서문문고, 94~95쪽.

형제의 복수였다. 염마대왕의 분부로 못에 있던 해골 세 구는 다시 살려내어 집으로 보내고 강임은 용맹함을 인정받아 그 혼을 빼어 저승으로 데려가 저승차사로 채용했다.

「차사본풀이」의 이야기는 「죽음의 말」처럼 살아 있는 자가 죽음을 당해 저승으로 끌려가는 이야기와 동기도 다르고 주인공의 자세에도 자못 차이가 있으나 막막한 저승길을 묘사한 점에서는 다르지 않다. 여기서도 저승길은 매우 멀고 험하며 숱한 장애물이 가로놓여 있다. 그때마다 장애를 이기는 처방을 받아 극복해야 한다. 돕는 자, 안내자의 역할이 매우 중요하고 주인공의 결단과 용기가 필요한 모험이다.

「차사본풀이」는 저승의 막강한 권력자를 잡아 이승으로 데려오는 강임의 영웅담이기에 「죽음의 말」에서 보는 혼령의 고행과 해탈의 변환 과정과는 목적이 다르다. 말하자면 이승의 권력과 저승의 권력 간의 힘겨루기가 천상의 아들들에게 가해진 살인사건의 해결이라는 큰 주제의 일환으로 전개된다. 처음에는 이승의 권력자가 저승의 권력자를 제압하는 듯했으나 결국 강임을 저승차사로 삼겠다는 염마대왕의 요구를 원님이 들어주는 어리석음을 저질러 영웅 강임의 혼은 염마대왕의 차사로 일하고 신체는 원님이 가지는 등 이승을 위해서든 강임 자신을 위해서든 한스러운 결과를 얻는다.

강임 도령은 현용준의 제주도 무가에는 여러 처첩을 거느린 호걸처럼 묘사되지만 결혼하지 못한 채 죽은 혼이라는 설이 있어서 미혼령이 가진 원한과 무자비함의 이유를 짐작할 수 있다.[24]

「차사본풀이」에는 환생의 구리, 은그릇, 욕심 많고 고약한 살인자인 과양생의 처, 꽃, 구슬, 흰 강아지, 못, 조왕 할머니, 3신선, 삼승할망,

---

24) 赤松智城·秋葉隆(1938), 앞의 책(下), 73쪽.

그리고 흰 떡, 청풍(靑風)부채, 금부채, 홍금선(紅金線) 등 마력을 지닌 주물 등, 확충을 요하는 원형적 상징이 많이 등장한다. 지상에 도사린 악을 상징하는 과양생의 처가 사는 영역은 악한 기운이 풍겨오는 마법의 장이다. 거기에 빨려들 듯이 사로잡혀 죽음을 당한 자들을 향한 경고가 인상적이다. 죽은 삼형제가 환생한 꽃과 구슬은 똑같은 마력을 풍기며 과양생의 처를 유혹해 잉태시킨다. 이는 강력한 에너지가 지배하는 집단적 무의식의 누미노제를 함축한 자기원형의 영향력을 나타낸다.

3) 「죽음의 말」의 심리적 기능과 그 상징성

「죽음의 말」의 궁극적인 목적은 살아남은 자와 죽은 자를 위로하는 데 있다.

현대인은 유물론자나 허무주의자라 하더라도 죽은 자의 넋을 기린다. 나라 전체가 죽은 자를 위로하는 위령일이 있고 종교마다 넋들의 편안함을 빌고 또한 그 편안함이 산 자들의 편안함에 이바지함을 믿는다. 죽은 자와 산 자의 위로, 이 두 가지 목표는 별개가 아니다. 왜냐하면 죽은 자의 슬픔과 고통이 곧 산 자의 슬픔과 고통과 일치하기 때문이다. 사실 우리는 죽은 자의 넋이 죽음 이후에 어떻게 되는지를 모른다. 앞에서 언급한 대로 수술 시의 임사(臨死) 체험이나 중환을 앓을 때의 꿈에 관한 보고를 통해서 '저승에 갈 뻔한 경험'을 알고 있기는 하지만 그 이상은 아니다. 다만 인간들은 그 이상을 설명하기 위해 상상을 한다. 아득한 옛날부터 — 노래하는 샤먼이 상상하는 것이 아니라 가까운 사람을 떠나보낸 사람들이 상상하고 또 상상하여 죽음과 저승의 신화를 만들고 입에서 입으로 전하는 것이다. 물론 상상한 것뿐 아니라 직접 환상으로 경험한 것, 배워서 아는 것, 보고 들은 것, 집단적 의식세계의 자료들이 그 상상에 끼어 자료를 다채롭게 한다. 「죽

음의 말」「차사본풀이」뿐 아니라 죽음과 사령과 저승에 관한 이야기들
도 그렇게 해서 형성된 것이기 때문에, 여기서 우리는 인간의식의 전승
뿐 아니라 무의식의 내용, 특히 집단적 무의식을 만날 가능성을 충분히
예측할 수 있다. 이 노래들을 분석심리학적으로 살피는 이유가 여기에
있다.

물론 「죽음의 말」은 불교적 색채가 농후하고 권선징악의 도덕적 교
훈이 전편을 관통하고 있어 샤머니즘 고유의 원초적 관념이 순수하게
반영되었다고 보기는 어렵지만 핵심요소에는 일치점을 나타내고 있다.

「죽음의 말」에서 보여주는 무자비하고 끔찍한 죽음, 지부왕의 고문은
시베리아 샤먼의 입무과정에서 겪는 해체의 고문과 죽음[25]을 연상시킨
다. 저승으로 가는 길목에서 거듭되는 시험과 통과의례를 거쳐 천당에
서의 재탄생에 이르는 결말은, 샤먼이 이니시에이션의 고통과 죽음 뒤
에 성취하는 재생에 비유될 수 있다. 또한 「차사본풀이」 같은 이야기에
나오는 저승길은 다른 많은 종족에서 볼 수 있는 샤먼의 지하계 여행을
방불케 한다.[26] 저승으로의 여행, 장애물, 도움을 주는 존재들은 샤먼
의 저승여행에서 강조되는 위험성, 샤먼을 '돕는 정령들'(helping spirits)
의 역할과 같다. 「차사본풀이」에서 지상의 영웅인 강임이 죽음의 나라
의 차사로 선택된 것은 흑샤먼이 지하계의 악령에 봉사하는 일부 시베
리아 및 중앙아시아 종족의 샤머니즘의 경우와도 견줄 만하다.[27] 강임
은 저승차사로서 죽은 자를 저승으로 인도하는 영혼의 인도자이다. 시

---

25) Schamanengeschichte aus Sibirien, Otto Wilhelm Barth-Verlag, München-Planegy, 1955.
26) Eliade, M.(1956), *Schamanismus und archaische Ekstasetechnik*, Zürich: Rascher Verlag, pp.195~199, pp.203~207, 그밖의 여러 곳.
27) 같은 책, pp.180~184; Schröder, D.(1964), "Zur Struktur des Schamanismus," *Religions-Ethnologie*, Frankfurt a. Main, pp.300~301.

베리아 샤머니즘에서는 그 역할을 샤먼이 한다.[28]

그러나 제주도 신방이 강임에게 부여된 영혼의 인도자로서의 역할을 어느 정도까지 자기 것으로 받아들이고 굿을 진행하는지는 불확실하다. 노래를 부를 때 그는 단지 저승차사의 내력을 객관적으로 서술할 뿐 강임이 직접 영혼과 더불어 저승으로 가는 것은 아닌 듯하다. 추측하기로는 예전에 한때 저승길을 두고 샤먼(신방이나 무당)에 의한 하계(下界)여행이라는 관념이 한국 샤머니즘에도 있었으나 그것이 의식에서 억압되어버리고 다만 민담의 세계에만 그 흔적을 남긴 것이라 추정된다.[29] 그것도 샤먼이 아닌 다른 인물의 옷을 입힌 채 수행된 것이 아닌가 짐작되지만 이를 증명할 만한 근거는 많지 않다.

한국 민담에서 천상의 왕과 인간의 관계에서 특징적인 것은 천상의 왕이 지닌 힘이 언제나 강하다는 사실이다. 구원의 손길은 인간의 도전정신과 노력보다 하늘에서 온다는 것이 일찍부터 지적되어왔다.[30] 죽음의 나라와의 관계도 마찬가지이다. 강임은 시베리아 샤먼처럼 용감하게 염마대왕에게 맞서고 염마대왕도 그의 앞에서는 약한 모습으로 묘사된 경우가 있지만 강임은 결국 혼을 빼앗기고 염마대왕의 명을 수행하는 죽음의 나라의 고용인이 된다. 이로써 강임은 이승과 저승 사이를 넘나들며 중계하는 자유를 잃는다. 그는 산 자를 잡으러 올 때 말고는 저승을 떠날 수 없다. 그러나 일반적으로 샤먼은 지하계와 지상 사이의 장벽을 엑스터시로써 쳐부수고 그 경계를 넘나들 수 있다.

강임 도령은 제주도의 강임설화나 「차사본풀이」의 내용과는 달리 한

---

28) 같은 책, pp.199~207.
29) 하늘이나 지하계로 여행하는 주제는 한국민담 속에서 산견된다. Garin, *Koreanische Märchen*, pp.17~26; ⟨Pak⟩, 이상노(1964)『한국전래동화독본』, 을유문화사, 56~76쪽, 299~306쪽. '선녀와 나무꾼', '원님의 세 딸'.
30) 이부영(2011),『한국민담의 심층분석』, 집문당, 142~144쪽.

국 샤머니즘에서는 앞에서 말한 대로 결혼하지 못한 채 죽은 젊은이의 혼이라고 알려져 있다. 강임 도령은 「죽음의 말」에서는 시왕의 세 사자 중 가장 강력한 존재로 묘사되어 있으나 미혼혼으로서 만신전(萬神殿) 가운데서는 비교적 낮은 신에 해당된다. '결혼하지 않음'이란 상징적으로 원초적 상태이다. 어둠에서 태양과 달이 나오듯 분화되어 나오기 이전의 상태이다. 해와 달은 시왕의 세 사자 중 둘의 이름(즉 일직〔日直〕사자, 월직〔月直〕사자)이다. 차사 강임 도령은 그 사이에서 일회적인 존재이다. 조상과 자손으로 이어지는 삶의 연속성에 서 있지 않으며 이러한 분화 발전과정을 넘어선, 그것 밖에 있는 존재이다. 그는 세속적인 삶의 연속성에 속하지 않으며 인간의 영혼으로서 어쩔 수 없이 세속에 가까이 있지만 신적인 영역에 속한다. 이러한 정황이 그에게 비정함을 안겨주었다. 그는 세속의 유감이나 세속적 동정에 영향을 받지 않는다. 그는 종말을 자기 안에 간직하고 있다. 그러한 신적인 비정함으로 차사는 죽어가는 자에게 결정적인 종말을 마련해주고 사자의 영혼을 시왕의 법정에 데려가는 과제를 수행한다.

동북아시아의 종족들은 모두 지하계의 지배자에 관한 관념을 가지고 있고 그 지배자는 흔히 우리와 같은 무서운 저승사자를 거느린다.[31] 그런데 한국의 강임 도령은 무서운 형상에다 목숨을 끊는 데서 무자비한

---

31) 유그라 부족은 죽은 자를 잡으러 오는 저승사자를 물리치는 방어책을 마련한다. Karjalainen, K.F.(1921), *Die Religion der Jugra-Völker, I*, Helsinki: FF Communications Nr.41, pp.125~126. 일부 알타이족은 지하계의 왕이 사자를 보내어 인간의 혼을 잡아가는데 죽음의 천사로서 한동안 상가에 머문다고 믿는다. 또한 칼끝의 독을 벌린 입에 떨구어 사람을 죽이는 무시무시한 모습을 한 죽음의 천사를 믿고 있다. Harva, U.(1938), *Die religiösen Vorstellungen der altaischen Völker*, Helsinki: Academia Scientiarum Fennica, pp.280~281. 또한 죄인을 지옥의 심판관 앞에 끌고 가는 도쿄의 '아이 체 커'(ai-tszé-kue)도 있다. Grube, W.(1910), *Religion und Kultus der Chinesen*, Leipzig: Verlag von Rudolf Haupt, p.129.

폭력성을 보이기는 하지만 동북아시아 부족의 사자처럼 또 다른 희생자를 찾고자 하는 충동에 사로잡혀 있지는 않다. 우리나라 무가의 어디에서도 그 증거가 발견되지 않는다.

이렇게 사자에게 정해진 의무 외에 악한 충동으로 생명을 탐내는 자는 오히려 언제나 사망 시에 나타나 살아남은 자들에게 치명적인 질병을 일으키는 죽음의 마력, 살(殺)이나 살귀일 것이다.[32] 그것은 알타이족에서 지하계의 왕, 에를릭(ärlik)의 사자를 따라다니는 불안정한 귀령들인 쾨르뫼스(körmös)에 비교될 수 있다. 「죽음의 말」에 따르면 저승사자는 마치 샤먼의 보조령과 같지만 이들은 알타이족 에를릭의 사자처럼 그렇게 적극적으로 샤먼을 돕지 않는다. 에를릭의 사자들은 샤먼이 지하계로 여행할 때 수행하고 샤먼과 에를릭의 중개자로 봉사한다.[33] 우리의 사자는 오히려 무당에게는 중립적인 존재로 좋지도 나쁘지도 않다.

그들은 저승 왕의 명령을 수행하고 인간의 운명을 충족하기 위해 그곳에 있다. 그리고 죽음이란 저항할 수 없는 것이다. 죽음은 강력하여 마치 인간의 일이 아니고 신의 일인 것처럼 보인다. 이러한 생각이 한국 무당의 저승에 대한 관계 속에 반영되었는지 모른다. 무당조차 길을 잃고 방황하는 영혼을 데려오기 위해 죽음의 나라에 들어가려고 하지 않는다. 그런 의미에서 한국의 샤먼은 직접적인 영혼의 인도자가 아니다. 그는 이 역할을 그와 양가적 관계에 있는 죽음의 왕의 사자들에게 맡긴다. 무당이나 신방의 기능은 저승에 대한 능동적인 간섭에 있기보다 저승의 여러 신과 신령들을 부리고 또한 그들에게 열심히 비는 데

---

[32] 赤松智城·秋葉隆(1938), 앞의 책(下), 73쪽.
[33] 에를릭의 사자들은 불안정한 귀령들(일명 쾨르뫼스)을 거느리는데 이 쾨르뫼스는 한편으로는 병을 일으키거나 사람을 죽이지만 다른 한편으로는 살아 있는 자를 보호하는 역할을 한다.

있다.

「죽음의 말」이나 「차사본풀이」의 내용처럼 해방 이후 수집된 다른 무가들에 나타난 저승에 관한 이야기들도 저승으로 가는 길이 멀고도 험하고 숱한 난관을 거쳐야 한다는 점을 한결같이 강조한다.[34]

4) 김태곤이 수집한 「저승사자」와 「저승길」 이야기들

김태곤의 첫 번째 이야기 「저승사자」에서 이 과제는 좀 특이하다. 시왕 앞에 끌려간 망자는 저승사자가 내리치는 곤장을 먼저 얻어맞는다. 그다음 죽은 뒤의 모든 제사를 저승사자에게 바친다는 약속을 한 뒤 불가능한 과제 세 가지를 받는다. 마(麻)와 담배씨 댓 말을 하루에 심을 것, 양칫물·세숫물·목욕물 각 일천 동이를 하루에 먹을 것, 깊은 못에 들어가 돌 이천 덩이를 하루아침에 건져낼 것이다. 실의에 빠져 우는 망자를 그때마다 삼동갑, 사동갑쟁이들이 도와주어서 과제를 완수한다. 그제야 시왕은 망자를 꽃이 피는 극락세계로 인도해준다.[35] 이야기는 아주 상징적인 의미를 품고 있다. 결국 극락에 들어서기 위한 과제이며 조건이었다. 극락이란 심리학적으로 '전일의 경지'라고 볼 때 세 가지 과제의 완수는 상징적으로 치유의 발심(發心), 자기정화의 체험, 영원한 것의 의식화라는 의미가 표현된 듯하다.

흔히 민담에서 이니시에이션의 주재자가 주인공에게 불가능한 과제를 부과하고 결국 초인적 능력의 도움을 받는 것처럼 이 이야기에서도 동갑동이라는 존재들의 도움을 받아 과제를 완수한다. 다시 말해서 의식의 한계 밖에 있는 무의식의 도움으로 불가능해 보이는 과제를 풀고

---

34) 김태곤(1989), 『한국의 무속신화』, 집문당, 253~263쪽; 현용준(1992), 『무속신화와 문헌신화』, 집문당, 449~476쪽. 저승길의 어려움은 알타이족에도 있다. Harva, U., 앞의 책, pp.351~352.

35) 김태곤(1989), 앞의 책, 255쪽.

성공한 자만이 '극락세계'에 이름을 시사한다.

또 다른 이야기, 「저승길」[36]에서 망자는 앞을 가로막는 큰 강 앞에서 강을 다스리는 관리를 만난다. 강을 건너려면 연(蓮)씨를 심고 자라면 베어서 다리를 놓고 건너가든가, 또 그것이 큰 나무로 자라면 배를 만들어 타고 가라는 말을 듣는다. 이것은 '불가능한' 조건이다. 여기서 이야기는 망자가 이승에서 공덕을 쌓은 덕분에 저승왕의 분부로 특별히 이런 수고를 면제받고 청의동자의 배를 타고 건너는 것으로 결말을 짓는다. 이 불가능한 과제 자체는 엄청나다. '극락세계'로 가기 위해서 얼마나 오랜 기다림과 인내와 끈기, 그리고 창조적 변환에 대한 믿음과 그를 위한 적극적인 노력이 있어야 하는지를 시사하는 대목이다. 이 역시 개성화의 상징을 나타낸다. 그런데 저승이란 과연 한국인에게 무엇인가.

● 저승이란 무엇인가

현용준은 한국민족의 해양타계관[37]을 제창하고 바다 위, 바다 속에 있는 죽음의 나라에 관한 관념을 소개하였다. 바다의 용궁은 이승과 다른 또 하나의 세계임에 틀림없으나, 그것이 반드시 죽은 자의 나라인지, 이상향의 이미지인지 때론 구분이 안 된다. 어떻든 모든 무가에서 저승은 아득히 먼 곳에 있다. 여러 고개를 넘어가야만 저승으로 들어가는 열두 대문에 다다른다.[38] 혹은 수많은 산을 넘고 큰 강을 건너 끝없이 간 뒤 마지막에 큰 고개를 넘어야 겨우 저승의 일전(一殿)에 이른다.

---

36) 같은 책, 256~261쪽.
37) 현용준(1992), 앞의 책, 449~476쪽.
38) 김태곤(1989), 앞의 책, 254쪽. '저승사자' 이야기 참조.

여기서 저승이라 함은 시왕의 세계, 서방정토, 극락 혹은 천당을 의미한다. 이미 이승을 하직했으나 어렵고 힘하고 긴 여정을 밟아야 하는 것은 그 목표가 궁극적인 '해탈'과 재탄생에 있기 때문이다.

제주도「세민황제 본풀이」에는 저승에서 이승으로 돌아오는 길이 묘사되어 있다. 어린 송아지, 흰 강아지가 길을 안내하겠다고 나서지만 그 말을 듣지 말고 곧은 길로만 나가라고 가르쳐준다. 대개 민담에서 길안내는 동물들이 하는 법인데 여기서는 동물의 도움을 잘못된 것으로 취급하고 '곧은 길'을 택한다. 본능보다는 의식된 목표를 일관되게 따르라는 뜻으로 이해되며 합리적 사상의 배경에서 나온 이야기가 아닌가 생각해본다.

세민황제는 이승에서 악행을 일삼던 왕이다. 그는 저승 왕이 자기에게 돈을 꾸어주면 그것으로 이승에서 선행을 베풀겠다고 저승 왕에게 약속한다. 그렇게 저승에서 이승으로 되돌아올 수 있었던 드문 사례이다. 저승 왕이 일러준 대로 이승으로 오는 길을 안내할 차사를 만나고 차사는 그곳에 있는 문을 열어 "이 컴컴한 데로만 들어가면 이승으로 나갈 수 있습니다" 하며 등을 떠미니 천지 연못 같은 곳에 첨벙 떨어진다. 그곳이 곧 이승이었다.[39]

이 이야기에는 극락세계로 가는 길도 묘사되어 있는데, 그 길 역시 험하기 이를 데 없고 층암절벽이 가로막고 있는 곳을 지나가야 하고 거기서 벌 받고 있는 자를 구하고 그의 등을 타고 절벽에 오르고 바다에 뛰어내리니 바다 속에 널따란 길이 있다. 그 길을 따라 한참을 걸으니 앞에 망망한 갯벌이 펼쳐져 있고 용궁이 있다. 그 용궁에서 작은 배를

---

[39] 같은 책, 299~300쪽.

빌려 타고 수많은 바다를 거쳐 드디어 극락세계에 도착했다는 이야기이다. 여기서 용궁은 바다 끝에 있는 극락으로 가는 중간 기착지이다.

저승은 끝없이 먼 곳, 강과 산과 바다 저편에 있는 세계, 그리고 약간의 문턱 같은 것이 있어 뛰어내려야 하는(혹은 뛰어올라야 하는) 곳으로 묘사된다. 앞에서 말한 대로 무가의 이야기는 망자와 산 자, 죽음의 세계와 이승과의 관계에서 망자들이 이승에서 산 자들이 베푸는 제사에 찾아오는 일이나 이승의 선행으로 극락에 가서 고귀한 신분으로 재탄생하는 경우 말고는 별로 관계가 없다. 저승은 한 번 가면 돌아오기 어려운 곳으로 묘사되지만 앞의 제주도 「세민황제 본풀이」처럼 저승 왕과의 흥정으로, 혹은 함경남도 무가 「도랑 선비와 청천각씨」처럼 남편에 대한 간절한 그리움과 소망과 끈질긴 노력이 저승 왕의 마음을 움직일 때, 죽은 자는 이승으로 돌아오거나 어떤 형태로든 상봉이 이루어진다는 사실을 시사한다.

이승에 사는 자의 간절한 소망으로 저승의 왕의 뜻을 바꿀 수 있다는 이야기이다. 그것은 마치 무의식에 대하여 자아의식이 적극적인 관심을 보일 때 무의식 또한 이에 상응하는 반응을 보이는 경우를 방불케 한다. 한국의 샤머니즘은 죽음의 문제에서 운명에 대한 전적인 순종보다 언제나 이에 대한 저항과 거래를 시도한다. 이런 관념이 저승에 관한 무가에 반영되어 있다.

이야기 속의 '저승'이란 심리학적으로 의식 너머의 세계, 곧 무의식이다. 저승의 왕이 있는 지역이란 앞에서 말했듯이 우리 마음 깊숙한 곳에 존재하는 테메노스(temenos, 성역), 자기원형 상에 비길 수 있을 것이다. 그것은 자기실현의 원동력이자 목표이다. 그리고 자기실현의 목표에 이르는 길은 험하고도 멀다. 우리의 무당은 이름을 달리하여 시왕의 세계에 이르는 길이 길고 험악하다고 노래해왔다.

5) 이야기 「도랑 선비와 청천각씨」의 의미

도랑 선비와 청천각씨 이야기[40]를 보자. 도랑 선비가 결혼식 날 이유 없이 죽어서 홀로 남게 된 청천각씨가 남편을 사모한 나머지 그를 만나기 위해 갖은 고생을 감내하다 결국 저승에서 만나서 함께 산다는 이야기이다.

청천각씨는 신랑이 죽자 검은 머리를 풀어 헤치고 시가로 가서 사흘 동안 물만 마시며 슬피 울었다. 그 울음소리는 하늘에 있는 옥황상제의 마음을 움직여 황금산의 성인(신승(神僧))을 보낸다. 청천각씨는 그에게 남편을 한 번 만나게 해달라고 간청했다. 신승이 일러준 대로 남편 묘 앞에서 사흘 동안 기도했더니, 남편의 모습이 보였다. 손을 잡으려 하니 남편은 엄한 얼굴로 "나는 인간과 다른데 어찌 이러시오?" 하고는 사라져버린다.

각시가 다시 중에게 간청하자 이번에는 신체적인 고통을 참아야 하는 새로운 방법을 가르쳐준다. 손바닥이 피투성이가 될 정도로 고통을 이겨낸 결과 남편이 나타나 각시가 안으려 하자 다시 사라진다.

중이 또 한 번의 과제를 주어 각시는 참깨·들깨·아주까리로 기름을 짜서 손에 적시어 말린 뒤 열 손가락에 불을 붙여 부처님에게 발원했다. 염마대왕은 금상사에 불이 난 줄 알고 도랑 선비에게 불을 끄고 오라고 명한다. 그리하여 각시 앞에 나타났으나 안으려 하자 사라져버렸다.

각시는 다시 중을 불렀고 중은 네 번째 과제를 준다. 금상사 가는 고갯길을 연장 없이 맨손으로 파서 이쪽에서 저쪽까지 길을 닦으면 만나리라는 것이다. 그런데 각시의 지극한 정성이 하늘을 감동시켜

---

40) 같은 책, 305~310쪽.

염마대왕은 도랑 선비로 하여금 다른 쪽에서 고갯길을 닦게 함으로써 각시와 극적인 상봉을 하고 인간으로 환생하여 살 수 있게 되었다.

둘은 손을 잡고 이승으로 돌아오는데 매우 위험한 다리를 건너게 되었다. 각시는 무사히 건넜으나 북쪽에서 검은 구름이 일어나면서 큰 바람이 불어와 도랑 선비를 휘감아 다리 아래 물속으로 처넣어버렸다. 도랑 선비는 이는 할아버지의 죄 탓이라며 자기와 함께 살려면 죽어야 가능하다는 뜻을 각시에게 전한다. 청천각씨는 그가 일러준 대로 5대조가 심은 향나무에 명주끈을 매고 목매달아 죽어 저승에 가 그곳 서당에서 아이를 가르치던 남편을 만난다.

피눈물 나는 고통을 겪었음에도 청천각씨는 결국 비극적인 죽음을 맞이했고 도랑 선비와의 만남은 저승에서 이루어질 수밖에 없었다. 왜 이런 이야기가 함경도 굿에서 노래되었을까. 조상의 죄가 얼마나 무거웠기에 도랑 선비는 이승에 이르는 문턱에서 다시 저승으로 끌려가고 아내에게 자살방법을 알려주었을까. 목적은 무엇인가. 이 이야기의 상징적 의미를 알기 위해서는 많은 자료의 확충이 필요할 것 같다.

죽음과 삶의 세계 사이에는 여전히 커다란 간극이 있고 죽음의 세계는 삶의 세계보다 여전히 강력하다. 청천각씨와 도랑 선비의 만남은 남녀의 만남뿐 아니라 떨어져 나간 저승과 이승의 융합, 의식과 무의식의 합일을 통하여 전체가 되고자 하는 인간 심성의 상징적 표현이다. 이를 위해 청천각씨는 상상하기 어려운 자기희생을 감내하지만 남편을 위한 일방적인 희생만으로는 그녀의 짝(아니무스)을 하나의 실체로서 구체적으로 인식할 수 없다. 그것은 충분히 경험하여 의식화(인식)하기 전에 사라진다. 오직 무의식으로부터 동일한 호응이 일어날 때, 하나가 되기 위한 자아의식의 희생이 추상적인 것이 아니고 실체 있는 융합의 성과를 거둘 수 있다. 도랑 선비도 손수 길을 닦아야 둘이 만나게 된다는 이야기의 심리학적 의미가 여기에 있지 않을까? 그러나 무의식의 힘은 언제나 의식화의 성과를 무로 돌릴 만큼 뒤로 잡아끄는 경향이 있다. 그래서 의식된 합일이 아니라 무의식적인 상태에서의 평화 공존을 우선시한다. 이것은 바람직한 해결이 아니며 무의식적인 평화와 즐거움에 머물면 삶의 활발한 부딪침과 전진을 기대하기 어렵다. 이 이야기는 결국 무의식이 남녀 대극의 의식적 융합을 훼방놓고 무의식 상태에서의 공존을 허용한다고 풀이될 만하다.

이 이야기도 다른 저승 이야기처럼 모든 최종결정은 염마대왕, 옥황상제에게 달려 있다. 절대 권력자의 가차 없는 응징, 할아버지의 죄까지 책임져야 하는 도덕적 연대주의를 묘사하고 있다. 저자는 일찍이 한국 민담에서 악을 정복하는 것이 얼마나 힘든가 하는 사실을 제시한 일[41] 이 있는데 그것과 이 이야기는 어떤 관계를 가지고 있을까. 비록 이처럼 막대한 권력을 그만큼이나마 움직인 것은 자아의식의 절절한 소원 덕분이었다고 볼 수는 있다. 그러나 이 이야기에는 가부장 사회의 엄격한 도덕주의와 그에 희생된 여성의 애절한 비극성이 짙게 표현되어 있다.

6) 죽음과 살아남은 자의 심리

죽음은 살아남은 가족이나 친지에게서 사자와 관계된 모든 심상(心像)을 빼앗아간다. 죽음으로써 사람들은 상실의 슬픔을 넘어 멍한 상태에 놓인다. 공허감과 허무의 감정은 세상을 보는 눈이나 자신과 주위의 삶을 돌아보는 시야를 오직 회색빛 한 가지로 색칠해버린다. 만사에 흥미를 잃고 신체기능 또한 이에 맞추어 느리게 운용되어 입맛도 없고 변

---

41) 이부영(2011), 앞의 책, '지네장터 설화' 참조.

비가 생기거나 깊은 잠을 못 자거나 혹은 잠만 자는 상황에 빠진다.

상실에 직면해 누구나 겪을 수 있는 비탄반응(Grief Reaction)으로, 시간이 지나면 회복되는 정상적인 반응이다. 이것은 죽은 자에 얽힌 강한 감정적 콤플렉스가 의식에서 떨어져나감으로써 의식작용에 공급되던 에너지가 갑자기 상실되고 때로는 무의식의 다른 여러 콤플렉스에 에너지를 보태면서 이를 활성화함으로써 일어난다.

그러나 살아남은 자가 죽음을 어떤 이성적인 확신 때문에 애도의 감정을 누르고 아무렇지도 않게 받아들인다면 무의식에 억압된 콤플렉스의 활성화로 인해 살아 있는 자의 자아의식의 흐름을 방해해 여러 가지 증상을 일으킬 수 있다. 죽은 자와의 관계 여하에 따라 지나치게 오랜 기간 애도반응을 나타낼 경우 심신에 해로운 영향을 미쳐 치료를 받아야 할 상태에 이를 수 있다. 죽은 자를 위한 장례의식은 죽은 자뿐 아니라 산 자의 심리적 안녕을 위해 필요한 역할을 한다.

「죽음의 말」에 나오는 혼령이 겪는 당황스러움, 처절한 슬픔, 어쩔 수 없는 단절의 아픔은 바로 산 자의 아픔이기도 하다. 죽음 무렵 혼령에게 닥칠 수 있는 위험 또한 산 자가 처한 정신적 위기에 대한 경고이다.

심리학적 관점에서 볼 때 이야기들에 묘사된 죽음과 죽은 자의 운명은 의식과 무의식 사이의 관계에 관한 분석심리학적 가설을 반영한다.

그런 의미에서 '저승'이란 우리가 '아는 세계' 너머에 있는 모르는 세계, 즉 무의식을 상징한다. 저승에 관한 모든 이야기는 무의식에 관한 것이다. '투사'라든가 '상상'이라는 말로 표현하는 것만으로는 적합지 않은 내용으로 채워져 있다. 우리의 개인적인 상상을 넘는, 그 상상을 가능하게 하는 정신적 기층, 인류 보편적이며 근원적인 정신적 토양에서 나온 이미지들이 포함되어 있다. 또한 죽음 이야기는 인간 무의식에 있는 것들이 외계, 즉 '저승'이라는 세계에 투사된 상들이라는 설명은 타당하지만 그것만으로는 아직 만족스러운 설명이 못 된다. 왜냐하면 우리는 저승의 실재 여부를 가릴 만한 어떤 방법도 가지고 있지 않기 때문이다. 게다가 뒤에 자세히 살펴보게 될 사령현상은 반드시 투사상으로만 존재하지 않는다는 징조가 나타나기 때문이다.

심리학적 상징적 견지에서 '죽음'이란 무엇인가. 의식의 죽음, 구체적으로 의식적 자아의 죽음, 즉 자아의식 기능의 정지상태이다. '자아의 죽음'이란 무엇인가. 그것은 임상적으로 심한 정신병에 비길 만한 심각한 사건이다. 지금까지 활발하게 대인관계를 유지하고 살아온 사람이 갑자기 말수가 적어지고 매사에 흥미를 잃고 멍해지거나 횡설수설하고 엉뚱한 말과 행동을 하여 다른 사람이 되어버린 상태와 같다. 자아가 통제기능을 상실하고 무의식의 콤플렉스의 지배 아래 놓이게 된 경우이다. 이 경우 치료는 무의식으로 떨어져나간 자아 콤플렉스를 의식으로 되돌리는 작업일 것이다. 그런데 떨어져나간 자아 콤플렉스는 예전 그대로의 자아로서 의식화할 수 없다. 더 융통성 있고 더 통합되고 더 열린 자아로 바뀌지 않으면 안 된다. 「죽음의 말」이나 그와 같은 무가들은 죽음의 슬픔과 그 수용뿐 아니라 죽음이 던져주는 이러한 '과제'를 제시하고 있다. 그것은 '혼의 정화'를 통한 재생의 과정이며 「죽음의 말」에서 망자에게 가해진 거듭된 심판과 고통스러운 통과의례는 이를 가리킨다. 또한 살아 있는 자들이 죽은 이를 위해 많은 공양을 드려야 한다는 사실은 이 과정에서 집단의식이 적극적으로 혼의 정화과정(무의식의 의식화 작업)에 협력할 필요가 있음을 시사한다. 낡은 자아의 재생과정이 의식과의 공동 노력으로 완성될 때 재생, 즉 인격의 신생(新生)이 이루어진다.

의식은 항상 크고 작은 죽음을 겪는다. 인체의 수많은 세포가 죽고 다시 새로워지듯이. '신경증적 장애'나 각종 '심인성 신체반응'들은 의식의 부분적 죽음인 동시에 재생의 목적을 지닌 장애들이다.

그런데 저승과 사령의 현상이 상징적으로는 무의식과 무의식의 자율적 콤플렉스의 표현이라 하더라도 현실적인 죽음과 죽음 뒤의 삶에 대해 분석심리학은 무엇을 말하고 있는가. 저자는 다음에 융과 폰 프란츠의 이에 관한 견해를 소개하고자 한다.

2. 죽음과 죽음 뒤의 삶에 관한 분석심리학적 이해

1) C.G. 융의 생각

한국 샤머니즘에서는 원시종족의 관념과 마찬가지로 죽음은 종말이 아니며 그 뒤에 길고 험한 여정이 기다린다. 그리고 그 끝에 극락세계에서 이승으로 재탄생된다. 「죽음의 말」은 티베트 사서(死書)처럼 체계를 갖춘 사서는 아니지만 죽은 자의 개성화를 나타내고, 이것을 죽은 자와 산 자가 함께 숙지하도록 하려는 목적이 있는 것 같다. 죽은 자가 서방정토로 들어가기 위해서는 당연히 살아 있는 자의 정성이 필요하다. 이를 심리학적으로 말한다면 무의식이 창조적인 활동을 하기 위해서는 자아의식의 적극적인 노력이 필요하다고 할 수 있다. 그 노력이란 무의식에 대한 의식의 관심과 배려일 것이다.

무의식은 의식이 무의식에 집중하여 진지하게 물음을 던질수록 활발히 움직여서 적절한 응답을 준다. 죽은 자와 산 자의 교류는 의식과 무의식의 교류와 같다. 한국 샤머니즘에서는 죽은 자들을 모셔와서 감정적 응어리를 표현하게 하고 잘 먹이는 것으로, 혹은 저승차사를 잘 대접하는 것으로 이루어진다. 융 자신의 경험은 이와 약간 다르다. 꿈에 나타난 조상들은 살아 있는 자를 초대하여 사후에 이룩한 지식을 배움으로써 '영혼의 발전'을 시도한다.[42] 한국 샤머니즘에서는 무의식과 의

---

42) 조상의 혼령들 앞에서 강의를 하는 자신의 꿈이나 이와 비슷한 다른 사람들의 꿈을 보고 융은 죽은 자가 갓 죽은 사람이 가져온 인생경험에 무척 관심이 크

식의 교류방식이 다소 다르다고 할 수 있다. 무의식적 콤플렉스의 표현과 수용에 더 무게를 두고 있는 것 같다.

융은 죽음에 임박한 사람들의 꿈을 관찰한 결과 이들의 의식과는 달리 무의식의 심혼은 죽음 앞에서 별로 야단법석을 떨지 않는다는 사실을 발견했다. 무의식은 오히려 죽음에 대한 의식의 태도에 관심을 가지고 꿈꾼 사람에게 심리적 변환의 상징들을 내보내고 있다고 하였다. 그는 심령심리학의 자료를 통해서 볼 때 인간의 지각들이 때로는 시간과 공간이 존재하지 않는 것처럼 일어난다면서 정신이란 공간과 시간이 없는 존재형식에 깊이 참여하고 있기에 불충분하지만 상징적으로 영원이라고 규정될 만한 것에 속한다고 하였다.[43] '영혼의 발전', 즉 혼령들의 의식화와 그 '교육'은 오직 신화화로써 충분히 이루어질 수 있다고 융은 말한다. 신화는 의식적인 인식과 무의식 사이의 중간단계이기 때문이다.[44]

무의식이 의식보다 더 많이 알고 있음은 기정사실이다. 그러나 그것은 특이한 앎[知]이며, 영원 속의 앎, 흔히 여기, 지금과 아무 관계가 없는, 우리의 지성의 언어를 고려치 않은 앎이다. 오직 우리가 그

다는 사실을 발견하였다. 다시 말해 영혼의 발전은 죽은 자들의 필연적인 요구라고 보았다(야폐, A. 엮음, 이부영 옮김[1989], 앞의 책, 349쪽). "그들은 산 자의 지(知)에 참여하기 위해서 인생 속으로 밀고 나오려고 애쓴다."(같은 책, 347~355쪽).

43) 한국융연구원 옮김, C.G. 융 기본저작집 제9권(2004), 『인간과 문화』, 솔, 102~104쪽, 106~107쪽. '나는 우리의 정신적 실존의, 적어도 일부가 시간 공간의 상대성으로서 특정되어 있다는 사실에 이의를 제기할 아무런 가능성도 보지 않는다. 의식으로부터 점점 멀어지면 멀어질수록 그것은 절대성인 무시간성, 무공간성에까지 다다르게 되는 것 같다.' 야폐, A. 엮음, 이부영 옮김(1989), 앞의 책, 347쪽.

44) 야폐, A. 엮음, 같은 책, 355쪽.

무의식의 표현에 스스로 확충하도록 기회를 줄 때만이 앞의 수(數)의 예에서 제시하였듯이, 그것이 우리가 이해할 수 있는 거리 안에 들어와 한 새로운 측면이 우리에게 지각될 수 있게 된다.[45]

융은 반문한다.[46] 인생의 상승에 목표와 의미를 인정한다면 하강에 대해서는 왜 그것이 인정될 수 없겠는가. 인간의 탄생은 의미를 함축하고 있다. 왜 죽음은 아니겠는가?

죽음 뒤에도 삶이 계속 이어진다는 불사의 생각을 전적으로 거부하거나 무시하는 사람도 있지만 대부분의 사람들에게 인생이 현재를 넘어서 무제한의 연속성을 지니고 있다는 생각은 의미가 깊고 그들의 마음을 편안하게 해준다고 융은 말한다. 심지어 사후의 삶을 생각하고 의견을 만들고자 하는 시도는 인간의 원초적인 요구라고 했다. 왜냐하면 그에게 묻는 자로서 해답을 요구하며 다가온 것은 인류의 태고부터의 유산이자 신비로운 삶에 가득 찬 원형이며, 우리 자신의 개별적인 삶이 전체가 되도록 그 자신을 보태고자 하는 것이다.

비판적 이성이 지배하면 할수록 인생은 그만큼 빈곤해지지만 무의식과 신화를 의식화하면 할수록 우리는 더 많은 삶을 통합할 수 있으며, 신화화란 허황된 욕구의 표현이 아니라 인간 존재에 광채를 부여하는 것이라고 융은 보았다. 융은 죽음 뒤의 삶에 관하여 자기가 할 수 있는 일은 죽음과 죽은 자에 관하여 자기가 경험한 꿈을 진지하게 살피고 이를 토대로 이야기를 시도하는 것이라 한다. 그리하여 그는 죽음과 관련된 매우 흥미로운 꿈들을 제시하며 그의 신화를 이야기했다.[47]

---

45) 같은 곳.
46) 한국융연구원 옮김, C.G. 융 기본저작집 제9권(2004), 99쪽. '심혼과 죽음'.
47) 야페, A. 엮음(1989), 앞의 책, 341~370쪽, 제12장 '죽음 뒤의 생에 관하여'와

융은 '저승'에 계속된 삶이 있다고 가정한다면 그것은 정신적인 것이리라고 보았다. 왜냐하면 정신적인 삶은 어떤 시간도 어떤 공간도 필요로 하지 않기 때문이다. '저승의 존재'를 융은 상(像)의 세계에서의 계속적 전진이라고 상정했다.

정신이란 '저승'이니 '죽은 자의 나라'니 하는 것이 그 안에 있는 그러한 존재일지 모른다. 무의식과 '죽은 자의 나라'는 같은 뜻이다.[48]

융의 이야기는 결국 '무시간적 인간', 즉 그가 말하는 자기(自己, Selbst)와 시간 공간 속 세속적 인간과의 관계에 이른다. 그 해답의 하나로 자기의 꿈을 제시하여 우리 의식이 평소 생각해온 세계관과는 완전히 다른 각도에서 생과 사의 문제가 조명되어야 함을 주장하였다. 우리의 무의식적인 존재는 참다운 것이며 의식세계는 일종의 착각이거나 가상적인 일정한 목적을 위해서 만들어진 현실을 묘사함을 가리키고 있는 것 같다는 주장이다.[49]

'자기'(Selbst, self)는 시간 공간에 제약되지 않는 무한한 것, 그것은 의

그밖에 여러 곳 참조. 융과 폰 프란츠는 꿈에 나타난 죽은 자의 이미지는 대개 무의식의 콤플렉스를 표현하지만 어떤 경우에는 '죽은 자의 혼'이라고 해석할 수밖에 없는 경우가 있다고 보았다. Von Franz, M.L.(1984), *Traum und Tod*, München: Kösel Verlag, pp.16~17 참조.
48) 야훼, A. 엮음, 앞의 책, 363쪽.
49) 같은 책, 366~369쪽. 이때 제시된 두 개의 꿈 중 하나는 UFO가 공중에 멈추어 서서 대물 렌즈로 융을 직접 겨냥하는 꿈과 교회당 안에서 한 요가 수도자가 자신을 향하여 연꽃 자세로 앉아서 깊은 명상에 잠겨 있는데 가까이 가보니 그 수도사가 자기의 얼굴을 하고 있었다는 꿈이다. UFO가 우리의 무의식적 이미지의 투사상이 아니라 우리가 그의 투사상일 수 있다는 사실, '자기'가 요가 수도자처럼 융의 세속적 형상을 명상하고 있다는 사실에 융은 놀랐고 그의 통찰이 동양의 세계관, 미망(Maja)에 대한 믿음과 비슷한 생각임을 시인했다.

식의 유한함과 일회성의 인식과 더불어 인간을 무한성에 연계하고 가장 본질적인 것과 관계를 갖게 한다고 융은 말한다.

우리의 시대는 현재적 인간만을 중요시함으로써 그의 마력화를 초래하고 있다. 영리한 지성인들의 근시안으로 인간에게서 내세적인 것을 박탈했기 때문이라고 융은 지적한다. 그러므로 '나'(자아, ego, Ich)의 유한함을 통찰함과 동시에 '자기'의 무한함을 인식하는 일이 매우 중요하다.[50]

인류에게 던져진 결정적인 물음이란 그대는 무한한 것에 연계되어 있는가 하는 것이다. 이것이 그의 인생의 시금석이다. 무한한 것이 본질적인 것임을 내가 알 때라야만 비로소 내가 결정적으로 중요한 것이 아닌 쓸데없는 일에 관심을 두는 일이 없을 것이다.[51]

2) M.L. 폰 프란츠의 생각

융의 제자 가운데 융 사상의 충실한 계승자이며 이를 발전 심화시킨 폰 프란츠는 철저하게 융이 제기한 심혼에 관한 가설들, 이론물리학과의 관련에 토대를 두고 그의 가설을 확충하여 죽음이라는 문제 탐구의 지평을 넓혔다.

폰 프란츠는 죽음을 앞둔 사람들의 꿈을 면밀히 고찰하여 죽음에 대한 무의식의 반응을 관찰했다. 이를 임사체험, 고대 이집트 죽은 자를 위한 의식의 상징과 연금술의 상징들, 이슬람 신비가의 관념, 더 나아가 심령심리학 및 현대물리학의 물질과 그 변화에 관한 이론을 비교하여 죽음 뒤 삶의 무한성에 이론적 단서를 제공했다. 폰 프란츠는 대상

---

50) 같은 책, 369쪽.
51) 같은 책, 368쪽.

자료에서 탄생·통과·융합·재탄생·불멸성의 풍부한 원형적 상징들을 발견했고 죽음 뒤 삶의 영속성의 주제가 꿈을 통하여 무의식에서 상징적으로 암시되고 있다는 융의 주장을 지지했다. 한마디로 무의식은 분명히 죽음 뒤의 생을 '믿고 있다'는 결론이다.[52]

폰 프란츠는 영혼이 죽음 뒤에 입김·수증기·연기 같은 일종의 기체를 갖게 된다는 많은 민족의 관념에 주목하여 그것을 융이 말하는 미묘체(subtle body), 혹은 객체정신과 대비해보고자 하였다. 융은 무의식적인 신체와 의식된 자가 지각(自家知覺) 사이의 큰 빈 틈에 반물질적인 존재를 가상했는데 이를 미묘체로 표현했다. 이는 신체와 가까이 있으면서 그와 분리된 독자적인 객체적 정신의 존재 가능성을 시사했다. 폰 프란츠는 기체로서의 영혼에 관한 고대 철학과 연금술의 영혼관을 두루 살펴본 결과 그 관념들의 배경을 이루는 것이 현대적 관점에서는 원형적 상징들이고 전체적으로 집단적 무의식을 표현하고 있음을 확인했다. 그리고 몇 가지 물음을 제기하였는데 한마디로 "죽음에 처한 인간의 집단적 무의식에는 무엇이 일어나는가" 하는 점이다. 그 해결 과정에서 폰 프란츠는 이슬람권 시크주의의 대변자 중 한 사람인 셰이크 아흐마드 아흐사(Sheikh Ahmad Ahsa)의 영혼론에 주목하였다.[53] 폰 프란

---

52) Von Franz, M.L.(1984), 앞의 책, pp.9~10의 구체적 사례. 또한 Jaffe, A., Frey- Rohn, L., Von Franz, M.L. (1980), *Im Umkreis des Todes*, Zürich: Daimon Verlag.

53) 그는 주로 부활의 몸을 연구했는데 영혼을 두 개의 야사드(jasads), 즉 살아 있는 유기체와 두 개의 지슴(jism[s]), 즉 신체 덩어리, 또는 신체용적으로 4분하였다. ① 야사드 A: 사라져 없어질 크고 거친 육체 ② 야사드 B: 신비한 땅 후르갈리아(Hurgalya)의 미묘한 요소들로 이루어진 것, 미묘한 요소들에서 부활의 몸이 합성된다(코빈이 세계의 원형[archetypus mundus]과 동일시) ③ 지슴 A: 중간세계의 것. 하늘영역에서 이루어지며 일종의 성체(星體, Astralleib)이다. 이것은 부활 시에 야사드 B에 흡수되므로 소멸될 수 있는 것, 또한 일종의 일시적인 기체이다. ④ 지슴 B: 본질적인 기체. 원형적이며 영원하고 불멸이

츠는 말한다.

아흐마드는 순수한 정신(Geist)의 상층 영역과 거칠고 큰 물질적인 땅 사이에 있는 또 하나의 땅, 대지 후르갈리아의 존재를 주장했다. 이 세계는 감관의 세계가 아니라 진실을 지각하고 형상화하는 진정한 상상이며 모든 종교적 체험들의 기관이다. 그것은 또한 전 세계의 중심이며 순수한 정신의 왕국과 거칠고 큰 물질의 왕국 사이에 있다. 그것은 영혼과 육체가 구별 없이 중앙에서 만나는 영역이며, 코빈(Corbin)은 이를 세계원형이라 말했지만 우리는 그것이 분석심리학적으로 자기원형 안에서 하나가 된 세계원형(Archetypus der Welt)이라 한다. 이것은 서구의 전통에 따라 '하나의 세계'(unus mundus)라 불렀고, 거칠고 큰 물질영역에서 일어나는 동시성 사건들의 배경이라고 기술한 것과 같다.[54]

폰 프란츠는 융이 어떤 목사에게 보낸 편지에서 이미 아흐마드의 '저승의 땅'과 '미묘체의 세계'를 인용했고, 시간과 공간이 지양된 것처럼 보이는 무의식의 가장 깊은 곳에서는 상대적인 영속성과, 다른 영혼들의 상대적인 비분리성, 혹은 그것들과의 합일이 지배한다고 하는 말을 상기시켰다.[55]

다. 영원한 개성. 인간에서의 초천상체(超天上體). 그의 초월적인 alter ego(제2의 자아, 또 하나의 자아, 분신 - 저자주). Von Franz, M.L.(1984), 앞의 책, pp.180~183.
54) 같은 책, p.183.
55) 편지를 보낸 사람은 아프리카에서 사고로 죽은 형님을 만나서 그와 대화를 나눈다고 하였다. 이에 대해 융은 영혼의 치유처를 언급하면서 종교적 기구들이나 수도원, 종교의식, 정신치료적 치유노력들은 죽은 뒤의 (초월적) 심적 상태들의 모방, 땅 위의 거룩함의 전범인 진정한 영혼의 구원이 아닐까 생각된

폰 프란츠는 '자기' 혹은 '하나의 세계'의 결합은 인간에게 결정적이며 우리가 오늘날 개성화라고 말하는 전 과정이 이에 이바지한다고 보았다. 융이 그의 회상기에서 인간에게 결정적인 물음은 영원한 것에 연계되어 있는가 하는 것이라고 말한 것과 관련하여 폰 프란츠는 그 무한한 것, 즉 무의식은 그것이 자신 속에 의식화되어 의식에 연결되어 있는 한 의미가 있다고 강조했다. 그것만이 하나의 결실로서 저승으로 가지고 갈 수 있는 것 같고 이 결실은 저승의 보고(寶庫)에서 긍정적인 영향력을 꾸준히 행사하는 듯하다고 하였다.[56)]

죽음과 결부하여 폰 프란츠는 개인의 의식화의 중요성을 다음과 같이 설명하고 있다.

경험상 원형 그 자체는 의식화하거나 통합할 수 없다. 그러나 원형 중에서 우리가 살아가며 밖에서, 또는 안에서 숙명적 사건들로 제공되는 것은 의식화할 수 있고 오직 '그것'만이 죽을 때 우리와 함께 보존된다. 그런데 그러한 의식화는 궁극적으로 자아의 자기와의 결합에 좌우된다. 즉 자아의 영원한 것, 또는 어떤 신적인 것으로의 지향에 달렸다. 모든 생물학적·심리학적 사건들의 영혼의 주관자로서 모든 원형의 하나가 됨을 나타내는 '자기'의 의식화만이 죽음에서 상실

다고 하였다. 동양에서 이런 관념은 그리 대단한 일이 아니었다. 불교철학에서는 일찍이 시간공간이 없는 심적 존재가 samboga-kaya(보신[報身])의 개념에 묘사되었고 미묘한 형상들의 세계와 응신(應身, nirmana-kaya)의 관계는 기체(subtle body)의 물질적 육체에 대한 관계와 같으며 기계(氣界)는 응신(nirmana-kaya)과 법신(dharma kaya)의 중간상태라고 하였다. 법신은 최고의 상태를 상징하는데 그곳에서 형상들의 분리는 절대적인 단일성과 무형상성으로 지양되는 것이라 했다. Jung, C.G.(1972), *Briefe I*, Olten: Walter Verlag, pp.323~326.
56) Von Franz, M.L.(1984), 앞의 책, p.186.

될 수 없는 소유를 나타내는 것 같다.[57]

또한 폰 프란츠는 아이를 일찍 잃은 한 부인에게 보낸 융의 편지를 소개한다. 융은 죽음의 저편에서 일어나는 일은 말할 수 없이 위대해서 우리의 상상이나 감정이 제대로 파악하기조차 어렵다고 했다.

조만간 모든 죽은 자들이 우리 또한 그것인(우리도 예외가 아닌-저자주) 그 존재가 됩니다. 그러나 현세에서는 그 존재에 관해 아는 것이 거의 없습니다. 죽음 저편에서도 이 세상에 관해 무엇을 알겠습니까? 시간의 제약 아래 있는 우리의 형상이 영원 속에서 사라지는 것은 결코 무의미한 것이 아닙니다. 오히려 새끼손가락이 손의 일부임을 알게 되겠지요.[58]

폰 프란츠는 "우리 또한 그것인 그 존재"라는 융의 말이 바로 '자기'의 비밀을 시사하고 있다고 보았다. 그 속에서 모든 영혼, 산 자와 죽은 자의 영혼들이 하나의 복합적인 단일성 속에 용해되고 있는 '자기'의 비밀을 암시한다. 그러면서 개인적 아트만과 우주적 아트만의 단일성에 관한 인도의 오랜 사상을 지적했다.[59]

미묘체의 가설을 현대 물리학설을 통해 확충하면서 폰 프란츠는 융이 심령심리학적 가설에 대한 레이먼드 스미시즈(R. Smythies)의 편지에 답하면서 언급한 내용에서 출발한다. 융은 이 편지에서 초감각적 지각을 설명하기 위해서는 종전과 같은 시간·공간 범주를 버려야 하지

---

57) 같은 책, pp.185~186.
58) Jung, C.G.(1972), *Briefe II*, Olten: Walter Verlag, p.425.
59) Von Franz, M.L.(1984), 앞의 책, pp.186~187.

않겠느냐고 반문했다. 또 미묘체의 가설은 거칠고 물질적인 신체와 그 에너지상의 출현양식이 단계적으로 정신적인 것으로 이행한다는 것, 즉 우리가 오늘날 물리적 에너지 또는 정신적 에너지라고 하는 것이 궁극적으로 동일한 에너지의 측면이라는 사실을 시사한다고 했다. 또한 초감각적 지각에서 시간요소는 공간요소와 마찬가지로 '탄력적'임이 드러나고 있다고 하였다.[60]

폰 프란츠는 물리적 및 정신적 에너지의 단일성에 관한 융의 가설이 그녀가 고찰한 죽음에 임한 사람들의 꿈이 가지는 상징성에 얼마만큼 부합하는가를 비교 고찰하면서 에너지의 주파수 상승과 하강, 발광체 현상, 신체로부터의 정신의 이탈과 재결합 등 일치되는 측면을 여러 가지 제시하였다. 특히 눈부신 빛, 불길, 움직임의 속도와 정지, 시간의 체험, 영원으로 향한 창, 번개, 섬광, 변압장치의 관념 등 흥미로운 상징들을 보여주면서 다음과 같이 말했다.[61]

제시된 자료에서 가장 흔하게 나타나는 것은 빛의 상이다. 융은 정신적 현실은 초광속 주파 단계(supraluminale Frequenzstufe)에 있다,

---

60) Jung, C.G.(1972), *Briefe II*, pp.252~256. "정신(Psyche)이란 시간 속에서 움직이는 입체가 아니고 공간을 차지하지 않는 강도라고 이해될 수 있을 듯합니다. 우리는 정신이 가장 작은 공간성에서 끝없는 강도로 차츰 상승하고 그 강도가 빛의 속도를 넘어서면 신체를 실감하지 못한다고 가정할 수 있을 것입니다. 이것이 초감각적 지각에서의 공간의 '탄력성'을 설명해줄 것입니다. 공간 속에 움직이는 입체 없이 어떤 시간도 없을 것이며 이것으로 시간의 '탄력성'이 설명될 것입니다." "사고는 물리적 세계와 공유하는 성질을, 강도의 성질을 제외하고는 가지고 있지 않습니다. 이 강도는 수학적으로 주파수라고 간주해도 좋을 것입니다. 원형이 나타나거나, 정신수준의 절대적인 저하 시에, 무의식이 흔들리며 전면에 나올 때, 즉 미래에 관한 환영, 엑스터시, 죽어가는 자의 환영 등 모든 경우에 우리는 이 강도, 또는 주파수의 분명한 상승을 관찰합니다."
61) Von Franz, M.L.(1984), 앞의 책, pp.188~202.

즉 광속을 초과할 수 있다고 추정했다. 이 경우 '빛'은 정신이 신체를 완전히 '비현실화'(융의 말)하기 직전, 즉 눈에 보이지 않게 되기 직전의 마지막 이행현상으로 의미가 깊다. 또한 정신이 그 에너지의 강하로써 공간·시간 연속에서 다시 '육화'(肉化)될 때 나타나는 최초의 현상일 것이다.[62]

그리하여 폰 프란츠는 "우리의 시간·공간 지각을 생기게 하는 정신기능들은 주파수(Frequenz)가 상승하여 일정한 문턱에 이르면 그 시공 지각을 중단하는 것 같다"고 말한다. 그리하여 융이 정신의 어떤 부분은 시공의 범주에 결부되지 않음을 되풀이해서 강조했음을 지적했다.[63] 폰 프란츠는 이러한 융의 생각을 증명하는 것은 불가능하지만 최소한 우리의 경험적 의식세계가 우리에게 보여주는 것과는 전혀 다른 사물의 질서가 있고 이에 이르는 문이 있음을 아는 것이 중요하다고 한다.

죽음의 문턱에서는 우리의 시·공 체험뿐 아니라 정신과 뇌기능의 결합도 중단된다. 그로써 정신은 더 이상 공간적 확장(Extensität)이 아니고 오직 강도(Intensität)가 된다. 아마도 많은 빛의 체험은 빛이 아직 동시에 확장의 상한(上限)이기 때문일 것이다.[64]

폰 프란츠는 카프라(Capra) 등 현대 물리학자들이 '우주적 물질'이라 부르는 것과 집단적 무의식은 하나이고 동일한 세계근원일 수 있다

---

62) 같은 책, p.190.
63) 같은 책, pp.193~194.
64) 같은 책, p.195.

고 보았다.65) 또한 수많은 에너지 과정에는 갑작스러운 변화가 일어나는 '문턱'(threshold, Schwelle)이 존재한다는 사실을 죽어가는 자의 꿈의 자료에서 제시하였다. 자연 속에서의 그런 '문턱'의 예는 블랙홀(black hole)에서 볼 수 있다. 죽음은 마치 산 자와 죽은 자 사이의 지각 문턱의 문제인 것 같다고 했다.

죽은 자는 마치 별이 '사건 지평'(Ereignishorizont) 뒤의 검은 구멍(블랙홀)으로 사라진 것과 같다. 그런데도 그것은 아직 그곳에 있다.66)

폰 프란츠는 마지막 요약에서 죽음에 직면한 인간들의 꿈은 의식으로 하여금 모든 것의 종말에 대비하도록 하는 것이라기보다 일상적 의식수단으로는 상상할 수 없는 깊은 변환과 생명과정의 연속에 대비하도록 한다. 또한 그런 꿈에 나타나는 상징은 주제나 구조에서 다른 여타 종교의 사후 삶에 관한 설들과 일치하며, 이 경우 매우 많은 신화적 상들이 중요한 역할을 한다고 하였다. 폰 프란츠는 자신의 연구는 극히 적은 사례에 불과하고 아직 풀리지 않은 많은 의문이 있다며 심리학적·인류학적·종교사적 지식에 입각한 대규모 연구가 필요할 것임을 예견했다. 중요한 것은 우리가 현대과학의 커다란 전환점에 서 있다는 것, 우리가 모든 곳에서 합리적으로 투과할 수 없는 비밀에 둘러싸여 있다는 사실이라고 그녀는 강조했다. 즉 치유적인 발견과 좀더 큰 지적 겸손이 시작되는 분기점에 있다는 것이다. 동시에 융의 방법에 따른 꿈에 대한 과학적인 연구가 앞으로 더 많은 것을 조명할 것이라고 내다보았다.67)

---

65) 같은 책, pp.198~200.
66) 같은 책, p.201.

이상에서 저자는 죽음과 죽음 뒤의 세계에 관한 융의 가설과 이에 입각한 폰 프란츠의 확충을 간단히 소개하였다. 이러한 가설, 혹은 문제접근법이 난해한 사변적 추론에 불과하지 않은지 회의를 느끼는 사람들이 있을 것이다. 물론 이 또한 사고와 추론의 산물이다. 그리고 사변과 추론은 늘 새로운 발견의 디딤돌이 될 수 있다. 다만 무의식의 현상과 체험이라는 '정신적 현실'(psychic reality)에 대한 관찰과 이해에서 출발한 추론이라는 점에서 확고한 '현실적' 토대를 갖추고 있고 형이상학적 사변을 통한 추론과 다른 것이다. 게다가 이 학설은 죽음에 임한 사람이 지닌 무의식에 대한 '상징적' 이해라는 융의 접근이 인간정신의 보편적·원초적 근원을 파악하는 매우 적절한 도구임을 증명하고 있다.

미지의 사실을 알기 위해서 융이 개발한 확충(amplification)의 방법은 죽음의 문제에서도 연금술사들의 상상세계와 추론에서부터 '물질'을 연구하는 현대물리학자들의 추론까지 광범위하게 관계지어서 궁극적으로 '정신' '물질' '삶' '죽음'을 꿰뚫는 하나의 세계를 부각했다. 합리적인 머리로는 하찮은 것처럼 보이는 것들이 융이 말하는 상징적 의미를 보고자 하는 관점에서 살펴보면 큰 의미를 발견하고 그것은 개인의 일이 아니라 인간 본연의 정신적 근원에 연계됨을 융학파 사람들은 꿈의 해석을 통한 실제적 치유작업에서 경험해왔다.

그러면 융과 폰 프란츠의 죽음과 '죽음 뒤의 삶'에 대한 추론은 샤머니즘의 죽음에 관련된 관념이나 경험과 어떤 관계가 있는 것일까. 앞에서 고찰한 「죽음의 말」은 폰 프란츠가 보고한 죽음에 임박한 서양인의 꿈이나 야페(A. Jaffé)가 연구한 죽음과 관련된 하얀 빛이 자주 목격된 환상상과는 다르게 보인다. '주파수의 변환'을 시사할 만한 현상이 있는

---

67) 같은 책, pp.203~204.

지 얼핏 보아서는 잘 알 수 없다. 찬란한 빛은 맨 마지막 관문을 통과한 서방정토에서 발견된다. 통과해야 할 문들이 하나의 '문턱'이라면 빛은 이 경우 과정이 아니라 목표이다. '세민황제' 풀이에는 컴컴한 문 아래로 저승에서 이승으로 떨어지는 대목이 있다. 높은 문턱의 관념이 시사되어 있다. 그리고 「죽음의 말」에는 시왕(十王)으로 가는 세 갈래 길과 돌다리, 나무다리가 나타나기 전에 별의 들, 빛의 들을 통과한다는 묘사가 있다. 「죽음의 말」뿐 아니라 민담, 신화, 한국인 피분석자들의 꿈과 죽음의 현상에 대한 좀더 집중적이고 면밀한 연구가 필요하다.

샤머니즘은 일차적으로 치유의 주술종교체계이며 샤먼은 치유자(healer)로 형이상학적 사변보다는 현실적으로 병자를 치유하고 죽은 자를 보내는 데 주력해왔다. 그러므로 이들에게는 '악귀'의 공격을 막는 것이 최우선 과제가 된다. 「죽음의 말」에서도 죽음이 찬란한 빛으로 변환된다는 시사는 처음부터 제시되지는 않는다. 죽음의 무자비함에 대한 인간의 현실적인 고통, 경우에 따라서는 죽은 자의 비애가 묘사되지만 죽은 자를 저승으로 데려가는 과정의 숱한 시련 끝에 도달한 극락세계는 찬란한 빛으로 감싸여 있다.

사령과 사령에 대한 살아 있는 자의 양가적 감정은 인류보편의 반응이기도 하지만 죽은 자와 죽은 자의 세계에 대한 긍정적·부정적 감정 반응은 살아 있는 자의 사생관과 밀접한 관계가 있는 것 같다. 서양인의 '하얀 빛' 환상은 기독교적 사생관과 밀접한 관계가 있지 않은지 모르겠다. 한국의 사령이 삼국시대보다 중세 이후에 더 음산한 모습을 띠는 이유도 그 시대의 사생관과 관계가 있을지 모른다.[68]

한국 샤머니즘에서 무당은 물론 인간에게 복을 내리는 선한 신, 조상, 마을의 수호신, 가족신, 토지신, 천지신명, 바다의 신 등 세상의 모든 신

---

68) 이부영(2011), 『한국민담의 심층분석』, 집문당, 189~195쪽.

령을 내리게 하여 이들을 공양하고 공동체에 복을 내리게 하는 역할을 해왔다.

이 책에서는 주로 샤머니즘의 병고와 치유문제를 중점적으로 조명하고 있지만 샤머니즘이 지닌 그밖의 제의적 측면은 결코 가볍게 볼 수 없는 부분이다. 그러나 우리는 우선 샤먼들이 죽음으로 인한 '해로운' 영향을 어떻게 처리하고 있는지를 살펴보기로 한다.

3. 사령현상[69]

한국 샤머니즘에서 죽은 자의 넋, 즉 사령은 무엇이며 그 역할과 작용은 무엇인가를 살펴보는 것이 이 절의 과제이다. 다음 절인 사령의 샤머니즘적 치료, 즉 한국 샤머니즘이 사령을 어떻게 다루는가를 이해하기 위해 꼭 거쳐야 할 작업이다. 이미 앞에서 사령에 관한 한국 샤머니즘 관념의 일단과 분석심리학적인 견해를 언급하였지만 여기서는 우리나라 샤머니즘과 관련된 자료에 기록된 사령현상을 소개하고, 다른 문화권의 사령현상과 비교하면서 융의 분석심리학적 입장에서 그 상징적 의미를 고찰해보고자 한다.

샤머니즘에서는 죽음과 죽음으로 인한 영혼과 육체의 분리라는 현상에 관한 형이상학적·심리학적인 해석이론보다는 죽은 자와 산 자 사이의 이해관계를 어떻게 처리하느냐에 주의를 기울인다. 무당은 이론가이기 전에 '치료자'이다. 물론 치료자로서의 무당은 죽은 자와 산 자 사이에는 밀접한 관계가 있다거나 그 관계가 어떠하다는 전제가 따른다.

---

[69] Rhi, B.Y.(1966), "Die Toten und 'SAL', das Tötende im Koreanischen Schamanismus," Diplom Thesis C.G. Jung Institut Zürich; 이부영(1968), 「한국무속관계자료에서 본 '사령'의 현상과 그 치료'제1보'」, 『신경정신의학』 7(2), 1~10쪽.

그러나 이와 같은 전제가 반드시 샤머니즘 사회에 특유한 것이라고는 할 수 없다.

다른 사회집단, 혹은 종족에서와 같이 한국 샤머니즘 사회에서도 사령은 이롭기도 하고 해롭기도 한 두려움의 대상이다. 그러므로 숭배의 대상이 되기도 하나 배척의 대상이기도 하다. 사령은 또한 무한히 위력(죽은 자의 위력, Die Macht der Toten)을 행사하여 산 자의 희생을 요구하고 그 정도에 따라 이(利)와 해(害)를 베푼다. 여기에 산 자와 죽은 자 사이의 강박적이고 양가적인 의존관계가 성립되기도 한다.[70]

그러나 사령이 해로운가 이로운가 하는 정도는 그 종류에 따라 차이가 나기에 굿에서 사령의 대우에도 차이가 난다. 우리나라 무가에 나타난 사령에는 여러 가지가 있으나 다음 둘로 크게 나눌 수 있다. 즉 '상문'(喪門)과 '영산'(靈山)이다.[71]

1) 상문(喪門) - 갓 죽은 자의 혼

죽은 지 한 달이 지나지 않은 사람의 영을 우리나라 샤머니즘에서는 상문이라고 한다. '죽음의 때'[死穢]가 가장 강한 영으로 살아 있는 자에게 질병이나 기타 재해를 일으킨다고 여겨진다.[72] 서울 열두거리에

---

70) 역사상에 존재하던 모든 민족에게서 죽은 자에 대한 두려움이 있는지에 대해서는 민속학자 간에 이론(異論)이 있는 것 같다. 大林太良(1965), 『葬制의 起源』, 東京: 角川書店, 29~35쪽 참조. 고대 그리스에서는 호메로스 이전까지는 죽은 자에 대한 원시적 공포가 존재해왔으나 호메로스에 이르러 사자의 위력이 부인되었다고 한다. Otto, Walter(1962), *Die Manen oder von den Urformen des Totenglaubens*, Wissenschaftliche Buchgesellschaft Darmstadt, p.12. 그러나 원시적인 공포감이나 좀 분화된 두려움이 '죽음'과 '주검'에 대한 인류의 원초적인 심적 태도였으리라는 것은 짐작된다. 다만 그것이 무의식하에 있느냐 의식에 전달되어 인식되느냐의 차이가 있을 뿐이다.
71) 서울 열두거리 부정거리. 赤松智城·秋葉隆(1937), 앞의 책(上), 63~70쪽.
72) 赤松智城·秋葉隆(1938), 앞의 책(下), 108쪽.

서 무당은 노래한다.

> 시위를 하소사
> 남상문, 녀상문, 늙은이 죽은 망령 상문
> 젊은이 죽은 소년 상문, 머리 풀어 발상 상문
> 은하수 대곡(大哭) 상문
>
> 뜰네귀에 범한 상문
> 대문 네귀 범한 상문
> 사랑 네귀 범한 상문
> 외행랑(外行廊), 내행랑에 범한 상문
> 지촉부의(紙燭賻儀)의 왕래상문
> 통부서(通訃書)에 따라온 상문
> 여러 가지 상문들이 식상거완(食床巨碗) 받아
> 오던 길로 돌아서서 멀리멀리 돌아서고[73]

남녀노소의 사령, 머리 풀고 은하수처럼 많은 눈물 흘리는 사령, 집안 구석구석에 들어 있으며 상가에 주는 부조(지촉부의), 상가에서 온 부고 등에 붙어 집 안으로 들어온 죽음의 때를 지닌 귀신이 묘사되어 있다. 이들이 제물을 받고 멀리 사라지기를 기원한다.

아키바는 상문이 살문(殺門)과 같은 것이라고 했으며 상문은 상가에서 시체 주변을 방황하며 살아 있는 사람에게 질병을 주는 '죽음의 때'라고 했다. 그러나 사령으로서의 상문과 거기에 붙는 살귀(殺鬼)라고 할 상문살은 따로 구별되어 표시될 수도 있다. 상문살은 상문의 기능적

---

[73] 赤松智城・秋葉隆(1937), 앞의 책(上), 69쪽.

인 면을 표시한다고 할 수 있을지 모른다. 그러나 실제로는 상가에 모여드는 살귀를 말하는 상문살귀와도 혼용되어 사자에게서 직접 나온다기보다 죽음과의 관계에서 발생하는 독기로 해석될 가능성도 있다.

불교에서 상문과 사문(沙門, sramana)은 같은 뜻으로 사용된다.[74] 한자를 직역하면 '잃어버린[喪] 가족[門]'이 되기도 한다. 상문이라는 표현을 불교에서 빌려왔는지는 알 수 없으나 상문에는 세속을 버리고 불도에 들어가는 걸승인 사문과 같은 면이 없지 않다.

앞에서 말한 열두거리의 무가에 나타난 상문에 대한 무당의 태도 역시 양가적인 것이라 아니할 수 없다. 무당은 상문을 다른 무신에게 하듯 "우리를 도와주소서!"(시위를 하소사)라는 기원과 함께 초청한다. 하지만 제물을 대접받은 뒤에는 "너희가 온 곳으로 다시 돌아가라!"는 말로 축출한다.

상문은 어째서 죽음의 때가 유달리 강해서 공포의 대상이 되는 것일까. 한국 샤머니즘 사회에서는 상문이 저승으로 가기를 꺼리기 때문이라고 설명한다. 죽은 자는 자기의 죽음을 받아들이지 못한다. 외롭고 쓸쓸한 저승으로 가지 않고 산 자 가까이 머물러 있고 싶어 하지만 이것은 산 자에게 해롭다. 죽음 자체가 독소를 방출한다는 생각과 죽은 자가 자기의 죽음에 대하여 한을 품고 산 자와 더불어 있거나 자기의 육체 안으로 되돌아가고자 한다는 생각은 서로 관계가 있는 것 같다.

새로 죽은 자의 영혼이 자기의 육체 주변에 (3일 또는 4일) 머물다가 산 자의 혼을 빼앗아 저승의 동반자로 삼는다는 이야기는 그린란드 에스키모족, 중앙아시아 및 시베리아의 유목민족 사이에도 널리 퍼져 있다. 영혼의 분리를 순조롭게 하기 위하여 산 자에게 주어진 엄격한 금기가 있는데, 그 가운데 하나는 절대 정숙을 지키는 일이다.[75]

---

74) 中村元(1985), 『佛敎語大辭典』, 東京: 東京書籍, 601쪽, '사문'(沙門).

일본의 민간신앙에는 아라미타마(アラミタマ, 新靈)라는 상문에 해당하는 것이 있다. 제사 대상이 되는 해롭지 않고 온화한 선조령(先祖靈)인 미타마(ミタマ, 魂)에 비해 아라미타마는 새로 죽은 자의 영으로서 죽은 자와 사령의 중간에 있는 위험성이 큰 영이다. 그동안을 아라 해(新年)라고 해서 유족들은 엄격하게 금기를 지키며 선조제(先祖祭)와는 구별해서 취급한다.[76] 사망하자마자 시체를 처리하지 않고 일정 기간 산 자 사이에 두는 데는 이와 같은 사령의 원한과 생에의 동경을 고려하기 때문이다.

불교와 도교의 영향이 농후한, 경기도지방에서 읊던 무가 「죽음의 말」에 망자의 한이 처절하고 애통하게 묘사되고 있음은 앞에서 이미 소개했다. 이 무가에도 표시된 것처럼 한국민간에서는 죽음이 지부왕(地府王, 혹은 염마대왕)의 명령으로 온 저승차사에 의하여 피동적으로 집행된다. 사자(使者)가 생명을 차압하는 무시무시한 광경과 죽은 자가 형태가 없는 혼신으로 화하여 자기의 육체를 보면서도 이미 살아 있는 자와 소통이 두절된 것을 서러워하는 장면이 있다.

이것은 그러나 죽은 자의 슬픔일 뿐 아니라 살아남은 자의 슬픔이다. 죽음은 상상이 아니고 엄연한 구체적인 현실이다. 죽은 자와 살아 있는 자 사이의 감정적 유대관계가 강하면 강할수록 상실감은 크다. 앞에서도 언급했듯이 죽음은 살아 남은 자의 의식세계(혹은 무의식세계에도)의 일부가 되었던 죽은 자와의 관계를 송두리째 끊어버린다. 통곡은 잃

---

75) Rasmussen, Knud(1926), *Rasmussens Thulefahrt*, Frankfurt am Main: Frankfurter Sociätäs-Abteilung Buchverlag, p.252; Karjalainen, K.F.(1921), *Die Religionen der Jugra-Völker*, Helsinki: FF Communications Nr.41, p.70; Harva, Uno(1938/1993), *Die religiösen Vorstellungen der altaischen Völker*, Helsinki: FF Communications Nr.125, pp.279~292.
76) 柳田國雄 監修(1967), 『民俗學辭典』, 東京: 東京堂出版, 677~678쪽.

어버린 것을 찾을 수 없는 한과 찾고자 하는 안타까움 사이의 절망적인 갈등의 절정에서 터져 나온다. 그것은 '상실'과 '공허'를 메우려는 정동이며 때론 '해결책'이 되기도 한다. 통곡이 없는 애도는 위험할 수 있다. 생존자에게는 삶과 미지의 세계 사이에 열린 커다란 심연과 밑바닥에서 고개를 쳐드는 인류의 원초적인 체험——죽음을 둘러싼 물음들이 있다. 살아 있는 자는 죽은 자의 죽음을 서러워하며, 동시에 자신도 예외일 수 없는 인간 공유의 운명 앞에 서 있음을 깨닫게 된다.

베르히만(Ernst. I. Bergman)의 영화 「제7의 봉인」에 이런 장면이 있다. 십자군원정에서 집으로 돌아가던 한 기사는 해변가에서 자고 일어난 다음 날 아침 검은 옷을 입은 죽음과 만난다. 죽음이 묻는다. "무서우냐?" 기사가 답한다. "아니, 그러나 내 몸이……." 머리로는 무섭지 않으나 몸으로는 알 수 없는 불안과 두려움이 느껴진다. 이는 죽음 앞에 선 인간의 착잡한 감정을 표현한 것이다.

산 자의 세계에 대한 상문의 그리움과 미련은 바로 산 자의 죽은 자에 대한 미련과 그리움이기도 하다. 죽음에 처해서 산 자가 느끼는 한을 죽은 자에게 투사, 혹은 객관화한 것이라 할 수도 있다. 다만 상징적으로 풀이할 때 상문은 죽은 자와 함께 산 자의 의식세계로부터 떨어져 나간 감정적 콤플렉스이다. 의식에서 분열되어 무의식으로 유리된 심상군은 의식의 통제를 벗어나 무의식에서 자율적으로 기능을 발휘한다. 귀령이 바로 무의식의 자율적 콤플렉스(autonome Komplexe)라고 하는 까닭이 여기에 있다.[77]

의식이 그와 같은 무의식의 콤플렉스들을 받아들이고 충분히 의식의

---

77) Jung, C.G.(1948), "Die psychologischen Grundlagen des Geisterglaubens," Jung, C.G.(1948), *Über psychische Energetik und das Wesen der Träume*, Zürich: Rascher Verlag, pp.279~311 가운데 특히 pp.301~302 참조.

내용으로 소화해서, 이른바 의식화하지 않는 한 그것들은 점차 의식세계로부터 정신적 에너지를 박탈한다. 그것이 무의식의 가장 깊은 심층, 이른바 융의 집단적 무의식의 내용인 원형의 작용과 결합하면 더욱 큰 세력을 이루어 의식세계를 자극하고 그 연속성이나 질서를 위협하기에 이른다. 상(喪)이 있은 후 망자와 가까운 사람들이 상당기간 우울증에 빠지거나 심지어는 망자의 뒤를 따르기도 하는 경우, 이는 대개 죽음으로 형성, 또는 동원된 무의식 속의 감정적 콤플렉스를 충분히 표현하고 소화시키지 못한 데서 생긴다. 민간신앙은 '죽음의 때'라는 관념으로 죽음의 전염성을 경고하고 있다. 사람이 죽으면 모여든다는 상문살귀는 죽음의 충격에 처했을 때 산 자의 의식을 위협하는 무의식의 음성적인 감정적 콤플렉스를 의미한다. 그것은 우리 마음속 '죽이는 자들'의 무리이다. "누구는 죽었다. 너는 아무것도 아니다." 그렇게 속삭이며 자아의식의 희망찬 계획과 자신감과 의지를 꺾고 위축시키는 것이다. 이런 요소는 '살인적 아니마(killing anima), 살인적 아니무스'(killing animus)라고 할 수 있다. 죽음을 보내는 애도의식과 이에 관련된 민간의 여러 금기는 앞에서 지적한 대로, 죽음에 임하여 남은 사람들의 의식의 질서(나아가서 사회질서)를 위협하는 무의식에게서 자신을 보호하려는 조치라고도 할 수 있다.

여러 사령 가운데 특히 상문이 지닌 특징은 그들이 죽은 직후의 사령으로 아직 조령(祖靈)의 위치에 이르지 못하고 산 자의 세계 가까이에서 방황하는 데 있다. 사망 직후 깊은 비탄의 감정이 반영되어 있는 것이다. 상문은 마치 반쯤 의식된 콤플렉스와도 같다. 다른 말로 생과 사의 갈림길, 자아가 의식과 무의식의 경계선에서 콤플렉스에 매달리고 있는(suspension) 상태이다. 항상 자살놀이를 일삼는 환자가 있다. 손목도 그어보고 약도 먹어보지만 그것은 죽음을 가지고 노는 것과 같다. 그러나 이런 '놀이' 끝에 본의 아니게 죽음에 이를 수도 있다. 이들의 마음 속에는 완전히 죽어야 하나 죽을 수 없는 미련과 같은 것이 남아 있다. 상문의 처지에 비유될 수 있는 콤플렉스의 반의식성, 이에 대한 강박적 집착이라 할 수 있다.

그런데 상문 혹은 사령은 단순히 살아남은 사람이 지닌 마음의 상징적인 표현일 뿐인가. 혹은 그런 혼은 실재하는가. 그것을 증명하기는 어렵다. 그러나 임사(臨死) 체험을 비롯한 심령현상을 보거나 앞에서 소개한 융과 폰 프란츠의 연구결과로 보아서 실재하지 않는다고 단언하기도 어렵다.[78] 티베트 사서(死書)의 논평[79]에서 융은 그 사서가 죽은 자와 산 자가 함께 필요로 하는 이니시에이션(성인화)의 체험을 목적으로 하는 것이라고 했다. 저승으로 가는 길이 멀고 좁고 험하다는 이행곤란(Übergangsschwierigkeit)에 관한 이야기는 시베리아 샤먼 사이에도 널리 분포되어 있다.[80] 티베트 사서 『바르도 퇴돌』(Bardo Thödol)은 죽은 자가 죽은 뒤에 다시 걸어가야 할 개성화의 과정에서 겪게 될 여러 가지 어려움을 가르쳐준다.

죽음을 구체적인 사건이 아니라 상징적으로 이해하고자 할 때 그것은 의식의 죽음이라고 할 것이다. 삶이 의식과 동일하다고 믿는 사람에게 죽음은 삶의 종말을 의미하지만 무의식의 존재와 무의식 속에 항구불변한 행동유형(patterns of behavior)이 존재한다고 가정하는 심리학에는 '저승'이 있다. 저승은 의식의 저편, 바로 '무의식'이다. 그리고 죽은 자는 저승의 주민, 무의식 속의 콤플렉스들이다.

이렇게 보면 정신병리학과 원시민족 및 우리나라 민간의 사령관에

---

78) Jung, C.G., 같은 논문 각주(같은 책, p.310) 참조.
79) Jung, C.G.(1953), "Psychologischer Kommentar zum Bardo Thödol," Evans-Wentz, W.Y.(hrsg.)(1953), *Das tibetanische Totenbuch*, Zürich: Rascher Verlag, pp.LVII~LXXIII. 특히 pp.LX~LXI.
80) Eliade, M.(1956), 앞의 책, pp.445~449.

는 비슷한 점이 없지 않다. 이미 여러 번 언급한 대로 심한 정신병 상태는 분석심리학적으로 볼 때 자아의식이 무의식에 의하여 그 기능을 상실한 것이다. 다시 말하면 자아의식의 죽음이다. 그러므로 정신병(Psychoses)은 상징적으로 사령이 처한 상태에 비길 수 있다. 「죽음의 말」에서 묘사되는 죽은 자의 고통──혼신(魂神)이 되어 자기의 시체를 둘러싸고 우는 가족들을 볼 수 있으나 말을 건넬 수 없는 안타까운 심정은 분열증 발병 시의 현실적인 의사소통의 단절, 다른 사람과 나눌 수 없는 이상체험과 비교할 수 있다. 분열증 초기에는 아직 완전한 분열에 이르지 않은 환자에게 남아 있는 약간의 병식(病識)과 그로 인한 고뇌를 우리는 거기서 볼 수 있다. '세상'과 '나'는 죽은 자와 산 자 사이처럼 아득히 멀고 의사소통은 단절된다. 분열증의 심리요법은 이를테면 저승의 악령에게 빼앗긴 사령을 다시 이승으로 불러들이는 샤먼들의 작업에 비길 수 있다.

2) 영산(靈山)─원한 맺힌 혼

영산은 원령의 일종으로, 제 명에 죽지 못한 영혼들이다.[81] 무가에서 영산은 죽은 원인에 따라 여러 가지로 불린다. 자살·병사·형사(刑死)·전사·객사·노사(路死)·천재로 인한 사망은 원통한 죽음이다. 그렇기 때문에 부정(不淨)하다고 간주된다. 병사 중에도 특히 급병, 염병(전염병), 불치병들을 특기하였다. 눈이나 귀의 병으로 장님이 되었거나 귀머거리가 된 자의 영혼도 비명사로 취급하였다. 죽음에도 합당한 자리와 시간이 필요하며 반드시 일정한 인간관계 속에서 이루어져야 한다는 사상이 이 안에 숨어 있다.

---

81) 赤松智城·秋葉隆(1938), 앞의 책(下), 108~109쪽; 赤松智城·秋葉隆(1937), 앞의 책(上), 68쪽. 경성 열두거리, 부정거리 참조.

그런데 영산에서 무엇보다도 중요한 것은 '한'(恨)이다. 한이란 '해결되지 않은 감정'이다. 상문이 죽음이라는 절대적이며 불가피한 사건으로 일어나는 피하기 어려운 인간 공통의 한이라면 원령, 즉 영산의 한은 사생관을 규정하는 집단사회의 통념에 따라 다소 차이가 있다.

알타이족 가운데는 하늘의 상속자는 벼락을 맞아 죽은 자이며 전쟁터나 곰 사냥 같은 데서 무참히 죽은 자의 영은 하늘로 올라간다는 이야기가 지배적이다. 오스차크족(Ostjak族)은 야수에 찢긴 자의 영혼, 심지어 자살자의 영혼은 위로 올라가는데 병석에서 죽는 것같이 통상적으로 죽은 자의 영은 지하계로 간다고 생각한다. 하르바는 우리에게 자연스러운 병사가 원시민족에서는 부자연스러운 죽음이었고 오히려 폭력적인 죽음은 그들에게 자연스러운 것이라고 지적했다.[82]

비록 그 영혼이 하늘로 올라갔다고는 하나 그들이 거기서 평화와 휴식을 찾았다고 하지는 않았다. 오히려 고향을 잃고 방황하는 영혼으로 알 수 없는 자연현상, 예를 들면 극광(極光), 혹은 아침의 붉은 하늘, 저녁노을을 만들어낸다고 한다. 하르바는 많은 민족이 전쟁터에서 쓰러진 죽은 자의 영혼이 붉은 하늘에서 전쟁을 계속하는 것을 본다고 한다.[83] 그러나 죽은 자가 하늘에서 붉은 노을을 이루며 전쟁을 계속하되 산 자의 세계를 위협하지 않는다면 그 죽은 자와 산 자의 관계는 우리나라 전설에서 수없이 볼 수 있는 원령과 살아 있는 자와의 불편한 관계와는 다르다.

꿈이든 환상이든 또 원령이든 아니든, 사령이 나타났을 때 우리나라에서 예부터 내려오는 특징적인 반응은 우선 부정한 것, 혹은 이변의

---

82) Harva, U.(1938/1993), 앞의 책, pp.361~363; Karjalainen, K.F.(1921), 앞의 책, pp.189~190.
83) 같은 책, p.363.

징조라고 보는 데 있다. 이것은 야페가 고찰한 자료에서 보인 서양인들의 죽은 자에 대한 반응 가운데 하나인 황홀감·희열·안도감과는 무척 대조적이다. 후자는 서구사회의 지배적인 기독교적 사생관의 영향과 그로 말미암은 죽은 자의 세계에 대한 순진한 신뢰감에서 나온 것이 아닌지 모르겠다.

거기에 비해 한국의 전설, 특히 고려 이후의 전설에는 한 많은 원령의 이야기가 많이 전해진다. 천재지변을 비롯해서 대내외적으로 고려시대 이후 민중의 생활사는 결코 평탄하지 못했다. 그러한 현실이 어둡고 처절하고 근심 많은 원령의 상에 집약되어 민중의 마음속에 숙제처럼 항상 남아 전달되어온 것이라고 생각할 수도 있다.

그러나 원한이란 완전히 연소하지 못한 감정이다. 이를테면 '남은 말'[84] '못 다한 말'이다. 그러므로 산 자를 괴롭히는 원령에 대한 이야기가 많고 그 노여움을 풀기 위해 제사나 굿이 끊임없이 계속된 것은 삶이 삶답게 살아지지 않았기 때문이기도 하다. 삶이 완성될 때, 감정이 충분히 소화되었을 때 거기에는 남는 것, '미련'이 있을 수 없다. 왜냐하면 죽음은 바로 삶의 완성(Die Vollendung des Lebens)을 뜻하기 때문이다. 원령에 대한 여러 가지 민간의 제의와 금기 등은 결국 못 다한 삶을 완성하는 데 목적이 있다. 이런 목적을 샤머니즘 사회에서 의식하는지 안 하는지 혹은 죽은 자를 위한 굿이 이 목적에 합당한지 안 한지는 별개의 문제이다.

근심 많은 원령은 한국에만 있거나 어느 특정한 시대에만 있는 것이 아니다. 야쿠트족(Jakut族)은 너무 일찍 죽어서 과업을 완성하지 못했기 때문에 불안하고 방황하는 사령의 존재를 믿는다. 그들은 또한 미혼인 채 죽은 여자의 불만에 찬 사령들의 존재를 믿으며 장례를 치르

---

84) 김남조 시인의 「남은 말」이 생각난다. '남은 말이 있다……'

지 못한 원령의 존재를 믿는다. 후자는 특히 요르(Yör)라고 해서 그 영은 동통이나 정신병의 원인이 된다고 생각했다.[85] 골드족 사이에는 죽은 아이의 영이나 또는 자살, 부자연스럽게 죽은 자가 부제우(buseu)라는 악령으로 변한다는 생각이 있다. 부제우는 무서운 모습을 한 식인귀라고 한다. 또한 근친결혼(특히 오누이 사이의 결혼)에서 태어난 자도 악령이 되며 세카(sekka)라고 부른다.[86]

동부 퉁구스족에는 장례를 치르지 못한 혼이 다른 사체를 넘어서면 생긴다고 믿는 본(Bon)이라는 악귀가 있다. 일본 민간에서는 분사(憤死) 혹은 횡사(橫死)한 자는 원령이 되어 살아 있는 사람을 해친다고 믿는데, 미타마라고 한다.[87] 중국에서는 고대부터 후손 없이 죽은 사람의 영혼은 일정한 거처 없이 방황하며 산 자를 해친다고 생각해왔다. 아이를 낳지 못하고 죽거나 나이가 차지 않아서 죽은 자를 위해서는 특별히 제사를 드렸다.[88]

특히 미혼령이 그 원한으로 말미암아 악령이 된다는 관념은 조령숭배를 강조하는 민족들에서 공통된 듯하다. 결혼은 생물학적인 결합과 조상을 숭배할 수 있는 후계의 출산이라는 극히 구체적인 필요성에서 인식되었다. 그렇기 때문에 인간정신의 대극의 합일(Gegensatz-vereinigung)과 궁극적인 인격의 완성이라는 결혼의 상징적인 의미가 남녀의 구체적 결합이라는 사회적 관계에 투사되었던 시대에는 미혼과 아기 없음은 심각한 결함이고 원한의 원천으로 간주될 수밖에 없었다.

---

85) Harva, U.(1938)(1993), 앞의 책, pp.369~370.
86) 같은 책, pp.385~386.
87) 柳田國雄 監修(1967), 앞의 책, p.678.
88) Grube, W.(1910), *Religion und Kultus der Chinesen*, Leipzing: Verlag von Rudolf Haupt, p.38.

3) 무신으로서의 사령

한국 무속신통(巫俗神統)에서 사령은 중요한 위치를 차지한다.[89] 영산과 같은 원령이면서 신의 위치로까지 승격한 의신인 맹인귀(盲人鬼)나 정귀(精鬼)가 있다. 무조, 시조령(始祖靈)을 비롯한 조령(祖靈)은 산 자에게 해를 끼치기보다는 무당의 수호신이 되어서 이익을 준다고 믿는다. 무녀의 망령 혹은 김유신 어머니의 영이라고도 하는 만명(萬明)도 무당의 수호신이다. 상문과 같이 죽은 지 얼마 안 되는 영혼은 위험하지만, 조령과 같이 해를 거듭한 영혼은 해롭지 않을 뿐 아니라 산 자에게 도움이 된다. 산 자는 산 자와 반복적인 접촉을 통해서 친숙해진 혼에 대해서는 안심을 하지만 미지의 대상에 대해서는 공포와 경계심을 가진다. 낯선 사람을 두려워하고 어떻게든 아는 사람에게 줄을 대서 친한 사람을 만들어야 안심하는 현실적인 한국적 인간관계와 별로 다름없다. 이것은 무의식에 대한 공포, 세상의 모든 미지의 대상이 위험성을 내포하리라는 전제하에서 생기는 감정반응이다.

무신의 위치로 올려진 사령 가운데 특히 한국 샤머니즘에서 눈에 띄는 것은 최영 장군, 임경업 장군 등 원한을 품고 죽은 장군의 영들이 무녀의 수호신이 되어 숭배의 대상이 된다는 점이다. 특히 죽은 무장(武將)의 영은 군웅(軍雄)이라고 해서 소속과 기능에 따라 상산별 장군(上山別將軍), 사살군웅(射殺軍雄), 사신군웅(使臣軍雄), 군웅대신(軍雄大神) 등으로 불린다.[90] 마치 중국무속에서 관우(關羽)가 다른 무신들과 함께 관왕(關王)이라 불릴 정도로 중요하게 다루어지는 것과 같다. 관우는 우리나라 무속신통에도 무신으로 수입되었다. 야나기다에 따르면 일본무속에서도 원한을 품고 죽은 장군의 영(靈)이 제사의 중요한 대상

---

89) 赤松智城·秋葉隆(1938), 앞의 책(下), 74~79쪽, 106~109쪽. 영웅신, 무조신(巫祖神), 시조신, 여러 타계령(他界靈)을 들 수 있다.
90) 같은 책, 77쪽.

이 된다. 우리나라 전설에도 장군이 마을사람의 꿈에 나타나서 마을을 휩쓰는 역병의 이유를 설명하고 그 치료방법을 알려주었다는 이야기 등 장군의 영에 대한 수많은 이야기가 전해 내려온다.[91]

'죽음의 때'를 벗고 무신이 되어 산 자에게 이로운 복을 내려주는 사령을 상징적으로 무엇이라고 볼 수 있을까. 한마디로 말하기는 어렵다. 어떤 무신들 — 천연두신 등 — 은 분명 집단적 무의식의 원형과 밀접한 관계가 있다. 그러나 천연두신은 사령이 아니다. 대표적인 사령은 최영 장군 신인데 한의 개인적·집단적 감정 콤플렉스를 대변하는 전형적인 무속적 콤플렉스이다. 때때로 몸주로서 심령, 즉 무당의 아니무스의 기능을 한다. 사령의 위험도가 감소되고 유익하게 변환하는 현상은 사령들의 문제가 아니라 사령을 보는 사람들의 태도를 반영한다고도 볼 수 있다. 무의식을 의식화해나가는 과정에서 자아가 겪는 초기의 경악과 놀람, 계속된 의식화로 더욱 높은 차원의 인식에 다가가는 현상을 생각해볼 수 있다.

한 무당이 어떠한 신을 자기의 보호신으로 삼고 한 무속집단이 어떤 신을 그 집단의 수호신으로 삼느냐는 심리학적으로 의미 있는 현상이다. 현존하는 한국 샤머니즘 관계 자료에서 무속신통에 대한 연구는 무신과 무당의 관계, 무신과 무속집단의 관계 등을 구명하는 데 충분한 자료를 제공해준다고 보기는 어렵다. 그러므로 이에 대한 심리학적인 해석은 가설적인 설명에서 그치지 않을 수 없다.

제주도를 제외한 한국의 샤머니즘이 주로 여성에 의해서, 남존여비의 사상이 지배적이었던 시대를 거쳐 전승된 사실을 참작할 때 영웅과 장군의 영은 지배적인 집단의식을 보상하는 무당들의 무의식 속에 있는 장하고 용맹스럽고 남성다운 생명력을 구상화한 것이 아닐까. 그런

---

91) 최상수(1984), 『한국민간전설집』, 통문관, 104~106쪽. '은산별신당 전설' 참조.

데 무신인 장군들은 대개 개선의 영광을 누리지 못한 원령들이다. 이는 또한 무당 자신의 마음속에 맺힌 한이기도 할 것이다. 아마도 이 남성다운 생명력은 먼저 여러 가지 사회적 제약 속에 살아온 여성으로서 무당들의 무의식 속에 억압되어 잠재하던 것이—무당뿐 아니라 굿에 참여하는 여인들도 마찬가지로—역사적인 인물에 투사된 것일 터이다. 무당은 장군의 영혼을 모시고 그에게서 힘을 빌리고 있으나 사실은 자기자신 속의 그와 같은 힘을 스스로 활성화하고 있는 것이다. 영웅과 장군의 영은 무녀나 무녀 집단의 내적인 남성적 인격, 아니무스 상에 해당된다. 여성의 마음속 남성성, 즉 융의 아니무스[92]는 개인적인 면과 함께 집단적인 원형적 측면을 내포한다.

한국무속에서의 장군영과 무당의 관계는 시대적·지역적으로 차이가 있었을 것이나 적어도 배우자나 연인의 관계는 아닌 듯하다. 그것은 근접할 수 없는 아버지와 같은 권위를 지닌다. 이 심상이 그만큼 의식에서 먼 곳에 있고 원형의 속성을 지니고 있다는 증거이다. 원형과의 접촉은 언제나 세속적 쾌락과는 비교할 수 없는 신비스럽고 강력한 정동 체험을 일으킨다. 왜냐하면 원형에는 강한 심적 에너지가 축적되어 있기 때문이다.[93]

4) 입무 주재자로서의 사령

샤머니즘에서는 사령이 그 해로운 작용을 통해서 장래의 샤먼을 단

---

92) 이부영(2001), 『분석심리학의 탐구 ② 아니마와 아니무스』, 한길사, 29~102쪽.
93) 이미 앞에서 든 바와 같이 서울의 한 무당은 만일 최영 장군이 자기를 보기를 원한다면 그는 그녀를 병들게 하고 그녀는 부름을 받은 것 같은 기분으로 장군당(將軍堂)에서 굿을 한다. 그러면 병이 낫는다. 엘리아데는 라스무쎈의 다음과 같은 보고를 인용하고 있다. 수호신이 사람에게 내릴 때 그는 형용하기 어려운 오싹한 느낌을 가진다. Eliade, M.(1956), 앞의 책, p.99.

련하는 임무의 주재자 역할을 한다는 관념이 널리 퍼져 있다. 임무 주재자는 반드시 사령이 아니고 동물이나 다른 귀신일 수도 있으나 사령이 산 자에게 주는 고통에 그와 같은 의미가 있다고 믿는 것은 샤머니즘의 독특한 관념이라 아니할 수 없다.

악한 사령 가운데는 물론 산 자에게 죽음과 고통만을 주고 행위 뒤에 창조적인 의미가 없는 존재들이 있다. 코랴크족(Korjak族)의 '칼란'(kalan)은 최초의 사자(死者)인데 나쁜 마술사이며 인간에게 죽음만을 보낸다. 에스키모에도 악한 영이 있어서 주술적인 축출 대상이 된다. 알타이족의 '다쿨'(dakhul)과 '아다'(ada, 산욕(産褥)으로 죽은 영)와 '우케르'(uker, 일찍 죽은 부인의 영)는 아이들을 못 살게 군다. 브리에트족(Briät族)에도 이와 같은 관념이 있다.

악령에는 치료 가능한 것과 치료할 수 없는 절대악(絶對惡, Das absolute Böse)[94]이 있다. 그러나 샤머니즘에서는 대체로 죽은 자가 주는 고통은 신력(神力)을 획득하는 중요한 체험이라고 생각한다. 사령은 바이칼 지방의 퉁구스족이나 브리에트족, 카리브해 섬들의 원시민족, 그리고 오스트레일리아의 메디슨맨들에게 병고와 고문을 주는 무서운 존재이다. 그러나 동시에 고통을 통해 진정한 치료자, 샤먼 혹은 메디슨맨으로 단련시키는 권위 있는 스승의 역할을 한다.[95]

고통과 질병의 의미는 샤머니즘의 입무과정처럼 높이 평가받는 데가 없다. 고통의 증상만을 치료하는 좁은 의미의 현대의료가 참고해야 할 태도이다. 한국 샤머니즘에도 이와 같은 사상은 반영되어 있다.

시베리아 민족들, 특히 에스키모족에서는 죽은 자의 마력을 획득하

---

94) Von Franz, M.L.(1961), "Das Problem des Bösen im Märchen," *Das Studien aus dem C.G. Jung-Institut Zürich*, Zürich: Rascher Verlag, pp.91~126; 이부영(2011), 『한국민담의 심층분석』, 집문당, 149~161쪽.
95) Eliade, M.(1956), 앞의 책, pp.91~95.

려는 노력이 강했다. 죽은 자와 귀령들을 만나기 위해서 무덤 옆에서 잠을 자거나 동굴에서 며칠씩 굶거나 특수한 약초를 씹으며 귀신이 나타나기를 기다린다. '죽은 자의 힘'에 대한 이와 같은 적극적인 신뢰감은 한국 샤머니즘에서는 발견하기 어렵다. 무당은 죽은 자에 대하여 피동적이다. 죽은 자는 무당에게 꿈이나 환상을 통해서 느닷없이 찾아온다. 무당이 죽은 자를 만나러 가는 법은 없다. 이것은 아마도 한국 샤머니즘 사회에 시베리아 샤머니즘과 같은 이념이 전통으로 받아들여지지 못한 까닭일 것이다. 예부터 내려오는 한국 샤머니즘의 일반적인 태도인지 후대의 경향인지는 알 길이 없다. 심리학적으로 한국 샤머니즘 사회가 죽은 자의 마력적 기능을 그만큼 의식하지 않거나 의도적으로 이 관념을 강조할 수 없었던 어떤 여건이 있었다는 증거이다.

무의식 속에 있는 '힘'은 오래도록 무의식 상태에 있으면 있을수록 돌발적으로 의식세계를 엄습하는 수가 있다. 우리나라 강신 입무의 형식은 대체로 이와 같은 심적 에난치오드로미아,[96] 대극의 반전을 말해준다. 다른 한편 한국 샤머니즘 사회는 그만큼 그 의식세계의 구조가 강화됨으로써 자아의식이 무의식세계의 여러 표상, 즉 '귀신'들로부터 멀어진 증거라고도 할 수 있다. 이것은 무의식과 의식 사이의 한계가 분명치 않은 원시적 혼돈상태로부터 인간이 정신적으로 발전할 때 필연적으로 거쳐야 하는 의식의 강화와 무의식으로부터 분리와 소원, 혹은 양자의 대립관계를 말해주는 것이기도 하다. 그러나 신령에 대한 우리나라 샤머니즘 사회의 현재 태도가 고대 중국인의 천(天)에 대한 태도와 어떤 연관이 있는지는 역사적인 사실을 통해서 좀더 면밀하게 검토되어야 할 것이다.

---

96) Jung, C.G.(1960), *Psychologische Typen*, G.W. Bd.6, Zürich: Rascher Verlag, pp.465~467.

또한 한국 샤머니즘에서는 사령이 입무의 주재자이며 신력을 가진 것으로 간주는 하지만 일반적으로 부정하다는 생각이 두드러지게 강하다. 이 관념은 군웅(軍雄)이나 영웅령(英雄靈)이나 조령(祖靈)에는 반드시 살귀가 따라든다는 생각과 내림굿에서 부정한 것을 내쫓는 발양적 성격에서 엿볼 수 있다. 신의 정부정(淨不淨) 양면성은 한국에만 국한되지 않고 보편적이며 고태적인 사실이다.

그런데 사령에 대한 이와 같은 양가 성향에도 불구하고 어떤 영들은 귀신과 함께 무녀에게 길흉화복을 알리거나 죽은 무당이 지녔던 신구(神具)의 소재를 알려준다든가 병을 치료하는 방법을 가르쳐주는 등 입무과정에서 중요한 역할을 하는 것으로 보고되어 있다. 이에 대한 신험(神驗)을 1930년대에 많은 무녀가 보고하였고 현재에도 그와 같은 신비로운 체험이 전해진다. 그 가운데 특히 어린이의 사령은 무녀들의 꿈이나 환상체험을 통하여 자주 중개자의 역할을 한다.

5) 어린이의 사령

울릉도의 한 여자 점자가 저자에게 점을 시작할 때 꾸었던 꿈을 이야기했다.[97]

달이 훤히 밝은 밤 그녀는 아기를 등에 업고 어디론가 가고 있었다. 갑자기 환한 달이 훌륭한 청년의 모습으로 변하자, 등 뒤 아기도 없어지고 청년도 곧 사라졌다. 꿈에서 깨자 빈방에 홀로 누워 있는 자기를 발견했다. 며칠 뒤 그녀는 신기가 들어 몹시 떨었고 기절까지 했다. 그녀는 점복을 시작했다. 그녀는 남편과 사별하여 혼자 살며 이

---

97) 1961년 서울대의대 신경정신과교실 주관 정신질환 실태조사 시 울릉도 도동에서 채록.

일이 있기 수년 전 어린애마저 병으로 잃었다.

달은 밤을 밝히는 빛, 저승의 나라, 생성·소멸·재생의 신비를 간직한 운명의 여신을 의미하며 무의식의 세계와 여성성, 치유의 기능과 관련된다. 이 운명의 여신상은 무녀가 점을 보고 예언을 하며 저승의 귀령을 다스리는 일과 상징적으로 상통한다. 달은 거울이기도 하며 거울은 다음 사례의 꿈에 나오는 신의 몸이기도 하다. 그녀가 꿈에서 본 청년은 분명 달의 신령이다. 심리적으로 그 무녀에게 영감을 주는 심령의 상징이다.

등에 업힌 이 여자의 어린이, 즉 의식의 뒷면에 있는 이 어린이는 앞면에 환한 빛을 발하는 달과 그 달이 변하여 나타난 훌륭한 청년 상과 관계가 있는 것 같다. 어린이의 영이 수동적이나마 밝은 달과 그 빛에서 출현하는 훌륭한 청년과 점자 대면을 중개하였다고 보는 것은 큰 무리가 아니다.

어린이가 무녀에게 무의식의 치유적 기능을 매개하는 역할을 나타내는 꿈에 다음과 같은 것이 있다.

그녀는 오랫동안 병상에 있었는데 하루는 꿈에 죽은 조카가 나타나더니 명도라는 신을 가르쳐주면서 이 신을 믿으면 병이 낫는다고 했다. 여자는 이 신을 위한 제단을 만들고 빌었더니 병이 나아 그때부터 무당으로 일하기 시작했다고 한다.[98]

---

[98] 村山智順(1932), 『朝鮮の巫覡』, 朝鮮總督府. 입무사례 중 하나. 이밖에도 아이 셋이 모두 죽어 발광했다가 치료되었는데 세 번째 아이의 영혼이 여자의 머리에 머물러 아이의 영감에 의하여 인간의 길흉화복을 명확하게 알게 되었다는 사례가 보고되었다.

죽은 어린이의 영은 이 꿈에서 병자를 의신에게 소개하는 중개자의 역할을 한다. 명도는 무당이 사용하는 신구의 하나인 거울이기도 하고 어떤 지방에서는 신(최영 장군)의 얼굴이라고 생각되어 신체(神體)로서 당(堂)에 모신다. 영남지방에서는 어린이의 넋은 신자(神者, 점자)의 수호신으로 알려져 있다.

혼(魂, Seele)에 대한 민속학적 또는 역사적 견해에서 분명히 드러나는 사실은 그것이 한편으로는 주체에, 다른 한편으로는 혼령의 세계, 즉 무의식계에 속한다는 것이라고 융은 지적한다. 그러므로 혼은 세속적·지상적인 것과 혼령 같은 것을 조금씩 나누어 가진다. 마술적인 힘이나 신의 위력은 원시종족에서는 동일하지만 높은 문명단계에서는 신을 인간으로부터 확연히 분리하여 순수한 이상으로 드높였다. 그러나 혼은 중간 위치를 잃는 법이 없다. 민간신앙이나 원시신앙에서 혼이라 부르는 것은 심리학적으로 의식과 무의식의 깊은 층(집단적 무의식) 사이의 중간 위치에서 두 세계를 이어주는 어떤 심적 요소, 아니마(심혼), 아니무스(심령)와 비슷한 역할을 한다.

자아의식이 쉽게 다다를 수 없는 정신의 내면 깊은 데서 작용해오는 예정된 결정적 세력[神]은 심혼을 통한 상징이 되어 이 이미지(Bilder)들에서 심혼은 무의식의 에너지를 의식으로 옮겨놓으며 신적인 상으로 자아를 이끌어간다고 융은 말한다.

  심혼은 무의식의 심적 내용을 인지하는 기관이며 '그릇'이며 '도체' (導體)이다. 심혼이 인지하는 것은 상징이다. 그런데 상징들은 형태화된 에너지, 세력 즉 선결적 이념으로 강력한 정신적·정감적 가치를 지닌다.[99]

---

99) Jung, C.G.(1960), 앞의 책, p.268, p.269(Das Typenproblem in der

두 가지 꿈에 나타난 어린이는 그런 정신의 중간 위치에 있는 심혼의 이미지와 유사하다. 어린이의 영이 특수한 기능을 가지며 마력을 소유한다는 생각은 일본무속에서도 볼 수 있다. 흔히 사령의 말을 산 자에게 전달하는 매개자로 일본에서는 어린이를 이용하며 강동(降童) 혹은 인동(因童)이라고 부른다. 사령을 모셔오는 특수한 행사에서도 동녀(童女)를 말에 태워 보낸다. 이들을 신자(神子)라고 하는데 월경이 있으면, 즉 여성으로서의 특징이 발휘되면 자격이 없어진다.[100] 중국에서는 조부의 영혼을 손자가 대표하는 풍습이 오래전부터 있었다. 손자는 조부의 사령과 동일시되었으며 시(尸)라 불렸다. 제(齊)나라에서는 가족 가운데 장녀가 조상에게 제사를 드리는데 그녀는 결혼해서는 안 되며 우--에르(wu-erh, 巫兒)라는 칭호를 받았다.[101]

『신화학 입문』에서 융은 케레니와 함께 '신성한 어린이'에 대한 신화학적·심리학적 고찰을 하여 '어린이'의 상징적인 의미를 밝혔다. 하나의 원형으로서의 어린이는 미분화된 열등한 기능으로서의 유아적인 면이 아니라 무한한 발전 가능성을 내포하는 생명력이라고 말한다. 어린이는 정신적 토양, 무의식에 가깝기 때문에 의식의 방해를 덜 받으면서 무의식의 소리를 전달할 수 있다.[102] 또한 그러한 무의식의 상을 매개로 인간과 신의 세계를 이어주는 것이 샤먼이나 메디슨맨의 역할이다.

죽은 자는 산 자보다 더 많이 알고 있다(엘리아데)는 샤먼 사회의 관

Dichtkunst).
100) 柳田國雄(1967), 『巫女考』, 『柳田國雄全集』 第9卷, 東京: 筑摩書房, 239~244쪽.
101) Grube, W.(1910), 앞의 책, p.44.
102) Jung, C.G., Kerényi, K.(1951), *Die Einführung in das Wesen der Mythologie, das göttliche Kind, das göttliche Mädchen*, Zürich: Rhein-Verlag. 그중 특히 pp.119~147, C.G. Jung Die Psychologie des Kind-Archetypus 참조.

념은 무의식은 의식보다 크며 의식의 기능을 능가한다는 융의 입장과 일치한다.[103] 입무과정에 관한 장에서 살펴본 것처럼 한국 샤머니즘 사회에서 과거에 자주 전해 내려온 입무 시의 신물(神物) 탐색은 사령이나 다른 귀신[104]의 도움으로 가능하다. 그런데 그들은 꿈이나 환상, 환청, 혹은 신비로운 인력으로 무당이 될 사람을 이끌고 어느 일정한 지점으로 오게 한다. 거기서 무당은 신구인 방울·칼·거울 등 죽은 무당의 유물을 얻어 무업을 계승하였던 것이다.

이와 같은 이른바 '우연한 일치'는 입무과정에만 있는 것은 아니며 또 사령의 특징만도 아니다. 그러나 사령은 개인적인 영이 지닌 한을 지양하고 조상의 영들, 즉 인류 보편의 원초적 조건들에 합류할 때, 즉 무신의 반열에 오를 때 시공을 상대화하는 무의식의 절대지(絶對知, das absolute Wissen)[105]와 연결되면서 동시성현상을 매개할 수 있는 능력을 가질 것이다.

---

103) 이 말은 그의 회상기(야폐 엮음)에서 융이 꿈을 통해 볼 때 '죽은 자'는 한정된 지식만 가지고 있고 그들의 사후에 일어난 이승의 새로운 소식에 관심을 가지고 알고 싶어 한다고 한 말과 모순되지 않는다. 죽은 자의 영은 인류의 오랜 역사를 저장하고 있다. 따라서 현대인이 모르는 많은 것을 지니고 있다.
104) '귀신'이라는 말은 넓은 의미로 '사령'(死靈, Totengeister)이나 '鬼靈'(Dämonen, Geister) 모두에 적용되는 경향이 있다. 그러나 귀신은 물체나 동물에서도 생긴다고 생각되므로 귀신이라고 해서 다 사령을 지칭하는 것은 아니다. 이부영(1982), 「전통적 귀신론의 분석심리학적 연구」, 『정신의학보』 6(1), 2~15쪽.
105) Jung, C.G.(1967), *G.W.* Bd.8, *Die Dynamik des Unbewußten*, Zürich: Rascher Verlag, p.563(C.G. 융의 논문, "Synchronizität als ein Prinzip akausaler Zusammenhänge"에서).

4. 사령의 무속적 치료와 정신치료[106]

국내 민속연구가나 외국의 인류학자는 원시민족의 의료와 현대사회의 민간의료의 여러 가지 양태를 조사 보고했다. 혹은 문화정신의학자들은 샤머니즘의 정신요법적 측면을 소개하여 문명사회에서 소외된 사회집단이나 서로 다른 문화권에서 서구의 현대정신요법에 비길 만한 민간정신요법(folk psychotherapy)을 발굴하는 데 이바지했다.[107] 그런데 이와 같은 연구는 대체로 민간정신요법의 현실적인 효용성과 특이성을 살피는 데 주력하였기 때문에 그 배경에 숨어 있는 인간심리의 보편성을 탐구하는 데는 미치지 못하는 경우가 많았다. 앞에서 살펴본 대로 사령이 심리학적으로 무의식의 자율적 콤플렉스를 상징한다고 볼 때 이 콤플렉스들을 한국의 무당이 어떻게 다루는가를 살펴보는 일은 근본적으로 무의식의 의식화로서 진행되는 분석적 정신요법과 비교하여 정신치료의 원형적 배경을 이해하는 데 매우 유익한 작업이 될 것

---

106) 제4절은 1966년 스위스, C.G. Jung Institut Zürich의 Diplom 논문인 "Die Toten und "Sal", das Tötende"의 일부와 이를 토대로 1970년에 발표한 다음 논문을 약간 수정하고 보완해 그 역사적 의의를 감안하여 가급적 원문대로 게재하였다. 다만 새로운 자료나 논평은 각주를 통해 보충하였다. 이부영(1970), 「'사령'의 무속적 치료에 대한 분석심리학적 연구 - 특히 분석적 정신요법과 관련하여」, 『최신의학』 13(1), 79~94쪽.

107) 이능화(1927), 『조선무속고』, 『계명』 제19호, 계명구락부; 秋葉隆(1950), 『朝鮮巫俗の現地研究』, 奈良: 養德社, 50~60쪽; 村山智順(1932), 『朝鮮の巫覡』, 朝鮮總督府, 397쪽, 493쪽; Opler M.E.(ed.)(1959), *Culture and Mental Health*, New York: McMillan; Murphy J.(1964), "Psychotherapeutic aspects of shamanism on St. Lawrence Island, Alaska," Kive, A.(ed.)(1964), *Magic, Faith, and Healing*, New York: The Free Press, pp.53~83; Kiev, A.(1964), "The study of folk psychiatry," Kiev., 같은 책, pp.3~35; Boyer, L.(1964), "Folk psychiatry of the Apaches of the Mescalero Indian reservation," Kiev, A.(1964), 같은 책, pp.384~419.

이다.

이 글에서 저자는 실천자로서 무당이 악령을 다스리기 위해 하는 굿을 통한 치료과정 중 여러 가지 현상을 특히 중요시되는 사령제를 대상으로 분석심리학적 입장에서 고찰하고 그 상징적 의미를 구명하고자 한다.

자료는 1930년대 아키바의 사령제에 관한 보고를 비롯해 현재까지 알려진 한국 샤머니즘의 사령제 관련 문헌이다.[108]

이와 같은 여러 자료에서 사령제의 몇 가지 주요과정을 추려내고 이를 다른 민족의 유사현상과 비교 고찰하였다.

심리학적 측면으로 깊이 들어가기 전에 이 연구 대상이 되는 사령제의 범위와 그 종류, 구성 및 기능에 대한 성격을 개괄적으로나마 규정하고자 한다.

---

108) 장주근·김택규(1963), 「'동제'와 '세존단지'」, 『신라가야문화』 제1집, 청구대학 신라가야문화연구원, 29~31쪽; 장주근·최길성(1967), 『경기도지역무속』, 문화재관리국, 151~152쪽; 현용준(1965), 『제주도 무당굿놀이 개관』, 문화재관리국; 현용준·김영돈(1965), 『중요무형문화재 지정자료』(제주도 무당굿놀이), 문화재관리국; 장주근·임석재(1956), 『중요무형문화재 지정자료』(관북지방 무가), 문화재관리국; 장주근·임석재(1966), 『관북지방 무가』(추가), 문교부. 1970년대 이후 한국 샤머니즘의 사령제에 관한 믿을 만하고 유용한 현장조사보고가 발표된 것은 반가운 일이다. 경북 청진오구굿(1971)과 경북 부흥오구굿(1972)은 최길성(1992), 『한국무속지』 2, 아세아문화사, 1~44쪽 참조. 평안도 다리굿(1981), 동해안 수망굿(1981), 전라도 시끔굿(1982)은 황루시(1988), 『한국인의 굿과 무당』, 문음사, 199~271쪽 참조. 서울 새남굿(1996)은 조흥윤(1999), 『한국의 샤머니즘』, 서울대학교출판부, 153~193쪽 참조. 서울 진오귀굿(1996), 동해안 오구굿(1996)은 차옥승(1997), 『한국인의 종교경험 무교』, 서광사, 201~277쪽을 참조할 것. 차옥승의 조사는 무당과 가족참여자의 감정체험을 살펴본 것으로 심리학적 고찰에 좋은 참고가 되었다.

1) 사령제의 구분과 구성

여기서 사령제라 함은 전라도 지방의 '씻김굿', 경기도 지방의 '진오귀', 제주도 지방의 '귀양풀이' '왕맞이' '시왕맞이', 경북지방의 '오구굿' 그리고 1930년대에 문헌상으로 기록된 함흥, 평양 등지에서 '망묵이' '다리굿'[橋祭][109]이라고 부르던 것을 통틀어 말한다. 맹격의 독경은 무당의 사령제와는 다른 범주에 속하므로 직접적인 비교 대상으로는 삼지 않는다.

또한 죽음의 '때'가 강한 '살'이 질병을 일으켰다고 믿을 때 행해지던 '살풀이'[110]는 마술적 치료로 일관되고, 앞에 기술한 사령제와 그 양상을 달리하므로 따로 떼어 논의하기로 한다. 그러나 맹격의 사령제 중 '초혼'[111]은 같은 유형을 보여주기 때문에 함께 다룰 만하다.

아키바는 사령제의 목적이 죽음의 '때'를 벗기고 사령의 한을 풀고 이를 극락으로 인도하고자 하는 데 있다고 했다. 전남 해남에서는 집안 사람의 병이 사령의 '노여움' 때문이라고 생각될 때 당골을 모시고 씻김굿을 함으로써 영혼을 극락으로 이끌어 자손이 번영하도록 빈다고 했다.[112] 맹격의 초혼은 변사자(變死者)의 방황을 거두어 가족의 안녕을 비는 행사로 알려져 있다. 최길성의 전남무속 조사에 따르면 전남의 씻김굿에는 망자가 죽은 해 안에 혹은 입관 후 관 앞에서 하는 진씻김굿과 해를 넘기거나 수년 뒤 혹은 보통 사망 후 3년 만에 하는 마른 씻김굿이 있다. 어느 경우나 망자의 영혼이 극락에 왕생하도록 기원함과

---

109) 조흥윤이 말하기를 다리굿은 살아 있는 사람을 위한 것이므로 사령제의 범주에 넣을 수 없다고 하였다. 조흥윤(1999), 앞의 책, 153쪽. 그러나 다리굿은 망자를 위한 굿이기도 하다. 황루시(1988), 앞의 책, 199~222쪽; 조흥윤(1999), 앞의 책; 秋葉隆(1950), 앞의 책, 90~97쪽 참조.
110) 秋葉隆(1950), 앞의 책, 88쪽.
111) 같은 책, 96쪽.
112) 같은 책, 90쪽.

함께 망자가 자손들의 길복을 누리게 해주도록 축원하는 뜻이 있다고 한다.[113)]

영호남지방의 만신과 당골은 신탁(공수)을 내리지 않으며, 샤먼이라 기보다 예인(藝人) 또는 사제의 역할을 하는 것으로 알려져 있다. 사령제도 정기적인 의식 같은 인상을 주지만 진씻김 중 초상나고 출상 전날 관머리에서 행하는 '곽머리씻김'은 또한 망자가 혼을 씻겨달라고 하거나 제 명에 죽지 못한 사람, 부종이나 출산 등으로 원통하게 죽었거나 총각 처녀로 죽었을 경우 점쟁이가 해야 좋다고 하면 행한다고 한다.[114)] 한 가지 예가 있다. 부모는 안식교 신자들이었다. 특히 아버지는 제사를 지내지 말라고 유언까지 했다. 꿈에 아버지가 현몽하여 어머니를 저승으로 데려가겠다고 한 뒤 일주일 만에 어머니가 돌아가셨다. 이상히 여겨 점쟁이에게 물으니 아버지가 급(急)사망하여 눈을 못 떴으니 씻김굿을 하라 해서 굿을 한 경우가 있다.[115)]

이렇게 보면 무속적 사령제에는 집안에 질병·재앙·사고가 일어났을 때, 다시 말하면 생존자의 현실에 이상이 나타났을 때 그를 치료하려는 목적으로 하거나 장차 이상이 있을 것을 예상하여 예방을 목적으로 하는 두 가지가 있다. 후자의 경우에 망령이 방황하지 않고 극락에 안주하는 것은 생존자로부터 현실적인 위해를 제거해주는 소극적인 이득을 가져다준다. 또한 거기에는 적극적으로 그 번영과 융성을 가능하게 한다는 관념이 숨어 있는 것 같다. 이것은 샤머니즘 사회에만 국한되는 관념이 아니라 동아시아 조령숭배의 전통과 그 정신적 원천을 같이하는 것이다. 따라서 씻김굿·진오귀굿·시왕맞이 등은 유교적인 제사나

---

113) 문화공보부(1969), 『한국민속종합조사보고서』(전남편), 문화재관리국, 174쪽, 191쪽.
114) 같은 책, 209쪽.
115) 같은 책, 210쪽.

장례, 불교의 천도제와 같은 역할을 하는 경우가 있음은 짐작할 만하다. 심지어 기독교계의 영결식, 추도식, 국가의 순국선열에 대한 위령제에도 망자에 대한 원시적 두려움에서 오는 자기 보호의 관념과 복락에 대한 기원이 잠재되어 있을지도 모른다.

그러나 특히 씻김굿처럼 영혼을 씻는 데 주력하는 것에는 새로 죽은 사람의 영혼에는 죽음의 때가 강하다는 원시적 관념이 개입되었을 가능성이 있다. 또 정(淨), 부정(不淨), 깨끗한 것과 더러운 것의 극단적인 대립 관념이 간여하여 특히 발양적, 즉 나쁜 것을 통합하기보다 배척하고 내쫓는 성격이 두드러진 것처럼 보인다. 어쩌면 그것은 4월 초파일 부처님 오신 날 아기부처를 물로 목욕시키는 전통과 뿌리가 같은 행위일지도 모른다.

조령신앙에 입각한 일종의 예방적 사령제가 비교적 정기적으로 실시되는 굿이라면 질병과 재앙이 생긴 뒤의 임시적인 사령제는 더 우발적이고 현실적인 이해와 직결된다고 할 수 있다. 고등종교의 정례적인 장례제의나 추도식과 달리 샤머니즘의 사령제는 하나의 긴박한 필요(Not)에 의해 제기되고 합리적 판단이 아닌 '신의'(神意)에 의한 결정에 따라 행해진다는 점에서 특이하다. 이 사령굿은 질병 또는 재앙의 현존, 그 신점을 통한 진단, 사령 공양(死靈供養)과 '치료'의 과정을 밟는다. 시베리아 및 중앙아시아 샤머니즘에서도 인간의식의 힘으로 이해할 수 없는 사건이 생겼을 때만 샤먼이 개입하고 그밖의 통례적인 제사는 제사장(priest)이 하는 것이 특징이다.[116] 우리나라의 샤머니즘적 사령제의 경우 무당은 제사장과 샤먼의 역할을 겸한다고 볼 수 있고 씻김굿에서는 특히 사제로서의 역할이 두드러진다.

사령제의 대상이 되는 사령은 점을 쳤거나 일반 통념에 따라 비명에

---

116) Eliade, M.(1956), 앞의 책, pp.14~16.

죽은 것으로 판명된 영혼으로서 살아 있는 사람에게 병고를 일으켰을 가능성이 있는 혼, 죽은 지 얼마 안 되어 살이 강한 혼 등이다. 요컨대 모두 원귀들이다.

그러니까 여기서 연구 대상으로 삼는 한국 샤머니즘의 사령제는 원혼을 다스리는 특수한 방법이지 모든 치병의식에 공통되는 것은 아니다. 또한 이와 같은 사령제의 여러 과정은 순수하게 샤머니즘적인 것만은 아니라는 점을 밝혀둘 필요가 있다. 그것은 사령제가 인간의 죽음이라는 가장 큰 사건과 관련되기 때문이다. 그러므로 사령제에는 산 자에 못지않게 죽은 자의 문제가 중요하다. 전술한 바와 같이 망자가 혼을 씻겨달라고 하면 씻김굿을 한다는 전남의 경우가 바로 이 점을 강조한다. 그러므로 사령제의 연구는 죽은 자의 운명과 산 자의 심리 두 가지 측면을 지닌다고 할 수 있다.

● 서울·경기지방의 진오귀

아키바의 보고에 따르면 경기지방의 사령제 진오귀의 과정은 다음과 같다.[117)]

---

117) 사령제는 지역에 따라 다른 이름으로 지칭되었다. 호남지방에서는 씻김굿, 즉 영혼의 세척 혹은 오구자리라 불린다. 이 말의 뜻은 분명치 않으나 귀신을 놀게 하는 자리(娛鬼자리)라는 추측도 있다. 중부지방에서는 지노기라 부르는데 죽은 자의 혼이 돌아갈 길을 가리키는 것, 즉 지로귀(指路歸)라고 짐작되기도 한다. 중부에서는 또 상문풀이, 즉 원령의 발양(祓禳, 풀어냄), 북부에서는 다리굿 또는 망무기라 부르는데 망무기는 아마 죽은 자가 묵는 곳이라는 뜻일지도 모른다. 비록 정설은 아니지만 이러한 사령제에 대한 명칭의 언어상의 해석을 보면 사령제는 한편으로는 내쫓고, 씻고, 풀고, 다른 한편으로는 위로하고 놀리고 그로써 죽은 자와 산 자를 연결하는 다리의 역할을 함을 보여준다. 秋葉隆(1950), 앞의 책, 90쪽, 96쪽. 이능화는 지노귀 새남을 지로귀산음(指路歸散陰)으로 기술하고 망령에 대한 추가적인 제사로서 불사(佛事)와 혼합된 굿으로 보았다. 이능화(1927), 앞의 책, 47쪽. 지노귀, 진 오귀(娛鬼), 지노

① 주당퇴산(周堂退散)

② 부정(不淨)

③ 산(山)마누라

④ 별성(別星)

⑤ 대감

⑥ 영의(靈衣)

⑦ 사자(使者)

⑧ 말미

⑨ 도장(道場)

⑩ 혼전(魂箋)

⑫ 시왕군웅(十王軍雄)

⑬ 뒷전

한국 샤머니즘에서 굿의 제차는 보통 열두거리이거나 적어도 12단계로 집약하려는 경향이 있다고 한다. 그러나 실제로 그 순서나 과정은 최길성[118]이 지적한 것처럼 일정하지 않아서 어떤 것이 전형적인 굿의 형태인지 잘 알 수 없는 경우가 많다. 사령제도 예외가 아니다. 강신과 신탁이 이루어질 때 주로 신이 내리고 강신, 또는 신을 맞이하는 영신(迎神) 때 신의 수효나 중요성에 따라 제차거리의 수도 영향을 받는 것 같다. 그러나 사령제에서는 가장 핵심부분에 나타나는 시왕, 사자(使者), 무조신을 제외하면 다른 무신은 큰 의미 없이 취사선택된다는 인상을 받는다. 사령제의 굿거리 배열에 다른 굿과 구별되는 일정한 규칙

기, 진오기 등 본래의 명칭이 무엇이었는지에 대해서는 논란의 여지가 있다. 이 책에서는 '진오귀'로 통일하였다.

118) 최길성(1967), 「한국무속의 연구 — 서울지방의 제석거리를 중심으로」, 『육군사관학교논문집』 제5집, 9쪽, 13쪽.

이나 특징이 있는 것 같지는 않다.

김태곤[119]은 죽은 자의 낙지왕생(樂地往生)을 위한 굿에서 부르는 무가를 황천무가(黃泉巫歌)라 했다. 이 무가를 '오구굿'계, '해원(解冤)굿'계, '조상굿'계 등 세 가지로 크게 나누었다. 그에 따르면 함경도지방의 '망묵'과 함께 경기도지방의 진오귀는 오구굿계에 속하고, 제주도지방의 '귀양풀이' '사남굿', 평안도지방의 '수왕(十王)굿' '다리굿', 충남·경북지방의 '해원풀이' 등은 해원굿계에 속한다. 양자의 주축이 되는 무가가 서사적(敍事的)·신화적이고 극적 구성을 나타내는 데 반하여 조상굿계에 속하는 무가들은 가사적·공리적인 주문형태를 나타낸다고 하였다.

앞의 두 가지 무가는 등장인물이나 줄거리에 차이는 있지만 주축이 되는 관념은 같다고 할 수 있다. 죽은 자의 한이나 전통적 영웅의 고통과 기적의 역사가 표현되어 있다. 그러나 조상굿계에서의 무가는 망자나 제3의 인물이 겪은 체험의 역사를 이야기하는 것이 아니라, 낙지왕생을 추상적으로 기원하며 오직 불력(佛力)에 의지하려는 등 그 무가의 기능이나 굿에서의 인간과 여러 신령의 관계에 차이점이 많다. 특히 후자가 원혼이나 죽은 지 얼마 안 되는 혼이 아니라 본래 선대(先代)의 조상을 위하여 실시되었다는 점에 의미가 있다. 무속적 사령제는 후자와 전자의 두 가지로 구분할 수 있을지도 모른다. 김태곤은 오구굿계 황천무가가 원래 전국적으로 불리다가 소멸되면서 해원굿계, 조상굿계가 뒤이어 출현하여 전파된 것으로 간주한다.

사령제 굿거리는 진오귀굿을 중심으로 전(前), 중(中), 후부(後部)로 나눌 수 있다. 전 단계는 제장(祭場)을 정화하고 여러 신을 불러오게 하여 공양 후 내쫓은 뒤 개별적으로 수호신을 불러 강신, 신탁을 내린다.

---

119) 김태곤(1966), 『황천무가연구』, 창우사, 5~55쪽.

망인의 영혼을 부르고(초혼, 맞이[迎神]), 중간 단계에서는 넋을 위로하거나 한을 풀거나 또는 그 넋을 씻는다. 또한 저승사자를 후히 대접하고 저승으로 가는 길을 닦거나 길을 터놓고 영혼을 보낸다. 마지막으로 후부에서는 넋전[魂箋]을 불태우고 잡귀들에게 향응을 한다. 이 중 사령제에서 특유한 것은 역시 중심부이며 앞에 기술한 진오귀굿에서는 여섯 번째 영의에서 열 번째 넋전까지의 제차가 여기에 해당된다.

중심부에 비하면 전 단계는 죽은 자의 혼을 받아들이는 준비기간이라고 할 수 있다. 샤먼이 신령과의 접촉을 통하여 죽은 자의 세계로 잃어버린 영혼을 찾으러 갈 수 있는 능력을 얻듯이 무당도 강신, 신탁을 통해서 수호신인 산신, 천연두신, 대감신 성조신, 지신 등의 영력을 나누어 갖는다.

굿은 보통 방 안과 그 집의 마당에서 실시되며 대개 밤에 한다. 여러 시간, 때론 사흘 동안 계속된다. 굿의 첫 부분은 보호신령들을 모시고 이들에게 비는 과정인데 대청에 마련된 여러 가지 제물을 받쳐놓은 제상 앞에서 실시된다. 두 번째 부분은 보통 마당에서 하는데 무당이 죽은 자의 혼령과 저승사자를 대하는 부분이다.

굿의 이 첫 부분은 반드시 사령제에만 있는 특징은 아니지만 사령제의 중심부와 관련하여 음미할 만한 의미를 내포한다.

서울의 진오귀에서는 보호신령들에게 빌기 전에 먼저 조상신들이 내려올 때 따라 들어오는 살귀, 즉 주당살(周堂殺)을 내쫓아야 한다. 목포에서는 당골이 굿을 시작할 때 조상신들에게 고한 다음 보호신령들을 위한 굿을 세 번 연속하여 실시한다. 이때 모시는 신령은 그 지역의 보호신(골매기), 집의 주신, 성조, 그리고 다른 집의 신으로 불교의 신, 제석(帝釋)이라는 이름의 신령이다. 이 신령은 가족의 후손들에게 복을 가져다주는 신령으로 알려져 있다. 서울의 진오귀에서는 부정한 귀령들을 내쫓은 뒤에 세 신격, 즉 죽은 장군의 영, 산마누라, 전쟁영웅들의 신령, 별성(別星), 재복신, 대감을 모신다. 나주지방의 씻김굿에서는 먼저 대청에서 성조를 모시는 성조굿이 있고 다음에 지신제를 한 다음 마지막에 뜰에서 오구풀이를 행한다. 북부지방에서는 사령제가 집 마당굿(터셋굿)으로 시작하고 해남에서는 당골이 처음에 집의 신들에게 빈다.[120)

굿을 시작할 때 부르는 보호신령들이 지역에 따라 조금씩 다르기는 하지만 모든 지역의 굿에서 집의 신령들(Hausgeister)이 중요한 역할을 한다는 점에서는 이론의 여지가 없다. 집의 보호신령들을 내리게 하고 비는 것은 물론 사령제에 국한된 일은 아니고 모든 집의 굿에서 공통적으로 볼 수 있는 특징이다. 왜냐하면 행복과 불행은 한국 샤머니즘 사회에서는 하늘의 높은 신격들보다는 주로 집 혹은 집의 터에 살고 있는 신령들에게 달렸다고 보기 때문이다.

한국 샤머니즘의 세계에서 마당과 집은 보호신령으로 가득 차 있다. 그 신령들의 거처는 집의 여주인이 거처하는 안방뿐 아니라, 앞마당·가운뎃마당·뒷마당·부엌·측간 문턱 아래에 있다.[121) 가장 중요한 집의 신격은 성조대신인데 이 신령은 집을 지을 때 대들보 한가운데에 모신다. 주로 집 주인의 보호신이다.[122) 이 대들보 아래에 저 한옥의 중앙 공간, 신령과 사자를 위한 제단이 차려져 있는 대청 — 큰 청(관아, 손님을 맞이하는 곳) — 이 있다.[123) 집과 터는 한국의 풍수지리적 관념에 따

---

120) 秋葉隆(1950), 앞의 책, 91~93쪽.
121) 赤松智城·秋葉隆(1938), 앞의 책(下), 82~87쪽. 마루 밑의 귀신은 천연두로 죽은 자의 넋인 '식문'이다.
122) 같은 책, 82쪽; 장주근(1952), 『한국의 신화』, 성문각, 192~216쪽.
123) 인도 게르만 민족의 가신(家神)과 대들보에 관해서는 다음을 참조. Hoffmann-Krayer, Bächtold-Stäubli(1927), *Handwörterbuch des deutschen Aberglaubens*, Bd.1, pp.856~859. 대들보 아래의 공간은 인도 게르만 민족에게서도 우리와 비슷한 역할을 한다.

르면 우주적 에너지 체계, 즉 하늘의 기, 땅의 에너지인 지기와 조화로운 관계여야 한다. 조화로운 토대와 구조는 한 가족의 현재 삶과 관계를 가질 뿐 아니라 세대와 세대를 거듭하면서 면면히 이어지는 수많은 가족의 삶과 관계한다. 성조대신은 그러한 긴 가족, '큰 가족'의 연속선상에 있다. 그는 가족의 중심이며 주인이다. 가히 집안의 대들보인 셈이다.

이런 관점에서 본 가족, 또는 집안은 개인적인 관계 체계가 아니라 초개인적인 원형적 핵, 콤플렉스이다. 성조대신은 물론 기독교의 '아버지 하느님'과 동일한 존재는 아니다. 그러나 가족의 혼이면서 천계의 신과 연계되어 있다.[124] 여기서 지적하고 싶은 것은 다만 죽은 자의 문제 또한 가족이라는 테두리 안에서 보아야 한다는 점이다. 지역공동체, 죽은 자, 그리고 지역 신령 사이의 관계 또한 마찬가지이다. 한국 샤머니즘에서 가족은 아직 원형적인 것과의 고태적 동일시로부터 분리되지 않았다고도 할 수 있을 듯하다.

보호신령들을 불러오고 이때 부르는 무가는 영웅담으로 이루어지는데, 제주도의 시왕제에서 특히 두드러진다. 첫날에는 네 개의 무가가 차례로 불린다. 그 가운데 둘은 불교적인 신령과 어린이의 넋들에게 바쳐진다.[125] 앞의 노래에서는 일종의 창조신화로 시작되는데 여기에는 이질적인 요소가 섞여 있다. 노래를 마감하면서 신방은 모든 신령과 집의 신령들에게 다음과 같이 고한다.

  매살이고 제청(祭廳)으로 좌우정게 아롭내다(밥상을 바치고 제청에

---

124) 김태곤(1968), 「성주신앙고」, 『후진사회문제연구논문집』 제2집, 경희대 후진사회문제연구소, 204쪽.
125) 秋葉隆(1950), 앞의 책, 95쪽; 현용준(1986), 『제주도무속연구』, 374~382쪽. '시왕맞이' 참조.

서 좌우 신령들께 아룁니다)
　　금자수(金紫水)로 부정 서정을 가하고(부정의 기원을 바치고)
　　삼선향(三線香)을 받아 올리고
　　서룬 맹성(鳴聲) 서룬 말과(서러운 울음소리와 서러운 말과)
　　서룬 원정(寃情) 올님내다(서럽고 원통한 정 올립니다)[126]

　두 번째와 세 번째 무가 ─ 초공 본풀이와 세경 본풀이 ─ 들은 신에 의해 운명지어진 영웅들의 이야기를 노래한다. 이들은 저승에 살면서 이승 사람들의 삶을 다스리며 가족에게 복을 갖다준다. 이들 영웅의 희귀한 탄생, 이들이 이승에서 겪은 박해와 고통, 이들의 신적인 힘에 대한 찬양 등이 풍부하게 묘사된다.[127] 「차사본풀이」, 즉 저승사자의 근원신화는 사흘째 되는 날 불린다. 이 모든 것은 샤먼 신화들로 신들의 삶에 관한 이야기이며 그것도 신들과 이승의 관계에 관한 이야기이다.
　이와 같은 무가들은 상당히 합목적적으로 배열되어 있다. 무가는 우주의 기원에서 시작하여 아궁이와 문의 신에 대한 역사로 끝맺는다. 모든 무가의 주제는 신격의 반열에 오른 혼령들, 즉 '신이 되는 것'(Gottwerdung)이다. 죽은 자의 넋이 새로 돌아가야 할 목표, 또는 길일 것이다.
　이러한 전 단계의 과정은 무당에게는 보호신의 강림으로 인한 영력의 강화이다. 하지만 굿의 참여자와 제상에 이미 와 있는 죽은 자의 넋에 대해서는 앞으로 살아 있는 자가 보내고 또 죽은 자가 가야 할 목표, 즉 '극락왕생'이 무신(巫神)들이 겪은 영웅의 고행과 승리의 역정임을 예시하는 것이 된다. 다음에 이어지는 중심부의 몇 가지 과정은 상당히

---

126) 赤松智城・秋葉隆(1937), 앞의 책(上), 387쪽.
127) 같은 책, 388~436쪽, '초공본풀이'에서 '삼공본풀이'까지.

상징적인 의미를 내포하고 있으며 심리학적으로 의미 있는 문제들을 제기하고 있다. 저자는 이것을 경기도지방의 진오귀를 중심으로 고찰하고자 한다.

2) 사령제의 몇 가지 과정의 심리적 고찰

(1) 넋두리

아키바의 보고에 따르면 서울지역 진오귀에서 다섯 번째 대감굿이 끝나자 무녀는 신복(神服)을 벗고 양손을 높이 들어 춤추며 영의(靈衣)로서 제단에 놓아두었던 망자의 옷을 들고 그곳에 앉아 있는 가족 앞에 흔들어 사령이 내려왔음을 고한다. 이때 가족은 슬프게 곡한다. 잠시 후 무녀는 망자의 영의를 입고 흰 무명 손수건을 들고 춤춘 뒤 유족에 대하여 넋두리를 한다. 생전의 불평과 고통, 현재의 괴로움을 호소해 마지않아 사람들은 한편 두려워하고 한편 슬퍼하며 후회하여 울기를 그치지 않는다.[128] 혹은 어려서 죽은 여아의 넋을 위한 서울 방산시장의 한 진오귀굿에서 저자가 본 바에 따르면 무당은 죽은 아이의 옷을 한 팔에 껴입은 채 "어머니 내가 왔어요!" 하며 어머니의 품에 몸을 던진다. 둘은 방바닥에 나동그라지며 부둥켜안고 울부짖으며 서로의 한을 푼다.

서울 용산구 한 무녀의 진오귀굿에서는 바리공주거리가 끝난 뒤 망인상(亡人床)을 뜰로 옮기고 무조 바리공주의 신의를 입은 채 무당은 촛불과 향을 켜 들고 곡하는 유족들을 거느리고 망인상 주위를 여러 번 돈다. 그다음 시왕포를 가르고 여섯째로 넋청배(請拜)로 들어간다. 뜰의 망인상에 상식상(上食床)을 따로 올리고 유족들이 곡하고 '뒷영실'

---

128) 秋葉隆(1950), 앞의 책, 92쪽.

이라 하여 망인의 영혼을 청해 무에 실리게 하여 푸넘하는 과정이 있다. 말하자면 넋두리에 행당된다. 이때 무녀는 머리 쪽비녀 위에 넋을 꽂고 망인의 역할을 한다고 한다.

이 과정이 끝나면 넋보냄으로 영혼을 보내고 진오귀의 뒷전거리로서 굿이 모두 끝난다.[129]

경기도 시흥의 '집가심'에서는 유족이 '넋반(盤)'을 들고 서 있는 옆에서 무녀가 방울로 키(곡식을 까부르는 그릇)를 긁으며 넋내림 축원을 할 때, 넋반이 가늘게 떨리다가 그것을 든 사람의 전신이 맹렬하게 진동하면 무녀가 망자의 역할을 하면서 망자의 원한을 풀어놓아 푸넘한다. 무녀는 넋반을 잡았던 유족에게 그것을 놓고 방울을 쥐게 한 뒤 망자의 옷을 입고 생전에 아끼다 못다 입고 죽었다는 억울함을 나타낸다고 한다. 무녀는 여기에 직접 망자로 전환하는 것이 아니라 중개자인 가족에게 내린 '넋'의 한을 고하는 대변자의 역할을 한다. 망인의 앉을 자리를 무당이 정하지 않고 가족의 손끝에 떨리는 방울이 가리키는 것을 보아도 알 수 있다. '넋보냄' 거리에서는 참나무 상순가지에 백지를 묶은 대를 잡은 사람의 손이 떨리면 대(죽은 자의 넋이 깃든)가 제상에 가서 음식을 먹고 나서 유족들의 몸을 차례로 문지른다. 그러면서 가정일에 대한 유언도 하며 작별인사를 하면 대를 잡고 유족이 운다고 한다. 무녀는 이 과정들에서 넋을 부르거나 대행자를 통해서 보내기를 주재한다.

핀트아이젠[130]은 샤먼을 심령술에서의 영매와 비교했는데 집가심에

---

129) 김태곤(1981), 앞의 책, 315~316쪽.
130) Findeisen, H.(1957), *Schamanentum*, Stuttgart: W. Kohlhammer Verlag, p.18, p.180~196.

서의 넋두리는 앞에서 말한 진오귀보다 약간 그 정동성(情動性)의 강도가 약하다. 그리고 망자의 원한이 형식적으로 표현되고 넋의 내림과 보냄을 더 강조하고 있는 듯한 인상이다. 그러나 망자의 원한을 생자 앞에서 푼다는 점에서는 전자와 같은 기능을 가지고 있다.

변사자의 영혼이 지닌 고민을 풀고 가족의 안녕을 비는 맹격의 초혼은 변사의 장소에서 행해지며 오후 또는 야간 독경 대신에 애조 띤 노랫가락을 하면 영의를 가진 자의 손이 떨리기 시작하며 옷을 버리고 변사상태를 연출하는 경우가 있다고 한다.[131] 비록 그 나타내는 방식이 다르다고 하더라도 망자의 한을 표현한다는 점에서는 앞의 두 경우와 같다.

익사자나 횡사자(橫死者)를 위한 관서(關西)지방의 '요왕굿'[132]에는 "불쌍한 금일망자 수중(水中) 고혼(孤魂) 삼혼(三魂) 칠백(七魄)을 내어달라"는 무가가 '넋풀이' 거리에서 읊어진다. 강원도지방의 익사자를 위한 굿에서는 무당의 몸을 밧줄로 감고 물속에 들여보내서 익사상황을 재연한다. 잘 안 될 때에는 몇 번씩 되풀이한다. 가족들은 그 광경을 비교적 투명한 수심을 통해서 볼 수 있다. 이 과정은 무당에게 대단히 위험하므로 아무나 할 수 없고 무당도 거의 익사상태에 빠지기 때문에 곧 밧줄을 올리지 않으면 죽을 수도 있다. 무당을 물에서 건지면 무당은 깨어나서 그동안 일어난 일을 사람들 앞에서 이야기한다.

넋두리는 반드시 사령제뿐 아니라 보통 굿 열두거리의 세 번째 조상거리에서도 하는 것이 상례이다. 그 집의 죽은 망령들이 순서대로 들어와 울며 넋두리를 하며 다음 망령이 강신할 때 반드시 강신도무(降神跳舞)가 앞선다고 보고되어 있다. 집안에 우환이 있고 장사가 안 되어 굿

---

131) 秋葉隆(1950), 앞의 책, 96쪽.
132) 임석제·장주근(1966), 『관서지방무가』, 문교부, 154쪽.

을 할 때도 가족 중의 사망자가 자기의 한을 무당의 입을 통해 이야기할 때 여기저기서 친척 아낙네들이 눈물을 닦고 때로 흐느끼는 것을 볼 수 있다. 어떤 경우에는 심지어 망자가 된 무당과 유족이 부둥켜안고 마룻바닥에 쓰러져 통곡하며 울부짖을 때도 있다.

'망묵이굿'(함경도)에서는 청천각씨와 도랑 선비의 애화(哀話)를 부르고 그 뒤에 '바리데기'의 무가가 이어진다. 이 청천각씨의 애화는 비록 이야기가 망자의 직접적인 체험으로 표현되지는 않으나 죽음과 이별의 비탄을 노래한다는 데 공통점이 있어 능히 넋두리를 대신할 수 있는 것이 아니었을까 생각된다. 그런데 이 애화의 귀결은 일정치 않다. 아키바의 보고[133]는 비극적 결말을 보인다. 즉 젊어서 남편을 잃은 청천각씨가 비탄에 젖은 나머지 손가락으로 무덤을 파고 또 손에 기름을 칠하고 불을 붙여 죽은 도랑 선비가 다시 살아나기를 빈다. 그러자 남편은 바다새우(海老)가 되고 그녀도 죽어 개울매미가 되었다는 것이다. 앞에서 거론된 김태곤의 함경남도 무가에서는 부부가 저승에서 재결합을 한다.

그러나 두 이야기는 죽은 남편에 대한 부인의 통한, 남편에 대한 절절한 그리움, 죽어서라도 만나고자 하는 부부의 사랑을 담은 점에서 공통점이 있다. 죽어서 남자가 바다새우가 되고 여자는 개울매미가 되었다는 귀결은 동물로 환생하기는 했으나 서로 만날 수 없는 곳에 환생하였다는 점에서 비극성이 더 강하게 나타난다. 두 이야기 모두 남편을 살려 이승에서 함께 살고자 하는 여인의 노력이 치열하고 그녀에게 부과된 시련 또한 가혹하게 묘사된다. 그녀의 시도가 번번이 수포로 돌아간 것으로 볼 때 이야기의 전달자는 결말보다는 한 남자를 사모하는 여인의 애틋한 희생정신을 드러내고 싶었던 것 같다.

---

133) 秋葉隆(1950), 앞의 책, 94쪽.

함경도 샤머니즘에서는 여무(女巫)보다 박수의 역할이 우세한 것으로 알려져 있다. 이로 미루어볼 때 이 이야기는 남성들의 심금을 울리는, 즉 남성들의 아니마를 자극하는 데 이바지하였을 것 같다. 바리데기 이야기가 이와 동일시되는 여무에 의해서 노래된 것과는 대조적인 현상이다.

전남의 씻김굿에서도 혼령의 원한을 푸는 과정은 참여자와 사령을 대변하는 무당 사이의 감정적인 교환이 아니고 새끼줄로 고를 만들고 이를 풀거나 명두고를 풀어줌으로써 사령의 원을 푸는 일종의 마술적 행위 속에 표현되어 있다.

넋두리와 비슷한 감정적 효과는 차라리 죽음의 순간으로부터 겪는 갖은 고행을 푸넘하는 이른바 해원굿계의 무가에서 볼 수 있을 것 같다. 죽음의 한이 생생하게 표현된 경기도지방의 「죽음의 말」은 한 예이다.

이상에서 본 우리나라 샤머니즘의 넋두리 과정은 다른 민족의 샤머니즘에서도 볼 수 있다.

일본의 샤머니즘에는 무녀가 강신상태에서 아직 해명되지 않은 망자 생전의 역사, 특히 사인(死因) 같은 것을 산 자에게 전달하는 구치요세(口寄せ)가 있었다. 여기에는 산 자의 영을 옮기는 이키구치(生口)와 사자의 영을 부르는 시니구치(死口)와 길흉화복을 나타내는 가미구치(神口) 등 세 가지가 있다. 죽은 자 공양으로 '호토케오로시'(佛オロシ)를 할 때에는 대개 구치요세무(口寄せ巫)를 시켜서 사령을 부른다. 어떤 영은 일곱 번이나 부르는데, 비명에 죽은 사람의 경우이다. 죽은 자는 무녀의 입을 통하여 평소 목소리로 말을 하고 유족들도 격한 감정으로 이야기를 나눈다. 어린애들도 자기 목소리로 지옥의 고통을 호소하고 부모들은 소매가 젖을 정도로 눈물을 흘린다.[134]

죽은 자를 위한 곡(哭, Totenklage)은 게르만족 사이에도 널리 퍼져 있었다. 죽은 자를 위하여 곡하는 부인을 곡부(哭婦, Klageweiber)라 했는데, 이는 얼마 전까지도 독일 바덴(Baden) 지방, 노르웨이, 스위스 그라우프뷘덴(Graubünden) 지방에 남아 있었다. 죽은 자에 대한 호소는 산 자의 의무였다. 죽은 자의 한을 진정시키는 데 그 목적이 있다. 그리스에서는 시체를 발견하지 못한 익사자를 위해서도 죽은 자를 위한 곡을 했다.[135]

구치요세나 죽은 자를 위한 곡이 그 양상은 조금 다르다 하더라도 넋두리와 마찬가지로 산 자가 죽은 자의 고통을 공감할 수 있는 기회이다.

무당이나 구치요세무, 곡하는 부인의 중재에 의하여 죽은 자와 산 자가 만나며 고통과 회한과 공포와 원한의 강한 정동체험을 통하여 '너'와 '나'의 한계가 없어지는 순간이다. 이 과정을 심리학적으로 좀더 깊이 고찰하면 두 가지 측면을 만날 수 있다. 하나는 사령의 실존을 인정하는 입장에서 본 사령 자신의 문제로서의 한(恨), 다른 하나는 앞에서 말했듯이 사령 생전의 인격과 동일시되었던 산 자의 의식구조의 일부가 죽음이라는 사건을 통하여 무의식 속으로 떨어져 나가 생성된 심적 콤플렉스로서의 망자와 그의 한이다. 융은 만년에 귀령의 실존을 아주 부인할 수는 없다고 술회했고 이 생각은 반드시 심적 콤플렉스로서의 망자라는 관념과 모순되지 않는다. 왜냐하면 물질적인 것과 정신적인 것은 어느 하나가 다른 하나의 원인이나 결과라기보다는 동시에 일어나는 것이라고 보기 때문이다.

후자의 경우, 즉 사령의 한이 산 자의 무의식에서 투사된 심적 내용,

---

134) 柳田國雄 監修(1967), 『民俗學辭典』, 東京: 東京堂出版, 173~174쪽; Eder, M.(1958), *Schamanismus in Japan*, Paideuma, Bd.IV, Heft 7.
135) Hermann-Krayer, E., Bächtold-Stäubli, H.(1936/37), *Handwörterbuch des deutschen Aberglaubens*, Bd.VIII, Berlin: Walter de Gruyter, pp.1071~77.

감정적 응어리라면 넋두리와 이와 유사한 현상은 죽은 자뿐 아니라 산 자의 무의식 속에 있는 감정적 콤플렉스를 그의 의식세계로 불러들이고 다시 체험하는 과정이다. 융에 따르면 콤플렉스는 어떤 감정적 체험에 의하여 형성된 심상군(心像群)이기 때문에 이것을 의식화하려면 강한 정동(情動, emotion)이 수반되고 또 수반되어야 한다. 왜냐하면 정신적 내면세계의 여러 심적 요소를 그저 지적으로 이해하는 것만으로는 결코 그것들을 의식에 동화할 수 없기 때문이다.

정신요법에서는 지적 이해를 넘어선 '소화'(消化, Verarbeiten)가 중요한데 이것은 감정적 체험 없이는 이루어지기 힘들다. 넋두리는 그것이 감정에 호소하며 더욱이 잊혔던 회한을 자극하여 재체험시킨다. 그러한 점에서 분석심리학적 정신요법에서 무의식 속에 숨은 콤플렉스를 의식면으로 올려 그것을 의식에 동화하는 의식화과정(Bewußtmachung)과 비슷하다. 이것은 프로이트의 '카타르시스'(Katharsis, 해소) 같은 것이라기보다는 함께 체험함(Miterleben)으로써 획득되는 하나의 합성(Synthese)이다. 무의식의 콤플렉스는 씻어내는 것이 아니라 체험되는 것이기 때문이다.

죽은 자의 한은 산 자의 무의식 속에 잠재하는 아직 충분히 연소되지 못한 잉여감정(剩餘感情, emotional residue, Gefühlsrest)이다. 이것은 죽은 자가 완전히 살지 못하고 죽었기 때문에 그 원한이 살아 있는 사람을 괴롭힌다는 우리나라 민간의 관념과 일치된다. 야쿠트족이 생각하듯이 죽은 자는 죽은 뒤에도 영혼이 되어 옛집 주변을 서성거리는데 그는 생전에 완성하지 못한 채 내버려둔 일을 완성해야 한다. 영혼은 '다시 죽기 위하여' 그렇게 서성거리는 것이다. 다약족(Dayak族)에서는 세 번 혹은 일곱 번 죽는다.[136] "비겁한 자는 여러 번 죽지만 용감한 자는

---

136) Heiler, F.(1959), *Die Religionen der Menschheit*, Stuttgart: Reclam,

한 번 죽는다." 어느 서부영화의 대사처럼 사령의 '한'은 삶의 작업의 미완성에 대한 '한'이다. 동시에 그 완성을 추구하는 목적을 지닌 감정적 콤플렉스이다. 이 삶의 완성은 형이상학적인 의미가 아니라 심리학적 의미의 완성을 말한다. 무의식의 내용을 의식화함으로써 분열된 마음을 통일로 이끌어 전체정신, 즉 자기(自己, die Ganzheit)로 돌아오게 하는 과정을 말한다. 무당이 이와 같은 한을 망령의 입을 통해 산 자에게 체험시키는 행위 뒤에는 그러한 상징적인 의미가 있다.

그러므로 넋두리에서 무당의 역할은 분석적 치료자가 피분석자의 고통이 지니고 있는 의미를 찾아 그에게 전해주는 역할과 비슷하다. 우리나라 무당도 샤먼처럼 때로는 영혼의 인도자이다. 그리고 현대의 정신분석가 또한 무의식의 심적 내용을 피분석자에게 깨닫게 해주는, 상징적으로 바로 이와 같은 '영혼의 인도자'(Psychopompos) 역할을 한다. 무당은 이것을 엑스터시, 혹은 빙신상태에서 성취한다는 것이 특징이다. 샤머니즘에서 '빙신'은 가역적이라는 점에서 병적인 빙의증후와 다르다.[137] 가역적 빙신은 심리학적으로 자아의 무의식적 콤플렉스에 의한 능동적 지배상태라고 해석할 수 있다. 능동적 지배란 자아의식이 완전히 상실되는 상태와 구별되며 자아가 무의식의 어떤 심상과 동일시되면서도 거기서 빠져나올 수 있는 의식을 간직하고 있음을 말한다.

이렇게 보자면 치료자인 무당이 스스로를 사령에 빙의하게 하는 행위는 분석심리학적 정신치료의 한 방법인 적극적 상상(적극적 명상, active imagination)[138]과 비교해볼 만한 심리적 작업이라고 할 수 있다.

---

    pp.85~88.
137) 앞의 제7장 '빙의현상과 증후' 참조.
138) Jung, C.G.(1967), *Transzendente Funktion*, *G.W.* Bd.8, Zürich: Rascher Verlag, pp.77~104; 이부영(1998), 『분석심리학』(개정증보판), 일조각, 288~293쪽.

적극적 명상은 무의식의 내용을 의식에 더욱 효과적으로 끌어올리기 위한 방법으로 무의식의 어떤 한 표상에 집중하면서 그 표상이 현실에 존재하는 것처럼 상상을 거듭하면서 무의식의 현실 속에 들어가 그와 대화를 나누며 진행과정을 관찰하는 방법이다. 자아의식은 이때 무의식과 연결되어 있으면서 다른 한편으로는 일어나고 있는 것을 '의식'하며 이를 표현할 수 있다. 사령이 된 무당의 넋두리도 이와 비슷한 면을 가지고 있는 것은 사실이다.

다른 면도 있다. 무당은 이 경우 자신의 무의식을 활성화한다고 의식하지 않으며 밖에 있는 타자인 사령의 '한'에 집중하고 이를 표현한다. 자신의 무의식 안에서 또 하나의 인격과 대화를 하는 것이 아니라 밖에 있는 망자의 살아 있는 가족과 대화를 한다. 그에게는 죽은 자의 한풀이라는 구체적인 목표가 있고 산 자와의 만남은 당연히 고도의 격정과 통한의 정동을 수반한다는 특징이 있다. 실제로 무당의 마음속에 일어나고 있는 것은 무엇일까. 첫째는 망자가 어떻게 죽었는지에 대한 현실적인 정보가 있고 이것이 상상의 실마리를 제공하는 경우이다. 둘째는 망자에 대한 무의식적이고 동시성적 지각이 일어날 가능성이고 셋째로 밖에 있는 '망자의 한'에 대한 집중을 통하여 자신의 무의식에서 활성화된 죽음 콤플렉스의 경험이다. 망자의 한은 무당 개인의 한과 잠재되어 온 죽음의 원형이 연계되어 있다.

물론 우리나라 무당이 언제나 진정한 의미의 빙신상태를 나타내는 것은 아니다. 그러나 무당이 죽은 사람의 옷을 손에 들거나 스스로 입고 말을 한다는 사실은 무당이 죽은 자와 이 순간에 동일하다는 것을 상징적으로 암시한다. 또한 과거의 어느 시점에 진정한 의미의 엑스터시가 있었다가 현재 형식화한 것이라고도 볼 수 있을 것 같다. '초혼'의 경우와 같이 무당 자신은 아니라 하더라도 무당의 주재 아래 죽은 사람의 옷을 잡거나 대를 쥐고 있는 사람에게 '신'이 올라서 손을 떨기 시작하다 변사자의 죽은 모습을 재연한다는 사실은 빙신상태의 중요성을 한국무속에서 강조하고 있는 동시에 그것이 반드시 허구의 연기가 아닐 수 있음을 보여준다.

최길성은 망령이나 조상의 영혼이 들어온다는 진오귀굿이나 조상거리는 굿을 주관하는 집의 내력을 잘 아는 무녀가 담당하는 것이 상례로 되어 처음부터 연극적 요소가 보인다고 하였다.[139] 물론 진오귀의 넋두리 제차는 현실적으로는 무당의 의식적 연극적 의도로 주도되는 경우가 적지 않을 것이나 전체적으로 무당은 죽음과 삶, 죽은 자와 산 자, 저승과 이승, 무의식과 의식의 경계선상을 넘나들고 있다는 인상이다.[140]

(2) 바리공주

한국 샤머니즘의 사령제에 관한 1930년대 경기도지방 진오귀를 다시 종합해보자. 넋두리가 끝난 뒤 조상의 영이 차례로 나타나고 다음 사자굿거리〔使者祭次〕에서 주무(主巫)는 술잔을 바쳐 시왕 가망을 청

---

139) 최길성(1967), 「한국무속의 연구──서울지방의 제석거리를 중심으로」, 『육군사관학교 논문집』 제5집, 6~28쪽(특히 18쪽) 참조.
140) 차옥숭은 서울 진오귀굿의 넋두리 체험을 다음과 같이 감동적으로 묘사하였다. "어느 종교의 사제가 평신도 또는 재가 신도의 아픔을 저렇게 너울 수 있을까 생각했다. 고상하고 관념적이며 상징적인 언어들을 가지고 하는 위로의 말들보다 저렇게 부둥켜안고 울어주는 것이 가장 큰 위로가 될 것 같다는 느낌을 받았다." 일리가 있는 표현이다. 어쩌면 울음을 참고 냉정을 잃지 않는 서양의 상주들보다 고래고래 소리 지르며 통곡할 수 있는 문화가 건강한 문화인지도 모르겠다고 생각한 일이 있다. 차옥숭(1997), 『한국인의 종교경험 무교』, 서광사, 211쪽 참조. 차옥숭은 또한 진오귀굿을 한 무당의 체험을 소개하였다. "새남굿을 하면서 영실을 놀 때면 망자가 몸에 실린다. 영실을 놀 때 춤을 추다가 갑자기 몸이 으스스하고 소름이 끼치면 망자가 몸에 실린다는 것을 전신으로 느낄 수 있다. 그때는 나도 모르게 말이 술술 나오고 망자의 생각이나 마음, 어떻게 살았는가, 또 지금 심정이 서럽다는 등 온갖 말이 저절로 나온다." 같은 책, 215쪽.

해 모시고 노래한다. 방울을 가지고 잠시 춤춘 뒤 마포를 바쳐 사자(使者)를 모신다. 주무는 시왕이 보낸 사자(使者)의 모습으로 춤추면서 영상(靈床)에 매어둔 혼전(魂箋)을 빼앗으려 한다. 이를 막으려는 유족들과의 실랑이, 사자와 유족 사이의 우스꽝스러운 재담 뒤 마지막에 사자(使者)타령을 하면서 죽은 자를 극락으로 데려가기 위한 인정(人情, 뇌물)을 요구한다.

다음 말미굿에 이르러 무녀는 머리에 대수(大首)를 이고 몽두리와 홍상(紅裳) 등을 입는다. 이렇게 무조 '바리공주'의 모습이 되어 끈에 한삼(漢衫)을 건 장구를 세워서 오른손으로 치며 왼손으로 종을 흔들며 바리공주의 신화를 이야기한다. 이것을 '말미를 바친다'고 하지만 바리공주가 죽은 자를 천도하는 구절을 창할 때마다 유족은 소리를 내어 애곡한다.[141]

앞에서 우리는 넋두리의 치료적 의의를 보았거니와 여기서는 그 과정의 다른 측면을 바리공주 굿과 관련시켜 생각해보기로 한다. 넋두리와 바리공주가 이어지는 순서로 진행되는 과정은 서울의 진오귀 이외의 다른 사령제에서는 확인하기 어렵다. 바리공주의 노래가 빠진 사령제도 있다. 함흥의 '망묵이'에서 부르는 청천각씨와 도랑 선비 애화는 넋두리의 아형(亞型)이라기보다는 바리공주를 대신하는 이야기일 듯하다.

장주근·최길성이 조사한 경기도지역 무속[142]에서는 사자(使者) 제차 뒤에 바리공주가 불리고 다음에 망자상(亡者床)을 돈다. 그런 다음 베를 가르고 상제들이 망자상에 제사한 다음 넋두리를 하면 진오귀굿이 끝난다. 넋두리가 굿 중간과 뒷부분에 두 번 정도 나타나기도 한다.

---

141) 秋葉隆(1950), 앞의 책, 92쪽.
142) 장주근·최길성(1967), 『경기도지역무속』, 문화재관리국, 152~154쪽.

중간에서는 원한을 풀고 뒷부분에서는 산 자와 이별의 서러움을 나누는 행위로 표현될 수 있다.[143]

현대정신요법에서 흔히 체험되듯이 치유과정이란 항상 창조와 파괴의 양면성을 지닌다. 창조적인 방향, 즉 치유과정을 성공적으로 성취하는 데 결정적인 역할을 하는 것은 치료방법 자체보다는 그 방법을 운영하는 치료자의 올바른 태도이다. 환자로 하여금 자기의 한을 재현시키고 재체험시키는 것은 확실히 치료 도상(途上)의 중요한 심리적 과정임에 틀림없으나 이와 같은 재체험이 무한히 연장될 때 본래 기대했던 콤플렉스의 의식화보다 자아가 콤플렉스가 지닌 강한 정동(情動)에 휩쓸려 오히려 콤플렉스에 지배당하는 일이 생길 수 있다.[144]

'넋두리'라는 말은 본래의 뜻과는 달리 신세타령한다는 말과 함께 비교적 열등한 뜻으로 쓰이는데 이것은 넋두리의 이와 같은 위험성을 사람들이 어느 정도 감지했기 때문인지도 모른다. 넋두리가 끊임없는 통곡과 읍소로 그친다면 오히려 산 자로 하여금 죽음의 세계로 가라앉아서 빠져나오지 못하게 하는 역효과를 가져다줄 가능성이 크다. 산 자는 과거에 겪은 한에 집착한 나머지 현실로 돌아올 길이 없어진다. 다시 말해서 무의식의 세계로 퇴행해서 스스로 그 세계에서 자극된 무의식의 해로운 기분에 잠겨버린다. 콤플렉스의 소화에는 의식이 필요하고 의식과 무의식 사이의 갈등과 긴장을 거쳐야 하는데 그것을 겪고 지나갈 의식이 마비되어버리는 것이다.

---

143) 차옥숭의 서울 진오귀굿의 순서는 1930년대의 경우와 비슷하지만 내용이 몇 가지 추가되었다. 넋두리에 해당되는 영실은 초영실과 뒷영실이 앞뒤에 배치되어 있고, 바리공주에 해당되는 것은 ⑨ 시왕가망거리 ⑩ 사제거리 뒤에 있다. 차옥숭(1997), 앞의 책, 204~210쪽.
144) Jung, C.G.(1963), *Die Beziehungen zwischem dem Ich und dem Unbewußten*, Rascher Verlag, p.26, p.107.

예를 들면 가까운 사람을 저승으로 보낸 친지들이 일시적 허탈상태, 우울증에 빠졌을 때 지나친 애도(mourning)가 그 우울증을 오히려 악화시키는 경우가 있다. 혹은 실연을 한 청년이 잠재적인 자살의도를 가지고 있을 때 비탄과 상실감을 지나치게 받아줌으로써 오히려 그를 자살행위로 치닫게 하는 역설적인 결과를 일으킬 수도 있다. 원시민족들의 설화 속에는 이와 같은 위험성을 웅변적으로 지적한 것이 있다. 라스무센(Rasmussen)의 그린란드 전설(Grönlandsagen)에는 다음과 같은 에스키모족의 이야기가 있다.

하계(下界)로 여행한 축귀사(逐鬼師, 귀신을 쫓는 자, Geisterbeschwörer)가 여러 가지 체험을 한 끝에 한 곳에서 많은 사람을 보았다. 몇 사람은 산 채로, 다른 몇 사람은 반쯤 썩은 채로 누워 있었다. 그는 그 이유를 물었다. 대답은 이러했다. "이것 보시오. 만일 누가 죽어서 남아 있는 유족으로부터 너무 심하게 애도를 받으면 그는 다시는 힘을 쓸 수 없게 되고 사람들이 그 때문에 더 이상 울지 않을 때까지 그렇게 누워 있어야 합니다. 그러니 인간들에게 말하시오. 죽은 사람을 애도하되 너무 정신없이 울어서는 안 된다고."[145]

너무 많이 울어서는 안 된다는 규범은 게르만족 사이에 보편적으로 퍼진 관념인 듯하다.[146] 바리공주는 이와 같은 넋두리의 위험성을 지양하는 기능을 하는 것은 아닐까.
남이 자기를 이해한다는 느낌은 고통을 받고 있는 사람에게 황홀하

---

145) Rasmuessen K.(1922), *Grönlandsagen*, Berlin: Gyldendal, p.30.
146) Hermann-Krayer, E., Bächtold-Stäubli, Hanns(1936/37), *Handwörterbuch des deutschen Aberglaubensv*, Bd.VIII, p.1072.

기까지 한 체험이지만 동시에 황홀은 환자의 자아를 '삼켜버릴' 가능성이 있다. 동정과 공감이 너무 강하면 무의식의 어두운 그림자로 위협받고 있기는 하나 아직 피어 있는 의식의 가냘픈 '빛'을 아주 소멸시키기 쉽다. 왜냐하면 그와 같은 동정(Mitleiden)에는 고통의 '의미'에 대한 자각이 없기 때문이다. 무가(巫歌) 바리공주의 내용은 이와 같은 고통의 의미를 인식시켜주는 데 중요한 역할을 하는 것 같다. 서울지방 진오귀굿에서 부르는 바리공주 무가의 줄거리[147]는 다음과 같다.

노대왕(老大王)이 세자 대군의 혼례를 위하여 만신에게 점을 치라고 했다. 폐길년(閉吉年)에 길례(吉禮)를 하면 제7공주를 얻고 대개년(大開年)에 하면 3동궁(東宮)을 얻을 것이라 했다. 성급한 대왕은 기다리지 않고 혼례를 시켜 결국 예언대로 제7공주를 얻는다. 제7공주가 태어나자 세자를 기다리던 왕은 노하여 아기를 궁전 밖으로 내버렸다. 그러나 동물들이 보호하므로 돌곽에 넣어 바다에 버렸다. 그러나 금거북이가 그것을 받아 동해로 나르고, 까치가 보호했다. 석가세존이 사해(四海)를 구경하고 인간에게 자비를 베풀려고 오다가 떠내려온 돌곽 안의 아기를 주워 비리공덕[乞食功德] 할아비와 비리공덕 할미에게 양육을 맡긴다. 아기는 어릴 때부터 총명하여 배우지 않고도 위로는 천문(天文)과 아래로는 지리(地理)에 통달하여 친부모의 주소를 물어 양부모를 당황케 한다.

한편 국왕 전하의 병이 위독해져 점을 치니 국왕과 왕비 모두 제7공주를 버린 죄로 한날 한시에 승하할 것이니 공주를 버린 곳을 찾아야 하고 불사약(不死藥)을 가져와야 한다고 한다. 아무도 나서지 않으려는 길을 예대신(禮大臣)이 자원하여 나섰다. 제7공주가 돌아오

---

147) 赤松智城·秋葉隆(1937), 앞의 책(上), 3~60쪽, 281~337쪽.

니 왕과 왕비는 눈물을 흘리며 죄를 뉘우친다. 그러나 왕의 병은 더욱 심해져 제7공주는 혼자 영약을 구하러 다른 공주들이 싫어하는 길을 나선다. 석가세존의 도움으로 무상신선(無上神仙)에게 가서 아홉 해를 봉사하고 그의 일곱 아들을 낳았다. 약령수(藥靈水), 골육이 살아나는 나무를 들고 돌아와 그동안에 죽은 왕과 왕비를 살려낸다. 왕이 감격하여 원하는 것은 무엇이든 들어준다고 하였으나 그녀는 만신의 왕이 되어 "치어다 백재일(百齋日)은 산 이 천도하고 내려다 유재일(幽齋日)은 죽은 이 천도하겠다"며 만신의 몸주가 되었다. 그녀의 남편 무상신선은 부마대감(駙馬大監)에 임명되었다.[148]

바리공주의 이야기를 꿰뚫는 주조는 제7공주의 버림받음과 고행, 그리고 죽음을 지양하는 영험한 힘의 획득이다.[149] 이 이야기에서 바리공

---

148) 이야기의 앞부분에서는 대왕이 세자의 혼례를 서둘러 하였기로 7공주를 얻었다고 되어 있어 제7공주를 버리라고 한 것은 제7공주의 아버지가 아니라 할아버지로 오해될 소지가 있다. 그러나 뒤로 가면 그것이 부모임이 확실해진다.
149) 서울 「바리공주」 무가에는 제7공주의 두 번째 버림은 국왕의 죄를 보상하기 위해 용왕에게 바치는 제물로 묘사되어 있다.

        대왕마마께옵서 전교하시는 말삼이
        만조백관들아 내가 사해용왕께
        득죄한대로 진상이나 보내리라

또한 버리는 장소도 '까마귀와 까치가 인도하고 초목이 고개 숙여 인도'하는 것으로 이야기된다. 마치 제7공주의 버림이 신성한 숙명이었던 것처럼 말이다.

        어주 3배후에 옥함을 질머지고
        궐문밖을 내달으니 갈 바를 아지 못할러라
        이때 까막까치 고개 쪼아 인도하고
        군생초록이 고개를 숙여 인도하며

주는 두 번 왕궁을 떠난다. 한 번은 생후 즉시 왕궁에서 버림받았으며 다른 한 번은 능동적으로 불사약을 구하러 나선다. 앞부분에서 아기가 든 돌곽을 버리러 나가는 대목에서 다음과 같은 장면이 묘사된다.

> 한 천리 두 천리 세 천리를 갑니다.
> 갈치산 갈치고개 불치산 불치고개
> 어사디 대사디 아미타불 염불하고
> 고개를 넘어가니 앞에는 황천강(黃泉江),
> 뒤에는 유사강(流沙江) 까치여울 피바다에 던지니[150]

여기서 아기가 돌곽에 든 채 황천강과 유사강 사이 까치여울 피바다에 던져진다는 사실은 아기의 일차적인 '죽음'을 의미하는 것 같다. 이승과 저승의 경계가 분명한 것은 아니지만 예대신이 바리공주를 찾으러 갈 때 바리공주가 처음 석가세존의 도움으로 비리공덕 할아비와 할미에게 맡겨졌던 곳. 유사강을 뒤로, 황천강을 앞에 두고 갈치산, 갈치고개, 불치산 불치고개 대상암을 들어설 때 비리공덕 할아비와 할미가 하는 말이 그 세계가 남다른 곳임을 암시한다. 즉 그들은 예대신에게 다음과 같이 말한다. 이는 그 뒤에도 다른 곳에서 두 번 되풀이된다.

> 그대가 사람인가 귀신인가
> 날짐승, 길 버러지도 못 들어오는 곳을
> 어찌하여 들어왔는가[151]

---

150) 赤松智城·秋葉隆(1937), 앞의 책(上), 28쪽. 황천(黃泉)은 저승이고 유사(流沙)는 사막의 옛 표현이다.
151) 같은 책, 39쪽.

아기를 받아 기른 비리공덕 노부부는 산지기로서 지옥노래를 하고 다니는 것으로 저승과의 관련성을 짐작할 수 있다. 그러나 비리공덕은 아직은 중요한 역할을 하지 않는다.

바리공주의 두 번째 출가는 평지 3천 리를 가고 다시 부처님의 도움으로 험로 3천 리를 가서 가시성철성에서 지옥의 문을 열어 귀신들을 각기 갈 곳으로 보내고 날짐승, 길 버러지도 못 들어오는 곳에 가서 무상신선을 만난다. 이 세상 끝에 있는 세계, 즉 의식세계가 끝나는 곳에 존재하는 죽음의 세계, 저승, 무의식의 세계이다. 무상신선은 또한 '키는 하늘에 닿을 듯하고 얼골은 쟁반만 하고 눈은 등잔만 하고 코는 줄병 매달린 것 같고 손은 솟댕만 하고 발은 석자 세치라 하도 무섭고 끔찍한 존재'로 묘사된다. 그 저승의 속성(원형상)을 역력히 나타내고 있다. 이승에서 버림받은 바리공주는 저승 존재들과의 접촉을 통하여 샤머니즘에서 흔히 그렇듯이 귀중한 영약(靈藥)을 얻는다.

바리공주 이야기에는 수많은 영웅전설에서 볼 수 있는 비범한 탄생과 유년시절이 묘사되며 상징적으로 고통과 죽음과 부활이라는 이니시에이션의 주제(initiationsmotiv)가 엿보인다. 무상신선은 전형적인 입무 지도자이다. 이와 같은 신격이 끝에 가서 국왕이 주는 부마대감이란 벼슬을 받았다는 것은 아무래도 의식적으로 추가된 의도적 결말인 것 같다.

바리공주는 전통적 남성 본위의 사회의식에 의하여 버림받은 민족의 혼(Seele, anima)이라 할 수 있다. 이와 같은 인습적 통념과 결별하고 병들고 죽은 인습적 관념을 극복하여 이른바 집단의식을 새롭게 신생시키는 능력을 얻은 것이다. 병들고 죽은 국왕은 바로 이와 같이 경색된 인습적 집단의식의 상징이다. 바리공주는 기존 인습과의 타협을 거부하고 만신의 왕이 된다. 즉 무의식계를 통솔하는 주체가 된다. 사회적인 면에서 이것은 한국 샤머니즘의 저류를 흘러온 여성의 운명과 반항과 자주에의 희구를 대변한 것인지도 모른다.

바리공주의 고통은 신의 고통이며 그녀가 그 고통을 극복하고 죽음을 이겨냈다는 사실은 영혼의 인도자로서의 자격이 충분함을 뜻한다. 서울의 무가 바리공주에서는 무가답게 때때로 이야기 줄거리가 끊어지면서 바리공주가 죽은 영혼을 인도하는 장면이 읊어진다.

> 우여! 슬프다. 선후(先後) 망(亡)의 아모 망재(亡者)
> 칠공주 뒤를 쫓으면은
> 서방정토 극락세계 후세발원
> 남자되어 연화대로 가시는 날이로성이다.[152]

바리공주의 여러 가지 상징적 의미는 나의 다른 저서에서 이미 언급하였으므로 여기서는 바리공주 이야기의 핵심만 들어 넋두리와의 관련성을 생각해보기로 한다.[153]

넋두리에서 망자를 잃은 인간적인 슬픔은 바리공주를 통하여 신의 고통으로까지 드높여진다. 다시 말하면 개인적인 영역을 넘어서 존재

---

152) 같은 책, 42쪽.
153) 「바리공주」 유형의 무가는 그사이에 많이 수집되었고 많은 연구가 실시되었다. 김진영·홍태한의 서사무가 바리공주의 자료분석을 보면 1937년 발표된 서울 배민제 구전의 「바리공주」 이야기들과 기본구성이 거의 같다는 사실을 확인할 수 있었다. 김진영·홍태한 편저(1997), 『서사무가 바리공주 전집』 1, 민속원, 9~55쪽 참조. 따라서 이 무가는 보편적 주제를 가진 원형적 요소를 내포하고 있다고 보아도 무방할 듯하다. 물론 그 보편성을 증명하기 위해서는 같은 주제를 보이는 세계의 신화민담과의 확충작업이 필요하다. 그러나 그런 작업은 엄청난 시간과 품이 필요하고 이에 비해 본질적인 수확이 적다. 저자는 이 이야기를 여성의 자기실현과 관련하여 다른 곳에서 「심청전」의 상징성과 비교하여 논급하였다. 이부영(2002), 『분석심리학의 탐구 ③ 자기와 자기실현』, 한길사, 258~266쪽 참조.

하는 고통의 신성한 의미를 깨우쳐주는 것이 바리공주에 내재하는 상징적 의미이다. 만일 고통이 소명이라면, 그리고 죽음이 삶의 종말이 아니라 목적이라면 회의나 근심은 사라질 것이다.

무조 바리공주는 사자(使者) 거리에서 넋을 빼앗으려 하고 다른 한편으로는 가족으로부터 선물을 받으려고 하는 사자의 모습에 상징적으로 나타나는 산 자의 죽은 자에 대한 양가성을 불식한다.[154] 이리하여 무가 바리공주 끝에 말했듯이 '선망, 후망 아모 망재, 선대조상 모시고 대대손손이 극락세계'로 가게 되는 것이다. 한국 샤머니즘에서 무당은 영혼을 인도하는 자의 역할을 전적으로 맡지는 않는다. 사자(使者)가 있고 바리공주가 있다. 시베리아 유목민족보다는 의식 분화가 잘되었으므로 과거에 자아의 몫이던 것이 이제는 그 역할에 맞는 무의식적인 상들에 맡겨진다.

(3) 혼의 길과 베 가르기

'말미'를 바치는 무조 이야기가 끝나면 굿당 안의 제물은 조화(造花)로 장식된 극락 문이 있는 뜰로 옮겨진다. 무당은 바리공주의 신장(神裝)을 한 채 먼저 넋전에 청배하고 제물 주위를 돌면서 조용히 춤춘다. 세 번의 큰 원무를 돌고 나서 주무는 신칼 한 쌍을 가지고 동쪽에, 조무는 서쪽에 서서 서로 마주 향하여 제물 위를 넘어 신칼을 던지면서 동

---

154) 사령제에서 저승차사, 즉 사자(使者)의 역할은 매우 독특하여 간과할 수 없는 부분이다. 「죽음의 말」 「차사본풀이」에 나오는 저승차사는 음산하고 냉혹한 존재로 묘사되고 그런 측면에서 죽은 자의 저승행을 결정하고 촉진하는 데 기여한다. 그러나 사자는 인정을 요구한다든가 넋전을 빼앗느니 못 넘겨주느니 유족과 실랑이를 하면서 재담으로 슬픔에 잠긴 상주를 웃기는, 말하자면 죽음의 심각성과 공포를 해학으로 풀어버리는 역할도 하고 있다. 진도 '다시래기'와 같은 상례의 연희는 죽음이 무섭고 슬프기만 한 것이 아니라 새로운 탄생의 축제이기도 함을 시사한다.

북서남의 순으로 세 번 돈다. 다음에 무는 동발을 울려 사방에 경배하고 마포로써 허리를 감고 신칼을 위아래로 흔들면서 춤춘다. 그 사이에 네 사람이 흰 무명천의 양쪽 끝을 높이 쳐든 아래를 돌아 한 번 왕복한다. 유족이 흰 무명천 위에 인정(人情, 일종의 뇌물)을 던져줄 때 맹연히 몸으로 이 무명을 가른다. 이를 불사교(佛事橋)를 가른다고 하는데 다음에 그렇게 마포를 가르는 것을 시왕교(十王橋)를 가른다고 한다.[155]

무당의 빈번한 회전무는 아키바가 말한 대로 장(場)의 정화가 목적이다. 마포 혹은 무명포로 된 영혼의 '길'과 그것을 가름으로써 영혼을 보내는 부분은 상당히 원초적인 심성과 깊은 관련이 있는 것으로 생각된다.

저승과 이승 사이의 다리는 평양의 사령제 다리굿에도 있고 제주도의 시왕맞이에도 있다. 다리굿에서는 그 이름이 가리키는 것처럼 다리를 놓는 방법도 복잡하고 특히 저승과 이승의 연결이라는 문제가 중요하지 않았나 생각된다.

다리굿에서는 진오귀처럼 마포와 흰 무명포 두 가지를 나누지 않고 모두 흰 무명으로 한다. 흰 무명을 35척(尺)씩 네 줄로 해서 신교(神橋, Geisterwege), 시왕교(十王橋), 사자교(使者橋) 및 서천교(西天橋), 즉 불사교라 명명한다. 불교적 색채가 농후한 이 다리의 설정은 그만큼 분화되어 있는 것이 사실이나 동시에 상대적으로 의식의 의도가 강하게 노출되어 있다. 물론 어떻게 4개의 다리가 생기게 되었는지는 알 길이 없다. 이 화려한 다리의 설정에는 공통적인 의미가 있는데, 이승과 저승의 다리를 하나로 하지 않고 그 성격에 따라 '구별'한다는 점이다.

제주도에서는 뜰 안에 20여 척의 대신간(大神杆)을 세워 꼭대기에

---

155) 秋葉隆(1950), 앞의 책, 93쪽.

청세(靑笹)를 꽂고 청홍백(靑紅白)의 종이를 맨다. 동백꽃잎을 붙여 기다란 종이로 만든 기(旗) 하나를 올려 중앙에 죽은 자의 주의(周衣)와 천으로 감싼 쌀, 돈 등을 늘어뜨린다. 이를 큰 대라 하고 큰 신대를 통해서 신이 내려오는 통로라고 생각한다.[156]

이와 같은 신교(神橋)는 시베리아 샤머니즘에서도 볼 수 있다. 골드족이나 동부 퉁구스족에게는 신령이 그에 따라 걸어다니는 '귀령들의 오솔길'(Geisterpfaden)에 관한 이야기가 있다. 죽은 자의 모습을 그린 그림에 줄을 매달고 망령이 이 줄을 따라 그림 속으로 들어가도록 한다.[157] 알란스크(Alansk) 지역의 브리에트족의 '혼 탐색'(Seelen-suche)에서는 구리단추가 달린 비단실을 집 문에서 뜰로 끌어 거기 세운 어린 자작나무 가지에 매단다. 이는 돌아오는 영혼의 길잡이 역할을 한다는 보고가 있다. 영혼의 길뿐 아니라 샤먼의 길도 끈이나 실, 또는 줄로 표시한다. 예를 들면 야쿠트족은 천상세계로 가기 위한 길을 한 기둥에서 다른 기둥으로 점차 높게 매단 끈으로 표시한다.[158]

천상세계로 갈 때든 지하세계에서 오든 이와 같은 줄이나 실은 영혼의 길잡이(Leitfaden)로서 기능을 하는 것이 사실이다. 영혼의 원한을 치료하거나 치료하기 위하여 무당의 영혼이 스스로 하늘의 정령들에게 오를 때 이와 같은 눈에 보이는 길잡이를 설정한다는 것은 마치 현대의 정신치료자가 방황하는 환자에게 어떤 길잡이를 보여주는 행위와 비슷하다. 다시 말하면 무의식의 내용을 의식세계와 연결해주는 구체적인 길잡이와도 같다.

하르바가 지적한 것처럼 진정한 영혼은 아무런 발자국도 남기지 않

---

156) 같은 책, 94쪽.
157) Harva, U.(1938), 앞의 책, p.384.
158) 같은 책, p.548; Eliade, M.(1956), 앞의 책, p.224, p.402.

는다는 관념[159]은 상징적으로 무의식의 자율적 심복합군(콤플렉스)은 의식 세계에서 포착하기 어렵다는 뜻과 상통한다. 그러므로 그것을 처리하려면 구체적이며 가시적인 길잡이가 치료과정에서 필요하다고 할 수 있다. 다른 한편 추상적이고 막연한 심적 내용을 드러내어 '보이게 한다'(Sichtbar-machen)는 데도 의의가 있다. 그러나 이것은 의식화과정과는 다른 뜻에서 보아야 한다. 다만 일정한 방향 없이 흐르는 심적 에너지를 의식적으로 끌어다가 일정한 궤도로 집중하는 정신현상과 비교될 수 있다.

물론 한국 샤머니즘에서는 비록 그 기원이 같다고는 하더라도 위에서 언급한 종류와 같은 혼의 길보다 더 분화된 형태를 나타낸다. 후자에서는 하나의 길과 다른 길의 구별이 있고 진오귀와 같은 경우에는 길잡이로서의 성격보다 천국과 지옥의 대극성(Gegensätzlichkeit)을 제시하는 것이 더 중요하지 않았을까 생각된다. 그런데 마포와 무명포는 반드시 지옥과 천국의 상징만은 아닌 듯 어떤 무당은 무명포를 가르는 준비단계에서 마포를 가른다고 주장한다.

앞에서 말한 경기도 진오귀의 도장(道場)굿거리는 무당이 바리공주의 신장(神裝)을 한 채 마포를 가르는 것으로 아마 영혼이나 제장(祭場)의 정화, 즉 씻김이 주목적인 것 같다. 아키바는 3대 원무(圓舞)가 순환에 의한 원내(圓內)의 성화(聖化)라고 하였다. 신칼을 흔들며 네 사람이 흰 무명포의 양쪽을 높이 들고 있는 밑을 지나 한 차례 왕복하는 행위는 포를 가름으로써 다리를 끊는 결정적인 행위 바로 직전에 행해지는 만큼 그를 위한 준비단계로서 혼의 길의 정화, 또는 성화인 동시에 영혼의 정화를 뜻하는 것인지 모른다. 서울의 어느 진오귀에서는 신칼에 잇닿은 5색 천을 흔들어 혼의 길 아랫면을 쓴다. 그린란드의 설화

---

159) 같은 책, p.262.

에 다음과 같은 이야기가 있다.

> 죽은 사람이 하늘에 오르면 그들은 우선 스스로를 정화해야 한다. 그들은 커다란 모피 밑으로 기어 들어가는데, 그것을 통과하느라고 힘들여 고생하는 가운데 몸은 모든 액즙을 잃고 동시에 모든 사악함도 잃는다.[160]

이 이야기에는 경기도 사령제의 무가인 「죽음의 말」에도 흔히 나타나는 죽은 자의 통과의례와 같은 주제가 엿보인다. 다시 말하면 좁은 길로 내려가는 커다란 고통을 지나 자기자신으로 돌아가는 과정을 상징적으로 표현한 것이다. 그러나 얼마만큼 이런 뜻이 진오귀굿의 한 과정에 반영되어 있는지는 단언하기 어렵다. 아마도 혼길의 정화 ─ 윗면뿐 아니라 뒷면까지 ─ 와 영혼의 정화뿐 아니라 무당, 또는 바리공주가 된 무당 자신의 정화라는 뜻이 있을지도 모른다.

무명포나 마포를 가르는 것에 대하여 아키바는 극락세계의 부처나 지옥의 시왕의 길을 열어서 사령을 극락에 들게 하는 행사라고 설명하였다. 이 포는 불사교라든가 시왕교라고 하여 다리 구실을 하는 이상 우선 원시민족에서 장례 후에 영혼이 쫓아오지 못하도록 자기의 발자국을 없앤다든가, 영혼의 귀가를 막는 여러 가지 방어행위에서 보는 바와 같은 일종의 다리의 파괴를 의미한다고 보아야 할 것 같다. 그러므로 이 절차에는 산 자와 죽은 자의 결합을 결정적으로 분리하려는 의도가 잠재한다고 할 수 있다.

그런데 다리굿이나 제주도의 시왕맞이에서는 이 포들이 의식 중이나 끝난 뒤 파괴, 또는 소각된다는 보고가 없다. 저자의 인상에 양자의 의

---

160) Rasmussen, K.(1922), 앞의 책, p.23.

식은 서울의 진오귀와는 다른 이념에 따라서 수행되는 것 같다.

마포나 흰 무명포를 찢는 굿거리는 서울의 진오귀뿐 아니라 다른 곳의 내림굿에서도 볼 수 있다. 앞의 내림굿에 관한 기술에서 언급된 바와 같이 덕물산의 한 무녀는 보고하기를 신모가 신병에 걸린 사람의 병마를 쫓아내기 위하여 조밥을 던지고, 산신이 내려오는 길을 열기 위하여 도산교라는 포를 찢는다고 했다. 경기도 양주의 남무(男巫)가 허주제(虛主祭)에서는 몹시 흥분상태에 빠진 그를 신모가 묶은 채 도지(桃枝)로 치고 정귀교(精鬼橋)라는 마포를 찢어 허주를 쫓았다. 그러나 그는 어디든 돌아다니고 싶어 마음 내키는 대로 인가에 들어가 신모의 소개로 곡물을 받아 떡을 만들고, 불사교라는 흰 무명을 찢고 신칼을 세워 신의 이름을 입에서 나오는 대로 불렀다고 한다. 서울에서도 내림굿에서 조밥을 던지고 마포와 흰 무명포를 찢는 과정이 있다. 이 경우에 이 열포(裂布) 행사는 '면입교(綿入橋)를 찢는다'고 해서 허주를 풀고 몸을 가볍게 하는 주술이라고 전해진다.[161] 서울 후암동에서 내가 본 내림굿에서도 입무 후보자가 몸으로 흰 무명을 가르는 과정이 있는데 이때 입무자의 얼굴에는 만감이 교차되는 듯 비감이 어렸다. 마치 세상과의 모든 인연을 끊는 사람처럼.

내림굿의 열포와 관련해 아키바는 허주를 풀어 몸이 가벼워진다는 관념을 받아들이면서도 이것이 다리인 이상 신로(神路)를 열어 신을 오게 하기에 허주가 내쫓기는 것이라고 보아야 할 것이고 양자(兩者)는 발양(祓禳)과 초청의 양면을 가진 것이며 하나는 발양이 전경(前景)을 이루고 다른 하나는 초청이 전면에 나타나 있다고 하였다. 그는 또한 강화·양주의 내림굿에서는 양면의 행사가 때를 달리하여 명확히 분화된 형태를 취한다고 하였다.[162] 이는 물론 매우 합리적인 견해이다. 그

---

161) 秋葉隆(1950), 앞의 책, 58쪽.

러나 이것은 열포의 행위 자체보다 결과, 즉 축귀·강신의 현상에 의거한 설명이다. 악한 귀신을 쫓거나 새로운 선신을 초청하든 서울·경기 지방의 내림굿에서 포를 갈랐다는 것, 특히 스스로의 몸으로 포를 가르는 행위는 무엇을 말하는가.

포(布)의 물질적 특수성부터 생각해보아야 할 일이다. 포는 수없는 실로 엮인 이차원의 물질이다. 그것은 끊을 수 없는 체계와 형태를 이룬다. 마치 이 세속사회에서 얽히고설킨 인간관계와도 같다. 지상의 결속이 끊길 때 새로운 가능성이 열린다. 찢는 행위는 이 형태 속에 결부된 에너지를 자유롭게 방출할 수 있는 기회이며 가능성이다. 물론 천의 찢김과 함께 형태 속에 갇혀 있는 것뿐 아니라 보이지 않는, 물(物) 이상의(Überdingliche) 것들이 새로운 차원 속으로 흐른다. 그리고 그러한 요소들은 결코 '너'에 대한 '나', '나'로서 알고 있는 자아의식과 같은 것이 아니다. 오히려 강한 감정을 수반하며 발동되는 귀신이나 신명(神明)이라 지칭되는 원형상들이다.

천은 찢기는 것일 뿐 아니라 갈라지기도 한다. 그것도 신모인 무당이나 입무자가 온몸으로 가르고 지나간다. 빙하를 꿰뚫고 지나가며 길을 여는 쇄빙선처럼 '자기의 길'을 열고 지나간다. 입무자의 비장한 표정으로 볼 때 그 길은 일찍이 가본 적이 없는 그들만의 새로운 길이다. 이와 같은 의미에서 열포 혹은 베 가르기의 의식행위는 신령과 혼령이 들고 나가는 통로로서 굿당에 설치하는 여러 폭의 긴 천이 하는 기능과는 전혀 다른 의미를 가진 듯하다.

사령제의 베 가르기 역시 내림굿의 무명, 또는 베 가르기와 마찬가지로 '길을 여는' 뜻이 있다. 다만 죽은 자의 넋이 가는 길이지 신령을 맞이하는 길이 아니다. 산 자와 똑같은 고행을 겪고 재생에 이르는 우여

---

162) 같은 책, 59~60쪽.

곡절이 기다리는 저승길이다. 죽은 자의 이승에 대한 미련을 결정적으로 없애기 위한 관계의 단절이 그 저변에 있다.

게르만 민족에게서도 천은 여러 가지 마술적인 의미를 가진다.[163] 천의 주술적 관념은 있으나 열포에 관한 언급은 볼 수 없고 주술행위는 천을 얹어놓거나 던지는 것이 특징이다. 다만 죽은 자의 이승과의 관계 청산을 목적으로 한 비슷한 사례가 알타이족 장의(葬儀)에서 발견된다. 장의 중에 짚풀로 줄을 만들어 한쪽 끝은 마술사가, 다른 쪽 끝은 망자의 가족이 쥔다. 그 줄을 불 위에 쬐면서 들고 있으면 샤먼이 자른다. 이때 사람들은 줄의 양쪽 끝이나 한쪽을 불 속에 던지고 다른 것을 잘게 잘라서 서쪽으로 던진다. 여기서 가족의 의무가 끝난다. 망자는 그 이상 아무것도 가족에게 요구할 수 없다.[164] 여기에는 산 자와 죽은 자의 대리인으로서 마술사와의 관계를 끊어버리는 요소와 함께 잘린 줄 토막은 공양의 뜻으로 망자에게 준다.

경기도지방 샤머니즘에서 열포는 내림굿에서든 사령제에서든 원시적 파괴행위보다 더 미학적인 멋을 지닌다. 진오귀에서 베 가르기를 할 때 무당의 격렬한 감정적 반응이 엿보이거니와 이 행위는 미련을 풀어버리는 제신(諸神)의 보냄[送]도 맞이[迎]도 함께 내포되어 있는, 집약된 결단의 소치이다.

넋두리의 개인적인 고통은 바리공주를 통하여 신성한 영역으로까지 지양된다. 개인의 영역을 넘어서 신적인 고통에 결부된다. 이것은 또한 망자를 위로할 때 빠지기 쉬운 감정적인 불분명성을 지양한다는 뜻

---

163) Hoffmam-Krauyer, E., Bächtold-Stäubli, H.(1936/37), 앞의 책, Bd.VIII, pp.1176~83, Tuch.
164) Harva, U.(1938), 앞의 책, p.340.

이다. 두 가지 서로 다른 천을 쳐듦으로써 죽음이란 세계의 양면성·광명·암흑·구제·멸망이 제시된다. 이 두 가지 포를 찢음으로써 산 자와 죽은 자의 세계에 있던 긴장은 해소된다.

열포는 산 자와 죽은 자의 신비적 결합과 그로 말미암아 무의식으로부터 환기된 원형상들을 가장 빠른 순간에 분리하는 행위이다. 이 분리를 위한 준비와 결속에 대한 개입은 그 자체로 희생을 요구한다. 작별은 용기 있는 결단을 필요로 한다. 이때 강력한 정동반응이 일어난다. 무당이 갑자기 천에 몸을 던져 성난 듯 찢을 때 우리가 깨닫는 것은 샤머니즘에서 정동반응이 얼마나 중요하게 여겨지는지 하는 점이다. 이는 특히 서울·경기지방의 진오귀에서 강조되는 것 같다.

(4) 넋전과 그 소각

서울 진오귀에서 무당은 열포 후에 다시 영의를 입고 넋전을 가슴에 달고 유족을 향하여 마지막 이별을 고하는 넋두리를 한다. 그러면 다시 한 번 유족은 눈물과 통곡을 자아낸다. 시왕 군웅을 청배하면 넋전은 불태워버리고 뒷전에서 걸립·사자(使者)·영산 등에게 음식을 나누어 주면 진오귀의 전체 굿거리가 끝난다.[165]

'넋전'이란 종이로 만든 인형인데 여기에 망자의 넋이 머무는 것으로 생각된다. 1930년대의 서울 진오귀에서는 사령에 바쳐진 영상(靈床) 위 조화 뒤에 백지로 만든 넋전을 매달았다.

집안 사람이 사령의 노여움을 사서 병이 났다고 여길 때 행하던 해남지방의 사령제에서는 한지로 죽은 자의 인형을 만들어 빈다. 씻김굿거리에서는 특히 종이인형을 넣은 유기(鍮器)를 멍석 위에 놓고 물을 뿌리고 노래하고 춤춘 뒤 넋전을 불태운다. 이와 같은 현상은 목포 씻김

---

165) 秋葉隆(1950), 앞의 책, 93쪽.

굿 가운데 제7거리에서도 보이는데 이때 넋전을 불태우는지는 확실치 않다. 또한 전남 고흥군의 (마른) 씻김굿에서도 넋전이 사용되는데 여기서는 넋이 깃든다는 '당석'과 함께 쓰인다. 당석의 구조나 기능은 확실치 않으나 어떻게 보면 넋전은 당석에 붙은 망자의 대변인과 같다. 넋전이 당석과 달리 망인의 이름이 적힌 신위(神位)의 구실을 하기 때문이다. 혼맞이 굿거리에서 무당이 당석을 향해 삼배하고 넋전을 머리에 달고 당석을 양손에 들고 "넋이야 넋이야" 하는 것을 보면 넋전이란 당석에 붙은 넋의 이름표 같은 위치에 있는 듯하다.

오구물림거리에서는 당석과 넋전 외에 백지(白紙) 상하의(上下衣)인 '영덕'이 있다. 이것은 씨끔거리에서 돗자리에 말아 묶어 주잔과 그 위에 덮은 소댕을 받치는 데 쓰인다. 정화의 과정은 주로 소댕 위를 씻는 것으로 이루어지고 영덕도 씻기는 대상이 된다. 당석에 달린 소매전은 소당 위에서 불사른다.[166] 넋전이 소각당하는지는 확실치 않고 여러 면에서 진오귀굿의 경우와 다르며 더 의식적(儀式的)이다.

넋전과 유사한 죽은 자의 인형(Totenpuppe)을 우리는 시베리아 여러 민족 중에서 볼 수 있다. 여기서는 한국 샤머니즘보다 인형을 더 정성껏 다룬다.

북부 오스차크족에게는 죽은 사람의 상(像), 즉 죽은 자의 인형을 만드는 관습이 있다. 망인의 부인은 죽은 남편의 옷 조각을 갖다놓고 나무를 깎아서 남편 비슷한 형상을 만들고 망자의 옷을 이 인형에게 입힌다. 그러고는 나무토막에게 남편이 생전에 좋아하던 음식을 다정하게 권한다. 인형을 잠자리에 누일 때는 마치 살아 있는 사람을 대하듯 안

---

166) 문화공보부(1969), 『한국민속종합조사보고서』(전남편), 문화재관리국, 193~196쪽. 당석은 일종의 사령의 몸이기도 한 듯한데 그 복잡한 구조와 기능은 상징적으로 구명할 필요가 있다.

고 입을 맞춘다. 그녀는 죽은 자가 모든 것을 바라보고 있고 때로는 이 우상에 들어간다고 믿는다. 1년 또는 그보다 뒤에 그녀는 이것에 옷을 잘 입힌 뒤 땅에 묻으며 애곡한다. 혹은 부인들은 일정기간 이와 같은 보살핌을 끝내면 인형을 집 뜰에서 붙인 불로 태워버린다.[167]

야쿠트족은 만일 불만에 찬 죽은 자가 산 자의 평화를 교란한다면 초상을 그려 죽은 자의 영을 그 속으로 불러들인다.[168] 골드족은 어려운 의식절차를 통해서 미망인이 만든 죽은 자의 상 속으로 죽은 자의 영을 붙잡아 옮기는 것은 샤먼의 과업이라고 믿는다. 그다음에는 그 상을 숭배하고 그에게 공물을 바친다. 얼마 지난 뒤에 가족들은 죽은 자에 대한 의무를 충분히 했다고 생각하고 초상은 없애버린다. 카리아라이넨은 '죽은 자의 인형'은 죽은 자가 자기 물건, 특히 의복을 통하여 공양될 수 있다는 관념에서 한 단계 더 발전한 것이라고 보았다.[169] 어쨌든 죽은 자의 상을 만들고 그와 함께 사는 행위는 심리학적으로 대단히 의미가 깊다.

그처럼 행동하는 이유를 야쿠트족은 죽은 자를 위로하고 진정시켜 그의 영혼으로부터 해방되려는 데 있다고 설명한다. 하르바는 죽은 자의 산 자와의 해로운 결합을 이와 같은 방법으로 피할 수 있다고 하였는데, 초상에 포착된 영은 더욱 쉽게 진정시킬 수 있기 때문이라는 것이다.[170] 하르바는 로파틴(Lopatin)의 설명을 인용하여 골드족들이 어떤 영을 무서워하면 그 상을 그려서 그를 이 상 속에 유치한다는 사실을 이야기한다. 왜냐하면 이들은 그 상을 돌보고 그 입에 기름칠을 함으로써 그를 공양하면 다시는 위험해지지 않기 때문이다.[171] 오스차크

---

167) Karjalainen, K.F.(1927), 앞의 책, pp.137~138, p.143.
168) Harva, U.(1938), 앞의 책, p.370.
169) Karjalainen, K.F.(1927), 앞의 책, pp.176~177.
170) Harva, U.(1938), 앞의 책, p.371.

족에서 죽은 자의 인형은 죽은 자에 대한 방어수단이 된다. 왜냐하면 죽은 자는 자신이 무덤에 있다는 것을 알게 되면 집으로 돌아오고 싶어지지만 집에서 자기 자신의 모습을 발견하고는 도망치기 때문이다.[172]

산 자가 죽은 자의 인형을 만드는 데는 유감주술(類感呪術, sympathetic magic)의 목적도 크지만 좀더 깊이 생각해보면 산 자를 위협하는 보이지 않는 사령을 보이게 만들고 이것을 뚜렷한 형상 속에 붙잡아두는 데 목적이 있다. 우리가 해롭다고 느끼는 것은 대개 우리가 그것을 잘 알 수 없을 때 일어난다. 즉 무의식적인 요소들처럼 보이지 않고 알 수도 없으나 우리에게 작용하고 있다. 이것이 보이게 될 때 그 해로운 작용은 자아의 통제 아래 둘 수 있다. 보인다는 말은 심리학적으로 이미지로서 인식된다는 말과 같다. 이는 융학파의 정신치료에서 무의식의 원형상들을 그림이나 조소형태로 표현하도록 권장하는 이유이기도 하다.

하나의 상을 만든다는 것은 하나의 환상과정(imagination)이다. 무의식의 내용이 이것으로 표현되는 동시에 그림 그리는 자아와 그 소재인 무의식의 내용 사이에 대화가 성립된다. 여기서는 또한 넋두리에서 본 바와 같은 산 자와 죽은 자와의 감정 어린 체험의 교류가 있다. 특히 부인이 자기가 그린 상과 당분간 동거하며 다정하게 생전의 생활을 재현하는 데서 부분적으로 이와 비슷한 과정을 볼 수 있다.

한국 샤머니즘에서 넋전의 기능은 위에서 말한 것과 같은 죽은 자의 인형이 갖는 기능에 비하면 오히려 소극적이다. 이것은 위의 사례와 같은 개인적인 주술이 아니라 의식을 통한 사령의 치료이다. 특히 무당이라는 죽은 자와 산 자 사이 중개자가 있어서 무당이 스스로 죽은 자의

---

171) 같은 책, p.384.
172) Karjalainen, K.F.(1927), 앞의 책, p.144.

상을 받아 인형의 역할을 대신하기 때문이다.

산 자의 입장에서 볼 때 죽은 자와 다시 만나는 추체험(追體驗)은 무엇보다 죽은 자에 대한 원초적인 불안과 두려움을 피하지 말고 받아들여 표현하도록 하는 데 목적이 있다. 그러나 죽은 자에게는 '죽음'을 완성해야 한다는 중요한 상징적 의미를 지닌다. 저승으로 가기를 꺼려 언제나 이승에 돌아오고자 하는 죽은 자는 앞에서 말하였듯이 사실 '아직 완전히 죽지 못한' 자이다. 이승과 저승 사이에서 방황하고 죽을 '장소'를 찾지 못한 영혼은 대체로 한을 가진 혼들인데 이 혼을 구체적 현실로 보든, 상징적인 심적 현실로 보든 산 자나 의식세계의 기능을 마비시킨다. 그러나 이 영혼의 방황은 오직 산 자를 괴롭히기 위해서만이 아니라 삶의 '나머지'를 제대로 살아서 진정으로 죽기 위한 것이다.

사령제 끝부분에서 넋전이나 영의를 태워버리는 것은 북아시아 민족 사이에서 볼 수 있는 인형의 소각·파괴·매장과 같이 영혼을 저승으로 보내 다시는 산 자를 괴롭히지 못하게 하는 데 목적이 있다. 그 종족들은 죽은 자의 상(傷)에 전이된 감정이 대상과의 신비적 참여(participation mystique)를 일으킬 만큼 산 자와 죽은 자가 동일시되어서는 안 된다는 사실을 알고 있었던 것 같다. 넋전의 소각은 죽은 자에 대한 산 자의 두려움에 바탕을 둔 사령의 결정적인 송환을 의미하는 동시에 죽은 자와의 지금까지의 관계를 청산하고 새롭게 바꾸고자 하는 하나의 변환과정(Wandlungsprozess)이기도 하다.

중국 도교에서는 제의가 끝날 때 종이인형과 공양된 종이와 기도문들을 불태운다. 생명이 있든 없든 모든 존재는 두 가지 성질, 즉 물질적·가시적인, 그리고 비물질적·불가시적인 것으로 이루어졌다는 신앙에서 나온 행위로 해석된다. 그루베(Grube)[173]는 제의 중의 소지(燒紙)

---

173) Grube, W.(1910), 앞의 책, pp.124~125.

를 다음과 같이 설명하고 있다. 종이를 불태우는 연소과정을 통해 종이의 물질성은 파괴되고 소실되지만 바로 그 체공간(體空間)의 상실이야말로 귀신들이 이용할 수 있는 상태를 제공한다는 것이다.

우리나라 샤머니즘에서도 가족의 신체와 영혼을 정화할 목적으로 소지를 하는데 가족의 건강은 소지할 때 연기를 보고 결정한다. 위로 오르면 경쾌, 따라서 건강해진다는 뜻이지만 아래로 내려가면 중압, 따라서 질병을 의미한다.[174] 연기는 귀신들의 양식이다.

넋전의 소각에도 정화와 해방의 기능이 간여할 듯하다. 즉 물질적, 현세적인 것의 영적 변환, 하나의 영화과정(靈化過程, Vergeistigungsprozess)이라 할 수 있을 것이다. 심리적 과정에서 본다면 인간적인 것과 신적인 것, 개인적인 것과 집단적 원형적인 것이 구별되는 과정이다.

3) 맺는말

이상에서 나는 한국 샤머니즘에서의 사령제 과정을 주로 서울의 진오귀를 중심으로 몇 가지 굿거리에 대한 심리학적 의미를 고찰하였다.

사령제에는 목적이 있어서 산 자의 치병과 죽은 자의 치혼, 두 가지 측면이 있고, 다른 병과 달리 죽음이라는 특수한 사건을 중심으로 한 산 자의 심리 반응이 문제되지 않을 수 없다. 따라서 사령제의 여러 과정은 반드시 모든 현대적 정신요법의 과정과 동일한 차원에서 다루어질 수는 없다. 그러나 죽음이라는 커다란 사건으로 인하여 전개되는 죽음 저편에 대한 풍부한 환상과 그 환상에 대처하는 의식적 처리과정에는 인간 공유의 심적 요소들이 반영되어 있다. 분석심리학은 의식과 무의식의 관계에 대한 학문이라고 할 수 있다. 비록 사령제와 분석심리학적 정신요법이 현실적인 대상과 목적을 달리해도 상징적 의미내용에서

---

174) 秋葉隆(1950), 앞의 책, 114쪽.

는 공통된 요소가 있다. 또 죽음이 일회적인 사건으로서가 아니라 융이 지적하는 바와 같이 자아의식의 상실 및 무의식화(Unbewusst-werdung)를 의미한다고 볼 때 이 관계는 더욱 뚜렷하게 부각된다.

서울의 진오귀굿을 중심으로 본 사령제의 과정에서 저자는 핵심적인 주제 가운데 ① 넋두리 ② 바리공주 ③ 열포 및 혼전(魂箋) 소각을 들고 고찰 대상으로 삼았다. 전체적으로 보아 이 과정들은 죽은 자의 영혼을 이 세상에 불러들여 충분히 재체험하고 결정적인 순간에 다시 의식 저편으로 돌려보내는 ① 영신(迎神, 혹은 초혼) ② 합신(合神) ③ 송신(送神)의 세 가지 과정으로 집약된다. 이와 같은 영(迎), 합(合), 송(送)의 3단계는 사령제뿐 아니라 굿거리마다 반복된다. 사령제에서는 이것이 죽은 자의 넋을 중심으로 더욱 생생하게 체험된다고 볼 수 있다.

나는 위에서 사람들이 넋두리에서 겪는 개인적이고 세속적인 고통과 감정적 체험이 무당의 조령이며 영혼의 인도자인 바리공주의 무가를 통하여 개인적 원한이 거룩한 소명으로 지양된다고 하였다. 원시민족 사이에서 비록 이와 같은 높은 차원으로의 지양(止揚, aufheben)은 없다고 하더라도 영혼의 초치(招致), 재체험, 송신(送神)의 3단계가 사령의 주술적 처리과정에 나타나고 있다. 이 과정은 결국 진오귀나 한국 무속에 특유한 것이 아니라, 원시적인 유형에서는 인간이 공유한 심리과정의 표현이 아닌가 생각된다. 그리고 이것이야말로 모든 치유과정(Heilungsprozess)의 원형이라고 가정하고 싶다.

케레니는 미로(迷路, labyrinth) 연구에서 고대민족과 현대 원시민족 및 유럽 문화민족 사이에 전승되어오는 의식이나 고대 유적에 나타나는 생과 사, 침잠과 비상의 영원한 반복성을 지적하여 이것이 미로의 표상 속에 상징적으로 표현되어 있다고 하였다.[175] (그림 6, 그림 7)

지금까지 보아온 각종 사령제의 여러 가지 공통요소도 미로가 가진

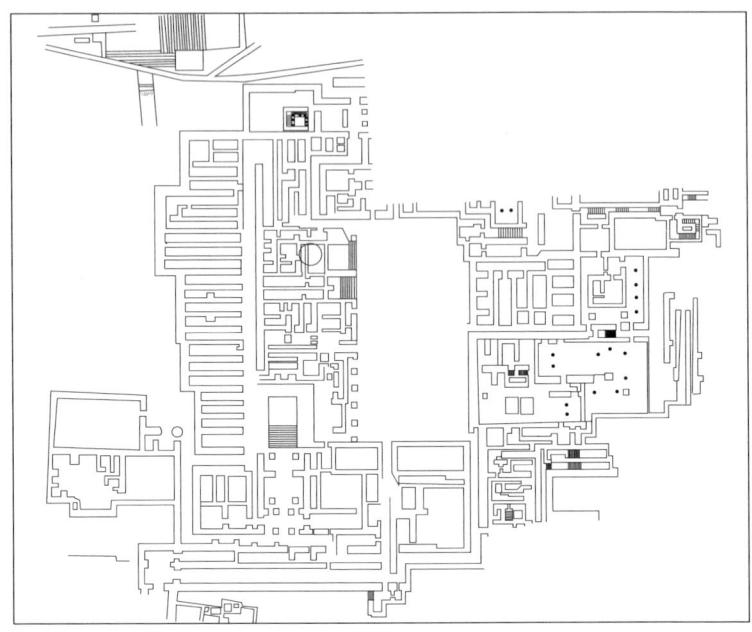

⟨그림 6⟩ 지중해 크레타섬 크노소스의 미로 같은 성터
(기원전 1900~기원전 1700년)

원초적 경향을 지닌 듯하므로 미로도(迷路圖)에 따라 다음과 같이 설명할 수 있을 것 같다.

심리학적인 차원에서 보면 제1단계[迎]는 무의식의 활성화를 의식적으로 불러일으키는 과정이다. 분석심리학적 정신요법에서 무의식의 여

---

175) Kerényi, K.(1950), *Labyrinth-Studien, Labyrinthos als Linienreflex einer mythologischen Idee*, 2. Ausgabe, Zürich: Rhein Verlag. 미로(Labyrinthos)는 본래 미노아 문명의 상징인 양날 도끼(Labyris)에서 나온 말이다. 소용돌이 문양은 미로의 한 이미지로 간주된다. 크노소스의 성은 미로 속에 사는 황소머리의 괴물, 미노타우로스를 죽이고 왕의 딸 아리아드네가 건네준 실패의 도움으로 미로를 빠져나온 테제우스의 전설과 관련이 있다(그림 6).

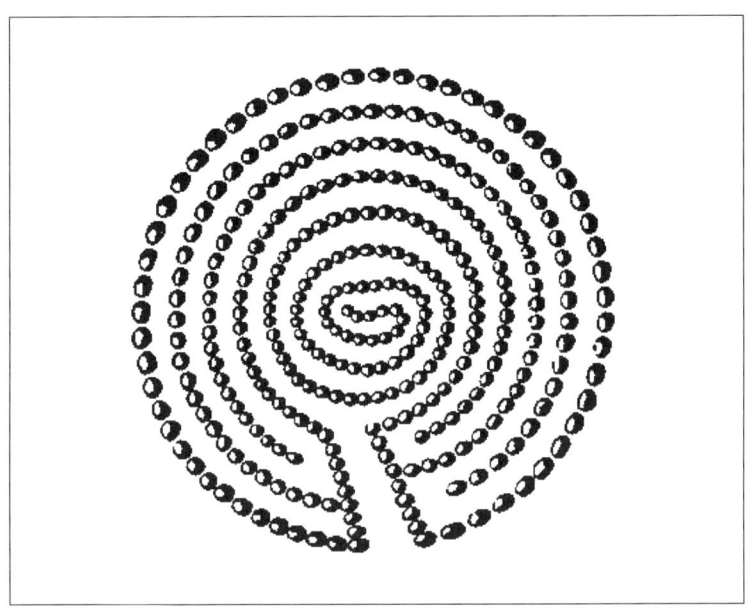

〈그림 7〉 비어에 있는 돌로 만든 미로
(K. Kerényi(1950), *Labyrinth-Studien*)

러 심적 내용에 관심을 기울이고 그 문제를 의식까지 올리는 과정이다.

제2단계[습]는 무의식 속 해소되지 않은 감정적 심복합군(콤플렉스)을 자아가 받아들여 우선 재체험하는 동시에 이를 극복하는 과정이다. 한국 샤머니즘의 사령제에서 바리공주는 개인적·인간적 고통의 지양이라는 점에서 인형 파괴와 유기라는 시베리아 유목민족 간의 소박한 형태의 극복보다 훨씬 종교적이며 분화된 지양양식을 내포한다.

제3단계[送]는 의식으로부터 소화되고 난 순수한 상태의 고태적(古態的)·집단적 심복합군, 즉 융의 이른바 원형들을 다시 무의식 속으로 돌려보내는 과정으로 설명된다(그림 8).

사령제에서나 현대 분석심리학적 정신치료에서나 이와 같은 무수한 원이 커다란 원 속에서 돌아가면서 거대한 창조적 작업을 수행하는 것

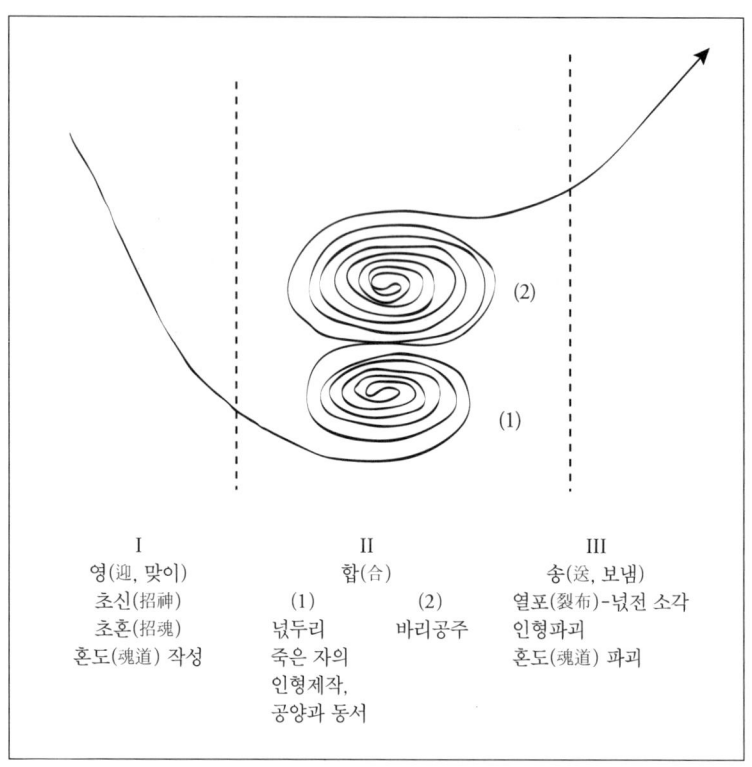

〈그림 8〉 의례적 차원에서 본 사령제의 과정

이라고 볼 수 있을 것 같다. 이와 같은 반복적 체험을 거쳐 부정(不淨)하고 방황하는 영혼은 평화 속에 안주한다. 다시 말하면 영혼은 의식의 기능을 가로막지 않고 오히려 그 기능을 북돋우고 키워나가는 창조적 원천으로 변한다. 왜냐하면 위험한 원혼이 유익한 조령의 계보에 들어가기 때문이다. 이것은 개인적 콤플렉스가 소화되면서 거기 혼합된 원형이 분리되어 집단적 무의식의 제자리로 돌아가는 심리학적 과정과도 같다.

조령 숭배의 창조적인 면은 의식의 집단적 무의식과의 연계성을 키워간다는 점에 있지만 사령의 치료가 맹목적이고 운명적인 회전무의 연속에 그친다면 위험한 일이다. 이 원은 제자리걸음을 하는 영원한 회귀가 아니라 지양과 발전을 내포해야 한다. 바리공주 창(唱)에, 열포의 행위 속에, 넋전의 연소과정에 이 지양의 주제를 볼 수 있다. 분석심리학에서는 상징과 구체성의 구별이 중요하지만 한국 샤머니즘에는 다른 주술종교 체계들과 마찬가지로 이에 대한 뚜렷한 자각이 없는 것이 특징이다.

5. 살과 헛장

1) 살

살(殺)은 악령 또는 마력이다. 이에 사로잡히면 즉사하거나 심하게 앓는다.[176] 저승의 왕이 내린 합당한 지시에 의한 것이 아니라 느닷없이 일어난 부자연스러운 죽음이다. 죽은 자의 살인적인 작용이 곧 살과 같은지는 불확실하다. 만약 그렇다면 다음과 같은 이야기는 심리학적으로 의미가 깊다.

중국에서는 문상객들이 무덤에서 집으로 돌아올 때 집 안으로 들어오기 전에 입구에 놓인 칼과 물이 담긴 접시를 들여다보아야 한다. 만약 물속에 자기 모습 말고 또 하나의 모습이 보인다면 귀신이 따라온 증좌이다. 이때는 칼로 접시의 가장자리를 갈아야 한다. 귀신은 칼을 보고 쇳소리를 들으면 무서워서 도망치기 때문이다.[177]

여기서 위험한 귀신은 상가(喪家)의 슬픈 분위기 속에서 자아를 집어

---

176) 秋葉隆(1950), 앞의 책, 88쪽.
177) Grube, W.(1910), 앞의 책, 194쪽.

삼키려는 문상객 자신의 무의식의 그림자[178]이다. 무의식을 비추어봄으로써 추적자를 발견하고 분별적인 정신력(칼)으로 이와 대결해야 한다. 정신병 환자를 민속적인 개념에 비유한다면 일종의 귀령, 혹은 죽은자와 같다. 다시 말해 그의 자아의식은 죽거나 약해지고 무의식의 원형상들에 의해 범람한다. 이 원형상들은 본래 강력한 에너지를 지닌 것으로 고도로 전염성을 가진다. 그러므로 이들에게 자기의 모습을 물에 비추어보게 하듯 어떤 방법으로든 자신을 객관적으로 볼 수 있게 하는 것은 유익한 시도이다. 물론 심할 경우 심리적인 접근만으로 성과를 거두기는 매우 어렵다.

흔히 시베리아 샤먼들은 병자의 혼을 위하여 지하계로 여행하고 난뒤 다시 하늘로 여행을 하는데 그 이유는 아마도 자신의 정신적 균형을 되찾으려는 데 있는 것으로 추정된다.[179] 우리나라에는 전통적으로 상가에 갔다오거나 긴 여행을 한 사람은 집에 돌아와 방으로 들어가기 전에 먼저 부엌에 들르는 풍습이 있었다. 집에서 관이 나간 직후에 아궁이에 불을 때기도 했다.[180] 이는 '죽음의 때'를 불로써 정화하는 행위이다. 죽은 자는 차갑다. 심각한 정신병을 앓는 사람이 차게 느껴지는 것과 같다. 환자는 감정으로부터 분리된 상태이기 때문이다. 죽은 자 또한 그러하다. 그러므로 이들과 접촉한 사람은 따뜻한 불로 마음을 덥혀야 할 필요가 있다.

그런데 한국 샤머니즘에서 살은 복을 가져다주는 신들, 심지어 무당의 보호신령들에도 따라 붙는다.[181] 그밖에도 자연의 다섯 요소, 즉

---

178) '그림자'의 개념에 관해서는 이부영(1999), 『분석심리학의 탐구 ① 그림자』, 한길사 참조.
179) Eliade, M.(1956), 앞의 책, p.227.
180) 장주근(1952), 『한국의 신화』, 성문각, 120쪽.
181) 조상의 영에 붙어 다닌다고 생각되는 주당살(周堂煞)은 赤松智城·秋葉隆

토·금·목·화·수에 간여하는 '오행살'이 있다. 어떻든 한국 샤머니즘의 정신세계에는 강한 양극적 성격이 엿보인다. 신성한 동시에 부정한 돌신〔石神〕,[182] 모든 방향에서 귀신을 내쫓는 신장들에 따라 붙는 부정님들의 관념에서 이를 볼 수 있다.[183]

좋은 신령들에게 붙는 살의 관계는 선하고 긍정적인 측면에 필연적으로 소속되는 신령들의 어두운 측면이라고 이해해야 할 것이다. 오행살 역시 본질적인 자연요소의 어두운 측면이다. 밝음이 강하게 강조되면 어둠은 더욱 짙어진다. 어둠은 부정한 것을 넘어 살인적인 것이 된다. 전쟁영웅의 혼령에는 그들의 희생자들의 넋인 살이 붙어 다니며 이를 군웅살이라 한다는 관념은 선과 악이 결코 따로 떨어진 것이 아님을 보여주는 사례이다.

살과 같은 '죽이는 요소들'은 분석심리학적으로 의식의 그림자, 우월기능의 반대 극에 있는 열등기능에 비길 수 있다. 의식 기능의 일방적인 분화 때문에 무의식에 억압되어 원시적 상태에 머물러 있는 것으로, 이것이 자극되어 활성화되면 의식의 흐름을 방해하게 된다. 그러나 겉보기에 이런 해로운 기능은 자아가 무의식에 억압된 미분화된 내용들을 의식화함으로써 분화시킨다면 매우 긍정적인 기능으로 변할 수 있다. 그러나 자아의식이 무의식의 어두운 측면을 무시하면 무의식의 열등한 내용은 더욱 부정적인 성향을 띠고 어느 날 갑자기 자아의식을 휩쓸어 기능을 완전히 마비시킬 것이다. 이는 곧 '자아의 죽음'과도 같다. 그러나 선한 신령들과 악한 살의 짝은 궁극적으로 삶의 원초적 대극성을 대변하고 우리의 정신세계에 내재하는 심리적 대극성을 반영한다.

(1938), 앞의 책(下), 105쪽. 대감살, 군웅살(軍雄煞), 영산살(靈山煞), 상문살(喪門煞)은 137쪽.
182) 같은 책, 94~95쪽.
183) 같은 책, 101쪽.

샤머니즘은 우리 정신 속에 본래 있어온 진실을 그의 언어로 표현한다.

수살(水殺) 또한 이와 같은 상징적 의미를 가진다. 이 말은 본래 물의 악한 힘, 또는 악한 물귀신, 물에 빠져죽은 자의 혼과 관계할 것 같다.[184] 바다의 풍랑은 물귀신을 잘 모시지 못하여 노한 탓이라고 믿어 왔다. 그래서 물귀신에게 인간 제물을 바쳐야 한다는 관념이 예부터 있어왔다. 거센 파도는 나쁜 의도에서 일으켜진 것이 아니라 주인공으로 하여금 다시 이승으로 새롭게 재탄생시키려는 신적인 소명이 있다. 우리는 여기서 고통·죽음·재생의 이니시에이션의 주제를 본다.[185]

2) 헛장의 심리

살에 범접되었을 경우 아직 희망이 있으면 간단히 살풀이를 하지만 생명이 위태로울 정도라고 판단되면 헛장 또는 영장(靈葬)이라는 제법 긴 굿을 했다. 굿의 목적은 병자의 몸속에 들어간 살을 풀어내고 저승사자를 구슬러서 병자를 죽음의 세계로 데려가기 직전에 구출하는 데 있다.[186] 지금은 사라졌지만 우리나라에서 과거에 실시되었다고 하는 아키바의 헛장굿 사례 하나를 소개한다.[187]

제물로는 오직 붉은 팥떡만을 쓰는데 사람들은 그것을 일곱 사자 상 위에 놓는다. 그 앞에 헛장 도구로서 활과 21개의 화살, 그리고 환자의 옷을 입힌 짚 인형을 세운다. 삶은 조와 한 개의 멍석도 놓는다.

---

184) 같은 책, 89쪽, 91쪽. 수살대의 '수살'이 '水殺'인지 '守殺'인지는 불명확하다. 수살대라는 말보다 솟대라는 말로 통용된다. 민속학적인 연구가 필요한 부분이다. 솟대에 관한 이야기는 뒤의 장에서 다시 논할 것이다.
185) 바리공주 설화와 '심청전'. 이부영(2002), 『분석심리학의 탐구 ③ 자기와 자기실현』, 한길사, 258~266쪽 참조.
186) 秋葉隆(1950), 앞의 책, 88쪽.
187) 같은 책, 88~89쪽.

행사는 부정·가망·진작 및 사자(使者)의 네 굿거리로 이루어진다. 보통 앉아서 하는 푸닥거리를 진작까지 행하고 나서 마지막 사자굿거리에서는 제1, 제2, 제3 사자의 순으로 무당의 춤과 신탁을 세 번씩 행한다. 제4사자의 행사를 끝낸 뒤 환자를 신당 밖으로 실어 나른다. 무당은 주문을 외며 삶은 조를 병자에게 던지고 네 방향으로 활을 쏜다. 그러고는 인형을 땅에 파묻는다.

화살은 상산별군웅(上山別軍雄)의 화살로 살귀를 사살하는 것이며 짚 인형은 병자의 대치물이다. 때론 가족들이 병자가 정말 죽은 것처럼 크게 소리 내어 운다. 다음에 병자를 돗자리 위에 엎드리게 하고 무당은 주문을 외면서 마치 살귀를 죽이려는 듯이 칼로 몸을 찌르는 시늉을 한다. 무당은 신당 안으로 다시 돌아와 제5사자에서 제7사자까지의 사자를 후하게 대접하는 행사를 한다. 즉 사자배송이다.[188]

죽음에 대한 무당의 관계를 볼 때 이 굿은 사령제와는 다른 측면을 보여준다. 여기서 중요한 사실은 병자는 치명적인 병을 갖고 있고 무당은 이를 치료해야 한다는 것이다. 또한 살로 대변되는 살인적인 마력은 무당의 개입으로 절대성을 상실한다. 그러므로 여기서 다루는 것은 지금까지 우리가 보아온 바와 같은 저항할 수 없는 죽음이 아니다. 사람들의 관심사는 죽음이나 사자가 아니라 죽음이라는 위험에 처한 생명이다. 무당은 죽음과 삶 사이의 경계선상에 서 있으나 죽은 자와 함께 있다기보다 산 자 편에 서 있다.

별의 운행이 흉한 자의 혼인에서 악령을 내쫓기 위한 굿을 하는 지방이 있는데 이를 '살메기'라 부른다.[189] 흉한 별의 운행과의 관련성으로

---

188) 같은 책, 88~89쪽.
189) 같은 책, 83쪽.

미루어볼 때 살은 본질상 초월적인 어떤 것이 아닌가 생각된다. 살이 죽은 자의 영혼에만 붙어 다니는 것이 아니라 하늘에서 내려오는 무당의 보호신령으로서 인간생활의 안녕에 이바지하는 신령들에도 붙는다는 사실을 상기할 때 우리는 살인적인 마력, 살이 창조적 정신의 뒷면, 즉 사람을 지치게 만들고 '죽이는' 원초적이고 파괴적인 측면을 대변한다고 말할 수 있다.

삶의 재생이 일어나는 인생의 모든 통과 지점에서 그것이 탄생이든 결혼이든 혹은 창조적 활동이든 치명적인 위험이 수반된다. 흔히 재생에 필수적인 죽음의 고통[190]에서 영영 헤어나지 못하는 경우도 있다.

헛장의 핵심적인 의식은 대리희생이지만 그 이전에 보호신령들과 저승사자를 위한 굿이 있다. 여기서 다수의 사자(使者)는 사자의 힘을 강조하고 무당이 사자의 역할을 매우 중요하게 여김을 보여준다. 무당은 세 번씩이나 사자로 변하고 굿에 참여한 사람들에게 공수를 준다. 사자가 그곳에 와 있다는 것 자체가 긴박한 상황임을 알린다. 치료자로서 악귀를 처리하기 전에 무당은 먼저 영혼의 보호신령들에게 사로잡힌 채 공수를 준다. 이렇게 저승과의 관계가 맺어지면 무당은 그때부터 '치료'를 개시하는데 낮은 귀신부터 시작하여 밖의 살귀로 향한다.

바꾸어 말해서 치료자는 먼저 무의식의 의도를 의식에 가까운 측면에서 묻기 시작하고 점점 깊은 무의식의 원형적 내용들의 힘을 퍼 올린다. 그녀는 심지어 의식적으로 팽창(inflation) 상태[191]로 들어간다. 귀령들을 자아의 대자로 의식할 뿐 아니라 스스로 귀령들과 결합하기 때문이다. 그러나 이때 다루어지는 신들은 높은 계위가 아니라 하늘의 비

---

190) Eliade, M.(1956), 앞의 책, pp.288~293.
191) 자아가 무의식의 원형의 영향으로 팽창되어 신과 비슷한 능력을 가진 것처럼 느끼는 현상이다. 이부영(1998), 『분석심리학』(개정증보판), 일조각, 121쪽 참조.

교적 낮은 신령들로서 의식세계의 통제가 비교적 가능하다.

헛장의 핵심인 '거짓매장'은 민담에 나오는 악귀를 다루는 방법 중 보편적인 주제이다.[192] 이것은 가사반응(假死反應, Pseudotodreflex)으로 치명적인 위험에 노출되었을 때 자기방어로 생기는 본능적인 행동이다. 이는 곤충의 세계에서도 목격되는 현상이다. 독일의 정신과 의사인 크레치머(E. Kretschmer)는 히스테리증 환자의 기절발작을 이와 연관지은 일이 있다.[193] 인도 게르만 문화에서는 죽은 자에게 접근하는 악귀들을 막기 위해 그들에게 마치 아무런 상사(喪事)도 일어나지 않은 것처럼 속인다. 늘 입던 옷을 바꾸어 입는다든가, 성인이 되고 결혼할 때 이름을 바꾼다든가 하는 행위는 악귀에 대한 방어수단이다.[194] 그곳에서도 죽어가는 사람 대신 인형을 제물로 바쳐 악귀를 속이는 행위를 볼 수 있다.[195]

이 경우 인형은 재앙의 투사상이다. 그러한 속임수를 쓰는 배경에는 악귀의 나쁜 의도를 겉으로 맞추어주는 척함으로써 직접적인 공격을 피하고 위험을 면하려는 의도가 실려 있다. 살귀와 같은 심리학적인 절대악(das absolute Böse)[196]과 직접 대결한다는 것은 너무나 위험하기 때문이다. 악귀를 속이는 주제는 우리나라뿐 아니라 브리에트족 전설에

---

192) Von Franz, M.L.(1961), "Das Problem des Bösen im Märchen," *Das Böse, Studien aus dem C.G. Jung Institut Zürich*, Zürich: Rascher Verlag, pp.91~126.

193) Kretschmer, E.(1948), *Hysterie, Reflex und Instinkt*, 5 Aflage, Berlin: Georg Thieme Verlag(吉益脩夫 譯[1956], 『ヒステリーの心理』, みすず書房, 14~28쪽).

194) 柳田國雄 監修(1967), 『民俗學辭典』, 東京: 東京堂出版, 435쪽.

195) Hoffmann-Krayer, E., Bächtold-Stäubli, Hanns(1934/35), *Handwörterbuch des deutschen Aberglaubens*, Bd.VII, pp.391~397.

196) '절대악'(absolute evil). Von Franz, das Böse, 앞의 책, p.103; Jung, C.G.(1959), *G.W.* 9 ii, p.10.

서도 발견된다.[197] 여기서 중요한 것은 '굴복(양보)의 속임수'라는 주제이며 흔히 정신치료에서도 자주 적용된다. 이런 행위의 작용기제는 의도적으로 대극형성을 없애는 데 있다. 악의 일방적인 작용에 당연히 일어날 것으로 기대되는 반작용을 아예 제거함으로써 대극갈등의 위험을 경감시킨다. 상대방이 당연히 화를 낼 것으로 기대하고 벼르던 분풀이를 퍼붓기 시작했을 때 뜻밖에도 그, 또는 그녀가 아무런 반항을 하지 않고 오히려 웃는 낯으로 '무저항'을 나타낼 때 화낸 사람의 얼굴이 어떻게 변할지 상상해보라.

헛장에서도 죽이는 자의 의도에 대한 이와 같은 의도적인 복종, 죽음의 의식적(意識的) 수용이 상징적으로 표현된다. 그것은 가상적 자아의 희생으로 사실 죽음이 아니라 개신(改新, Erneuerung)을 겨냥한다. 그러한 희생의식에는 죽음의 준비라는 뜻이 들어 있다. 마치 멕시코의 제의에서 수확기가 끝나가는 가을의 귀령들이 인간의 모습을 갖추고 살해됨으로써 젊어지는 것과 같다. 그는 그때 새로운 봄의 신이 되며 새 옷을 입는다.[198] 이는 마치 중국 풍습에서 아들이 나이 든 부모를 위하여 생전에 수의를 만드는 것과 같다. 홀수라야 하고 암청색 비단에 수(壽)라는 글자가 들어가야 한다. 색채와 숫자는 수의에서 양(陽)의 성격을 암시한다. 사람들은 이 옷이 장수의 힘을 가진다고 믿는다. 노부모는 옷을 가끔 입어본다고 한다.[199] 이런 풍습에는 아마도 '죽음을 준비하는 자는 오래 살 수 있다'는 뜻이 들었을 법하다.

그러나 한국의 헛장에서는 죽음 앞에서 갖는 여유보다는 매우 감정적이고 축귀술적인 특성이 엿보인다. 자리에 누워 생사의 경계를 넘나

---

197) Harva, U.(1938), 앞의 책, pp.272~273.
198) *Handwörterbuch des deutschen Aberglaubens*, Bd.II, p.151.
199) Grube, W.(1910), 앞의 책, p.183.

드는 병자에게 매장하는 장면을 생생하게 보여줌으로써 병자에게 강력한 정동적 충격을 준다. 죽음과 매장 장면을 구체적으로 목격하면서 경험하는 충격은 마음속에서 고개를 들고 그를 죽음으로 유혹하는 삶의 포기와 체념을 일시에 불식시킨다. 병자는 살고자 하는 마지막 남은 힘을 모아 어쩌면 죽음에서 구출될 수도 있을 것이다.[200] 그러나 헛장의 이와 같은 실제적인 작용은 죽음의 수용을 통한 개신이라는 상징적 과정과 일치된다. 죽음의 수용이란 결국 무의식세계를 받아들이는 것, 자신의 무의식의 의식화일진대 이는 때로 엄청난 충격을 준다. 따라서 헛장은 많은 용기와 의식성을 필요로 하는 작업이다. 왜냐하면 의식화해야 할 무의식의 내용들은 진정으로 낯선, 심지어 무시무시한 것이기 때문이다.

가상의 매장을 완료한 뒤 무당은 병자를 향하여 본격적인 '수술'을 시작한다. 인간에게 침범한 살귀에 대한 직접 대결이 시작되는 것이다.

신칼과 활은 무당들이 즐겨 쓰는 무구인데 중앙아시아 알타이 부족이나 중국 샤머니즘에서도 악귀들을 내쫓거나, 특히 병귀를 다스릴 때 사용된다.[201] 무당은 엎드려 있는 병자 몸속의 살귀를 죽이려는 듯 신칼로 병자의 몸을 찌르는 시늉을 한다. 상징적으로 볼 때 칼은 이 경우 찌르고 가르는, 즉 분별하는 정신의 힘을 대변한다. 그것은 여성의 아니무스, 무의식을 수술하는 판단기능에 비유된다. 병자의 엎드린 자세는

---

200) 자살관념에 사로잡혀 있는 사람에게는 따듯한 위로보다는 자살한 사람의 추한 모습을 냉혹할 만큼 생생하게 묘사해주는 것이 자살예방에 효과적인 경우가 있다. 1965년 융학파 분석가 피어츠(K.H. Fierz)의 논평이다.
201) Harva, U.(1938), 앞의 책, p.269, pp.495~496, p.538; Bredon, Juliet, *Das Mondjahr*, p.137; Schang, *Schamanismus in China*, 앞의 논문, p.58, p.60, p.64.

이 처치가 단지 병자를 놀라게 할 목적이 아님을 보여준다. 치료자는 병자의 자아라기보다 그의 등, 즉 보이지 않는 배면, 살인적인 콤플렉스들이 숨어 있는 무의식을 향한다. 정신치료에서 분석가가 취하는 자세와 같다.

'죽은 자'와 '죽이는 자'에 대한 한국 샤머니즘의 제의에서 무당은 죽음과 죽이는 자에 대하여 여러 가지 태도를 취한다. 무당은 죽은 자와 함께 살아남은 자들을 향하여, 때로는 살아 있는 자와 함께 죽은 자를 향하여, 또한 이 양자 위에 서서 제신(諸神)과 함께 행동한다. 무당은 굿에서 때로는 받아들이고 때로는 배척한다. 여하튼 무당은 언제나 사령과 귀령의 세계에 머물러 있을 수는 없고 되돌아와야 한다는 사실을 분명히 알고 있다. 그렇다면 무당은 어디로 어떻게 돌아와야 하는가.

시베리아 샤먼은 세계의 중심축인 세계수를 통하여 지상으로 내려온다. 집단의식의 중심을 상징하는 우리나라 마을의 중심에는 의지할 근거가 없다. 그녀는 아마도 경계선상으로, 아는 세계와 모르는 세계를 경계 짓는 곳으로 돌아올 것이다. 아니 무당은 일찍이 저승으로 날아간 일이 없으므로 굳이 돌아올 필요가 없다. 그는 신을 부르고, 대를 통해, 혹은 하늘을 향해 벌린 두 팔을 통해 내려온 신령 등을 맞이하고 또 보낸다.

굿은 끝나도 마을 어귀에는 솟대(수살대)와 함께 험악한 얼굴의 장승이 버티고 서서 마을 밖에서 들어온다고 믿는 살귀들을 내쫓는다. 장승은 마을의 문지기로서 험악한 얼굴로 사람을 놀라게 하고 재앙의 모든 요소를 내쫓는다.[202] 이는 심리적으로 마을 경내로 들어오고자 하는 사람의 마음속에 도사린 해악한 생각, 충동과 성향을 장승을 볼 때 경악으로 드러내고 움직이게 하여 의식의 태도를 추스르고 새롭게 하는 효

---

202) 사찰 입구에 세워진 사천왕상의 역할을 연상시킨다.

과가 있다. 충격과 감동은 정신을 차리게 만든다. 다시 말해서 사람으로 하여금 미지의 무의식 세계로 향하게 한다. 그리고 거기서 뜻밖의 내용들을 발견한다.

본질적으로 해로운 것, 치명적인 것이란 무의식의 '해로운 내용'이 아니라 그러한 내면의 살, 죽이는 자에 대한 무의식성이다. 죽이는 자, 살은 분석심리학적으로 보면 바로 무의식성(Unbewußtheit)이다.

우리가 다른 세계와의 만남으로 인지하는 살은 사실 없어서는 안 되는 것이기도 하다. 왜냐하면 살과 그 해악에 대한 공포가 있음으로써 그를 치료하고자 하는 노력이 생기기 때문이다. 치료란 무의식성을 인식하고 무의식의 내용을 의식화하는 것이다. 그때 죽음은 파괴가 아니라 창조가 된다.

제10장 굿과 정신치료[1]

1. 샤머니즘과 정신치료

샤머니즘의 정신치료적인 의미에 관해서 수많은 연구가 보고되었고 오늘날 문화정신의학 분야에서 연구하는 사람으로서 샤먼의 치병의식이 개인이나 집단에 치료적 효과가 있다는 사실을 의심하는 사람은 없다. 이렇게 볼 때 샤먼이 현대의 정신과 의사나 정신치료자의 조상이라고 본 브롬버그(W. Bromberg)[2]의 관점은 매우 합당하다. 샤먼의 제의는 지금까지 보아온 것처럼 현대정신치료의 원시적·원초적 형태일 뿐 아니라 현대 통찰정신치료의 보조수단이라고 하는 사람조차 있다.[3] 그

---

[1] Rhi, B.Y.(1989), "Psychotherapentic aspects of shamanism with special reference to the Korean Mudang," *Mental Health Research*, Hanyang, Univ.8, pp.40~55; 이부영(1976), 「샤머니즘과 무속」, 이상일 외, 『한국사상의 원천』, 박영사, 62~96쪽; 이부영·서경란(1994), 「병굿의 정신치료학적 고찰」, 『심성연구』9(1·2), 43~135쪽.

[2] Bromberg, W.(1975), *From Shaman to Psychotherapist*, Chicago: Henry Regnery Co.

[3] Kiev, A.(ed.)(1964), *Magic, Faith and Healing, Studies in Primitive Psychiarry Today*, New York: New York Univ. Press; Jilek, W.G.(1974), "Indian healing

러므로 어떤 사람들은 샤먼이나 메디슨맨, 기타 원시적 주의(呪醫)들을 지역사회 정신보건의 중요한 협조자라고 보았다.[4]

샤먼의 치병의식의 특성과 효과를 고찰한 몇 가지 연구는 치료효과에 관한 해석을 정신분석학적·현상학적·사회학적·생물학적 입장에서 시도하였다.[5] 그러나 효과가 어느 정도인지에 대해서는 연구자마다 견해가 다르다. 어떤 이는 샤먼 또는 민간치료자의 치유를 전적으로 인정하는가 하면 어떤 이는 회의적인 태도를 보인다.

---

power: Indigenous therapeutic practices in the Pacific northwest," *Psychiatric Annals* 4, pp.13~21.

4) Naka, K., Takaishi, T., Ishizu, H. et al.(1985), "Yuta and community mental health on Okinawa," *International Journal of Social Psychiartry* 31(4), pp.267~274; Ohashi, H., Sakumichi, S., Horike, K.(1984), "A social psychological study of Okinawan shamanism: I. Approach and some findings," *Tohuku Psychologica Folia*, Vol.43(1-4), pp.66~79; Sakumichi, S., Ohashi, H., Horike H. et al.(1984), "A social psychological study of Okinawan shamanism: II. An investigation of the health seeking process in the traditional society under the infiltration of modern western culture," *Tohuku Psychologica Folia*, 43(1-4), pp.80~90; 佐佐木雄司(1986), 『宗敎から精神衛生へ』, 東京: 金剛出版; Yeh, K.(1987), "A psychotherapeutic study of Dang-Ki healing(Taiwanese shamanism): cross-cultural implications for pastoral counselors," *Dissertation Abstracts International*, 48(4-B), p.1166.

5) Day, R., Davidson, R.H.(1976), "Magic and healing: An ethno-psychoanalytic examination," *Psychoanalytic Study of Society* 7, pp.231~291; Dow, J.(1986), "Universal aspects of symbolic healing: A theoretical synthesis," *American Anthropologist* 88(1), pp.56~69; Kleinman, A.(1979), "Why do indigenous practitioners successfully heal," Soc. Sci. Med., 13B, pp.7~26; Kleinman, A., Gale, J.(1982), "Patients treated by physicians and folk healers(1) a comparative outcome study in Taiwan," *Culture, Medicine and Psychiatry* 6, pp.405~423; Tseng, W.S.(1972), "Psychiatric study of shamanism in Taiwan," *Arch. Gen. Psychiatry* 26(6), pp.561~565; Yeh, K.(1987), 앞의 논문.

1972년에 하와이에서 아시아 대양주 및 북아메리카의 원시적 치료를 주제로 한 국제학술회의가 열렸다. 저자는 여기서 인류학자·사회학자·심리학자와 같은 비정신과 의사들이 샤먼의 치유의식과 이에 준하는 원시 민간치료의 정신치료적 효과를 더 긍정적으로 인정한 데 반하여 정신과 의사나 정신분석가들은 샤먼의 치료효과를 그저 부분적으로만 인정하고 통찰요법으로 받아들이기를 꺼린다는 사실을 목격했다.

샤먼의 치병에 대한 사람들의 그와 같은 양가적 감정은 오늘날 대부분의 정신과 의사와 정신치료자 사이에 여전히 남아 있다. 그 이유는 의사와 비의사는 서로 다른 경험과 문화적 맥락 속에서 일을 한다는 데 있다. 정신과 의사는 그들의 클리닉에서 샤먼의 의식이나 엑스터시를 일으키는 종교의식의 부정적 영향을 더 많이 경험한다. 또한 통찰 정신요법을 지지적 방법보다 더 중요시한다. 그런데 비정신과 의사나 정신치료를 잘 모르거나 혹은 치료를 하지 않는 사람들은 현장조사에서 샤먼의 치병성과를 더 긍정적으로 보고 정신치료의 유형에 관해서는 잘 모르거나 관심이 없는 편이다.

연구자들의 이와 같은 서로 다른 태도를 통합하기 위해서는 대만에서 클라인만(A. Kleinman)이 여러 번 시도한 사례연구를 통해 사실을 확인할 필요가 있다. 클라인만은 "샤먼은 질환(illness)을 치유(healing)하고 의사는 병(disease)을 치료(treat)한다"고 말한 바 있다.[6]

그런데 어떤 특수한 사회에서 얻은 사실을 무조건 모든 사회로 일반화할 수는 없다. 샤머니즘에는 그것을 받아들인 사회에 따라 여러 가지 유형이 있다. 치유(cure)라는 말도 종교적·의학적·사회적 의미가 복합적으로 내포되어 있다. 또한 정신치료의 효과는 객관적으로 평가하기가 매우 어렵다. 통찰요법은 전 인격의 변화를 목표로 하며 정신치료의

---

[6] Kleinman, A.(1979), 앞의 논문; Kleinman A., Gale J.(1982), 앞의 논문 참조.

철학과 목표가 학파마다 다르기 때문이다.

다음에 저자는 샤먼의 치병과정의 의미, 특히 한국 샤머니즘의 정신치료적 효과에 이바지한 감정적 요소들을 전반적으로 살펴보고자 한다.

2. 병굿의 특징

만약 어떤 병이 현대의학적인 치료를 해도 오랫동안 잘 낫지 않으면 샤머니즘 문화의 영향 아래 있는 병자의 가족은 무당이나 점복자를 찾는다. 무당이나 점복자는 점을 쳐서 병의 원인을 찾는다. 그 병이 무당이 될 신병(神病)이라고 판단되지 않는 한 병의 원인은 대개 가족 중 죽은 사람의 혼에 의한 부정, 또는 사령의 분노 탓이라고 판명된다. 그러므로 한국 샤머니즘의 병굿은 대개 부정한 것들을 내쫓는 강력한 축귀술과 죽은 가족과의 격정적인 대화와 위로로 이루어진다.

한국 샤머니즘에서 질병이란 결코 고립된 현상이 아니라 고대 질병관처럼 가족, 심지어 마을 전체에 내리는 재앙의 증후를 의미한다. 그러므로 모든 종류의 굿이 질병을 포함한 재앙을 물리치는 데 이바지한다. 병굿과 일반 굿의 차이는 병굿에서는 축귀술이 추가되고 특히 공수의 내용이 병의 치유에 초점을 맞춘다는 점이다.

굿은 매우 다면적인 행위이다. 노래와 춤, 공수와 넋두리, 그리고 보통 열두거리마다 내려오는 무신들을 위한 굿거리가 있다. 현대정신의학의 관점에서 보면 굿은 심리극과 예술치료의 심리적 과정과 비교될 수 있다.[7] 그러나 현대의료와 비교될 수 없는 점은 굿이 종교적 행사라는 점이다. 무당은 보호신령의 도움으로 무신들을 내려오게 하고 이

---

7) McNiff, S.(1979), "From shamanism to art therapy," *Art Psychotherapy* 6, pp.155~161.

들의 신적인 권능으로 병을 다스린다. 참여자 또한 무당의 믿음에 동참한다.

병이 죽은 자와 산 자의 관계에 문제가 있기 때문인 것으로 판단될 때 한국 샤머니즘의 치병 목표가 이승과 저승 사이의 질서를 회복하는 데 있음은 자명하다. 그런 까닭에 병굿에서 죽은 자와의 대화(넋두리)와 조상신들의 신탁(공수)은 가장 중요한 굿거리에 속한다. 그리고 사령제에서 보았듯이 이 과정은 또한 정신치료적인 면에서 중요한 가치를 지닌다. 무당이 주는 공수는 빙의되는 무신의 종류에 따라 내용이 다르다. 비록 공수가 일정한 틀을 가지고 진행되기는 하지만 무당은 그때그때 상황마다 내용을 즉흥적으로 만들어낸다.

3. 병굿 사례

1) 사례 1[8)]

(1) 대상 환자와 굿의 진행과정

1971년 이른 봄, 서울 남산 기슭 속칭 해방촌에서 있었던 병굿이다. 환자는 50대 남성으로 노동을 하다가 허리를 다쳤다.

굿은 무당이 사는 가정집에서 실시되었다. 나지막한 기와집, 방 하나씩을 세주어 한 지붕 아래 다섯 가구가 살고 있었다.

굿은 아침 9시 반경 시작하였는데 도중에 병원에 입원했던 환자가 동네남자에게 업혀 들어왔다. 일그러진 환자의 얼굴을 보니 고통이 심한 듯했다. 다리를 쓰지 못할 뿐 아니라 소변도 못 본다고 한다.

굿의 첫 부분은 못 보았다. 10시 5분부터 부군(府君)놀이, 대감(大監),

---

8) 이상일 외(1976), 『한국사상의 원천』, 양영각(1980, 박영사), 79~83쪽에 있는 저자의 사례 참조.

칠성(七星)거리, 창부(倡夫), 애기놀이, 신장(神將)거리를 끝내자 12시가 지났다. 이번에는 환자에게 무감을 서게 한다. 물론 그동안에도 여러 가지 주술적인 행위와 암시적인 치료가 있었지만 조상이 나타나 환자를 울린 것은 무감을 설 때였다. 나이 많은 주무가 환자의 부인에게 백지 끝을 자르고 베로 그 밑을 감아 대처럼 만든 것을 부인 양손에 쥐게 하여 제단을 향하여 모셔 올리라고 한다. 부인은 제단에 경배한 뒤 그 앞에 선다. 주무가 옆에서 나직한 목소리로 대에 신이 내리도록 구송(口誦)을 한다. 손이 떨리기 시작하자 주무가 부인을 환자 쪽으로 돌려 세운다. 부인은 괴로운 표정을 지으며 손으로 머리를 치고 가슴을 치다가 환자에게 가서 발을 대고 비비기도 한다. 징소리가 울리자 춤을 춘다. 제단에 촛불을 켜고 나서 잠깐 그쳤다가 다시 춤을 춘다. 이번에는 환자의 부인이 주무에게 쓰러질 듯이 안긴다. 부인은 이때부터 남편의 할머니가 되어 말하기 시작한다.

"내가 고쳐주마아…… 데리고 가려고 했지만 내일 낫게 해주겠다아" 하고는 울기 시작한다. 원통한 표정으로 남편에게 "너는 알지! 너는 알지!" 하고 호소한다. 옆에서 조무인 함경도 무당이 "몰라서 그런 거야" 하고 위로한다. 부인은 종이대로 미친 듯이 환자의 머리를 친다. 방 아랫목에 요를 덮고 누워 있던 환자도 언짢은지 비통한 표정으로 눈물을 참는다. 문밖에서 보고 서 있던 환자의 아들도 훌쩍훌쩍 울고 주무도 눈시울이 뜨거워지는지 고개를 돌린다. 부인, 아니 환자의 할머니는 "약 먹지 말라아 위장 버린다!" 하고 또 울부짖는다. 주무가 이제는 나서서 빌며 "어느 산에 모실까요?" 하고 물으니 어느어느 산에 모시라고 하면서 굿거리는 끝난다.

그 뒤 3시까지 회식이 있다가 다시 여러 굿거리를 거쳐 오후 5시 7분경 조상거리로 들어간다.

이때 팥설기 시루가 놓인 제상은 방문 앞 툇마루 턱에 놓고, 쇠머리와 털 뽑은 통닭이 놓인 큰 제상은 앞뜰로 옮기고 밥사발에는 숟가락을 꽂는다. 팥설기가 있는 시루에 꽂았던 종이를 잘라 만든 대는 모조리 대문 밖으로 버렸다. 주무는 노란 옷을 입고 두 손에 마포를 들고 조상이 되어 춤춘다. 마포로 환자의 부인을 쓸기도 하고 쓰러질 듯 춤을 추기도 한다. 그러다간 또다시 서고 구역질이 나는 시늉도 하다가 공수〔神託〕를 준다.

내가 울면 무엇 하냐 불쌍한 내 자손…… 인간 못 만나, 원통하게…… 할아버지 조상……에서는 명당자리 만들고, 조상, 하늘도 모르고 땅도 모르고, 아리고 쓰린 맛을(이때 환자는 손님과 함께 이야기하고 있다.) 지손들 찾아보아도 불쌍하고 어찌 저리…… 세월 못 만나아, 불쌍하고 불쌍하다…… 명당 갔다 둘러보니 할아버지는 산도 잘 쓰고 잘 있고, 생전에 나는 잘 먹고 잘 쓰고 잘 있고, 이번에 왔다가 둘러보니 이게 뭐냐, 굿을 이리 받음이 어디 있느냐, 너무 가엾고 가슴이 쓰리고……. (환자를 향하여) 물에 들어가도 안 죽고, 불에 들어가도 안 죽고, 내가 죽어 사람 원수 갚으라, 다구지 맘먹고 숲풀을 벗을 삼고…… 부모네 원한이라고 한이 졌구나. 이제는 내가 죽을 병이 들렸나 하고 눈물이 구슬같이 떨어지고. 네 아버지 네 어머니 억울하게 죽었다아, 세상의 몹쓸 놈이 내가 너를 살렸으니 그래도 우리 집에 38선 넘어와서…… 어희 이렇게 외로워 어느 친구 믿고 살랴, 가슴에 맺혀 너를 두고 구름이 껴도 너를 생각하며 탄식하며 내 원수 갚으려 애썼으나 이번에는 극락 세상 간다아. 부디 네 병이나 나아라. 자식이 불쌍해…… 여자에게 고생만 시키고 고집 세우지 말라.(고딕은 저자) 작년 구시월에 이 정성 들였으면 한도 원도 풀 걸 두 고집이 합쳐서…… 걱정 마라, 이 부정 드려주고 인사 받지 마라. 물 떠놓고 조용한 데 칠성(七星)에 깨끗하게 자리 잡고 그러구서 약을 쓰면 더해도 덜해도 걱정 마라.(고딕은 저자) ……나는 가겠다. (장구와 징이 울린다.)

주무는 다시 베 두 개를 들고 춤을 추다가 말한다.

아이구 서러워라 내 자식. (부인이 운다.) 내 말(네 말?) 들었으면 이 남 땅에 들어와서 아직 살았을지도 모르는걸.(환자가 운다.)

주무는 계속 춤을 춘다.
이윽고 주무는 정신을 못 차리는 것같이 몸을 뒤로 흔들흔들하고 입에서 풋풋 소리를 낸다. 그러고는 "어찌 사느냐"고 서러워한다. 이번에는 환자의 부인이 울지 말라고 주무를 위로한다.
오후 5시 45분. 주무는 춤을 추고 주위에서는 "병 거두어주시오"라는 말을 연발한다. "세월 못 만나아 이별하고 이번에는 다 받아가지고 갑니다…… 나는 가는 몸이지만 조상굿하는데 왜 안 오겠어요?"
다음에는 이북에 두고 온 환자의 큰마누라가 들어왔다며 환자에게 영감이라 부르며 만져나 보자고 한다. 춤을 추면서 환자에게 "세상에 나는 왜 태어나 가지고……" 하더니 통곡을 한다. "아이구 배고파라" 하고 먹을 것을 찾자 옆에 있던 사람들이 "저기 다 있어요" 하고 제상을 가리킨다. "내 몫도 놓았나" 하고 두리번거린다.
주무는 위의 과정에서 적어도 세 번 조상의 넋에 의하여 빙의되는데 물론 다분히 연극적이고 하는 말도 횡설수설 앞뒤가 안 맞는다. 세 번의 빙의현상 대상이 누구인지를 그때마다 자세히 확인을 못 한 것은 대단히 유감이었다. 가족과 빙의된 조상과의 관계도 알아두어야 했는데 무당이나 굿을 하는 사람이 워낙 나와 생소한 사이여서 묻는 것을 삼갔다. 말의 줄거리로 보아서 처음에는 부인의 할머니로 다음에는 (환자 혹은 부인의) 어머니, 마지막에는 틀림없이 환자의 본부인으로 빙의된 것으로 보인다. 환자는 이북에 처자를 두고 혼자 월남하여 현부인과 결혼하여 살고 있고 학식도 있어 보이나 노동일을 하다가 허리를 다쳤다.

(2) 치료적 측면에서 본 사례 1

이 사례는 기계적 충격에 의한 척추손상이었으므로 수술이 필요할지도 모르고 정신적·감정적 치료만으로는 충분치 않았다. 의사가 수술을 권유했으나 비용이 너무 들어서 안 하고 돌아왔다고 한다. 굿을 하고 일주일 뒤에 경과를 물어보았을 때 약간 호전되었다는 말을 들었다. 굿을 했기 때문인지 자연스러운 경과인지는 알 수 없다.

정보를 자세히 묻지 못해서 확실히 말할 수는 없으나 공수와 넋두리의 내용과 이에 대한 병자와 가족, 그리고 무당의 감정반응으로 미루어 볼 때 정신치료적인 효과라고 할 만한 몇 가지 긍정적인 요소가 추정된다. 첫째는 "내가 고쳐주마, 내일 낫게 해주겠다" 하고 환자의 할머니에 빙의된 환자 부인의 강력한 보증(reassurance), 신령들에 대하여 좌중이 함께 "병 거두어주시오" 하고 호소하는 집단적인 지지와 위로, 조상으로 빙의된 주무의 안심시키는 말 등이 급격한 사고로 놀란 환자의 마음을 안정시키는 데 이바지했을 것으로 생각된다. 그러나 할머니로 빙의된 환자의 부인이 느닷없이 "약 먹지 마라, 위장 버린다" 하는 것으로 보아 서양의료에 대한 평소의 불신이 어느 정도인가를 짐작할 수 있다. 조상이 된 주무의 처방은 흥미롭다.

걱정 마라, 이 부정 드려주고 인사 받지 마라. 물 떠놓고 조용한 데 칠성에 깨끗하게 자리 잡고 그러구서 약을 쓰면 더해도 덜해도 걱정 마라.

주무는 여기서 환자에게 종교적 태도를 가질 것을 권유하고 증상의 악화나 개선에 일일이 신경쓰지 말고 여유로운 마음으로 자신을 초월적인 힘에 맡기도록 권하고 있다. 그녀는 결코 악물치료 등 서양의료를 배격하는 것이 아니라 치료에 임하는 마음의 자세를 가르치는 것이다.

그러나 뭐니 뭐니 해도 굿의 핵심은 병의 치료보다 살아 있는 가족과 죽은 가족의 한을 되살리고 서로 나누면서 푸는 데 있는 것 같다. 38선을 단신 넘어와 가족과 헤어진 병자의 한을 무당은 죽은 자의 넋이 되어 대변하며 눈물짓게 만든다. 이북의 본부인을 불러내어 다소 우스꽝스럽게 놀게 하여 긴장을 풀고 현부인은 환자의 할머니가 되어 할머니의 이름으로 자신의 한과 불만을 환자인 남편에게 퍼부어 평소 말 못한 감정을 표현하고 환자의 공감을 불러일으킨다. 가족은 눈물로써 말없는 화해를 한다. 또한 주무는 조상이 되어 병들어 외로워진 환자의 심정을 감정적으로 대변하여 환자의 마음을 열게 한 뒤 매우 합리적인 처방을 내린다. 주무는 전체 과정을 통제하고 조절하는 자이므로 환자의 부인에게 무감을 세울 때 할머니에 빙의된 부인의 말이 과격해지려 하자 얼른 가서 "어느 산으로 모실까요?"하고 지나친 적대감이 나오지 않도록 하기도 한다.

주무는 본래 조상거리를 특히 잘하는 것으로 유명한데 공수가 너무 애절하여 남도 울리고 자기도 운다. 아마도 주무는 이때 환자 가족의 한뿐 아니라 자기와 자기 가족의 한을 회상했는지 모른다. 여하튼 주무는 고통받는 사람의 마음을 잘 이해하고 공감하며 이를 적절히 표현하는 능력이 뛰어나다고 할 수 있다. 부무인 함경도 무당이 자기는 조상굿을 해도 눈물이 안 나오는데 이 무당은 눈물을 잘 흘린다고 감탄하는 것을 보았다.

병굿이라고 해도 일반적인 굿의 과정을 모두 포함하기 때문에 다른 굿과 마찬가지로 여러 종류의 신령들을 내리게 해서 공수를 준다. 그리고 그 신격의 성질 여하에 따라 여러 종류의 감정 체험을 굿의 참여자나 무당이 겪는다. 조상굿이나 무감처럼 개인적인 한과 불만 또는 분노 같은 감정만 표출되는 것은 아니다. 조상굿에서 죽은 지 오래된 조상의 영이 내려오거나 지역문화의 특성에 따라 반드시 슬픈 이야기만으로 시작되지 않고 자애로운 덕담으로 일관하는 경우도 있다.

위의 사례에서도 대감 굿거리에서는 탐욕스러운 대감신의 넉살 좋은 푸념과 외설적인 행동, 신장굿거리에서 신장들의 호방함과 씩씩함, 또 다른 거리에서 보살의 조촐함 등 다양한 감정이 각 신격의 신화적 내력과 함께 표현된다. 점잖은 가부장적 유교문화의 도덕규범에 의하여 억압된 각종 본능적 욕구의 표현이 어떤 의미의 정신치료적 효과를 지니리라는 점은 쉽게 짐작된다. 다만 넋두리나 공수에서 개인적인 한을 풀고 고통을 발산(ventilation)하는 것만을 되풀이한다면 그 의미를 깨달아 문제를 근본적으로 해결하지 못할 위험성이 있다.

2) 사례 2[9)]

(1) 대상 환자(61세, 남자)

① 병력과 굿을 찾게 된 동기

개인택시를 운전하던 환자는 1992년 형제처럼 지내던 사람이 대장암으로 사망하자 장례준비로 사흘 밤을 새웠다. 장례 뒤 쉬지 않고 나가 운전을 하다가 사람을 치는 등 사고를 연달아 냈다. 그 후 가슴이 답답하고 정신집중이 안 되고 어지러웠다. 걸을 때는 술 취한 사람처럼

---

9) 병굿 2와 3의 사례는 저자의 제자 서경란과 함께 공동조사한 것이다. 굿은 인간문화재 김금화(주무)와 그 일행에 의하여 실시되었다. 비디오 기록은 제자 서국희가 도왔다. 사례에 관한 기술은 다음 논문에서 필요한 내용을 발췌한 것이다. 이부영·서경란(1994), 앞의 논문 참조. 무가 등 제의절차의 자세한 내용은 이 논문을 참조할 것이다.

비틀거렸다. 잠을 푹 못 자고 잠들면 죽은 사람들이 자주 보이는 등 어지러운 꿈에 시달렸다. 또 심장이 빨리 뛰고 누군가 쫓아오는 것 같았다. 죽을 것 같기도 하고 좁은 공간 안에 있으면 더 답답하고 괴로워서 달리는 차에 뛰어들어 죽고 싶기만 했다고 한다.

증세가 심해지자 환자는 운전할 수 없게 되어 쉬면서 지냈다. 기주(祈主, 굿을 신청한 사람. 환자의 현 반려자)는 "어릴 때부터 굿하는 것을 많이 보아왔고 초상집에 갔다와서 그대로 죽는 사람도 보았고 그렇게 죽어가는 사람을 무당이 굿을 해서 살리는 것도 보았기 때문에" 환자에게 점을 쳐 굿을 하자고 권유했다.

그래서 굿을 이미 여섯 번 정도 했다. 이번에는 유명한 만신 집에 자주 가는 기주의 여동생이 권해 점을 쳐보니까 "초상집에 다녀와서 상문이 들어서 그렇고, 원한이 많은 조상들이 들어서 그렇다"면서 굿을 하자고 했다. 그동안 내과에 다니면서 진료 및 검사를 받았으나 몸에 특별한 이상은 없었다. 기주의 생각에는 환자가 평소에 어머니 산소에 자주 다녔고 상문이 들어서 병이 든 것 같다고 생각해서 환자에게 굿을 권했다. 이번에도 환자는 반신반의하며 굿을 하게 되었다. 날짜를 잡아 놓고 특별한 꿈을 꾸지는 않았다.

② 개인 및 가족력

2남 3녀 중 장남으로 태어났다. 12세에 아버지를 여의고 어머니 혼자서 5남매를 키워 환자는 장남으로 어머니를 도왔다. 어머니가 10년 전 폐암으로 돌아가신 후 상심이 컸고 자주 어머니 묘지에 들렀다. 고교 졸업 후 군 복무, 중매로 결혼했으나 아들 둘 낳은 뒤 성격이 맞지 않아 이혼했다. 그 뒤 어머니와 함께 살았다. 그러다가 현재의 반려자(기주)를 만났다. 남동생은 10년 전 부부싸움 끝에 자살했고 사촌 남동생도 이혼한 뒤 약 먹고 자살했다. 다른 형제들은 정상적인 가정생활을 해왔는데 다만 작은 누나가 뇌손상으로 인한 의식장애를 앓고 있다고 했다. 부모의 종교는 불교였는데 아버지가 돌아가신 후 어머니는 더욱 열심히 믿었다. 굿도 자주 했으며 "굿 중에 대를 잡으면 신이 잘 내리지 않는다"는 이야기를 자주 했다고 한다.

(2) 병굿의 진행과정

병굿은 1993년 7월 1일 오전 9시부터 오후 7시까지 원도봉산 유원지 옥류산장과 굴바위굿당에서 실시되었다. 주무(김금화 만신)와 조무 6명, 장구 한 명이 함께했고 대주(坐主, 굿을 받는 집주인, 환자) 홍 씨와 기주(여주인)인 그의 아내와 아들이 참여했다.

굿의 순서는 다음과 같다.
① 신청울림(아침식사)
② 상산맞이
③ 초부정 초가망굿
④ 영정물림(무감서기)
⑤ 칠성제석굿(점심식사)
⑥ 성주굿, 소대감놀이
⑦ 성수굿(토인성수거리, 신장거리, 신명놀이)
⑧ 익은 타살 군웅굿
⑨ 대감놀이(서낭굿, 무감서기)
⑩ 조상굿
⑪ 뒷전

병굿이라 해도 일반 재수굿의 과정을 모두 포괄한다. 그 과정을 일일이 소개하지 않고 치료에 관계되는 부분만을 살펴볼 것이다.

① 신청울림[10]

주당 상을 차려놓고 평복을 입은 조무가 신령들에게 굿을 하겠다고 알린다. 무가를 부르면서 주당 잡귀를 집 안 구석구석에서 내쫓아 굿청을 정화시켜 신령들이 내려오기를 빈다.[11]

주무는 대주[12]인 환자를 데리고 원도봉산 굴바위 기도처로 올라가서 촛불을 켜놓고 기도를 한다. 그런 다음 굿당으로 내려오는데 이 모든 과정이 특이하고 매우 경건하다.

기도처는 계곡의 바위를 기어올라 겨우 두세 사람이 구부리고 앉을 만큼 좁은 암굴이다. 간단한 제단과 촛불만 있는 곳에서 만신은 환자를 앉히고 정성껏 기도한다. 밝은 곳에서 하는 굿과는 전혀 다른 분위기였다. 앓는 사람을 낫게 해달라는 지극한 염원이 자연스럽게 전달되는 시간이었다.

---

10) 신청울림은 어느 굿에서나 맨 처음에 하는 것으로 신에게 굿을 하겠다고 알리고 신이 내려오기를 비는 의식이다. 굿을 하기 전에 악기를 울려서 주당잡귀를 쫓아내고 굿청을 정화하는 것이다. 하늘을 상징하는 징소리, 땅을 상징하는 장구소리, 천지간에 모든 신을 의미하는 제금소리를 내며 신을 청하는 굿이라고 한다.
11) 주당풀이는 집 안에 끼어 있는 액이나 살을 밖으로 내몰아 굿하는 제장(祭場)을 깨끗하게 하는 과정이다. 김태곤(1981), 『한국무속연구』, 집문당, 137쪽. 또한 굿을 하기 직전 행사로서 '일종의 나쁜 신비적인 위력'이 여기에 모시는 조상의 신령에 붙어 있으면 굿의 효력이 없어지므로 굿하기 전에 이 살(주당살)의 습격을 예방하는 풀이의 목적으로 주술적 주당(周堂) 물림을 행한다. 赤松智城·秋葉隆(1938), 『朝鮮巫俗の硏究』下卷, 東京: 大阪屋號書店, 137쪽. 제주도 무가의 주당(住堂, 집·가정)과는 전혀 뜻이 다르다. 현용준(1980), 『제주도무속자료사전』, 신구문화사, 47쪽, 500쪽. 그러나 김금화 만신 쪽에서는 주(하늘), 당(땅)을 상징하는 징과 장구를 울려 생명이 있는 곳에 따르는 부정을 푸는 것이라는 해석을 하고 있다.
12) 굿을 받는 집의 주인은 대주, 여주인은 기주라 한다.

② 상산맞이[13]

주무는 신령님들을 부르는 노래를 한 뒤 신이 들어왔는지 어깨를 들썩이고 추스린다. 반주도 강해지고 제금을 친 후 이런 공수를 준다.

가슴 답답하다고 해서 왔다 갔다 하지 말고 할아버지가 시키는 대로 하면 다 낫고 얼굴에 화기 돌려주고 입술에 정기 돌려줄 테니 걱정하지 말고 염려하지 마라……. 꽃도 피었다가는 낙화하고 세도도 10년 세도는 없고, 해와 달에도 일식 월식이 있듯이 수가 불길해서 그런 것이니까 걱정 염려하지 말라.

주무는 사방을 돌면서 방위마다 멈춰 서서 제금을 치고 제금과 부채를 높이 들어 계속 공수를 준다.

천지신명님 아니시더냐 어떠하신 신령님이시냐 천신령님 만신령님 어찌하여서 3년 전에 알게 모르게 모두 몸이 괴롭고 아프려고 나무를 잘못해서 목신(木神) 동법을 받지 않았더냐? 59수부터 좋지 않다고 일렀다. 그런데 사람이 너무 미련해서 모르고…… 그래도 대주님이 잘 견뎠고 어려운 형편에 정성을 들여서 까딱하면 산천 따라 갈 건데…… 오늘 원귀가 구천을 떠돌고 눈을 감으면 꿈으로 현몽하고 입맛도 있다가 없다가 하고 마음이 씨싸라기보다 더 약하다. 사람을 보면 오기가 싫고…… (애절하고 구슬픈 어조로) 이번 정성 들이고 몸에 근심 거둬줄 테니 걱정하지 말라…… 병원에 가면 아무 병 없다 하고 약을 지어 먹으면 잠이나 자고 안정하라고 하지 별것 없다. (대주는 주무가 하는 공수에 응해서 계속해서 "네"라고 대답한다.)

---

13) 굿하는 마을의 가장 높은 산의 산신과 마을 부군 신을 모시는 굿이다.

거상춤을 추고 나서 다소 차분해진 어조로 대주가 한도 많고 원도 많은데 아무도 알아주는 사람이 없다고 위로하는 공수를 준다.

술잔을 들고 방울로 쌀산14)을 맞춰보고 대주는 쌀알을 집어서 씹지 않고 삼킨다. 술잔을 대주의 머리 위에 둘러 밖에다 버린다. 주무는 꽃갓을 벗고 옷을 벗는다. 상산맞이 상은 치우고 촛불은 제상으로 옮긴다.

③ 초부정 초가망굿15)

조무 1은 만세받이16)로 수많은 부정의 이름을 열거하며 굿당의 부정을 씻어내는 노래를 부르고 나서 부채와 방울을 두 손으로 높이 들고 신을 청해 받는다. 대주를 향하여 돌아서서 공수를 준다. 들어온 신을 차례대로 모시면서 대주에게 하나하나 확인한다. 형제 중 장가 못 가고 죽은 사람이 증조부님인지, 우리 같은 사람(무당이나 박수)으로 시작하여 산수를 다룬 일이 없는지, 놀란 일이 있었는지, 조상 웃대에 마누라 둘 얻었던 사람, 양자로 간 일, 배신당한 일, 여자 동기간에 어른이 못

---

14) 쌀산이란 쌀알을 방울이나 칼로 찍어서 대주에게 갖다줌으로써 점을 치는 것이다. 짝수이면 좋은 징조이고 홀수이면 짝수가 나올 때까지 반복한다.
15) 초부정 초가망굿은 굿당의 부정을 씻어내어 굿당을 정하게 한 후 제신을 청배하여 즐겁게 놀려주고 제단에 좌정시키는 굿이다. 보통 가망굿이라 부른다. 여러 가망 중 첫째 가망을 초가망이라 한다. 가망은 굿에서 처음 나오는 신으로 높은 신의 전위라고 여겨지기도 한다. 赤松智城·秋葉隆(1938), 『朝鮮巫俗の硏究』下卷, 東京: 大阪屋號書店, 120쪽, 주 92) 참조. 김태곤에 따르면 가망청배는 '재를 받는 신을 청해오는 과정'으로 무당은 옛날 군복을 입고 춤을 춘다고 했다. 가망공수를 보면 '성(姓) 주신 가망, 본(本) 주신 가망, 씨 주신 가망 들어오시랴'라는 구절이 있어 부모, 조상신이 아닌가 생각되기도 한다. 김태곤(1971), 『한국무가집』1, 원광대민속학연구소, 27쪽; 김태곤(1981), 『한국무속연구』, 집문당, 379~380쪽 참조.
16) 만세받이는 만수받이라고도 하며 만신이 굿을 할 때 소리를 하면 다른 사람들(장구잡이나 악사)이 같은 소리를 받아서 하는 것이다. 신을 모시며 신에게 절 받고 도와달라는 축원이다.

되고 죽은 사람 등이 있는지 등을 어깨를 들썩이고 방울을 흔들면서 한 바탕 춤추고 나서 묻는다. 환자는 그때마다 생각해보고 대답해보지만 대부분 잘 모르겠다는 반응이다.

만신, 아니 만신에게 내린 신령들과 대주의 대화는 일종의 의학적인 문진(問診)인 셈인데 일상적인 공수라고 하기에는 확신이 강하지 않다. 신령들이 참여자에게 사실 여부를 묻는 경우란 별로 없기 때문에 이것은 다소 현대화된 대화방식이 아닌가 생각된다. 환자는 만신의 질문이 내포하는 무속적 맥락을 빨리 이해하지 못했고 조상에 대하여 모르는 것도 너무 많았다.

조무는 거상춤을 천천히 추면서 왼쪽으로 한 바퀴 돈 다음 장구를 쳐다보며 춤을 추다가 막춤을 춘다. 부채를 놓고 막춤을 추다가 오방신장기를 양손에 나눠 들고 느린 춤을 춘다. 차츰 빨라지며 막춤을 춘다. 만신은 엑스터시 상태에 빠진 표정이 된다. 왼손에는 신장칼, 장군칼을 들고 오른손에는 칠성칼을 들고 막춤을 춘다. 대주에게 출입구 가까이 앉으라고 하고 오방기로 덮은 후 장군칼을 들고 대주의 몸 여기저기를 '질러낸다'(찔러서 귀신을 내쫓는 것 - 저자주). 대주의 등 위로 발을 얹고 질러내기도 한다. 장군칼을 문 쪽으로 던지는데 칼끝이 바깥으로 향해서 그만둔다. 삼지창·뚝대·무명·베·조상옷(만신의 조상옷)을 들고 거풍시키고 조상옷으로 기주의 몸을 씻겨 내기도 하고 만신 몸에 두르고 춤을 추기도 한다. 이때 대주에게 조상상에 술을 따르라고 한다. 대주집 신옷들을 들고 제각기 거풍시킨 후 기주에게 준다. 다시 맴돌아 장구 앞에 서서 공수를 준다.

해를 묵은 감홍씨 철을 묵은 감홍씨 기다리고 바라시던 만감홍씨 아니시더냐 눈진 산[17] 꽃본 듯이 설상(雪上)에 나비 본 듯이 귀엽게 받으시고 잘 도와 보라느냐 돕고 받들어 본댄다라 여보시오 만조백관 신의 창배씨들 삼홍씨가 나왔다가 맺던 마음을 풀고 긴 장단으로 삼현춤에 거상이나 하고 들어가자.

장구: 옳시다.

(장단을 바꾸어 삼현장단을 치면) 만신은 부채와 기를 들고 여러 가지 춤을 추며 맴을 돈다. 장구 앞에 절 세 번, 사방에 절한다. 그다음 대신 발을 어깨에 걸치고 삼베를 왼손에 든 다음 그 위에 술 양푼을 올려놓고 국자로 술을 따르며 "만강홍님 약주 일배······" 하며 긴 노래를 부른다. 한 바퀴 돌아 굿상으로 가서 한 잔씩 술을 가득히 부은 다음 문밖에 세 번 버리고 주인에게 권한 다음 대신 발을 들고 구조상·신조상[18]을 차례로 말미[19] 받아 들인다. 대주에게 공수를 준다.

이 대주 금년에 61세로 똑똑한 것 같아도 어리숙하고 눈은 제대로 안 보이는 것 같다. 상문도 들었지만 몸에 든 병도 있고 조상도 있다. 이 대주 이번 정성들여 뜬 귀를 다 물리치고 상문부정, 조상 모시면 마음이 차츰 안정될 것이다. 마음이 안정되어야 낫는 병이다. 굿했다고 그냥 두지 말고 안정시키는 약을 지어 먹어야 한다. 동남간이 아니면 서북간으로 가서 약을 조금만 지어다 먹어라. 오늘날은 다 신의 병만은 아니다. 차츰차츰 나을 것이다.

---

17) 눈진 산은 눈이 내려 있는 산이다.
18) 구조상은 먼저 돌아가신 조상이고, 신조상은 나중에 돌아가신 조상이다.
19) 이 굿에서 말미는 조상님들의 말을 하고 모셨다는 뜻이라고 설명했다. 그러나 김태곤(1981), 앞의 책, 314쪽에 따르면 진오기굿의 말미거리는 바리공주 무가의 구송, 시왕포 가르기로 죽은 자의 영혼을 극락세계로 천도하는 과정으로 '말미'의 어원은 더 연구해볼 필요가 있다고 했다. 김유신의 어머니 만명(萬明, 무의 조령)과 관계가 있는 것은 아닐지 모르겠다.

④ 영정물림[20]

 모든 영정을 대접하고 질병·근심·걱정·액운을 걷어내는 굿이다. 굿상을 차리고 술 한 잔을 중앙에 놓고 대주에게 돈을 놓으라 한다. 노래를 띄우면서 삼베를 대신 칼에 끼어 불에 태우며 부정소지를 올린다. 태운 재를 술잔에 담는다. 소지가 시커멓게 탄다거나 올라가다가 거꾸로 떨어진다거나 타다가 남는다든가 하면 생소지(타다 남은 것)에 맞추어 옳고 그름을 가려줘야 한다. 노래는 잦은 만세풍이다.

 에라만세 받아가요 천하에도 영정이야 지하에도 영정 옥황영정 섬겨복립영정 산천영정 지신영정 부군에도 영정 동남서북에 영정 (등 많은 영정을 죽 열거하고) 얼리고 달랠 때 물러가라

 영정상을 밖으로 내놓고 문 쪽으로 칼산을 던진다.

● 무감서기[21]

 대주(환자)에게 고깔을 씌우고 흰 장삼을 입고 춤을 추라고 한다. 박수가 나와서 춤을 추라고 일러주면서 제금으로 반주를 한다. 대주는 처음에는 주뼛주뼛 팔도 어색하게 흔든다. 다른 조무가 나와서 함께 춤을 추면서 도와준다. 시간이 갈수록 춤은 점점 더 격렬해지지만 황홀경 상태까지 가지는 못한다. 20분 정도 춤추고 난 다음 제단에 절하고 끝낸다.

---

20) 영정물림은 모든 영정을 대접하고 질병·근심·걱정·액운을 걷어내는 굿이다.
21) 무감서기란 만신이 아닌 사람이 신 앞에서 추는 춤을 말한다. 이는 신복(神服)을 입고 자기를 신에게 보이고 자기 몸에 좋은 신을 받아들여 춤을 추어 액운을 푸는 것이다.

제석거리 들어가기 전 휴식시간에 주무 김 씨가 대주에게 우황청심환을 먹겠느냐고 묻자 안 먹어도 괜찮겠다고 대답했더니 주무는 반가워했다. 먹겠다고 하면 더 걱정이었을 거라는 얘기를 주고받았고 주위 사람은 웃음을 터뜨렸다. 대주가 마음이 약하고 줏대가 없어서 그렇다고 기주가 말했다. 대주의 아버지 산소는 경북 안동에 있다고 하였다. 작년에 굿을 하고 나서 기주도 다리가 아파서 혼났고 자꾸 쓰러졌다고 하였다.

⑤ 칠성제석굿[22]

제상을 차리는 과정이 있다. 좌우 초에 불을 켜고 기주가 먼저 분향재배한 뒤 대주가 하고 나면 가까운 친지들이 같은 식으로 차례차례 한다. 주무는 소복 위에 홍치마, 초록쾌자, 흰 고깔, 흰 장삼을 입는다. 오른쪽 어깨에 홍가사, 왼쪽 어깨에 청룡가사를 걸치고 홍띠를 허리에 띠고 바랑을 지고 백팔염주를 목에 건다. 서발염주를 손에 걸고 모든 의상을 갖춘 다음 갱정(작은 꽹과리)을 든다.

천천히 산유 장단에 맞추어 갱정을 치며 사방으로 절을 하고, 한 바퀴 돌아서 장구 앞에 서서 만세받이로 긴 무가를 부른다. 내용은 제불제석님을 맞이하는 데 초점을 두고 있다.

……모여라오 모여라오 제석님을 모여라오 일광제석님 월광제석 옥황제석 신선제석 천지신명 하강하고 하늘땅에 설법제석 인간설립 복립제석……

---

[22] 안방귀신을 대접하여 인물 잘 나고 자손들의 명복을 기원하는 굿이라고 한다. 칠성신은 본래 수명을 관장하는 무신이다.

수많은 제석의 이름을 부르고 어디서 어떻게 내려오는가를 서술하고 대주와 그 가족을 위한 축원을 빈다.

방울과 부채를 들고 굿당을 한 바퀴 돌아서 쇠를 내린다.[23] 사방에 같은 동작을 한 다음 부채와 방울을 놓고 장단에 맞추어 바라를 친다. 바라를 머리 위에 받치고 돌면서 바라춤을 춘다. 점점 더 자극적이고 강렬하게 제금을 치고, 징 반주도 강해지면서 만신은 황홀경에 들어간 듯한 표정을 짓는다. 바라를 장단에 맞추어 치다가 무명베 위로 떨어뜨려 점을 쳐본다. 바라가 양쪽이 젖혀지면 좋지만 하나라도 엎어지면 옳고 그름을 가려 젖혀질 때까지 반복한다. 다음엔 만신이 굿상 앞에 무릎을 꿇고 앉아서 경쇠(작은 종-저자주)를 장구의 덕담장단에 맞추어 치며 부정을 푼다.

부정풀이 노래가 끝나면 주무는 향로에 향을 피워 제금에 받쳐 두 손으로 높이 들었다가 놓은 다음 입에 하미(삼각형 모양으로 접은 종이. 마음을 비우고 정하게 입을 봉하고 합한다는 뜻-저자주)를 물고 다시 절을 네 번 한다. 제자리에서 일어나 거상장단에 거상춤을 빠르게 추다가 입에 문 하미를 빼고 계속 빠르게 춤을 춘다. 쌓아두었던 무명베를 펴들고 춤을 춘 다음 만신의 목 주위로 동여맨다. 반주는 점점 더 빨라지고 만신은 다시 칠성검을 들고 춤을 추다가 쌀주발에 있는 쌀을 칠성검에 다 붙이어 쌀산을 봐주고 대주에게 앉으라고 한다. 대주의 등 위에 왼쪽 발을 올리고 칠성검으로 질러내고 앞쪽으로 돌아가서 명치 부분, 무릎, 발목 부위도 질러낸다. 칠성검을 어깨에 걸치고 대주에게 공수를 준다. 대주는 계속 두 손 모으고 만신이 공수를 줄 때마다 맞다고 대응한다.

---

23) '쇠를 내리다'는 '쇠를 연다'고도 말할 수 있다. 이는 쇠를 높이 들어 신을 맞이하는 것으로 쇠를 열지 못하면 굿을 진행할 수가 없다.

신장님 아니시더냐. 일월성신님, 북두칠성님 오호라 산신님의 자손이여 칠성님이 점지해준 자손이다. 천황, 지황, 인황에 산신, 칠성님이 점지해준 자손이다. 불쌍해서 어찌하리. 원도 많고 한도 많다. 세상사는 것을 박수가 되었으면 어떠할지. 마음이 다부지고 얌전하고 착하고 민첩하고 여자같이 생겨서 열심히 일하고 빈틈없이 살면 되는 줄 알았더니 어쩌다가 우연히 그렇게 되어 병들어 고생이 많구나. 걱정하지 마라…….

(만신은 공수를 주는 도중 나이는 37세에서 40세로 대주 비슷하게 생긴 여잔데 얼굴이 길쭉하고 홍 씨 집안에 들어왔다가 나갔다고 주장한다. 결혼 못하고 마음으로 대주를 사모하다 죽은 여자라고 했다. 그러나 그렇게 살지 못하고 간 것도 자기 운수라고 위로한다.)

신경의 병도 벗고 울기(鬱氣)도 걷고 화기(火氣)도 걷어주시고 칠성님이 도와주시고 세존님이 도우시고 홍 씨 가중에 할머니가 물에 빌고 산에 빌고 바위에 빌고 돌에 빌고 하늘 허공 부처님께 빌고 했는데 그런데 그걸 묻어놓고 사느라고 물 한 그릇도 대접하지 못했다…… 이번 정성 드리고 5~6일 지나면 정신이 맑아지고 용기가 생기고 힘이 생기고 자신감이 생기게 도와준다. 그리고 화병에서 일어나게 돕는다. 병이 몸에서 난 것이라야 무섭지 귀신의 병이고 신병이니 걱정하지 마라. 요령소리·쇳소리로 귀신을 울리고 달랠 귀신은 달래고 달래고 울려도 안 가는 귀신은 무섭게 신장님 장군님 불러서 물리친다.

만신은 춤을 추기 시작하고 반주는 강해진다. 칼로 쌀을 찍어서 오방신장기에 떨어뜨려 쌀산을 본다. 대주는 쌀알을 씹지 않고 삼킨다. 조상옷(만신네 신복〔神服〕)을 들고 거풍을 시킨다. 칠성다래를 들고 맴돌며 춤추다 제자리에 놓고 반주자를 보면서 말한다.

우리 대주 약한 몸을 건강하게 도와주시고 만인의 꽃이 되고 아픈 사람 낫게 하고 가는 데마다 칭찬받고 대접받게 도와주시는 신령님이 아니시더냐. 그러니 도와주신다고 여쭈어라.

갑자기 제금과 징을 치면서 반주가 강해지고 물동이가 들어온다. 사해용왕님, 옥황님, 물애기, 용궁애기씨, 삼 용왕의 초록색 옷을 입었다. 물동이[24]에 삼색 과일, 밥 세 숟가락, 밤, 대추, 돈을 넣고 올라가 춤을 춘다. 한 바퀴 돌고 나서는 초록색 옷을 벗어버리고 제금을 치면서 대주에게 가까이 오라고 한다. 만신은 물동이 위에서 "천지신명님 하강하시고 일월성신님도 하강하시고 모두 명다래 복다래요" 하며 공수를 시작한다. 원도봉산 물의 귀신인 용왕님이 상문 풀고 액을 걷어서 건강이 좋아질 것이라는 내용이다.

할머니가 산에 빌고 허공에 빌고 칠성님께 빌어서 타내린 자손인데 묻어놓고 덮어놓고 이번에 깨달아서 이 정성 드리니 고맙구나. (제금) 올해 후년을 잘 넘기고 씻은 듯이 되면 나도 인제 됐다. 이만하면 쓴물 단물 다 보았고 바다 건너 물구경 산구경이나 가자. 홍씨 대주는 걱정마라. 칠성님·조상님·산신불사·용궁불사 다 도와준다.

서리화〔雪花〕[25]가 꽂힌 시루를 제금 위에 담아서 대주에게 준다. 대

---

24) 용궁을 나타낸다고 한다.

주는 받아서 땅에 놓는다. 손에 정한수와 솔가지를 들고 기도하고 솔가지로 정한수를 찍어 대주에게 뿌린다.

대주 가족뿐 아니라 굿당에 모인 사람들에게 신이 내린 음식을 비닐봉지에 넣어서 제금에 받쳐 골고루 나눠주며 축원을 한다. 구경꾼들은 신이 내린 음식이라고 명과 복이 있다고 돈을 제금에 얹어준다.

만신은 옷을 벗어서 대주에게 옷과 염주를 안겨주고 "에라 만세 잘 놀고 났시다 제석님들 차례차례 놀고 가요 신사덕화 입혀 뒤진 공사없이 잘 도와줘요" 하며 노래한다.

한 거리가 끝나고 잠깐 앉아서 쉴 때 주무는 굿을 하며 본 젊은 여자 귀신에 대해 설명한다. 그리고 요새 꿈을 꾸지 않았는지 물어본다. 대주는 특별한 꿈은 안 꾸었고 죽은 사람들 꿈을 많이 꾼 것 같다고 한다.

여기서 오전 굿이 끝나고 만신들과 대주, 구경꾼들은 한데 어울려서 점심을 먹는다. 점심을 먹으면서 서로 인사도 하고 환자와 비슷한 증세를 앓았던 사람들은 자신들도 그렇게 아프다가 내림굿을 받아서 나았다는 얘기를 해준다. 그동안 아파서 고생을 많이 했겠다고 위로를 해준다. 한 조무는 딸이 정신분열증에 걸려서 병원에 다니면서 재산을 날렸는데도 낫지 않았는데 자신이 산을 찾아다니면서 기도하고 내림굿을 받은 후부터 씻은 듯이 나았다는 얘기도 들려준다.

⑥ 성주굿, 소대감놀이

박수무당(조무 2)은 홍치마에 청쾌자에 청도포에 실띠를 매었다. 검은 머리띠에 서낭기를 들었다. 사방에 절하고 한 바퀴 맴돌아 장구 앞에 서서 만세받이로 "노십시다 노십시다 성주판관님 노십시다"며 노래

---

25) 서리화는 사시사철 피며 눈 속에서도 피는 꽃으로 모든 일이 항상 잘되라고 축원하는 뜻에서 꽂는다. 흰 종이를 오려서 만든 지화(紙花)이다.

를 시작한다. 성주신이 된 조무는 이 정성 아니 드렸으면 7~8월에 까딱 하다 남의 등에 업혀나갈 수였는데 이번에 정성 받고 성주님 그늘 아래 험한 일 없고 궂은 일 없이 도와준다는 공수를 내린다.

반주는 빨라지고 박수는 서낭기를 들고 복을 몰아서 대주에게 가져다준다. 대주는 복을 받는 대신 돈을 준다. 조무는 대주 얼굴에 먹구름이 잔뜩 낀 것처럼 몸이 천근만근이 되는 것처럼 도둑질하다 들킨 것처럼 불안하고 초조해한다면서 환자의 불안공포와 절망적인 심리를 구체적으로 묘사한다. 꽁생원·쥐생원처럼밖에 할 줄 몰라 "이것이 신경줄을 타고 들어 가슴에 응어리가 졌다"고 하면서 다음과 같이 격려한다.

그러니 이번에 우리 소대감님이 허튼 정귀 벗기어서…… 명도 타다 주고 복도 타다 주고 가야지.
(조무들은 "그렇죠" 하고 장단을 맞춘다.)

다음에는 명, 복타령이 이어지고 춤을 한판 추고 끝낸다.

⑦ 성수굿[26]

조무 1이 주관했다. 토인성수거리에서 무당은 절하고 한 바퀴 맴돌아 장구 앞에 서서 노래를 한다.

모여랴오 모여랴오 어진 성수님들 모여랴오…… 무지갯발 횃불 삼아 밝은 샛별은 등불 삼아 동서사방 놀 날 없이 도와줘요.

---

[26] 성수굿은 집안의 안전과 만복을 축원하며 잡귀를 물리치는 굿이다. 만신이 모신 신을 청하여 놀아드린다.

채를 들고 거상장단에 거상춤을 추고 다시 신장칼을 들고 빠른 춤을 추다가 연풍 돌고 칠성검을 들고 막춤을 춘 다음 칼로 쌀산을 한 뒤 공수를 준다. 성수신의 권위를 보인 다음 도와준다는 약속을 한다.

다시 장구 앞에서 한 바퀴 돌아서서 신장거리에 들어간다. 장구가 춤장단을 치면 입었던 흑쾌자 위에 삼동달이웃(신장옷)을 입고 전립 쓰고 오방신장기를 들고 춤추다가 대주에게 오방신장기 중 하나를 뽑으라고 해서 기점을 친다. 대주는 빨간 기를 선택한다. 신장칼을 양손에 나눠 들고 격렬하게 춤을 추다가 오방신장기를 대주에게 씌우고 여기저기를 질러낸다. 칼을 바깥으로 던져 칼점을 본다. 사방에 장군놀이를 하다가 조상옷과 삼색천을 대주에게 덮어씌우고 신장칼로 질러내고 대주와 마주 보고 삼색천을 찢는다. 대주에게 "영험한 능력을 가진 신장이 도액을 막아내고 상문도 물리친다"는 공수를 준다.

다시 춤추다가 삼토 신장옷을 덧입고 마래기(호국 신장복)를 쓰고 머리를 좌우로 휘저으며 장군칼을 들고 막춤을 춘다. 사방으로 장군놀이를 한 다음 마지막에 어깨를 추스르고 도무한다. 막춤 추다가 다시 장구 앞에 앉아서 머리를 사방으로 내저으며 춤을 추다가 만신은 황홀경에 든 표정을 짓는다. 공수를 준다. 내내 중국 말투이다. 죽을 고비를 넘긴다는 말로 시작하여 환자가 고생하며 살아왔는데 올해의 운수가 너무 사납다고 한다. 대주와 장구잽이가 "다 막아주세요" 하니 만신의 대답은 이렇다.

조무 1 소악(小惡)은 막아도 대악(大惡)은 못 막아해. 어지간히 신으로부터 오는 것은 신으로 막을 수가 있지만 오장육부에서 솟는 것은 어찌 신으로 막겠느냐.

(꿈에 조상이 보이느냐, 산소에 갔다 왔느냐 묻고 시인하자)

상문이 복부로 들어서 숨도 차고 어떨 때는 머리도 매 맞은 것처럼 멍할 때가 있어해. 정신이 없어해. 다 벗겨내고 질러내고 차츰차츰 나아해. 서서히 나아야지 굿했다고 빠딱 일어나는 건 아니다. 이달 말 되면 차츰 무서운 것 가신다. 숨차고 가슴 답답한 것 나아해……우리 사람이 시간이 없어 잠깐잠깐 일러해. 조선에 연초(煙草) 없어해? 조선에 빼주(빼갈) 없어해?

(조무들이 있다고 대답하면서 담배에 불을 붙이고 잔에 술을 따라서 갖다준다.)

장군님이 쪼금쪼금 놀아해. 버릇이 돼서. 조선의 빼주가 독해. 시간이 없어해. 잠깐 놀아해.

삼현장단에 삼현춤을 춘다. 다시 일어서서 춤을 추고 주발에 쌀을 하나 담아들고 덕담장단에 맞추어 "얼씨구절씨구 신명 신장님이 노실 때 1년의 액운을 막아보자" 하며 덕담을 늘어놓는다.

● 신명놀이

조무 4명이 연달아 나와서 춤추고 공수를 준다.

조무 3은 춤만 추고 공수 없이 끝낸다.

조무 4는 도무하다가 오방기를 들고 대주에게 가서 머리 위로 둘러내고 다시 춤을 춘다. 트랜스에 빠져서 고함도 친다. 반주는 점점 더 빨라진다. 대주에게 잘 살펴주겠다는 공수를 주고 끝낸다. 나중에 그 상태에 대해서 물어보니 기억이 잘 안 난다고 했다.

조무 5는 부채와 오방신장기를 양손으로 잡아 아래위로 흔들면서 도무를 춘다. 한참 춤을 추다가 얼굴을 찡그리면서 오방신장기를 푼다. 오른손에 빨간색·하얀색 기를 들고 왼손에 노란색·녹색·파란색 기를 들고 춤을 춘다. 기를 다시 모아 감아서 대주에게 기를 뽑게 하여 기점을 본다. 대주가 녹색 기를 뽑는다. 다시 춤을 추다가 공수를 준다. 가슴 뛰는 것을 사랑과 연관시킨 조무 5의 공수는 이렇다.

어-흥당-둥당 소리 내어 가슴은 답답하고 심장구동은 여지없이 뛰고 있으니 이게 웬 말이냐. 화살 같은 꽃은 내 가슴에 심고 이래 봐도 내 사랑 저래 봐도 내 사랑 어찌할 바 없노라.

녹슨 기찻길을 가려니 갈 수가 있나 이 말이다…… 어느 곳에 가서 내 치료를 했던들 덕을 봤더냐. 실은 내 가슴에 화살 같은 꽃을 심어서 친친 감고 있는 격이다. 이래 봐도 내 사랑, 저래 봐도 내 사랑. (조무 5는 별안간 "여기 한 푼 받아야겠는데" 한다. 자신이 이런 데서 돈 달라고 한 것은 처음이라면서 쑥스럽고 부끄러운 듯한 표정을 짓는다. 대주가 만 원을 주니) 그것 가지고 내 마음을 살까보냐? 어림없는 소리 하지 마라. 내 가슴에 맺힌 사연 어느 쪽을 보고 다 말을 할까보냐. 이렇게 사이를 갈라놓을까보다. 이놈!
(다른 조무들은 "노여움 푸세요. 여분이 안 되어서 그런데" 한다. 조무 5는 계속 한스럽다 하고 조무들은 맺힌 것 다 풀라 하고 마지막에 다음 말로 끝을 맺는다. 애절한 가락이다.)

푸른 푸르른 산천이언마는 초목도 부끄럽고 산천도 부끄럽소. 부끄럽기 짝이 없소마는 내가 잠시 잠깐 왔소이다. 오니 오는 줄 알았습니까, 가니 가는 줄 알았습니까? 목이 메고 서러워서 내가 왔소이다. 잠시 잠깐 둘러서 가오니 내 걱정 마시오. (다시 일어나서 춤을 춘다.)

조무 6이 나와서 춤을 춘다. 반주가 빨라지고 춤은 더욱 격렬해진다. 공수를 주면서 조상이 실려 가슴이 답답하다, 굿했다고 마음 놓지 말고 산에 가서 기도하라고 권한다.

조무 6은 옷을 벗으면서 공수를 줄 때 자기의 체험에 대해서 대주에게 설명해준다.

조무 6 조상이 왜 이렇게도 센지 모르겠네. 아주 말문을 막고 여기 이렇게(뒷머리를 가리킨다.) 딱 오는데 내가 기절할 뻔했어요. 아주 이 굿을 안 했으면 큰일 날 뻔했어요. 내가 보니까 콱콱 목을 눌러요. 입을 막고 나를 갖다가 부러뜨리려고 하더라고요. 애동 제자들은 귀신이 쪼이거든요. 말문을 막고 목덜미를 쥐고 목을 누르고 골이 아프고 다리가 아프고.
대주 조상님들이 왜 그러는가요?
다른 조무들 너무 억울하게 죽어서. 억울한 조상이 와글와글거려요.
조무 6 억울하게 죽은 조상이 많아서, 한이 많은 조상이라서 막 울고 말문을 막네요.

⑧ 익은 타살 군웅굿[27]
조무 2(박수)는 상에 돼지머리, 술, 나물 등 음식을 골고루 차려놓는다. 삼색 헝겊도 올려놓는다. 붉은 치마, 남쾌자, 남관대를 입고 오른손에 부채 들고 왼손에 방울을 든다. 사방에 반절하며 한 바퀴 돌아 장구 앞에 서서 만수받이로 노래한다.

받으시오. 받으시오. 만감흥님 받으시오. 성수감흥, 산천감흥, 태백산 신령님 허튼 정귀를 벗기시고 신경으로 파고든 병, 신령님들 약발 듣고 침술 덕에 베푸셔서 거짓말 같고 참말 같게 씻은 듯이 낫게 도와 몸에 근력을 도와줄 때 용기가 나고 초감흥님께 발원입니다.

---

[27] 익은타살 군웅굿은 신사대접이 잘 이루어졌는가를 알아보는 의식이다.

방울 놓고 부채 들고 춤을 추다가 삼지창과 대신칼을 들고 막춤을 춘다. 대신칼을 들고 나가서 돼지에 꽂는다. 식칼을 들고 격렬하게 춤을 추다가 칼로 팔뚝, 얼굴에 칼날을 대어 눌러보고 다시 목에 대어 찌르는 흉내를 낸 후 돼지에 꽂는다. 칼끝이 고기에 꽂혀 쓰러지지 않아야 잘 받았다는 뜻이 된다. 무복을 다 모아서 들고 돌다가 내려놓는다. 무명, 삼베, 조상옷도 차례를 들고 돌다가 내려놓는다. 다시 부채를 들고 한 바퀴 돌아 장구 앞에 서서 이번에 한 많은 군웅(장수들)이 모였으니 대접받고 원망 없이 대수대명받아 간다는 공수를 한다.

⑨ 대감놀이[28]

타살 군웅굿의 복장대로 이어서 진행하고 대감기를 든다. 장구 앞에서 사방에 반절하며 한 바퀴 돌아서서 "노십시다 노십시다 대감님들 노십시다" 하며 여러 대감의 이름을 열거한다.

굿 장단에 느리게 춤을 추며 대감기로 여러 가지 몸짓을 한다. 귀도 후벼보고 눈도 씻어보고 "오랜만에 장구소리가 나니 어디 보자"고 하며 고개를 기웃거리고 어깨를 들먹인다. 대단히 좋다고 거드럭거리는 시늉을 하면서 춤을 춘다. 돼지 잡아놓은 데를 왔다 갔다 하다가 대주에게 다가가 복을 몰아서 주는 시늉을 하는데도 대주는 눈치 없이 손을 배 앞에 맞잡고 서 있으면서 받을 줄 모른다. 조무는 공수를 주며 "이 대주는 배꼽에 바람이 들어갔는지 이제 배꼽도 아물 때도 됐는데 배꼽이 떨어질까 배꼽만 받치고 있다"고 핀잔을 주니 관중들이 웃는다. 대주가 어리둥절해하고 있으려니 조무들이 받는 시늉을 하라고 일러준다. 그 뒤에 긴 공수가 이어지는데 대주의 금년신수가 저승 가는 신수

---

28) 대감신을 모시는 굿거리이다. 대감신은 풍요의 신, 재복의 신으로 성격이 호방하다.

이지만 대감이 도와주어 80, 90수를 누리게 해주어야겠다는 내용이다. 반주가 강해지면서 춤도 격해지고 황금을 상징하는 누런색 자몽을 대주에게 가져다준다.

● 서낭굿

홍치마·남쾌자·머리수건에 부채·북어·방울·서낭기를 든다. 사방으로 반절하고 장구 앞에 서서 잦은 만세로 노래한다.

 에라 만세 놀고 나요 받아납시다 골고루 서낭 마루 마루서낭 산을 타던 서낭 골을 타던 서낭 동남서북 서낭…….

삼색 천을 대주와 함께 잡고 찢는다. 북어에 매고 불을 붙여 대주의 몸 주위에 둘러서 밖으로 내던진다. 나머지 삼색 천도 찢어서 밖으로 던진다. 다시 조용해지면서 공수를 준다.

● 무감서기

막간을 이용하여 기주가 무복을 입고 무감을 선다. 한참 추고 나더니 표정이 일그러지면서 황홀경에 빠지고 화가 나서 어쩔 줄 몰라 한다. 나중에 물어보니까 자신도 모르게 화가 나서 씩씩거렸다고 한다.
 조상굿을 하기 전에 굿상을 정리하고 조상 옷에 이름을 적고 무명과 삼베를 잘라서 수왕천과 손푸넘을 준비한다.

 ⑩ 조상굿(조무 1 관장)

굿상 옆에 따로 차려놓은 조상상에 조상메를 올리고 대주가 분향재배한 후 술잔을 새로 올린다. 노란 두루마기 입고 머리에 수건을 쓰고 상 앞에서 절한다. 그런 다음 소창을 양어깨에 진다. 무명을 고깔처럼 접어 머리에 쓰고 방울을 들고 장구 앞에 서서 만세받이로 긴 노래를 부른다.

혼이로다 넋이로다 무주공산 삼혼 혼량, 혼이라도 다녀가고 넋이라도 다녀가시오……. 사람 죽어 범이 되고 범은 죽어 꽃이 되어, 이승은 저승 삼고 저승은 이승 삼아, 아흔아홉 상쇠소리는 원앙을 삼고, 어제 날은 이승이요 오늘날은 저승이더냐, 자손에 도리로 부모님 대접이오이다.

죽음의 덧없음을 여러 가지로 묘사하고 그것이 자연의 이치임을 알리고 조상들이 결국 왕생극락한다는 내용이다.

삼베를 두 손으로 높이 받쳐 들고 대왕을 내림받아 춤을 추고 서낭맞이(탱화)를 향해서 방울을 들고 만신이 노래한다.

신을 내림받고 방울로 조상 혼을 대주(환자)집안의 구조상, 신조상, 기주집안의 조상 순으로 차례로 불러들인다. 들어온 조상들은 자손들에게 공수를 주고 음식을 잘 흠향한다는 의미로 방울로 음식을 흔들어 둘러본다. 대주네 조상이 한 분 한 분 들 때마다 조상옷, 손푸념(저승 가는 길에 손수건으로 쓰라고 주는 베 조각. 손벗이라고도 한다-저자주), 약간의 돈(노자)을 드려 보낸다. 높은 조상부터 차례로 조상옷과 손벗이를 들고 방울로 조상상 위의 밥에 대고 흔든 다음 어깨를 추스르면서 신이 들어왔다는 시늉을 하고 대주에게 공수를 준다. 공수를 주고는 손벗이를 대주와 맞잡고 찢는다. 할아버지, 아버지, 어머니, 객사한 조상, 여동생, 대주를 짝사랑하다 죽은 여귀신, 재작년에 약을 먹고 죽은 사촌 동생, 친목회장 등 순서대로 많은 조상이 차례로 온다. 대주에게 잘 못해주었다, 대주가 병든 것을 다 걷어서 돌아가 도와주겠다는 둥 하고 싶었던 말을 한다.

대접을 받아서 고맙다는 말을 하고 대주가 주는 노자를 받아 돌아간다. 수많은 조상신을 일일이 불러서 먹이고 대접해서 보내는 과정이 구경꾼에게는 지루하게 느껴지는데도 대주는 꼿꼿이 서서 공수를 끝까지 잘 받는다. 아버지가 왔을 때는 무녀가 먼저 울면서 공수를 준다. 대주도 울적해진다. 어머니가 왔을 때 대주는 한 많았던 어머니의 인생이 떠오르면서 눈물이 절로 나더라고 한다. 어릴 때 죽은 여동생은 사탕값을 달라고 해서 주어서 보냈다. 대주를 짝사랑하다 죽은 여자는 손목이라도 한 번 잡아보자고 해서 그렇게 했다.

마지막에 수왕천을 양쪽에서 잡고 쌀알과 돈과 방울을 얹어서 대주에게 부어주는 생명돋움을 하고 난 뒤 수왕천을 가른다. 세 갈래로 가른 다음 춤을 추면서 꼰 다음 다시 푼다. 접어서 어깨 뒤로 메고 있으면 대주가 앞으로 넘겨준다.

⑪ 뒷전(조무가 마무리한다)

굿이 끝나면 집 안을 깨끗이 치우고 굿에 사용된 무명과 종이 등을 태우면서 뒷전을 정리한다.

(3) 추적면담 결과

1991년 7월 1일 굿을 한 다음 7월 9일 서울대학병원 신경정신과 외래에서 환자와 면담이 이루어졌다.

● 진찰 소견

신체적으로 환자는 걷는 게 힘들고 눈의 초점이 안 맞는다고 호소하지만 객관적으로 두드러지는 걷기 장해는 없었다. 간단한 시력검사에서는 이상이 없었으며 혈압이 높았다(180/105).

정서적으로는 아직도 가슴이 뛰고 땀이 난다면서 손수건으로 땀을

훔치고 있었고 초조해하며 병이 나을 수 있을지 걱정했다. 그러나 굿을 하기 전보다는 많이 나아졌다고 했다. 자신의 감정상태를 잘 표현하지 못했고 환자의 상태를 부인이 더 잘 아는 듯했다. 환자는 자신의 문제를 설명하는 데 부인에게 많이 의지하고 있었다. 지각이나 사고장애를 시사하는 소견은 없었으며 환자는 기억력 감퇴를 호소했으나 간단한 검사에서는 이상이 없었다. 다른 인지장애를 시사하는 소견도 없었다.

● 진단과 치료

환자는 주요 우울증과 오랫동안 앓아온 고혈압으로 인한 뇌동맥경화증이 합병되었을 가능성이 있었다. 또 정서장애와 빈맥 등이 갑상선 기능장애와 관계되지 않은가 의심되었다. 우선 항우울작용을 지닌 항불안제가 투여되었고 내과에 의뢰해 고혈압 치료를 병행하는 동시에 검사를 의뢰하였는데 갑상선 기능검사는 정상 범위였다. 7월 12일 정신과 외래에 와서는 약을 먹으니까 기분이 많이 좋아졌다고 했고 8월 31일까지 4회 내원하였다. 수면상태는 많이 호전되었고 불안증도 많이 좋아졌다. 항우울제를 추가했다.

8월 29일 실시한 뇌 MRI 결과에 따르면 뇌의 작은 혈관 질환이라는 소견이 나왔다. 뇌실 주위 백질, 기초핵과 뇌교, 뇌량 등에 국소위축이 있고 동맥경화로 인한 다발성 허혈성 변화가 있다고 했다. 환자가 호소하는 증상 중 보행장애와 시력감퇴를 어느 정도 설명할 수 있는 소견이었다.

9월 14일 정신과 외래에서 뇌검사 결과를 알려주고 정신과와 고혈압 치료의 중요성을 설명해주었다. 지금 사는 집이 좋지 않다고 만신이 말해주어 이사를 했다고 한다. 이러다가 둘째 누나처럼 사람도 못 알아보는 게 아닌지 걱정된다고 했다. 전체적으로 환자의 진단은 다발성 경색성 치매(Multi-Infarct Dementia)를 동반한 주요 우울증으로 그의 걱정

대로 될 가능성도 있었지만, 정신과 치료로 증상이 호전된 점으로 보아 지속적인 치료가 필요했는데 환자는 그 뒤 오지 않았다.

● 굿에 대한 환자의 반응

환자는 굿을 하기 전에는 굿의 효과에 대해 반신반의했다. 그렇지만 환자는 주무가 인간문화재이기도 하고 인정도 많아 따뜻하고 정성껏 대해주면서 그동안 주무가 여러 사람을 치유했던 경험을 얘기해주고 듣는 과정에서 믿음이 생겼다고 하였다. 굿을 하는 도중에는 기분이 좋고 상쾌했단다. 특히 어머니 혼이 와서 공수를 줄 때는 일찍이 과부가 되어서 고생만 하다가 폐암으로 돌아가신 어머니를 생각하니 눈물이 저절로 나더란다. 무감을 설 때는 처음에는 쑥스러워서 적극적으로 춤을 추지 못했는데 옆에서 조무들이 도와주고 같이 춤을 춰주어서 자신도 모르게 용기가 나서 춤을 추었단다. 환자의 부인은 무감을 설 때 화가 치밀어 올라서 어쩔 줄 몰랐는데 왜 그랬는지는 모르겠다고 한다. 처음에는 만신이 뭐라고 해도 응수를 잘 못했는데 하다 보니까 익숙해졌다고 했다. 그전에도 굿을 한 적이 있는데 하고 나면 얼마 동안은 기분이 좋지만 그 효과가 오랫동안 지속되지는 않았다고 했다.

3) 사례 3: 김 씨, 52세 남자

(1) 병력과 굿을 찾게 된 동기

세 아이의 아버지. 5세 때 아버지가 전 재산을 탕진한 뒤 자살. 그 뒤 어머니 혼자 행상도 하고 가게도 하며 살림을 꾸려나갔다. 중학교 졸업 후 장사를 해서 20세경에는 기반을 잡았고 28세에 결혼, 슬하에 2남 1녀를 두었다. 부인은 어릴 때 '신기'가 많아서 무당이 되어야 한다고들 하였으나 세 번이나 굿을 해서 쫓아냈다. 끝까지 받아들이지 않았더니 현재는 괜찮다고 한다. 부인은 성미가 급하고 외향적인 데 비해 환자는 내성적이고 남에게 싫은 말 못하고 속으로만 삭히는 성격이어서 마음고생이 심했다. 환자 자신은 절에 별로 열심히 다니지 않으나 부인은 한 달에 두 번 정도는 꼭 가고 장님 법사인 김 씨의 형님 집에도 자주 가서 기도를 드리는 편이다.

환자는 20대부터 시작된 불안정과 불면 등으로 정신과에서 주는 약을 복용해왔다. 약을 먹으면 멍해지고 기운이 없어서 가끔 복용했고 상태가 그리 심하지 않아서 시장에서 청과물 가게를 하며 그럭저럭 지냈다. 그런데 약 3년 전부터 공연히 걱정이 많아지고 자신감도 없어졌다. 마음이 괴롭고 잠을 깊이 못 자고 의욕과 식욕도 없어졌다. 체중이 줄고 성욕도 감퇴되었다. 친구들을 만나도 재미 없고 즐거움을 느끼지 못했다. 1993년 7월에는 시골에 갔다가 갑자기 한기가 들고 운전을 못할 정도가 되어 앓아누웠다. 무당에게 물어보니까 산소를 만져서 그렇다고 해서 간단하게 푸닥거리를 했는데 증세는 더 심해졌다. 그런데 부인의 친구가 환자에게 만신을 소개해서 점을 쳐봤다. 산소를 만지고 한 많은 조상들이 동해서 그렇고 만신이 될 팔자인데 아직 받지 않아서 계속 아픈 것이라는 이야기를 듣고 굿을 하게 되었다.

(2) 병굿의 진행과정

1993년 8월 19일 오전 9시부터 오후 7시 반까지 원도봉산 유원지 옥류산장과 굴바위 굿당에서 주무(김금화) 외 조무 4명, 장구 2명이 주관하였다. 대주 김 씨와 기주(부인)와 두 아들. 처제 및 동서 1명, 여자 3명의 가족이 참여했다. 앞의 사례와 같은 주무의 굿이었으므로 진행순서는 사례 2와 같았다. ⑥번 성주굿에서 신명놀이가 생략된 것이 다를 뿐이다. 의례 과정, 공수 내용은 사례 1과 비슷하다. 고찰 대상이 될 만한 공수와 특별히 주목할 만한 거리에 관한 것만 선택하여 소개한다.

① 신청울림 뒤 ② 상산맞이에서 장내를 정화하여 굿을 준비한 다음 주무가 장구 앞에 서서 만세받이로 병굿 2와 같은 무가를 부르고는 신이 들어왔는지 어깨를 들썩이고 추스른다. 반주도 강해지고 제금을 친 후 공수를 준다.

받으시오. 공수를 받으시오. 열흘 붉은 꽃이 없고 십 년 세도가 없다. 항상 즐겁고 건강하고 항상 돈 많이 벌면 무슨 걱정이 있겠나요. 살다가 아프기도 하고 괴롭기도 하고 조상대접하니 고맙고 반갑습니다. 대주가 쉰두 살인데 쉰 살부터 항상 머리 쓰고 착실하게 열심히 장사한 대준데 몸이 허약하고 엎친 데 덮친 격으로 산소를 만지고 형제 화합하고 산소 돌아갈 자리 만들고…… 겹쳤습니다. 아픈 병 낫고 만사 귀찮고 불안하고 마음이 헤매고 떠돌고 잠을 잤는지 밥을 먹었는지 굶었는지 하루 살아 잘 살았는지 날이 밝으면 오늘 하루도 어떻게 사나 머리 아프고 손발이 저리다가 가슴이 답답해지고 귀가 멍멍했다가…… 신경병이라 하지만 걱정 마라 이번 신사 이후 약 먹으면 약손 내려주고 단잠 자게 하고 즐거웁고 기쁜 마음으로 오늘 정성 드리면서 벗은 듯이 걷은 듯이 비온 뒤 해나는 듯이…….

주무는 사방을 돌면서 방위마다 멈춰 서서 제금을 친다. 제금과 부채를 높이 들어 쇠를 내리고 공수를 계속 준다.

유교·도교 가중인데 형제간에 동기간에 화해하고 산신님도 화해하고 한 아버지 소생이고 자손이야. 이번에 다 같이 놀고 같이 받으시고.

왼손에 서낭기, 오른손에 부채를 들고 거상장단에 서서히 거상춤을 추다가 빠른 장단으로 좌회 선무. 도무를 춘다. 맴을 돌아 장구 앞에서 공수를 주는데 환자의 고통을 위로하고 한 많은 영혼들을 받아준다는 내용이다. 공수를 받는 동안 기주는 계속 서서 울고 대주(환자)는 앉아서 손수건으로 눈물을 훔친다.

③ 초부정 초감흥굿

조무 1이 관장했는데 대주에게 공수를 줄 때에는 들어온 신을 차례로 모시면서 다음 사항을 하나하나 확인한다. 앉아서 경 읽는 사람, 여자 한 사람이 산소 둘을 잡은 사람, 자손 없이 간 조상, 난리에 객사한 사람, 애기를 낳다가 가져간 조상, 20대 성 다르고 본 다른 여자, 시집 못 가고 죽은 처녀, 외국에 가서 죽은 사람, 물에 빠져 죽은 조상. 그런 조상이 있느냐고 하면 대주가 생각해보고 대답하는데 병굿 사례 2보다 훨씬 빠르게 가부를 가려 대답한다. 문답형식의 공수가 끝나고 주무는 이 조상님들의 현존을 알린다.

구조상, 신조상님들을 차례로 모신 다음 방울 놓고 제금을 던져 점을 쳐본다. 제금이 다 제쳐지면 조무는 병굿 사례 2와 같이 거상춤을 추고 대주에게 출입구 가까이 앉게 한다. 오방기로 덮은 후 장군칼을 들고 대주의 몸 여기저기를 질러낸다. 다음 과정은 모두 사례 2와 같다.

④ 영정물림

무감서기를 한다. 대주, 아들 두 명이 차례로 흰 장삼에 고깔을 쓰고 무감을 선다. 대주는 양팔을 아래위로 흔들면서 춤을 춘다. 조무들이 같이 춤을 추면서 흥을 돋운다.

⑤ 칠성제석굿(조무 1 주관)

장구 앞에 서서 만세받이로 노래한 뒤 제석님 하강을 알리는 긴 노래를 부른 뒤 공수를 준다. 환자 집안이 대단하나 자살귀가 3명 있어 원, 한이 많은데 이번에 정성을 받게 되었으니 걱정 말라는 것이다.

병굿 사례 2처럼 여러 가지 춤과 노래와 분향, 절, 음식 흠향을 한 뒤 주발에 있는 쌀을 칠성검에다 붙여 쌀산을 봐준다. 대주에게 앉으라 하고 대주의 몸 여러 군데를 칠성검으로 질러낸 다음 장구 앞에 서서 공수를 준다.

이번 정성 들이고 걷어주마 벗겨주마 도와주마 뭐 교회 다니고 천주교 다닌다고 해도 남의 병을 못 고치는 것은 아니지만 그래도 백짓장도 맞들면 낫다고 이번에 정성 들이고 한약을 조금 먹고 신경과에 가서 마음이 편해질 약을 조금 먹으면 괜찮겠다…… 산신칠성 미륵 칠성님 아니시더냐. 받들어서 아프고 고단한 것 다 걷어가고…… 피치 못해 상가집을 갈 것 같은데 웬만하면 비방을 하고 부적을 가지고 가든가…… 아니면 피치 못할 집이라고 해도 가지 않는 게 좋겠다. 다 걷어주고 막아주고 제해주마…….

조상옷(만신네 신복)을 들고 거풍을 시킨다. 칠성다래를 들고 맴돌며 춤추다 제자리에 놓고 산신님, 단군님 옷을 입고 주인에게 공수를 준다.

(중략) 나라 사랑할 줄 알고 부모님 존경할 줄 알며 웃사람 받들 줄 알며 밑에 사랑 내려서 귀엽게 보고 이쁘게 화목하게 두루 살펴서…… 도와준다고 여쭈어라.

사해용왕님, 물애기, 용궁애기씨, 삼 용왕의 초록색 옷을 입고 물동이에 삼색과일, 밥 세 순갈, 밤, 대추, 돈을 넣고 올라가 춤추며 한 바퀴 돌고 공수 준다. 큰어머니(아버지의 첫째부인)신이 먼저 들어와 환자의 가문에 들어와 고생 한이 많았다며 한도 풀고 원도 풀고 가야겠다고 한다. 다음에는 자살한 조상이 서럽다 하고 대주는 그때마다 한을 풀고 가시라 대답한다. 아버지신이 들어온다.

만신　천금 같은 내 아들아 만금 같은 내 아들아 에이구 얼마나 고생하고 얼마나 이 애비를 원망했느냐⋯⋯ 배고파서 남의 집에 가서 없는 고생 있는 고생 다하면서 어느 동기가 있다 해도 그렇고 얼마나 고생 많이 했느냐. 내가 애비라고 할 말도 없고 애비라고 나설 일 없다. 그래도 내 아들이요 애빈데 피는 물보다 진하다⋯⋯ 내 맘대로 뜻대로 안 되어서 나도 너희 어린 것을 다 두고 허망하게 내가 갔지 그로 인해서 내 아들에 걱정 근심되었지. 내 아들 이 효자야 내 아들 이 효자야. (만신은 손수건을 꺼내서 눈물을 훔친다.)

대주　걱정 근심하지 마세요.

만신　없어서 못 먹고 마음대로 벌어도 마음대로 편치 않은데 내가 무슨 마음을 잘못 먹고 가서 자식을 사랑으로 못 길러서 내가 내가 다시 돌아오지 못하니. 그러니 오늘 정성 받아간다 아범아 고맙다. 얼마나 고생 많이 했느냐. 얼마나 고생을 많이 했느냐. (만신은 흐느낀다.)⋯⋯(아버지의 혼은 아들에게 용서를 빌고 잘 받아먹고 간다고 한다. 그리고는 환자의 반려자, 손자들에게 말한다.)

(기주에게) 고맙네 내 며느리, 나도 못 본 내 며느리 내 손주들 보고 가자. 너희들이 어디서 생겨났느냐. 하늘에서 뚝 떨어졌느냐 땅에서 솟아났느냐. 할애비가 노릇을 못해서. 아버지 말 잘 듣고 못된 친구 사귀지 말고 열심히 살아라. 할아버지 영혼이 너희들 곁에 와 쳐다보아도 너희들은 나를 못 봐도 나는 대견하고 끔찍하구나. 너희들이 어떠한 소생이냐. 우리가 근본 있는 집안이요 가문인데 어쩌다가

이렇게 되었는지 너희들 다 받들어주고 가마. 잘 살고 건강하고 오래 살게 도와주마. (기주에게) 고맙네 잘 살도록 도와주마. 남매처럼 의지해서 살게. (대주에게) 외롭고 외롭지만…… 몸도 더하기도 하고 아프기도 하지. 걱정 마라. (대주의 어깨를 툭툭 친다. 대주는 눈물을 글썽인다.) 꿋꿋하게 건강하게 도와보고 걱정 마라 아픈 것도 다 걷어간다…….

대주 네, 안녕히 가십시오.

(이복형의 신이 들어온다. 옷으로 대주의 몸을 둘러낸다.) 내 동생아 내 동생아. 그래도 이승에 살았으면 의논도 하고 이 형님이 못나서 그렇게 순간적으로 죽었다. 그저 내 동생이 남의 집에 돈 꾸러 안 가고 애들 삼 남매 잘 보고…… 오늘 다 받고 가고 내 동생 어떻게 됐는지 내 동생을 받들어줌세. (대주는 눈물을 글썽인다.)

만신 그래도 나(이복동생)는 외롭게 살았고 그야말로 말할 수 없어. 그래서 누구 탓을 했나 나는 이렇게 와서 받고 가고 쓰고 가고 제수씨도 고마웁고 내 조카들 잘 받들어주고. 내가 살았으면…… 오며 가며 가며 오면서 철나고 신나서 형제끼리 우애 있게 살았을 텐데 이렇게 되었으니 원망스럽고 저주스럽소. 그러나 인간 못 만난 것도 내 탓 내 마음 잘못 먹은 것도 내 탓 내 동생아 걱정 마라 내가 다 극락 가마.

대주 극락 가십시오.

(애기신명이 들어온다. 만신은 색동옷을 들고서 공수 준다.)

만신 나는 간섭 안 했어. 어른들이 나를 안 돌보고 나를 안 찾았어. 나도 객사에 물에 빠져죽었어.

(장구장단에 맞춰 춤을 춘다.)

만신 모두 다 서럽고 분하고 한이 맺힌 원신들 칠성님이 다 풀어줄

걸세.

그 뒤의 과정은 병굿 사례 2와 같다.

● 점심식사

만신들은 굿을 하면서 보았던 영혼에 대해서 얘기를 해주고 확인하기도 한다. 굿하고 나면 대주의 병도 나을 것이라는 위로도 해준다.

⑥ 생타살굿[29]

남무가 군웅신들에게 돼지머리를 바치는 주술적 행위를 하고 "이 가정이 부자 되고 건강 되게 도와준다"는 공수를 준다. 다음에 명·복 타령이 병굿 2와 동일하게 진행되었다.

● 무감서기

다시 대주가 무감서기를 한다. 첫 번째 무감보다 훨씬 더 신명이 난 듯하다. 기주는 한사코 무감서기를 거부해 대주의 동서가 선다. 도무(跳舞)가 아니라 디스코를 계속 추다가 조무가 도와주러 나가니까 지르박을 추려고 한다. 조무가 도무를 추게 하자 대주가 다시 나와서 같이 춘다. 굿에 참석한 가족 전원이 나와서 함께 어울려 뭇뚱춤(무리춤)을 춘다. 한동안 정신없이 디스코를 추는데 주무가 제금으로 반주를 한다. 대주와 처제가 어울려 마주 보고 춤을 춘다. 제금으로 끝내는 반주를 하자 다들 자리로 돌아온다. 주무가 처제에게 무감을 서라고 한다. 처제가

---

29) 생타살굿은 제명을 다하지 못한 귀신 중 나쁜 귀신들을 쫓아내고 억울하게 죽은 한 많은 귀신들을 불러 원한을 풀어주고 대접하는 굿이다. 본래 타살(打殺)굿은 도살당한 소·돼지·개 등의 명을 위로하는 과정이다. 김태곤(1981), 앞의 책, 137쪽 참조.

나가서 한참 동안 춤을 춘다. 나중에는 장구와 제금의 리듬에 맞추어 빠르게 깡총깡총 뛰면서 도무를 하면서 자신도 모르게 표정이 점점 변해간다.

고통스러워하다가 엷은 미소를 짓다가 울고 싶어질 정도까지 춤을 춘다(트랜스에 빠진다). 구경하는 사람들이 "무감이 섰다"고 수군거린다. 지쳐 쓰러질 때까지 춘다. 주무가 반주를 느리게 하면서 춤을 천천히 추게 유도한 뒤 정지시킨다. 주무가 "아이구 신내림 받아야겠네"라고 얘기한다. 처제의 얼굴에는 눈물과 땀이 범벅되어 화장이 지워질 정도였다. 어떠했느냐고 물어보니까 전에 교회에서도 비슷한 경험을 한 적이 있다고 했다. 처제는 자신의 성격이 속에 있는 말을 참지 못하고 해서 사람들과 잘 다투기도 하지만 뒤끝은 없는 편이라고 했다.

⑦ 성수굿

조무 2가 주관했는데 과정은 병굿 사례 2와 유사하다. 토인성수거리에서 '성수님'이 되어 공수를 한 번 하고 신장거리에 이르러 공수의 이름으로 대주와 다음과 같은 대화가 오고 간다.

(중국 말투이다.)

만신 물욕의 탐이 많아 욕심 많은 가문에 근심 많은 가문에 호국장군에 호국대신에 신령님이 잘이잘이 몰고. 김 씨 가중에 이번에 애 많이 써 힘 많이 들었네. 이번에 대주가 빨리빨리 나아서……. 장군님이 원망하신다. 오늘이야 초이틀 20일만 되면 낫는다. 걱정하지 마라. 병이란 것이 나는 것은 빨리 가도 낫는 것은 오래오래 간다. 이번에 조상이가 잘이잘이 먹고 좋은 데로 가고해. 꿈을 꾸고도 꿈자리가 사나워 생각이 안 나 공연히 마음이 쓸쓸하고 외롭고 말을 안 해도 욕하는 것 같고 흉보는 것 같고 내 마음이 편하지 못해. 그러나 이번에 상문부정 모든 액운 막아내고.

문답은 사례 2와 비슷하다. 집이 안 좋아 산에서 기도해야 한다든가, 언제쯤 신수가 펴게 될 거라든가, 부모복은 없어도 자식복은 있다든가, 올해 힘들다는 말을 주고받는다. 마지막에 환자는 "결혼식 하기 전에 우리 아들 집 얻어놓은 데 가도 괜찮을까요?" 하니 만신이 "괜찮아해" 하고 대답한다.

⑧ 대감놀이

조무 2(박수)는 굿장단에 느리게 춤을 추며 대감기로 여러 가지 몸짓을 한다. 귀도 후벼보고 눈도 씻어보고 "오랜만에 장구소리가 나니 어디 보자"고 한다. 그러면서 고개를 기웃거리고 어깨를 들먹이고 대단히 좋다고 거드럭거리는 시늉을 한다. 춤을 추고 돼지 잡아놓은 데를 왔다 갔다 하면서 기주에게 다가가 다음과 같이 공수를 시작한다.

조무 2(대감) 허냐 우리 기주님이 살아 생전에 이런 거 안 할 줄 알았어…… 이렇게 대감을 대접하니 고맙구나. 우리나라 대주님 다 낫게 해달라고 이 정성이니 우리 대감님 나왔다가 언제 그랬냐 싶게 내가 다 받아줄게. 아 제기랄 노무 거 우리 기주님은 말을 할 줄 모르는가? 세상에 한국 사람이 한국 말을 못 알아듣고.

기주 못 알아듣는 게 아니라 어떻게 하는지 몰라서 그렇지.

만신 올해는 7, 8월 넘어가고 9, 10월 찬바람 나면 맘에 드는 자리. 지가 다하고 싶은 일 하게 받들어주리다. 우리 기주님 욕심 좀 보오. 우리나라 대주님 어쩌고저쩌고 할 때는 입을 꼭 봉하고 있더니 그래도 우리 아들자손 잘되게 도와준다고 하는 소리는 귀에 쏙 들어가는가 보다 대답을 잘한다. (관중들 모두 웃는다.) ……우리 기주님도 고생이 많았고 허리띠 졸라매고 먹고 싶은 것 못 먹고 쓰고 싶은 것 못 쓰고. 그런데 가환이 웬 말이냐. 어떨 때는 우리 기주님 가슴이 답답해. 벙어리 냉가슴 앓듯이 내 심정 누가 알아줄까. 좋은 것을 봐도 좋은 줄 몰라. 대주만 불쌍한 게 아냐 우리 기주도 불쌍해. 아들들이 다 잘되었는데 무슨 걱정이 있을까 하지만 어떨 때는 밉지만 내가 못 들은 척하고 넘어가면 괜찮겠지 하면서 그것을 넘기시고 오냐 이번에 다 도와주면 되겠소?

 기주 네.

 만신 그런데 우리 대감님께 맨입으로 부탁하네. 우리 기주님 경우가 북돋아줄 줄 알았더니 부귀대감 보물대감 재물대감 아니시더냐. 내가 다 받들어주고 도와준다.

술을 바깥에 뿌리고 막춤을 추고는 공수를 준다. "대감님이 우리 대감 잘 놀았으니 도와줘요" 하고 끝난다.

● 낭굿

만신은 북어와 부채를 들고 제단을 두르더니 들고 도무하고 막춤 추고 나서 공수를 내린다.

우리나라 대주가 머리가 아프고 마음을 못 잡고 의지가 약해서 이러다가 내가 잘못되는 것 아닌가 벙어리 냉가슴 앓고 우리 기주는 불안하고 초조한 것 다 걷어달라고 질병·우환·풍파 다 걷어가야 되겠지. 나오셨다가 싹 받아간다고 일러라.

그러고는 마지막 남은 삼색 천을 찢어서 밖에 내다버린다.

⑨ 조상굿

사례 2와 같이 차례로 조상신령들을 내려서 고맙다 잘 먹고 간다고 한다. 대주와 기주는 "잘 가십시오" 한다. 아버지 혼이 들어왔을 때에는 만신이 울음을 터뜨리고 흐느끼며 부모 노릇 못했다며 한을 풀어놓는다. 그러고는 "걱정 마라 아픈 것도 내가 가져가겠다"고 확약한다. 조상이 다 놀고 난 다음 실시되는 주무의 생명돋움도 사례 2와 동일하다. 수왕천을 중심으로 한쪽에는 대주와 기주가 손을 모아 빌고 한쪽에서는 주무가 축원을 한다.

아버지 영혼, 백씨님 영혼입니다. 아들자손 건강하게 도와주고 3남매 수명 장수하게 도와주시오. 저승에서 극락 가고 수왕 가라고 빌어줍니다. 비명에 가고 자살에 가고 원도 풀고 가고 한도 풀고 가시고 받아가시오. (대주와 기주에게) 앉으시오.

반주는 빨라지고 대주와 기주는 앉아서 넓은 보자기 대신 조상옷 중 치마 하나를 펼쳐들고 있다.

만신 아버지 혼신은 자손으로 해서 한도 많고 원도 많고 내놓고 얘기도 자랑도 못하고 백씨의 혼신도 죄스럽고 몹쓸 일을 한 것 같고 스스로 목숨을 끊고 가니 억울하고 분한데…….

수왕천에 얹혀 있던 쌀·돈·방울을 대주와 기주가 벌리고 있는 치마에도 부어준다.

● 수왕가르기

자살한 대주의 아버지와 형 두 사람의 수왕가르기를 두 번에 걸쳐서 한다. 무명으로 된 수왕천을 양쪽에서 조무들이 잡고 있고 끝을 조금 찢은 후 몸으로 가르면서 앞으로 나아간다. 이때 잘 갈라지지 않으면 대주가 돈을 얹어준다. 그러면 만신은 돈을 앞에 잡고 시원스럽게 계속 갈라나간다. 수왕천을 세 갈래로, 즉 두 번 수왕가르기를 한 다음 춤을 추면서 머리 위에서 세 줄을 서로 꼰다. 머리 하나 들어갈 만큼 공간만 남기고 다 꼰 후 정지해서 공수를 준 다음 다시 세 갈래로 푼다. 다 푼 후에 접어서 등 뒤로 걸치고 있으면 대주가 몸 앞으로 넘겨준다. 끝난 후 수왕천의 가장자리를 잘라서 대주의 허리에 맨다.

⑩ 뒷전

조무 1이 맡았다.

(3) 추적면담 결과

1993년 8월 19일 굿을 했고 다음 날 서울대학교병원 신경정신과 외래에서 환자를 면담했다.

① 진찰소견과 진단 및 치료

진찰 결과 신체적으로는 정상이었다. 정동상태는 여전히 불안하고 초조해 보였으나 굿당에서 만났을 때보다는 기분이 좋아 보였다. 지각장애·사고장애·인지장애를 시사하는 소견은 없었다.

환자는 부인과 함께 내원했고 굿당에서 만났던 치료자를 병원에서 다시 만난다는 것에 대해서 긍정적으로 생각하고 있었다. 자신의 병이 나을 것 같다는 희망을 표현하다가 진짜로 나을 수 있는지 걱정스럽게 물어보았다. 환자는 오래된 우울감으로 인해서 이맛살이 찌푸려진 상태였다. 증상과 경과로 미루어 조사 당시의 진단 기준에 따라 주요 우울증이라고 진단되었다. 항우울제와 항불안제를 투여하자 8월 31일 내원 시에는 많이 호전되었다. 같은 해 9월 8일 외래진료소에 예약되어 있었으나 환자가 내원하지 않았다. 나중에 전화를 해보니까 본인은 없고 부인이 전화를 받았다. 그날 다른 일과 겹쳐서 못 왔다고 하였다. 그렇지만 선뜻 병원에 다시 오겠다는 뜻이 없어 보였다. 그리고 환자의 상태를 듣고 주위사람들이 인근 내과에서 종합진찰을 받으려고 예약을 해두었다고 했다. 본인이 들어오면 병원으로 연락하라고 연락처를 남겨두었으나 다시 연락이 없었다.

② 병굿에 대한 환자의 반응

굿을 할 때 만신이 조상들을 위해서 일일이 기도를 해주고 공수를 주고 좋은 곳으로 가게 해주려고 노력하는 모습이 좋았다고 하였다. 무당이 공수를 줄 때는 자신도 모르게 눈물이 나서 많이 울었고 무감을 설 때는 어색하더니 춤을 추다보니까 기분이 좋아지고 시원해지더라고 했다. 굿을 하고 난 후 기분이 좋았고 굿당에서 만난 치료자를 다시 만나 진료를 받게 되어 좋다고 했다. 그러나 그러한 효과는 오래 지속되지 못했던 것 같다. 정신과 진료는 일정기간 이상의 진료를 받아야 효과를 알 수 있는데 환자는 너무 쉽게 기대를 걸고 너무 쉽게 포기한 듯하다.

4) 사례 2, 3의 고찰

(1) 병굿 2와 3의 특성

사례 2, 3은 한 사람의 주무와 같은 팀이 주관하는 굿인 만큼 공통점이 많다. 두 굿 모두 일반 굿의 진행에 질병을 퇴치하기 위한 특징적인 과정이 있다. 예컨대 질러내기·둘러내기·꿈·사설·무감서기·생명돋움·수왕가르기·대수대명 등이다. 장군칼이나 칠성검으로 병자의 몸 여기저기를 찌르는 시늉을 하는 '질러내기'가 있는데 이때는 반주도 격렬하고 강하고 빠르다. 둘째 사례에서는 까만 콩과 팥을 병자에게 뿌려서 굿당 바닥 전체에 흩어지게 하기도 했다. 질러내기 후 격렬했던 음악이 차차 느려지면서 무당은 환자에게 병에 관한 무속적인 원인을 얘기해주고 차차 나아질 것이라고 위로해준다. 또한 만신이 조상옷이나 북어와 삼색 천으로 환자의 몸 주위로 둘렀다가 딴 데로 보내는 '둘러내기'가 있었다.

주무는 휴식·식사시간에 자주 꿈에 관한 이야기를 한다. 병굿 날짜를 잡아놓고 나서 꾸었던 꿈과 등장했던 사람의 생김새, 특징 등을 얘기하면서 병자와 가족들에게 누구인지 물어보고 확인한다. 확인되면 그것을 병의 원인 가운데 하나로 간주하고 공수에 이용한다. 다소 특이한 과정이다.

각 굿거리는 영신(迎神), 오신(娛神), 송신(送神)의 순서로 진행된다. 무당은 만세받이를 하며 신을 맞이하는데 이때는 긴 사설을 노래로 주고받는다. 환자 개인과는 관계없이 어느 굿에서나 포함되는 것으로 가사 내용을 살펴보면 보편적이고 도덕적인 내용이 많이 포함되어 있다. 특히 조상굿에서 읊는 만세받이에는 "구조상님들 신조상님들 오대조상 사대봉사 조부 조모 양친혼신…… 자손의 도리로 부모님을 대접하니……"라는 등 한국의 유교적 전통인 효도를 강조하고 있다.

두 사례 모두 순서에 무감서기가 두 번 있다. 참여자가 망아상태에서 빠져나오지 못할 것 같으면 주무가 이를 조정한다.

무당 자신들도 자주 망아상태에 빠지는 모습을 보인다. 격렬한 타악기의 반주에 맞추어 회전무, 도무 끝에 갑자기 황홀경에 빠진 표정을 짓고 다시 정상상태로 회복되는 등 자유자재로 조절을 하면서 공수를 준다.

수왕천이라는 약 5미터의 무명과 삼베 겹친 것을 조무들이 양쪽에서 잡고 그 위에 쌀·돈·방울을 얹어놓고 조상들이 원과 한을 풀어서 환자와 가족들이 장수하게 도와달라고 축원을 한 다음 천 위에 얹혀 있던 것을 환자에게 부어주는 과정을 생명돋움이라고 한다. 이때 환자와 가족은 꿇어앉아서 두 손 모아 빌고 있다가 무당이 부어주는 것, 다시 말해서 '생명'을 치마를 벌려서 받는다. 조상들이 원한을 풀고 돌아가서 자손이 오래 살 수 있도록 도와준다는 공수를 받으면서 환자의 죽음과 질병에 대한 두려움이 감소되고 위안을 받는 것이다.

이것은 다른 굿에서는 볼 수 없는 주무 특유의 거리가 아닌가 싶다. 수왕가르기는 앞에서도 언급되었듯이 평안도 다리굿, 함경도 망묵굿, 제주도 시왕맞이에서도 등장한다. 제금과 장구의 빠르고 강한 장단에 맞춰 무당은 천을 세 갈래로 가른다. 그리고 나서 공수를 주고 다시 한 갈래로 꼬으면서 황홀경에 들어간다.

생타살 군웅굿은 익은 타살 군웅굿에서 생돼지, 익은 돼지로 대수대명(代壽代命)을 한다. 이는 키에브[30]가 말한 다섯 가지 주술 치료방법 가운데 죄악과 질병을 동물에게 옮겨 희생시킴으로써 대수대명하는 원시적 주술과 맥락을 같이한다.

(2) 질병에 대한 만신들의 이해

질병관에 관한 장에서 자세히 살펴본 한국 샤머니즘 사회의 질병관과 전체적으로 다르지 않지만 만신 개인에 따라 약간 다른 점이 있다. 두 사례에서 공통적으로 나타난 독특한 점은 환자가 만신이나 박수가 될 팔자를 받아들이지 않아 고통에서 벗어나지 못하고 있다는, 질병에 관한 샤머니즘 특유의 목적론적 해석을 내리고 있다는 사실이다. 게다가 만신들은 원시적 질병관뿐 아니라 신수, 타고난 복, 팔자와 같은 운명론적 해석을 비롯해서 심리적인 설명도 곁들이는 경우가 있었다. 사

---

30) Kiev, A.(1972), *Transcultural Psychiatry*, Chapter 5, "Prescientific medicine and psychiatry," New York: The Free Press, pp.109~159.

례 2는 굿을 하기 전 만신에게 점을 본 결과 "초상집에 다녀와서 상문이 들어서 그렇고 원한이 많은 조상들이 들어서 그렇다"는 말을 들었고 사례 3은 "산소를 만져서 한 많은 조상들이 동해서 그렇고 만신이 될 팔자인데 받지 않아서 그렇다"는 진단을 받았다. 질병관은 이와 같이 굿하기 전 점을 본 결과에 나타나기도 하지만 굿에서는 특히 신이 내려서 신탁(공수)을 내릴 때 하는 만신의 말들에 많이 반영된다. 사례 2와 3에서 각 만신들의 질병관을 이들의 공수 내용을 통해 요약하면 다음과 같다.

● 사례 2의 경우

① 원한을 가진 혼령들의 탈 때문에 ② 조상이 실려서 가슴이 답답해서 ③ 박수가 될 팔자인데 받아들이지 않아서 ④ 산소를 잘못 다루어서 ⑤ 놀란 일 때문에 ⑥ 몸에 병이 들어서 ⑦ 운수 불결하고 신수 사나워서 ⑧ 어쩌다 우연히 ⑨ 죽어가는 사람의 문병을 가서 ⑩ 본인 수가 높아서 ⑪ 신경 쓰고 걱정한 것이 심령으로 파고들고 스트레스가 되어 ⑫ 가슴에 화살 같은 꽃을 심어서 친친 감고 있는 격이라서.

공수에서 병이 생기게 된 이유를 말할 때 위에 열거한 여러 가지 요인을 결합하여 종합적으로 설명하는 경우가 많다. 상문도 들었지만 몸에 든 병도 있고 조상도 있다든가 본래 신수가 사나운 사람이 산소를 만져서 상문이 들었고 신경병이 되었다든가 하는 식으로 설명된다. 이런 복합적 설명은 사례 3에서도 볼 수 있다. 울기와 화기를 푼다는 말도 하는데 이는 전통의학의 원리에도 연계된 민속의료적 관념이다.

● 사례 3의 경우

① 제대로 못 살고 간 영혼들 때문에 ② 가슴 아파서 한을 품고 간 영

혼들 때문에 ③ 자손 없이 죽은 조상, 난리에 객사, 아기 낳다가 죽은 조상, 시집 못 가고 죽은 처녀, 외국에서 죽은 자, 물에 빠져 죽은 조상, 김씨 집안의 자살 귀신 때문에 ④ 대주도 여자 같으면 우리 같은 팔자라서 ⑤ 산소가 둘이라서 ⑥ 그 동법도 저 동법도 다 내려오고 밀려가다 한꺼번에 밀려서 대주의 몸에 결박 지어서 병이 되어.

사례 3의 공수에는 사례 2처럼 병의 원인에 관한 자세한 이야기가 적은 편이다. 그러나 전체적으로는 원한을 품은 조상이 질병관에서 절대적으로 우세한 역할을 하고 있는 것을 볼 수 있다. 특히 집안의 자살귀신은 조상굿에서 무당에게 빙의되는 형태로 한을 표현하고 있다.

두 사례에서는 집안 여러 선대의 조상들의 한 많은 과거를 공수에서 문답식으로 대주나 기주에게 일일이 묻고 대답하는 식으로 확인하는 것이 특징이다. 때로 대주가 잘 모를 때는 다른 가족이 대답을 한다. 또한 무당은 환자의 병에 간여한 원혼을 굿하기 전 꿈에서 본 인물상이나 환자의 꿈에 자주 나오는 인물에서 얻으려고 한다.

"조상이 왜 이렇게 센지 모르겠네…… 억울한 조상이 와글와글한다"는 한 조무의 표현처럼, 굿은 산 자가 이미 기억할 수조차 없는 선대 조상들의 한의 역사를 청취하고 원혼을 살펴보는 데 집중한다. 정신의학에서는 3대 가족력을 묻는다. 어떻게 죽었는지도 묻지만 어떻게 살았는지를 주로 묻는다. 그런데 여기서는 어떻게 죽었는지, 그들의 죽음이 전통적으로 정해진 자연의 질서에서 얼마나 일탈했는가를 묻는다. 그래서 죽은 자가 얼마나 한스러운 삶을 살았는지 알고자 한다. 그러므로 '치료'는 당연히 일차적으로 조상과 억울하게 죽은 모든 자의 원과 한을 풀어주는 데 있다.

만신이 될 팔자인데 그 뜻을 받아들이지 않아서 병이 낫지 않는다는 해석은 인과적 접근인 죽은 자의 한과는 다른 질병관이다. 두 사례에서는 신의 소명을 받아들이는 내림굿을 통한 병의 치료보다는 잡귀를 물리치는 주술행위를 통한 치료를 선택했다. 다만 이들의 병이 무당이 되는 목적도 가지고 있는 것이라는 사실을 알림으로써 이미 그 과정을 통과한 무당들과의 동류의식을 갖게 하든가 일종의 긴장을 조성하는 목적이 있는지도 모른다.

(3) 치료적 접근의 특성

① 굿과 정신치료의 기본적 차이

앞에서 말한 대로 병굿이라고 해서 일반 재수굿과 그 기본구조와 기능이 다른 것은 아니다. 다만 일반 굿에다 개별적인 환자에 대한 배려가 공수나 주술행위에서 추가된다는 특징이 있다. 공수의 내용뿐 아니라 환자에 대한 각종 주술적인 축귀술은 병굿 특유의 것이다. 그러나 근본적으로 중요한 것은 특수한 샤머니즘적 엑스터시에서의 치료[31]이다. 한국 샤머니즘에서 이것은 '무신들의 강신과 빙의'로 나타난다. 춤과 노래와 주악, 굿거리마다 갈아입는 신옷, 제상, 사소한 상징적 의식에 이르기까지 모두 이 목적을 위한 것이다. 우리가 고찰 대상으로 삼고 있는 병굿들도 이러한 대원칙을 충실히 따른다. 병굿은 조상을 포함한 모든 신령을 불러 그들과 하나가 되려 한다. 그들의 내력과 본원—근원 신화—을 알리고 그 신성한 권위를 찬양하며, 그리고 무당은 그들을 받아 신령들의 이야기와 그들의 위로와 축원을 환자와 모든 참여

---

[31] Eliade, M.(1964), *Shamanism, Archaic Techniques of Ecstasy*, New York: Pantheon Books, p.13. 엘리아데의 샤머니즘적 엑스터시란 영혼이 몸에서 나와 '마술적 비상'을 하여 잃어버린 혼을 찾아 환자의 몸에 되돌려주는 방식을 말한다. 한국 샤머니즘에서 엑스터시는 '마술적 비상'과는 다르다. 그러나 망아경에서 초자연적 존재와 접촉화한다는 말에서는 공통점이 있다.

자에게 나누어주고자 한다.

　참여자가 굿거리의 의미와 무가의 신화적 내용을 얼마나 숙지하고 얼마나 감동하는지는 물론 불확실하다. 그러나 이 굿을 행한 주무와 조무들은 충실히 역할을 수행하고 있다. 한 환자를 위해 하루 종일 신체적으로도 매우 격무에 속하는 의례를 하며 신들을 내리고 놀리고 보내는 과정이 굿의 참여자들에게 어떤 효과를 줄지는 짐작할 만하다.

　어떻든 굿의 정신치료적 측면을 살펴본다고 할 때 우리는 먼저 굿을 현대정신의학의 심리극·예술치료·연극치료·정신분석 등과 동일선상에서 비교하지 않도록 조심해야 한다. 비교될 면이 있는 것은 사실이나 굿 혹은 병굿은 결코 정신치료가 아니다. 특히 합리적으로 설명되는 정신치료와는 근본적인 차이가 있다. 굿은 주술종교의식이다. 그런 의미에서 치료라는 말을 넓은 뜻에서 쓰자면 각 종파를 배경으로 한 신앙치료에 가깝다. 왜냐하면 굿에서의 치료는 무당의 신성한 힘과 굿에 등장하는 신령들의 누미노제를 공적으로 치유의 원동력으로서 다루고 있기 때문이다. 이에 대한 믿음이 언제나 전제되어야 한다.

　현대정신치료에 치료자와 환자 사이에 누미노제의 이동과 교류가 없는 것은 아니다. 그러나 정신치료는 그것의 도구화를 극도로 경계하고 내면화를 위해 노력한다. 요컨대 이상의 병굿은 천지신명, 모든 신령 등의 영력을 이용하여 환자와 가족의 고통을 제거하려는 매우 절실한 노력이다.

　② 공수에 나타난 치료적 접근

　사례 2, 3에서 한결같이 무당에게 들어온 신은 환자의 고통을 자세히 묘사하면서 환자와 공감을 표시한다. "입맛도 있다가 없고, 사람 많은 데는 좋으나 어딘지 모르게 귀찮고 괴로워지고 몸이 후들후들 떨리면서 가슴이 답답하고 간혹 추웠다가 더웠다가……" "무섭고 답답하고 뭘가 쫓아오는 것 같고 구석에서 나를 으르는 것 같고 목을 죄는 것 같고 가슴을 누르는 것 같지만……" 환자가 겪었을 고통을 구체적으로 묘사하여 이것들을 신령들이 다 없애주겠다고 약속한다.

환자가 겪는 증상의 고통뿐 아니라 고통스러운 증상을 지닌 환자의 병과 그 예후에 대한 불안·공포·외로움 같은 환자의 마음 상태를 무당이 대신 표현하여 위로하는 것은 병을 치료하는 데만 집중하는 신체적인 현대의료에서는 흔히 간과하는 부분이지만 현대정신치료 장면에서는 흔히 볼 수 있는 과정이다.

사례 2의 경우 상산맞이에서 무당은 환자가 홀아비로 자식들 키우느라고 고생했고 그 누구도 알아주지 않는 고독 가운데 살아왔다고 말하면서 환자와의 공감을 표시하면서 위로해준다. 병뿐 아니라 병든 그 사람의 마음을 보살펴야 한다는 것은 현대의학 교육에서도 강조되는 것이고 정신치료에서는 환자의 전 인격이 치료 대상이 된다.

또한 공수는 환자 개인뿐 아니라 환자의 배우자, 자식 등 가족 모두에게 골고루 내려짐으로써 가족 전체 더 나아가 공동체 전체의 안녕을 축원하는 역할을 한다.

때로는 위기상황을 과장되게 제시함으로써 환자가 느끼는 위로와 안심의 강도를 높이려는 의도가 보인다. 즉 "까딱 하면 산천 따라 갈 건데" "이 정성 아니 드렸으면 7, 8월에 까딱 하면 남의 등에 업혀나갈 수였다" "올해 죽을 고비였는데" "대주가 금년 신수가 저승 가는, 다시 말하면 천국 가는 티켓을 사놓은 것이나 마찬가지"라고 말한다. 그러고 나서 정반대로 "오늘 정성을 들이고 벗은 듯이 걸은 듯이 비온 뒤 해 나듯이" "용문산에 안개 걷히듯이" 걷어줄 테니 안심하라고 강하게 암시한다.

공수는 위로·암시·안심·격려 등 현대정신치료의 지지적 치료기법을 쓰고 있다. 환자의 증세를 알아맞히고 아무도 몰라주는 고통을 주무가 알아주고 공감함으로써 '치료자'에 대한 절대적인 신뢰의 감정을 마련한다. 엘렌버거(H.F. Ellenberger),[32] 오플러[33] 등도 이러한 점을 원시문화의 치료적 접근에 관한 고찰에서 인지한 바 있다.

③ 조상의 원혼과의 대화

넋두리의 과정과 심리적 의미에 관해서는 이미 사령제에 관한 고찰에서 설명했다. 이 병굿에서도 조상굿거리에서 죽은 가족과 만남이 이루어졌다. 사례 2는 어머니의 혼령이 왔다고 하자 특히 눈물을 많이 흘렸다. 환자는 일찍 과부가 되어 자식들을 키우며 고생하다가 결국 폐암으로 돌아가신 어머니에게 애틋한 감정을 가지고 있었다. 어머니의 혼과 만나서 대화하면서 어머니에 얽힌 감정적 콤플렉스가 표현되고 후련한 감정을 느꼈다고 한다.

사례 3에서는 일찍 돌아가신 아버지의 혼이 와서 "천금 같은 내 아들, 만금 같은 내 아들" "놓고 보기도 아깝고 쥐면 깨질세라, 불면 나를세라"라는 표현과 함께 아버지 노릇도 못하고 고생시킨 것을 용서해달라고 하면서 환자를 위로했다. 무당은 먼저 흐느끼며 맺혔던 응어리를 푸는 장면이 연출되었다. 아버지 없이 자라면서 고생도 많이 하고 자살한 아버지에 대한 원망과 죄책감 등이 해소되는 과정이었던 것 같다. 실제로 환자는 굿을 한 다음 기분이 상쾌하고 시원해졌다고 말했다.

환자의 감정이 강하게 얽힌 조상의 혼이 들어왔을 때 무당이 먼저 울면서 공수를 줄 때가 있다. 환자가 느끼는 후회와 한의 감정이 무당 자

---

32) Ellenberger, H.F.(1970), *The Discovery of the Unconscious*, 2nd ed., New York: Basic Books, pp.3~52.
33) Opler, M.E(1936), "Some points of comparison and contrast between the treatment of functional disorders by Apach shamans and modern psychiatric practice," *Am. J. Psychiat*, 92, pp.1371~87.

신의 가족에 대한 감정과 일치될 때 더욱 강해지는 것 같다. 무당과 환자, 참여자들 사이의 공감은 서로 공통된 집단적 가족 콤플렉스를 경험하기 때문이다.

④ 무감서기

맥니프(S. McNiff)는 롬멜(A. Lommel)의 말을 인용하여 샤먼은 환자로 하여금 치료적인 환경에서 심리적인 갈등을 재현하고 문제 상황을 극화하는 심리극의 감독과 비슷한 역할을 한다고 주장했다.[34] 실제로 주무는 환자와 가족들이 무감서기를 할 때 일일이 지시하고 망아경에 빠질 때까지 반주를 지휘하고 각 굿거리가 진행되는 것을 감독하고 지켜본다. 그리고 천천히 반주를 하면서 환자와 가족이 무감에서 현실로 돌아올 수 있도록 유도한다. 혹은 너무 오래 망아상태에 머물지 않도록 적절한 시기에 깨어나게 하는 역할을 한다. 망아체험을 통해 단절된 저승으로 비상하는 것, 즉 무의식계와 소통하려는 충동은 인간의 원초적인 희구이다.[35] 무당은 충분히 의식되지 않은 무의식의 응어리들을 망아상태를 이용하여 의식으로 불러들임으로써 무의식을 의식과 합치려고 한다.

이런 작업은 치유의 효과가 있는 동시에 때론 의식해리의 위험성도 있다. 무의식의 콤플렉스가 집단적 무의식의 원형들의 영향을 받으면 의식이 통제하거나 소화시킬 수 없는 강력한 영향력을 발휘하기 때문

---

34) McNiff, S.(1979), 앞의 글 참조. 키스터 다니엘은 이와는 다른 견지에서 무당의 굿에서 원초적 연극(Ur-Drama, 원형극)의 구조와 기능을 발견하였다. 키스터 다니엘(1986), 『무속극과 부조리극』, 서강대출판부.
35) Eliade, M.(1964), 앞의 책, pp.443~446. 잃어버렸기에 더욱 간절한 저승과의 통로라 할까. 샤먼은 마술적 비상 능력을 획득하기 위해 혹독한 이니시에이션의 시련을 겪는다. 무의식으로 들어가기 위해 엄격한 수련을 쌓는 현대의 분석 수련자처럼.

이다. 그래서 무당은 심리극에서와 같이 조정자의 역할을 해야 하는 것이다. 무감은 개별적으로 혹은 집단으로 실시된다.

사례 3에서 가족 전체가 신의(神衣)를 입고 함께 뭇동춤을 출 때 환자는 가족과 하나가 되면서 가족에게 자발적이고 절대적인 지지를 받는다. 굿하던 날 환자의 부인이 보인 소극적인 태도와 달리 면담하려고 내원했을 때는 기분이 좋아 보였고 의사 옆에서 서로에 대한 감정을 솔직하게 표현하고 서로를 좀더 이해하는 모습을 보였다. '가족치료'라는 이름이 나오기 전에 가족 성원 간의 화해와 화목을 제신의 이름으로 도모하는 요법이 있었던 것이다.

⑤ 축귀술과 생명돋움과 수왕가르기

환자에게 빙의된 귀신을 신칼로 위협해서 내쫓는 축귀술인 질러내기는 강하고 빠른 리듬의 음악으로 강렬한 긴박감을 불러일으킨다. 그러고 나서 느린 음악으로 바뀌는데 귀신의 존재를 믿는 사람의 눈으로 본다면, 그 위세로 어떠한 귀신도 쫓아낼 수 있을 것 같았지만 환자 자신이 이에 대해서 어떻게 느꼈는지는 알 수 없다.

만신이 조상옷, 북어나 삼색 천으로 환자 주위로 바람을 일으키면서 두르는 둘러내기는 신령한 힘을 가진 신의 옷이 지닌 신령한 공덕으로 치유의 자비를 베푼다고 설명된다. 이것은 위협적이지 않은 방법으로 신명의 힘을 빌려 귀신을 달래서 쫓아내는 의미가 있을 듯하다. 그러나 환자들이 그러한 상징적인 의미를 파악하지는 못하는 것 같았다. 둘러내기가 전통적인 방법인지 후대의 고안인지는 명확하지 않다. 여하튼 이는 악귀의 축출과는 다른 '신바람'의 투입이라는 긍정적 치료법으로 생명돋움과 같은 재생의 비의와 같은 맥락을 지닌 행위라 할 것이다.

조상굿이 끝난 다음 자살한 조상에 대해서 특별히 생명돋움과 수왕

가르기를 하였다. 생명돋움은 둘러내기와 함께 병의 치료에서 나쁜 요소를 없애는 축귀술이면서 원한을 풀어버린 조상들의 긍정적 통찰을 돋우는 역할을 한다. 이는 병적인 것을 제거할 뿐 아니라 환자에게 본래 있는 건강한 면(면역력)을 높여주는 적극적 접근으로, 분석심리학적 정신치료에서 분석적 방법뿐 아니라 구성적·합성적 접근을 하는 것과 원리상 같다고 할 수 있다.

수왕가르기에서는 '원귀의 한을 풀고 아주 보내는' 뜻이 포함되어 있다. 이 열포(裂布)라는 의식행위의 상징적 의미에 관해서는 '사령의 무속적 치료'의 장에서 설명하였다.[36]

⑥ 휴식과 식사의 의미

앞에서 지적한 대로 굿은 아침부터 저녁 늦게까지 진행되므로 환자와 가족과 무당들은 하루를 함께 지내면서 아침·점심·저녁식사도 같이하며 이야기를 나눈다. 여기서 환자와 가족은 많은 지지와 위로를 받는다. 이러한 치료적 환경에서 종일 함께 생활하면서 겪은 체험은 환경적인 지지를 총동원해서 도움을 받는 치료공동체에서의 환경치료에 참여한 환자의 체험에 비길 수 있을 것이다.[37] 경우에 따라서는 오히려 개인적인 위로를 능가하는 체험일 것이다. 왜냐하면 여기에서 조상신과의 만남, 신령들과의 만남이라는 초자연적인 누미노제의 체험이 일어나기 때문이다. 물론 그렇기 때문에 굿에 대한 습관과 의존도도 강할 것이다.

휴식과 식사를 통한 환자 가족과 무당들과의 나눔 이외에 복을 나누

---

36) 이 책의 제9장 4절 「사령의 무속적 치료와 정신치료」 참조.
37) Tenzel, J.H.(1970), "Shamanism and concepts of disease in a Mayan Indian community," *Psychiatry* 33(3), pp.372~380; Dow, J.(1986), 앞의 논문 참조.

는 의식절차가 있다. 상산맞이에서는 복을 상징하는 술을 떠서 환자에게 준다. 칠성 제석굿이 끝나면 굿상에 놓였던 음식과 술을 복이 있다면서 굿에 참여한 모든 사람에게 나누어주고 사람들은 제금에 돈을 얹어준다. 토템 동물을 죽여 원시부족이 나누어 먹는다든가, 조상숭배의 례에서 제사상에 올려놓았던 제물을 가족이 나누어 먹는 것처럼 이는 음식에 내포된 '힘'의 나눔이라는 점에서 성찬의 나눔(communion)이라는 종교적 의미와 상통한다.

⑦ 현대의료와 환자에 대한 수용적 태도

한국 샤머니즘은 기본적으로 좋은 것은 모두 이용하자는 실용주의적 특성과 무분별적 포괄주의(syncretism)라는 특성을 지닌다. 그래서 만신전에는 각 고등종교의 성인들을 모신다. 무당은 현대의료를 결코 배격하지 않는다. 일부 개신교계 치유성사에서 약은 절대 먹지 말고 오직 하느님에게 의지해야 한다는 태도와는 다르다. 사례 2의 초부정 초감흥굿에서 "굿했다고 그냥 두지 말고 안정시키는 약을 지어다 먹어야 한다. 오늘날은 다 신의 병만은 아니다"라는 말이나 사례 3의 칠성제석굿에서 "백지장도 맞들면 낫다. 이번에 정성을 들이고 한약을 조금 먹고 신경과에 가서 마음이 편해질 약을 조금 먹으면 괜찮겠다"고 하는 공수의 말들이 이를 증명한다. 그러나 정신과에 가서 심리 상담을 받으라는 말은 없었다.

무속인은 다른 종교인에 비해 정신질환자에 대한 편견이 없는 편이고 예후에 대해서도 비교적 낙관적인 태도를 취한다는 조사보고[38]가 있다. 병굿 사례 2, 3의 과정에서도 이를 확인할 수 있었다. 그것은 무

---

38) 이부영·권택술(1986), 「무업자들의 정신질환에 대한 반응——서울 남부지역을 중심으로」, 『서울의대 정신의학』 11(4) 참조.

당 자신이 환자와 비슷한 고통을 겪고 이를 극복했기 때문이며 환자의 문제를 개인의 잘못이 아니라 공동체와 조상의 문제로 이해하기 때문이기도 할 것이다.[39] 무엇보다 공수를 통하여 환자의 고통을 따뜻하게 어루만지고 보살피는 무한한 모성적 수용성이 역사적으로 엄격한 가부장적 신분사회에서 고통을 겪은 사람들의 마음을 편안하게 만들었을 것이다.

⑧ 환자와 가족의 만신에 대한 신뢰

각 사례의 추적면담 결과에서 환자와 가족의 굿에 대한 반응을 기술한 바 있다. 두 사례 모두 굿을 주재한 만신이 중요무형문화재로서 큰 무당이고 여러 사람을 치료했다는 이야기를 주변사람들에게 들어서 기대가 컸다. 실제로 만신을 만나보니 차분하고 자신들의 이야기를 성실하게 들어주어서 믿음이 생기더라고 했다. 엘렌버거는 사람들이 위험한 질병에 걸려서 주술치료를 받을 때 치유의 동인(動因)이 되는 것은 약이나 치료기법보다는 치료자 자신의 인격이고 그에 대한 환자의 신뢰라고 말한 적이 있다.[40] 기독교 신앙치료의 사례추적 조사에서도 우리는 치료자의 인격의 중요성을 확인했다.[41]

병굿 사례 2, 3에서는 신경정신과 외래진료소를 방문하였을 때 굿을 하고 나서 기분이 호전되었다고 하였다. 그래도 남아 있는 우울한 기분과 불면증은 약물요법으로 많이 개선되었다. 그러나 환자는 충분한 기

---

39) Dean, S., Thong, D.(1972), "Shamanism versus psychiatry in Bali, "Isle of Gods": Some modern implications," *Amer. J. Psychiatr* 129, July, pp.59~62.
40) Ellenberger, H.F.(1970), 앞의 책, p.38.
41) 이정희·이부영(1983), 「기독교 신앙치료의 심리학적 고찰—증례추적조사를 중심으로」, 『신경정신의학』 22(1), 67~80쪽.

간 동안 정신과 치료를 받지 않고 중단하고 말았다. 이 사례에서는 만신에 대한 신뢰가 얼마나 굿의 효과에 영향을 미쳤는지, 굿을 한 뒤의 좋은 감정이 얼마나 지속되었는지 가늠하기 어려웠다. 푸닥거리와 굿을 여섯 차례나 했던 사례 2는 굿을 하면 얼마 동안은 산뜻하고 개운했지만 효과가 지속되지는 않았다고 했다. 이번 굿을 한 뒤에도 기분이 호전되었다고 보고하였다. 그러나 그는 고혈압에 뇌의 다발성 경색의 소견을 보이고 있어서 예후가 불확실했다.

⑨ 비주술적·비투사적 신앙치료

이상의 여러 굿거리에서 주술적 행위가 행해진 것은 주술종교체계인 샤머니즘에서 새삼스러운 것이 아니다. 그러나 사례 2에서는 주술행위와는 거리가 먼 종교적인 기도의 장면이 나온다. 신청울림을 한 뒤 주무는 환자를 대동하고 뒷산의 '굴바위'라는 기도처에 올라갔다. 젯밥을 올린 뒤 촛불을 켜고 함께 기도를 한참 했다. 이때는 단순히 치병을 위한 축귀술과는 다른, 신성한 힘, 누미노제에 귀의하고 기도하는 종교성을 엿볼 수 있었다.

굴바위는 굿당 주위로 흐르는 계곡을 따라 10분 정도 올라가는 거리에 있었다. 무당들의 기도처로 그 안 구석진 곳에 세 개의 제단이 있다. 수많은 촛불이 켜져 있고 밤을 새워 기도하는 사람도 있었다. 또한 상산맞이나 성수굿의 신장거리에서 나오는 공수의 내용으로 "선조 때 신령님들 산에 가서 기도하고 바다 가서 기도하고 절에 가서 기도하고 산 따라 명산대찰 찾아가서 기도하는 정성이다" "이 집은 산뿌리가 워낙 세니까 먼저 산에 가서 기도하고" 등이 있다. 이는 환자의 집안에서 종교로 무속을 대대로 믿었던 역사를 드러낸 것이다. 굴바위의 기도는 주술적 요소가 없는 융의 정의에 의한 '종교적'(religio) 태도[42]를 나타낸다.

보통 주술적 치료는 병과 자신의 문제에 대한 통찰, 즉 병식 없이 증세만 회복시키는 반면 서양의 현대 정신치료는 병식을 갖도록 하는 데 목적이 있다고들 한다. 또한 주술적 치료는 비합리적이고 신비적인 활동의 결과 얻게 되는 부산물이라고 보는 견해가 많다.[43] 김광일은 한국 무속치료의 문제점이 투사적 치료법에 있으며 병식의 결여, 편집성향의 조장, 잦은 재발이라고 한다. 그와 동시에 현실 위주의 인도주의적인 접근의 측면도 있음을 지적했다.[44]

환자의 개인적이거나 사회적인 문제를 '죽은 자의 원한' 또는 그밖의 여러 '부정한 것' 때문이라고 보고 원한을 풀거나 부정을 물리쳐 문제를 해결하려는 시도는 분명 자신의 문제를 밖의 대상으로 투사하는 것이다. 그렇게 문제를 처리함으로써 문제가 해결되었다고 믿는 것은 정작 문제의 뿌리인 내면의 갈등과 콤플렉스들을 깊이 외면하게 된다. 따라서 자기통찰이 없는 치료라는 평가를 받을 만하다.

그러나 앞의 병굿 사례를 보면 만신의 공수에서 간혹 투사를 거두어들이게 하는 말이 표현된다. 사례 2의 경우 상산맞이 굿거리에서 "그전에 꿈자리가 뒤숭숭했는데 아차 잊고서 문병 간 것이 다 본인의 수가 높아서 그렇지 누구를 원망하지 마라" 하는가 하면 사례 3의 경우 칠성제석굿에 "인간을 못 만난 것도 내 탓, 내 마음 잘못 먹은 것도 내 탓"에서 우리는 누구를 탓하고 싶은 심정, 즉 자기 안의 그림자를 보지 않고 밖에서 보려는 투사 심리를 거두게 하려는 만신의 의도를 읽을 수 있

---

42) Jung, C.G.(1963), *Zur Psychologie westlicher und östlicher Religion*, G.W. Bd.11, Zürich: Rascher Verlag, p.4. '종교'의 정의 참조.
43) Dow, J.(1986), 앞의 글; Kiev, A.(1964), 앞의 책; Devereux, G.(1961), 앞의 논문 참조.
44) 김광일(1972), 「한국민간정신의학 (2) ─ 굿과 정신치료」, 『문화인류학』 5, 79~106쪽; 김광일(1972), 「한국의 전통적 질병개념」, 『최신의학』 15, 49~65쪽.

다.⁴⁵⁾ 이러한 경향은 아마 인생의 고락에서 터득한 큰 만신의 달관과 지혜에서 나온 말일 것이다.

사실 '병식'(insight, Krankheitseinsicht, 통찰)이라는 말은 정신치료 학파에 따라 내용이 다를 수 있다. 정신치료의 경우 병식이란 결국 자기인식, 자기통찰이다. 그런데 그 인식과 통찰의 깊이는 각 학파의 인간심성에 관한 전제에 따라 다를 수 있다. 또한 투사현상을 방어기제로서가 아니라 무의식적 내용의 필연적인 지각형식으로 본다면, 그것이 통찰요법의 특성을 가늠하는 절대적인 평가기준이 되기는 어렵다. 왜냐하면 모든 무의식적인 것은 투사될 수 있으므로 엄밀한 의미에서 투사가 완전히 배제된 정신현상이란 상상할 수 없기 때문이다.⁴⁶⁾

현대인이 아득한 조상의 삶, 슬픔과 고통을 외면하고 있을 때 그 존재를 일깨워주고 현대인의 의식에 연결해주는 것이라면 그것은 항상 현대인에게 영향을 주고 있었지만 모르고 지내온 세계에 대한 통찰일 것이다.

4. 굿의 치료효과

주술종교적 치료효과를 객관적으로 평가하는 것은 결코 쉬운 일이 아니다. 객관적으로 평가하기 어려운 인격의 변화를 지향하는 통찰적 정신치료의 특이성 때문이다. 주관적인 심적 안녕과 의미를 심도 있게

---

45) 그림자의 투사현상에 관해서는 이부영(1999), 『분석심리학의 탐구 ① 그림자』, 한길사, 89~143쪽 참조.
46) Jung, C.G.(1948), *Psychische Energetik und das Wesen der Träume*, Zürich; Rascher Verlag, p.197; Von Franz, M.L.(1978), *Spiegelungen der Seele*, Projektion und innere Sammlung, Stuttgart: Kreuz Verlag, pp.10~37.

파악하려면 사례들과의 좀더 장기적이고 빈번한 면담이 필요하고 개별적 사례 연구가 수적으로 좀더 축적되어야 한다.

다음에 굿의 치료효과에 대한 여러 조사결과를 살펴보고자 한다. 1986년 서울 남부지역의 무속인 55명에 대한 조사[47]에서 우리는 이들이 신체질환에 대해서는 현대의료를 선호하지만 정신질환에 대하여는 무속적 치료를 선호함을 발견했다. 이들은 지역사회 지도자들에 비하여 정신장애의 사회복귀에 더 낙관적인 태도를 보였다. 정신병 증세를 가진 환자에게 14.5퍼센트만이 병원치료·약국·한방의료·마음의 안정 등을 권했다. 신경증적 장애에 대해서는 34.5퍼센트가 무속적 치료를 병원 치료와 마음의 안정과 함께 할 것을 권하였다. 이것으로 미루어 상당수 무당이 무속적 치료의 효과를 확신하고 있지만 그 치료만이 절대적인 것으로 공언하는 것이 아님을 알 수 있다.

문제는 무당이 '정신병적' 장애와 '신경증적' 장애를, 기질적 정신장애와 비기질적 정신장애를 구별할 수 있는지 하는 점이다. 체계적으로 현대정신의학을 접하지 못한 상태에서는 무업자에게서 그러한 능력을 기대하기 어렵다. 따라서 질병을 조기에 발견하거나 적정한 의학적 치료의 기회를 놓치고 의료비를 과다지출할 위험이 있다.

인천에 사는 50세의 한 무당은 딸이 급성 정신병적 증상을 일으켰을 때 먼저 자신이 무속적인 방법으로 딸을 치료한 다음 병원에 보냈다고 한다. 환자가 정신적 착란상태에서 조상이나 다른 사령들에 관한 말을 한다면 무당이 먼저 치료해야 한다고 그녀는 주장했다. 귀신의 힘이 무당의 치료에 의해 약화된다면 병원에서 치료하는 효과가 더 높아진다는 것이다. 이 무당도 무당이 되기 전에 정신병적 장애를 앓았으며 병원에서 치료받고 완쾌한 뒤 다시는 재발을 하지 않았다. 그 뒤 무당은

---

[47] 이부영·권택술(1986), 앞의 논문 참조.

상당수의 정신장애 환자를 다뤘고 딸의 병이 무당이 되려는 기를 억제해서 생긴 것으로 믿고 있었다. 그녀는 딸을 결코 무당으로 만들 생각이 없기 때문에 그 기를 억압한다고 생각한다.[48]

굿을 경험한 환자들의 반응은 사람마다 다르다. 심리적 요인에 의한 두통을 앓아 정신과 외래진료소를 찾은 한 여성 환자는 병굿에 관하여 이야기하고 싶어 하지 않았다. 병굿을 위해 가족은 그녀를 대관령의 한 신당으로 데려 갔다. 굿은 밤에 행해졌는데 일상적인 굿거리와 함께 복숭아나무 가지를 묶은 것으로 머리를 맞았다고 한다. 너무 오래 두통을 앓아왔기 때문에 효과를 기대하지 않았으며 수동적으로 하라는 대로 했다. 결과는 확실치 않으나 두통이 약간 개선된 느낌을 받기는 했다. 무당은 두통의 원인이 환자의 시어머니 탓이라고 했다. 시어머니는 유명한 무당이었으나 사회적인 제약으로 충분히 역할을 다하지 못한 채 사망했지만 무당은 시어머니의 기가 너무 세기 때문에 강하게 다루어야 한다고 생각했다. 무당의 치료목표는 두통이 아니라 환자와 모든 가족의 정서를 불안정하게 만드는 '기'였다.

무병에 관한 고찰에서 이미 제시되었듯이 1930년대 문헌을 보면 무병을 앓은 환자들은 내림굿을 하거나 무신을 모심으로써 완전히 치료되었다고 보고되었다.[49] 증상의 악화와 재발은 입신자가 무당이 되는 것을 받아들이는가 받아들이지 않는가에 달린 것처럼 기록되어 있다. 김광일[50]은 17명의 환자에서 무속적 치료의 효과와 그 전귀를 보고하였다. 17명 중 12명이 심인성 신체장애, '신경증적' 장애, 정신분열증,

---

48) 이부영·이정희·김선아(1989), 「정신과 환자의 의료추구형태에 관한 예비적 연구」, 『신경정신의학』 28(2), 307~324쪽.
49) 秋葉隆(1950), 『朝鮮巫俗の現地硏究』, 奈良: 養德社, 50~61쪽.
50) 김광일(1972e), 「한국민간 정신의학(2) —굿과 정신치료」, 『문화인류학』 제5집, 79~106쪽.

빙의증후군이었다. 5명이 신체질환을 앓고 있었는데 신경증 사례 4명과 빙의증후를 거친 정신분열증 사례 1명에서 일시적인 호전을 보았다. 다른 환자들은 변화가 없거나 증세가 악화되었는데, 이 가운데는 순수한 신체질환이 5명 있었다. 일시적 증상 소실은 뒤에 잦은 재발 경과를 보이는 경우가 많았다.

충청남도 농촌지역에서 굿을 경험한 104명의 굿에 관한 주관적·감정적 반응과 치료효과를 알아본 결과 제보자의 38.4퍼센트가 증세가 많이 나아졌다고 했다. 52.9퍼센트는 변화가 없고 8.7퍼센트는 악화되었다고 했다. 대상군의 36.5퍼센트는 정신병적, 혹은 신경증적 장애를, 나머지는 여러 가지 신체질환, 주로 호흡기계와 소화기계 질환을 앓고 있었다. 여성이 남성보다 회복률이 높은 것 같은 인상을 받았다. 결과가 좋다거나 나쁘다거나 하는 반응은 어느 쪽이든 굿에 대한 높은 기대치와 관계가 있었다.[51]

그런데 이러한 조사방법으로는 한계가 있다. 단지 인상적인 판단을 하는 데 이용될 뿐이지만, 굿이 심인성 신체장애나 신경증적 장애뿐 아니라 신체장애나 정신병적 장애까지 일시적이든 영구적이든 증상을 완화할 수 있다는 소견은 주목할 필요가 있다. 저자 등은 2명의 정신분열증 환자에 대한 기독교 신앙치료를 집중적으로 추적 조사하여 신앙치료 이후 2개월간 환청이 일시적이나마 없어진 사례를 보고한 바 있다.[52] 신앙치료가 잠정적 효과를 거두는 까닭은 강력한 하느님의 권능으로 행해지는 장시간의 반복적이고 집중적이며 철저한 암시적 지지를 먼저 생각해볼 수 있다. 하지만 이 사례에서는 무엇보다 환자와 목회자

---

51) 정경천·이부영(1975), 「농촌주민의 무속치료에 대한 태도조사」, 『신경정신의학』 14(4), 405~416쪽.
52) 이정희·이부영(1983), 앞의 논문 참조.

사이의 신뢰관계가 절대적인 역할을 했다고 보았다.

5. 맺는말

굿이든 어떤 종류의 대중 집회든 광적 흥분을 일으키는 집단적 운동이 '신경증적' 장애나 심인성장애를 치유할 수도 있지만, 참여자의 정신건강에 부정적인 영향을 미칠 수도 있다. 특히 종교집회에서 집단적 무의식의 원형상들과의 접촉이 일어날 때 약한 자아의 소유자나 잠재성 정신병의 위험이 있는 사람들은 쉽게 원형의 엄청난 에너지에 휩쓸려 의식의 해리 또는 분열을 일으킨다. 정치적 집단행동에서는 선동자에 의하여 의도적으로 원형상을 자극하여 집단적 흥분을 유도할 수 있다. 그런 경우 한 집단 성원은 획일적인 이념을 가질 것을 요구하고 다른 생각을 하는 집단이나 개인을 적으로 삼는다. 개인의 다양한 이성적 판단은 용납되지 않는다. 집단적 획일주의는 마음이 약한 개인에게 일종의 보장감을 부여하고 마음을 편안하게 해줄 수 있다.

그러나 그 편안함은 '밖에서 위협하는 커다란 적대세력'을 전제로 얻은 것이다. 다시 말해서 집단적 그림자의 투사를 바탕으로 이루어진 평화와 결속이다. 그러므로 스피로가 말했듯이 편집증 환자는 집단 속에서 집단적 투사로 자기를 방어할 때 편집증적 증상을 나타내지 않고 잘 적응하며 산다. 왜냐하면 집단이 개인을 대신하여 그림자의 집단적 투사를 하기 때문이다.[53]

샤머니즘은 엑스터시의 기법이며 고도로 감정적인 주술종교체계이

---

53) Spiro, M.(1965), "Religious systems as culturally constituted defense mechanisms," Spiro. M.(ed.), *Context and Meaning in Cultural Antropology*, New York: The Free Press 참조.

다. 엑스터시는 샤머니즘의 치유 원천이지만 동시에 장해의 근원이 될 수도 있다. 현대정신치료에서도 같은 말을 할 수 있다. 감정이 수반되지 않고는 어떤 정신치료도 자기통찰에 이르기 어렵다. 그러나 집단적 무의식에서 올라오는 감정은 종종 소화시키기 어려운 강렬한 에너지를 내포한다. 그것은 마치 불과도 같다. 불은 매우 유익한, 삶에 없어서는 안 될 요소이지만 제대로 다루지 못하면 치명적인 화상을 입을 수도 있다.

한국의 샤머니즘도 감정의 중요성을 잘 알고 있다. 경험 많은 무당은 환자나 가족의 감정적 콤플렉스를 움직이는 법을 알고 있다. 한국 샤머니즘에서 정동성의 주된 대상은 무엇인가. 내 생각에 죽은 가족의 사령에 얽힌 감정적 콤플렉스, 한마디로 '조상 콤플렉스'이다.

짧은 학회기간을 이용해서 진주에서 무당을 만나기 위해 수소문해서 돌아다닌 적이 있다. 무당이 하는 굿을 보고 싶었으나 볼 수가 없었다. 그렇게 헤매다가 한 할머니의 안내로 점바치의 집으로 가게 되었다. 그 할머니는 나를 점치러 온 사람이라고 말해버렸다. 그래서 본의 아니게 점을 치게 되었다.

점바치는 50대 여성으로 영남지방에 특유한 '명도' 또는 '신자'(神者)라 불리는 강신적 점복자였다. 이들은 어린 아기의 혼을 몸주로 모시고 그 힘으로 예언을 하는 강신적 점자이다. 벽에 둔 작은 제단에 아기의 저고리가 걸려 있고 그 앞에 촛대가 있었다. 신자는 나의 성과 생년월일을 묻고 점을 보기 시작했다. 나를 데려다준 할머니의 안내에 따라 복채를 먼저 냈다. 신자는 흰쌀을 흩뜨리다가 모으거나 방울을 던지곤 했는데 거기에 특별한 의미를 부여하는 것 같지는 않았다. 그녀는 신들의 이름을 길게 외고 나서 하품을 하더니 엄숙하게 말했다.

눈먼 새가 갈대밭에 떨어졌으니 어찌할꼬.

나의 당시 상황에 꼭 들어맞는 말이었다. 나를 안내한 할머니가 가족 중에 돌아가신 분이 있느냐고 물었다. 나는 선친이 오래전에 돌아가셨다고 말했다. 그러고는 묵묵히 기다렸다. 신자는 내가 감정적인 반응도 일으키지 않고 아무 말도 하지 않아서 좀 곤란한 것 같았다. 나는 특별히 할 말이 없었다. 잠시 뒤 명도는 약간 변한 목소리로 말했다.

이공아 이공아, 내 아들아, 네 아버지가 여기에 있다. 여기는 춥고 배고픈 곳이다. 나는 외롭게 있지만 늘 네 걱정을 하고 있단다……

나는 불현듯 깨달았다. 한국 샤머니즘의 치료 구조의 핵심은 바로 죽은 이를 포함한 이 가족 콤플렉스라는 사실을. 무당을 찾는 손님들은 가족 및 조상 콤플렉스의 자극에 감정적으로 흔들린다. 여기서 정신치료적인 과정이 시작되는 것이다.

샤먼은 한국의 무당을 포함해서 정신치료자, 혹은 의사의 고태적 원형상이라고 할 수 있다. 이들이 생각하고 행하는 일들을 구체적인 현실로만 보지 않고 상징으로 이해할 때 우리는 지금까지 보아온 것처럼 '치료자원형상'의 여러 가지 특징을 관찰한다.

물론 상징은 구체적인 현실은 아니다. 그 현실이 표현하고 그 현실에서 발견되는 심적 이마고의 표현이다. 그러나 샤먼의 입장에서 본다면 그 자신은 결코 심리학적 상징만이 아니다. 그 또는 그녀는 스스로 치료자원형상과 하나가 된다. 그가 말하는 귀신은 그들에게는 상징이 아니다. 현실이다. 그리고 우리는 그들이 믿는 귀령들의 세계를 전적으로 부인할 만한 증거가 없다.[54] 우리는 다만 이렇게 말할 수 있을 뿐이다.

---

54) Jung, C.G.(1948), "Die psychologieschen Grundlagen des Geisterglaubens," Jung, C.G., *Psychische Energetik und das Wesen der*

신령이니, 사령이니, 귀령이니 하는 강력한 요소들을 마음속에서 발견할 수 있고 그것을 분석심리학에서는 무의식의 자율적 콤플렉스들, 또는 집단적 무의식의 원형상들이라고 부른다고. 그러나 샤먼은 이 우주에 해롭거나 유익한 성질의 귀령들이 가득 차 있다고 믿는다. 그리고 질병과 불행에 직면하여 이들 귀령들의 힘을 조정하여 개인과 사회에 봉사할 의무를 느낀다. 샤먼은 그들이 겪은 이니시에이션—입무—의 고통과 시련, 죽음과 재생의 과정을 굿에서 되풀이한다. 한국 샤머니즘에서는 작두를 타는 데서 절정에 이른다. 샤먼은 가히 우주적·사회적 그리고 개인적 장애의 치료자이며 조절자라고 할 수 있다. 그들은 그와 같은 '장애'들에 신화의 창조적 표현 속에 내포된 '의미'를 부여하며, 이를 모든 참여자가 나누어 가지게 함으로써 치료한다.

그러나 현실적으로 샤먼이 믿는 세계에 관한 지식은 경직되고 형식화된 귀령관에 국한하고 질병관 또한 규격화되어 있다. 그러므로 환자의 입장에서 병의 치료만을 생각한다면 단지 한풀이와 위로 효과를 얻기 위해서 이렇게 많은 시간과 정신적·신체적·물질적 희생을 해야만 하는지 의문을 가지게 된다. 또 한국인은 언제까지 눈물을 흘리고 위로받고 보살핌을 받는 넋두리에서 한풀이를 반복해야만 하는가 하는 의문도 생긴다. 감정의 적절한 조절과 이성의 적절한 활용이 샤머니즘의

Träume, 2 Afl., Zürich: Rascher Verlag, pp.279~311. 융은 이 글의 말미에 다음과 같은 주석을 달았다. "내가 반세기에 걸쳐 여러 나라 사람들의 경험을 수집한 지금 나는 1919년 내가 위의 말을 적었을 때처럼 확실하지는 않다. 솔직히 말해서 문제된 현상을 예외 없이 심리학적 방법과 관점만으로 정당하게 다룰 수 있을지 의문이다. 이런 주장을 하게 된 것은 심령심리학의 결론뿐 아니라 핵물리 관념, 즉 시간-공간 연속성에 결부되는 내 자신의 이론적 숙고(1946년 에라노스에서 발표) 때문이다. 이로써 정신의 직접적인 토대를 이루는 초정신적 현실의 문제가 제기된 것이다."('비인과원리에 의한 동시성론'을 말한다 - 저자주).

제의에서 어떻게 현실화될 수 있을지는 앞으로 생각해보아야 할 과제이다.

샤머니즘은 많은 아시아의 근대 국가에서 원하든 원치 않든 역사적·사회적으로 합리주의적·이성적 유교문화의 주류에 대항해왔다. 또한 샤머니즘은 비합리적·감정적 혹은 신화적 성격의 문화로서 일종의 보상작용을 함으로써 시대사조의 일방성을 지양하고 균형을 유지하는 데 이바지했다.[55] 이 점에서 한국 샤머니즘은 유교문화의 적대자이면서 동반자였다.

마을 굿은 그 양자의 조화로운 관계를 나타낸 사례 가운데 하나이다. 계절마다 열리는 마을의 무속적 축제는 여성과 민중의 불만과 한을 연극놀이를 통하여 합법적으로 배출할 기회를 주었다. 또 인습적·도덕적 사슬을 풀어헤치고 신령들과 함께 엑스터시에 몰입하게 함으로써 개인과 집단의식의 신생(renewal)의 자리를 마련했다. 물론 이로 인한 폐해가 없었던 것은 아니지만 우리가 정신건강 개념을 균형과 조화, 즉 합리적인 정신과 비합리적인 정신, 그밖의 모든 정신적 대극의 합일을 통한 전체정신의 실현이라고 본다면 마을 굿은 마을 사람들 삶의 영적인 안녕에 이바지했다고 해도 과언이 아니다.

그러나 현실은 많이 달라졌다. 오늘날 마을 굿은 종교적 영향력을 상실해가고 있다. 무당의 엑스터시는 이제 연극적 제스처가 되었다. 굿도 재밋거리나 놀이 기능에만 머물고, 고객은 나이 먹은 할머니와 아낙네들에 국한된다. 아니면 한때 정치적 목적의 한풀이에 이용된 적이 있을 뿐이다. 엑스터시의 수단은 기독교나 가톨릭교의 성령운동으로 옮아가거나 다른 곳으로 이동한 듯하다. 그럼으로써 한국 샤머니즘이 지녔던 고태성도 유머도 사라져가고 있다.

---

55) 掘一郞(1958), 『民間信仰』, 東京: 岩波書店, 281~289쪽.

샤머니즘의 치유과정에 대한 인류학자나 정신의학자·정신분석학자들의 해석은 나름대로 타당하다. 레비-스트로스[56]는 이를 '정신치료에서의 의미 있는 신화의 창조'라 했고 도(J. Dow)[57]는 '상징적 치료'라고 했다. 흥미로운 해석이지만 오해의 소지를 가진 견해이다. 이들의 기술에 따른다면 우리는 샤먼에게서 다만 트릭스터로서 샤먼의 의식적 측면과 상징과 신화를 만들어내는 기술자만을 보게 된다. 인간은 신화나 상징을 '창조'하지 않는다. 인간은 아득한 옛날부터 우리의 무의식에 살아 있는 신화를 '살고', 원초적 언어로서 우리의 정신 속에서 산출된 상징을 통하여 우리 자신을 표현한다. 무의식의 내용은 샤먼의 제의 때 상징을 통하여 표현된다. 그것이 표현됨으로써 샤먼과 참여자의 무의식이 활성화된다. 이리하여 합리적 기능은 의식의 고태적 뿌리인 무의식의 심층과 관계를 맺을 수 있게 된다.

샤머니즘에서 산출된 상징을 열린 마음으로 받아들이고자 하는 자세는 상징의 의미를 일깨우는 데 필수적인 조건이다. 만약 상징이 남김없이 해석되거나 해석되었다고 생각될 때는 상징의 생동성을 잃게 된다. 왜냐하면 상징은 설명할 수 없는 의미를 '잉태'하고 있을 때만 생동성을 보존하기 때문이다.[58]

한국에서 굿은 여전히 실시되고 있다. 그러나 사람들은 굿보다 원형적 의미를 표현하고 담아줄 다른 종류의 문화적 틀을 원하는 것 같다. 한국 샤머니즘의 고태적 가치는 점차 퇴색되어간다. 무당 자신의 신앙

---

56) Lévy-Strauss, C.(1967), "The sorcerer and his magic," *Magic, Witchcraft, and Curing*, edited by Middleton, J., New York: The Natural History Press, pp.23~41.
57) Dow, J.(1986), 앞의 논문, pp.56~69.
58) Jung, C.G.(1960), *Psychologische Typen*, G.W. Bd.6, Zürich: Rascher Verlag, pp.515~523.

에 대한 확신, 직업에 대한 헌신도와 성실성도 현대에 오면서 많이 약화되지 않았나 생각된다. 병굿으로 질환을 치료하는 비율은 현저히 줄어들었다.[59] '조상'이라는 상징은 어떤 사람들에게는 '통일' '개혁' '평등' '민족주체성' 등 정치적 슬로건만큼 매력적이지 않다. 원형의 문화적 운반자가 바뀌고 있다. 샤머니즘의 역사적 전통은 이제 다른 종교나 '운동'으로 옮겨가고 있다. 개인적·가족적인 마을 공동체에서 샤먼의 의식은 대중 집회와 집단암시로 대치된다. 그것도 약한 자아를 가진 신경증적인 사람들에게는 일시적인 치유 효과를 줄 것이다. 그러나 개개인의 자각을 일깨우는 정신치료 본연의 목표는 이로써 무산될 뿐 아니라 집단인간의 무명(無明) 속 '중생적 존재'만을 양성할 뿐이다.

---

[59] 이부영(1973), 「의료문화적응의 제문제점에 관한 시고」, 『신경정신의학』 12(2), 97~109쪽; 이형영(1973), 「정신과 환자의 입원 전 치료에 대하여」, 『신경정신의학』 12(1), 59~69쪽; 이형영(1988), 「정신과 환자의 입원 전 치료에 대하여 — 비교연구(IV)」, 『전남의대잡지』 25(4), 1~9쪽; 신승철·윤관수(1990), 「정신과 외래환자의 의료추구 행태에 관한 연구」, 『신경정신의학』 29(2), 289~305쪽.

제11장 한국 샤머니즘과 집단적 무의식의 원형상[1]

샤머니즘이 인류정신의 뿌리를 간직하고 있다는 것은 샤머니즘적 요소가 시대의 변천과 합리주의적 발전에도 불구하고 연면히 계속된다는 사실에서 반증된다. 샤머니즘은 신화를 보존하고 있을 뿐 아니라 신화를 행위로 표현하며 대대로 전해져왔다. 지금까지 보아온 것처럼 우리는 그 속에서 분석심리학에서 말하는 집단적 무의식의 원형상들을 볼 수 있다. 현대인이 꿈에서 가끔 경험하는 초자연적인 신화의 세계를 샤머니즘은 우주관과 사생관, 샤먼의 삶, 제의에서 나타내고 또한 체험한다. 샤머니즘을 심리학적 상징으로 보면 그 가운데서 우리는 무의식의 깊은 뿌리에 있는 심적 요소들을 발견할 수 있다. 이 책에서 지금까지 논의해온 고찰의 핵심이 여기에 있다.

샤머니즘에는 일관된 보편적·근원적 정신이 있는데 그것은 무엇보다 '하나가 되고자 하는 강렬한 충동'이다. 다시 말해서 전일(全一)로의 지향성이다. 그 중심에 엑스터시의 체험이 자리한다. 엑스터시는 극단

---

1) 이부영(1984), 「민간신앙과 집단적 무의식」, 『대동문화연구총서』 제2집, 성균관대 대동문화연구원, 97~118쪽; 이부영(1982), 「한국무속의 심리학적 고찰」, 김인회 외, 『한국무속의 종합적 고찰』, 고대민족문화연구소, 149~178쪽.

의 정동체험이지만 동시에 이념과 결부되어 있다. 체험은 같으나 그 이념은 종족과 문화에 따라 달리 표현될 수 있다. 즉 시베리아 및 중앙아시아에서는 '하늘로의 여행'이고 한국에서는 '신내림'으로 표현된다. 그러나 어느 것이든 '하나가 되려는' 공동 목표임에는 틀림이 없다. 전일에의 지향성이 한국 샤머니즘에서 어떻게 표현되며 어떠한 상징으로 나타나는가를 다음에 간략하게 제시하고자 한다.

1. 대극합일의 상징

1) 이승과 저승의 합일과 소통

엘리아데는 이렇게 말하였다.[2]

아득한 옛날에(in illo tempore) 하늘과 땅은 다리로 이어져 어려움 없이 누구나 마음대로 드나들 수 있었다. 그러나 오늘날 천지 사이의 쉬운 통로가 깨어진 뒤 사람은 죽어 혼령이 되거나, 오직 선택받은 자, 즉 샤먼만이 엑스터시(망아상태)를 통해 하늘에 오를 수 있다.

샤머니즘은 망아체험을 통하여 그 옛날 하늘과의 교통을 회복하고자 한다. 망아체험의 영력을 획득하기 위해 샤먼은 고된 시련을 겪고 죽음에서 재생해야 한다. 하늘과 땅 사이의 막힌 길을 뚫는 것은 한국에서 강신무의 오랜 전통적 역할이었다. 이들의 저승에 대한 강력한 관심과 믿음은 이들이 후보자에서 무당이 되기까지 겪는 고통의 역정이 저승의 존재들인 귀령(鬼靈)과 접촉하고 그에게 빙의되는 것을 목적으로 한

---

2) Eliade, M.(1956), *Schamanismus und archaische Ekstasetechnik*, Zürich: Rascher Verlag, p.446.

다는 사실 속에 나타나 있다.

'저승'이란 무엇인가. 이미 자주 언급되었듯이 우리가 알고 있는 현실 밖에 있는 세계를 말한다. 심리학적 용어로는 의식 너머의 정신세계, 즉 무의식의 세계이다. 귀령이란 앞에서 본 바와 같이 무의식계에 존재하는 자율적 콤플렉스들이라 할 수 있다. 이러한 콤플렉스는 강한 감정을 지닌 응어리들이며 무당은 바로 무의식의 이러한 응어리들을 의식에 불러옴으로써 잊히고 단절된 의식 너머의 세계를 의식과 합치고자 한다.

2) 신성혼

신성혼(神聖婚, hieros gamos)은 샤머니즘에 국한되는 현상이 아니라 모든 종교현상에서 볼 수 있는 상징이다. 그러나 한국 샤머니즘에서는 무녀의 삶 속에 깊이 함입되어 있다.

흔히 무당은 몸주라 불리는 수호신을 남편처럼 모신다. 몸주가 내릴 때 무당은 현실의 남편과 잠자리를 같이하지 않는다. 몸주신이 무당을 부르고 싶을 때 무당은 병을 앓으며 이끌리는 듯한 심정으로 몸주신을 모신 산의 신당으로 가고 거기서 굿을 하면 몸이 낫는다는 보고가 있다.[3] 몸주를 불러 이에 빙의되는 것을 신내림이라 하며 대개 엑스터시에서 이루어진다. 몸주가 내린 증거 가운데 하나는 말문이 열리는 것, 즉 신의 말이 입에서 나오는 것이다. 몸주의 내림은 추상적인 현상이 아니라 살아 있는 체험이다. 이것을 두고 분석심리학은 그가 무의식의 자율적 콤플렉스, 혹은 원형상에 사로잡혔다고 말한다. 집단적 무의식은 추상명사가 아니다. 그것이 의식표층에 올라올 때 의식은 강렬한 정동체험을 겪는다. 몸주는 분명 개인적 무의식의 콤플렉스만은 아니고

---

[3] 秋葉隆(1950), 『朝鮮巫俗の現地硏究』, 奈良: 養德社, 53쪽.

집단적 콤플렉스이다. 또한 원형상과 연계되어 있는 듯하다. 그것은 무당의 무의식에 자리 잡은 배우자, 인도자 또는 감독이다.[4]

무당의 몸주가 원한을 가지고 죽은 장군의 넋이라는 기록에 착안하여 저자는 그러한 몸주는 무당 자신의 무의식 속에 있는 남성적 인격──분석심리학적 의미의 아니무스 상[5]일 것이라고 추정한 일이 있다. 무당은 남존여비의 전통적 가치관에 의하여 일방적으로 여성의 역할만을 강요당해온 모든 한국의 여인들처럼 무의식 속에 충분히 살릴 수 없었던 남성상을 지닌다. 이것이 장군령에서 투사상을 찾았을 것이다. 물론 몸주에는 장군뿐 아니라 다른 원령도 많고 산신이나 칠성신 또는 일월신 등 그 인격의 성별이 분명치 않은 것도 있고, 몸주에 대한 무당의 태도가 한결같은 것은 아니다.

시베리아 민족에서 자주 보고되던 샤먼의 제의 도중 성(性) 변환이 일어나는 현상은 한국 샤머니즘에서는 뚜렷하지 않지만 무(巫)의 양성(兩性) 구유(俱有)는 역사적으로 문제시되어왔다. 현재도 남무가 여자옷을 입고 굿을 한다거나 여무가 대감신이 되어 방울 등을 남근 삼아 흔들며 음담패설을 한다든가 하는 장면에서 편린을 엿볼 수 있다. 이를 들어 성적 욕구불만의 표현과 충족이라 설명해도 틀리는 말은 아닐지 모르나 그보다 남녀합일의 원초적 상징적 의미를 나타내는 것이다.[6]

---

4) 무당은 몸주에 사로잡히지만 다른 일반사람들도 각기 이름을 달리하는 몸주를 지니고 있다. 돈·체면·명예·지식, 사랑·이념·물질이라는 민속적 용어와는 관계없는 것처럼 보이는 것들이 현대인의 몸주 구실을 하고 사람들이 이에 사로잡혀 거의 종교적 열광을 보일 때 어렵지 않게 인식할 수 있다.
5) 아니마와 아니무스에 대해서는 이부영(2001), 『분석심리학의 탐구 ② 아니마와 아니무스』, 한길사 참조.
6) Rhi, Bou-Yong(1968), Analytisch-psychologische Studie Über das Weiblichen und das sogenannten Doppelgeschlecht im Schamanismus der sibirischen und der ostasiatischen Völker, *Choeshin Euihak*(『최신의학』11(12), 1~7쪽).

여무는 신성한 남편과의 합일을 통하여 신성한 몸이 되어 신성한 힘을 발휘한다. 신성혼의 주제가 나타나는 강신의 꿈 또는 환상은 심리용어로 개인의 성적 욕구충족을 넘어 원형적 체험으로 우리 마음속에 있는 대극합일(對極合一, Gegensatzvereinigung)의 상징이며 자기원형의 다른 상징적 표현이라 할 수 있다.

한국무속의 특징 가운데 하나는 흔히 대위(對位)의 원리를 사용한다는 사실이다. 무속신앙의 신계(神界)를 보면 항상 남녀신이 함께 모셔진다. 제석천존(帝釋天尊)은 일광제석(日光帝釋)과 월광제석(月光帝釋)으로, 최영 장군에는 반드시 부인의 신당이, 호귀(胡鬼) 도령이 있으면 호귀 아가씨가, 걸립에는 남걸립과 여걸립이, 기주(基主, 터주)에도 남기주와 여기주가, 성황에도 남녀성황이, 본향대신(本鄕大神)이 있으면 본향부인(本鄕夫人)이 있다. 당산목(堂山木)에도 윗당산과 아랫당산, 할머니당산과 할아버지당산이 있다. 이는 모두 한국의 샤머니즘이 짝의 관념을 보존하고 있다는 증좌이다. 아마도 이것은 한국 샤머니즘에 국한된 게 아니라 동양사상에서 전일의 관념과 관계가 있다고 생각된다. 그렇다 하더라도 남존여비를 강조한 조선조의 시대사조에서도 남녀평등과 남녀합일의 전일적 관념을 키워왔다는 것은 한국의 샤머니즘에서 시대사조의 일방성을 지양하고 수정하려는 집단적 무의식의 자율적 보상작용이 일어나고 있음을 보여준다.

분석심리학에서는 전일을 향한 내적 충동은 자기원형에서 나온다. 자기원형은 집단적 무의식의 수많은 원형 가운데서도 가장 핵심적이다. 분열된 마음을 통일시키고 대극을 융합하여 각 개인의 전체정신을 실현케 하는, 인간에게 선천적으로 갖추어진 원초적 조건이다. 이는 '신성한 결혼'의 상뿐 아니라 다른 여러 이미지로 자신을 나타내며 이는 대극합일의 상징들, 치료자원형상 등에서 확인된다. 자기원형들은 한국 샤머니즘 신화 가운데서 여러 가지 모습으로 발현된다.

2. 고통의 의미와 자기실현, 치료자원형상

융의 분석심리학에서 말하는 자기실현이란 개인이 태어날 때부터 가지고 나온 전체정신을 실현하는 것이다. 모든 인간은 전체정신을 실현할 수 있는 동력(動力)을 태어날 때부터 가지고 있다. 융은 이것을 자기원형이라 하였다. 전체정신은 상당부분 무의식계에 있다. 그러므로 자기실현이 되기 위해서는 무의식을 의식화하는 작업이 필요하다.

자기실현은 다른 말로 의식의 중심인 자아에서 전체정신의 중심인 자기로 접근해가는 과정이다. 이 과정은 결코 수월하지 않다. 자아집착의 버림, 집단정신과의 구별, 무의식의 통찰과 통합을 통한 끊임없는 자아 갱신이 이루어지는 과정이다.[7]

이러한 자기실현의 원초적 유형을 우리는 원시사회의 이니시에이션 과정에서 볼 수 있다. 어린이가 어른의 세계로 들어가기 위해서는 각종 시련을 겪어야 한다. 고통·죽음·재생의 3단계가 원시적 이니시에이션의 보편적인 과정임은 이미 알려진 사실이다.

의신(醫神) 혹은 영웅신화를 보면 이들은 스스로 상처를 입었지만 이를 극복한 사람들이라는 점이 강조되거나 어린 시절에 박해를 받고 죽음의 위험에 던져졌다가 숱한 고행 끝에 초인적인 능력을 얻게 된다는 사실이 제시된다. 원시사회의 이니시에이션의 고통이 어른이 되기 위한 것이라면 샤먼 후보자의 시련과 고통은 신성한 치료자가 되도록 하는 소명으로서의 목적의미를 지닌다. 인격의 창조적 변환을 위해 거쳐야 할 고통이다.

한국의 샤머니즘에서 무엇보다 이러한 치료자원형상의 전제조건인

---

7) 이부영(1998), 『분석심리학』, 일조각, 112~125쪽. 또한 이부영(2002), 『분석심리학의 탐구 ③ 자기와 자기실현』, 한길사, 제1장 「왜 자기실현인가」 참조.

시련과 고통의 의미를 가장 잘 보여주는 것은 무당들이 조상의 이야기라고 알고 있는 '바리공주'(혹은 바리데기)의 무조 전설이다.

1) 무조 바리공주[8]

무조신화는 바리데기 유형만 있는 것은 아니지만 이 같은 유형의 설화는 한국 샤머니즘의 여러 신화적 내용 가운데서 가장 핵심적이라 할 수 있다. 불교적·도교적 색채를 강하게 풍기는 이 이야기는 그 이념에서 상당히 높은 가치를 지니고 있다. 한마디로 병자를 고치고 죽은 자를 회생시킬 수 있는 능력과 죽은 넋을 저승에 보내는 영혼의 인도자가 되기 위한 필수 조건을 제시하고 있다. 이러한 초인적 권능은 결코 우연히 혹은 학습만으로 이루어지는 것이 아니라 이승으로부터 '버림받음', 죽음에 이르는 고행, 수도로써 획득될 수 있다는 점을 강조한다.

이러한 조건은 다른 민족의 신화나 종교적 표상에서 치료자원형상과 그 갖추어야 할 조건에서 일치한다.[9] 바리데기는 모든 인류의 무의식 속에 보편적으로 존재하는 치료자원형의 한국적 유형이다.

바리데기 설화의 줄거리에는 저승의 남편인 무상신선과의 신성혼, 세속 왕실의 7공주에 버금가는 7남아의 출산 등 대극합일의 상징이 보인다. 여자라서 받는 서러움과 한을 푼 것으로 볼 수도 있으나 이러한 '풂'에는 어떤 일방성을 지양하고 조화된 일체를 만들고자 하는 심적 경향이 엿보인다.[10]

---

8) 이 책 제9장 4절 '사령의 무속적 치료와 정신치료' 참조. 자세한 분석은 이부영 (2002), 앞의 책, 258~266쪽 참조.
9) Kerényi, K.(1948), *Der göttliche Arzt*, Basel: Ciba; Jayne, W.A.(1962), *The Healing Gods of Ancient Civilization*, New York: Univ. Books.
10) 바리데기 설화에는 여러 가지 유형이 있는데, 그 구조가 한결같지는 않다. 김진영·홍태한 편저(1997), 『서사무가 바리공주 전집』 1·2, 민속원; 홍태한·이경

바리데기가 세속의 벼슬을 뿌리치고 만신의 왕이 되겠다고 선언한 것 또한 치료자원형상에 잘 어울리는 대목이다. 치료자원형은 그 자체의 자율성을 갖춘 객체정신으로 결코 의식에 종속되지 않는다.

바리데기는 세속적 가치체계에서 버림받음으로써 저승의 신적 존재와 결합하고 그 도움으로 생명수, 즉 영원한 삶의 능력을 얻고 경직되고 피폐한, 국왕으로 대변되는 집단의식에 활력을 넣어 이를 회생시킨다. 결코 이런 집단원리에 종속하지 않고 저승의 세계를 다스리는 자로서 고고하게 남게 된다. 가부장사회의 기존질서와 가치관에서 배척되고 버림받는다는 것은 철저한 고독, 혹은 고립, 사회적 자아, 즉 페르조나의 죽음이다. 이것은 견디기 어려운 고통이며 사회적으로 바람직하지 못한, 비통상적인 상황이다. 그러나 모든 위대한 창조의 주역들은 창조작업을 달성하기 위해서 먼저 사회집단으로부터 버림받아야 했다. 그리고 한국의 샤머니즘 신화는 이 시련의 의미를 우리에게 전해주고 있다.

바리데기는 이미 앞에서 지적한 대로 치료자원형상이자 동시에 경직된 시대의식을 변화시킬 수 있는 민족의 아니마(Anima, Seele)를 대변할 만한 상징이다. 페르조나에 대응하는 내적 인격인 아니마 원형은 바로 무의식과 의식을 연결하는 인도자로서의 역할을 한다. 그러나 바리데기는 영혼의 인도자인 동시에 여성영웅상으로 한국 여성의 한을 이겨내고 군왕을 능가하는 권력을 가진 만신의 왕으로 인식된다. 여성의 자기원형상에 버금가는 존재가 된다.

한국인의 아니마는 바리데기보다 춘향(春香)·심청(沈淸)·황진이(黃眞伊) 등 역사적인 인물이나 전설적 존재에 투사되어 경험된 듯하다.

엽(2001), 『서사무가 바리공주 전집』 3 참조. 또한 『서사무가 바리공주 전집』 1, 9~57쪽 '바리공주'의 연구성과 검토 및 무가권의 구획 참조.

그런데 이들이 영웅으로 인정되는 것은 모두 이들이 겪은 고뇌의 의미를 높이 사고 있기 때문이다. 고뇌를 겪지 않은 자의 넋은 한국 샤머니즘의 신들의 계열에 들어가지도 못하고 만약 들어갔더라도 무당이나 참여자에게 큰 감동을 주지 못한다. 결국 잊혀진 신(deus otiosus)으로 다만 신의 족보에만 올라 있을 뿐 별로 영향력을 발휘하지 못한다. 최영 장군, 임경업 장군, 관우 같은 원귀가 무신(巫神)으로 높이 숭배되던 예를 보아도 알 수 있다.

그러나 바리데기는 '뜻을 두고 일하다가 소원을 이루지 못하고 죽은 넋'이 아니다. 고통을 이기고 극복함으로써 영혼의 노여움을 달래서 이를 서방정토(西方淨土)로 인도할 수 있는 능력을 갖게 된 자이다.

원형은 모든 인간 공유의 집단적 무의식의 구조를 이루는 것이다. 일단 자극되면 한 사회 전체가 전염되어 강력한 정동(情動)을 수반한 집단현상으로 번지기 쉽다. 그러므로 우리는 역사적인 사회적·종교적·정치적 사건 속에서 원형에 의한 집단적 빙의현상을 볼 수 있다. 그것은 긍정적 또는 부정적 결과를 나타낼 수 있다. 원형의 배정과 활성화는 창조를 매개할 수도 있으나 파괴의 원천이 될 수도 있다. 원형에는 반드시 밝은 면만 있는 것이 아니다. 어두운 면까지 내포한 양면성을 지니고 있다.

자기원형은 치료자 또는 구원자원형이며 전일을 지향하는 심적 조건이다. 그러나 어디까지나 인간심성의 내부에 살아 있는 것이지 자아가 바로 이 원형과 동일한 것은 아니다. 인간은 신이 아니라 마음속에 신의 속성을 지닌 존재라고 할 수 있다. 따라서 무의식의 자기원형과 동일시되면 자아는 초인적인 힘에 의하여 팽창되어 한계를 보지 못하게 된다. 이때 자아는 그 또한 그림자(파괴적 측면)를 지닌 자기원형과 동일시되어 자기원형의 그림자가 지닌 파괴력도 함께 행사한다.[11]

만약 현대 정신치료자가 치열한 자기성찰 없이 치료자원형상을 흉내낸다면 그 결과는 매우 파괴적일 수밖에 없다. 그러므로 우리는 원형적 상징에 대하여 매우 조심스럽고 진지하게 접근해야 한다. 원형에 대한 경솔한 해석은 부정적인 반응을 불러 일으켜 당사자에게 해로운 결과를 빚기 때문이다.[12]

바리데기는 치료자원형상이며 무당은 이를 불러 일시적으로 동일화하지만 무당이 바로 무신 자체는 아니다. 한국 샤머니즘 제의에서 초신(招神)·영신(迎神)에 못지않게 송신(送神)의 과정을 중시하는 데서 이런 뜻이 분명히 표명된다. 그러나 이런 저승과의 교섭은 자칫 잘못하면 자아팽창의 위험을 낳고 어떤 개인의 우상화를 초래할 가능성이 있다. 특히 우리나라 신흥종교현상에서 그 예를 볼 수 있다.[13]

2) 제주도 무조신화

제주도 샤먼의 조상은 육지와 다소 다른 면모를 보인다. 물론 제주도뿐 아니라 육지에서도 무조신화는 몇 가지 다른 유형을 보인다.[14] 그러나 전체적인 공통점은 병고와 시련을 겪은 뒤 치료자가 된다는 사실이다. 현용준에 따르면 제주도 샤머니즘의 조상은 초공과 유 씨(柳氏) 부인이다.[15] 무가 「초공본풀이」[16]에 따르면 초공은 자지명왕(紫芝明王)

---

11) 이부영(1998), 앞의 책, 112~125쪽, 제7장 '자기와 자기실현'. 혹은 이부영 (2002), 『분석심리학의 탐구 ③ 자기와 자기실현』, 한길사, 150~158쪽 참조.
12) Jung, C.G., K. Kerényi(1951), *Die Einführung in das Wesen der Mythologie*, Zürich: Rhein Verlag, p.119.
13) 이부영(1975), 「물질지상주의와 정신만능주의-신흥종교의 분석심리학적 고찰」, 크리스찬아카데미 편, 『구원의 철학과 현대종교』, 삼성출판사, 204~218쪽.
14) 이능화(1927), 『조선무속고』, 『계명』 제19호, 계명구락부, 42~44쪽; 秋葉隆 (1950), 앞의 책, 13~31쪽.
15) 현용준(1986), 『제주도무속연구』, 105쪽, 154쪽.
16) 赤松智城·秋葉隆(1937), 『朝鮮巫俗の硏究』 上卷, 東京: 大阪屋號書店, 388~415쪽.

아가씨와 주자대사(朱子大師)가 접촉해 태어난 세 형제를 가리킨다. 이능화가 기술한 데 따르면 이는 하늘에서 지리산에 내려온 성모천왕이 법우화상(法祐和尙)과 결혼하여 낳은 여덟 명의 딸에서 시작하여 그의 자손에게 무술(巫術)을 가르쳤다는 전설과 비슷하다.

그러나 지리산 성모천왕 전설에는 하늘에서 쫓겨난 여신이 무당이 되기까지의 이야기가 없다. 정승의 딸 유 씨 부인에 관한 이야기는 초공과는 별도로 같은 시기에 다른 고을에서 일어난 이야기이다. 부인이 어릴 때 어떤 스님이 무당이 될 징표─엽전─(현용준은 이를 천문이라고 해석한다)를 주었음에도 이를 모르고 7년마다 거듭되는 병고에 시달렸다. 77세에 이르러서야 비로소 그 뜻을 알고 숨겨두었던 엽전을 찾는 순간 병이 깨끗이 나았고 이로부터 굿을 행하여 죽은 자를 살려냈다는 이야기이다. 그래서 현용준은 세 형제가 시초한 무업을 유 씨 부인, 혹은 유 씨 엄마 대선생이 계승하여 처음 굿을 했다고 본다.[17]

그러나 현용준의 『제주도신화』[18]에 따르면 세 형제가 아버지를 만나 과거에 부당하게 낙방한 것을 원망하자 아버지가 여러 굿거리의 신복(神服)을 마련하고 시왕맞이를 하면 좋아진다고 하여 여러 가지 굿을 하게 되었다고 한다. 즉 무업이 주자대사에 의해 전수된 것처럼 보인다. 세 형제는 삼천천 제석궁 깊은 곳에 갇힌 어머니를 살려내기 위하여 목수 너도령과 의형제를 맺고 오동나무를 잘라 말가죽으로 북과 장구를 만들었다. 이를 열나흘 동안(밤낮 칠일 동안) 두드리며 어머니가 깊은 궁에서 얕은 궁으로 살아오기를 간절히 기구하여 결국 소원이 이루어졌다. 이로써 시베리아 및 중앙아시아 샤머니즘에서 중요시되는 북의 주술적 힘이 이미 행사되었음을 알 수 있다. 대장장이 아들을 데려

---

17) 현용준(1986), 앞의 책, 154쪽.
18) 현용준(1976), 『제주도신화』, 서문문고, 36~64쪽. '초공과 유씨부인' 참조.

다 요령·천문·신칼 등 각종 무구(巫具)를 제작했다는 것은 시베리아 및 중앙아시아의 샤머니즘 콤플렉스와의 연관성을 짐작게 한다. 유 씨 부인은 초공과 다른 종류의 무조 전설인데 「초공본풀이」에서 보이는 남성들 사이의 서슬 퍼런 증오와 복수극을 부드럽게 하는 의미로 첨가된 여성 무조 이야기라고 보아도 좋지 않을까 생각된다.[19] 현용준의 제주도신화 '초공과 유씨 부인'[20] 이야기를 요약하면 다음과 같다.

천하임정국 대감과 지하금진(정)국 부인 사이에는 아이가 없었다. 시주 온 스님에게 사주를 물어 조언대로 불공을 드리고 보시를 하여 아리따운 딸을 낳았다. 이름을 왕대월석금하늘 노가단풍 자지명왕 아가씨라 하였다. 15세에 부모가 옥황상제의 명을 받아 각각 천하공사, 지하공사를 살러 가야 했다. 딸 노가단풍 아가씨를 데리고 갈 수 없어 방 안에 가두어 자물쇠로 잠근 채 계집종으로 하여금 구멍으로 밥을 주며 키우도록 하였다. 이때 황금산 도단 땅에서는 삼천 선비들이 글공부를 하고 있었다. 달빛의 아름다움을 이야기하다가 방에 갇힌 자지명왕 아기씨가 가장 아름답다고 한 대사가 말한다. 대사는 그녀를 찾아가 권제삼문을 받아오는 자에게는 삼천 냥을 주겠다고 한다. 아무도 선뜻 나서지 못하는데 주자대사가 자원한다. 그는 기지와 주력(呪力)으로 자물쇠를 열어 노가단풍 아가씨를 방에서 나오게 한 뒤 그 머리를 세 번 쓰다듬는다. 아가씨는 아기를 갖게 되고 성난 아버지가 그녀를 죽이려다가 차마 못 죽이고 추방해버린다.

다리를 건너고 바다를 건너는 고생 끝에 황금산 주자대사를 만나

---

19) 1930년대의 무가 「초공본풀이」에는 유 씨 부인 이야기가 부가되어 있지 않다. 赤松智城·秋葉隆(1937), 앞의 책(上), 388~415쪽.
20) 현용준(1976), 앞의 책, 36~64쪽.

지만 맨손으로 벼를 까는 과제를 완수한 다음에야 비로소 맞이한다. 대사는 부부살림을 할 수 없어 불도 땅으로 내려보내 그곳에서 아들 셋을 각각 왼쪽, 오른쪽 겨드랑이와 가슴으로 낳는다. 삼형제는 어머니와 가난하게 살았는데 아버지 없는 후레자식이라고 구박을 받는다. 돈이 없어 서당 심부름을 하며 어깨 너머로 공부하였는데 과거를 볼 수 있을 정도였다. 과거를 보러 가는 삼천 선비들이 삼형제를 시기하여 떼어놓고자 삼형제를 속여 배나무 위에 올려놓고 도망치거나 필묵을 모두 사버려서 시험을 칠 수 없게 만들기도 한다. 도움을 주는 자들이 있어 드디어 삼형제는 과거에 급제한다. 삼천 선비는 집요하게 방해하여 삼형제가 중의 아들이라고 고했고 급제는 취소되었다. 그러나 활쏘기에서 크게 득점하여 다시 급제한다. 삼천 선비는 이번에는 삼형제의 어머니를 깊은 궁에 가두어버린다.

  삼형제는 외할아버지의 권고로 황금산 도단 땅의 주자대사를 찾아간다. 아버지는 어머니를 찾아가려면 팔자를 그르쳐야 한다, 즉 무당이 되어야 한다고 말한다. 과거 급제하여 벼슬하는 것보다 더 좋은 일이 있다는 뜻으로 굿거리의 좋은 점을 문답식으로 설득한다. 어머니를 찾는 방법 역시 무당의 무구가 지닌 주력으로 가능했다. 그리하여 여러 가지 무구를 만들게 된다. 마지막으로 여러 종류의 칼, 즉 하인을 죽이는 칼, 중인을 죽이는 칼, 그리고 양반을 죽이는 제일 큰 칼을 만든다. 삼형제는 이 칼로 천추의 원수인 삼천 선비의 모가지를 베어버린다. "이렇게 양반의 원수를 갚느라고 삼형제가 무당의 기구를 만들고 굿하는 법을 시작했다."

이 이야기는 1930년대에 수집한 제주도 「초공본풀이」[21]와 내용이

---

21) 赤松智城·秋葉隆(1937), 앞의 책(上), 388~415쪽.

거의 같다. 삼천 선비는 천 선비가 되어 있고 과거에 끝까지 급제하지 못한 내용이 같다. 줄거리에서 크게 다른 부분은 이렇다. 북을 만들어 두드리는 것과 달리 삼형제가 연주문과 종, 북을 부수면 과거에 급제시 키겠다는 천 선비의 꼬임에 속아서 이를 부순다. 그러자 나라에서 체포령을 내려 삼형제는 도망가고 어머니가 대신 옥에 갇혔다. 삼형제는 어머니를 구하기 위하여 연주문과 종, 북을 고치고 이를 두드리며 호소했다. 또한 조부왕, 즉 천하문장 대감의 명으로 각기 무업의 역할이 주어지는데 어머니는 "어궁도복(御宮都福) 차지로 살아서 인간에게 복을 주고, 삼형제는 목숨 차지로 살아서 인간에게 명을 주라" 했다. 그 후 명령대로 복차지 목숨차지하게 되었고 천 선비 원수를 갚았다고 마무리한다.

어떻든 「초공본풀이」의 두 가지 유형은 천하대감과 지하부인이라는 우주적 전일성을 배경으로 진행되는 신성혼과 거기서 출생된 신성한 세 영웅의 시련을 그리고 있다. 그것은 여성의 수난사뿐 아니라 남성세계의 갈등을 묘사하고, 잃어버린 어머니를 되찾는 것으로 끝을 맺는다. 이는 심리적 상징으로 매우 흥미 있는 내용이다. 「초공본풀이」에 부가된 유 씨 부인 이야기는 신성한 소명, 신병, 신물(엽전)의 재발견과 신병의 치유, 치료자로서 죽은 자를 살리고 큰 굿을 주재하는 이야기이다. 최초의 신방(제주도 무당의 이름-저자주)이 보이는 전형적인 입무 과정이다. 유 씨 부인이 「초공본풀이」의 자지명왕 아가씨 또는 노가단풍 아가씨와 어떤 관계인지는 불확실하다. 그러나 신물의 재발견으로 병고에서 해방될 뿐 아니라 죽은 자를 되살리는 영력을 발휘한 점은 병고에 대한 소명의식의 수용뿐 아니라 신물(무구), 즉 보호신령이 지닌 영력의 중요성을 강조하고 있다는 증좌이다.

집단사회 규범, 즉 페르조나[22]의 맹목적인 동일시를 지양하는 것은 분석심리학에서 말하는 자기실현의 필수조건이며, 바리데기의 버림받음은 바로 그와 같은 의미를 가진다고 하였다. 「초공본풀이」에서도 자지명왕 아가씨는 두 번씩이나 철저하게 감금되고 삼형제는 반복적으로 박해를 받는다. 그러나 「초공본풀이」에서는 주인공이 그러한 버림받음 뒤에 삼천 선비(또는 천 선비)와 갈등을 겪는 것으로 묘사된다. 삼형제의 성공을 사사건건 방해하는 삼천 선비는 세속의 가치를 추구하기 위해선 수단방법을 가리지 않는 세속적 권력의 상징이며 자기실현과정에 으레 수반되는 장해요인이다. 이것을 한 개인의 심적 사건으로 본다면 삼천 선비는 인간 심성에 본래 포함된 세속적 성취의 성향으로 무의식의 그림자원형이라 할 만하다.

세속적 명예욕과의 갈등을 해결하는 길은 오직 스스로의 변신, 자기개혁으로만 가능하다. 즉 '팔자를 그르쳐야 하는 것'이다. 그리고 오직 스스로 지상의 세속적 권위에 대한 집착을 버리고 그보다 더 큰 세상, 저승의 왕을 섬기는 일, 즉 무의식의 누미노제에 봉사함으로써 세속적 권력으로 표현된 그림자를 처리할 수 있다. 그리고 죽음의 세계에 유폐된 어머니, 무의식화된 모성성을 되살려낼 수 있다. 그러나 이 '세속적 욕망'은 신력(神力)의 회복과 보충이라는 적극적 자세와 합치될 때 극복될 수 있다. 다시 말해서 삼천 선비로 대표되는 세속의 권위, 상징적으로는 '내면의 세속적 유혹'을 물리칠 수 있어야 하는 것이다. 문제해결의 이러한 적극성은 제주도 무가가 갖는 특이한 면이라 여겨진다. 무당이 되는 것을 두고 팔자를 그르쳐야겠다고 말하는 데서도 그와 같은 적극성이 엿보인다. "팔자가 사나우니 하는 수 없이 받아들일 수밖에 없다"는 말과는 전혀 어감이 다르다.

그런데 무가 속에는 원형적 상징뿐 아니라 노래하는 개인의 감정이

---

22) 이부영(1998), 앞의 책, 81~86쪽.

나 의식, 혹은 그 지역, 그 시대의 집단의식이 반영되기도 한다. 삼천 선비를 양반에 비유하고 일흔다섯 자 되는 칼을 만들어 삼천 선비의 목을 잘라 원수를 갚았다는 이야기나 "이렇게 양반의 원수를 갚느라고 삼형제가 무당의 기구를 만들어 굿하는 법을 시작했다"는 말에서 구연자의 개인적 감정의 표출이 아니라면 지배계층에 대한 천민으로서의 무당의 의식적 혹은 무의식적인 원한과 적개심이 얼마나 컸던지 짐작할 수 있다. 바리데기와는 매우 대조적이다. 아마도 이 이야기만으로는 부족하다고 여겼던지 유 씨 부인의 이야기가 이어진다. 유 씨 부인이 죽은 자부장자의 딸을 살려내는 대목을 통해 적개심과 복수를 넘어선 자비의 실현으로 전체 이야기를 마무리지으려 했던 것이 아닌가 생각된다.

그러나 세속적 규범과 가치, 특히 유교적 윤리에 대한 반항과 대결의 의지는 한국 샤머니즘에 나타나는 특징 가운데 하나이며 제주도 무가에는 이를 증명할 만한 대목이 상당히 노골적인 언사를 통하여 더욱 자주 나타나고 있다. 「삼공본풀이」의 감은장 아기가 "누구 덕으로 사느냐"는 부모의 물음에 네 번째로 "배꼽 아래 선그뭇(배꼽에서 음부 쪽으로 내려 그려진 선)의 덕으로 먹고 입고 행우발신합네다"[23] 하여 부모에게서 쫓겨난 사실이 대표적인 예이다.

제주도 무가는 이밖에도 원초적인 대극 갈등과 해결의 원형을 여러 군데서 노래하고 있다. 이승과 저승, 남과 여, 생과 사의 대결과 타협이 여느 신화 못지않게 잘 나타난다. 「차사본풀이」「삼승할망본풀이」를 보면 염마대왕을 이승의 사자가 용감하게 붙잡아 오는가 하면 육지 무가에서 위엄과 공포의 대상인 천연두신이 오직 경외와 순종과 찬양으로 일관되는 데 비해서 제주도 무가에서는 남신인 마마신에 대하여 여신

---

23) 현용준(1976), 앞의 책, 79쪽.

인 삼승할망을 대결시키고 대등한 관계를 유지시킨다. 지역적으로 여성의 권위가 강하기 때문이기도 하겠지만 이 무가들이 시대정신의 영향을 덜 받은 신화적 고형을 제대로 유지하고 있기 때문일 것이다.

3) 손님굿 무가

한국에서 근대 종두법이 보급되기 전까지 천연두는 한국인에게 무서운 병 가운데 하나였다. 이 병을 천연두신의 통과로 보고 이 병으로 목숨을 빼앗기지 않도록 하기 위해서는 두신의 비위를 거스르지 않아야 하고 두신이 무사히 환자의 몸을 통과할 수 있도록 극진히 맞이하고 모신 뒤에 두신을 보내는 마마 배송굿이 성행했다. 천연두신의 내력을 노래하는 무가에는 신의 속성과 치병의 과정이 묘사된다. 저자는 손님굿의 진행과정과 무가의 내용을 중심으로 치료자원형상의 또 다른 유형을 살펴본 일이 있다.[24]

여기서는 몇 가지 결론만을 간추려 소개한다. 대상 자료에 나타난 천연두신은 위엄 있는 풍모나 초자연적인 영력, 강남을 발원지로 한다는 점, 즉 의식 밖의 세계, 무의식의 기원, 임금님 행차같이 장엄하고 화려한 무리들이 나라 안으로 들어오는 여정과 사건들, 문무 두 대신과 예를 담당하는 호귀(胡鬼) 부인의 3위신의 수행 등 여러 가지 면에서 원형적인 치료자 상징의 한 유형을 나타낸다고 볼 수 있었다. 천연두신은 천연두를 일으키는 역신(疫神)이면서 치료신인 치료자원형에서 볼 수 있는 이중적 성격을 가지고 있다. 특히 흥미로운 사실은 1930년대 조사보고 기록에서 발견되는 식문이라는 존재이다.

---

24) 이부영(1986), 「한국설화에 나타난 치료자원형상 ― 손님굿 무가를 중심으로」, 『심성연구』 1(1), 5~27쪽; 이부영(1995), 『한국민담의 심층분석』, 집문당, 239~260쪽.

식문은 천연두로 죽은 사람의 원령으로 생사 여탈의 절대 권력을 가진 천연두신의 예민한 곳을 건드리는 자들이다. 천연두신이 오는 곳이면 어디든 몰려오는데 만약 이들이 두신의 눈에 띄면 천연두신이 분노하여 병세가 악화될 우려가 있으므로 이들을 보내기 전까지는 눈에 띄지 않게 툇마루 밑에 시루뚜껑을 씌운 구럭 속에 갇혀 있어야 한다. 식문이라는 존재는 1930년대 기록 이후에는 발견되지 않지만 분명 치료신의 그림자라고 볼 만한 이미지이다. 식문은 두신의 실패작이다. 위대한 의신은 자기의 실패작을 보는 것을 좋아하지 않는다. 그래서 의식의 문턱 아래, 무의식을 억제한 채 별도로 원혼을 달래야 한다.

이는 상징적으로 그림자를 의식으로 불러내서 직접 대결하지 않고 의식적으로 그림자를 억제하는 것이다. 저자는 이를 치유에 대한 온갖 의혹을 누르고 치료신을 전적으로 신뢰하여 병을 치료하는 또 다른 유형을 제시한 것으로 보았다. 병을 고칠 때는 "잘 안 될 것이다. 모든 것은 한스럽고 절망적이다"라는 부정적 예측을 강력하게 억제하고 치료 성과를 긍정적으로 보는 태도가 치료에 도움을 줄 수 있다. 이런 태도를 권위주의적 문화전통을 지켜온 아시아인의 태도라든가 한국적인 문제해결의 한 유형이라고 해도 무방할 것이다. 대극의 직면과 대극긴장을 통한 대극합일과는 다소 다른 방식이다.

4) 샤먼과 '상처 입은 치료자'

고대 그리스의 광명의 신이며 의신(醫神) 아스클레피오스의 아버지인 아폴론(Apollon)의 신탁에 "상처 입은 자가 병을 고친다"는 말이 있다. 그뢰스백(C.J. Groesback)[25]은 이를 융학파의 분석치료에서 분석

---

25) Groesback, C.J.(1975), "The archetypal image of the wounded healer," *The Journal of Analytical Psychology* 20(2), pp.122~145.

가·피분석가 간의 감정교류와 치유과정과 관련하여 자세히 논구한 일이 있다. 프로이트·융 등 근현대의 유명한 치료자를 '상처 입은 치료자'로서 조명한 경우도 있다.[26] 대개 이들 논저는 치료자의 상처가 부정적인 것이 아니라 창조적인 치유의 힘을 발휘한다는 방향에서 논의를 시작한다. 이런 관점은 물론 '상처'를 '결함'으로만 보는 종래 일반적인 관점을 시정한다는 점에서 지금까지 우리가 말해온 '고통의 의미' '병고의 목적론'과 밀접하게 결부되어 있다. 또한 이것은 죽음을 주는 자와 삶을 주는 자가 공존하는 의신의 양면성[27]에 관계된다. 아폴론은 광명의 신인 동시에 의신이기도 한데, 그는 또한 자신의 화살로 페스트를 퍼뜨리는 죽음의 신이기도 했다. 의신 아스클레피오스는 아폴론의 아들인데 그 출생부터 상처를 입었고 그의 신전에서는 치유의 상징뿐 아니라 저승사자의 상징과 죽음의 세계의 관계가 여러 곳에서 발견되었다.[28]

"상처 입은 자가 병을 고친다"는 말은 병을 고치기 위해서는 치료자가 먼저 병고를 겪어야 한다는 뜻이다. 병을 겪은 자가 겪지 않은 자보다 병을 잘 이해하여 잘 고칠 수 있다는 뜻으로 이해된다. 병의 이론과 지식 이외에 '체험'의 중요성을 강조한 말로도 생각된다. 이 말을 현대의 의사에게 그대로 적용할 수는 없으나 적어도 정신치료자에게는 매

---

26) Sedgwick, David(1994), "The Wounded Healer," *Countertransference from a Jungian Perspectives*, London; Routledge; Goldwert, M.(1992), *The Wounded Healers*, New York: Univ. Press of America. 샤먼을 wounded healer라고 부르는 경우도 있다. Halifax, Joan(1982), *Shaman, The Wounded Healer*, New York.: Crossroad.
27) Kerényi, K.(1948), 앞의 책, pp.29~31.
28) Peterich, E., *Götter und Helden der Griechen*, Olten: Walter Verlag, pp.31~32; Rose, H.J.(1964), *A Handbook of Greek Mythology*, London: Methuen Co.; Graves, R.(1960), *The Greek Myth*, pp.173~196; Jayne, W.A., 앞의 책.

우 의미 있는 지적이 아닐 수 없다. 정신치료자는 환자가 겪은 모든 문제를 다 겪어볼 수는 없다. 그러나 융이 말했듯이 치료자는 자기가 자신의 성찰을 통해서 직면했고 극복한 문제만큼만 환자를 도울 수 있다. 그러므로 정신치료, 특히 분석치료를 하려면 먼저 스스로 자신의 무의식을 대면하는 교육분석을 받아야 한다. 자신의 '병'을 알고 치료하는 체험을 하기 위해서이다.

샤먼은 스스로 많은 병귀에 먹혀야 하고 해체의 고문을 여러 차례 겪음으로써 위대한 치료자의 조건을 구비한다고 믿는다. 그런 면에서 상처를 받는다는 것은 샤먼이 되는 기본적인 전제조건인 셈이다. 한국의 무당, 특히 강신무도 상처 입은 자이다. 무조 바리데기도, 「초공본풀이」의 제주도 무조 또한 버림받는 상처를 겪었다.

이에 비해서 마마신은 이미 완성된 치료자의 면모를 갖추고 있다. 그의 과거력을 무가에서 짐작하기는 어렵다. 그러나 그도 완벽한 치료 신만은 아니었다. 그의 과거에는 천연두신의 '상처'인 식문이 따라다녔다. 그러나 그의 상처는 그와 분리된 채 밝고 어두운 신령의 짝을 이루고 있다. 다른 한편 천연두신 자체가 삶과 죽음의 양면성을 지닌다. 왜냐하면 그는 병을 일으키는 역신이자 죽음에서 삶을 유도하는 치유신이기 때문이다. 이 사실은 케레니가 아스클레피오스의 양면성을 증명하면서 했던 말을 생각나게 한다.

> 치유로 가는 전기(轉機)는 결코 고유의 해돋이가 아니라 일종의 해돋이이다. 그것은 인간 고유의 출생, 죽은 자의 부활이 아니라 동시에 죽음의 나라의 경계영역에서 일어나는 사건이다.[29]

---

29) Kerényi, K.(1948), 앞의 책, p.47.

치료자원형은 산 자의 세계에 있으면서 죽은 자의 세계로부터 환자를 삶의 세계로 끌어들이는 것이 아니라 생사의 갈림길에서 그 비의(祕儀)를 수행한다. 모든 치유(Heilung)는 기적적 치유(Wunderheilung)이다. 왜냐하면 의사의 간섭과 함께 환자의 내부에 일어나는 무엇인가가 도와주고 이로써 치유되기 때문이다.[30] 이것은 정신치료에서 환자 내면의 '자연'을 중시한 융의 입장과 통한다.[31]

이니시에이션의 궁극적인 목적은 상처를 입는 것이 아니라 극복하는 것이며 한국 샤머니즘에서도 이 점은 분명하다. 현실적으로 샤먼이나 무당 가운데 정신병리적 현상이 남은 경우가 있다고 하더라도 그것은 결코 샤머니즘이 지향하는 치료자의 목표가 아니다. 병을 앓고 극복함으로써 그 고통에 대한 보람이 생기고 치유의 창조적 힘을 발휘할 수 있는 것이다. 현대 정신치료자의 목표 역시 시련을 이겨내는 데 있다. 이 경우 '극복'이란 자신의 무의식에 대한 최대한의 통찰이다. 상처가 완전히 치유되지 않은 상태에서 환자에게 강한 역전이를 일으키고 환자와 더불어 자신을 치료해나가는 경우도 있을 수 있다. 그리고 그것이 치료에 적지 않은 효력을 발휘할 수도 있다. 그러나 샤머니즘에서나 분석심리학적 정신치료에서나 우리는 상처 입은 치료자에게 머물지 않고 이를 이겨낸 치료자이기를 지향한다. 다만 인생에서 치열한 갈등과 고뇌를 몸소 겪고 아프게 통찰해가는 자세는 현재 그가 목표를 얼마간 성취했든 못했든 귀중하다.

---

30) 같은 책, p.32.
31) Jung, C.G.(1958), *G.W.* Bd.16, *Praxis der Psychotherapie*, Zürich: Rascher Verlag, pp.26~27, p.43, p.86.

3. 엑스터시 이념의 한국적 변이

1) 중심과 변두리의 상관성

한국 샤머니즘의 무신계(巫神界)는 대위(對位)의 원리, 즉 쌍을 이루어 경배되는 경향이 짙다. 이것을 나는 하나로 합치고자 하는 내적 충동의 표현이라고 보았다. 그러나 '대극이 본래 하나'라는 문화적 전제 없이 대극 간의 합일이 불가능한 것처럼 보이는 상황에서는 대극을 하나로 합치게 하는 제3의 요소가 그 과정에 개입되어야 할 것이다. 가령 이승과 저승의 대극을 합치게 하는 상징으로 시베리아 샤머니즘은 '세계의 축'을 상정한다. 또한 샤먼은 천상·현세·지하 삼계의 통로인 세계수를 망아경 속에서 오르면서 이승과 저승을 잇는 작업을 하는 경우를 생각해본다. 한국 샤머니즘의 세계관에도 이렇게 뚜렷한 중심의 관념이 상징으로 제시되어 있을까.

우선 한국의 마을에 신성한 나무가 존재해왔고 여러 가지 전설에 얽힌 나무신앙이 있어온 것은 사실이나 그것이 세계의 축이란 의미를 지닌다고 보기는 어렵다. 무속신앙이나 민속에서 '저승'은 입체적이라기보다 상당히 평평하다. 지하계라고는 하지만 대개 횡(橫)으로 가없이 확대되는 세계 끝에 있다.

성수(聖樹)는 대위 원리에 부합되게 짝을 짓고 있으나 무당이 망아경에서 나무를 오르는 천상여행의 상징적 의식행위는 찾을 수 없다. 단군신화에서 보듯이 신성한 나무는 천신이 강림하는 장소이기는 하나 사람이 그것을 통하여 주술적 비상을 함으로써 하늘로 오르는 통로는 아니다. 물론 민담에는 나무 위로 도망간 아이들이 호랑이에 쫓기자 하늘에 빌어 하느님이 내려준 밧줄을 잡고 하늘에 올라가 해와 달과 별이 된 이야기가 있다. 모든 권능이 하늘에만 맡겨진 상당히 수동적인 천상여행이다.[32]

진한(辰韓)에서는 긴 장대에다 방울과 북을 달아 귀신을 받들었다고[33] 한다. 현존하는 동제(洞祭)에서 산신당의 신대를 모시고 마을로 내려와 신유(神遊)를 하고 집집을 다니는 과정과 흡사하지만 그러한 신대 역시 신이 내리는 장소, 아니면 신체(神體)이고 세계의 축이나 중심이라는 관념은 없는 듯하다. 어떻게 보면 한국무속에서는 시베리아나 중앙아시아의 고태적 관념을 많이 탈피한 까닭에 중심에 관한 상(像)의 형성이 많이 흐려진 것으로 생각된다. '하나의 중심'보다는 '어디에나 있는 중심'이란 관념이 더욱 두드러진 것은 아닐까. 샤머니즘에서 본 세계는 고태적 신화적 상에서 멀리 빠져나와 현실성을 띠게 되었고 따라서 삼계나 세계수의 관념보다는 인간이 중심이 되어 신을 맞이하는 나무 역할을 하게 되었다고 본다면 어떨까 생각된다.

그 대신 변두리에 대한 의식이 강하게 부각된 듯하다. 꼭대기에 새의 모습이 새겨진 솟대는 분명 시베리아 및 중앙아시아의 마을에서 발견되던 것과 같은 천상에의 주술적 비상 도구와 서로 통한다. 그러나 이는 마을의 경계를 지키는 천하대장군, 지하여장군이란 이름을 딴 벅수와 함께 세워지는 경우가 많다. '나'와 '너' '우리'와 '남'의 경계에 대한 새로운 자각의 표현이 생기는 대신 하나의 세계 축이란 관념은 두드러지지 않은 느낌이다.

그런데 두신(손님)과 관련된 민속에서는 '손'이 매일매일 동서남북으로 이동되다가 제5일에는 중앙에 머물기 때문에 '손 없는 날'이라 한다는 방위에 대한 금기가 있다. 수(數)와 방위는 모두 신성한 의미를 띠는데, 중앙이란 어느 한쪽으로 치우침 없이 '대극의 갈등이 없는 중립지대'라는 뜻이 있다. 중앙의 의미가 간접적으로 강조되었으나 세계의 중

---

32) 이부영(2011), 『한국민담의 심층분석』, 117~144쪽, '호랑이와 세 아이' 참조.
33) 『삼국지』「위지동이전」.

심과 축의 관념이 한국의 샤머니즘에서 상징으로 형상화되지 않은 까닭이 무엇인지는 한마디로 말하기 어렵다. 만신의 세계가 하늘과 바다에 널리 펴져 있지만 한국 샤머니즘에서 인간에게 가장 감정적으로 중요한 신령은 하늘과 바다의 신이 아니라 집의 수호신, 성조신과 조상신인 데 유의할 필요가 있다.

여기 '잊혀진 신'(deus otiosus)의 예를 보거니와, 인간은 하늘로 향해 날기를 그치고 하늘의 신을 불러 내리고 하늘 먼 곳의 신은 잊혔으며 세계는 작은 집의 공간으로 축소되고 마을로 한정되면서 성조신의 신체는 하늘의 본을 딴 가옥의 대들보에 정치한다고 볼 수 있다. 집단적 무의식의 고태적 세계와의 융합상태에서 의식이 분화 발전하면서 변모하는 정신상황을 반영한다고나 할까. 이것이 본래 한국적 유형인지 변이인지는 좀더 살펴보아야 알 수 있을 것이다.[34]

2) 솟대와 물새의 상징

● 솟대와 '중심'의 문제

솟대는 한국 샤머니즘에서는 세계의 중심이나 축으로 인식되기보다 변두리나 외계와의 경계, 혹은 마을로 들어오는 입구에서 마을의 안녕을 지키는 역할을 하는 듯하다. 그러나 이필영의 다각적이고 신뢰성 있는 조사연구[35]에 따르면 솟대가 드물게 마을 중앙에 세워지는 경우도 있다 한다. 특히 행주형(行舟型, 배 모양) 지세는 풍수지리상 불안정한 형세이므로 마을 중앙에 돛대로서 솟대를 하나 또는 여러 개를 세워서 기운을 안정시킨다고 한다.[36]

---

34) 이 항 '중심과 변두리의 상관성'은 이부영(1984), 「민간신앙과 집단적무의식」, 『대동문화연구총서』 제2집, 성균관대 대동문화연구원, 108~110쪽 참조. 더 집중적인 고찰은 다음의 '솟대와 물새의 상징'에서 추가하였다.
35) 이필영(1990), 『솟대』, 대원사.

솟대 위의 새가 천둥번개나 폭풍우를 다스리는 영력을 가진 만큼[37] 배 안에 솟대를 세우는 것은, 시베리아 및 중앙아시아의 3계를 관통하는 축이라기보다 폭풍우의 제어기능으로서 중심잡기의 의미가 있다 할 것이다.

어쨌든 중심과 심리적 상징으로 볼 때 긴 막대란 본래 방향을 가리키거나 무엇을 지시하는 지침(guideline), 혹은 지표의 뜻을 가진다. 솟대는 신성한 것인 만큼 모세의 지팡이, 고대 그리스의 의신인 아스클레피오스의 지팡이, 고대 로마의 날개를 단 카두케우스(caduceus)[38] 등 모든 마술막대기와 마찬가지로 초자연적인 힘을 지닌다. 대(pole)는 거룩한 나무, 하늘의 기둥, 우주의 축일 뿐 아니라 죽은 자가 저승으로 가는 다리, 토템 기둥으로 권위나 종족 간 융화의 상징이기도 하다.[39]

대가 나타내는 지침·지표·원리는 평범한 현실의 방편이 아니라 누미노제를 지닌 것이라고 해야 할 것이다. 즉 자아의식을 초월하는 원리이다. 위태로운 것을 바로잡고 흔들리는 것을 안정시키며 대극 간의 긴장을 풀고 하나로 통합시키는 인간 무의식의 초월적 기능[40]에 비유될

---

36) 같은 책, 30~31쪽, 48쪽, 56쪽 참조. 또한 국립민속박물관(이종천·천진기·정승모)(1990), 『경북지방 장승, 솟대신앙』, 국립민속박물관, 100~101쪽 참조.
37) 같은 책, 64쪽 참조.
38) 카두케우스는 사자(使者)의 지팡이, 혹은 막대를 말한다. 고대 로마 머큐리 신의 표징이다. 보통 대의 꼭대기에 날개가 있고 두 마리 뱀이 서로 얽혀서 대를 감고 있는 모습인데 자웅의 융합, 생명의 힘을 상징한다. 아시리아나 바빌로니아에서는 풍요와 생명의 속성이었고 고대 그리스에서는 아스클레피오스의 막대로 치료행위를 표현했다. 그리스 신화 헤르메스의 마술막대는 본래 올리브나무 가지였다. 카두케우스는 '위대한' '이끄는 빛'이라는 뜻으로 로마 신화에 국한되는 상징은 아니다. Jobes, G.(1962), *Dictionary of Mythology, Folklore and Symbols Part I*, New York: The Scarecrow Press, pp.266~267.
39) Jobes, G.(1962), 앞의 책, *part II*, pp.1282~83.
40) Jung, C.G.(1967), "Die transzendente Funktion," *G.W.* Bd.8, *Die Dynamik des Unbewußten*, Zürich: Rascher Verlag, pp.75~104.

수 있다. 말하자면 세계의 축으로서 대는 의식, 무의식계를 하나로 연결할 수 있는 초월적 원리를 상징한다고 할 수 있다. 샤머니즘에서 그 원리의 구체적 실현은 엑스터시에서 나무를 타고 오르거나 지하로 내려가는 샤먼의 '마술적 비상'을 통하여 이루어진다.

하나의 씨앗이 땅에 떨어져 싹이 트고 소나무가 되기도 하고 떡갈나무가 되기도 하면서 하늘 높이 번창한 가지를 펼치는 나무의 이미지는 개성화 과정(individuation process) 또는 생명의 에너지(Lebensenergie)의 상징이며 개인의 전체 정신, 진정한 의미의 개성을 표현한다는 점에서 자기(Selbst)의 상징이다.[41]

행주형 지세와 솟대의 관계는 『구약성서』에 나오는 노아의 방주 유형의 폭풍우와 세계몰락과 구원의 신화적 주제와 연관이 있을 수도 있다. 어떻든 당산나무는 신목(神木)으로서 반드시 마을 어귀에 있는 것은 아니고 마을 안에도 있는데 이 경우는 마을의 경계에 솟대를 장승과 함께 따로 세운다. 솟대의 위치도 한결같지는 않다. 이필영의 보고[42]대로 솟대를 신목인 당산이라 부르기도 하는 것을 보면 솟대를 대상으로 몇 가지 상징이 뒤섞여서 그 이념적 배경이 불분명해진 것 같기도 하다.

민속학적 연구를 기다려봐야 하겠으나 장승은 천하대장군과 지하여장군의 보기에서 드러나듯이 음양사상과 관계가 깊은 '남녀의 짝과 천지의 조화'라는 관념을 배경으로 한다. 성역으로 들어가는 입구의 문지기로 사원 입구의 사천왕상(四天王像)과 맥을 같이하는 주홍색의 험악한 얼굴을 하고 있는 것으로 보아 악귀를 쫓는 벽사의 기능을 가졌음에 틀림없다. 주홍색은 악귀를 물리치는 색으로 동북아시아에 공통적이

---

41) Jung, C.G.(1951), *Aion*, Zürich: Rascher Verlag, p.338; Jung, C.G.(1954), *Von den Wurzeln des Bewußtseins*, Zürich: Rascher Verlag, pp.353~496, pp.449~500. Der philolsophische Baum 참조.
42) 이필영(1990), 앞의 책, 38~39쪽.

다. 흥미로운 것은 지하여장군이라는 이름 속에 이미 지하계의 여신이라는 뜻이 표현되어 있다는 사실이다. 다만 우리 민속에는 고유의 지하계로서의 저승의 모습이 불교의 지옥도[43]처럼 명료하지 않다.

한국의 마을에서 외계와 접촉하고 외계로 향한 경계에 신성한 나무를 꽂아 마을의 안녕과 번성을 지키는 데 힘을 기울이는 데 대해서 비록 소수의 예외[44]가 있기는 하지만 마을의 중심을 잡는 일에서는 모호한 자세를 취하는 듯한 인상을 주는 까닭은 무엇일까. 이필영이 말하듯 새를 얹은 솟대가 한반도의 농경사회에 정착되면서 벽사와 함께 풍요를 기원하는 상징으로 변화되어 수용된 것이라면[45] 우리는 여기에서 농경사회의 폐쇄성과 배타성을 발견한다.

대체로 인간집단의 결속은 배타성과 직결된다. '우리끼리의 단결'이 강조되면 될수록 '우리'가 아닌 '남'의 세계인 바깥세계는 위험하거나 악한 세계임에 틀림없다. 그러므로 경계의 대상이 되고 각종 금기가 강구된다. 그러나 한국의 전통마을에는 또 하나의 신성한 곳, 산신당이 있다. 솟대나 장승과는 전혀 다른 곳에 있다. 동제(洞祭)가 이루어지는 곳은 대개 그 마을의 주산(主山)이며, 산은 이미 우주의 나무처럼 우주의 산으로 세계수와 같은 의미를 갖는다.[46] 동제가 열리는 그곳이 곧 마을의 중심이 된다.

이렇게 생각해볼 때 중심은 어느 한곳이 아니라 어디에나 있다고 볼 수 있다. 시베리아 샤먼이 굿을 하는 도중 자작나무를 골라서 자르고

---

43) 이기선 외(1992), 『지옥도』, 대원사.
44) "경남 군북의 시장 중앙에 세워진 솟대 위에는 세 마리의 새가 있었는데 시장으로 통하는 길이 세 곳에 있었다"고 한다. 이것은 명백한 세계의 축으로서의 솟대를 증명하는 사례이다. 이필영(1990), 앞의 책, 44쪽.
45) 같은 책, 88~90쪽, 98~99쪽.
46) Eliade, M.(1956), 앞의 책, pp.255~258.

그것을 세워 엑스터시 중에 그 나무에 새긴 일곱 개, 또는 아홉 개의 하늘을 나타내는 금을 하나씩 오르면서 보호신인 새의 도움을 청할 때[47] 그 나무가 있는 곳은 곧 세계의 중심이 된다.

한국의 샤머니즘에서는 성조신을 모신 대청마루 위의 대들보가 세계의 중심이 된다. 경북 영일군의 숏대를 '성주기둥'이라고 불렀다는 흥미로운 사례[48]도 이와 무관치 않아 보인다. 제주도 무속에서 큰 굿을 할 때 굿청 앞에 세우는 큰 대를 김열규(金烈圭)는 우주구조의 축소된 모상으로, 굿을 창세기적 우주발생론과 구성론을 재현하는 것으로 보았다. 그 대칭 3분법에 대한 김열규의 소론[49]은 이 점에서 귀중한 시사를 던져준다. 엘리아데는 일찍이 중앙아시아 및 시베리아의 샤머니즘에서 세계의 축은 열린 입구, 구멍이라고 하였다. 이 구멍으로 신들이나 사자들, 그리고 샤먼의 혼이 하늘에 오르거나 지하계로 간다고 말하면서 '중심'에 대해 다음과 같이 말하였다.

'중심'의 상징성은 반드시 우주론적 관념이 아니다. 본래 '중심'은 평면을 뚫고 나올 수 있는 장소, 모든 성스러운 공간이다. 즉 신성의 현시(Hierophanie)를 체험하는 모든 공간, 이승의 것이 아닌 어디 다른 곳에서 오는 그것도 무엇보다 하늘에서 오는 실재성(Realitäten, 혹은 힘이나 형상들)이 나타나는 그 공간이다. '중심'이라는 생각에 사람들이 도달한 곳은 하나의 거룩한 공간이다. 초인적인 것의 현존으로 충만한 공간, 바로 이 지점에 무엇인가 위에서(또는 아래에서) 기원된

---

47) 같은 책, pp.185~192. 기타 여러 곳.
48) 이필영(1990), 앞의 책, 56쪽. 또한 국립민속박물관(1990), 앞의 책, 42쪽의 조사표 참조.
49) 김열규(1986), 「제주신화의 우주론——그 대칭 3분법을 위한 시론」, 『심성연구』 1(1), 29~44쪽.

것(stammende)이 그 스스로를 나타낸다.50)

많은 유목민족이 하늘을 천막이라 생각하고 은하수는 그 천막을 이어서 꾸민 자국이라 본다. 별은 세계의 창이며 하늘 한가운데 있는 극성(極星, Polarstern)은 하늘 천막의 배꼽이라 믿는다. 이러한 우주창생론이 인간의 소우주에서 재현될 때 세계의 축은 주거지의 기둥으로 구체화된다. 하늘의 기둥과 똑같은 역할을 한다. 이런 관념은 더 발전된 문화(이집트·인도 리그베다·중국·그리스·메소포타미아·바빌론 문화 등)에서도 발견된다고 한다.51) 그리하여 엘리아데는 다음과 같은 결론을 내린다.

여기서 중요한 것은 하늘과의 직접적인 결합의 가능성에 대한 믿음에서 자라나온 보편적으로 널리 퍼진 생각이다. 대우주적 차원에서 이 결합은 축(나무·산·기둥 등)을 통한 결합을 구체화하고, 소우주적 차원에서는 주거의 중앙기둥이나 천막 꼭대기 구멍을 통해서 구체화한다.52)

솟대에 관한 이필영의 종합적 고찰과 그 역사적 기원과 변화에 관한 논구는 많은 부분에서 공감을 주고 솟대의 상징성에 관한 이 논고에도 유익한 정보를 제공하였다. 다만 솟대신앙이 청동기시대에 들어서 본격적으로 설립된 것이라고 볼 수 있는지에 대해서는 의문이다. 중앙아시아 및 시베리아 샤머니즘의 솟대신앙이 우리나라에 들어와 농업신의

---

50) Eliade, M.(1956), 앞의 책, pp.249~250.
51) 같은 책, pp.253~254.
52) 같은 책, p.254.

필요성이 제기되었고 그 배경에서 농업을 전래했으며 농신은 그 성공을 보장하는 존재로 등장하였다는 설[53]은 물론 이해가 된다. 그렇다고 솟대의 새가 지닌 보편적인 상징을 간과해서는 안 될 것이다. 솟대는 본래 중앙아시아 및 시베리아의 유목민족 사이에서 소중히 전승된 상징이었고 또한 그 존재가 최소한 기원전 2만 5,000년에서 기원전 1만 2,600여 년, 지구 반대편에 있던 원시종족의 생활에서 발견되기 때문이다.

● 라스코 동굴의 새 그림

솟대는 북프랑스 라스코(Lascaux)의 구석기시대 동굴벽화[54]에서 시작한다. 이 그림에 따르면 새의 머리를 한(혹은 새의 가면을 쓴) 사람이 거대한 들소의 뿔 앞에 하늘을 향해 쓰러져 있다. 들소는 분명 그 사람이 던진 긴 창에 찔렸고 내장이 배에서 삐져나왔다. 누워 있는 사람의 오른손 쪽으로 막대 위에 새가 앉아 있는 형상이 세워져 있는 것이 보인다(그림 9). 암스트롱(Eduard A. Armstrong)은 이를 '새사람(bird-man)의 죽음'이라고 보았고 막대 위의 새 모형은 어떤 의식의 대상일 것이라 생각했다.[55] 그리고 이 새 막대[鳥杆]는 외부 혼(external soul)의 표현으로 보았다.

핀트아이젠은 라스코 동굴벽화에서 새의 얼굴을 한 남자는 들소에 받쳐 죽은 채 누워 있다고 추정하였다. 남자 아래쪽 막대 위에 그의 몸을 떠난 새, 즉 새 형상을 한 그의 영혼이 앉아 있다고 보았다. 막대는

---

53) 이필영(1990), 앞의 책, 104쪽.
54) Armstrong, E.A.(1970), *The Folklore of Birds*, New York: Dover Publications, Second edition, revised and enlarged의 표지 뒷장 사진. 혹은 Lommel, Andreas(1980), *Shaman und Medizinmänner*, München: Verlag Callwey, p.188.
55) Armstrong, E.A.(1970), 앞의 책, 뒷장 사진 설명 참조.

〈그림 9〉 북프랑스 라스코의 구석기 동굴벽화
(기원전 약 14000~기원전 12600년〔탄소동위원소 측정〕, 기원전 약 25000년〔M. Eliade〕)

무기였을 텐데 손에서 놓친 것이라고 생각했다.[56] 내가 보기에는 들소 꼬리의 움직임이나 머리의 동작으로 볼 때 들소는 아직 죽지 않았고 쓰러진 사람 역시 발기된 남근으로 보아 아직 죽은 것이 아님을 짐작할 수 있다. 이것은 새사람과 들소와의 대적의 한순간을 그린 그림이다.

롬멜은 이 그림을 심리적으로 해석했다. 들소와의 싸움은 실제가 아니라 정신적인 대결로서 샤먼의 마음속에서 일어난 싸움이다. 이때 어떤 종류인지는 모르나 짐승들이나 황소들의 그림을 통하여 하나의 대극이 보이고 체험된 것이라고 말하였다.[57]

---

56) Findeisen(1957), *Schamanentum*, Stuttgart: W. Kohlhammer Verlag, p.7. 라스코 동굴벽화는 탄소동위원소 측정으로 기원전 약 14000년에서 기원전 12600년 사이의 것으로 판명되었다. 그래서 구석기 후기에 이미 샤머니즘이 체계화된 것으로 추정한다. 같은 책, p.7 참조.

제11장 한국 샤머니즘과 집단적 무의식의 원형상 607

나는 여기서 새사람은 일시적으로 기절한 것이거나 엑스터시에 빠진 상태에서 혼이 육체에서 나와 하늘로 나는 중이라고 본다. 혼의 비상을 돕는 보호령으로서 새막대는 제의적 도구로 사용됨을 볼 수 있다. 발기된 남근은 엑스터시의 표징이기도 하다. 이 그림의 새막대를 중앙아시아 및 시베리아의 조간(鳥杆), 나아가 우리나라 솟대의 근원이라고 보지 않아야 할 이유가 없다. 선사시대 인간들은 다른 동물과 함께 새에 대해서도 관심이 커서 암각화의 주제가 되어왔다. 새의 가면을 쓴 인간상들도 여러 곳에서 발견되는 것으로 보아 아마도 제의적 의미가 있는 것으로 짐작된다.[58] 그러한 관심은 추장이나 메디슨맨이 머리에 쓰는 새털관에서, 중앙아시아 샤먼들의 옷장식에서, 그들이 추는 춤사위로 이어져 내려오고 있다.[59] 새는 샤먼의 보호신으로 천상계와 지하계로의 여행을 도우며 수행하는 신령이 되었다.

● 새의 상징성

새의 이미지는 숱한 상징적 의미를 지닌다. 아마도 새의 가장 보편적인 의미는 영혼으로서의 새일 것이다. 신령한 존재로서 신의 사자, 영혼의 인도자이며 샤머니즘에서 샤먼의 넋이 하늘과 지하계로 날아가는 것을 돕는 보호신인 것은 말할 것도 없다. 기독교에서는 성령의 상징으

---

57) Lommel, A.(1980), 앞의 책, pp.188~189. 엘리아데는 라스코 암벽화를 샤먼의 트랜스라고 본 호스트 키르히너(Horst Kirchner)의 주장과 곰 제의의 역사적 뿌리에 대한 카를 나르(Karl J. Narr)의 견해에 주목했다. 아마도 곰 제의가 생긴 뒤에, 즉 기원전 25000년경(퓐트아이젠보다 앞선 시기)에 보호신인 새와 엑스터시를 표현한 라스코 동굴의 암벽화로 샤머니즘 최초의 형태가 증명되었다고 그는 말했다. Eliade, M.(1964), 앞의 책, pp.503~504쪽 참조.
58) Armstrong, E.A.(1970), 앞의 책, pp.7~8, p.11, p.33 참조.
59) 샤먼 의상에 나타난 새의 상징성은 Eliade, M.(1956), 앞의 책, pp.157~159 참조.

로, 불교에서는 붓다 자신의 현현으로 나타나기도 한다. 새는 흔히 태양·천둥·바람의 신으로 간주된다. 우주의 알을 낳는 창조원리이기도 하고 인류의 조상으로 신봉되는 곳도 있다. 물론 태모(太母)의 파괴적인 측면을 나타내기도 한다. 마오리족은 새사람이 신성하며 모든 것을 볼 줄 알고 가장 지혜로우며 힘 있고 용감한 자라고 믿는다.[60] 폴리네시아의 신화에서는 창조주가 새에게 하늘에서 내려가 대홍수 뒤의 땅을 지정하도록 명했다는 이야기가 있다. 새는 지혜와 생명의 나무를 지키는 존재이다. 시베리아 뇌조(雷鳥)는 우주나무(cosmic tree)에 산다.

새는 영성의 상징으로 지하계적 존재인 뱀을 죽이는 존재로도 알려져 있다. 무엇보다 흥미로운 사실은 시베리아의 우주창조신화에서는 새가 절대적 역할을 한다는 점이다. 즉 물새(오리)가 원초적 바다 깊이 잠수하여 부리에 진흙을 물고 돌아왔고 그것을 가지고 창조주가 대지와 인간을 형상화했다는 이야기가 중앙아시아에 널리 퍼져 있다. 시베리아의 다른 신화에서는 신이 까마귀 또는 다른 새를 보내어 창조된 땅이 얼마나 큰지 살펴보게 했다는 이야기가 있다.[61]

또한 새는 예감, 전조(前兆), 미래의 고시(告示), 영감, 초월성을 상징한다. 제신들의 비밀을 폭로하는 존재이기도 하다. 새는 흔히 나무상징의 일부를 이루는데 기둥 위 새의 이미지를 조브스(Jobes)는 혼과 물질의 융합, 우주축으로 받쳐진 태양이며, 권위·충성·왕권이라고 기술한다.[62]

---

60) Coopers, J.C.(1978), *An Illustrated Encyclopedia of Traditional Symbols*, London: Thames & Hudson, pp.20~21.
61) Jobes, G.(1962), 앞의 책, part 1, p.212. 또한 Leeming, D., Leeming, M.(1994), *A Dictionary of Creation Myths*, New York: Oxford Univ. Press, pp.38~39, pp.79~80, p.146, p.296.
62) Jobes, G.(1962), 앞의 책, part 1, p.213.

● 동양권의 새와 오리

우리나라를 포함한 동양권에서도 새의 상징적 의미에 관하여 비슷한 관념을 발견할 수 있다. 물론 새의 종류에 따라 다소 차이가 있기는 하다. 우주론적인 원조(原鳥), 신조(神鳥), 영혼의 상, 하늘의 사자, 이상한 사건의 예시, 진리의 수호자 등 공통점이 많다.[63]

새 가운데서도 오리는 비바람을 조절하고 곡신(穀神)과 다산성(多産性)을 지닌 존재로서의 상징성을 가진다. 또한 동양에서는 부부의 금실, 충실성의 의미, 나아가 대극의 조화라는 의미로 키워져왔다.[64] 이밖에도 하늘과 물 밑의 세계를 자유로이 오르내릴 수 있는, 이승과 저승을 잇는 매개이며 영혼의 인도자로서의 상징을 지닌다. 동아시아 3국, 즉 중국·한국·일본이 공유하는 상징이다.

저자는 대만 고궁박물관에서 기원전 3300~기원전 2200년 양저문화(良渚文化)시대의 출토품으로 10센티미터 정도의 기둥 위에 새를 얹은 옥 조각을 본 일이 있다. 그 뒤 신비한 새막대에 관한 등숙빈(登淑蘋)의 두 논문을 접했다. 하나는 양저문화시대에 출토된 옥판에 음각한 신비한 부호(그중에는 새 기둥이 포함됨)에 관한 것이었다. 그는 그것이 출토된 지역에 무(巫)가 살았다는 사실을 들어 샤머니즘과의 관계를 시사하였다.[65]

또 하나는 구장(鳩杖, 비둘기 지팡이)에 관한 것이었다. 젓가락·지팡이·기둥의 꼭대기에 비둘기를 새겨놓은 다양한 형태의 출토품에 관해

---

63) 한국문화상징사전 편찬위원회 편(1995), 『한국문화상징사전』 1, 동아출판사, 410~414쪽.
64) 한국문화상징사전 편찬위원회 편(1995), 『한국문화상징사전』 2, 동아출판사, 528~531쪽; 이필영(1990), 앞의 책, 60~73쪽.
65) 登淑蘋(1992), 「良渚玉器上的神秘符号」, 『故宮文物』 卷117, 臺北: 國立故宮博物院, 27~37쪽.

그는 발굴 시대별로 다각도에서 해석을 하고 있었다. 신이(神異)한 비둘기의 도움을 받아 개국한 한(漢) 고조(高祖)가 구장을 만들어 노인을 부양했다는 고사가 있고, 노인이 음식을 들 때 목에 걸리지 않도록 70세 이상 노인에게 왕이 하사한 것은 비둘기 젓갈, 또는 비둘기 지팡이였다. 비둘기는 음식이 목에 걸리는 일이 없기 때문이라며 『후한서』(後漢書) 「예의지」(禮儀誌)의 속설을 소개했다.

흥미롭게도 가옥 중앙에 높이 세운 춘추전국시대의 청동 비둘기 대와 아이가 머리로 이고 있는 오(吳)·월(越) 동주(東周) 무덤에서 발굴된 긴 비둘기 대와 북아메리카 인디언의 집 앞에 세운 독수리나 그밖의 새를 받치고 있는 긴 기둥(totem pole)의 유사성이 지적되었다. 양저문화는 특히 새에 대한 도상(圖像)이 많다고 예시했다. 그는 상주왕조(商周王朝)의 새 숭배의 흔적을 갑골문화에서 찾았고 월족(越族)의 비둘기 신앙 등을 자세히 고증하였다. 동북 혁철족(赫哲族)이 주택 밖에 신조(神鳥)가 있는 신대를 세운 뒤 샤먼은 춤추며 신에게 평안을 빌었는데, 아이로 하여금 신대를 붙잡게 했다는 이야기가 흥미롭다.[66]

고대 중국의 청동기나 토기에는 여러 가지 형태의 새가 묘사되어 있다. 상대(商代) 청동제기에 조각된 볏을 셋씩 가진 두 마리 서조(瑞鳥), 한대 토기 골분항아리에 그려진 물고기를 물고 있는 거위 등이다. 한대(漢代)의 부부 금실을 표현한 두 마리 채색된 거위를 빼고는 그것이 무엇을 뜻하는지 불확실하다.[67] 다만 신라시대 오리토기[68]처럼 영혼의 운반체, 재생의 소원을 담고 있는 것이 아닐까 추정할 뿐이다. 상대 청동기에 나타난 많지 않은 봉황, 공작새의 출현[69]은 불사의 영원성과 관

---

66) 登淑蘋(1993), 「鳩杖」, 『故宮文物』卷118, 臺北: 國立故宮博物院, 98~123쪽.
67) Scarpari, Maurizio(2000), *Ancient China*, New York: Barnes & Noble, p.26, p.32, p.36.
68) 한국문화상징사전 편찬위원회 편(1995), 『한국문화상징사전』 2, 528쪽.

련이 있을 것이다.

　대만에서는 오리의 피를 악귀를 물리치는 주물로 사용했고 중국과 대만 일부에는 '오리알종교'[鴨卵宗敎]라는 비밀종교가 있어 금지된 역사도 있다.[70] 오리는 우리나라에서 오리 말[鴨馬]을 타고 물 위를 건너간 고주몽설화에서 보는 대로 홍수를 지배하는 신력(神力)의 소유자이다. 인간과 신의 중개자, 영혼의 운반자, 부귀, 지복 금실, 정절의 표상으로 풍요와 다산의 상징으로, 의약의 대상과 각종 금기의 대상이었다.[71] 물론 어리석음과 만만함, 흔한 것, 때론 오리가 중국어의 동성애, 남근과 같은 발음을 한다고 해서 중국에서는 금기어가 되기도 했다.[72]

● 새의 상징과 인간의 무의식

　이필영이 시사한 대로 오리의 풍요다산이란 상징이 농경 문화배경에서 더 두드러지게 부각되면서 새의 우주 창생자로서, 혹은 천지간의 매개자로서의 의미가 후대 사람들의 마음에서 후퇴하였는지도 모른다. 그러나 거기 우뚝 서 있는 솟대 꼭대기의 오리와 오리들은 아득한 옛날의 모습을 그대로 간직한 채 현세 한국의 마을사람들의 상상, 즉 투사 상과는 무관하게 고유의 비밀을 간직하고 있다.[73]

　새가 '혼'과 '초월적인 힘을 지닌 신성한 것'을 상징한다고 해도 심리

---

69) Brinker, Helmut(1975/76), *Bronzen aus dem alten China*, Zürich: Museum Rietberg, p.25, p.87, p.104~105, p.124.
70) Eberhard, W.(1987), *Lexikon chinesischer Symbole*, Düsseldorf: Diederichs, pp.75~76.
71) 한국문화상징사전 편찬위원회 편(1995), 『한국문화상징사전』 2, 528~531쪽.
72) Eberhard, W.(1987), 앞의 책, p.75.
73) 장승의 한 쌍, 특히 천하대장군과 지하여장군 사이에 자리한 솟대, 혹은 솟대들은 어쩌면 이 천신과 지신의 신성한 결혼을 중개하고 증거하는 자가 아닐까 하는 생각을 해본다. 물론 이런 상상이 신빙성을 갖기 위해서는 이를 뒷받침할 솟대의 결혼중개자로서의 기능이 신화나 전설에서 발견되어야 한다.

적으로 그것이 무슨 뜻인지 알기 어려울 것이다. 왜냐하면 이런 설명은 우리의 심리와는 거리가 먼 형이상학적인 표현처럼 들리기 때문이다. 그러나 인간의 무의식은 실제로 '혼' 같은 것으로 '초월적'이다. 즉 자아의식을 넘는 능력을 가지고 있다. 이를 남김없이 파악할 수는 없으나 그 자체로 작용하는, 다른 말로 자율적으로 기능을 발휘하는 실체를 말하며 그것이 우리의 무의식에 존재한다는 것이다. 연금술 최고의 목표인 메르쿠리우스(Mercurius)의 이중성과 날개에 관하여 융이 한 말은 이 점에서 매우 명료한 시사를 줄 것이다.

새는 생각(Gedanken)과 생각의 비상(Gedankenflug)이다. 통상적으로 환상 또는 직관적 관념(날개 달린 메르쿠어, 모르페우스 [Morpheus], 게니[Genie, 천재]들, 천사로 표현된다)이다. 생각의 비상은 앞서 가고 방법론적 마무리는 뒤를 따른다. 인간은 신처럼 무지개 다리 위를 밟으며 갈 수 없고 다만 그에게 주어진 수단인 숙고(Nachdenken)의 방식으로 그 밑을 통과해야 한다. 독수리(불사조·매·까마귀와 동의어)는 잘 알려진 연금술의 상징이다. 라피스, 즉 레비스(두 개가 합성된, 그래서 흔히 양성적으로 솔[Sol, 태양]과 루나[Luna, 달]의 융합) 자체도 흔히 날개를 달고 묘사된다. 즉 예감(직관) 혹은 정신적(날개 달린) 가능성으로 표현된다. 이 상징들은 결국 우리가 자기라고 규정하는 사상(事象)의 의식초월성을 묘사한다.[74]

새에 관한 융의 이 같은 설명으로 새가 시베리아 샤먼의 보호신으로 샤먼의 혼을 저승으로 인도하는 일을 돕는다는 관념의 심리학적 의미

---

74) Jung, C.G.(1952), *Psychologie und Alchemie*, pp.277~278.

가 조금 더 친근하게 느껴질 수 있을 것이다. 샤먼은 자신의 무의식에 있는 아니마의 도움을 청하고 그것으로 무의식의 더 깊은 층으로 들어가 궁극적인 해결을 얻게 된다. 아니마는 자아를 의식에서 무의식의 깊은 층으로 인도하는 매개자이기 때문이다. 우리나라 여무(女巫)의 경우는 아니무스라 불러야 할 것이다. 샤먼은 그의 아니마를 새의 이미지로 보고 우리의 무당은 다른 신령들 속에서 본다. 현대인은 꿈속에 등장하는 여러 가지 의미 있는 인도자의 상으로, 혹은 단지 영감(inspiration)으로 직접 체험한다. 아니마와 아니무스는 영감을 불러일으키는 우리 내면의 특별한 심상이다.

샤먼은 새가 되어 하늘로 난다. 한국의 무당은 천신을 만나기 위하여 스스로 신령들에게 차례로 사로잡혀 신의 말을 직접 고한다. '신내림'은 곧 영의 내림, 영감체험이다.

시베리아 및 중앙아시아의 어떤 부족의 샤먼은 보호신에 빙의되지 않고 "보호신이 샤먼의 귀에 속삭인다"고 한다. 마치 새가 서사시가를 노래하는 사람에게 영감을 주듯이 말이다. 북부 오스차크족들은 "신령들의 입김이 마술사에게 닿는다"고 하고, 보굴족은 "신령들의 입김이 샤먼에게 닿는다"고 한다.[75]

유그라인들(Ugrien)에게서 샤먼의 엑스터시는 '황홀경'이라기보다는 '영감의 상태'라고 엘리아데는 말한다. 샤먼은 신령들을 보고 듣는다. 샤먼은 환상을 보는 자(Visionär)이며 영감을 얻은 자이다.[76]

이제 우리는 솟대의 새가 왜 역사적으로 그토록 숭배의 대상이 되어 왔는지를 짐작할 것이다. 인류는 새에게서 아주 중요한 능력을 발견했

---

75) Karjalainen, K.F.(1927), *Die Religionen der Jugra-Völker* III, FFC. Nr.63, p.318.
76) Eliade, M.(1956), 앞의 책, p.215.

기 때문이다. 그것은 인간으로 하여금 깊은 통찰에 이르게 하는 존재였다. 새가 양(陽)에 속하면서 태양을 상징하기도 한다는 사실은 통찰의 의미를 더욱 부각한다. 태양은 어둠을 물리치는 빛, 심리학적으로 말하면 무의식의 의식화를 상징한다. 의식화는 곧 모든 재앙과 불행과 질병을 이겨내는 치유 자체이다. '의식화'는 자기자신을 '깨닫는 것'이기 때문이다. 사람들은 새의 마술적 벽사기능에 의지한다. 그러나 그 벽사기능이 무엇으로 이루어지는지 모르며 알고자 하지도 않는다. 그것은 융이 말한 대로 '심사숙고'하는 작업일 터이다.

새 가운데서도 오리는 상승과 하강의 순환 속에서 전체를 포괄한다. 오리가 생명 에너지의 근원인 물의 새라는 사실, 우주 창생의 과업을 수행한 존재라는 사실에서 우리는 오리에서 전체정신, 즉 자기의 상징을 본다. 그것은 저 마을의 사라져가는 솟대를 벗어나 정신의 본향인 인류의 무의식 속으로 되돌아가 각자 마음에서 새로운 심상으로 인식되기를 기다린다.

4. 귀령의 상징과 어린이의 혼

귀령이란 앞에서 자주 언급했듯이 심리학적으로 집단적 무의식을 구성하는 자율적 콤플렉스(autonome Komplexe)의 투사상이다. 한국 샤머니즘의 경우 귀령을 모두 원형적 콤플렉스라고 보지 않고 어떤 것은 개인적인 콤플렉스와 섞이거나 원형층의 내용과 결부되면서 집단의식화한 이미지 등도 있다고 보아야 할 듯하다.

한국 샤머니즘의 판테온[萬神殿]에서 주목할 만한 혼령은 점자(占者)의 수호신으로 영력이 있다고 믿는 명두·태주 등으로 불리는 어린이의 혼이 있다. 또한 주요 신령과 함께 그 동자신이 숭배 대상이 된다. 이미 앞에서 거론되었듯이(제4장 참조) 어린이의 예시적 능력, 초자연적인 영력에 대한 민간의 속신이 많이 보고되어 있다.[77] 조혼(早婚)을 시켜 조로현상을 빚은 조선조의 유풍(儒風)이 어린이의 존재를 경시해 온 데 반하여 민속에서 어린이의 초인적 능력을 높이 평가한 것은 불교나 도교설화에 흔히 보이는 신비로운 동자상과 함께 무척 의의 있는 일이라 생각된다.

꿈의 사례에서 증명되듯이 아이의 이미지는 심혼(Seele)의 상징이기도 하다. 심혼은 의식과 무의식 중간에 위치하면서 무의식의 힘과 내용을 의식으로 옮겨주는 중개자의 역할을 한다. 그것은 무의식의 내용을 지각하게 하는 기관이다.[78] 신성한 인도자로서 비범한 능력과 지혜를 가진 어린이상에 관한 관념은 우리나라나 동양문화권뿐 아니라 세계의 많은 민족의 민담이나 신화에 널리 알려진 주제이다.[79]

그리스 신화에 나오는 소년과 소녀의 신성성을 지적하고 면밀하게 고찰한 융은 어린이는 성(性)의 분화가 이루어지기 이전의 양성적 존재이며 미래의 무한한 발전가능성을 잉태하고 있으므로 대극합일의 자기원형상을 상징한다고 보았다.[80] 우리나라 점복에서 어린이의 혼을 특히 능력 있는 존재로 본다는 사실 또한 이 상징이 지닌 초시간성을 표현한다.

---

77) 秋葉隆(1950), 앞의 책, 39~40쪽; 김태곤(1981), 『한국무속연구』, 집문당, 145~146쪽; 村山智順(1933), 『朝鮮の占卜と豫言』, 朝鮮總督府, 92~94쪽.
78) Jung, C.G.(1960), *G.W.* Bd.6, *Psychologische Typen*(Typenproblem in der Dichtkunst), pp.268~269.
79) 이도희·이부영(1993), 「심리학적 상징으로서의 어린이 —분석심리학적 접근」, 『심성연구』 8(1·2), 1~40쪽.
80) Jung, C.G., Kerényi, K.(1951), *Die Einführung in das Wesen der Mythologie*, das göttliche Kind/das göttliche Mädchen, Zürich: Rhein Verlag.

5. 춤·부적·미로의 상징

1) 춤

한국 무당의 춤에 관해서는 무보(舞譜)의 채취를 통해 무용예술의 측면에서 연구한 것이 있는 것으로 안다. 그러나 저자의 관심을 끈 것은 왼쪽으로 세 번 돌고 나서 위아래로 도무(跳舞)하여 신내림을 받는 무당의 춤동작이다. 굿거리마다 강신된 신의 성격에 따라 여러 종류의 춤이 있다. 그러나 내가 보기에 좌선회무와 도무는 한국무당의 춤의 핵심으로 생각된다. 신내림과 공수를 위해 마련되어 있기 때문이다. 이 춤동작에는 3이라는 숫자의 상징과 왼쪽, 선회, 상하라는 도무의 상징이 결합되어 있다(그림 10).

한국의 샤머니즘은 시대현실이 소홀히 하는 것을 받아서 소중히 간직하는 역할을 해왔다. 일반적으로 왼쪽은 약한 것, 병적이거나 광적인 것으로 인식된다. 그러나 한국 샤머니즘에서는 왼쪽으로 꼰 새끼줄과 그것을 왼쪽으로 돌려 묶은 돌을 신체(神體)로 삼고 경배하는 등 왼쪽을 신성한 것으로 간주한다. 왼쪽으로 세 번 돌고 수직으로 뛰는 동작은 저자에게는 인류의 춤을 통한 원초적 몸짓, '소용돌이'와 미로(labyrinth)의 죽음과 재탄생의 영원한 반복과 이를 뛰어넘는 초극을 상징적으로 표현한 것처럼 여겨졌다.[81] 지금도 이 생각에는 변함이 없다. 그러나 무당이 굿을 하며 추는, 신내림에 대비하는 춤이 모두 왼쪽으로 세 번 돌고 수직으로 뛰는 도무형식이 아니라 다른 양상도 띠기 때문에 부가적인 설명이 필요하다. 사실의 수집과 분석이 더 진행되면 다른 해

---

[81] 이부영(1982), 「한국무속의 심리학적 고찰」, 김인회 외, 『한국무속의 종합적 고찰』, 고대민족문화연구소, 176쪽에서 언급. 소용돌이 춤은 보편적인 소용돌이(Spiral) 상징의 표현이다. Kerényi, K.(1950), *Labyrith-Studien*, Zürich: Rhein verlag, p.20, p.25, pp.37~42, pp.48~49 참조.

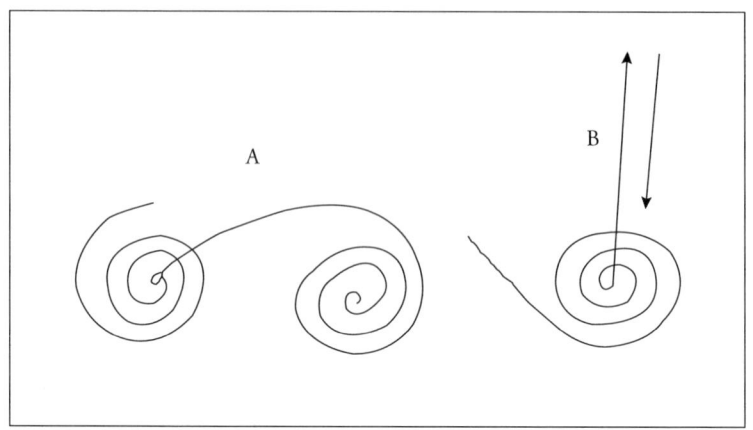

〈그림 10〉 춤의 방향
A. 좌회전 뒤 우회전
B. 좌회전+도무(跳舞)

석이 나올 법도 하다.

우선 1930년대 아키바의 관찰과 해석을 들어보자. 서울 진오귀굿의 말미거리에서 무조 바리데기의 이야기를 끝내고 신당 안의 제물들을 뜰에 옮긴 뒤 무당은 바리공주의 신복을 입은 채 먼저 넋전에 청배한다.

그 뒤 제물 주위를 돌면서 조용히 춤춘다. 즉 3보 1선전(三步一旋轉, 세 발자국에 한 번 맴돌다)을 행하면서 처음에는 동북서남의 순으로 돌고(왼쪽으로), 방향이 바뀔 때마다 멈췄다가 오른쪽으로 1회, 왼쪽으로 1회, 동남서북의 순(오른쪽으로)으로 돈다. 다시 동북서남의 순으로 돌아서 도합 3대 원무(圓舞)를 행하는 것이다. 다음에 주무는 신칼 한 쌍을 가지고 동쪽에, 조무는 서쪽에 서서 두 무당이 서로 제물 위로 신칼을 던지면서 동북서남의 순으로 3회전한다. 이 빈번한 선회의 춤동작은 순환(circulation)에 의해 원내(圓內)를 성화(聖化)하는 행사와 다름없다.[82]

이 춤의 기본도형은 전체적으로 미로를 구성하는 단순한 소용돌이를 나타낸다. 아키바의 보고에는 좌우가 골고루 선회의 방향으로 다루어져 어느 한쪽에 치우치지 않는 '전체성'의 의미를 내포한다. 큰 원을 왼쪽으로 먼저 돌린다는 점에서 왼쪽의 우선순위를 짐작할 수 있지만 확실치 않다. 즉 아키바가 덕물산(德物山) 도당굿에서 관찰한 춤에 관한 기술은 매우 인상적이고 이와는 다른 측면을 보여준다.

수십 명의 무당이 서낭신대〔城隍神竿〕를 앞세워 제중배·사당배를 거느리고 본향신목(本鄕神木, 마을을 수호하는 당산〔堂山〕나무인 듯-저자주)의 신(神)바위 주위를 오른쪽에서 3회, 왼쪽에서 3회, 눈을 부릅뜨고 발을 날려 장구를 급히 두드리며 선풍과 같이 달리며 돌고 잠시 도당터에서 난무(亂舞)한다. 그 뒤, 돌연 미친 듯이 뛰기 시작한 일행은 눈 깜짝할 사이에 산 변두리의 금성학교 앞에 이르러 더욱 미친 듯이 춤춘다. 다시 흩어져서 산 등으로 달려 날고 아득한 지붕 위를 미쳐 춤추는 모습이 맑은 초여름의 푸른 하늘에 선명하게 드러난 채 움직이고 있다. 군중은 정신없이 뒤를 쫓지만 도저히 신에 집힌 사람들의 걸음에 미칠 수가 없다. 다만 저런저런 하고 놀라 외치는 사이에 산등성이의 신인(神人)들은 갑자기 급전직하(急轉直下), 길도 없는 산중턱의 비탈을 질풍처럼 달려 내려 산모퉁이의 우물이 있는 불암(佛岩) 근처에 와서 미리 마련해둔 치성막(致誠幕) 앞에 이르러 광도난무(狂蹈亂舞), 멈추고자 하나 멈출 수 없는 그 광경은 실로 사람의 세상일이라고는 상상조차 안 되는 흥분을 느끼게 한다.[83]

---

82) 秋葉隆(1958), 앞의 책, 93쪽.
83) 같은 책, 120쪽.

이 생생한 보고는 1930년대 외국인이 한국 도당굿에서 무당이 추는 격렬한 춤을 기록한 것이다. 여기서 좌우의 방향성은 아무것도 아니다.
그런데 흥미로운 것은 김태곤의 한국무속연구에서는 왼쪽으로 세 번 돌고 도무를 한다는 기술이 자주 발견된다는 점이다. 내림굿의 산신·부군맞이에서 김태곤은 다음과 같이 묘사한다.

> 북소리에 맞추어 무(巫)는 양팔을 벌리고 서서히 왼쪽으로 3번 돌고 나서 북을 치는 고수(鼓手)와 마주 보고 서서 만수 바지로 무가를 한다. 무가 끝나면서 좌로 3회 돌고 나서 빨라지는 북과 제금 소리에 맞추어 무, 다시 춤을 추는데 좌로 돌며 점점 고조된 춤을 추다 급기야 펄펄 뛰는 맹렬한 도무로 들어가 한동안 계속된다.[84]

또한 그는 이 같은 내림굿 터대감굿에서 "무(巫)는 좌수(左手)에 부채, 좌수에 안올림 벙거지를 들고 앞뒤로 왔다 갔다 하며 느린 춤, 발 움직임이 빨라지면서 안올림 벙거지 머리에 쓰고 좌로 3회 돌고 신경질적인 춤, 곧 도무로 들어간다. 공수 주면서"[85]라고 기술하였다. 칠성굿에서도 "무, 입고 있는 무복 벗어들고 좌회(左廻)춤, 강신자에게 안겨준다. 대신 옷 입고 좌회춤, 벗어서 또 강신자에게 안겨준다. 무복 차례로 입었다 같은 동작으로 강신자에게 안겨준다"[86]라 하였다. 이는 분명 좌회전이 신의 영력과의 접속, 또는 획득과 관계가 있음을 증명한다.
좌우에 관한 상징은 문화적 전통에 따라 차이가 있고 한 문화권에서도 시대에 따라 변화되어온 듯하다. 조브스[87]에 따르면 왼쪽은 열등하

---

84) 김태곤(1981), 『한국무속연구』, 집문당, 362쪽.
85) 같은 책, 364쪽 인용문. 두 손 중 하나는 우수(右手)일 것이다.
86) 같은 책, 365쪽.

거나 불행한 측면이며 노년과 쇠락·쇠약을 상징한다. 파괴나 죽음을 부를 목적으로 달을 향해 추는 춤은 시계방향과 반대, 즉 왼쪽으로 돈다. 문장학(紋章學)에서 왼쪽은 불길한(sinister) 방향이다. 유대의 신비철학(cabala)에서는 여성적 측면인 동시에 엄격성(severity)의 방향이다. 심장이 놓인 쪽이니 이해의 상징이기도 하다. 그런데 오른쪽은 같은 저자에 의하여 행운·성장·힘으로 기술되어 있다. 번성해지기 위해서는 태양 또는 달을 향해 시계방향, 즉 오른쪽으로 춤을 추어야 한다.[88]

에버하르트(W. Eberhard)는 『중국상징사전』[89]에서 중국인은 서양인처럼 대부분 오른손잡이지만 왼쪽을 어느 정도 중요하게 여긴다고 했다. 이것은 우주론적 전제와 관련이 있다. 전통적으로 왕은 손님을 맞이할 때 남쪽을 향하는데 이때 왼쪽은 태양이 떠오르는 동쪽이며 오른쪽은 태양이 죽는 서쪽이다. 소수의 왕들은 해가 뜨는 동쪽을 향한다. 그러고 나면 남쪽인 오른쪽이 강력한 힘을 가진 쪽이 되고 북쪽인 왼쪽이 약한 상징이 된다. 그래서 좌우의 상징적 의미가 뒤바뀔 수 있다. 고대 중국에서는 우관(右官)이 좌관(左官)보다 높이 평가되었지만 기원전 3세기부터는 모든 좌관이 우관보다 높았다고 한다. 집에서 주인은 동쪽, 즉 왼쪽에 앉고 아내는 서쪽, 즉 오른쪽에 앉는다. 그러나 밖에서는 부인이 왼쪽을 취하고 그는 오른쪽 자리를 취한다.[90]

한자전(漢字典)을 보면 우(右)에는 오른쪽 말고 돕다, 소중하다, 친근하다, 추천하다란 뜻이 있다. 또 음(陰), 서학(西學), 서쪽이라고 되어

---

87) Jobes, G.(1962), *Dictionary of Mythology, Folklore and Symbols*, New York: The Scarecrow Press Inc., pp.980~981.
88) 같은 책, p.1338.
89) Eberhard, W.(1987), *Lexikon chinesischer Symbole*, Düsseldorf: Eugen Diederichs Verlag.
90) 같은 책, pp.178~179.

있다.[91]

좌(左)는 양(陽)이고 동(東)이며 돕다, 밝히다란 뜻이 있고 천하다, 수상쩍다, 건방지다는 뜻도 보인다. 무(巫)의 풍속을 좌도(左道)라고 한 경우가 있는데 이는 사도(邪道), 또는 부정(不正)이라 하여 부정적인 의미로 풀이했다.[92] 성(聖)과 속(俗)은 항상 결합되어 있으니 어떤 입장에서 보느냐에 따라서 신성한 것이 악마적인 것으로 오해되거나 실제로 변화될 수 있다.

한국 샤머니즘과 민속에서 왼쪽을 신령한 힘을 가지거나 갖게 만드는 방향으로 본다는 증거는 아기가 출생했을 때 치는 금줄이 왼쪽으로 꼰 새끼줄이라는 것이다. 그것은 좌삭(左索)이라 불렀다. 신성한 영역 또는 신체(神體)를 표시할 뿐 아니라 악귀를 물리칠 수 있는 힘을 가진 금줄로 당산나무를 왼쪽으로 감는다든가, 간장·된장을 새로 담은 독을 왼쪽으로 꼰 금새끼줄로 둘러맨다는 사실에서도 드러난다.

왼쪽으로 꼰 새끼, 곧 좌승(左繩)의 유래는 일본, 몽고, 중국, 남양 여러 섬에서도 발견된다.[93] 이마무라(今村)는 조선풍속 연구에서 귀신을 내쫓기 위해 왼발로 세 번 강하게 땅을 밟고 큰 소리로 기침을 하고 침을 뱉는 행위를 보고했다.[94] 사악한 것을 내쫓고 신성성을 유지하기 위해 왼쪽으로 꼰 새끼를 장승·거석(巨石)·우물에 둘러치는 풍습도 기술하였다.[95] 몽고에서는 샤먼의 의식으로 사방에 나무를 세워 좌승을 치는 풍습이 있는데 아무르 우스리강 유역의 골드족, 그밖의 퉁구스족에도 같은 풍습이 있다고 하였다.[96]

---

91) 諸橋轍次(1968), 『大漢和大辭典』卷2, 東京: 大修館書店, 769쪽.
92) 같은 책, 卷4, 345~346쪽, 〔注〕左道, 若巫蠱及俗禁〔疏〕, 左道謂邪道.
93) 朝鮮總督府中樞院(1937), 『朝鮮風俗資料集說: 扇, 左繩, 打毬, 匏』, 165~273쪽.
94) 같은 책, 167쪽.
95) 같은 책, 201쪽, 204~206쪽.

어쨌든 한국 샤머니즘에서 왼쪽으로 세 번 돌면서 추는 춤은 신령한 힘으로 장(場)을 정화하여 다가오는 신명과의 합일을 준비하는 기본적인 동작이었을 가능성을 배제할 수 없다. 그것은 이마무라가 말한 악귀를 막는 벽사의 목적이라고만 생각하기보다 귀신이 살고 있는 저승과의 만남, 귀신의 영력으로 도약의 힘을 얻는 준비과정이라고 볼 수도 있다. 죽은 사람의 옷을 왼쪽으로 여미는 좌임(左袵) 풍습과도 무관하지 않다.[97]

이제 그러한 춤이 소용돌이의 나선형을 띠며 돈다는 것은 무당이 생과 사의 영원한 순환의 길을 돌고 있음을 말한다. 그녀가 그것을 무엇이라 설명하든 소용돌이는 무당의 춤뿐 아니라 굿의 열두거리에서 되풀이되고 있는 원형적 리듬이다.[98]

그러면 상하로 뛰는 도무는 무엇인가. 무당이 접신을 하기 위한 춤이라고 알려져 있다. 대개 무당은 도무 뒤에 무신에 빙의되어 신탁(공수)을 내리기 때문이다. 서울의 부군당굿 대감놀이 끝에 무감을 설 때의 광경을 김태곤은 다음과 같이 기술한다.

> 부인들이 나와서 굿 상에 돈을 놓고 그들의 마음에 드는 대로 무복을 골라 입고 무악에 맞추어 춤을 춘다. 춤은 처음에 느리게 활개를 벌리고 추다가 점차 빠른 도무(跳舞)로 들어가 두 팔과 두 발을 합쳐 상하로 펄펄 뛴다.[99]

---

96) 같은 책, 247쪽.
97) 같은 책, 248쪽.
98) 이 책의 제9장 4절 「사령의 무속적 치료와 정신치료」 참조. 또한 소용돌이 상징에 대해서는 Kerényi, K.(1950), 앞의 책; Purce, J.(1974), *The Mystic Spiral*, New York: Thames and Hudson 참조.
99) 김태곤(1981), 앞의 책, 383쪽.

호남지방의 씻김굿의 성주풀이에서 "당골은 양팔을 X 자로 교체해가며 도무를 약 4분간 계속하고 이때 무악 반주는 고조된다. 당골 오른손에 〔넋〕들어 추켜들고 도무, 상기된 얼굴, 양팔을 X 자로 가슴에 얹었다 폈다 하며 계속 도무, 당골이 도무하다가 백지 한 장 술잔에 담가 적셔서 왼손에 들고 왼쪽으로 한 바퀴 돈다."[100] 고풀이에서도 격렬한 도무를 볼 수 있다.

당골이 '대신칼'의 날로 '고베'의 고를 찍으면서 고조된 춤, 도무, 다시 초석(草席)으로 말은 '망인'(亡人)을 대신칼로 찍고 왼쪽으로 돈다. 그러다 당골이 돈을 들고 '고베' 집고 맹렬한 도무를 하여 모두 거리로 뛰어 '곳대' 밑까지 갔다가 같은 동작으로 되돌아 나온다. 당골은 제정신이 아닌 듯, 일그러진 표정.[101]

도무는 공수의 전조가 아니라 신의 현존이다. 빙신이나 신의 현존이 왜 상하의 도무인가. 어쩌면 그것은 생사의 굴레를 뛰어넘는 행위로 최소한 하늘과 맞닿으려는 시베리아 샤머니즘의 '마술적 비상'의 표현일 수 있다.

신을 맞이하려면 양팔로 내려오도록 손짓할 수도 있었을 텐데 한국의 무당이 공중으로 뛴다는 데는 천상의 신들과의 접촉을 능동적으로 꾀하려는 목적이 있을 수 있다. 특히 망아경을 유도하는 자세이기 때문에 더 타당성이 있어 보인다. 흥미롭게도 도당굿 가운데 도당 모셔오기에서 황루시는 "도당 할아버지가 가만히 서서 도당신이 자신의 몸에 하강하기를 기다리다 신이 오르면 선 채로 팔다리를 들어 올리는 춤을 추다 가

---

100) 같은 책, 388쪽.
101) 같은 책, 392쪽.

만히 서 있기를 세 번 되풀이한 끝에 당신(堂神)을 몸에 모셔 할머니당으로 돌아온다"고 보고했다. 여기서 도무는 신에 빙의되기 위한 동작이라기보다 빙신된 상태를 나타낸다. 즉 신이 들어 펄펄 뛰는 것이다.[102]

융은 푸에블로 인디언의 발로 밟는 춤, 영웅신화에서 발을 구르며 괴물과 싸워서 바다 밑바닥까지 내려가는 유례, "발을 구르며 내려가" 어머니들의 세계에 도달한 파우스트의 예 등과 풍요의 의미 사이의 관계를 제시하여 이런 리비도의 퇴행(regression)을 나타내는 춤 동작의 밟는 의식행위가 마치 어머니 배 속의 아기가 발버둥치는 행동의 반복처럼 보인다고 하였다. 발과 밟음에는 생산의 의미가 있고 또한 모태로의 회귀를 나타낸다. 즉 춤의 율동은 춤추는 자를 무의식적 상태(모태)로 유도한다. 이슬람 수도승-샤먼들과 그밖의 원시적인 춤이 이를 증명한다고 했다.[103]

이 말은 원시종족의 춤에서 정신적 에너지(리비도)의 율동은 상징적 의미를 가지고 반복적으로 표현된다는 점에서 우리에게 매우 흥미로운 시사를 준다. 겉으로 보기에 융이 제시한 춤은 한국무당의 도무와는 다르게 보인다. 그가 제시한 춤은 발로 구르고 땅을 파내고 쪼개는, 그래서 땅속 깊이, 또는 바다 밑바닥까지 내려가는 동작이지만 한국 샤머니즘의 도무는 하늘을 향해 껑충껑충 뛰어오르는 데 중점을 둔다. 마치 하늘로 날아오르려는 새의 날갯짓과도 같다. 그러나 춤의 전 과정을 놓고 보면 좌선회·우선회 등의 소용돌이 춤에서 보여주듯이 '근원으로의 회귀'와 새로운 창조라는 공통된 주제와 연관된다고도 볼 수 있다.

---

102) 황루시(1988), 『한국인의 굿과 무당』, 문음사, 75쪽, 78쪽.
103) Jung, C.G.(1952), *Symbole der Wandlung*, Zürich: Rascher Verlag, pp.542~543. '발로 박차는 춤'에 관한 융의 논평의 인용출처는 2001년 한국분석심리학회에서 행한 이보섭의 내림굿에 대한 연구발표. 또한 이보섭(2001), 앞의 논문, 66~67쪽 참조.

2) 부적[104]

부적(符籍)은 원시인들이 쓰던 주물과 같이 마력을 지닌 표지이다. 병·액 등 어려운 일을 예방 또는 해결하거나 재물·순산·행복 등을 더욱 잘 획득할 수 있는 힘을 얻기 위해 사람들은 비밀의 상(像)을 만들어 지니거나 집에 붙이거나 혹은 태운 재를 마신다. 부적은 민간신앙뿐 아니라 이와 습합된 불교에서 적잖이 성행되는 주술신앙이다.

기원은 원시회화의 주술성과 주물신앙에 이르기까지 거슬러 올라가지만 우리나라에서 사용해온 주부(呪符)의 형태는 중국의 도교나 인도의 밀교에서 유래된 것이 많은 듯하다.

주부는 점복의 결과에 따라 문제해결의 처방으로 작성되며 그 만드는 과정은 비의(秘儀)에 속하나 택일, 목욕재계, 분향, 주문 외우기 등의 과정을 거쳐 정성을 들여 만드는 것으로 알려져 있다.[105] 부적은 '인간과 신이 대화를 통하는 방법'이라고 주장되기도 한다.[106]

부적이 이에 관련된 서책을 본으로 하여 만들어지더라도 그 기원은 매우 오래되었다. 미래의 재액을 예방하거나 현재의 어려움을 극복하기 위해 주력을 지닌 형상을 만들어가는 과정에는 의도적인 작화(作畵) 의식 이외에 상당한 무의식적 영향이 가해졌기에 이를 심층 심리적으로 구명해볼 필요가 있다.

부적에 관한 문헌[107]을 개관하면 부적은 형태상으로 볼 때 ① 한자

---

104) 이 소론은 1982년 '한국무속의 심리학적 고찰'(『한국무속의 종합적 고찰』, 176~177쪽), 1984년 '민간신앙과 집단적 무의식'(성균관대 대동문화연구원, 『한국인의 생활의식과 민중예술』, 112~116쪽)에서 언급한 논의를 보완한 것이다.
105) 한중수(1978),『만고비전 영부작대전』, 명문당, 5~9쪽.
106) 같은 책, 4쪽.
107) 부적에 관한 소론으로는 Lee, Sang-sook and Sibley, Greta D., "Talismans, the Art of fortune," *Korea Quarterly*, Vol.11, No.3 참조. 소개서적으로는 한

만으로 된 것, ② 한자 일부에 그 파자(破字)나 이와 유사한 운필을 보이는 것, ③ 주로 형상으로 이루어진 것, 그중에도 구체적 형상으로 이루어진 것과 추상적인 기하학적 형상으로 된 것, 혹은 양자 복합형으로 나뉜다.

부적의 내용은 워낙 비밀에 속할 뿐 아니라 신비성을 간직해야 하기 때문에 내용에 따라 분류하기는 어렵다. 그러나 형태상 그 의도를 알 수 있는 것이 있고 주술적 의도가 분명히 보이지 않는 것이 있다. 예컨대 전자에는 날짜에 따르는 주부의 유형처럼 칙령(勅令)이라는 글자 밑에 지붕 모양의 획을 긋고 그 안에 귀(鬼)의 파자를 적어놓은 듯한 것이 있다. 칙령으로 명하여 귀신을 옴짝 못하게 누르거나 내쫓는다는 뜻이 형태구성에 나타난 것이다.[108]

귀 자(鬼字)를 가운데 놓고 사방 또는 오방에 광 자(光字)를 방사상(放射狀)으로 적어놓은 것도 빛으로 귀를 제압했다는 뜻이 표현되었음을 알 수 있다. 지붕 모양의 획을 긋는 유형은 여러 가지 변형을 거듭하지만 아래가 언제나 트여 있다. 아마도 귀신이 그리로 도망간다는 뜻이 내포된 듯하다. 그러므로 폐쇄된 형상과 위로 닫히고 아래로 활짝 열린 형상의 두 가지를 볼 수 있다. 물론 방사형 또는 십자형은 또 다른 범주에 들어갈 것이다(그림 11, 12, 13).

문헌에 따르면 어떤 종류의 '살'이 낀 상태인가, 어떤 소원을 성취하려는가에 따라 수많은 부적이 있지만 내용구성이나 형태가 목적에 부합하는지를 가늠하기는 어렵다. 조금씩 다르게 만들었다는 것 이외에

중수(1978), 앞의 책; 성문재 감역(1974), 『영부비전』(靈符秘典), 세무자료사; 村山智順(1929), 『朝鮮の鬼神』, 朝鮮總督府, 362~424쪽; 赤松智城·秋葉隆(1938), 『朝鮮巫俗の硏究』下卷, 大阪屋號書店, 83~111쪽; 『직해길흉비법』(附大符) 등을 참조.

108) 『직해길흉비법』(附大符); 赤松智城·秋葉隆(1938), 앞의 책, 110~114쪽.

〈그림 12〉 안택부(安宅符)

(赤松智城・秋葉隆,『朝鮮巫俗の研究』下)

〈그림 11〉 ① 병인일(丙寅日)에 병을 얻은 경우
② 을축일(乙丑日)에 병을 얻은 경우

(『직해길흉비법』〔直解吉凶秘法〕)

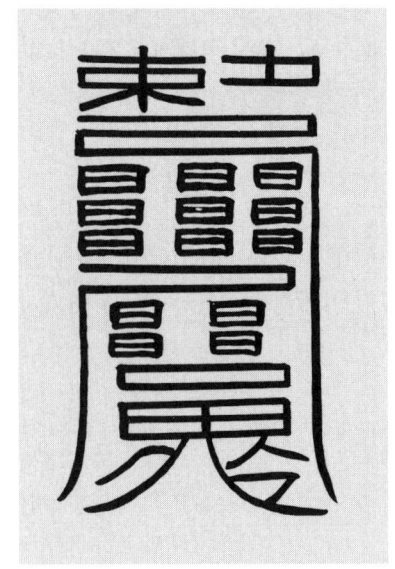

〈그림 13〉 초 7일에 병이 생길 때
(한중수,『만고비전 영부작대전』)

는 알 수 없다. 한자의 원형을 비교적 잘 보존한 부적에는 목적이 그대로 드러난다. 대개 내용은 강력한 신령, 또는 이들의 상징적 표상으로 악귀를 붙잡고 소멸시킨다는 의도가 보이고, 신에게 소원을 비는 내용도 드물게 있다. 그러나 대부분은 잘 알 수 없는 기하학적 파자로 이루어져 있다. 샹이 중국의 무가 사용하는 부적에 관해 설명한 것을 보면, 뇌령(雷令)이라는 한자를 중심으로 그 위와 아래로 내려 쓴 여러 한자와 한자의 파자의 선에 각각 뜻이 있는데 그 수효가 21종이나 된다[109] (그림 14).

그런데 획 하나하나가 의도적으로 그려졌더라도 파자를 하는 과정에서 조금씩 무의식적인 동기가 노출되기도 하고 부적의 모든 선에 그럴듯한 설명을 붙였더라도 그 가운데 만든 사람도 모르게 무의식의 내용이 표출될 수도 있을 것이다. 또한 많은 부적에 공통적으로 나타난 이

---

109) Shang, T.T.(1934), *Der Schamanismus in China, eine Untersuchung zur Geschichte der chinesischen "Wu"*(Inaugural Dissertation), Hamburg, pp.60~62.
〈그림 14〉에 보이는 번호대로 설명하면 다음과 같다.
① 충만한 빛[圓光]이 만 길에 이르고 ② 그 빛이 귀신 도깨비를 태워버린다. ③ 동 ④ 남 ⑤ 서 ⑥ 북 ⑦ 중앙의 천둥대신[雷大神] ⑧ 너희들 천둥신들, 천둥여신들, 바람신령들[風伯], 비신령들[雨師]. 그리고 너희들 72 신령한 후작들! 모두 내 명령을 들어라! 또한 삼청궁(三淸宮)의 신들, 마귀 다스리는 자들아, 천둥신들로 하여금 번개를 치고 천둥을 치게 하라! ⑨ 위의 하늘, 중앙의 땅, 아래의 물, ⑩ 당(唐), 갈(葛), 주(周)나라의 3장군이여, 내게 내려와 신의 명령을 건네주오. ⑪A) 하늘과의 연결은 견고하여 바람조차 새어나갈 틈이 없음을 선으로 표시하고, ⑪B) 대지의 세계를 폐쇄하여 개미 한 마리 나가지 못하게 하고 ⑫ 8괘, ⑬ 하늘의 문을 닫는 선, ⑭ 지하의 문을 닫았음을 표시하는 선, ⑮ 인간을 위한 문을 남겨놓았고, ⑯ 귀령이 도망갈 길은 이 선으로 막아버렸고, ⑰ 마귀의 심장을 찌르는 수직의 선 ⑱ 마귀의 쓸개를 자르는 수평선 ⑲ 사람이 드나드는 길을 따로 마련하였는데 ⑳ 귀신들은 나선형 선상으로 사라져 종적을 남기지 않으며 ㉑ 마지막에 '나는 최고 노자님(太上老君)을 섬기는 사람이니 즉시 명령에 따라 수행하라!'로 끝난다.

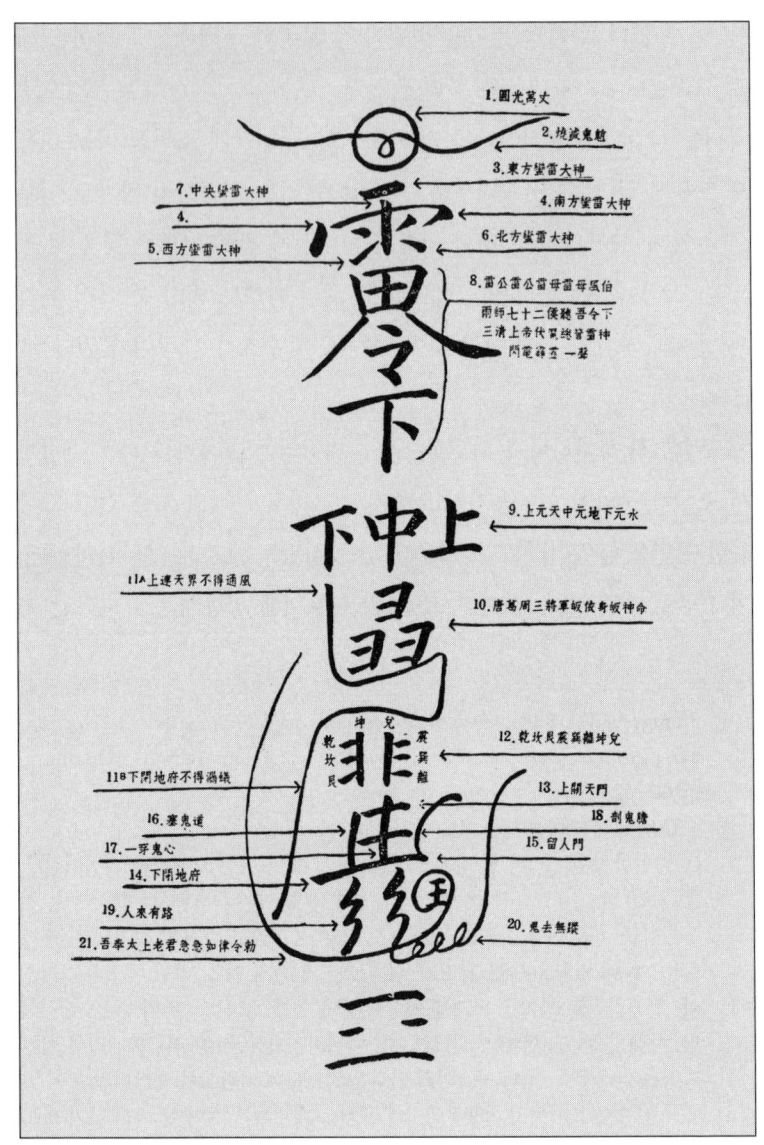

〈그림 14〉 중국의 부적
(T.T. Shang(1934)의 논문)
획과 글자 하나하나에 의미가 부여되어 있으며, 우주의 모든 대신(大神)과 장군들이 악귀를 제압하고 물리치는 경로를 묘사했다. 도교사상의 배경이 엿보인다.

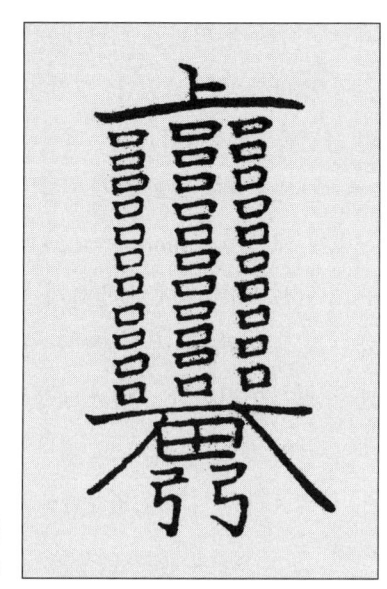

〈그림 15〉 가중무병부(家中無病符)
(赤松智城·秋葉隆,『朝鮮巫俗の硏究』下)

　미지의 의미나 그림의 형상에서 무의식적인 원형상의 표출을 인식할 수 있을 것이다.
　먼저 지붕 모양의 획 위에 많은 입 구(口) 자를 많이 발견한다(그림 15). 그것이 구 자(口字)인지 아니면 일 자(日字)에서 획이 없어진 것인지, 단지 단형(短形)을 정렬해놓은 것인지는 알 수 없다. 다만 똑같은 모양이 3열로 나열된 경우가 많다는 것이 특징이다. 구 자(口字)뿐 아니라 다른 한자들도 대개 3열 종횡으로 나열되어 있다. 물론 2, 3, 5, 9열이 주로 많고 4열도 있지만 제일 흔한 것은 3이거나 그 배수이다. 무당의 춤이 3회전하고 삼지창, 삼신상(三神床) 등 무속신앙에서 3이란 숫자가 중요시되는 것과 같이 3을 신성력이 있는 숫자로 보고 있음에 틀림없다. 또 3은 세계적으로도 역동적 힘을 가진 전체성의 상징으로 널리 알려져 있다.[110]
　숫자의 마력뿐 아니라 입 구 자나 다른 모양 또는 활자의 반복적인 나열도 주술적 의미를 나타내는 것 같다. 일반적으로 이런 배열은 규칙성과 반복성을 보인다. 그런 배열이 확대될 때에는 그물 망(網)처럼 공간을 꽉 채운다. 마치 정신분열증 환자가 그린 그림처럼 같은 형상을 반복적으로 그리는 상동성(stereotypy) 및 빈 공간을 남기지 않는 진공에 대한 공포(horror vacui)가 엿보인다[111](그림 16-1, 16-2). 그런 그림은 다시 뒤에 설명하게 될 미로(迷路)의 이미지와 밀접한 관계가 있을 듯하다. 정신분열증 환자의 그림은 원시회화와 때로는 현대추상화, 어린이의 그림과 공통점을 나타내는 만큼 주부(呪符)의 작화법과 이들이 비슷하다고 해서 이상할 것은 없다. 모두 이들의 의식이 집단적 무의식의 원형상들을 표현할 수 있는 조건 아래 있기 때문이다.

물론 단순한 해석도 가능하다. 예컨대 나쁜 꿈이 들어오지 못하게 하려고 인디언들이 설치하는 꿈 포획자(dream catcher)는 둥근 테에 그물을 친 것이다. 악귀의 침범을 막기 위해 문밖에 매다는 채와 마찬가지로 악귀가 그물에 걸려 들어오는 것을 막는 역할을 한다는 설명이 가능하다. 또 악귀는 많은 그물눈을 일일이 헤아리느라 안으로 들어오지 못한다는 설명도 있다. 그런데 그물과 채의 구체적 성질이 깊은 상징성과 연관되어 있다는 사실을 알면 우리는 부적을 만들어가는 과정에 의도

---

110) 3은 역(易)의 괘(卦)에 기본수이기도 하다. 부적은 역의 괘의 형상화라는 측면에서도 살펴보아야 할 것이다. "세 번째에서 긴장이 풀린다. 이때 잃어버린 하나가 다시 등장한다. 삼위성은 하나가 인식가능해진 하나로의 발전이다." Von Franz, M.L.(1970), *Zahl und Zeit*, Stuttgart: Ernst Klett Verlag, pp.99~126; 김열규(1986), 앞의 글, 37~42쪽.
111) Navratil, Leo(1976), "Die Merkmale schizophrener Bildnenei: Die schiziophrenen Gestaltungs -tendenzen," Bader, A., Navratil, L.(1976), *Zwischen Wahn und Wirklickkeit, Kunst-Psychose-Kreativität*, Luzern: Bucher, pp.60~91.

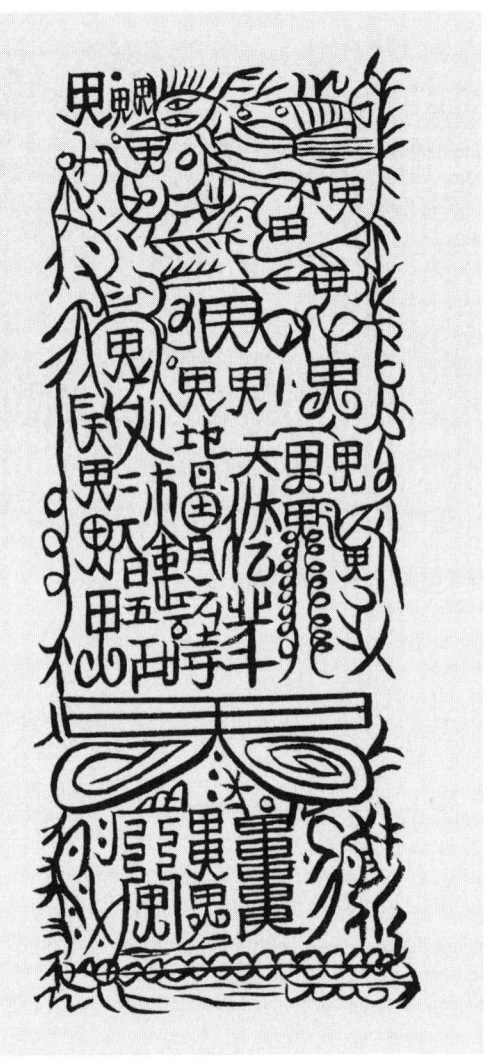

〈그림 16-1〉 만사대길(萬事大吉)의 부적
(한중수, 『부작대전』)

귀(鬼)가 사방에 붙잡혀 있다. 물고기와 새의 깃털,
나뭇가지나 덩굴 같은 선, 천(天), 지(地), 일(日), 토(土), 월(月),
북두(北斗), 태을(太乙), 왕(王), 방(方)의 글자가 곳곳에 있다.
나선형 선과 사다리 모양으로 귀의 퇴산을 암시하고 있다.
공간은 빈틈없이 꽉 차 있다.

〈그림 16-2〉 정신분열증 환자가 그린 코뿔소
(A. Bader, L. Navratil(1976))
공간을 빈틈없이 채웠다. '진공에 대한 공포'의 한 예를 보여준다.

하든 의도하지 않든, 집단적 무의식의 원형상이 모습을 드러낸다는 추정을 할 수 있다. 그물은 얽힘(entanglement)과 집어삼킴(devouring)의 상징과 밀접한 관계가 있다.[112]

그물은 신들의 무기였고 물고기(무의식의 살아 있는 내용)를 잡는 도구였다. 괴물과 싸우는 영웅에게 그물은 칼을 쓰지 않는 지혜의 도구이자 주술적 권위의 상징이다. 그물의 이미지는 노자(老子)에 이르러 하늘의 그물이라는 이미지에 이른다.[113] 인간들이 그의 손에서 빠져나갈 수 없는 거대한 하늘의 원리를 설파한 노자의 생각이 악귀들을 물리치

---

112) Cirlot, J.E.(1981), *A Dictionary of Symbols*, London: Routledge & Kegan Paul, p.228.
113) 『노자 도덕경』 제73장. 하늘의 그물은 넓고 크건마는 성긴 듯하면서도 (죄 있는 자를) 결코 놓치지 않는다(天網恢恢疏而不失).

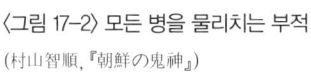

〈그림 17-2〉 모든 병을 물리치는 부적
(村山智順, 『朝鮮の鬼神』)

〈그림 17-1〉 삼재소멸부

는 부적을 만드는 데 얼마만큼 영향을 주었을까?

그밖에 계단형, 탑형 또는 궁 자형(弓字型)의 형상과 나선형의 반복도 악귀의 포획과 추방의 통로 같기도 하다. 이 모든 것은 결국 미로(迷路)를 만드는 전 단계가 아닌가 추정된다.

또한 부적에 흔히 나오는 한자를 보면 민속에서 귀령을 물리치는 힘을 지닌 것을 무엇으로 보는지를 명백히 알 수 있다. 그것이 또한 인류의 보편적인 치료적 상징과 상당히 일치한다는 것은 흥미 있는 일이다.

즉 일월(日月), 천(天), 광(光), 왕(王), 금(金), 화(火), 군(君, 아마도 老君, 즉 노자), 수(水), 궁(弓), 용(龍) 등이 자주 등장하고 이 중에서 일월이 가장 흔하다. 샹도 중국무속의 부적에는 태양[日], 달[月]이 많이 나오는데 이 두 글자는 합해서 명(明, 빛)으로 결합되어 악귀를 물리치는 힘을 가진 세 가지 요소를 나타낸다고 했다. 그 외에는 빛[光], 불[火],

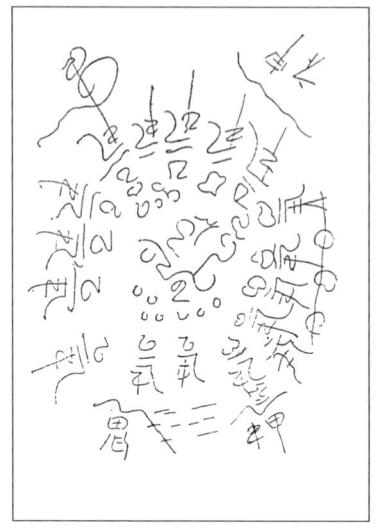 

〈그림 18-1〉 모든 병을 물리치는 부적 　　〈그림 18-2〉 관재부(官災符)
(村山智順, 『朝鮮の鬼神』)
만다라 상을 보이고 있다.

천둥[雷]의 3요소가 있어 악귀를 내쫓는다.[114] 이들은 모두 우리나라 부적의 천·왕·금·수·용과 함께 집단적 무의식의 원형에 뿌리를 둔 표상들이다. 노자 또한 분석심리학에서 말하는 자기원형에 관계되고 활도 상징적으로 자기실현과 관계가 있다. 자기원형은 대극을 융합하는 기능을 가진 점에서 치유의 원동력을 지니고 이를 상징하는 이미지들이 부적의 상으로 쓰인 것은 당연하다.

　그림으로 나타난 상 또한 같은 치료적 상징을 이용한다. 세 마리 새의 그림, 조(鳥)라는 한자, 눈을 중심으로 물고기 세 마리를 삼방(三方)으로 결합한 그림 등에서 볼 수 있다. 새는 심혼의 상징이며 물고기는 무의식의 살아 있는 내용으로서 치료기능을 지닌 자기원형의 상이기도

---

114) Shang, T.T., 앞의 글, p.60.

〈그림 19-1〉 메소포타미아의 미로
(K. Kerényi(1950), *Labyrinth-Studien*)

하다(그림 17-1, 17-2).

무엇보다 주목되는 것은 추상적 형상으로는 전일(全一)의 상징으로 알려진 원, 나선형, 윤형(輪形, 고리형) 등 케레니[115]가 죽음과 재생의 영원한 순환을 뜻하는 상징이라고 본 미로상징이다(그림 18-1, 18-2). 미로는 그리스 크레타섬에 현존하는 고대 성의 구조(그림 6)에서 볼 수 있는데 여기에는 고대 그리스 신화가 전래된다. 케레니는 죽음과 생성의 회귀를 상징하는 이러한 미로가 비단 크레타뿐 아니라 바빌로니아·메소포타미아·인도네시아·스칸디나비아 고대 유적에서 발견된다고 했다. 또한 원시종족의 신체 문양, 여러 나라의 도기(陶器) 문양, 원시암각화의 와문(渦紋)에서도 발견된다고 주장하였다. 한국의 부적도 같은

---

115) Kerényi, K.(1950), 앞의 글.

〈그림 19-2〉 창독치료부(瘡毒治療符)
(한중수, 『부작대전』)

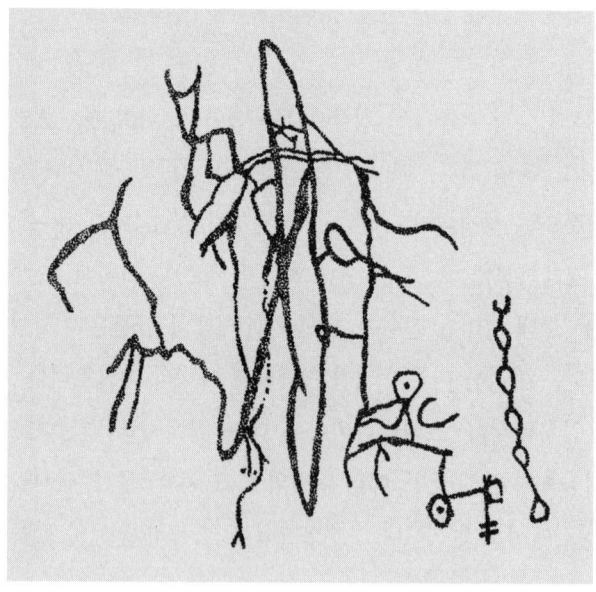

〈그림 19-3〉 북아메리카 대평원에 있는 인디언의 암벽화
(J.D. Keyser & M.A. Klassen(2001))
수수께끼 같은 곡선과 원, 원들의 고리로 이루어진 미로이다.

상징을 보이는 점은 이것이 인간 무의식에 존재하는 보편적 심성을 나타내고 있음을 짐작게 하는 것이다(그림 19-1, 19-2, 19-3).

　인간이 비의(秘儀)를 행할 때, 의식의 조작이 끝까지 소멸되면 결국 상징을 산출하는 무의식의 표현이 활발해져서 가장 핵심적이며 근원적인 상을 형상화한다고 할 수 있다.

제12장 한국 민간신앙과 윤리의식[1]

1. 윤리의식이란 무엇인가

전통사상의 윤리의식을 재조명하는 작업의 일환으로 한국 민간신앙의 윤리적 가치를 검토하기 위한 연구에서 무엇보다 먼저 해결해야 할 일은 '윤리의식이란 무엇인가'에 답하는 것이다.

'윤리의식'에서 '의식'은 단순한 강조어미로, 저자는 이를 윤리성, 또는 윤리적 가치라는 뜻으로 이해한다. 그러면 윤리적 가치란 무엇인가. 도덕규범과 같은 말인가. 그것은 보편타당한 것인가, 시대적으로 제약된 가변적인 것인가. 개인적인 것인가, 집단적인 것인가.

김태길은 윤리학 교과서에서 윤리학은 당위의 학문으로서 '인간은 무엇이어야 하는가'라는 명제를 풀고자 모색하는 학문이라 하였다. 중·고등학교에서 가르치는 도의(道義)나 공민(公民)과 같은 기존의 도덕사상이 아니라 "스스로 행위의 규범을 발견 또는 창조함을 그 사명으

---

[1] 이부영(1986), 「한국민간신앙과 윤리의식」, 고려대학교 개교 80주년 기념 국제 학술회의 논문집, 『현대사회와 전통윤리』, 고대민족문화연구소, 541~564쪽 약간 수정하여 전재.

로 삼는다." 따라서 "도의나 공민에서 환영되지 않는 회의적 태도가 윤리학에서는 불가결의 출발점이 되며, 전자에서 간혹 방해물이 될 수도 있는 비판적 정신이 후자에서는 이를 이끌어가는 필수의 원동력"이라고 그는 말한다.[2]

물론 윤리학의 이름으로 가르칠 수 있는 도덕사상이 있을 것이나 이것은 참고자료로서의 남의 학설이라고 지칭했다. 그는 또한 다음과 같은 흥미 있는 결론을 내렸다.

> 윤리학적 문제란 본래 자기자신의 것이며 이에 대한 해답은 결국 스스로가 발견해야 한다. 내가 발견한 해답이 남이 이미 발견한 그것과 부합할 수도 있다. 그러나 그것은 나의 비판정신이 시인한 결론이며 나의 생명이 선택한 길인 까닭에 버젓이 '나의 것'이라 부를 수 있는 무엇이다.[3]

어느 기존사상의 이른바 '도덕적 가치'를 하나의 실천요강으로 내세우기보다 그에 대한 회의와 비판을 통해서 그 윤리성을 검토하는 일이 중요하다.

융의 인간심성론의 입장에서 볼 때 인간은 두 가지 윤리적 속성을 지닌다. 하나는 인위적으로 어느 시대나 집단이 만들어낸 집단적·시대적 가치관으로서의 도덕규범, 바꾸어 말해서 페르조나(외적 인격)로서의 도덕적 가치와 관련된 속성이다. 다른 하나는 개개인의 무의식 속 원초적 양심(Urgewissen)으로서의 윤리적 가치척도이다. 전자는 시대와 집단에 따라 변할 수 있는 상대적 가치관으로 도덕(moral)이라 부르며 여

---

[2] 김태길(1981), 『윤리학』, 박영사, 24~25쪽.
[3] 같은 책, 25쪽.

기에 사회의 도덕규범, 예의범절 등이 해당된다. 후자는 쉽게 인식할 수 없는, 오직 사회적 도덕규범과의 갈등을 치열하게 겪음으로써 드러나는 마음의 내면, 무의식 속에 잠재한 윤리적 가치이다. 융은 이를 에토스(ethos, 윤리)라 한다. 진정으로 윤리적인 것은 개개인의 마음속에 있다. 윤리적 인간, 윤리적 행위란 그것이 정신 내면 깊숙한 곳에서 우러나온 윤리성의 요청일 경우, 때로는 그 시대 그 사회의 도덕적 규범에 저촉될 수 있다. 아니면 훨씬 후대에 가서 비로소 그의 행위가 덕목으로서 인정될 수 있다. 그러므로 무엇이 진정으로 옳은 일이며 선한 행위인가를 판정하는 절대적인 보편적 척도는 없다. 다만 자신 속에 있는 선과 악의 대극을 직시하고 자기를 인식함으로써 우리는 무의식적인 에토스의 실현에 접근할 수 있다. '선'이란 결국 의식과 무의식이 하나가 되는 것, 무의식의 의식화, 즉 깨달아 나감으로써 의식의 자아(ego)가 전체정신을 포괄하는 자기(self)가 되는 자기실현이다. 이것이 바로 가장 윤리적인 행위라고 할 수 있다.[4]

이상의 가정 아래에서 전래신앙의 윤리적 문제를 다루고자 한다.

2. 민간신앙의 특징과 윤리성

민간신앙은 아득한 옛날부터 전해 내려오는 민간의 모든 신앙형태를 말한다. 한국의 경우 가장 중심이 되는 것은 무속신앙일 것이다. 그러나 무당을 중심으로 한 주술종교체계 이외에도 전래되어온 각종 점복신앙, 가신신앙, 통과의례, 민속신앙에 입각한 주술적·종교적 치료법, 풍

---

[4] 같은 책, 112~125쪽, '자기와 자기실현'의 장; 이부영(2002), 『분석심리학의 탐구 ③ 자기와 자기실현』, 한길사; 한국융연구원 옮김, C.G. Jung 기본저작집 제9권(2004), 『인간과 문화』, 솔, 109~153쪽. '분석심리학적 관점에서 본 양심' '분석심리학에서의 선과 악' 참조.

수지리신앙 등 실로 다양하다.[5]

이와 같은 민간신앙은 심리학적인 견지에서 공통점이 있다. 민간신앙이 소박한 원시신앙으로서 사고(思考)와 의식적인 반성을 비교적 덜 거친 자생적이며 무의식적으로 전승된 신앙이라는 점이다. 다시 말해서 의식적으로 생각해낸 관념보다는 무의식적으로 전승되어 내려온 내용이 들어 있다. 그 가운데서도 무의식의 보편적인 신화층이라 할 수 있는 집단적 무의식의 내용이 어느 문화현상보다 많이 포함되어 있다.

신화는 인간정신의 중요한 원천이며 그로부터 자아의식이 태어나 자랄 수 있는 모체라고 보는 분석심리학적 인간관에 입각한다면, 민속신앙은 신화와 단절되어 합리지상적 기계주의에 사로잡힌 현대인에게 의식의 뿌리를 다시 만날 기회를 부여하는 촉매 기능을 한다. '자기'와의 일치, 전일의 정신을 실현하는 것이 가장 중요한 윤리적 행위라면 의식과 무의식의 단절, 자아의식의 뿌리로부터의 근절 등 정신적 해리는 윤리적으로 가장 위험한 상태라고 할 수 있다. 그런 의미에서 현대인은 잃어버린 신화를 찾아야 하며 그것을 많이 담고 있는 민속신앙은 뿌리를 회복하는 데 긴요한 토양을 제공한다. 그러나 그 토양이 항상 전일의 정신을 실현할 수 있는지는 다음에 개별적으로 고찰해야겠다.

1) 무속신앙과 그 윤리적 기능의 문제

무속적 제의의 특징은 무엇보다 그것이 인간심리의 고상한 이성보다 밑바닥, 본능적 충동과 정동을 불러일으키는 데 있다. 노래와 춤과 원시적 주악은 감정의 고양을 촉진하는 수단이다. 이는 지금까지 우리가 보아온 대로 저승의 신령들을 불러들여 이승의 사람들에게 신의 뜻을 전달하거나 저승의 넋을 이승의 사람에게 씌워서 신의 말(神語)을 하게

---

5) 고대민족문화연구소(2001), 『한국민속의 세계』 제9권의 분류 참조.

한다. 그것은 이승과 저승을 잇는 제의이다. 저승은 여기서는 추상적 개념이 아니라 살아 있는 실체이다. 심리적 용어로 말한다면 무의식과의 교류를 가장 강렬하게 실시하는 제의이다. 망아경은 이승과 저승의 접합점에서 일어나는 강력한 정동체험이다. 이것은 광란에 가까운 노래와 춤으로 유도되므로 보는 사람의 관점에 따라서는 시비 대상이 될 수 있다. 게다가 망아경에서 분출되는 원한과 욕동과 저주의 언어들은 세속적 도덕규범의 척도에 따르면 반도덕의 극이라 할 수 있다. 그런 점에서 무풍(巫風)에 대한 역사적 평가를 더듬어보는 것은 의미 있는 일이다.

(1) 무속에 대한 역사적 시비

무속에 대한 시대적 평가는 그 시대에서 무속이 어떻게 성쇠하고 어떻게 중시되고 어떻게 배척되었는가 하는 현상 속에서 찾아볼 수 있다.

고대의 무(巫)는 삼국시대로부터 복서(卜筮)·예언·신탁·요병(療病)의 기능을 발휘해왔고 때로는 부족의 지도자로, 때로는 왕권의 보조자로 큰 세력을 누려왔다.[6]

고려왕조에서도 무격은 도우(禱雨)를 위한 산천제와 왕실의 축복을 비는 별기은제(別祈恩祭)를 주관하는 사제였다. 또 왕의 병을 치료하는 주의(呪醫)이며 예언자 또는 가무자로서 왕실의 총애를 받았다. 도성 내에 국무당(國巫堂)을 설치할 정도로 무풍이 성행하여 무는 궁중을 출입하며 음으로 양으로 정사에 참여했다. 그러나 무풍이 지나치게 성행하자 각종 폐해가 드러나서 금무(禁巫)의 소리가 높아졌다.[7]

---

[6] 류동식(1975), 『한국무교의 역사와 구조』, 연세대출판부, 46~112쪽; 이능화(1927), 『조선무속고』, 『계명』 제19호, 계명구락부, 1~5쪽.
[7] 이능화(1927), 앞의 책, 5~9쪽; 류동식(1975), 앞의 책, 115~159쪽.

결국 비난의 근거는 요신(妖神)을 섬겨 민중을 현혹한다는 것, 여자를 가장하여 부녀를 잠란(潛亂)한다는 것, 부모의 신을 불편하게 한다는 것, 재물을 낭비한다는 것, 술을 함부로 마시고 북 치고 피리 불고 가무를 자행하여 풍속불미(風俗不美)하다는 것, 음사(淫祀)가 날로 성한다는 것, 사대부가 가무기신(歌舞祈神)해 오염막심하다는 것 등이다. 성 밖으로 내쫓으려는 소식을 들은 무당들이 고관에게 뇌물을 주자 고관은 왕에게 아뢴다. "귀신은 형체 없이 허황하나 실은 알지 못함을 두려워하는 바이오니 일체 이를 금하는 것은 불가하겠습니다." 왕은 이를 받아들여 금령을 완화했다. 이를 통해 무격이 세력을 유지하기 위해 얼마나 술수를 부렸는가를 알 수 있다.[8]

흥미 있는 것은 이규보(李奎報, 1168~1241)의 문집인 『동국이상국집』(東國李相國集)의 「노무편」(老巫篇)에 드러난 비판적인 주장이다.[9]

---

8) 『高麗史』; 『高麗史節要』; 이능화(1927), 앞의 책, 5~9쪽 참조. 忠烈王元年, …… 時有巫女三人, 奉妖神惑衆, ……所至作人聲呼. 空中隱隱若喝道. 聞者奔走設祭. 莫敢後. 雖守令亦然. 至尙州珣杖而械之. 巫托神言. 悚以禍福. 州人皆懼. 珣不爲動後數日. 巫乞哀. 乃放(『高麗史』「安珣傳」).『高麗史』下(1972), 아세아문화사, 322쪽.

○巫假活人之術, 出入士家. 潛亂婦女. 其被污者亦羞赧. 不敢以告人故所至多有穢行……(『高麗史節要』14, 高宗 2年).『高麗史節要』(1972), 앞의 책, 382쪽.

○李詹上䟽曰, 臣願放巫覡於遠地. 不令在京都使人人設家廟. 以安父母之神. 絕淫祀. 以塞無名之費(『高麗史』「列傳」卷30).『高麗史』권117,『高麗史』下(1972), 580쪽.

○恭讓朝. 金子粹上䟽曰, ……四時之祭以至無時別祭. 一年糜費不可殫記. 當祭之時, 雖禁酒之令方嚴, 諸巫作隊, 托稱國行. 有司莫敢詰焉. 故崇飮自若. 九街之上, 鼓吹歌舞. 靡所不爲. 風俗不美. 斯爲甚矣. 乞明勑有司, 除祀典所載外, …… 一禁淫祀. 痛斷諸巫, 出入宮掖. 以絕妖妄, 以正風俗, ……『高麗史』列傳 卷33, 金子粹.

○丙子, 日官奏, 近來巫風大行, 淫祀日盛, 請令有司遠黜群巫. 詔可. 諸巫患之, 歛財物貨銀瓶百餘, 賂權貴, 權貴奏曰, 鬼神無形, 其虛實恐不可知, 一切禁之未便. 王然之, 弛其禁.『高麗史』世家 卷16(仁宗 2年).

"옛날 무함(巫咸)은 신기하게 점을 쳤지만 지금 어느 무당이 그것을 계승하느냐"①라고 노래를 시작한 이규보는 "귀신을 믿어 허황하고 협작하는 꼴이 가소롭다"②고 야유하고 "스스로 말하기를 제 몸에 신이 내렸다고 하나 나는 이 말을 듣고 웃으면서 또한 한탄하였다"③고 말하며 "무당이 사람을 현혹하고 있음"④을 비난했다. 또한 남녀가 함께 어깨를 비비고 머리를 맞대고 들락거림을 간접적으로 비평하고 있다.⑤ 예언에 대해서도 "어리석은 남녀들이 천만 마디 말 중에 행여 한마디가 들어맞으면 더욱 공경하고 받든다"⑥고 꼬집었다. 무신(巫神)에 대해서도 함부로 도교·불교의 신을 그려 벽에 붙여 그것이 신이라 사칭한다고 비난하면서 "제석(帝釋)님은 본래 육천(六天) 위에 계시는데 어찌 누추한 너희 집에 계실쏘냐."⑦ "성관(星官)은 본시 구천(九天) 위에 있는 것이어늘 어찌 너를 따라 너의 벽에 거처하랴"⑧고 하였다. 또한 "사생화복(死生禍福)을 허망하게 함부로 예언하면서 각처 남녀들의 먹을 것을 모조리 긁어모으고 천하 부부들의 입을 옷을 모두 빼앗는가"⑨ 하며 고발한다. 또한 "너희들의 기술이 만일 신비하다고 한다면 변화와 황홀함이 무궁할 것이다. 소리가 날 때 어째서 남들이 못 듣게 하지 못하며 형체가 있어도 남들이 보지 못하게 왜 못하는가. 울긋불긋한 것만 차려놓아도 조화를 부린

---

9) 류동식(1975), 앞의 책, 155~157쪽에서 인용.
　① ―昔者巫咸神且奇, 競懷椒糈相決疑, 自從上天繼者誰, ― ② ― 荒淫譎詭尤可嗤. ③ ― 自言至神降我軀, 而我聞此笑且吁. ④ ― 巫衆所惑, ― ⑤ 士女如雲展滿戶, 磨肩出門騈頭入, ― ⑥ 千言萬語幸一中, 駭女癡男敬益奉, ― ⑦ ― 釋皇本在六天上, 肯入汝屋處荒僻, ⑧ ― 星官本在九霄中, 安能從女居汝壁, ⑨ 死生禍福妄自推, 其能試吾橫氣機. 聚窮四方男女食, 奪盡天下夫婦衣, ⑩ ― 爾曹若謂吾術神, 變化怳惚應無垠. 有聲何不鐍人聽, 有形何不緘人聽. 章丹陳朱猶謂幻, 況復爾曹難隱身. 携徒挈黨遠移徙, 小臣爲國誠自喜. ⑪ 日游帝城便清淨, 瓦鼓喧聲無我耳.

다고 하는데 하물며 너희들은 제 몸 숨기기가 어렵단 말인가. 너희 무리들을 거느리고 멀리 자리를 옮긴다면 나는 나라를 위해서 진정으로 기뻐하겠노라."⑩

이리하여 이규보는 국가를 위해 무당을 내쫓고 민가를 깨끗이 해야 한다고 주장한다. "환경을 깨끗이 해서 북소리와 동이를 두들기는 시끄러운 소리가 내 귀에 들리지 않았으면"⑪ 하고 바랐다.
  무당의 주술적 능력이나 신비술도 통렬히 비난하며 그 허황됨을 지적했는데 상당한 증오심을 나타낸다. 그러나 이규보는 오히려 진정한 의미에서 고대 신화시대의 신선술을 높이 쳐들고 당대 무풍의 타락상을 비판하는 것처럼 보인다.
  이규보의 「노무편」은 무당의 비리를 적발하고 이들의 소행을 비난한 시이지만 도리어 12세기 한국무속의 의식내용을 전해주는 귀중한 자료가 되었다.
  시가의 내용으로 미루어 이규보는 당대 무당의 빙신, 예언의 진실성을 전혀 인정하지 않았다. 또한 무신도(巫神圖)를 통한 제신(諸神)의 구체적 현시를 우상숭배로 보았다. 그의 눈에는 남녀가 가까이 모여 무엇을 한다는 일이 부도덕하게 보였으며 울긋불긋한 옷이나 장식, 요란한 가무 등에 눈살을 찌푸렸다. 이러한 비평은 금욕적이고 점잖고 매사에 절도가 있으며 현세적 행동규범에 투철했고 남녀유별·장유유서(長幼有序)의 유가적(儒家的) 덕목을 숭배하던 조선왕조의 무속관과도 상통한다. 합리적이고 지적인 정신에서 보면 빙신·예언은 허황되며 고상한 미의식에 입각한다면 시끄러운 가무 고춰나 망아상태는 감정의 낭비요 유치함이며 심지어 추악하다. 그러나 다른 각도에서 보면 반드시 허황되거나 추잡한 것은 아니다. 그러므로 무속에 대한 그의 비판은 상대적인 것이며 절대적인 도덕적 평가가 아니라고 할 수 있다.

그러나 여자를 가장한 뒤 부녀에게 접근하여 문란한 짓을 한다든가 신을 빙자하여 막대한 재물을 거둬들인다든가 혹은 남에게 해를 끼치고 저주를 하는 것은 분명 사술(詐術)이며 범죄행위와 다름없다.

유교를 정치이념으로 삼은 조선왕조에서 무풍은 불교와 함께 억압 대상이었으나 어떤 의미에서는 불교보다 궁중의 총애를 받아왔다. 무풍은 고려왕조 때 기우제·산천제·서낭제[城隍祭]의 주역으로서, 특히 의무(醫巫)로서 동서활인서(東西活人署)에 소속되어 구병(救病)의 중요한 역할을 담당했다. 비록 표면상 억압되기도 했지만 왕실의 구병에도 없어서는 안 될 존재이기도 하여 무시하지 못할 자리를 차지하였던 것 같다.[10]

그러나 무풍이 성행하자 여러 가지 폐해가 고개를 들었다. 이리하여 임진왜란 후 궁중에 성행한 저주를 비롯하여 현대적 언어로 말한다면 사회도덕의 문란이 자행되었다는 규탄이 일었다. 그 이유를 류동식(柳東植)은 다음과 같이 열거한다.

① 여장한 남무들이 사족가(士族家)를 출입, 추문을 퍼뜨린다는 고려시대부터 내려오는 이른바 풍기문란이다.
② 공창무(空唱巫)가 민중을 현혹한다.
③ 양재초복(禳災招福)이라는 미명 아래 민중의 재산을 갈취한다.[11]

이능화(李能和)가 추린 조선왕조에서의 금무(禁巫)를 주장한 상소문에는 무풍이 어리석은 백성을 혼란시키고, 재화를 탐낸다는 내용이 있다. 또한 무풍은 궁중에서 나쁜 짓을 하며 낭비를 조장하고, 예속(禮俗)

---

10) 류동식, 앞의 책, 207~208쪽.
11) 같은 책, 200~202쪽.

을 저버리고, 하는 일이 매우 괴상하고, 요상한 말을 만들어내고, 끝없이 춤추고 노래하여 삿된 일을 일삼는다는 내용이 있다.[12]

이처럼 무풍에 대한 비난은 사실 고려 후기나 조선왕조뿐 아니라 일제강점기를 거쳐 최근세에 이르기까지 한결같다. 또한 혹란우민(惑亂愚民)의 폐해는 신의 권력을 빌려 지배층에서 민중에 이르기까지 길흉화복을 관장하던 인류사의 모든 사제·주의(呪醫) 등 신격화된 직종, 고대 이집트의 승려에서 고대 그리스의 피티아(Pythia, 빙신상태에서 신탁을 하던 사원무〔寺院巫〕), 중세 기독교의 축마승(逐魔僧), 현대의 고등종교 가운데서도 신의 이름으로 자행되어왔다. 신의 권력을 손에 쥔 자, 또는 그것을 민중이 믿도록 이끄는 자——그가 승려이든 아니든——이를테면 마나(mana, 魔性) 인격은 대중으로 하여금 곧잘 무한한 숭배, 또는 극단적인 배척이라는 양가반응을 일으키기 쉽다. 마나를 쥔 자의 윤리의식 여하에 따라서 심각한 해악을 끼칠 수 있다. 그러나 이것이 곧 무풍 자체, 혹은 그가 속한 종교 자체의 필연적인 윤리적 타락을 증명하는 것은 아니다. 문제는 종교 자체라기보다 그것을 말하는, 혹은 믿는 '사람'의 진실성이다.

(2) 무당의 세계

무당이 일반적으로 어떤 도덕관념을 가졌는지를 단언하기는 쉬운 일이 아니다. 앞에서 말한 바와 같이 역사적으로 무격들이 범죄를 저질러 사회질서와 풍기를 문란하게 했다는 것은 사실이나, 남을 모함하고 죽이게 한 사람은 무격이라기보다는 역대 사화(士禍)의 주인공인 유신(儒臣)들이었다. 무격은 생존을 위해 그들을 이용했거나 무격의 비행은 단지 표면에 노출된 시대악의 일부에 지나지 않았다고도 볼 수

---

12) 이능화, 앞의 책, 23~32쪽.

있다.

　현대의 무당들이 어떤 도덕관을 가지고 사는지를 말하려면 이에 대한 별도의 조사연구가 필요하다. 무당이 되는 과정, 무당의 굿, 무당이 믿는 신들의 성격 등 무속의 이념을 통해서 무당의 세계가 가지는 특징과 무당을 믿는 사람들의 가치관은 어떠한가를 추측할 수는 있다. 조선조에서 현대까지 한국무속은 주로 하층사회의 여성들이 키워왔다. 무당은 지배계층에서 소외된 사람들의 한을 달래주고 격려하고 즐겁게 해주는 역할을 해왔다. 그런 의미에서 무당은 이른바 천민(賤民)의 영웅이었다. 대개 무녀는 남성적인 여성이라는 특징이, 남무는 여성적인 남성이라는 특징이 있다. 때로는 동성애, 히스테리성 장애, 성격장애 등 병적인 성격의 소유자도 있지만 대부분은 일반인과 다르다고 생각되지 않는다.

　무의(巫儀)를 하는 것 이외에 무당은 평범한 일반 부인과 같은 생활을 한다. 아내로서, 어머니로서, 또한 며느리로서 그 지역의 풍습에 따라 상속된 도덕관·가치관 등에서 일반인과 같다. 그러나 사회적으로 천대를 받기 때문에 무업자 아닌 사람과 결혼하기 어렵고 무업을 버리고 다른 일을 해도 전신이 무당이었다고 해서 직장에서 일할 수 없게 되는 사례도 있다. 무당은 무업에 대한 편견을 견뎌야 하는 고민을 안고 있었다.[13]

　강신무의 경우 고통과 죽음과 부활이라는 상징적 과정을 거친 입무 과정은 한국무속이 지닌 귀중한 의미 있는 과정이며 윤리적 요소가 내포된 과정이라고도 할 수 있다. 여기에는 시련을 겪지만 극복하여 새사람이 된 자만이 치료자의 권위를 누릴 수 있다. 스스로 고통을 겪고

---

13) 최길성(1981), 『한국의 무당』, 열화당; 최길성(1978), 『한국무속의 연구』, 아세아문화사, 53~96쪽.

새로워짐이 없이 남을 도울 수 없다는 평범하면서도 본질적인 진리가 내포되어 있다.

대표적인 사례가 무당의 조상인 바리데기의 삶에 생생하게 표현되어 있다.14) 이런 신화는 인간의 집단적 무의식 속에 누구나 깊이 간직하고 있는 원형에서 나온 것이며 인간 무의식 속의 원초적이고 윤리적 정신이라 할 수 있다.

그러나 한국의 무당에게 입무의 고통이 과연 얼마나 의미 있게 받아들여지는지, 바리데기 무가에 담긴 '뜻'을 무당이나 굿의 참여자들이 조금이라도 인식하는지는 무척 의심스럽다.

무당은 무가를 노래하고 그 무가는 신화를 담고 있다. 세속의 경직되고 일회적인 도덕관념이 아닌 보편적이며 원초적인 또 하나의 윤리성을 표현하고 있다. 또한 무의식적 합리주의로 메마른 현대인의 단절된 의식을 그 무의식적 원천과 연결시켜 이를 생각할 때 무당이 의식적으로 자각하는 정도가 약해도 무의식적으로 개개인의 무의식에 영향을 주어 치료적 기능을 발휘할 수 있을 것이다.

(3) 굿과 공수

굿판은 무신들이 모여드는 장소이다. 굿은 무신을 불러 함께 놀고 신의 뜻을 이승의 사람들에게 전달하고 대화하는 기능을 한다.

무신은 이때 추상적인 개념이나 불가지(不可知)·불가촉(不可觸)의 존재라기보다 대단히 구체성을 띤 존재이다. 게다가 조용하고 섬세한 작용이라기보다 감정과 본능의 밑바닥을 뒤흔들 수 있는 무척 격렬한

---

14) 이부영(1970), 「'사령'의 무속적 치료에 대한 분석심리학적 연구」, 『최신의학』 13(1), 79~94쪽; 이부영(2002), 『분석심리학의 탐구 ③ 자기와 자기실현』, 한길사, 258~266쪽, '바리공주설화와 심청전' 참조.

정동적(情動的) 실체라는 점에서 유교적 의미의 귀신관[15]과 다르다.

윤리적으로 문제가 될 수 있는 것은 무신의 성격이다. 다시 말해 무신이 도덕적인가 하는 문제와 무당이 무신을 빙자하여 자기 욕구를 채우는지 아니면 진실로 빙의되어 말하는지는 무당의 성실성 여부에서 판가름된다.

무속은 만신(萬神)이라 할 정도로 믿지 않는 신이 없지만 굿거리에 나오는 무신들은 어둡고 음산하다기보다 쾌활하고 낙천적이라는 인상을 준다. 굿거리마다 등장하는 여러 신의 놀이에는 전체적으로 인간이 감정적·감각적 반응을 골고루 겪도록 구성되어 있다.[16] 칠성신의 차분하고 금욕적인 분위기, 대감신의 호방하고 성적으로 거침없는 충동적인 탐욕스러움, 군웅신(軍雄神)의 용감함 등이 차례로 굿판에서 전개되면서 참여자는 각종 감정행로를 더듬어간다. 그 가운데서도 눈물과 하소연과 원망과 저주와 화해의 경과를 밟는 조상과의 만남, 특히 가까운 사령과의 만남은 굿에서 감정체험의 절정을 장식한다.

신들은 대개 인간적이며 관용적이다. 차려놓은 것이 시원치 않다고 나무라고는 대개 "이번은 봐주겠다" "복을 주고 간다"는 식이다.

굿의 참여자와 무당에게 내린 신과의 관계도 엄격한 지배·복종이 아닌 응석과 심술, 억지와 반대를 허용하는 흥정의 관계이다. 그런 점에서 신은 절대자가 아니라 인간과 타협할 수 있는 존재이다.

이러한 신의 상대성, 인간적 풍모, 무신의 주책은 가히 유가적 도덕 규범에는 거슬리는 성격임에 틀림없다. 그렇다고 비윤리적이라고 쉽게 판단하기는 어렵다.

---

15) 이부영(1982), 「전통적 귀신론의 분석심리학적 연구」, 『정신의학보』 6, 2~15쪽.
16) 이부영(1982), 「한국무속의 심리학적 고찰」, 김인회 외, 『한국무속의 종합적 고찰』, 고대민족문화연구소.

'공수'〔神託〕는 신이 인간에게 내리는 말이다. 인간이 신에게 바라는 말이 포함되므로 공수 내용을 보면 무속에서 사람들이 신에게 바라는 바가 무엇인가, 신은 인간에게 무엇을 요구하고 무엇을 약속하는가 하는 점을 알 수 있고 윤리적 가치를 탐구하는 참고자료가 될 수 있다. 다음으로 무가집(巫歌集)에 나타난 공수를 추려서 고찰해보고자 한다. 대부분이 대동소이하고 공수라는 이름으로 수집된 내용이 공수 아닌 푸념 같은 것도 있어 별로 특이한 특징을 찾기는 어렵다는 것을 느꼈다. 김태곤의 무가집[17)]에서 살펴보기로 한다.

평양지역 무가 가운데 재수굿 공수에 이런 말이 발견된다.

오늘날이야 이 정성 돋우고
에에 우리나라에 태극기 꽂아놓고
만동아 띄워놓고 여러 백성덜이 네에
나가 일곱성 되게 도와주오시고
너이(너희) 맘 먹은 대로 도와주고
조상망울대감 군웅대감님과 감웅님들이
오늘 다 놀네 들오셔서 소원 이뤄준다
이 정성 돋아놓구서 맘먹은 대로 되구
우리나라에 아들을 낳며넌(낳으면) 충신되구
딸을 낳(으)면 열녀되게 도와주마[18)]

절대적인 소원성취를 중심으로 유가의 도덕규범인 충신이 강조된다.

---

17) 김태곤(1971), 『한국무가집』 I, 원광대민속학연구소.
18) 같은 책, 21~22쪽.

평양지역 칠성굿에서는 신 스스로 신이 나서 노는 장면이 있다.[19]

공수에서 내리는 축원은 한결같이 자손 평안, 복, 소원 성취, 건강, 한 풀고 원(怨) 풀어 재물 열어준다는 약속이다. 그 가운데 재물과 같은 물질적 충족이 절대 다수를 차지한다.[20] 무슨 뜻인지 잘 알 수 없는 수식어로 가득 차 세속적 영화만은 아닌 듯한 인상을 주는 공수도 드물게 있다.[21] 좀더 구체적인 소망도 언급된다.

> 공부 잘해 일등돼서 외국타국 유학가게 도와주래라
> 삼천만 동포에 십만명 동포가 다 편안하구
> 우리나라에 태극기 꽂고, 네에 편안하게 도와주구 통일되게 도와주마
> 네 풍년되게 도와줍시구[22]

---

19) 같은 책, 25쪽. (공수) ② 벌구춤두 춰보구 우리 다 좀 놀아볼까/좀 놀아보자 얼씨구나/좋다 좋다 얼좋다 좋다…… 네에 아들을 낳으면 효자 낳구 딸을 낳면 낳는 약이외다/늙지 말라는 불로초(不老草)요 죽디 말라는 강생초니/사외용왕에 무조주외다.

20) 같은 책, 28쪽. (공수) ③ (칠성굿, 평양지역), 6쪽. (공수) ⑤ (선가뭉, 평양지역), 30쪽. (공수) ④ (타살굿, 평양지역), 50쪽. (공수) ⑥ (성주굿, 평양지역), 53쪽. (공수) ⑦ (제석굿, 평양지역), 262쪽. (공수) ⑧ (상산공수, 용성지역), 263쪽. (공수) ⑨ (장군공수, 화성 산바램), 263~264쪽. (공수) ⑩ (별상공수, 화성 산바램), 264쪽. (공수) ⑪ (신장공수, 화성 산바램), 282쪽. (공수) ⑫ (제석굿, 화성)

21) 같은 책, 318쪽. (공수) ⑬ (터굿, 화성)에 ― 꿈자리 밸칭을 거두시고 봉자리 살을 제쳐놓아/지붕우에 청살 유기 지붕 아래 백골유기 유물사물 거두시고/에 ― 비어보게 날 갖구/청소반에 이슬 같구 은하수에 물결 같구 비단에 수결 같구/용만산에 안개 걷듯이 받들어서 도와주시고/에 ― 상덕을 입혀 도와주시마

22) 같은 책, 33쪽.

동해안 무가[23]에는 이런 사설도 있다.

> 소원성취대로 점지하시오
> 이 동네 방네천에 공부하는 자손들
> 고등과도 중학이고 국민학교도 대학이고 댕기는 자손들
> 찻길에도 차를 타더라도 사고없이도 점지하고
> 여기서 걸어댕기드라도 발병없이 점지하고
> 성주님네 받들고 골메기님네 받들어 줘야
> 눈에 눈총기 귀에 열기주심을
> 남의 동에 자손들인데 빠지지 않도록 점지하소
> 성주님네 오실 때 만복으로 점지하자
> 먹고 남고 쓰고 남도록 불과주소

물론 "이름 부른 사람, 모두 돈 가지고 빨리 오소" 하고 나서 주는 축원이다.

그러나 공수 가운데는 꼭 축원만 있는 것은 아니다. 액을 막아주는 신의 권능을 크게 자랑한다든가, 잘 먹고 간다는 인사를 하거나, 만나서 반갑다는 말 등에서 그치는 경우도 있다. 또한 긴 넋두리나 덕담, 노잣돈을 더 달라거나, 차려놓은 것을 불평하거나, 병 주려 했지만 병을 걷어준다고 한다.[24]

어느 조상공수(조상굿, 화성[華城])[25]에서는 자상하게 자손의 슬픔을 어루만지듯 말하는데, 다음 구절이 특히 눈에 띈다.

---

23) 최정여·서대석(1974), 『동해안 무가』, 형설출판사, 129쪽.
24) 김태곤(1971), 앞의 책, 29쪽, 50쪽, 157쪽, 185쪽; 김태곤(1979), 『한국무가집』III, 집문당, 210~273쪽.
25) 같은 책, 291~296쪽.

자손들한테 복을 주고 명을 주고
　　나는 극락세계 연화대로 가지마는
　　너희는 잘 살아라 오냐 부디부디 잘 살아라
　　동기간에 화목하고 집안간에 의롭게 잘 살아라 오냐

굿거리에서 나쁜 사람 되라는 말은 없다. 평범하고 소박한 일상의 가치가 그대로 강조되고 있다. 공수의 결론만 본다면 전통적 가치에 위배되는 일은 없다. 물론 인간관계의 틀을 규정하여 지켜야 할 예의범절을 구체적으로 제시하지는 않는다. 평화·화목·풍요와 같이 오로지 좋은 일만이 있기를 포괄적으로 암시한다. 그리고 나쁜 액을 막아주는 신들을 잘 섬기라고 요구한다.

2) 부락제와 윤리적 문제

부락제는 마을의 협동이나 새로운 활력소를 주는 제의로서 높이 평가되어왔다. 그러므로 덮어놓고 백안시하여 못하게 하는 것은 옳지 않다는 소리가 높았다.

최길성은 별신굿을 예로 들었다. 부락제는 마을 전체의 조직을 굳혀주는 데 큰 역할을 하며, 경제력을 인식시킨다. 또한 인간관계의 심화, 확대, 감정적 통합을 가져오는 데 긍정적 기능을 하고 있다고 말한다. 경제적 손실과 낭비, 음주로 인한 싸움, 질서의 문란 등의 폐해도 간과할 수 없음을 지적하였다.[26]

김열규는 무속적 부락제가 성(聖)과 속(俗), 피안(彼岸)과 차안(此岸)을 종합하는 제의로서 부락제에 부여된 금기와 지성은 신성의 구체적 표현이며, 이 신성성의 구현은 에로티시즘과 양반·승려 등 상층자에

---

26) 최길성(1978), 『한국무속의 연구』, 332~334쪽.

대한 희롱의 형태로 나타나는 관습의 폐기, 사회원리의 폐절(廢絶)과 팽팽하게 마주선다고 설명하였다. 이런 성속의 대립과 조정이라는 부락의 기능을 이해하지 못할 때 이를 사도(邪道)로 보고 제사의 본의에 어긋나는 주지육림(酒池肉林)의 부정지(不淨地)라는 피상적인 오해가 생긴다 하였다.[27]

부락제의 도덕성을 운위할 때 깊이 인식해야 할 통찰이다. 그런데 현실적으로 부락제가 부락 협동을 촉진하는 매개자의 역할을 한다고는 하지만 협동심은 그 부락에만 국한되고 타 부락에 대해서는 배타적인 경우도 있어 긍정적인 측면만 볼 수는 없다는 견해도 있다.

또한 요즈음 부쩍 눈에 띄게 성행하는 반관제(半官製) 축제, 민속축제 등은 축제의 오락적 기능만을 주로 강조하고 종교성, 즉 신성한 것과의 만남을 위한 금기와 치성(致誠)의 정신이 결여되어 있으므로 인간으로 하여금 본능적 쾌락충족 이상을 체험할 수 없게 만들 가능성이 있다. 부락제가 예부터 내려오는 미풍이라 하여 인위적으로 만들어내면 신이 결석한 놀이로 전락할 우려가 있다.

3) 점복 · 가신신앙 그리고 풍수신앙

(1) 점복

점복은 인류의 오랜 관습이다. 인간은 어려운 일에 부딪쳐서 의식의 능력이 한계에 도달했다고 느끼면 어떤 수단을 써서라도 미지의 사실을 알고 싶어 한다.

점복과 예언은 한국민속에 널리 퍼진 믿음으로서 여러 종류가 있다.[28] 무속에서 행하는 점복 이외에 널리 퍼진 관습은 사주(四柱)를 비

---

27) 김열규(1971), 『한국민속과 문학연구』, 일조각, 210~273쪽.
28) 村山智順(1933), 『朝鮮の占卜と豫言』, 朝鮮總督府.

롯한 각종 점술이다. 이러한 속신(俗信)이 과연 한국인의 윤리의식에 어떤 영향을 미치는 것일까. 점복에 대한 믿음의 정도는 사람마다 달라서 일률적으로 단언하기 어렵다. 대부분의 사람들에게 그저 재밋거리나 장난에 불과하고 점의 결과를 절대적인 것으로 믿는 사람은 드물다고 생각된다. 그러나 매사에 점을 치고 일을 시작하는 사람들도 적지 않은 것 같다. 특히 사업, 결혼, 정치적 데뷔 등 중대사를 결정할 때 점복을 한다.

판단 불가능한 곤경에 빠지면 점복의 수단에 매달리는 습성은 미지의 운명을 기다리고 견디며 살아가는 인내심의 부족, 무조건 점괘에 매달리는 의존심의 조장, 피암시성의 항진, 자기의 힘으로 미래를 개척하는 용기의 부족 등 인격의 성숙이라는 점에서는 부정적인 측면을 지닌다.

대개 자아가 발달되고 의식이 확장되어 있는 사람은 쉽게 절망에 빠지지 않는다. 반면 자아의식이 발달하지 못한 사람은 곧 의식의 한계에 도달하여 매달릴 곳을 찾는다. 그러므로 지식의 확대와 반성하는 능력의 발전을 통하여 의식이 넓고 튼튼해진다는 것은 점복의 수요를 줄이는 데 크게 이바지한다.

그러나 인류 역사에서 점복의 심리를 완전히 추방하기는 어려울 것이고 그렇게 하는 것이 옳은 일은 아니다. 왜냐하면 과학문명의 발달로 인하여 미지의 세계가 많이 줄어들고 있지만, 인간은 인간 자신의 정신에서 무의식적인 것을 완전히 의식화하지 못하기 때문이다. 점복의 심리는 의식 너머의 세계, 즉 무의식의 세계를 알고자 하는 것이기에 무의식이 존속하는 한 그것을 알고자 하는 마음은 없어지지 않는다.

그런데 그 미지를 과연 전통적인 점서(占書)나 점복법이 분명히 밝혀 줄 수 있느냐 하는 문제가 제기될 수 있다. 무의식을 알고자 하는 것이 인간의 자연적인 욕구라면 점복이 그를 충족하는 합당한 방법이냐는 것이다. 점복의 방법이 한두 가지가 아니기에 이것 역시 한마디로 말할 수는 없다. 무척 원시적인 점이 있고 무척 발달된 『역경』(易經)과 같은 특수한 방법이 있다. 길(吉)이냐 흉(凶)이냐만을 따지는 것이 있는가 하면 묻는 자의 자세에 따라 미래가 달라지는 경우도 있다.

『역경』은 묻는 자의 자세를 반성시키는 깊은 뜻을 내포하고 있어 길흉의 단순한 이원론에 빠지지 않으므로 인격 성숙에 해가 되지 않을 뿐 아니라 오히려 유익할 수 있다. 또 동양 고래의 깊은 지혜가 담겨 있어 깊이 음미해야 할 책이다. 그런데 이와 같이 귀중한 책도 묻는 자가 구체적인 길흉화복의 결과만을 알고자 하고 복잡 미묘한 괘(卦)의 뜻을 극히 현실적인 것으로 간단히 해석해버리면 통속적인 점술서로 전락해 버리고 만다.

무의식을 명백한 구체적 사실로서 남김없이 이해하고 파악했다고 믿는 것은 자아팽창의 오만이며 착각이다. 점복의 이용도 실시하는 사람이나 묻는 사람의 의식 태도에 따라 윤리적 의미가 달라진다. 무의식의 불가능성에 대해 겸허한 자세로 대할 때 그 결과에 대한 이해가 맹신이나 맹종이 아닌 주의 깊은 고려,[29] 즉 종교적 성격을 띤다.

융은 정신 내계(內界)의 사건과 외부의 물리적 세계의 사건이 의미상 일치될 수 있고 무의식은 능히 시공을 상대화할 수 있다고 주장한다. 예컨대 먼 곳에 있는 친구의 죽음과 같은 시각에 자기의 정신계에 이와 의미상 일치되는 느낌이나 꿈, 또는 환상이 나타날 수 있다. 이와 같은 정신세계와 외계 사이의 의미상의 일치를 융은 동시성현상(synchronicity phenomena)이라 하였다. 또 정신현상은 인과율에 따라서

---

[29] Jung, C.G.(1963), *Psychologie und Religion*, G.W. Bd.11, Zürich: Rascher, pp.1~117. 종교(religion)는 라틴어의 religio, 즉 주의 깊은 관찰에서 나온 말이다. 이에 따라 융은 종교를 심리학적인 입장에서 어떤 누미노제를 지닌 대상에 대한 주의 깊고 성실한 관조의 태도라고 정의하였다.

진행될 뿐 아니라 비인과적 원리의 지배를 받는다 하였다.30) 역(易)도 동시성현상의 좋은 예라고 할 수 있다. 그러나 융학파에서도 모든 우연의 일치가 동시성현상이 아닌 것처럼 이를 너무 맹신하는 것은 바른 심리학적 자세가 아니라고 본다.

우리나라의 민간주술은 주로 악귀를 물리치고 병을 고치는 민간의료에서 많이 사용되어왔다. 주술을 이용한 민간의료는 비과학적이고 인체에 유해한 것이 많다. 유해하지 않지만 단순한 암시적 효과를 지닌 것도 병의 근본치료를 지연시킨다는 점에서 해롭다. 주술적 의료가 해로울 수 있는 데도 일부에서 시행되고 있는 까닭은 도덕심의 부족이라기보다 무지한 소치이므로 계몽이 필요하다. 그러나 현대인이 현대의료를 행할 때 주술심리가 없는 것은 아니다. 현대인의 마음에 주술적인 힘에 대한 기대가 없어지지 않고 남아 있는 경우가 있기 때문이다. 또한 민간의료에서의 기원과 주술은 구별되어야 한다. 뒤뜰에 찬물 떠놓고 천지신명(天地神明)에게 병을 낫게 해달라고 빈다든가 산속 계곡의 바위 밑에 촛불 켜놓고 아기 낳게 해달라고 기원한다든가 삼승할머니에게 비는 것은 차라리 아름다운 풍속이다.

지적할 점은 민간치료가 모두 주술적으로 이루어지는 것은 아니라는 것이다. 민간의료 중 전통의학과 밀접한 관계가 있는 것들이 있고 이 가운데는 주술적 의미가 내포된 것도 있고 경험적으로 선택된 것도 있다. 물론 주술은 의료에 국한되는 것이 아니다. 기풍(祈豊)·기우(祈雨) 등 공동체의 번영을 위하여 실시되는 것도 있어 이런 것은 마을 사람들에게 일체감과 종교적 유대감을 갖게 하는 이점이 있다. 물론 과학적인

---

30) Jung, C.G.(1952), "Synchronizität als ein Prinzip akausaler Zusammenhänge," Jung, C.G., Pauli, W. *Naturerklärung und Psyche*, Zürich: Rascher Verlag, pp.1~107.

영농(營農)과 수리사업(水利事業)이 선행되어야 하지만 이것이 예부터 내려오는 주술과 모순된다고 해서 하나를 위해 다른 하나를 희생할 필요는 없다.

(2) 가신신앙

가신신앙(家神信仰)은 조령(祖靈)·삼신·성주·조왕(竈王) 신앙·터주·업(業)·측신(厠神)·수문신(守門神) 등 집안에 모시는 신을 소중히 다루고 고사를 지내는 것이다. 장주근[31]이 말한 대로 오랜 역사를 거쳐 오는 동안 너그럽게 모든 종교를 받아들여 스스로를 살찌워온 관용과 평화의 정신에서 나온 것이라 해도 좋을 것이다.

장주근은 말한다.

역사를 이끌어오던 그러한 남성들을 영원히 인도해오던 여성·모성들에게 끈질긴 힘의 원천이 되어오던 것이 우리의 가신신앙이었다고 할 것이다.

어떤 의미에서 가신신앙은 무속신앙처럼 배덕(背德)과 사기성에 노출될 필요가 없는 만큼 소박한 포용과 기원으로 일관한 것 같다.

(3) 풍수신앙

풍수설은 자연정기론에 근거를 두며, 인간은 대우주의 본을 받은 소우주라는 사상, 따라서 자연과 인간은 불가분의 관계라는 정신에서 출발했다고 할 수 있다. 분석심리학적으로 해석하자면 풍수설은 인간 무

---

31) 장주근(2001),「가신신앙」,『한국민속의 세계』9, 고대민족문화연구원, 73~152쪽.

의식의 원형상이 자연에 투사된 것이고 이상적인 지세란 바로 이상정신(理想精神), 즉 전일의 심적 경지, '자기'의 상징을 묘사한다. 혹은 그 상징을 지리적인 조건 속에 구체화한 것이 풍수지리설이라 할 수 있다.

상징의 구체화(Konkretisierung des Symbols)는 그 의미의 경직, 혹은 단순화를 야기한다. 조상의 묘지를 위해 쟁탈전을 벌이는 풍수지리설의 역사적 폐해는 여기에서 나온다. 그러나 다른 한편 풍수신앙은 산과 강과 바위, 나무 등 자연신들에 대한 외경의 마음을 갖게 함으로써 기계문명에 의해 단절된 인간과 자연의 관계를 회복시키는 매개 역할을 한다. 고속도로 주변에 상식적인 집의 방위(남향집)를 무시하고 도로를 향하도록 집을 짓게 할 정도로 전통이 얄팍한 상업주의적 전시효과로 인해 헌신짝처럼 버려지는 시대에 풍수지리신앙은 인간으로 하여금 그의 뿌리인 자연에 연결짓는 작은 적선(積善)이다.

3. 맺는말

이상에서 우리나라 민간신앙과 윤리의식의 관계를 민속신앙을 대상으로 여러 측면에서 고찰하였다.

개별적인 신앙형태에 대한 고찰에서 조금씩 그 윤리적 관련을 설명했지만 전체적으로 종합할 때 한국의 민간신앙은 신성한 것에 대한 외경, 혹은 외포(畏怖), 저승에 대한 인식과 저승을 이승에 합치려는 노력, 조상과의 유대, 신화의 세계와의 만남, 그리고 무속신앙에서 두드러진 강렬한 정동(情動) 체험을 한국인의 마음에 심어주는 역할을 해왔다.

무섭고 두려운 존재가 없어진 현대 개방사회의 오만한 사람들에게, 국가권력이 하늘의 권위를 대신하게 된 시대에 사는 사람들에게 세속적 권력보다 높은 것을 제시한 무조전설(巫祖傳說)과 이에 반영된 샤머니즘의 이념은 그 생성기전이 어디에 있든 윤리적 공헌을 하고 있다고 할 수 있다. 더구나 오늘날과 같이 고통과 시련의 의미를 외면하고 안이한 공리적 추구와 쾌락 충족을 추구하는 시대에 한국무속의 강신적 입무 조건은 깊은 의미를 지닌다. 민속신앙은 신화의 세계와 조령의 역사로부터 단절된 합리지상주의의 현대인들에게, 감정이 메마르고 본능으로부터 단절되어 경직된 현대의 규범주의자들에게 그들의 심미관에 어긋나는 '추악한' 면을 나타내는 경우가 있지만 창조적 충격을 주어 단절을 해소하고 해리를 지양하는 재생의 기능을 해왔다.

사육제의 혼돈이 서양의 현대기독교 사회에 주기적인 재생의 활력소가 되어온 것처럼 한국의 부락제도 충분히 그러한 기능을 발휘해왔다고 할 수 있다. 진리라는 이름으로 자행되는 고등종교의 위선과 정의와 질서의 이름으로 은폐된 지배계급의 이중성·부도덕성과 허위를 냉혹하게 쳐부수는 민속극의 반질서·반도덕성은 단절된 두 개의 대극을 만나게 함으로써 정신적 해리를 치료하는 힘으로 작용되어왔다. 집권층이 이러한 기회를 계절적 제의, 즉 부락제를 통해 허용한 것은 조선왕조의 절대 권력의 질식할 질서의식과 형식주의에 활로를 열어준 현명한 처사였다.

그러나 민속신앙에 나타난 이 다양한 '의미'는 의도적으로 만들어낸 것도 아니고 민중들이 그것을 의식하여 동화시켜온 것도 아니다. 민속신앙 속에 '무의식적으로' 잠재되어 있는 것들이다. 그러므로 이 잠재된 의미들은 민중들에게는 전혀 의식되지 못한 채 길바닥에 버려진 황금처럼 방치되거나 오용 혹은 남용될 소지가 있다. 그러므로 민속신앙은 가장 신성한 것을 가장 세속적인 옷 속에 감싸기에 때로는 멸시되고 때로는 위험시되었다.

민속신앙을 표층의 가시적 측면에서 보면 그것은 통상적인 충효의식, 비굴할 정도의 화평주의, 힘 있는 것에 대한 순종, 때로는 이것과의 흥정, 부정(不淨)에 대한 소박한 두려움, 모든 것을 맹목적으로 태모(太母, Große Mutter)의 커다란 품속에 받아들이고 오로지 재복(財福)을 누리고자 하는 이기심과, 비판과 희생과 반성을 모르는 본능적 욕구에 대한 맹종으로 채색되어 있다. 가족의 안녕과 부락의 협동을 기원하는 것은 좋으나 이 기원은 혈연결속·지역협동의 테두리에 갇혀 민족과 인류애로 확대되지 못한 경우가 많다. 더구나 개개인의 자각과 책임의식은 돌볼 틈도 없이 거의 모든 재앙의 원인은 우리의 외부에 있는 것으로 투영된다. 또한 악의 추방은 오직 제신의 권능에 매달림으로써 가능하다는 사고방식을 조장한다.

개인의 윤리적 책임에 대한 민속신앙이 지닌 공죄를 두고 성급하게 민속신앙을 미신이라 하여 덮어놓고 타파하려는 태도가 어리석은 것처럼, 민속신앙의 가치를 미화하여 감상적 복고주의에 흐르거나 때로는 통치의 전략으로 두둔하고 인위적으로 축제를 관이 주도하여 보급하거나 상업주의적 수단으로 이용하거나 전시효과로 이용하는 것은 결국 또 하나의 비극적인 위선을 자행하는 것이고 이는 민속신앙이 지닌 무의식적인 가치마저 손상시킨다.

민속신앙 형태의 어떠한 복제로도 재생의 활력은 기대하기 어렵다. 왜냐하면 거기에는 신령이 없기 때문이다. 신성한 것에 대한 기대와 믿음이 없는 곳에서는 어떤 놀이도 민속의 옷을 입힌 쾌락원리의 충족에 그칠 뿐 종교적 심성의 계발을 꾀할 수 없다. 그러므로 민속신앙은 폐해가 없는 한 자생력에 맡겨두는 것이 옳다. 다만 무턱대고 없애거나 조장하지 않고 그것이 지닌 가치를 이해해야 한다.

민간신앙에 관한 이상의 평가는 민간신앙에만 해당되는 것이 아니라 고등종교, 전통적 가치관에도 똑같이 적용될 수 있다. 전통사상의 윤리의식을 논의할 때 우리는 모든 현상에 내재하는 진정한 윤리성의 인식과 통찰의 중요성을 염두에 두어야 한다. 그러한 윤리성은 오직 하나의 선(善)을 맹종하는 태도로는 결코 얻을 수 없고 선악 대극의 기로에서 회의와 방황을 거쳐 얻을 수 있는 것이다. 그러기 위해서는 하나의 사상의 절대성이나 우위성을 성급하게 내세우려고 해서는 안 된다.

제13장 무속문화를 배경에 둔 환자와 정신과 진료[1]

1. 문화와 의료

문화배경이 다르면 질병관도 다르고 치료에 대한 관점 또한 다르기 때문에 현대서양의료를 한국사회에서 수행할 때 여러 가지로 어려운 난관에 부딪힐 수 있다. 그러므로 서양의료를 서양문화와는 다른 문화권에 효과적으로 적용하기 위해서는 환자의 문화적 배경을 숙지하고 문화에 따른 질병관과 의료관을 이해하면서 적절하게 대응해야 한다. 그렇지 못할 경우 환자 측의 비협조와 저항으로 치료가 중단되거나 의사와 환자 사이의 마찰과 불신으로 치료가 지연될 수 있다. 이와 같이 문화적 요인의 이해는 의사와 환자 사이의 관계를 원활히 하는 데 매우 중요하다.

심리적·사회적·문화적 요인이 병의 발병과 악화에 영향을 주는 각종 정신장애의 진료에서는 환자나 가족의 문화적 배경을 발견하고 처리하는 것이 특히 중요한 과제이다.

---

[1] 이부영(1998), 「무속문화 배경의 환자와 정신과 진료」, 한양대 정신건강연구소, 『정신건강연구』 17, 14~24쪽. 이 논문을 약간 수정하여 전재.

무엇보다 정신요법에서 환자의 문화적 배경은 치료자의 문화적 배경과 상충하거나 상보(相補)하여 치료과정에서 긍정적·부정적 영향을 미칠 수 있다. 이 경우 환자가 치료자의 문화가치에 무조건 순응하도록 한다든가 치료자가 환자의 문화가치에 맞추도록 하는 단순하고 일방적인 순응보다는 환자와 치료자라는 서로 다른 가치체계의 진지한 대면을 통한 대화의 과정이 바람직하다.[2]

한국인의 진료는 한국문화 배경에 어울리는 진료라야 한다는 요청은 잘못된 것이라 할 수는 없으나 다소 일방적인 주장이다. 한국인의 진료는 오히려 한국문화와 서구문화의 비교를 통한 비판적 성찰과 함께 이루어져야 한다는 요청 또한 이에 못지않게 중요하기 때문이다. 환자가 가진 문화배경에 대한 일방적인 순응을 두둔한다면 문화적 특수성과 관계없는 보편타당한 의료의 수행을 왜곡할 가능성이 있다. 이것은 정신치료 현장에서 환자가 치료자에게, 치료자가 환자에게 서로의 문화체계에 상대를 무조건 복종시키려는 것과 똑같은 잘못이 될 수 있다.

문화는 인격을 성숙하게도 하지만 제약하여 구속하기도 한다. 그러므로 "환자의 문화적 배경을 숙지하고 적절하게 대응한다"는 앞의 말은 순응(adaptation, Einpassung)이 아니라 적응(adjustment, Anpassung)[3]이라는 뜻에서, 즉 문화가치의 긍정적·부정적 요소에 대한 성찰을 통하여 문화를 통합하는 과정이어야 할 것이다.

---

[2] 이를 융은 '변증법적 과정'이라 하였다. Jung, C.G.(1958), "Grundsätzliches zur praktischen Psychotherapie," *G.W.* Bd.16, p.4(한국융연구원 옮김, C.G. 융 기본저작집 제1권[2001], 『정신요법의 기본문제』, 솔, 13~36쪽. '실제정신치료의 기본원칙') 참조.

[3] Jung, C.G.(1960), *Psychologische Typen*, *G.W.* Bd.6. p.363; 이부영(2011), 『분석심리학』(개정증보판), 일조각, 150~151쪽.

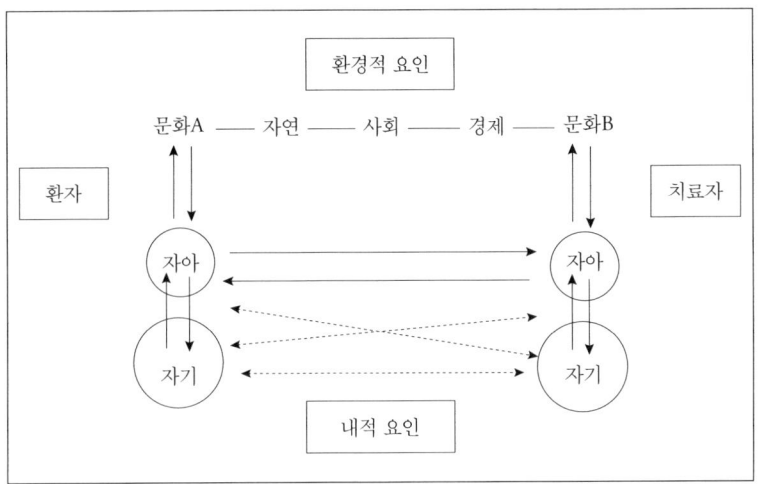

〈그림 20〉 환자와 치료자 관계의 여러 축

이때 환자와 치료자는 새로운 문화가치를 함께 창조하는 협력자가 된다. 그리고 그 가치의 궁극적인 기준은 치료자나 환자의 의식만이 아니라 무의식에도 있다. 그것은 곧 융이 말하는 자기라는 개념에 표현된다고 할 수 있다.[4]

환자와 치료자 사이에 일어나는 각종 감정교류에서 문화가 차지하는 부분은 사실 일부분이다(그림 20). 정신치료는 어떤 의미로는 문화를 넘어선 목표, 즉 자기실현을 지향한다. 곧 '문화를 극복하는 정신치료'(psychotherapy beyond the culture)라야 할 것이다. 그 문화가 인격의 성숙을 촉진하는 전일적 세계관에 토대를 둔 것이라면 정신치료는 분명 '창조적 문화를 실현하는 작업'이 될 것이다. 문화는 이처럼 두 가지 측면을 가지므로 정신치료란 '문화의 성찰'에서 출발한다고도 할 수

---

[4] 이부영(2002), 『분석심리학의 탐구 ③ 자기와 자기실현』, 한길사, 53~92쪽. '자기란 무엇인가?' 참조.

있다.

이와 같은 전제 아래 저자는 무속문화의 배경을 가진 환자에 대한 정신과 진료에서 부딪칠 수 있는 문제를 알아보고자 한다. 이 경우 어떠한 치료적 접근이 필요한지 저자의 임상적 경험을 토대로 살펴보고, 이러한 문화정신의학적 연구과제가 어떤 문제를 제기하는지에 대해 이론적으로 고찰해보고자 한다. 우리는 '무속문화의 배경'이라는 정의를 어떻게 내려야 할지를 먼저 논의해야겠다. 그러자면 한국인의 문화적 배경, 특히 종교적 배경에 관한 연구방법론도 함께 언급해야 한다.

2. 한국인의 종교적 배경

문화적 배경 중에서 세계관·인생관·인간관·질병관·의료관 등 가치관을 형성하는 데 무엇보다 큰 영향을 주는 것은 그 사람 또는 집단의 종교적 배경이다.

샤머니즘의 배경을 가진 환자를 살펴보기 위해서는 샤머니즘 문화가 다른 종교문화와 어떻게 다른가를 알아야 한다. 현대 한국인의 종교적 배경은 그 역사만큼이나 복합적이다. 저자의 견해로는 최소한 다음 다섯 가지의 종교적 배경을 상정할 수 있다. 한국인은 어느 정도는 이 다섯 가지의 종교적 배경이 지닌 가치관의 특성을 모두 가지고 있다. 다만 표면에 내세우는 종교가 무엇이냐에 따라 그 측면이 두드러져 보일 뿐이다(그림 21).

모든 한국인의 성격 밑바닥에는 샤머니즘이 있다. 그것은 인간의 원초적 행동양식, 융이 말하는 집단적 무의식의 내용을 담고 있기 때문이다. 그리고 여기에 조선조 500여 년간 우세한 문화로서 한국인이 세례를 받아온 유교문화의 가치관이 있다.[5] 기독교나 불교는 그 기초에 밑

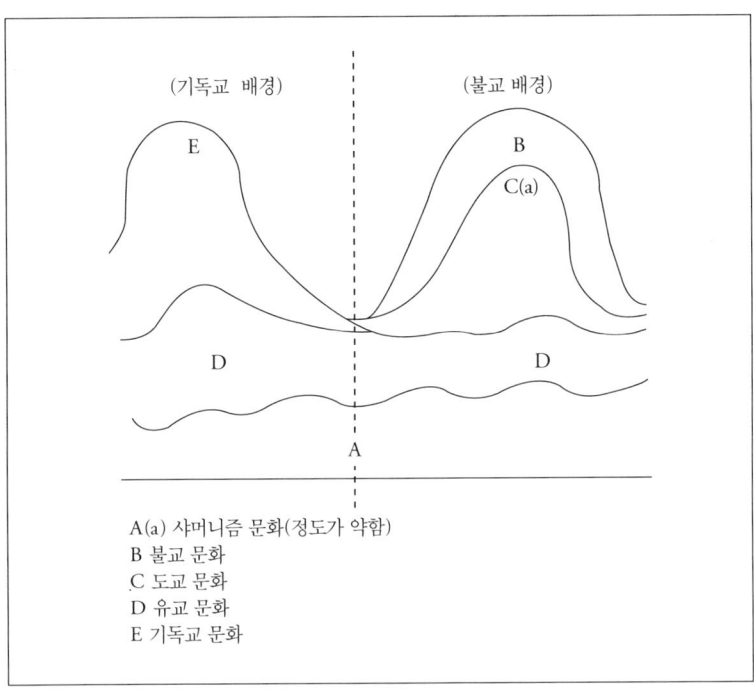

〈그림 21〉 한국인의 다층적 종교문화 배경

접한 관계를 가진 채 외부세계에 부각되어 그 사람, 또는 그 집단의 가시적인 특성을 나타낸다. 그러면 이런 한국의 종교문화의 가치특성은 어떤 공통점과 차이점이 있는가. 이것을 비교하면 다음 표와 같이 설명할 수 있다.

---

5) 이부영(1983), 「한국인 성격의 심리학적 고찰」, 『한국인의 윤리관』, 정신문화연구원, 27~276쪽.

〈표 4〉 한국 종교문화의 특성 1

불교 문화	도교 문화	유교 문화
• 분별의 지양 • 현실적 연계에서 해탈 • 자기실현 • 현실부정 경향 • 본능적 충동 제압 • 무속 등에 대해 관용적 • 권위자 존중하나 뛰어넘을 것	• 내면의 자기인식 • 인본주의적 실천 • 전일적 세계관(자기실현) • 신비주의 성향	• 분별적 지적 성향 • 현실관계 강조 • 도덕적 인격의 구현 • 규범화 경향 • 본능적 감정 억압 경향 • 비타협적 • 권위자에 존중과 순종
주관적·직관적 전일적 통찰	융합·신비주의 성향	합리적·주지주의적 미적 정서에 중점

〈표 5〉 한국 종교문화의 특성 2

기독교 문화	무속 문화
• 선악의 윤리적 가치 구별 • 현실참여, 정의실천 강조 • 도덕적 순수성 강조 • 절대자, 초월적 가치에 순종 • 절대적 믿음의 강조 • 본능적 충동 억압 성향 • 세속적 권위자보다 초월적 절대가치 • 독선, 비타협 경향 • '악'의 투사 경향 • 집단주의, 광신 경향	• 윤리적 가치구분, 윤리적 실천 덜 강조 • 선악보다 정(淨)·부정(不淨)의 이분법적 판단 • 현실주의적 타협 경향 • 초현실적 세계(저승) 존중과 귀령신앙 • 고도의 고양된 원초적 감정 체험 • 본능적 충동의 의례적 발산 • 권위자에 대한 마술적 기대 • 타협과 흥정 • 죽은 자에 대한 공포와 두려움 • 예언, 점복심리 • 상징적 의미의 구체화 • '악'(부정)의 투사 경향 • 비판적 사고의 미약
초월적 가치 지향 유일 절대신 앞의 작은 인간	주술 종교적·격정적 문화

3. 무속문화를 배경에 둔 환자란 무엇인가

한국인의 종교적·문화적 배경이 복합적이고 한국인의 무의식에 샤머니즘 심성이 있다면 한국인 환자는 무속문화를 배경에 둔 환자라고 할 수 있다.

샤머니즘의 정의가 다르기는 하지만 그 특성은 엘리아데와 더불어 엑스터시 문화라 할 수 있다. 엑스터시 상태에서 저승으로 날아가 환자의 잃어버린 혼을 찾아오는 것, 트랜스 상태에서 신령에 사로잡혀 신령의 영험한 말을 함으로써 악귀를 쫓아 병을 고치는 것, 끊어진 하늘과 땅, 이승과 저승의 관계를 영력으로써 다시 맺어주는 매개자인 샤먼, 그러한 영력은 고통에 찬 시련을 통하여 획득된다는 믿음. 이 모두가 샤머니즘의 특성이다. 이들의 질병관은 귀령관과 이니시에이션의 목적론을 바탕으로 이루어진다. 한편으로는 마술적 비상에 나타나는 주술적 요소를, 다른 한편으로는 초월적인 존재에 대한 두려움과 순종이라는 종교적 요소를 모두 갖추고 있어 주술-종교체계(magico-religious system)의 특성을 나타낸다.[6]

한국 샤머니즘은 샤머니즘 일반의 이와 같은 특성 이외에도 정(淨)·부정(不淨)의 이분법적 판단, 악의 외계로의 투사, 축귀술(exorcism)을 통한 치료, 현실주의적 타협, 권위적 귀령과의 흥정, 윤리적 가치보다 실용성에 중점을 두는 종합주의(syncretism)를 나타낸다.[7]

---

6) Rhi, Bou-Yong(1993), "The phenomenology and psychology of Korean shamanism," *Contemporary Philolsophy, A New Survey*, Vol.7, Dordrecht: Klüver Academic Publishers, pp.225~268; 이부영(1983), 앞의 논문, 227~276쪽.
7) 이부영(1976), 「샤마니즘과 무속」, 이상일 외, 『한국사상의 원천』, 60~77쪽. '굿거리와 무속적 인간관계' 참조.

샤머니즘 문화를 배경에 둔 한국인 환자란 인간에게 부여된 원형적 체험 성향, 즉 강력한 극적 감정체험을 통한 현실초월의 정신뿐 아니라 우리나라 샤머니즘 현장에서 흔히 목격되는 타협, 흥정, 놀이의 연극적 성향과 부정(不淨)에 대한 공포와 의심, 점복심리 등을 특히 두드러지게 나타낸다. 그러나 그의 인격을 자세히 살펴보면 유교와 불교에 공통된 도덕관념도 있다. 거꾸로 불교와 도교의 배경을 가진 사람들에서도 무속적 특성을 많이 볼 수 있어서 각 종교를 배경으로 갖는 환자 사이에는 항상 경계형이 존재할 수 있음을 알 수 있다. 또한 한국무속과 샤머니즘 개념의 복합성 때문에 샤머니즘 문화를 배경에 둔 환자는 단지 '원시적 질병관을 가진 환자' '마술적 성향의 환자'와는 이론상 달라야 할 것이라는 점에서 개념을 규정하는 데 어려움이 제기된다.

샤머니즘 문화를 배경에 둔 환자란 좁은 의미로는 무속에 종사하거나 그 단골손님들로 무속신앙을 깊이 믿는 사람들이다. 환자의 샤머니즘적 배경에 대하여 자세한 조사를 하지 않고는 처음부터 그런 환자를 알아내기란 어렵다. 그러나 넓은 의미로는 주술·종교 성향의 환자가 포함될 수 있다. 이 경우에는 표면상 내세우는 종교나 종파는 기독교나 불교일 수 있으나 그의 전체성향과 가치체계는 무속의 여러 특성 중 주술적·종교적 성향을 가진 사람이다.

또한 환자 가운데는 정신병 초기, 강박장애, 불안장애 등 정신장애로 인하여 유달리 마술적 사고에 강하게 집착하는 사람들도 있어 이들과 구별할 필요가 있다. 의식의 세계에서는 전혀 주술적·종교적 속성이 없는 듯 보이나 무의식에는 무속적 요소가 강하게 표현되는 경우도 있다.

문화적 요소는 각기 정신의 다른 층에서 여러 다른 조건에 따라 달리 작용하나 진료에서 부딪치는 문제는 비슷할 수 있다.

샤머니즘 문화를 배경으로 둔 환자를 어디까지 한정해야 할 것인가가 문제이다. 이러한 문제를 정리하기 위해서 우리나라 샤머니즘 사회와 무속인의 질병관을 살펴보기로 한다.

4. 무속사회의 질병관과 정신장애에 대한 무속인의 태도

우리나라에서 정신과 환자의 과거력 중 무속치료를 받은 숫자는 점점 줄고 있다. 의료 이용도에서 무속 등 민간의료는 한방의료에 비해 훨씬 떨어진다.[8]

그러나 그러한 의료 이용도, 또는 의료추구행태의 특성은 대부분 병원을 방문하는 사람, 특히 정신과 내원환자를 대상으로 조사한 결과이기 때문에 일반인구의 이용률보다 훨씬 낮은 것이 사실이다. 주술적·종교적 치료는 생각보다 많을 것이고 그런 치료를 선호하는 사람은 정신과를 찾지 않을 것이다. 정신과 내원환자 진료의 문화적 적응 이전에 해결해야 할 과제가 여기에 제시된다.

우리나라 농어촌 사회의 민간 질병관은 시베리아 및 중앙아시아 샤머니즘 사회의 질병관과 크게 다르지 않다. 그러나 앞에서 살펴보았듯이 현재의 무당들의 질병관은 반드시 원시적 질병관에 국한되지 않고 동양, 서양의술, 때로는 현대적 심리역동적 관점을 모두 수용하는 종합

---

[8] Rhi, B.Y. et al.(1995), "The health care seeking behavior of schizophrenic patients in 6 east Asian areas," *International Journal of Social Psychiatry* 41(3), pp.190~209; 이부영(1973), 「의료문화적응의 제문제점에 관한 시고」, 『신경정신의학』 12(2), 97~109쪽; 김광일(1972), 「한국민간정신의학(1)―농촌의 정신질환 개념 및 치료에 관한 현지조사」, 『신경정신의학』 11, 85~98쪽; 김광일(1975), 「문화변천에 따른 정신질환개념 및 치료법에 관한 견해조사」, 『신경정신의학』 14, 417~427쪽; 김광일(1992), 「정신분열병 환자의 구조행동에 관한 연구―한 군의 환자, 가족 및 주민을 대상으로」, 『정신건강연구』 11, 231~270쪽.

성을 나타내고 있다. 그러므로 무속적 질병관의 전형적 유형은 이제 많이 수정되고 있다고 하겠다. 무속 애호가들의 질병관도 원시, 현대 양면의 복합적인 것이며 따라서 진료도 이중, 삼중의 병용성향을 나타낸다.[9]

간단한 몇 가지 증례(vignette)에 대한 반응으로 우리나라 종교인(불교·원불교·천주교)의 정신질환에 대한 견해와 반응을 조사한 연구[10]와 서울 일부 무업인들의 정신질환에 대한 반응조사[11]에 따르면, 무업집단이 다른 종교집단보다 정신병 증상의 심각도와 예후에서 낙관적인 반응을 보였다. 무속치료에 대한 확신이 매우 강했으나 서양의료도 일부 수용하였음을 알 수 있었다. 이것은 무속인들의 느슨함, 좋다는 것은 무엇이든 받아들이는 실용적·현실주의적 성향을 표현하는 것으로 볼 수 있다.

5. 무속문화를 배경에 둔 환자의 특징과 정신과 진료

앞에서 이미 제기한 정의상의 어려움에도 불구하고 정신과 진료의 임상현장에서 목격할 수 있는 환자의 무속문화적 특성을 묘사하면 다

---

9) 이부영(1970), 「한국민간의 정신병관과 그 치료(1)—무속사회의 정신병관」, 『신경정신의학』 9, 35~45쪽; 정경천·이부영(1975), 「농촌주민의 무속치료에 대한 태도조사—한국농촌의 사회정신의학적 연구」(V), 『신경정신의학』 14, 405~416쪽; 김광일(1972), 앞의 논문; 이부영·서경란(1994), 「병굿의 정신치료학적 고찰—사례추적 연구를 중심으로」, 『심성연구』 9, 43~135쪽; 이부영(1973), 「의료문화적응의 제문제점에 관한 시고」, 『신경정신의학』 12, 97~190쪽.

10) 이부영·이나미(1988), 「종교인의 정신질환에 관한 견해와 반응」, 『신경정신의학』 27, 333~345쪽.

11) 이부영·권택술(1986), 「무업자들의 정신질환에 대한 반응—서울 남부지역을 중심으로」, 『서울의대 정신의학』 11, 298~314쪽.

음과 같다.

1) 치료자에 대한 마술적 기대

① 항상 치료의 즉각적이며 극적인 효과를 기대한다. 기대에 어긋나면 쉽게 실망해서 불신한다. 때로는 원망이나 분노로 반응한다.
② 치료자는 굉장한 능력을 가진 마술사처럼 존경하거나 두려워하지만 실망하면 증오의 대상으로 변할 수도 있다.
③ 말하지 않아도 병을 알아맞힐 수 있어야 한다(점복 심리).
④ 치료자의 행태 하나하나가 결정적 영향을 준다(강한 피암시성).

2) 의료에 대한 기대와 요구

① 구체적으로 피부에 와 닿는 치료와 단정적 해명과 증거를 바란다.
② 지적인 분석보다 정서에 호소하는 치료를 원한다.
③ 단순논리, 극단적 흑백 판단에 치중한다. 적어도 서양의료에 관한 한 사물의 양면성이나 개연성을 인정하지 않는다.

3) 귀령신앙의 영향

① 귀신의 조화나 원한을 가진 넋의 탈을 깊이 믿으므로 서양의료에 즉각적 효과가 없으면 치료를 중단하고 무속치료나 점에 의지하는 경향이 있다.
② 꿈에 관심이 많으나 길흉 판단을 주로 하는 주술적 체계에 따라서 그 해석을 구체화한다.
③ 병의 원인과 치료에 대한 마술적 견해를 가진다.

앞에 열거된 이러한 경향 중 첫째와 둘째는 비단 우리나라뿐 아니라 현대사회에서 낮은 사회계층의 공통적인 경향[12]이다. 치료자에 대한 마술적 기대는 정신치료과정에서 보는 전이의 상태와 같다. 샤머니즘 문화는 전이를 쉽게 일으킬 수 있는 문화라고도 할 수 있을 것이다. 세 번째는 한국 샤머니즘의 세계관과 인간관에 토대를 둔 질병관에서 나오는 것으로 이러한 믿음은 상당히 뿌리가 깊어서 쉽게 제거하기 어렵다.

이러한 환자들의 정신과 진료에서 무엇이 문제이며 어떻게 문제를 풀어가야 할까.

(1) 환자의 마술적 기대

의료상의 마술적 기대는 의사뿐 아니라 현대 서양의료 전체에 미친다. 현대의료 가운데 특히 검사기계 등 구체적이고 신체적인 치료(피부에 와 닿는)에 신뢰를 보인다. 비합리적인 현상에 대해서는 이미 그들이 가진 무속세계의 세계관이 설명해주고 있다. 그것은 이들에게는 무의식이 아니라 의식의 내용이다. 현대의료 기술은 이러한 의식의 무의식적 그림자, 무의식의 열등한 인격을 차지한다. 이른바 과학적이며 분석적인 것은 무의식에 억압되어 있기에 더욱 신비롭고 위대하며 새로운 '신령'으로 지각되어 그들의 의식 위에 군림한다.[13] 그러므로 치료방법이 '과학적'(실제로는 사이비과학이지만)일수록 인기가 높다.

이 경우 환자나 가족의 마술적 기대를 무조건 받아들이고 그 심리에 영합하여 마치 자기가 마술사나 된 것처럼 "고쳐주겠다!" "반드시 낫는

---

12) Albronda, H.(1964), "Social class and psychotherapy," *Arch. Gen. Psych* 10, pp.276~283; Overall, B., Aronson, H.(1963), "Expectation of psychotherapy in patients of lower socioeconomic class," *Am. J. Orthopsych* 33, pp.421~430; Yamamoto, J., Kraftgoin, M.(1965), "On the treatment of the poor," *Am. J. Psych* 122, pp.267~271.
13) 이부영(1972), 「한국에서의 분석」, 『신경정신의학』 11(4) 중 각 사례에 대한 고찰 부분 참조.

다!" "문제없다!" "나만 믿어라!"라든가, "뇌가 쪼그라들었다" "심장이 조금 약하다"면서 복잡한 병의 원인을 단순화하여 단정적으로 말한다든가, 점술사처럼 "죽을지도 모른다. 위험하다" "그런데 비방이 하나 있다"고 말함으로써 극적 효과를 노린다든가, 환자나 환자 가족이 치료자에게 투사한 카리스마적 권위와 동일시해서 행동한다면 그 결과는 어떻게 될까. 일시적인 효과를 거둘지는 모른다. 그러나 이는 한마디로 비윤리적인 속임수로 환자를 오도하고 그의 인격적 성숙을 막는 결과가 된다.

그러나 환자의 사고와 인지체계가 경직되어 깊고 복잡한 설명으로는 이해하지 못한다고 판단될 때는 부득이 환자의 문화배경에 맞는 언어로서 간단명료하게 거짓말이 아닌 사실을 요약하여 설득·암시·위로를 하지 않을 수 없는 경우가 있다. 또한 환자가 치료자에게 걸고 있는 카리스마적 권위를 성급하게 깨뜨리지 않고 그냥 내버려둘 수도 있다.

이 경우 가장 중요한 것은 자기가 무엇을 하고 있는지 '의식'하고 있어야 한다는 점이다. 그러한 접근은 환자와 의사소통을 하기 위한 일시적인 방편일 뿐 그것이 치료의 목표이거나 치료의 한결같은 '틀'로 고정되어서는 안 된다는 점이다. 또한 카리스마의 투사를 일시적으로 허용하는 경우에도 의식된 상태에서 이루어져야 한다. 왜냐하면 환자 측의 긍정적 전이의 투사가 계속 되풀이될 때 카리스마적 존재에 자기도 모르게 동화될 위험이 크기 때문이다.

(2) 원시적 질병관

마술적 기대의 토대가 되는 마술적 사고는 의료뿐 아니라 인간과 질병, 그리고 무의식적인 것(미지의 것)에 대한 판단에 영향을 준다. 우리는 지금까지 그러한 원시적 관념의 상징적 의미를 살펴왔다. 그러나 마술적 사고로는 상징을 이해할 수 없다. 상징의 구체화, 단순한 것으로의 환원, 상징이 아닌 표지(sign)[14] 또는 지나친 비합리적 공포가 있을 뿐이다.

환자나 가족이 병의 원인을 설명하여 "살이 끼었다" "무언가가 탈을 일으켰기 때문이다" "조상을 소홀히 한 탓이다"라고 한다면 미신이라고 무조건 윽박지르기 전에 그것이 환자에게 주는 감정적 의미를 공감해야 한다. 한국 샤머니즘의 상징적 의미를 연구하고 성찰하면 그러한 공감은 훨씬 수월해진다.

민간의 질병관과 치료관은 다른 종교문화를 바탕으로 한 질병관뿐 아니라 동양의학의 질병관과 함께 현대정신의학의 질병관(즉 의학적 질병관)이 간과한 측면들을 다루고 있다고 해도 과언이 아니다. 문화정신의학, 횡문화심리학의 견지에서 그러한 질병관을 연구하면 현대정신의학의 질병관이 유일 절대라는 주장을 하기 힘들고 오히려 다른 요소들로써 보충되어야 한다는 사실을 알게 될 것이다.

(3) 무의식에 대한 태도

무속을 배경에 둔 환자는 꿈에 대하여 일가견을 가질 뿐 아니라 매우 관심이 많다. 그들이 내리는 해몽의 특성 가운데 하나는 꿈에 죽은 사람이 나오는 것을 안 좋게 보는 데 있다. 또 모든 꿈에서 구체적인 미래의 예언적 결과에 집착하여 꿈의 상징(symbol)보다는 표징(sign)을 본다. 이런 사람의 꿈을 해석하는 것은 매우 힘들다. 스스로 내린 해석에 따라 공연히 두려워하거나 우울해해서 진정한 의미의 통찰을 할 수 없고 콤플렉스를 중심으로 한 자기 암시의 늪에서 빠져나오지 못한다. 어떤 경우에는 꿈의 해석을 중단하고 일상적인 의식수준에서 이야기를

---

14) 상징과 표지의 차이에 대하여는 이부영(2011), 『분석심리학』(제3판), 일조각, 211~212쪽 참조.

진행해야 할 때가 드물지 않다. 그러나 통찰요법을 하려면 피분석자와 함께 꿈의 이미지에 관한 집중적인 확충을 통하여 서서히 무의식에 대한 원시적 공포감과 매혹감에서 빠져나와서 꿈의 심리학적 상징성을 더 잘 이해할 수 있도록 해야 한다. 그러기 위해서는 많은 시간이 필요하다.

6. 맺는말

린턴(Ralph Linton)이 말하기를 문화는 조건화된 감정반응(conditioned emotional responses)이라고 하였다.[15] 그것은 장구한 시간을 거쳐 집단행동의 틀을 만들기 때문에 그 문화를 공유하는 사람에게는 필요불가결한 의사소통의 수단이다. 그러나 그것은 보편적인 것도 아니고 항구적인 것도 아니며 시대에 따라 변한다. 그러니까 문화는 분석심리학에서 페르조나라고 부르는 것, 또는 집단적 의식(collective consciousness)[16]이라고 부르는 것에 해당된다. 집단적 의식은 인간의 원초적인 행동유형의 조건인 집단적 무의식(collective unconscious)과 대조되는 의식의 층이다. 때때로 문화는 집단적 무의식의 내용의 일부를 취하고 이를 집단의식화한다. 그래서 문화는 매우 복합적인 내용을 가지게 된다.

이상에서 말한 것을 토대로 볼 때 무속문화를 배경으로 둔 환자가 오면 이렇게 대하고 다른 문화를 배경으로 둔 환자에게는 저렇게 대하라는 공식을 만드는 것은 쉬운 일이 아니다. 또 그런 공식에 해당되는 사

---

15) Linton, R.(1936), *The Study of Man*, New York, p.288, cited from Kroeber A.C. & Kluckhohn, C.(1952), A. Vintage Books, New York, p.82.
16) 이부영(2011), 앞의 책, 116쪽.

람을 찾기도 어렵다. 물론 인디언에게는 인디언에게 맞는 치료가 있고 아프리카인에게는 아프리카인에게 맞는 치료가 있다고 말할 수 있듯이 한국인에게 맞는 치료를 해야 한다는 말은 일리가 있다. 그러나 오늘날 한국인이란 누구인가. 복합문화인이다. 우리가 다루는 환자는 한국인인 동시에 개성을 가진 인간이다.

현대서양의료에서 주장하는 총체적 접근(holistic approach)을 위해서는 개개인의 환자 전체에 대한 자세한 파악과 보살핌이 필요하다. 정신과 신체를 통합하는 전체라는 개념, 그 개인의 선천적인 생물학적·심리적 소질과 그를 둘러싼 사회심리적·물리적 환경을 전부 고려해야 하는 의료 개념이 '총체적 접근'에 포함된다. 유럽 여러 나라의 현대서양의료도 그렇지만 특히 한국현대 서양의료는 19세기 실험실의학의 유물론적 질병관과 치료기술에 치중하고, 총체적 접근과는 거리가 먼 의료를 시행하고 있지 않은가 생각된다. 이 결손을 메우는 것이 이른바 대체의학이며 민간의 원시의료, 종교적 질병관과 신앙치료, 그리고 동양의학이다. 그것이 현대서양의학에 수용되기 위해서는 서양의학이 전통적 인과론과 유물론을 극복하고 이른바 '대체의학'의 끊임없는 연구를 통하여 목적론적·사회심리적·종교적 질병관을 의학체계에 수용하거나 최소한 그 세계 속에서 어떤 타당성을 발견할 수 있는지를 살펴보도록 노력해야 할 것이다.

그러므로 환자의 문화배경과 문화배경에 입각한 질병관과 의료관에 직면한 서양정신의학의 임상가들은 무엇보다 환자가 지닌 문화의 본질과 의미를 이해할 수 있어야 한다. 한편으로는 신체와 정신에 관한 잘못된(비실증적인) 관념과 태도를 고쳐주는 계몽교육자로서의 역할을 수행하는 동시에 다른 한편으로는 아직 증명되지 않은 세계를 존중하면서 자기가 가진 의료관을 되돌아보는 문화성찰의 태도를 가지고 진료에 임해야 할 것이다.

문화의 배경은 물론 그 사람의 전부는 아니다. 이에 대한 고려는 그 사람을 이해하는 한 측면일 뿐이다. 그러나 모든 진료, 특히 정신과 진료에서는 각 개인의 인격 전체를 대상으로 해야 하고 그런 점에서 그 환자의 문화 배경을 성찰한다는 것은 매우 유익한 일이다.

제14장 샤머니즘과 한국인

　샤머니즘은 역사적인 기원으로 보나 고태적 내용으로 보나 한국문화의 기층을 이룬다고 할 수 있다. 샤머니즘 안에는 원초적·신화적 내용이 들어 있어 우여곡절을 겪으면서도 오늘날까지 그 세계를 우리에게 전해주고 있다.
　이제 나는 과연 '샤머니즘은 한국인에게 무엇인가' 하는 물음을 다루고자 한다. 이것은 모험이다. 이 물음이 '샤머니즘과 한국인의 성격'에 대한 논의를 포함하지 않을 수 없고 국민성에 대한 논의는 항상 복잡한 요인 때문에 불만족스러운 경우가 종종 있기 때문이다. 그러나 한국에서 샤머니즘에 관한 모든 논의는 필연적으로 이 물음에 도달하고 그것이 심리학적인 탐구인 경우에는 더욱 이 과제를 지나칠 수 없다.
　한국인이란 누구인가. 한국인은 하나가 아니다. 종교·문화적 스펙트럼에다 그 배합 여하에 따라 다양한 인격유형이 생길 수 있다. 세대 간, 심리학적 유형 사이, 남녀에 따른 차이가 있다. 그밖에도 여러 가지 변수가 있다. 연구자가 주관적이고 경험적인 입장에서 이야기를 전개한다면 그 자신의 경험의 폭과 주관적 가치관에 따라 결과가 다를 것이다. 한국인론은 그것을 쓴 한국인의 자화상, 혹은 한국인에게 투사된 그의 '그림자'상일 수 있다. 또한 문헌적·경험적 자료에 의거하여 이야기를 해왔으나 이러한 위험성이 나의 한국인에 대한 주장 속에 없다고 장담할 수 없다. 이러한 문제점은 1984년 한국정신문화연구원의 '한국인의 윤리관에 대한 공동연구'에서 충분히 논의되었다.[1] 그러나 오늘 나는 한국인론 전체가 아닌 '한국인과 샤머니즘의 관계'를 중심으로 한국인을 보고자 한다.

세 가지 에피소드로 이야기를 시작하겠다.

1960년대 중반이라고 기억된다. 스위스에 있던 나는 독일 남부 손트라라는 도시에서 열린 재독 한국 유학생들의 모임에 초대받아 샤머니즘에 관한 강연을 한 적이 있다. 학술모임 전날 밤은 친목을 위한 연회여서 사람들은 맥주를 마시고 소리 높여 노래하고 춤을 추며 신나게 놀았다. 다음 날 강연이 끝나자 한 사람이 물었다. "샤머니즘은 한국사회에서 아직도 역할을 합니까?" 그 전날 저녁의 풍경이 머리에 떠올라서 즉시 대답했다. "물론이지요. 샤머니즘은 아직 살아 있습니다. 어젯밤 여러분을 보니까 모두 큰 무당 될 소질을 가지고 있더군요. 어제저녁 파티가 증명하고 있지 않습니까? 샤머니즘은 당신들 모두의 가슴속에 살아 있습니다." 사람들은 이 말을 듣자 폭소를 터뜨렸다. 나는 정말 그렇게 느꼈다. 극도로 이성적이고 침착한 스위스 문화에 젖어 있다가 거의 망아경에 이른 한국인들의 대환희를 목격한 것은 충격이었던 것이다. 엘리아데의 말대로 엑스터시의 대가인 샤먼을 그때 한국인들의 행태에서 발견했던 것이다.[2]

---

1) 이부영(1983), 「한국인 성격의 심리학적 고찰」, 『한국인의 윤리관』, 정신문화연구원, 227~269쪽 참조.
2) Rhi, Bou-Yong(1992), "Shamanism and the Korean Psyche," *Koreana*, Vol.6, No.2, pp.31~35.

1968년 초여름 나는 여러 해 살고 있던 스위스를 떠나 서울로 돌아왔다. 이때 겪은 인상 깊은 장면 두 가지가 있다.

홍제동 화장장으로 먼 친척의 장례식에 갔다. 화장장은 지금과 달리 황량했다. 타는 냄새 같은 것도 났다. 건물 안에서 50대 아주머니가 머리를 풀어헤치고 허름한 흰옷을 걸친 채 내 쪽을 향해 오고 있었다. 모르는 사람이었다. 그녀는 있는 대로 소리를 지르며 통곡하고 있었다. 햇빛을 등지고, 온 우주를 뒤흔들 듯이 통곡하는 여인의 모습에서 나는 이상한 충격과 일말의 감동을 느꼈다. 고대 그리스의 곡부(哭婦, 통곡해 주는 할망)들의 통곡은 이미 유럽 땅에서 사라졌다. 서양인 장례식에서 사람들은 이제 통곡을 하지 않는다. 울음을 삼키는 것이 문명인의 미덕이기 때문이다. 그런데 이렇게 눈치 안 보고 통곡할 수 있는 사람을 본다는 것은 신선한 충격이었다. 그런데 그것은 40여 년 전 일이다. 지금은 어떤가.

스위스에서 돌아와 얼마 되지 않아 무당굿을 보기 위하여 영천 인왕산 기슭의 국사당으로 갔다. 마침 푸닥거리를 하고 있었다. 참관 나온 중년여인이 나에게 이렇게 말했다. "우리나라는 잘될 거예요. 나라에서 다 보살펴주셔서. 이성계 장군님도 모시고 우리나라 조상님들을 이렇게 모시게 하니까요." '조상'이라는 말이 새롭게 내 귓전을 두드렸다. 프로테스탄트의 나라, 민주주의와 개인주의에 철저한 유럽의 부자나라에서 돌아온 나에게 그 여인이 '사실은 우리가 나라에서 보호받고 있는 굿을 하고 있는 중'이라는 뜻으로 한 그 말에서 한국인의 심성의 주축을 발견한 것 같았다.

우리는 우리와는 다른 문화가 지배하는 나라에서 볼 때 우리 자신을 더 잘 알게 된다. 우리 문화 안에서만 살다보면 집단규범에 동일시되기 때문에 우리 자신을 객관적으로 보기 어렵다. 몇 가지 주제별로 우리 자신을 살펴보기로 한다.

1. 엑스터시로의 희구

엑스터시란 심리학적으로 자아의식의 한계를 넘어 더 큰 세계로 몰입하려는 인간의 원초적인 희구의 표현이다. 엑스터시에서 이승과 저승, 즉 의식과 무의식은 하나가 된다. 대극갈등도 사라진다. 혹은 사라지는 느낌을 갖는다. 이것은 원형적 충동의 하나이기 때문에 인류 보편의 행동유형이다. 그러므로 한국인만의 성향이라 할 수 없고 물론 한국인의 성향을 엑스터시 문화만으로 설명할 수 있는 것도 아니다. 작은 의식의 '나'가 지양되고 전체정신으로서의 '자기'에 포괄되는 것을 엑스터시라고 한다면 불교의 깨달음에서 경험하는 삼매경, 그리스도교 수행에서 도달되는 내 안의 그리스도와의 일치와 맥을 같이한다고 할 수 있다. 샤머니즘에서는 격정의 극을 나타낸다는 점에서 다르다. 한국인은 사고와 이성적 성찰보다 극적인 감흥으로 '하나됨'의 상태에 도달하려는 경향이 있다면 지나친 말일까. 그런데 이를 지지할 만한 현상들이 적지 않다.

우리 선조들은 하늘에 제사를 지낼 때면 남녀가 모여 술 마시고 노래하고 춤추었다는 기록들이 중국 문헌에 있다.[3] 한국인의 성격을 말하는 국내외 사람들 가운데 한국인이 이지적인 국민이라고 보는 사람은

---

[3] 한국문화인류학회(1969), 『한국문화인류학 자료총서』 3, 『중국문헌에 나타난 한국상고사자료』, 27~28쪽; 『삼국지』 「부여전」, 14쪽, 15쪽, 17쪽; 『후한서』 「동이전」, 30쪽; 『위서동이전 — 고구려』; 이부영(1983), 『한국인의 성격』, 252~254쪽.

없다. 반면에 감정에 대한 언급이 많은 편이다. 격정적이고 집단적인 시위현상, 붉은 셔츠 일색의 월드컵 축구 응원의 독특한 집단열기를 보아도 알 수 있다. 한국인은 개인의 이성적 판단보다 집단적으로 큰 힘에 사로잡히는 감정적 체험을 선호하고 그것이 목적을 쟁취하는 데 호소력을 발휘한다고 믿는 것일까. 퇴행적 형태로는 끝장을 볼 때까지 술을 마시는 한국인의 음주습관도 '나'를 잊고 엑스터시에 들어가고자 하는 원초적 동기에서 출발한다. 이 경우 엑스터시 문화가 한국인의 체질적인 특성에까지 미치는 것은 아닐까 하고 추정할 법하다.

샤머니즘의 엑스터시 문화는 유교문화의 주지주의적·이지적 자가통제 성향과는 완전한 대극을 이룬다. 역사적으로 샤머니즘은 한국에서 남성적·가부장적 유교문화를 보상하는 기능을 해왔다. 한국인의 마음속에도 이 모순된 두 측면이 공존하지 않는가 짐작된다. 그래서 의식적 통제와 무의식의 반란이 교대로 나타난다. 한국 샤머니즘은 유교가 강요하는 체면문화와 인간관계의 법도에 구속되지 않을 뿐 아니라 이를 깨뜨리는 역할을 한다. 그러나 그 대신 귀령들과의 관계에서 강요되는 각종 금기의 지배를 받는다.

2. 신인관계의 특성과 그 사회적 표현

망아상태에서 무당은 신을 부른다. 시베리아처럼 무당의 혼이 하늘로 날아가 신을 만나는 일은 없다. 이를 두고 여러 가지 심리학적인 추론을 해볼 만하다. 후자가 자아의 적극적이며 마술적인 태도를 보이는 것이라면 전자는 수동적이고 종교적인 태도를 나타내는 것이라고 볼 수도 있다. 그러나 땅 위에 버티고 서서 춤추며 신이 내려오도록 청하는 것을 반드시 수동적인 태도라고만 할 수는 없을 것 같다. 그렇게 빌 때 신들은 땅에 내려오니 인간에게 관대하고 근본적으로는 자비롭다고 할 수 있다.

위세를 부리고 뽐내고 호통을 치기도 하지만 굿거리에서 무당에게 빙의된 신들과 굿의 참여자들과의 대화를 보면 신들은 인간이 여러 가지 방법으로—'인정'(人情)이라는 뇌물을 주는 것을 포함해서—조절할 수 있는 존재들이다. 한국 샤머니즘의 신령들은 『구약』의 야훼 하느님처럼 부권적인 절대 권력을 가지고 있지는 않다. 신인관계(神人關係)는 권위주의적이라기보다는 현세의 복리를 추구하기 위한 '흥정'을 바탕으로 한다. 명분보다 실용을 중시한다고 할까. 굿거리에서 목격되는 특이한 신인관계는 일반사회에서의 인간관계에 그대로 반영되는 수가 있는데 저자는 이런 관계를 '무속적 인간관계'라고 말한 일이 있다.[4]

3. 조상과의 유대와 모성 콤플렉스

조상과의 유대는 그 민족의 전통적 뿌리와의 관계를 유지하는 데 중요하다. 뿌리로부터 단절됨은 심각한 정신적 위기를 초래한다. 조상숭배는 아마도 샤머니즘과는 별개의 기원을 가졌겠지만 한국 샤머니즘에서는 조상거리 등을 통해서 유교의 조상을 위한 제사와는 달리 조상과의 감정어린 대화의 형태로 유지되어왔다. 조령들은 어머니, 혹은 할머니와 같은 존재들이다. 굿의 참여자들은 조상의 따뜻한 위로 아래서 울고 푸념하면서 실컷 한을 풀고 원망하다가 마지막에는 화해한다.

이처럼 인정어린 대화는 산 자들의 고통을 위로하고 격려하는 데 비할 데 없이 효과적이지만 다른 한편 굿의 참여자로 하여금 모성에 대한 무한한 의존심, 가족을 넘어선 인류공동체에 대한 개인의 통찰과 책임

---

[4] 이부영(1976), 「샤머니즘과 무속」, 이상일 외, 『한국사상의 원천』, 박영사, 77~93쪽. '굿거리와 무속적 인간관계' 참조.

의식, 좀더 깊은 삶의 가치에 대한 성찰, 개인 자립의지 등을 약화시킬 수 있다.

한국인의 행태는 여러 면에서 융이 말하는 모성 콤플렉스의 징후를 나타낸다. 과장된 한풀이만으로는 근본문제가 해결되지 않으므로 삶이 어렵고 외로울 때마다 굿을 찾게 된다. 모성 콤플렉스는 자아가 모성적 심성에 의지함을 말하며 반드시 부정적인 면만 있는 것이 아니라 긍정적인 측면도 있다.[5]

4. 미래에 대한 불안과 점복 심리

점복을 통한 미래의 예언은 한국 샤머니즘의 주된 역할은 아니다. 그러나 모든 굿에서 점은 매우 중요하고, 사람의 운명을 예언하는 일 또한 한국 샤머니즘의 중요한 기능 가운데 하나이다. 아마도 참여자들이 그런 말을 기대하기 때문일 것이다. 세상에는 길이냐 흉이냐의 이분법적 판단 이외에 그 사이의 여러 섬세한 조건들로 설명해야 하는 상황이 있다. 점복 자체의 방법도 문제이지만 그보다 이에 임하는 사람의 마음 자세가 중요하다는 점을 다시 강조한다.

모르는 것, 즉 무의식에 대한 관심은 보편적이며 인간적인 관심사이다. 그러나 무의식은 호기심으로 장난 삼아 묻는 사람, 혹은 자기 마음의 성찰보다 구체적 이익을 얻으려는 목적으로 묻는 사람에게 결코 응답을 주지 않는 법이다. 무의식에 대한 경솔한 해석은 그렇게 해석을 내린 사람에게 해롭다. 현재 우리에게 무엇보다 중요한 것은 주술적 태

---

[5] 이부영(1987), 「Jung의 모성상과 모성콤플렉스론」, 『심성연구』 2(2), 73~88쪽; 이부영(1983), 「한국인 성격의 심리학적 고찰」, 『한국인의 윤리관』, 정신문화연구원, 263~264쪽.

도에서 종교적 태도로의 전환이다.[6] 한국 샤머니즘에는 바리공주의 이념을 통해서 종교적 태도로 지양될 요소가 내포되어 있다.

또한 합리적 사고와 판단, 위기를 뚫고 나가는 용기와 의지, 불확실성을 인내하고 견디는 능력, 스스로 생각하며 문제를 해결하려는 의지, 고통을 참을 줄 알며 갈등 속에서 그 해결 방법을 모색하는 능력, 우리 젊은이들에게 필요한 것이 바로 이 방면의 훈련이다.

5. 도덕적 무분별성과 잡합성

공수에서는 통상적인 전통적 도덕이 강조되지만 한국 샤머니즘에서는 선과 악, 죄와 벌의 구분이 유대 기독교처럼 뚜렷하지 않다. 공과 사의 구분도, 유교적인 남녀유별 관념도 느슨하다. 모든 것은 '하나' 속에 혼융되어 있다. 동방문화에서는 선악의 구분이 유대 기독교권처럼 첨예하지 않다고 지적되기도 한다. 한국 샤머니즘에서 특히 주목하는 것은 선악의 도덕적 문제가 아니라 정·부정의 구분이다. 즉 부정을 탔느냐 타지 않았느냐의 문제이다. 부정이란 악귀에 의한 오염일 터이다. 선신은 무엇이며 악신은 무엇인가. 그것은 도덕적 가치를 가진 것이라기보다 대개 인간의 대접 여하에 따라 바뀐다. 선이란 원시 귀령관에 입각하여 인간과 귀령 사이에서 지켜져야 할 관계에 일치하는 행동을 하는 것이고 악이란 거기서 벗어나는 행동을 하는 것이다. 한마디로 귀령에 대한 금기를 지키느냐 침해하느냐 하는 데 달렸다.

유교문화에는 인간과 인간 사이의 체계적인 관계규정, 군신과 부부,

---

[6] 종교적 태도가 '주님의 뜻이 이루어지소서' 하는 마음이라면 주술적 태도는 '나의 뜻이 이루어지라'는 태도라 할 수 있다. 융에 따르면 종교성은 '주의 깊은 관조'(관찰)의 태도를 말한다. 이부영(1998), 『분석심리학』(개정증보판), 일조각, 325~328쪽.

남녀, 부모 자식 간의 예법이 있다. 한국 샤머니즘에는 인간과 귀령과의 관계를 지키는 것이 무엇보다 우선이다. 모든 재앙의 근원이 거기에 있기 때문이다. 따라서 공과 사, 나와 너, 주관과 객관의 구별과 같은 근대사회의 가치의식에 대해서는 별로 개의치 않는 듯한 인상을 받는다. "좋은 게 좋다"는 말과 같이 필요한 것은 비판적인 성찰 없이 무엇이든 끌어들인다. 그래서 공자·예수·노자에 이르기까지 만신전에 모시는 것을 주저하지 않는다. 여기에서도 일정한 체계가 엿보이지만, 의식된 통합이라기보다 무의식적인 잡합이라고 할 정도로 잡연하다. 그러나 이러한 무분별성은 샤머니즘의 퇴화현상이라고 보아야 할지 모른다.

6. 투사의 문제

심리적 문제가 자신 때문이 아니라 밖의 어떤 것, 또는 다른 사람 탓이라고 생각하며 자신의 책임의식에서 오는 부담을 면하려는 무의식적인 행태를 정신분석에서는 투사라 한다. 한국의 샤머니즘을 '인간의 문제를 모두 초자연에 핑계를 대는 투사적 조직' '자기 문제를 자기의 것으로 받아들이려는 자세가 전혀 없고' '한 개인의 책임의식이 흐려져 있다'고 지적한 김광일의 '무속과 한국인'에 관한 논평[7]은 수긍이 가는 말이다. 무엇이나 남의 탓으로 돌리고 자신의 잘못은 전혀 생각지 못하고 남을 원망하고 비난하고 공격하는 것은 미숙한 사람의 자세이다. 그런 면이 한국무속 현장에서 표현될 수 있고 무당 또한 그런 투사 기제를 이용하는 경우가 있을 것이다. 그러나 그것은 안에 있는 것을 밖으

---

7) 김광일(1975), 「한국, 한국인(18) ―무속」, 『월간중앙』(김광일[1984], 『한국전통문화의 정신분석』, 시인사, 261~269쪽).

로 투사하는 것이라기보다 밖에 존재한다고 믿는다는 점에서 일종의 신앙 고백이다. 그리고 우리는 앞에서 무당이 병고와 불행을 남의 탓으로만 돌리지 말고 내 탓으로 고쳐먹도록 참여자에게 종용하고 있음을 발견하였다. 굿의 주재자가 누구냐에 따라 판단이 다를 수 있다는 사실을 보여준다.

7. 샤머니즘의 창조적 측면

이상에서 나는 '한국인의 성격'과 한국 샤머니즘 문화와의 관계를 몇 가지 측면에서 살펴보았다. 현대 한국인이 샤머니즘 문화의 영향을 받았다고 할 수도 있으나 샤머니즘 문화 속에 한국인의 성품이 반영되어 샤머니즘 문화를 한국적으로 변화시켰다고도 할 수 있다. 그러므로 한국인의 부정적 행태를 '미개하고 미신적인 무속문화 탓'이라고 매도하면서 이를 일소해야 한다고 한다면 그것은 정당하지 않을 뿐 아니라 '빈대를 죽이기 위해서 초가삼간을 태우는' 어리석은 짓이다. 또한 잊어서는 안 될 것은 한국인 심성의 긍정적인 측면 안에는 부정적인 면이, 부정적인 측면 안에는 긍정적인 면이 숨어 있다는 심리학적 사실이다. 좋은 면도 지나치면 나쁜 것이 되고 나쁘다는 것 속에도 좋은 싹이 숨어 있다는 관점이다. 그런 면에서 다시 살펴보면 한국인이 많은 장점을 가지고 있다는 사실을 발견한다.

한국인은 누구인가. 한국인의 뜨거운 정은 이미 세계인에게 매혹의 대상이다. 한국에 온 외국인은 이를 잊지 못한다. 격의 없는 솔직함, 소박한 자연스러움, 보이지 않는 세계질서에 대한 관심과 배려, 말없는 마음과 마음의 소통(이심전심), 눈치 안 보고 개인의 주장을 펼 줄 알며 시시비비를 가릴 줄 아는 기질, 죽기 아니면 살기로 싸우다가도 소나기 뒤의 맑은 하늘처럼 기적같이 화합과 화해를 하는 성격, 모험을 서슴지 않는 용기, 자신감, 순발력, 실패에 굴하지 않는 강인함, 섬세하고 정확한 손끝, 무한한 예술적 재능과 감각, 항상 내 나라를 넘어 전 세계를 향해 열린 시선, 근원적인 것에 대한 종교적인 헌신, 그리하여 세계구원의 이상을 구현하고자 하는 무한한 꿈과 의지. 이 모든 것이 지금까지 보아온 샤머니즘 문화의 창조적 측면에 깊이 뿌리를 내리고 있다. 고통과 시련을 이겨내어 비상한 능력을 얻고 그 힘으로 하늘과 지하계로 가서 잃어버린 영혼을 찾아와 병자에게 되돌려주어 죽어가는 생명을 소생시키는 영웅적인 중앙아시아와 시베리아 샤먼의 혼이 한국인의 마음속에도 계승되었을 것이다. 이와 맥을 같이하는 우리나라 강신무의 시련을 통한 영력의 획득과 세속의 영달을 거부하고 죽은 자와 산 자의 천도를 자처한 영혼의 인도자, 바리데기의 혼이 한국인의 심성 속에서 살아날 때 그것은 창조적 힘을 발휘한다. 앞에 열거한 부정적인 인간행태는 엑스터시의 진정한 의미를 상실한 샤머니즘의 타락에서 온 것이라고 보아야 할 듯하다.

'샤머니즘'을 넘어서
■ 에필로그

  인류학적·역사적 현상으로서의 샤머니즘은 오늘날 지구상에서 사라져가고 있다. 1920년대에서 1930년대에 이르기까지 소비에트 권력은 중앙아시아와 시베리아에서 샤먼들을 '인민의 적'으로 추방, 감금함으로써 샤머니즘을 다른 모든 종파와 함께 말살하였다. 샤먼의 제의(祭儀)는 물론 금지되고 샤먼이 쓰던 제구들과 제의(祭衣)는 미신타파운동이란 이름 아래 파괴되었다. 1970년대까지는 극지 노인들 사이에 샤머니즘의 관념이 미미하게나마 남아 있었다. 1980년대 말 페레스트로이카 이후 종교에 변화가 생기고 1997년 종교와 결사의 자유가 법률적으로 보장된 이래 샤머니즘의 재생이 여러 단체의 조직과 함께 시도되었다. 그러나 그것은 이미 과거의 전통적 샤머니즘이 아니었다. 일부는 심령심리학과 결부되고, 일부는 지역의료의 보조자로, 일부는 외국인의 호기심을 채우기 위한 관광사업 가운데 하나로 변화하였다.[1]

---

1) Gorbaceva, V.V.(2009), "Schamanismus in Sowjetzeit," Kasten, Erich(Hg.)(2009), *Schamanen Sibiriens*, Stuttgart: Dietrich Reimer Verlag, Lindem Museum, pp.170~171; Chasitonova, Valentina(2009), Wiederbelebung des Schamanismus in Russland; Kasten, Erich(2009), *Schamanen Sibiriens*, Linden-Museum Stuttgart, Berlin: Reiner Verlag, pp.188~199.

동북아시아는 어떤가. 중국의 우(巫)가 공산혁명을 어떻게 견디어냈는지 저자는 알지 못한다. 중국 서북부 오지의 종족들 사이에서 샤머니즘 풍속이 남아 있다는 말을 들은 일은 있다. 기공(氣功)이 엑스터시 체험을 매개한다는 이야기, 그래서 연구해볼 가치가 있다고 했다. 그러나 그 이상은 잘 모른다. 대저 유물론적 합리주의를 표방하며 강력한 카리스마에 의한 지배를 지향하는 나라에서 종파는 매우 껄끄러운 존재이다. 이들은 다른 신들을 믿기 때문이다. 독재정권은 자기 이외에 두 개, 세 개의 태양을 허용하지 않는다.

일본은 근대화와 더불어 빙신체험을 하는 구치요세 계열이 사라지면서 신사를 중심으로 하는 사제조직에 흡수된 지 오래이다. 한국과 매우 인연이 깊은 오키나와에는 그나마 유다라는 우리나라 무당과 비슷한 무녀가 아직도 활동한다. 샤머니즘의 엑스터시적 요소가 신흥종교로 이행했다는 호리의 주장은 이미 소개한 바 있다. 빙신상태에서 점을 치는 당기는 대만에서 여전히 활발히 꽃을 피우고 있다. 미 대륙에서 인디언 종교는 성공적으로 제압되었다. 샤먼은 접신의 엑스터시 대신 알코올과 마약과 환각제 속에서 타락해갔으며 샤머니즘의 전통을 다시 불러일으키려는 노력이 일어나고 있으나 그 세력이 아직 미약한 상태이다.

우리나라 무속 또한 많은 변화 속에서 명맥을 유지하고 있다. 역사 이래 한국 샤머니즘은 유교의 발흥으로 말미암아 억압 배척되기 시작했고 조선조에는 주로 궁중의 여인들과 불사(佛寺)의 보호 아래 높은 불교와 도교문화를 받아들이면서 변화되어왔다. 일제강점기나 해방 이후 무속은 제한적으로, '양가적으로' 억압되었다. 해방 후에는 심지어 무업자의 단체인 경신회를 선거에 이용하기도 했다. 박정희 군사정권 아래서 새마을운동과 함께 4H클럽은 미신타파운동의 일환으로 농촌의 무속신앙을 없애려 하였다. 역설적인 것은 전국민속조사를 후원하여 우리나라 민속신앙의 귀중한 자료를 수집하고 전통적인 무당과 굿을 무형문화재로 보존·보호한 것 또한 박정희 정권의 사업이었다. 현재 우리는 샤머니즘에 관한 한 세계에서 원시적 전승을 보존하고 생활화하는 몇 안 되는 나라이다. 샤머니즘의 엑스터시적 요소가 한국에서는 다른 종파, 즉 천도교·증산교에 파급된 것은 사실이다. 그러나 이에 못지않게 기독교 교파나 기독교계 신흥종교의 성령운동에 흡수되고 있는 것은 아닌지 의심된다. 그것은 또한 과거에 정치선동, 길거리응원 등에서도 꽃을 피웠다.

역사적·지역적 특성을 지닌 샤머니즘은 전 세계에서 사라졌거나 사라져가고 있지만 샤머니즘에 관한 서구인의 관심은 지속되고 있고 샤머니즘에 관한 서적이 계속 출간되고 있다. 그것은 합리주의와 이성의 건조한 지대를 뚫고 나와 저 신화적 세계로 비상하고자 하는 인류가 가진 오랜 그리움의 발현일 것이다.

저자는 샤머니즘이 우리나라에서 앞으로 어떻게 변화되어갈지, 혹은 변화되어야 하는지 모른다. 그것은 샤먼·무자들과 그 신봉자들이 생각하고 결정해야 할 일이다. 현대문명사회에 원시신앙이 살아 있어 그 한 구석에서 진지하게 믿음을 키워간다고 해서 나쁠 것은 없다. 그러나 우리가 보아왔고 높이 평가하는 강신적 입무의 고통의 역정을 겪지 않은 채 자칭 무당이라고 칭하는 사람들이 계속 늘어나서 길거리에 가게를 차려 사람들에게 유익한지 그렇지 않은지 모를 조언을 한다면 잘하는 일이라고 할 수는 없다.

오늘날 남을 치료하겠다는 사람은 많으나, 치료자가 되기 위하여 자신의 문제를 들여다보고 피나는 고통을 감내하겠다는 사람은 드물다. 엑스터시는 공짜로 주어지는 것이 아님을 우리는 안다. 그런데 쉽게 엑스터시를 흉내내려는 사람이 늘고 있는 것 같다. 이것이 문제이다. 샤머니즘의 외형뿐 아니라, 그 본질과 정신이 보존되고 계승되어야 한다.

합리주의가 아직 정착되지 못했고 모든 면에서 비합리적 감성이 우세한 현대 한국사회에서, 한국 샤머니즘은 이제 모든 학문분야에서 해석될 대로 해석되어 더 이상 아무 의미도 남지 않은 듯하다. 그런 상황에서 여기에 50여 년 전의 묵은 논문까지 들추어 정리하며 내가 보고 느낀 것을 알리려는 것은, 문제에 대한 어떤 해답을 제시하기 위해서라기보다 문제를 문제로서 제기하기 위함이다.

나는 이 책에서 샤머니즘에 담겨 있는 상징적 의미를 이해하고 이를 전달하고자 노력했다. 인간의 병고와 죽음에 직면하여 이를 치료하는 과정에서 원시적 의사가 무엇을 보고 무엇을 행하는지, 그 속에 반영된 인간 무의식의 상징들을 제시하고 원시적 관념과 행위가 상징적으로는 현대를 사는 우리 자신의 마음속에 살아 있음을 증명하고자 하였다. 또한 정신병리적 체험내용의 상징적 해석을 통하여 병자들의 호소를 이해하고 무의식에 활성화되는 치유의 상징을 제시했다. 바리공주 무가에서 볼 수 있듯 주술성을 뛰어넘는 높은 단계의 의미 있는 고통에 관한 통찰에 주의를 환기하고 현대분석적 정신치료의 과정과 상징적 의미에서 일치됨을 지적했다.
우리가 샤머니즘, 또는 한국 샤머니즘에서 분석심리학적으로 발견하려는 것은 거기 있는 인류학적 현상으로서의 샤머니즘과 동일한 것이 아니다. 그것은 샤머니즘을 넘어서 인류의 다른 모든 행태 속에 드러나는 집단적 무의식의 원형상들이다. 말하자면 이런 작업은 샤머니즘의 의식화작업이다. 그로써 우리는 넓은 지평에 서게 되고, 모든 종파를 꿰뚫는 '종교적' 차원에 도달한다. 거기서 우리는 하나가 될 수 있다. 외형적인 샤머니즘이 변하든, 소멸하든, 또는 번창하든 원형에 토대를 둔 샤머니즘 콤플렉스는 사라지거나 변하지 않을 것이다. 왜냐하면 그것은 우리 모두의 마음속에 살아 있기 때문이다.

용어해설

가신신앙家神信仰 대들보 위에 모신 성조신(成造神)을 비롯해 부엌의 조왕할머니, 뒷간의 측신, 뒤뜰의 터주 등 집안을 지키는 귀신들에 대한 신앙.
각성저하Hypoarousal 의식의 각성도가 저하되는 것.
각성항진Hyperarousal 의식이 활발히 살아나서 그 각성도가 증가되는 것.
간나기계神和系 **무녀** 일본무속 중 신도(神道)에 속함. 신사(神社)에 속하는 무녀.
강신降神 신내림.
강신무降神巫 신내림으로 무당이 된 사람.
강신제降神祭 내림굿. 선한 신령(신명[神明])을 내려 받는 굿.
기주祈主 굿하는 집의 여주인. 굿을 청한 사람.
누미노제Numinose 신비한 힘. 모든 종교체험의 원천으로, 집단적 무의식의 원형상에서 발견되는, 말로 형용할 수 없는 신비한 힘. 인간의 원형적 체험에서 경험된다.
대주坐主 굿하는 집의 주인남자.
동시성현상同時性現象, synchronicity phenomena 원인과 결과의 관련(인과론)으로는 설명이 불가능한 현상으로, 의미상 서로 일치하는 두 개의 사건이 공간을 달리해 동시에 일어난다. 먼 거리에 사는 친지가 죽은 바로 그 시간에 친지의 죽음을 암시하는 꿈을 꾸는 경우, 자기의 환자가 자살했을 때 같은 시간에 의사가 몸으로 그것을 느끼거나 그것을 암시하는 꿈을 꾸는 경우 등이다.
마나-인격mana-personality 폴리네시아, 멜라네시아 종교에서 힘과 권위를 가리키는 말을 마나(mana, 魔性)라고 하는데, 그 마나를 지닌 인격을 가리킨다. 추장은 부족민의 마나를 구현하는 마나-인격의 소유자이고 강하고 현명하며 유능한 자는 마나를 가진 자이다. 융은 무의식을 의식화해가는 과정에 자아가 원형과 혼동해 원형이 지닌 힘에 사로잡혀 팽창되면 자신을 '마나-인격'으로 착각하게 된다고 지적한다. 자아를 마나-인격의 원형에서 구별하는 일은 무의식의 의식화과정에서 수행해야 할 작업이다.

말문 열기 무속의 내림굿에서 신이 몸에 들어와 신의 말을 하게 되는 것.

말미받다 말미는 원래 만명(萬明), 무당의 조상을 가리킨다. 말미를 받는다는 것은 조상님들의 말을 하고 모신다는 뜻이다.

메디슨맨medicine man 원시사회의 주의(呪醫).

목적의미目的意味, Zwecksinn '신경증' 환자를 포함해 모든 정신현상에는 원인뿐 아니라 미래지향적인 의미가 있는데, 이것을 목적의미라 한다. 정신치료는 무의식의 목적의미를 파악하고 그 뜻을 실현하도록 돕는 것이다.

몸주 무당의 보호신. 내림굿에서 신내림을 해서 정하며 무업 중 내내 무당을 돕는다.

무병巫病, Schamanenkrankheiten 민간에서 '무당이 되는 병'으로 알려진 병. 신병이라고도 한다.

무의식無意識, das Unbewußte, the unconscious 우리가 가지고 있으나 아직 모르는 마음의 영역.

무의식화無意識化, Unbewußtwerdung 의식화의 반대. 자아가 맹목적인 상태에 빠져서 의식을 무의식과 혼동해 의식된 판단을 내릴 수 없는 상태에 이르게 되는 것이다.

무조巫祖 무당의 조상.

문화연계증후군文化連繫症候群, culture bound syndrome 야프(P. Yap)가 홍콩의 중국인 환자에게서 일어난 특수한 빙의증후군을 발표하면서 붙인 이름. 현재 문화적인 특수성 때문에 그 문화집단에서 발견되는 특수한 증후군을 가리킨다. 예로는 아이누족의 '이무', 중국의 '코로'가 있다.

문화정신의학文化精神醫學, cultural Psychiatry 문화적 요소의 특성, 문화변동은 그 문화집단 성원의 정신건강, 질병과 치료에 관한 개념과 태도에 영향을 미치는데 문화와 정신건강 상호관계를 연구하는 정신의학 분야를 문화정신의학이라 부른다.

분석分析, analysis 분석가의 도움으로 무의식을 의식화하면서 진행되는 자기인식의 과정.

분석가分析家, analyst 다른 사람을 분석할 수 있는 자격을 국제 공인 전문기관으로부터 인정받은 사람.

빙의憑依, possesion 귀령에 사로잡힘, 자아가 귀령에 사로잡히어 귀령으로서 말하는 현상.

빙의사제憑依司祭 항상 신령에 사로잡혀 있는 사제.

사령제死靈祭 죽은 넋들을 위한 굿.

사문沙門 출가 승려.

살귀殺鬼 신격에 따라다니며 살아 있는 자에게 죽음의 가해를 줄 수 있는 귀령.

상문喪門 갓 죽어서 죽음의 때가 강한 혼령.

샤머니즘적 콤플렉스shamanistic complexes 엘리아데가 말하는, 샤머니즘에 특징적인 몇 가지 요소. 불을 다룸(대장장이), 영혼의 분리, 마술적 비상 등.

성인사成人師, initiator 성인화(成人化, 이니시에이션)를 주재하는 자.

세습무世襲巫 신 내림 없이 대를 이어 무업을 세습한 사람.

손푸념 손벗이라고도 하며 베를 60~70센티미터 정도로 잘라 영혼이 저승가는 길에 손수건으로 쓰라고 주는 것.

식문息門 천연두로 죽은 아이의 원령. 천연두 귀신이 가는 곳마다 따라다녀서 천연두 귀신의 비위를 상하게 하므로 천연두를 앓을 때 신의 눈에 띄지 않게 각별히 따로 대접하여 보낸다.

신경증神經症, Neurose 정신신경증(Psychoneurose)의 준말. 정신질환 중 인격의 와해가 덜하고 뇌의 기질적 장애보다 심리사회적인 요인이 크게 관여하는 질환으로 정신치료의 주된 대상이 된다. 현재는 공식명칭으로 쓰이지 않지만 일반인의 교육상 유용한 용어이다.

신방神房 제주도 샤먼의 명칭.

신청올림 신령들에게 굿을 하겠다고 알리고 신이 내려오기를 비는 의식. 굿을 하기 전에 잡귀를 쫓아내고 굿청을 정화하는 데 목적이 있다.

아트만atman 산스크리트어로 본래는 입김이라는 뜻. 후에 혼, 생명의 원리, 개체의 몸 전체를 뜻하게 되었다. 우파니샤드 철학에서는 비개인적인 절대자인 브라만(Brahman)과 같은 뜻이다.

에난치오드로미아enantiodromia 심리적 대극의 반전현상. 본래 물리학 용어이지만 심리학에서도 사용된다. 예를 들면 외향적인 사람이 갑자기 정반대로 내향화의 길을 걷게 되는 경우, 혹은 그 반대의 경우. 기독교 박해자가 극적으로 기독교인으로 귀의한 경우(사울이 바울이 된 경우) 등 의식이 지나치게 한 방향으로만 추구할 때 무의식의 보상작용이 과도하게 일어나서 생긴다.

엑스터시ecstasy 망아체험. 의식의 특수한 이상변화상태(altered states of

consciousness)를 말한다.

역전이逆轉移, Gegenübertragung, counter-transference 분석가의 무의식적 콤플렉스가 피분석자에게 옮겨(투사되어) 체험되는 현상.

염마대왕閻魔大王 저승의 지배자.

영매靈媒, medium 죽은 자의 넋을 저승에서 불러와 산 자에게 그의 말을 들려준다는 중개자.

영매성 정신병靈媒性精神病, mediumistische Psychose 19세기 유럽 사회에서 영매를 통해 죽은 자의 혼을 불러내는 심령술집회가 성행할 때 참가자들이 혼에 빙의되어 정신병증세를 일으키는 경우가 많았다. 이를 독일정신의학에서는 영매정신병, 혹은 심령성 정신병(spiritistische Psychose)이라고 불렀다.

영산靈山 제 명에 죽지 못한, 원한을 품은 혼령.

영의靈衣 죽은 자의 옷.

영화과정靈化過程 물질적인 것이 영적인 것으로 변화하는 과정.

원형原型, Archetypus, archetype 시간·공간의 차이, 인종과 문화전통의 차이와 상관없이 인간이면 누구에게나 태어날 때부터 가지고 나온 원초적이며 보편적인 인간행태의 여러 유형. 그 행태를 가능하게 하는 선험적 조건들을 말한다. 인류가 태초의 시간부터 경험한 것들의 침전물이며 대를 이어 유전된 정신으로 뇌의 구조와도 관계된다. 또한 모든 신화의 공통분모인 신화소(Mytholo-gem, 神話素)에 표현된다. 수많은 원형이 있고 이것들이 집단적 무의식을 구성한다.

원형상原型像, archetypal image, das archetypische Bild 원형 자체는 인간 행태의 선험적 조건으로서 인식할 수 없으나 이것이 인식할 수 있는 형태로 표현된 심상(心像, Imago)을 말한다. 이를 통해 우리는 원형의 존재를 알 수 있다.

유감주술類感呪術, sympathetic magic 비슷한 것은 비슷한 것을 낳는다는 원리에 따라 실시되는 주술. 저주의 방법으로 미워하는 사람의 인형을 만들고 거기에 칼을 꽂으면 그 인형의 주인이 죽거나 상처를 입는다는 믿음 같은 것이다. 혹은 눈병을 고치기 위해 벽에 눈을 그려놓고 주문을 쓴다든가 하는 치병주술에서도 볼 수 있다. 원시부족뿐 아니라 현대사회에도 남아 있는 풍습이다.

의식화意識化, Bewußtwerdung 무의식의 내용을 인식하고 이를 의식의 부분으로 동화하는 과정. '깨우침'의 과정이라고도 할 수 있다. 의식화로써 자아의식은 더욱 확대되고 심화된다.

이니시에이션initiation, 성인화(成人化), 입사(入社), 입무(入巫) 하나의 사회적 위치에서 다른 위치로 옮겨가기 위한 인류사회의 오래된 통과의례의 하나. 어린이가 어른 사회의 일원으로 들어가는 입사식이나 보통 사람이 샤먼처럼 신령을 모시는 치료자가 되는 입무과정에서 그 예를 볼 수 있다. 일반적으로 시련과 고통, 상징적 죽음과 재생의 과정을 보인다.

자기自己, Selbst, Self 분석심리학에서 각 개인의 의식과 무의식을 통틀어 일컫는 전체정신. 그 전체정신의 중심. 전체정신을 실현케 하는 무의식의 조절자. 자율적이며 시공을 초월하는 누미노제를 지닌 타자, 즉 객체정신이라는 점에서 다른 학파의 자기(self)와 구별된다(자기원형을 볼 것).

자기원형自己原型, Self archetype, Archetypus des Selbst 집단적 무의식을 구성하는 많은 원형 가운데 가장 핵심적인 것. 전체정신을 실현케 하는 인간정신의 원초적 조건이다.

자아自我, 나, Ich, ego 내가 나로서 의식하고 있는 의식세계의 중심. '나'는 외부세계뿐 아니라 내면세계(무의식)와 관계를 맺고 이에 적응하는 기능을 갖고 있다.

자율적 콤플렉스autonomous complexes, autonome Komplexe 자아의식의 통제를 벗어나 무의식에서 자율적으로 작동하게 된 콤플렉스들. 원형적 콤플렉스를 가리키기도 한다.

적극적 명상능동적 상상, active imagination 무의식의 이미지를 자아에서 분리된 객체처럼 상상하고 적극적으로 이에 주의를 집중시켜 그것과 대화함으로써 무의식의 내용을 의식계로 끌어내는 방법. 개인분석가의 지도 아래 혼자서 무의식과 대면할 수 있는 방법이다. 무의식과의 대화를 글로 표현하거나 그림으로, 때로는 몸짓과 춤으로 표현할 수 있다.

전이轉移, Übertragung, transference 정신치료과정에서 환자가 치료자에게 무의식적으로 개인적, 또는 원형적 콤플렉스를 투사하는 현상. 그 투사되는 내용에 따라 긍정적 또는 부정적 전이라 부른다. 긍정적 전이에서는 사모하고 존경하는 애인이자 스승, 때로는 초인적인 구원자가 뒤섞인 개인적 또는 원형적 성격이 투사되고 이런 투사가 분석가에 의해 이해받지 못하면 부정적 전이로 바뀌는데, 분석가를 음흉한 마술사, 자기를 마음대로 조종하는 비인간적인 존재로 보게 된다. 전이의 해소는 치료과정에서 매우 어렵고도 중요한 작업이다.

전진前進, progression 자아가 좀더 합리적으로 분화된 외부세계로 향해 활동하는 것. 삶의 두 방향(전진과 후진) 중 하나이다.

절대지絶對知, das absolute Wissen, the absolute knowledge   무의식에 있는 시간·공간을 상대화할 수 있는 어떤 앎. 설명하거나 정의할 수 없으나 존재한다고 가정할 수밖에 없는 것. 동시성현상이 일어날 수 있는 조건이다.

정신병精神病, Psychoses   정신질환 중 인격와해가 심하고 뇌의 기질적 이상과 관계한다고 보는 장애들을 통틀어 가리키는 말. 현재 쓰이는 공식 진단분류에는 없으나 일반인에게 일기 쉽게 교육할 때 신경증(神經症, 노이로제[Neurose])과 함께 유용하게 쓰일 수 있다.

정신치료精神治療, psychotherapy   정신의학의 3대 치료(약물치료·물리치료·정신치료) 가운데 하나로서, 환자의 문제를 심리학적으로 이해하고 치료하는 것이다. 종류가 많고 학파에 따라 관점과 방법을 달리하나 환자의 문제를 정신적으로 다룬다는 점, 정신치료자가 되기 위해서는 특별한 수련을 거쳐야 한다는 점에서 일치한다. 융학파의 분석은 바로 분석심리학적 정신치료이다.

조령祖靈   조상의 혼.

조왕竈王   부엌의 수호신.

지부왕地府王   지하계를 다스리는 왕.

축귀술逐鬼術, exorcism   귀신을 위협해서 내쫓는 주술.

측신厠神   뒷간의 귀신.

콤플렉스心複合體, Komplex, complex   강한 감정체험을 통해 배열되고 결합된 심상군(心像群). 정신은 콤플렉스의 결합으로 이루어진다. 무의식뿐 아니라 의식도 콤플렉스로 형성되고 자아도 특수한 콤플렉스이다. 집단적 무의식의 원형들도 특수한 집단적 콤플렉스라 부를 수 있다. 콤플렉스는 처음부터 병적이거나 열등한 것이 아니지만 무의식에 억압되어 자아가 의식하지 못할 경우 의식에 장해를 일으킬 수 있다. 꿈에 나타나는 여러 이미지는 무의식의 콤플렉스 상들이다. 실험적으로는 단어연상 검사로 그 사람의 콤플렉스를 알 수 있다.

터주基主   터를 지키는 신령.

통각統覺, apperception   객체의 의의나 의미를 인지하는 것. 사물에 대한 지각(知覺, perception)을 이미 가지고 있는 지식이나 경험에 관계 짓는 것이다.

통찰정신치료insight therapy   지지요법과 달리 증세를 완화하거나 현실적응 문제의 해결뿐 아니라 자신의 문제를 심층적으로 인식해 인격의 근본적인 변화를 목표로 하는 정신치료. 정신분석·분석심리학·실존분석 등은 이에 해당된다. 본래 정신치료란 통찰치료를 말한다.

투사投射, projection 무의식의 내용이 외부의 대상에 투영되어 그곳에서 인지되는 현상. 프로이트는 이것을 자신의 실수를 남의 탓으로 돌림으로써 괴로움을 면하려는 방어기제의 하나로 보았다. 융은 이 개념을 확대해 모든 무의식적인 것은 투사될 수 있고 더 나아가 투사됨으로써 자기의 무의식에 무엇이 있는지 인식하게 된다는 점에서 투사는 오히려 자기 자신을 인식할 수 있는 목적을 가지고 나타나는 현상이며, 투사된 것을 되돌려옴으로써 자기인식의 기회를 얻게 된다고 보았다.

트랜스trance 황홀경.

팽창inflation 자아의식이 무의식의 원형들의 영향으로 실제와는 달리 무한히 확대되어 무엇이든 할 수 있는 능력이 생겼다고 느끼며 그렇게 행동하게 되는 일. 이것은 무의식적인 현상으로 진정한 자기통찰이나 해탈이 아니다.

피분석자analysand 분석을 받는 사람을 가리키며, 이 경우 건강인과 환자를 구분하지 않는다.

해리解離, dissociation 외부의 충격이나 억압되었던 무의식의 콤플렉스의 강력한 자극에 의해서 여러 콤플렉스가 연결되어 이루어진 자아의식의 연결이 끊어지고 여러 개의 자아로 분리되어 횡설수설하는 현상을 나타낸다. 정상적으로 약한 자아 기능을 가진 어린이, 또는 성인에서도 일어날 수 있고, 임상적으로는 해리성 장애(dissociative disorder)에서 나타난다.

허주제虛主祭, 허참굿 신이 내릴 때 헛된 잡귀가 함께 내리므로 이를 제거하는 굿.

혼의 정화씻김 죽은 직후의 귀신이 가지고 있는 죽음의 때를 씻어내는 것.

혼의 진화 혼의 정화로 해로운 기운을 없애고 복을 나누어줄 수 있는 높은 단계의 유익한 신령으로 혼을 변화시키는 것.

후진後進, regression 자아가 좀더 원초적인 비합리적인 내면세계, 즉 무의식으로 물러나는 것. 반드시 퇴보나 낮은 단계로의 역행이 아니며 삶의 두 방향(전진과 후퇴) 중 하나이다.

흑샤면black shaman 나쁜 신에 봉사하는 샤면.

* 분석심리학 용어에 대한 자세한 해설은 다음 문헌을 참조할 것. 이부영(2011), 『분석심리학』(제3판), 일조각; 이부영(1999), 『분석심리학의 탐구 ① 그림자』, 한길사; 이부영(2001), 『분석심리학의 탐구 ② 아니마와 아니무스』, 한길사; 이부영(2002), 『분석심리학의 탐구 ③ 자기와 자기실현』, 한길사.

참고문헌

I

강석헌(1972), 「빙의증후군2례—정신역동적 연구」, 『최신의학』 15(8), 1007~1016쪽.
강성진(1979), 「축사현상(逐邪現象)에 관한 실험적 연구」(연세대 교육대학원 석사학위 논문: 지도 문상희 교수).
고대민족문화연구소(2001), 「민속신앙」, 『한국민속의 세계』 제9권, 민간신앙, 기타 신앙, 고대민족문화연구원.
『고려사』 상·중·하(1972), 아세아문화사.
『고려사절요』(1972), 아세아문화사.
국립민속박물관(이종천·천진기·정승모)(1990), 『경북지방 장승, 솟대신앙』, 국립민속박물관.
국사편찬위원회(1968), 『조선왕조실록』 권3, 4, 8.
국사편찬위원회(1969), 『조선왕조실록』 권7, 14, 21.
국사편찬위원회(1970), 『조선왕조실록』 권2, 39.
국사편찬위원회 영인본(웹사이트).
김광일(1972a), 「한국의 전통적 질병개념」, 『최신의학』 15(1), 35~37쪽.
────(1972b), 「한국민간 정신의학(1)—농촌의 정신질환 개념 및 치료에 관한 현지조사」, 『신경정신의학』 11(2), 85~98쪽.
────(1972c), 「신병증례(神病症例)의 정신분석학적 연구」, 『신경정신의학』 11(4), 223~234쪽.
────(1972d), 「한국샤마니즘의 정신분석학적 고찰」, 『신경정신의학』 11(2),

121~129쪽.
─── (1972e),「한국민간 정신의학(2)―굿과 정신치료」,『문화인류학』제5집, 79~106쪽.
─── (1973),「무녀이례(巫女二例)의 정신역동학적 연구」,『문화인류학』제6집, 45~65쪽.
─── (1975),「문화변천에 따른 정신질환개념 및 치료법에 관한 견해조사」,『신경정신의학』14(4), 417~427쪽.
─── (1981),「기독교적 치병현상에 관한 정신의학적 조사연구」, 서광선·정진홍·한왕상·김광일(공저),『한국교회 성령운동의 현상과 구조』, 대화출판사, 233~296쪽.
─── (1984),『한국전통문화의 정신분석』, 시인사.
─── (1992),「정신분열병 환자의 구조행동에 관한 연구―한 군의 환자, 가족 및 주민을 대상으로」, 한양대학교 정신건강연구소,『정신건강연구』11, 231~270쪽.
김광일·김태곤(1970),「무(巫)의 강신몽 분석(降神夢分析)」,『신경정신의학』 9(1), 45~46쪽.
김광일·박용천·황순덕(1991),「소 빙의 1례」,『정신건강연구』9, 68~79쪽.
김광일·이근덕·김명정(1979),「고양이 빙의 1례」,『신경정신의학』18(4), 444~448쪽.
김광일·임휴종(1988),「뱀 빙의 1례」,『정신건강연구』7, 166~178쪽.
김금화(1995),『복은 나누고 한은 푸시게』, 푸른숲.
김동진 편(1925),『가정백방길흉비결』(家庭百方吉凶秘訣), 덕흥서림.
김두종(1966),『한국의학사』, 탐구당.
김민기(1986),「부작미술(符作美術)의 역사와 사상」,『한국의 부적』(제11회 학술강연회 발표집), 국립민속박물관, 3~23쪽.
김부식, 김종권 옮김(1972),『삼국사기』(상) (하), 대양서적.
김열규(1971),『한국민속과 문학연구』, 일조각.
─── (1976),『한국의 신화』, 일조각.
─── (1980),「접신현상에 관한 몇 가지 노트」,『정신의학보』4(9), 169~173쪽.
─── (1986),「제주신화의 우주론―그 대칭 3분법을 위한 시론」,『심성연구』 1(1), 29~44쪽.
─── (2003),『동북아시아 샤머니즘과 신화론』, 아카넷.

김영돈(1966), 『제주도민의 통과의례』, 문화재관리국.
김인회(1987), 『한국무속사상연구』, 집문당.
김인회 외(1982), 『한국무속의 종합적 고찰』, 고대민족문화연구소.
김진영·홍태한 편저(1997), 『서사무가 바리공주 전집』 1, 민속원.
김태곤(1966), 『황천무가연구』, 창우사.
─── (1968), 「성주신앙고」, 『후진사회문제연구논문집』 제2집, 경희대 후진사회문제연구소, 279~301쪽.
─── (1970), 「입무과정의 강신신병현상연구」, 『아세아여성연구』 제9집, 93~109쪽.
─── (1970), 「한국무신의 계통」, 『문화인류학』 제3집.
─── (1971), 『한국무가집』 I, 원광대민속학연구소.
─── (1976), 「민간의 귀신」, 『한국사상의 원천』, 박영문고, 98~132쪽.
─── (1979), 『한국무가집』 III, 집문당.
─── (1981), 『한국무속연구』, 집문당.
─── (1989), 『한국의 무속신화』, 집문당.
김태길(1981), 『윤리학』, 박영사.
김택규·장주근(1974), 「민간의료 및 금기」, 『한국민속종합조사보고서』(경북편), 문화재관리국, 325~385쪽.

류동식(1975), 『한국무교의 역사와 구조』, 연세대출판부.

문상희(1970), 「신흥종교와 샤마니즘의 상관성」, 『대화』 제15호.
문화공보부(1969), 『한국민속종합조사보고서』(전남편), 문화재관리국.
─── (1969), 『한국민속종합조사보고서』(제주도편), 문화재관리국.

『삼국지』(三國志)「위서동이전」(魏書東夷傳)(1969), 한국문화인류학 자료총서 3, 한국문화인류학회, 26~45쪽.
서대석(1991), 『조선조문헌설화집요』(1), 집문당.
서동혁·유희철·신민섭·이부영(1996), 「한국무속의 '신병'에 대한 진단분류 연구」, 『신경정신의학』 35(6), 1386~94쪽.
성문재 감역(1974), 『영부비전』(靈符秘典), 세무자료사.
세계보건기구, 이부영 외 옮김(1994), 『국제질병분류 제10판 ICD-10 정신 및 행태장애』, 일조각.

손진욱·우성일·이부영(1993),「무업자(巫業者)의 정신병 및 성격특성에 관한 고찰―진주지역을 중심으로」,『신경정신의학』 32(5), 631~644쪽.

손진태(1948),『조선민족문화의 연구』, 을유문화사.

신승철·윤관수(1990),「정신과 외래환자의 의료추구 행태에 관한 연구」,『신경정신의학』 29(2), 289~305쪽.

심재경(1990),「한국의 전래동화〈유복이와 금강산 호랑이〉의 분석심리학적 해석시론」,『심성연구』 5(2), 73~101쪽.

야페, A. 엮음, 이부영 옮김(1989),『C.G. 융의 회상, 꿈 그리고 사상』, 집문당.

원가(袁珂), 전인초·김선자 옮김(1988),『중국 신화전설』 1, 민음사.

유정희·이부영(1983),「민간신앙에 관련된 정신장애에 대한 고찰―증례분석을 중심으로」,『신경정신의학』 22(2), 233~252쪽.

윤열수 엮음(1994),『그림으로 보는 한국의 무신도』, 아기책.

이광수(1970),「방언현상연구」(연세대 교육대학원 석사학위 논문: 지도 문상희 교수).

이기선 외(1992),『지옥도』, 대원사.

이능화(1927),『조선무속고』(朝鮮巫俗考),『계명』(啓明) 제19호, 계명구락부.

─── (1959),『한국도교사』, 동국대학교.

이도희·이부영(1993),「심리학적 상징으로서의 어린이―분석심리학적 접근」,『심성연구』 8(1·2), 1~40쪽.

이두현(1996),『한국무속과 민간연희』, 서울대학교출판부.

이병기·김동욱 교주(校注)(1961),『한듕록』, 민중서관.

이병욱·김무진·이수일(1989),「여우 빙의 1례」,『신경정신의학』 28(5), 880~883쪽.

이보섭(2001),「Jung 심리학의 입장에서 본 내림굿의 상징적 의미」,『심성연구』 16(2), 39~97쪽.

이부영(1965),「소위 강신적 입무과정의 정신의학적 연구―한국무속관계자료에 의한」,『명주완 박사 환력기념 논문집』 제2집, 서울대 의대 신경정신과학교실, 1~26쪽.

─── (1965),「한국전래동화 '선녀와 나무꾼'의 심리학적 제문제」,『명주완 박사 환력기념 논문집』 제1집, 21~36쪽.

──── (1968), 「한국무속관계자료에서 본 '사령'의 현상과 그 치료 '제1보'」, 『신경정신의학』 7(2), 5~14쪽.
──── (1969), 「입무과정의 몇 가지 특징에 대한 분석심리학적 고찰」, 『한국문화인류학』 제2집, 111~122쪽.
──── (1970), 「한국민간의 정신병관과 그 치료(I)―무속사회의 정신병관」, 『신경정신의학』 9(1), 35~45쪽.
──── (1970), 「'사령'의 무속적 치료에 대한 분석심리학적 연구―특히 분석적 정신요법과 관련하여」, 『최신의학』 13(1), 79~94쪽.
──── (1972), 「민간의료」, 『한국민속종합조사보고서』(경남편), 문화재관리국, 331~341쪽.
──── (1972), 「한국민간의 정신병치료에 관한 연구―무속사회의 정신병치료」, 『최신의학』 15(2), 191~213쪽.
──── (1972), 「한국에서의 분석―분석에 있어서의 성공과 실패에 관련하여」, 『신경정신의학』 11(4), 209~216쪽.
──── (1973), 「의료문화적응의 제문제점에 관한 시고」, 『신경정신의학』 12(2), 97~109쪽.
──── (1975), 「물질지상주의와 정신만능주의―신흥종교의 분석심리학적 고찰」, 크리스챤아카데미 편, 『구원의 철학과 현대종교』, 삼성출판사, 204~218쪽.
──── (1975), 「민간의료 및 금기」, 『한국민속종합조사보고서』(충남편), 314~336쪽.
──── (1976), 「샤마니즘과 무속」, 이상일 외, 『한국사상의 원천』, 박영사, 62~96쪽.
──── (1976), 「귀령현상의 분석심리학적 이해」, 이상일 외, 『한국사상의 원천』, 박영사, 294~340쪽.
──── (1979), 「한국적 인간관계에 나타난 무속적 요소」, 『의맥』 14, 117~126쪽.
──── (1981), 「정신과환자의 체험내용에 나타난 원형상(II)―무의(巫儀)로 야기된 정신장애례의 분석」, 『정신의학보』 5(2), 26~38쪽.
──── (1982), 「한국무속의 심리학적 고찰」, 김인회 외, 『한국무속의 종합적 고찰』, 고대민족문화연구소, 149~178쪽.
──── (1982), 「전통적 귀신론의 분석심리학적 연구」, 『정신의학보』 6(1), 2~15쪽.

───── (1983), 「한국인 성격의 심리학적 고찰」, 『한국인의 윤리관』, 정신문화연구원, 227~276쪽.
───── (1984), 「민간신앙과 집단적 무의식」, 『대동문화연구총서』 제2집, 성균관대 대동문화연구원, 97~118쪽.
───── (1984), 「제주도 민속의 정신의학적 연구 전망」, 『제주도연구』 1, 431~435쪽.
───── (1984), 「한국인 꿈에 나타난 원형상(1) ―『삼국사기』와 『삼국유사』를 중심으로」, 『정신의학보』 8(1), 2~9쪽.
───── (1985), 「한국인의 꿈에 나타난 원형상(2) ― 일 피분석자의 꿈을 중심으로」, 『정신의학보』 9(1), 2~24쪽.
───── (1986), 「한국설화에 나타난 치료자원형상 ― 손님굿 무가를 중심으로」, 『심성연구』 1(1), 5~27쪽.
───── (1986), 「한국민간신앙과 윤리의식」, 고려대학교 개교 80주년 기념 국제학술회의 논문집, 『현대사회와 전통윤리』, 고대민족문화연구소, 541~564쪽.
───── (1989), 「제주무속의 몇 가지 특징에 관한 분석심리학적 시고」, 『제주도연구』 제6집, 49~55쪽.
───── (1998), 「무속문화 배경의 환자와 정신과 진료」, 한양대학교 정신건강연구소, 『정신건강연구』 17, 14~24쪽.
───── (1998), 『분석심리학 ― C.G. Jung의 인간심성론』(개정증보판), 일조각.
───── (1999), 『분석심리학의 탐구 ① 그림자』, 한길사.
───── (2001), 『분석심리학의 탐구 ② 아니마와 아니무스』, 한길사.
───── (2002), 『분석심리학의 탐구 ③ 자기와 자기실현』, 한길사.
───── (2011), 『한국민담의 심층분석』, 집문당.
이부영·권택술(1986), 「무업자들의 정신질환에 대한 반응 ― 서울 남부지역을 중심으로」, 『서울의대 정신의학』 11(4), 298~314쪽.
이부영·서경란(1994), 「빙의증상을 수반한 정신과환자의 임상적 고찰」, 『신경정신의학』 33(1), 47~66쪽.
이부영·서경란(1994), 「병굿의 정신치료학적 고찰 ― 사례추적 연구를 중심으로」, 『심성연구』 9(1·2), 43~135쪽.
이부영·우성일(1990), 「내림굿과정의 심리역동과 그 정신치료적 의미에 관한 분석고찰」, 『신경정신의학』 29(2), 471~501쪽.
이부영·이나미(1988), 「종교인의 정신질환에 관한 견해와 반응」, 『신경정신의학』 27(2), 333~345쪽.

이부영·이정희·김선아(1989), 「정신과 환자의 의료추구행태에 관한 예비적 연구」, 『신경정신의학』 28(2), 307~324쪽.

이부영·이철규·장환일(1970), 「토속신앙과 관련된 정신장애 3례의 분석」, 『한국문화인류학』 제3집, 5~32쪽.

이상노(1964), 『한국전래동화독본』, 을유문화사.

이원섭 옮김(1972), 『노자·장자』, 대양서적.

이원수(1963), 『전래동화집』, 현대사.

이정희·이부영(1983), 「기독교 신앙치료의 심리학적 고찰―증례추적조사를 중심으로」, 『신경정신의학』 22(1), 67~80쪽.

이청미(1973), 「순복음교회의 신유현상의 연구」(연세대 교육대학원 석사학위논문: 지도 문상희 교수).

이필영(1990), 『솟대』, 대원사.

이형영(1973), 「정신과 환자의 입원 전 치료에 대하여」, 『신경정신의학』 12(1), 59~69쪽.

―― (1988), 「정신과 환자의 입원과 치료에 대하여―비교연구(IV)」, 『전남의대잡지』, 25(4), 1~9쪽.

일연, 이병도 역주(1962), 『삼국유사』, 동국문화사.

임석재·장주근(1966), 『관서지방무가』, 문교부.

장주근(2001), 「가신신앙」, 『한국민속의 세계』 9, 고대민족문화연구원, 73~152쪽.

장주근·김택규(1963), 「'동제'와 '세존단지'」, 『신라가야문화』 제1집, 청구대학 신라가야문화연구원.

―― (1956), 『중요무형문화재 지정자료』(관북지방 무가), 문화재관리국.

장주근·임석재(1966), 『관북지방 무가』(추가), 문교부.

장주근·최길성(1967), 『경기도지역무속』, 문화재관리국.

정경천·이부영(1975), 「농촌주민의 무속치료에 대한 태도조사―한국농촌의 사회정신의학적 연구」(V), 『신경정신의학』 14(4), 405~416쪽.

정동철(1972), 「정신분열증 빙의환자에 대한 정신의학적 연구」, 『신경정신의학』 11(3), 137~155쪽.

―― (1972), 「정신분열증빙의환자에 대한 정신의학적 연구」, 『신경정신의학』

11(4), 223~234쪽.
정재서 역주(1985), 『산해경』(山海經), 민음사.
조흥윤(1999), 『한국의 샤마니즘』, 서울대학교출판부.
조지훈(1963), 「누석단(累石壇), 신수(神樹), 당(堂)집신앙 연구―서낭고(城隍考)」, 『문리논집』, 문학부편 제7집, 고려대 문리대, 45~67쪽.
『직해길흉비법』(直解吉凶秘法)(附大符).

차옥승(1997), 『한국인의 종교경험 무교』, 서광사.
최길성(1967), 「한국무속의 연구―서울지방의 제석거리를 중심으로」, 『육군사관학교논문집』 제5집, 6~28쪽.
―――― (1978), 『한국무속의 연구』, 아세아문화사.
―――― (1981), 『한국의 무당』, 열화당.
―――― (1992), 『한국무속지』 2, 아세아문화사.
최상수(1984), 『한국민간전설집』, 통문관.
최정여·서대석(1974), 『동해안 무가』, 형설출판사.

키스터, 다니엘 A., 정인옥 옮김(1986), 『무속극과 부조리극―원형극에 관한 비교연구』, 서강대학교출판부.

탁명환(1970), 「한국신흥종교의 실태」, 『기독교사상』 통권 제144호, 57쪽.

한국문화상징사전 편찬위원회(1995), 『한국문화상징사전』 1·2, 동아출판사.
한국문화인류학회(1969), 『한국문화인류학 자료총서』 3, 『후한서』, 「동이전」, 11~25쪽.
한국정신문화연구원(1991), 『한국민족문화 대백과사전』 제19권, 한국정신문화연구원.
한동세(1969), 『정신과학』, 일조각.
한상수(1980), 『충남 민담』, 형설출판사.
한정섭(1986), 「현대사회에 있어서 부적에 대한 인식」, 국립민속박물관, 『한국의 부적』, 24~44쪽.
한중수(1978), 『만고비전(萬古秘傳) 영부작대전(靈符笮大典)』, 명문당.
허준, 『동의보감』, 上海校經山房.

현용준(1965),「제주도무속의 질병관」,『제주도』통권 제21호, 106~117쪽.
─── (1965),『제주도 무당굿놀이 개관』, 문화재관리국.
─── (1966),『제주도 토산당굿』, 문화재관리국.
─── (1976),『제주도신화』, 서문문고.
─── (1980),『제주도 무속자료사전』, 신구문화사.
현용준·김영돈(1965),『중요무형문화재 지정자료』(제주도 무당굿놀이), 문화재관리국.
황루시(1988),『한국인의 굿과 무당』, 문음사.

II

赤松智城·秋葉隆(1937),『朝鮮巫俗の研究』上卷, 東京: 大阪屋號書店.
─── (1938),『朝鮮巫俗の研究』下卷, 東京: 大阪屋號書店.
朝鮮總督府中樞院(1932),『高麗以前の風俗關係資料撮要』, 朝鮮總督府.
─── (1939),『李朝實錄風俗關係資料撮要』, 朝鮮總督府.
─── (1942),『李朝各種文獻風俗關係資料撮要』, 朝鮮總督府.
村山智順(1929),『朝鮮の鬼神』, 朝鮮總督府.
─── (1932),『朝鮮の巫覡』, 朝鮮總督府.
─── (1933),『朝鮮の占卜と豫言』, 朝鮮總督府.
秋葉隆(1950),『朝鮮巫俗の現地研究』, 奈良: 養德社.
掘一郎(1958),『民間信仰』, 東京: 岩波書店.
柳田國雄(1967),「巫女考」『柳田國雄全集』第9卷, 東京: 筑摩書房, 223~301쪽.
─── 監修(1967),『民俗學辭典』, 東京: 東京堂出版.
西川正修(1938),「祈禱性精神病の臨床的研究」,『東京慈惠會醫大森田名譽敎授追悼論文集』, 東京.
岩崎義道(1929),「Alopecanthropie(狐憑症)の比較神話學的及精神病學的硏究」,『實地醫家卜臨床』第6卷.
朝倉治彦(1963),『神話傳說辭典』, 東京: 東京堂出版.
佐々木雄司(1967),「我國における巫者(Shaman)の硏究」,『精神神經誌』第69卷 第4號, 429~453쪽.
─── (1986),『宗敎から精神衛生へ』, 東京: 金剛出版.

中山太郎(1930),『日本巫女史』,東京:パルナス社.
中山太郎 編(1941),『日本民俗學辭典』,東京: 梧桐書院.
賈連元(1943),「滿洲國在住漢民族に於ける巫醫ならびに邪病に關する硏究」,『精神神經誌』第47卷.
田村幸雄(1944),「滿洲の民族と精神病」,『精神神經誌』第48卷 第2號.
增田福太郎(1937),『台灣本島人の宗敎』,台南,附童占.
荻野恒一(1950),「憑依狀態の精神病理學的考察」,『腦硏究』6, 115~134쪽.
久場政博(1973),「憑依症候群の精神病理學的ならびに社會文化精神醫學的硏究」,『精神神經學雜誌』75(3), 169~186쪽.
高橋紳吾(1984),「都市における憑依現象」,『社會精神醫學』7(3), 225~234쪽.
西村康(1976),「南部地方の憑依症候群をぬぐる文化精神醫學的硏究」,『精神醫學』18(12), 25~33쪽.
稻田浩(1972),「祈禱性精神病についての精神病理學的一考察」,『岩手醫學雜誌』24(5), 517~531쪽.
石塚尊俊(1983),『日本の憑依きもの』,東京: 未來社.
小松和彦(1982),『憑依信仰論』,東京: 傳統と現代社.
大林太良(1965),『葬制の起源』,東京: 角川書店.
中村元(1985),『佛敎語大辭典』,東京: 東京書籍.
諸橋轍次(1968),『大漢和大辭典』卷2, 東京: 大修館書店.
內村祐等(1938),「アィヌのいむに就いて」,『精神神經誌』第42卷 第1號.
登淑旦(1992),「良渚玉器上的神秘符号」,『故宮文物』卷117, 臺北: 國立故宮博物院, 27~37쪽.
──(1993),「鳩杖」,『故宮文物』卷118, 臺北: 國立故宮博物院, 98~123쪽.
李符永(1983),「シヤマニズム」,『精神の科學 8, 治療と文化』,東京: 岩波書店, 291~311쪽.

III

Ackerknecht, Erwin(1971), "Naturalistic and Supernaturalistic Diagnoses and Treatments," Ackerknecht, E., *Medicine and Ethnology*, Bern: Huber, pp.135~161.

Albronda, H.(1964), "Social class and psychotherapy," *Arch. Gen. Psych* 10, pp.276~283.

American Psychiatric Association(1980), *Diagnostic and Statistical Manual of Mental Disorders*, 3rd ed., Washington: APA.

Antti, Aarne's Verzeichnis der Märchentypen(translated and enlarged by Stith Thompson) Second Revision(1973), *The Types of the Folktale, FF Communications* No.184, Helsinki: Academia Scientiarum Fennica.

Armour, R.A.(1986), *Gods and Myths of Ancient Egypt*, Cairo: The American Univ. in Cairo Press.

Armstrong, E.A.(1970), *The Folklore of Birds*, New York: Dover Publications, 2nd ed.

Bader, A., Navratil, L.,(1976), *Zwischen Wahn und Wirklichkeit, Kunst-Psychose-Kreativität*, Verlag C.J. Bucher, Luzern u. Frankfurt/M.

Bishop, I.B.(1970), *Korea and Her Neighbours*, Seoul: Yonsei Univ. Press(reprinted).

Bleuler, M.(1979), *Eugen Bleuler Lehrbuch der Psychiatrie*, Berlin: Springer Verlag.

Bourguinon, E.(1973), "Introduction: A framework for the comparative study of altered states of consciousness," Bourguinon E.(ed.) *Religion, Altered States of Consciousness and Social Change*, Columbus: Ohio State Univ. Press, pp.3~35.

Boyer, L.(1964), "Folk psychiatry of the Apaches of the Mescalero Indian reservation," A. Kiev(ed.), *Magic, Faith and Healing*, New York: Free Press, pp.384~419.

Brinker, Helmut(1975/76), *Bronzen aus dem alten China*, Zürich: Museum Rietberg.

Carstairs, G.M.(1964), "Healing ceremonies in primitive societies," *The Listner* 72, pp.195~197.

Cavenar, J.O., Spaulding J.G.(1977), "Depressive disorders and religious conversions," *J. Nerv. Ment. Dis* 165(3), pp.209~212.

Chevalier, J. and Gheerbrant, A.(1994), *Dictionary of Symbols*, Blackwell, Oxford, Cambridge.

Choe, K.S.(1978), "Initiation in Korean Shamanism," *Minzokugaku Kenkyu* 38, pp.108~119.

Cirlot, J.E.(1981), *A Dictionary of Symbols*, London: Routledge & Kegan Paul.

Clark, C.A.(1961), *Religion of Old Korea*, Seoul: The Christian Literature Society of Korea.

Clements, F.(1932), "Primitive concepts of disease," *American Archeology and Ethnology*, Vol.XXXII, Berkeley: Univ. of California Press, pp.185~252.

Cooper, J.C.(1978), *An Illustrated Encyclopaedia of Traditional Symbols*, London: Thames and Hudson.

Crapanzano, V., Garrison, V.(1977), *Case Sudies in Spirit Possession*, New York: John Wiley and Sons.

Davidsons, W.D.(1966), "Psychiatric significance of trance cults," *Transcultural psychiatric Research Review* 3, pp.45~47.

Dean, S., Thong, D.(1972), "Shamanism versus psychiatry in Bali, Isle of Gods: Some modern implications," *Amer. J. Psychiatr*, 129 July, pp.59~62.

Devereux, G.(1961), *Ethnopsychoanalysis; Psychoanalysis and Anthropology as Complementary Frames of Reference*, Berkeley: University of California Press.

Dow, J.(1986), "Universal apects of symbolic healing: A theoretical synthesis," *American Anthropologist*, 88(1), pp.56~69.

Eberhard, W.(1987), *Lexikon chinesischer Symbole*, Düsseldorf: Diederichs.

Eder, M.(1958), Schamanismus in Japan, *Paideuma*, Bd.VI, Heft 7 Wiesbaden.

Eliade, M.(1954), *Die Religionen und das Heilige*, Salzburg: Otto Müller Verlag.

──── (1956), *Schamanismus und archaische Ekstasetechnik*(Übersetzt von Inge

Köck), Zürich: Rascher Verlag.

―――(1961), *Das Mysterium der Wiedergeburt*, Zürich: Rascher Verlag.

―――(1961), *Mythen, Träume und Mysterien*, Salzburg: Otto Müller Verlag.

―――(1964), *Shamanism, Archaic Techniques of Ecstasy*(translated by Willard R. Trask), Princeton: Princeton Univ. Press.

Ellenberger, H.F.(1970), *The Discovery of the Unconscious*, New York: Basic Books, Inc., Publishers.

Evans-Wentz, W.Y.(hrgb.)(1951), *Das tibetanische Totenbuch*, Zürich: Rascher Verlag.

Favazza, A.R., Oman, M.(1978), "Overview-foundations of cultural psychiatry," *Am. J. Psychiatry*, 135, pp.293~303.

Field, M.J.(1969), "Spirit possession in Ghana," *Spirit Mediumship and Society in Africa*(ed. John Beattie and J. Middleton), London: Routledge and Kegan Paul.

Findeisen, H.(1957), *Schamanentum*, Stuttgart: W. Kohlhammer Verlag.

Firth, R.(1967), *Individual Fantasy and Social Norms; Seances with Spirit Mediums in Tikopia Ritual and Belief*, Boston: Beacon.

Fischer, R.(1970), "Über das Rhythmisch-Ornamentale in halluzinatorisch-Schöpferischen," *Confinia Psychiatrica* 13, pp.1~25.

Frazer, Theodor(1959), *The New Golden Bough*, New York: Criterion.

Fuchs, S.(1966), "Magic healing techniques among the Balahis in central India," Kiev A(ed.), *Magic, Faith and Healing*, New York: The Free Press, pp.121~138.

Galanter, M.(1978), "The 'relief effect'―a sociobiological model for neurotic distress and large group therapy," *Am. J. Psychiatry* 135, pp.588~591.

Gebser, Jean(hrgb.)(1955), *Schamanengeschichten aus Sibirien*, München: Otto Wilhelm Barth-Verlag.

Goldwert, M.(1992), *The Wounded Healers*, New York: Univ. Press of America.

Greenbaum, L.(1973), "Societal correlates of posession trance in Sub-

Saharan Africa," Bourguinon, E.(ed.), *Religion, Altered States of Consciousness and Social Change*, Columbus: Ohio State Univ. Press, pp.39~87.

Groesback, C.J.(1975), "The archetypal image of the wounded healer," *The Journal of Analytical Psychology* 20(2), pp.122~145.

Groot, J.J.M. de(1910), *The Religious System of China*, New York: McMillan.

Halifax, J.(1982), *Shaman, The Wounded Healer*, New York: Crossroad.

Hannah, B., *Active Imagination*, Santa Monica: Sigo Press.

Harva, U.(1938), *Die religiösen Vorstellungen der altaischen Völker*, Helsinki: FF Communication Nr.125.

Hastings, J.(ed.)(1981), *Encyclopedia of Religion and Ethics*, Vol.V, Vol.X, Edinburgh: T. and T. Clark. pp.157~159.

Heiler, F.(1959), *Die Religionen der Menschheit*, Stuttgart: Reclam.

Henneberg(1901), "Über Spiritismus und Geistesstörungen," *Archiv f. Psychiatrie* 34, pp.999~1039.

────(1903), "Zur forensisch-psychiatrischen Beurteilung spiritischer Medien," *Archivf. Psychiatrie* 37, pp.673~723.

Hippler, A.E.(1971), "Shamans, cures and personality, suggestion toward a theoretical model," *Transcultural Psychiatric Research Review*, 8, pp.190~193.

────(1973), "Possession and trance cults: a cross-cultural perspective," *Transcultural Psychiatric Research Review* 10, pp.21~23.

Hissink, Karin, "Krankheit und Medizinmann bei Tacana-Indianern," *Festschrift A.D.E. Jensen* 1, pp.204~211.

Hoffmann-Krayer, E. Bächtold-Stäubli, Hanns(1927), *Handwörterbuch des deutschen Aberglaubens*, Bd.I, Berlin: Walter de Gruyter.

────(1929/30), *Handwörterbuch des deutschen Aberglaubens*, Bd.II, Berlin: Walter de Gruyter.

────(1934/35), *Handwörterbuch des deutschen Aberglaubens*, Bd.VII, Leipzig: Walter de Gruyter.

────(1934/35), *Handwörterbuch des deutschen Aberglaubens*, Bd.VI, Leipzig: Walter de Gruyter.

────(1936/37), *Handwörterbuch des deutschen Aberglaubens*, Bd.VIII, Berlin: Walter de Gruyter, pp.478~479.

Hollender, M.H., Hirsch, S.T.(1964), "Hysterical psychosis," *Am. J. Psychiatry*, 120, pp.1066~74.

Honko, L.(1959), *Krankheitsprojektile*, FF Communications No.178, Helsinki.

Hori, I.(1964), "Penetration of shamanic elements into the history of Japanese folk religion," *Festschrift für AD, E. Jensen*, München: Teil I, pp.251~264.

Jaffé, A.(1958), *Geistererscheinungen und Vorzeichen*, Zürich: Rascher Verlag.

────(1962), *Erinnerungen, Träume, Gedanken von C.G. Jung*, Olten: Walter Verlag.

Jaffé, A., Frey-Rohn, L., M.L. Von Franz(1980), *Im Umkreis des Todes*, Zürich: Daimon Verlag.

Jayne, W.A.(1962), *The Healing Gods of Ancient Civilization*, New York: Univ. Books.

Jobes, G.(1962), *Dictionary of Mythology, Folklore and Symbols Part 1*, New York: The Scarecrow Press.

Jung, C.G.(1952), *Psychologie und Alchemie*, Zürich: Rascher Verlag(한국융연구원 옮김, C.G. 융 기본저작집 제5권[2002], 『꿈에 나타난 개성화의 상징』, 솔; 제6권[2004], 『연금술에서 본 구원의 관념』).

────(1948), "Die psychologischen Grundlagen des Geisterglaubens," C.G.Jung, *Psychische Energetik und das Wesen der Träume*, Zürich: Rascher Verlag, pp.27~311.

────(1951), *Aion*, Zürich: Rascher Verlag.

────(1952), "Synchronizität als ein Prinzip akausaler Zusammenhänge," C.G. Jung, W. Pauli, *Naturerklärung und Psyche, Studien aus dem C.G. Jung Institut Zürich*, Zürich: Rascher Verlag, pp.1~107.

─── (1953), *Symbolik des Geistes*, Zürich: Rascher Verlag.
─── (1958), "Schizophrenia," *G.W.*, Bd.3, *The Psychogenesis of Mental Disease*, Princeton Univ. Press, pp.261~262(*G.W.*, Bd.3, pp.293~312: Schizophrenie), C.G. 융 기본저작집 제1권[2001]; 『정신요법의 기본문제』, 333~353쪽. '정신분열증').
─── (1958), *G.W.*, Bd.16, *Praxis der Psychotherapie*, Zürich: Rascher Verlag.
─── (1958), "Grundsätzliches zur praktischen Psychotherapie," C.G. Jung, *G.W.*, Bd.16, *Praxis der Psychotherapie*, Zürich: Rascher Verlag, pp.1~20(C. G. 융 기본저작집 제1권[2001], 『정신요법의 기본문제』).
─── (1958), "Das Gewissen in psychologischer Sicht," *G.W.*, Bd.10, *Studien aus dem C.G. Jung Institut Zürich, Das Gewissen*, Zürich: Rascher Verlag, pp.185~207(C.G. 융, 기본저작집 제9권[2004], 『인간과 문화』, 109~153쪽, '분석심리학적 관점에서 본 양심').
─── (1958), "Die Psychologie der Übertragung," *G.W.*, Bd.16, Zürich: Rascher Verlag, pp.174~345(C.G. 융 기본저작집 제3권[2004], 『인격과 전이』, 167~375쪽).
─── (1960), *G.W.*, Bd.6, *Psychologische Typen*, Zürich: Rascher Verlag.
─── (1963), Antwort auf Hiob *G.W.*, Bd.11. pp.447~450.
─── (1963), "Psychologischer Kommentar zum Bardo Thödol," C.G. Jung *G.W.*, Bd.11, Zürich: Rascher Verlag, pp.550~567.
─── (1963), *G.W.*, Bd.11, Zur *Psychologie westlicher und östlicher Religion*, Zürich: Rascher Verlag, pp.1~118.
─── (1963), *G.W.*, Bd.7, *Die Beziehungen zwischen dem Ich und dem Unbewußten*, Zürich: Rascher Verlag(C.G 융 기본저작집 제3권[2004], 『인격과 전이』, 11~163쪽, '자아와 무의식의 관계').
─── (1963), "Das Wandlungssymbol in der Messe," *G.W.*, Bd.11, Zürich: Rascher Verlag, pp.219~323(C.G. 융 기본저작집 제4권[2008], 『인간의 상과 신의 상』, 181~294쪽).
─── (1963), *G.W.*, Bd.11, Zur *Psychologie westlicher und östlicher Religion*, Zürich: Rascher Verlag.
─── (1967), "Seele und Tod," *G.W.*, Bd.8, pp.461~474(C.G. 융 기본저작

집 제9권[2004], 『인간과 문화』, 94~108쪽, '심혼과 죽음.'
─── (1967), "Transzendente Funktion," *G.W.*, Bd.8., Rascher Verlag Zürich, pp.77~104.
─── (1967), *G.W.*, Bd.8, *Die Dynamik des Unbewußten*, Zürich: Rascher Verlag.
─── (1967), "Theoretische Überlegungen zum Wesen des Psychichen," *G.W.*, Bd.8, *Die Dynamik des Unbewußten*, Zürich: Rascher Verlag, pp.185~267.
─── (1967), "Allgemeine Gesichtspunkte zur Psychologie des Traumes," *G.W.*, Bd.8, pp.269~318, Zürich: Rascher Verlag(C.G. 융 기본저작집 제1권[2001], 『정신요법의 기본문제』, 150~205쪽).
─── (1968), "Psychogenese der Schizophrenie," *G.W.*, Bd.3, Zürich: Rascher Verlag, pp.261~281.
─── (1968), "Neuere Betrachtungen zur Schizophrenie," *G.W.*, Bd.3, *Psychogenese der Geisteskrankheiten*, Zürich: Rascher Verlag, pp.283~291.
─── (1952), *Symbole der Wandlung*, Zürich: Rascher Verlag(C.G. 융 기본저작집 제7권[2005], 『상징과 리비도』, 제8권[2006], 『영웅과 어머니 원형』).
─── (1972), *Briefe I*, Olten: Walter Verlag.
─── (1972), *Briefe II*, Olten: Walter Verlag.
─── (1974), "Gut und Böse in der analytischen Psychologie," *G.W.*, Bd.10, Olten: Walter Verlag, pp.497~510(C.G. 융 기본저작집 제9권[2004], 『분석심리학에서의 선과 악』, 109~158쪽).
─── (1976), "Über den Archetypen des kollektiven Unbewußten," *G.W.*, Bd.9/1, Olten: Walter Verlag, pp.13~51(C.G. 융 기본저작집 제2권[2002], 『원형과 무의식』).
─── (1976), "On occultism," C.G. Jung(1976), *The Symbolic Life*, Collected Works, Vol.18, New York: Princeton University Press, pp.293~329.
─── (1976), "Zur Phänomenologie des Geistes im Märchen," *G.W.*, Bd.9/1, pp.221~269.
─── (1977), "Forewards to White's God and the Unconscious," C.G.

Jung, *Psychology and Religion: West and East, Collected Works*, Vol.11, New York: Routledge and Kegan Paul, pp.299~310; *G.W.*, Bd.11, pp.327~339("Vorwort zu White").

―――― (1977), "Psychotherapists or the clergy," *G.W.*, Vol.11, *ibid*.("Über die Beziehung der Psychotherapie zur Seelsorge," *G.W.*, Bd.11, pp.355~383), pp.327~347.

Jung, C.G., Kerényi, K.(1951), *Die Einführung in das Wesen der Mythologie*, Zürich: Rhein-Verlag.

Kaplan, B., Johnson, D.(1964), "Social meaning of Navaho psychopathology and psychotherapy," Kiev, A.(ed.), *Magic, Faith and Healing*, New York: MacMillan, pp.203~229.

Kaplan, H.I., Sadock, B.J.(1989), *Comprehensive Textbook of Psychiatry*, 5th ed., Baltimore, Maryland: Williams and Wilkins.

Karjalainen, K.F.(1921), *Die Religionen der Jugra-Völker I*, Helsinki: FF Communications Nr.41.

―――― (1927), *Die Religionen der Jugra-Völker III*, FFC. Nr.63, Helsinki.

Kasten, Erich(Hg.)(2009), *Schamanen Sibiriens*, Linden-Museum Stuttgart, Berlin: Reimer Verlag.

Kendall, L.(1977), "Mugam, The dance in shaman's clothing," *Korea Journal*, December, pp.38~44.

Kennedy, J.G.(1969), "Psychosocial dynamics of witchcraft systems," *Transcult. Psychiat. Research* 6, pp.116~121.

Kerényi, K.(1948), *Der göttliche Arzt*, Basel: Ciba.

―――― (1950), *Labyrinth-Studien, Labyrinthos als Linienreflex einer mythologischen Idee*, Zürich; Rhein Verlag.

Keyser, J.D., Klassen, A.M.(2001), *Plains Indian Rock Art*, Seattle & London: University of Washington Press.

Kiev, A.(1961), "Spirit possession in Haiti," *Am. J. Psychiatry* 118(2), pp.133~138.

―――― (1964), *Magic, Faith and Healing*, New York: Free Press.

―――― (1972), *Transcultural Psychiatry*, London: Penguin Books.

──── (1968), *Curanderismo: Mexican-American Folk Psychiatry*, New York: The Free Press, pp.3~7.

──── (1964), "The study of folk psychiatry," Kiev(ed.), *Magic, Faith, and Healing*, New York: Free Press, pp.3~35.

Kitanishi, K.(1993), "Possession phenomenon in Japan," *The Proceedings of The Cultural Psychiatry Symposium in Korea, Japan and China* (*Taiwan*), The East Asian Academy of Cultural Psychiatry, pp.34~52.

Kleinman, A.(1979), "Why do indigenous practitioners successfully heal," Soc. Sci. Med., 13B, pp.7~26.

Kleinman, A., Gale, J.(1982), "Patients treated by physicians and folk healers(1) a comparative outcome study in Taiwan," *Culture, Medicine and Psychiatry* 6, pp.405~423.

Kos, J.D.(1964), "Puerto Rican spiritualism in Philadelphia," read at the Annual Meeting of the American Anthropological Association. Denver, Colo, Nov 18~21 quoted from "Puerto Rican spitituralists view of mental illness: The faith healer as a paraprofessional" by Isaac Lubchansky et al., *Amer J. Psychiat* 127(3), pp.212~321.

Kraepelin, Emil(1909), *Psychiatrie*, Bd.1, Leipzig: Verlag von Johann Ambrosius Berth.

──── (1918), *Hundert Jahre Psychiatrie*, Berlin: Julius Springer Verlag.

Kramer, Brett, Hart(1970), "Psychotherapeutic implications of traditional healing ceremony: The Malaysian main puteri," *Transcultwral. Psychiatry*, Research Review. Vol.VII, pp.145~150.

Kraus, R.F.(1970), "A psychoanalytic interpretation of shamanism," *Transcultrual Psychiatric Research Review* 7, pp.5~9.

Kretschmer, E.(1948), *Hysterie, Reflex und Instinkt*, 5 Aflage, Berlin: Georg Thieme Verlag(吉益脩夫 譯[1956], 『ヒステリーの心理』, みすず書房).

Kroeber, A.L., Kluckhohn, C.(1952), *Culture, a Critical Review of Concepts and Definitions*, New York: A Vintage Books.

Leach, M.(1950), *The Standard Dictionary of Folklore, Mythology and Legend*, Vol.2, New York: Funk and Wagnalls.

Lee, Bosup(2001), *Wenn du tanzt, wirst du geheilt-Die Initiationszeremonie im koreanischen Schamanismus, Versuch einer Deutung im Lichte der Jungschen Psychologie*, Diplom Thesis, C.G. Jung Institut Zürich.

Lee, Du-Hyun(1990), "Korean shamans: role playing through trance possession," Schechnerm R, Appel, W.(ed.), *By Means of Performance: Intercultural Studies of Theatre and Ritual*, Cambridge: Cambridge Univ. Press, pp.149~166.

Lee, Sang-sook, Sibley. Greta D., "Talismans, the art of fortune," *Korea Quaterly*, Vol.11, No.3, pp.27~33.

Leighton, Alexander, H, Leighton, Dorothea C.(1941), "Elements of psychotherapy in Navaho," *Religion, Psychiatry* 4, pp.515~523.

Lévi-Strauss, Claude(1967), "The socerer and his magic," John Middleton(ed.), *Magic, Witchcraft, and Curing*, New York: The Natural History Press, pp.23~41.

────(1967), *Structural Anthropology*, New York: Doubleday.

Lèvy-Bruhl(1935), "Remarques sur l'initation des medicine-men," *Die Kulturelle Bedeutung des komplexen Psychologie* (hrg.) vom Psychologischen Club Zürich, Berlin: Verlag von Julius Springer, pp.214~219.

Lewis, I.M.(1971), *Ecstatic Religion*, Middlesex: Penguin Books.

Linton, R.(1936), *The Study of Man*, New York: cited from Kroeber A.C. & Kluckhohn.

Lommel, Andreas(1980), *Shaman und Medizinmänner*, München: Verlag Callwey.

Ludwing, A.(1968), "Altered states of consciousness," Prince R(ed.), *Trance and Possession States*, Montreal: McGill University, R.M. Bucke Memorial Society.

Malinowski, B.(1948), *Magic, Science and Religion and Other Essays*, New York: Beacon Press.

Mc Niff, S.(1979), "From shamanism to art therapy," *Art Psychotherapy* 6, pp.155~161.

Meier, C.A.(1949), *Antike Inkubation und moderne Psychotherapie, Studien aus dem C.G. Jung Institut Zürich*, Bd.I, Zürich: Rascher Verlag.
―― (1986), "Incubation," C.A. Meier, *Soul and Body*, Santa Monica: The Lapies Press, pp.190~209.
Murphy, J.M.(1964), "Psychotherapeutic aspects of shamanism on St. Laurence Island, Alaska," Kiev A.(ed.), *Magic, Faith and Healing*, New York: The Free Press, pp.53~83.

Navratil, Leo(1976), "Die Merkmale schizophrener Bildnerei: Die schiziophrenen Gestaltungs-tendenzen," A. Bader, L. Navratil(1976), *Zwischen Wahn und Wirklichkeit, Kunst-Psychose-Kreativität*, Luzern: Bucher, pp.60~91.
Nioradge, G.(1955), *Schamanismus bei den sibirischen Völker*, Stuttgart: Strecker und Schröder.
Noyes and Kolb(1958), *Modern Clinical Psychiatry*, Philadelphia: Saunders.

Obeyesekere, G.(1969), "The idiom of demonic possession: A case study," *Transcultural Psychiatric Research Review* 6, pp.62~64.
O'Connell, M.C.(1982), "Spirit possession and role stress among the Xesibe of Eastern Transkei," *Ethnology* 21, pp.22~37.
Ohashi, H., Sakumichi, S., Horike, K.(1984), "A social psychological study of Okinawan shamanism: I. Approach and some findings," *Tohuku Psychologica Folia*, Vol.43(1~4), pp.66~79. pp.963~964.
Opler, M.E.(1936), "Some points of comparison and contrast between the treatment of functional disorders by Apache shamans and modern psychiatric practice," *Am. J. Psychiat.* 92, pp.1371~87.
―― (1959), *Culture and Mental Health*, New York: McMillan.
Overall, B. & Aronson, H.(1963), "Expectation of psychotherapy in patients of lower socioeconomic class," *Am. J. Orthopsych* 33, pp.421~430.
Ozturk, O.M.(1964), "Folk treatment of Mental illness in Turkey," Kiev,

A.(ed.)(1964) *ibid.*, pp.343~363.

Pattison, E.M.(1964), "Social and psychological aspects of religion in psychotherapy," *J. Nerv. Ment. Dis* 141, pp.586~597.

Pattison, E.M., Labins N.A., Doerr H.A.(1973), "Faith healing: A study of personality and function," *J. Nerv. Ment. Dis* 157, pp.397~409.

Peterich, E., *Götter und Helden der Griechen*, Olten: Walter Verlag.

Prince, R.(1964), "Indigenous Yoruba Psychiatry," Kiev, A.(ed.)(1964), *ibid.*, New York, pp.84~120.

Purce, J.(1974), *The Mystic Spiral*, New York: Thames and Hudson.

Rasmussen, Knud(1922), *Grönlandsagen*, Berlin: Gyldendal.

―――― (1926), *Rasmussens Thulefahrt*, Frankfurt am Main: Frankfurter Sociätas-Abteilung Buchverlag.

Reinhold, F.G. Müller(1927), "Die Krankheits-und Heilgottheiten des Lamaismus ―Eine medizingeschichtliche Studie," *Anthropos*, Bd.XXII, pp.956~991.

Rhi, Bou-Yong(1966), *Die Toten und 'SAL', das Tötende im koreanischen Schamanismus*, Diplom Thesis C.G. Jung Institut Zürich.

―――― (1989), "Psychotherapeutic aspects of shamanism with special reference to the Korean Mudang," *Mental Health Research*, Hanyang, Univ.8, pp.40~55.

―――― (1992), "Shamanism and the Korean Psyche," *Koreana*, Vol.6, No.2, pp.31~35.

―――― (1993), "The phenomenology and psychology of Korean shamanism," *Contemporary Philolsophy, A New Survey* Vol.7, Dordrecht: Kluver Academic Publishers, pp.225~268.

―――― (2001), "Culture, Spirituality and Mental Health ―The Forgotten Aspects of Religion and Health," *Psychiatric Clinics of North America* 24(3), Sept., pp.569~579.

―――― (2003), "Psychological aspects of Korean shamanism," Korean National Commission for UNESCO(ed.), *Korean Anthropology, Contemporary*

Korean Culture in Flux, Seoul: Hollym, pp.447~456.

Rhi, B.Y. et al.(1995), "The health care seeking behavior of schizophrenic patients in 6 east Asian areas," *International Journal of Social Psychiatry* 41(3), pp.190~209.

Rogers, C.(1970), "Towards a theory of creativity," *Creativity*(ed. PE Vernon), London: Penguin Books Ltd., pp.137~151.

Rose, H.J.(1964), *A Handbook of Greek Mythology*, London: University Paperbacks, Methuen & Co.

Rose, L.(1971), *Faith Healing*, London: Penguin Books.

Rossell, Hope Robins(1966), *Encyclopedia of Witchcraft and Demonology*, New York: Crown Publishers.

Sakumichi, S., Ohashi, H., Horike H. et al.(1984), "A social psychological study of Okinawan shamanism: II. An investigation of the health seeking process in the traditional society under the infiltration of modern western culture," *Tohuku Psychologica Folia*, 43(1~4), pp.80~90.

Sandner, F. Donald(1971), "Navaho medicine men: The psychological cure," *Transcult. Psychiat Res Rev* Vol.VIII, pp.92~94.

Sandner, D.F., Wong, S.H.(ed.)(1997), *The Sacred Heritage-The Influence of Shamanism on Analytical Psychology*, New York & London: Routledge.

Sasaki, Y.(1963), Social Psychiatric Study of Shaman ("Miko") in Japan, Tokyo.

Scarpari, Maurizio(2000), *Ancient China*, New York: Barnes & Noble.

Schang, T.T.(1934), *Der Schamanismus in China, eine Untersuchung zur Geschichte der chinesischen "Wu"*(Inaugural-Dissertation), Hamburg.

Schneider, K.(1928), *Zur Einführung in die Religions Psychopathologie*, Tübingen: Verlag von J.G.B. Mohr(懸田·保谷 譯[1954], 『宗教精神病理學入門』, 東京: みすず書房).

Schröder, D.(1964), "Zur Struktur des Schamanismus," *Religions-Ethnologie*, Frankfurt a. Main: Akademische Verlagsgesellschaft Frankfurt A.M., pp.296~334.

Shakman, Robert(1969), "Indigenous healing of mental illness in

Philippines," *Int. J. Soc. Psych* XV(4), pp.282~285.

Shirokogoroff, S.M.(1935), *Psychomental Complex of the Tungus*, London: Kegan Paul, Trench. Trubner and Co., Ltd.

Smith, S.(1953), "Magic, medicine, and religion-the persistence of an idea," *British Medical Journal*, pp.847~851.

Spiro, Melford E.(1965), "Religious systems as culturally constituted defense mechanisms," M. Spiro(ed.) *Context and Meaning in Cultural Anthropology*, New York: The Free Press, pp.100~113.

Teja, J.S., Khanna B.S., Subrahmanyam T.B.(1970), "Possession states in Indian patients," *Indian Journal of Psychiatry* 12, pp.71~87.

Tenzel, J.H.(1970), "Shamanism and concepts of disease in a Mayan Indian community," *Psychiatry* 33(3), pp.372~380.

The East Asian Academy of Cultural Psychiatry(1993), *Possession Phenomena in East Asia, Proceedings of The Fourth Cultural Psychiatry Symposium in Korea, Japan, and China(Taiwan)*.

Thompson, S.(1956), *Motif-Index of Folkliterature* Vol.2, Bloomington: Indiana Univ. Press.

Tseng, W.S.(1972), "Psychiatric study of shamanism in Taiwan," *Archives Gen. Psychiatry* 26(6), pp.561~565.

Von Beit, Hedwig(M.L. von Franz)(1977), *Gegensatz und Erneuerung im Märchen*, 4. Aufl. Bern, München: Francke Verlag.

─── (M.L. von Franz)(1981), *Symbolik des Märchens*, 6 Aufl., Bern: Francke Verlag.

Von Franz, M.L.(1961), "Das Problem des Bösen im Märchen," *Das Studien aus dem C.G. Jung-Institut Zürich*, Zürich: Rascher Verlag, pp.103~104.

─── (1970), *Interpretation of Fairytales*, New York: Spring Publication.

─── (1970), *Zahl und Zeit*, Stuttgart: Ernst Klett Verlag.

─── (1978), *Spiegelungen der Seele*, Stuttgart: Kreuz Verlag.

─── (1984), *Traum und Tod*, München: Kösel Verlag.

Waley, A.(1957), *Die Neun Gesänge-Eine Studie über Schamanismus im alten China*, Hamburg: Marion von Schröder Verlag.

Weck, W.(1947), "Die balische Heilkunde," *Ciba Zeitschrift* 9(106), pp.3854~3896.

Wen, J-K.(1993), "Spirit possession phenomenon in Taiwan," *Proceedings of the Fourth Cultural Psychiatry Symposium in Korea, Japan and China (Taiwan) Possession Phenomena in East Asia*, The East Asian Academy of Cultural Psychiatry, pp.5~21.

Werner, E.T.C.(1932), *Dictionary of Chinese Mythology*, Shanghai, Kelly and Walsh.

Whitwell, F.D., Barker M.G.(1980), "Possession in psychiatric patients in Britain," *British Journal of Medical Psychology* 53, pp.287~295.

Wilhelm, B.R.(hasg.)(2004), *Enzyklopädie des Märchens* Bd.11, Berlin: Walter de Gruyter.

Williams, C.A.S.(1960), *Encyclopedia of Chinese Symbolism and Art Motives*, New York: The Julian Press.

Wintrob, R.M.(1973), "The influence of others, wiltchcraft and network as explanations of behavioral disturbances," *J. Nerv. Ment. Dis.*, 156, pp.318~326.

Wittkower, E.D.(1970), "Trance and possession states," *Int J. Soc Psychiatry* 16, pp.153~160.

Wittkower, E.D., Prince, R.(1974), "A review of transcultural psychiatry," *American Handbook of Psychiatry*, 2nd ed., Vol.2, (ed.) Arieti S., Caplan G., New York: Basic Books, pp.535~550.

Wittkower, E.D., Weidman, H.H.(1968), "Magic, witchcraft, and sorcery in relation to mental health and mental disorder," *Transcultural Psychiatric Research Review 10*, 5, pp.125~130.

―――― (1973), "Magical thought and the integration of psychoanalytic and anthropological theory," *ibid.*, pp.16~18.

Yamamoto, J., Kraftgoin M.(1965), "On the treatment of the poor," *Am. J. Psych* 122, pp.267~271.

Yap, P.M.(1960), "The Possession Syndrome: A comparison of Hong Kong and French findings," *J. Med. Sci.* 106, pp.114~137.

Yeh, K.(1987), "A psychotherapeutic study of Dang-Ki healing(Taiwanese shamanism): cross-cultural implications for pastoral counselors," *Dissertation Abstracts International* 48(4-B), p.1166.

Zilboorg, G.(1941), *A History of Medical Psychology*, New York: W.W. Norton.

The Korean Shamanism and Analytical Psychology of C.G. Jung
with special reference to the symbols of suffering and healing

Prof.em. Rhi, Bou-Yong M.D. PhD.
C.G. Jung Institute of Korea

Prologue: Dialogues with the soul of the dead

Chap. 1: Shamanism and Psychology, the Process of My Investigations

Chap. 2: Is Shamanism Different from Mu-sok(Mu-customs)?
1. Definitions of shaman and shamanism
2. The roles and original terms of Mudang, Myeongdo and Sinbang
3. Issues of the ecstasy
4. Sinbang in Chejuisland
5. Conceptual limitations of Mu-sok

Chap. 3: Shamanic Initiation Process
1. Characteristics of the initiation process and their symbolic meanings
2. Initiation disease in Korea— Is it a psychopathological phenomenon or religious calling?
3. Symbolic meanings of initiation dreams among Korean candidates
4. Initiation ceremony

Chap. 4: Psychological Symbols of the Spirits and Demons
1. The world of spirits and demons seen from the complex theory of C.G. Jung
2. The hierarchy of the shamanic deities in Korean shamanism

Chap. 5: Folk Concepts of Disease and Mental Illness
1. Classification of the primitive concept of illness in Korea
2. Folk concepts of mental illness in Korea
3. Symbolic interpretations of the concepts of disease

Chap. 6: Folk Treatment of Mental illness
1. Psychological understanding of the primitive treatment of illness
2. Symbols of 'Beating with peach tree' to mentally ill patient

Chap. 7: Possession Phenomena and Possession Syndromes
1. Concept of Bing-eui, possession and researches on possession syndromes
2. Transcultural comparisons of clinical cases with possession symptoms in Korea, Taiwan and Japan

3. Psychological understanding of possession experiences and syndromes

Chap. 8: Mental Disorders Associated with Mu-belief
1. Clinical and psychological considerations to the individual cases
2. General discussions on the psychogenesis and the therapeutic approaches

Chap. 9: Death, the World beyond, Phenomenology of the Spirits of the Dead, and Sal, the Killing Agent
1. Death and the world beyond in Korean shamanic songs
2. Jungian understanding of death and the life after death
3. Phenomenology of the spirits of the dead
4. Shamanic treatment of the spirits of the dead in comparison with the analytic psychotherapy
5. Sal, the killing agent and Heot-jang, false-funeral ceremony

Chap. 10: Gut (shamanic ritual) and Psychotherapy
1. Shanamism and psychotherapy
2. Characteristics of shamanic healing rituals, Byeong-gut
3. Cases of Byeong-gut and discussion
4. Psychological considerations to therapeutic effects of Gut

Chap. 11: Korean Shamanism and Archetypal Images of the Collective Unconscious
1. Symbols of the union of the opposites
2. The meaning of suffering and self actualization, the healer archetype
3. The Korean variation of the ideology of ecstasy
4. Symbols of shamanic demonology
5. The symbol of labyrinth in shamanic dance and talisman

Chap. 12: Korean Folk Belief and Ethical Consciousness
1. What is 'ethical consciousness'?
2. Characteristics of the folk belief and ethical issues

Chap. 13: Mental Health Care of Patients with a Shamanic Background
1. Culture and medical care
2. The religious cultural spectrums of the Koreans
3. Characteristics of patients with shamanic background and mental health care

Chap. 14: Influences of Shamanism upon the psychology of the Koreans
1. Longing for ecstasy
2. The social expression of the characteristic god-man relationship
3. Attachment to ancestors and manifestations of the mother complex
4. Uncertainty for future and the affinity to divination
5. Less sharpened moral discrimination and tendency to syncretism
6. Issues of 'projection'
7. The creative aspects of shamanism

Epilogue: Beyond shamanism

찾아보기 · 인명

| ㄱ |

그뢰스백(Groesback, C.J.) 594
그룰레(Gruhle, Hans) 35
기타니시(北西憲二) 323, 325, 326
김광일(金光日) 43, 86, 89, 565
김금화 125~129, 131, 164, 200
김두종 214
김수남 125
김열규(金烈圭) 604, 657
김영돈 261
김인회 120, 125, 127, 129, 130, 132, 157
김태곤(金泰坤) 42, 87, 89~91, 95, 97, 102, 103, 108, 120, 121, 123, 128, 129, 157, 162, 179, 188, 217, 265, 398, 399, 450, 620, 654
김태길 641
김택규 184

| ㄴ |

나카야마(中山太郎) 191, 192
니오라제(Nioradze, Georg) 34

| ㄷ |

다윈(Darwin, Erasmus) 301
데브러(Devereux) 280
도(Dow, J.) 575
등숙빈(登淑蘋) 610

| ㄹ |

라스무센(Rasmussen) 196, 467
러시(Rush, Benjamin) 301
레비-스트로스(Lévi-Strauss, Claude) 283, 575
레이턴, 도로시아(Leighton, D.C.) 277
레이턴, 알렉산더(Leighton, A.H.) 277
로파틴(Lopatin) 483
롬멜(Lommel, A.) 559
루이스(Lewis, I.M.) 51, 308
루트비히(Ludwig, A.) 161
류동식(柳東植) 649
린턴(Linton, Ralph) 681

| ㅁ |

마이어(Meier, C.A.) 285

맥니프(McNiff, S) 559
머피(Murphy, M.J.) 279
모리다(森田) 83
무라야마(村山) 82~84, 94, 95, 101, 174, 184, 206, 216, 258, 259, 267, 293
뮐러(Müller, Max) 180

| ㅂ |

베르히만(Bergman, E.I.) 426
베크(Weck, Wolfgang) 227
부르기뇽(Bourguignon, Erika) 308
브롬버그(Bromberg, W.) 503
비숍(Bishop, I.B.) 174

| ㅅ |

샌드너(Sandner, F. Donald) 285
샤크만(Shakman, Robert) 281
샹청추(Schang, Tscheng-tsu) 53
손진태(孫晋泰) 41
슈나이더(Schneider, Kurt) 35, 50, 51
슈뢰더(Schröder, Dominik) 36
슈미트(Schmidt, W.) 50, 51, 231
스튜어트(Stewart, Kilton) 278
스피로(Spiro, M.E.) 279
시로코고로프(Shirokogoroff, S.M.) 166

| ㅇ |

아카마츠(赤松智城) 179~181
아커크네호트(Ackerknecht, E.) 249

아키바(秋葉隆) 42, 76, 79, 82~84, 86, 89~91, 94~96, 101, 102, 119, 188, 196, 240, 256, 267, 423, 444, 445, 448, 455, 458, 618, 619
암스트롱(Armstrong, Eduard A.) 606
야나기다(柳田國雄) 54
야페(Jaffé, A.) 419, 431
얍(Yap, P.) 327
에버하르트(Eberhard, W.) 621
엘렌버거(Ellenberger, H.F.) 558, 563
엘리아데(Eliade, Mircea) 36, 44, 48, 50, 51, 74, 77, 79, 102, 182, 190, 191, 196, 225, 290, 578, 605
오즈투르크(Ozturk) 231
오플러(Opler, M.K.) 280, 558
외스터라이히(Oesterreich, T.K.) 328
웨그로키(Wegrocki, Henry J.) 85
웨일리(Waley, Arthur D.) 191
융(Jung, Carl Gustav) 29, 35, 37, 38, 44, 93, 94, 101, 115, 116, 176, 177, 185, 199, 232, 235, 241, 290, 361, 371, 407~419, 421, 428, 441, 564, 582, 595, 596, 625, 642, 643, 660
이규보(李奎報) 646, 648
이능화(李能和) 41, 649
이보섭 44
이익(李瀷) 198
이필영 600, 602, 612

| ㅈ |

자네(Janet, P.M.F.) 95, 170
장주근 83, 87, 91, 100, 184, 221, 465, 662
정동철 327, 329
조브스(Jobes) 609, 620
조지훈(趙芝薰) 185
존슨(Johnson) 230

| ㅊ |

초시모스(Zosimos) 70
최길성(崔吉城) 42, 83, 87, 91, 100, 449, 464, 465, 657
최남선 34

| ㅋ |

카리아라이넨(Karjalainen, K.F.) 36, 483
카스태어스(Carstairs, G.M.) 277
카플란(Kaplan) 230
케레니(Kerényi, Karl) 176, 199, 361, 441, 487
크라판차노(Crapanzano, V) 331
크레이머(Kramer) 278
크레치머(Kretschmer, E.) 497
크레펠린(Kraepelin, E.) 301
클라인만(Kleinman, A.) 505
클라크(Clark) 180
클레멘츠(Clements, F.) 22, 232, 307, 310, 311
키에브(Kiev, A.) 278, 284, 331

| ㅌ |

테자(Teja, J.S.) 327
톰슨(Thompson, Stith) 295

| ㅍ |

패티슨(Pattison, E.M.) 280
퍼스(Raymond Firth) 30, 51, 163
폰 프란츠(von Franz, Marie-Louise) 37, 38, 44, 175, 407, 411~419
프랭클(Frankl, V.E.) 232
프레이저(Frazer, T.) 233, 301
프로이트(Freud, Sigmund) 35, 95, 96, 195, 278, 461, 595
프롬(Fromm, Erich) 35
프린스(Prince) 231
피셔(Fischer, R.) 162
피스터(Pfister, O.) 284
핀트아이젠(Findeisen, Hans) 51, 456, 606
필드(Field, M.J.) 166

| ㅎ |

하르바(Harva, Uno) 36, 430, 475, 483
헤이스팅스(Hastings) 307
현용준 261, 262, 271, 390, 392, 587
호리(掘一郎) 58
홍코(Honko, Lauri) 230, 307
황루시 125, 162, 624
훅스(Fuchs) 231
휘트웰(Whitwell, F.D.) 327
히싱크(Hissink, K.) 233, 234

찾아보기·사항

| ㄱ |

가사반응(假死反應, Pseudotodreflex)
  497
가신신앙(家神信仰) 662
가정신앙 62
가족 콤플렉스 572
가택신(家宅神) 185
각간(角干) 충공(忠恭)의 병 214
각성 저하(Hypoarousal) 162
각성 항진(Hyperarousal) 162
간나기계(神和系) 무녀 57
감정적 179, 243, 461
　~가치 179, 243, 461
　~관계 179
　~잔재 243
　~체험 461
　~동화(Emotionelles Verarbeiten)
　304
강림도령(降臨道令) 197
강박장애 674
강신무(降神巫) 34, 34, 651
강신사제(降神司祭) 164

강신의 꿈 97, 122
강신적 입무과정 86, 90
강신제 119
개성화과정(individuation) 186, 300,
  602
　~의 상징 103, 107, 399
　~의 주제 107
개신(改新, Erneuerung) 498
개인적 무의식 177, 415
개인적 아트만 415
개인적 콤플렉스 177
개인적인 수호신 50
객귀(客鬼) 216, 240
　~물림 272
객신(客神) 216
객체정신 187
걸립(乞粒) 119
격(覡) 53
견귀자(見鬼者) 54
경신회 698
경악(驚愕) 234
　~신경증(Schreckneurose) 234

~정신병(Schreckpsychose) 234
고등종교 123
고통(das Leiden) 27, 67, 289
　　~과 죽음과 부활 67, 75
　　~에 대한 태도 65, 68
　　~의 다스림 30
　　~의 의미 31, 69, 468, 473
고행 65
곡부(哭婦, Klageweiber) 460
곡신(穀神) 610
골격(骨骼)으로의 환원 74, 75
골맥이 184
공수〔말문 열기, 神託〕 117, 122, 123, 128, 132, 654
공창무(空唱巫) 56
괴물에게 삼켜짐 105
교육분석(Lehranalyse) 73
교체일신교(交替一神敎, henotheism) 180
구병기도(救病祈禱) 252, 253
구삼승할망 208, 210
구치요세(口寄せ) 57, 459
구타법 300
군웅(軍雄) 211
　　~살 493
　　~신 653
귀령(spirits) 177, 232, 237, 615
　　~신앙 175
　　~의 공격적 빙의 237
　　~의 세계 90
　　~의 침입(spirit intrusion) 232
귀부(鬼婦) 218

그림자 107, 290
그물 633
　　~의 상징 634
극락세계 401
극락왕생 454
금기침해(禁忌侵害, breach of taboo, Tabu-Verletzung) 207, 216, 243
금무(禁巫) 645
금줄 622
기계주의 644
기능적 정신병 220
기도성 정신병 83, 84
기독교 51, 232, 368, 447, 569, 574
　　~신앙치료 569
기우제 649
기적적 치유 597
기절발작 497
기질성 정신장애 317
길잡이 475
깃발 144
깨끗함과 더러움 108
꿈 87, 91, 680, 681
　　~의 상징 680
　　~의 영향력 87
　　~의 원형적 상징성 91
　　~의 이미지 681
　　~의 해석 97
　　~자아 80
꿈 포획자(dream catcher) 632

| ㄴ |

나눔(Communion) 562

나무목신 206
나무의 이미지 602
나병(癩病) 210
나선형 635, 637
나와 너의 경계 81
난무(亂舞) 619
남무(男巫) 53
남성적-인격 112
　~생명력 195
남존여비 434, 580
내림굿 87, 118, 119, 132
내향적 유형 77
넋남 213
넋두리〔魂語〕 30, 455, 464
　~의 위험성 467
넋들임 213
넋반 456
넋보냄 456
넋전 481
　~의 소각 485
노여현자(老女賢者) 원형상 193
노이로제 147
　~환자 69
노자(老子) 634, 635, 693
노현자(老賢者) 원형상 193
농경민족 77
뇌척수병(腦脊髓病) 210
누미노제(Numinose) 28
　~의 체험 172

| ㄷ |
다리굿 474

다중인격 315
단기반응성 정신병 317
당골 56
당기 323, 698
당신(堂神) 262, 625
대감(大監) 211, 452
　~신 33, 92, 653
대극(Gegensatz) 367
　~갈등 108, 371, 498, 688
　~융합의 상 113
　~융합의 상징 193
　~의 반전 345, 436
　~의 결합(complexio oppositorum)
　371
　~의 일치(coincidentia oppositorum)
　371
　~의 조화 610
　~의 합일 432
　~합일의 상징 81, 187, 581
대리희생 496
대우주(macrocosmos) 206
도교 50, 124, 179
　~설화 200
도깨비(잡귀) 222
　~신 210
　~의 빙의 218
도덕(Moral) 642
　~규범 641
도무(跳舞) 133, 617
　~의 상징 617
도지(桃枝)→복숭아나무 가지
　~구타법(桃枝毆打法) 266, 292,

293
독경 211, 267, 457
동갑동 398
『동국이상국집』(東國李相國集) 646
동물빙의 84, 329
동서활인서(東西活人署) 649
동시성적 지각 463
동시성현상 94, 660
동신(洞神)→부락신
동양의학의 질병관 680
동자신(童子神) 197
동정 468
동토(動土) 222
두린굿 269
두신(痘神) 208, 257
두역(痘疫) 210
디오니소스 70

| ㄹ |

라마교의 질병관 229
라스코 구석기시대 동굴벽화 606
리비도의 퇴행을 나타내는 춤 625

| ㅁ |

마귀 174
　~학(demonology) 174
마나 650
　~인격(mana-personality) 124, 356
마력의 소유자 124
마른 씻김굿 445
마마신 596

마술(마법) 79, 374, 393
　~사 50
　~의 특종 49
　~적 비상(magic flight) 49, 52, 65, 78
　~적 사고 674
　~적 치료 374
마을 굿 574
막춤 528
만명(萬明) 433
만신(萬神) 56, 178
말문 열기→공수
망아경 130, 270
　~에서의 치유(healing in ecstasy) 270
망아상태 80
망아체험→엑스터시
맹격(盲覡, 판수) 55, 457
먹힘(Verschlingung) 77
메디슨맨(medicine man) 49, 436, 608
명도(明圖) 57, 572
「모모다로」(桃太郎) 297
모성, 부정적 359
모성상 360
모성 콤플렉스 691
모성적 리비도 113, 115
목석동토귀(木石動土鬼) 207
목신(木神)의 탈 272
목적론적 질병관 682
몸주(수호신) 61, 78, 95, 103, 195, 433

~대신 192
~신령 194
몽마(夢魔, nightmare) 93
몽점(夢占) 211
무(巫)의 양성(兩性) 580
무감 59, 513
무구(巫具) 61
　~가 지닌 주력 589
무당 28, 33, 192, 433, 435
　~귀신 361
　~의 주술적 능력 648
무병(巫病, Schamanenkrankheiten) 34, 75, 82, 85
무상신선 471
무속(巫俗) 34, 48, 62, 670
~신앙 62, 373
　~의 부정성(不定性) 62
　~인의 질병관 675
　~적 인간관계 690
　~치료 675
무시간적 인간 410
무신(巫神) 180, 198
　~계(巫神界) 598
무의식 170, 203, 493
　~속의 의식(Das Bewußtsein im Unbewußten) 300
　~속 원형들의 배열(constellation) 107
　~심리학 237
　~성(Unbewußtheit) 238, 501
　~의 그림자 492
　~의 누미노제 393, 591

~의 비인과적 법칙 288
~의 신화적 요소 178
~의 심층 35
~의 원초적 속성 292
~의 의식적인 억압현상 186
~의 자율적 콤플렉스(autonome Komplexe) 175, 177
~의 절대지(絕對知, das absolute Wissen) 94
~의 창조적 원천 101
~의 치유기능 111
~의 콤플렉스 172, 173, 331
~의 투사상 175
~의 활성화 상태 170
~화(Unbewusstwerdung) 487
무저항 498
문턱(threshold, Schwelle) 418
문화를 뛰어넘는 정신치료(psychotherapy beyond the culture) 669
문화연계증후군(culture bound syndrome) 86
문화인류학 40
문화정신의학 43
물귀신 494
물동이 127
물리적 에너지 416
물애기 525
물침입(物侵入) 230
미로 487, 617
　~의 이미지 632
미묘체(subtle body) 412
미신 680

미타마(ミタマ, 魂) 425
미혼령 432
민간신앙 39
민간정신요법(folk psychotherapy) 443
민간주술 256
민담(옛날이야기, Märchen) 36, 175, 395
민속극 664
민속신앙 644
민속축제 658
민속학 40
민족의 혼(Seele, anima) 471

| ㅂ |

바다 126
바리공주 455, 465, 467
　~의 신화 465
바리데기 31
　~굿거리 30
박수 34, 55
박혁거세 77
반신(半神) 190
발사물(發射物, Projektil) 230
발산(환기, ventilation) 513
　~법(發散法, abreaction) 277
방어체계 279
뱀 115, 190, 609
　~신 271
배 가르기 479
벽사물(辟邪物) 255
벽사부(辟邪符) 255

변환과정(Wandlungsprozess) 73, 485
변환의 상징 70, 115
별성(別星) 452
병고(病苦) 68
병굿 171, 506
병귀의 체내 침입 211
병식(病識) 429, 566
보살 62, 135
보이지 않는 힘 175
보증(reassurance) 511
보호신령 191
복숭아나무 가지 217, 254, 265, 293
복장제도(複葬制度) 78
복합증후군 85
복희씨 114
본능 118
　~적 리비도 113
부락신 183, 185
부락제(동제〔洞祭〕) 6, 62, 63, 657, 658
부부신 111
부성 콤플렉스, 긍정적 355
부정(不淨) 125, 673
부처님 152, 154, 385
북두칠성님 524
분만증(煩懣症) 214
분별하는 정신 499
분석(Analyse) 73
　~가 수련과정 73
　~심리학적 정신치료(요법) 288, 461

~적 정신요법 72
~적 정신치료(analytical psychotherapy) 30, 69
~적 정신치료자의 수련 124
분열 80
　~증(조현병[調絃病])의 심리요법 429
불 49, 571, 636
불교 50, 124, 179, 447, 676
불로불사(不老不死) 294
불사교(佛事橋) 474
불사약 470
불안 369
　~장애 674
블랙 홀(black hole) 418
비교종교학 36
비유(allegory) 284
비정형성 정신병 317
비탄반응(grief reaction) 405
빙신(憑神) 122, 123, 625
　~현상(憑神現象) 57
빙의(憑依, possesion, Besessensein) 28, 51, 58, 84, 237, 307, 310, 314, 315, 317, 328, 331
　가역적~ 311
　능동적~ 331
　비가역적~ 311
　~없는 트랜스 308
　~문화(possession culture) 331
　~사제(Besessenheitspriester) 51
　~장애 314
　~징후 84

~체험 317
~트랜스 308
뼈 74, 190, 254
~의 심리학적 의미 74

| ㅅ |

사랑의 신 202
사령(死靈) 438
　~의 현상 178
　~의 결정적인 소화 485
　~의 한(恨) 462
　~제(祭) 30, 257, 445
사로잡힘(Ergriffenheit, Ergriffensein) 311, 347
사문(沙門, sramana) 424
사악한 눈초리(evil eye) 231
사원수면(temple sleep, incubation) 111, 285
사육제의 혼돈 664
사자교(使者橋) 474
사제(司祭, priest) 49
사주(四柱) 658
사회심리적 질병관 682
산 자 30, 393
산마누라 451
산신 113, 183, 185, 524
　~령 100
산음(散陰) 378
산천제 649
살(殺) 210, 211, 230, 397
　~귀 397, 423
　~귀의 체내 침입 211

살풀이 256
삶의 원초적 대극성 493
3대 원무(圓舞) 476
3위신 593
삼각산 산신 125
삼계 599
『삼국사기』 209
『삼국유사』 77, 211
삼승할망 208
삼신 262
삼지창 532
상문(喪門) 211, 422
　~살귀 427
상징의 구체화(Konkretisierung des Symbols) 71, 663
상징적 정신요법(symbolic psycho-therapy) 285
상처 입은 치료자(wounded healer) 114, 595
새 막대[鳥杆] 606
새남굿 383
새로운 자아 72
새사람(bird-man) 606, 609
생과 사의 영원한 순환 623
생명수(Elixir vitae) 294
생명의 에너지(Lebensenergie) 602
생명의 채찍 302
샤머니즘 39, 49, 685
　~의 본질 48
　~의 분석심리학적 연구 39
　~의 입무체험 65
　~의 정신치료적인 의미 503
　~의 치병 목표 507
　~의 치병의례와 입무과정 43
　~이라는 용어의 의미 48
　~적 콤플렉스들(shamanistic complexes) 49
샤먼(shaman) 27, 47~49, 114, 192, 394, 614
　~후보자 73
　~의 마술 49
　~의 이니시에이션 38
　~의 저승으로의 비상 192
　~의 치병 505
　~적 엑스터시의 특수형 50
심적 현실로서의~ 82
서낭기 527
서낭제 649
서천교(西天橋) 474
선과 악의 대극 643
선녀 190
　~의 이미지 192
선덕여왕 211
선무당 58
성(性) 변환 580
성(聖)과 속(俗) 106
성격장애 90, 651
성령 374
성수(聖樹) 80, 206
성스러운 고통 68
성애적 요소 191
성인사(成人師) 359
성인식 67, 302
성적 결함 193

성적 흥분 190
성조신(成造神, 성주신) 29, 62, 185, 452
성황신(城隍神) 183
세계구원의 이상 695
세계수 389, 598
세계와 삶의 갱신 191
세계원형 413
세계의 창 605
세계의 축(axis mundi) 80, 296
세속적 명예욕 591
세습무 65
소명(召命, Berufung) 68
소우주(microcosmos) 206
소화(消化, Verarbeiten) 461
손 없는 날 240
손각씨(孫閣氏) 197
손님귀신 240
손의 운행 240
솟대(수살대) 80, 500, 600, 602, 605
송신(送神) 487, 551
수륙재(水陸齋) 254
수살(水殺) 494
수호신 → 몸주
순응(adaptation, Einpassung) 668
숨바꼭질(seek and hide play) 98
숫양 37
  ~의 상 37
숫자의 마력 631
스트레스 553
시니구치(死口) 459
시대악 650

시베리아 샤먼 79
시신(詩神) 29
시왕(十王) 212, 384, 389
  ~교(十王橋) 474
  ~맞이 212
  ~문 386
  ~포 455
시조령 433
시조신 184
식문(瘜門) 208, 257, 258
신경증(노이로제[Neurose]) 69, 219
신과의 결혼 128
신과의 동침 193
신교(身橋) 474
신내림 122, 132, 614
신당 197
신도(神刀) 268
신들의 계위 179
신딸 128
신령 118, 201
  ~들의 장인(master of spirits) 52
  ~에 의한 능동적 빙의 52
신명 133
  ~종지기 128
신모(神母) 63
신물(神物) 95, 442
  ~찾기 122
  ~획득 95
신방(神房) 60, 61, 453
신병 83, 85, 86
신복(神服) 525
신비술 648

신비적 융합(참여)(participation mystique) 186
신성의 현시 604
신성한-고통 88
　～무구(巫具) 95
　～소녀 199
　～소년 199
　～어린이 441
신성혼(神聖婚, hieros gamos) 579, 581, 590
신앙치료(faith healing) 279, 556
신어머니 75, 119, 125
신의 고통 472
　～나타남(epiphania) 111
　～배우자 193
　～분노 210, 237
　～소명 68
신인관계(神人關係) 62, 690
신장신(神將神) 130
신장칼 528
신장할머니 62
신조(神鳥) 610, 611
신창(神槍) 268
신체(神體) 61, 325
신칼 126
신탁→공수
신통력 125
신풀이 264
신화(神話) 35
　～소(神話素) 104
신화적 사랑 190
신흥종교 58, 698

실혼(失魂, soul-loss) 219, 221
　～문화(soul loss culture) 331
심령성 정신병(spiritistische Psychose) 83
심령술 28
심령심리학 411, 415
심령현상 175, 178
심리극(psychodrama) 278, 506, 556
심리치료→정신치료
심리학 40
　～과 연금술 115
　～적 유형 685
심인성 신체장애 90
심인성 질환 289
심적 실재(psychic reality) 282
심적 에너지 476
심적 이마고 572
심판의 신 201
심혼의 고통(das Leiden der Seele) 69

| ㅇ |

아니마(anima, 심혼[心魂, Seele]) 29, 112, 192
　～원형상 192
　부정적～ 360
　살인적～ 427
아니무스(심령[心靈, Geist]) 112, 192
　살인적～ 427
아라미타마(アラミタマ, 新靈) 425
아버지 상(father image) 165

아스클레피우스(Asclepios) 111, 285, 286
아이누족 86
　~의 이무 83, 84
악귀 114, 125
　~의 침입 211
　~의 포획과 추방 635
악령 114
악몽 93
악한 괴물 115
악한 마술사 361
애도의식 427
액막이 242
약물치료 249, 512
약한 자아(ego) 73
양(羊) 38
양가적(兩價的) 감정 160
양저문화(良渚文化) 610
어린이 197, 199
　~원형상 197, 199
　~의 넋 197
　~의 초자연적인 예언능력 197
에토스(ethos, 윤리) 643
엑스터시(ecstasy, Ekstase, 망아체험) 48, 49, 62, 67, 182, 578, 688
　~의 대가 48
　~의 개념 50
　~의 기술 48
　~의 이념과 상징 65
　불완전한~ 50
　완전한~ 50
여가장제(女家長制, matriarchy) 182

여귀(厲鬼) 254
여기(厲氣) 243
여성적 인격 112
여와 114
여제(厲祭) 209, 253, 254
『역경』(易經) 660
역신(疫神) 593
역전이 283
역할놀이(role-playing) 278
연극치료 556
연금술 613
　~의 그릇(vas Hermeticum) 122
연산군(燕山君)의 광질(狂疾) 215
열등기능 493
열포(裂布) 478, 480
염마대왕 425
영(迎), 합(合), 송(送) 487
영력(靈力) 27
영매(medium) 28
　~성 정신병(mediumistische Psychose) 83, 84
영산(靈山) 211, 412
영신(迎神, 혹은 초혼) 487, 551
영약(靈藥) 471
영웅신화 582
영원한 물(aqua permanens) 122
영의(靈衣) 455
영혼 112, 213, 233, 381, 394, 462, 475, 477
　~의 길잡이(Leitfaden) 112, 213, 233, 381, 394, 462, 475, 477
　~의 유리(遊離) 213, 233

~의 인도자(psychopompos) 112, 394, 462
　~의 정화 477
　~의 피탈 381
영화과정(靈化過程, Vergeistigungsprozeß) 74, 486
예방의학 256
예속(禮俗) 649
예술치료 506, 556
예시적 기능 108
오리 81, 190, 609, 610, 612, 615
오방신장기 144, 528, 529
오시리스(Osiris) 신화 70
오신(娛神) 551
오행살 493
옥추경(玉樞經) 264
옥황상제 180, 185
외적 인격 193
외향적 유형 77
왼쪽으로 꼰 새끼줄 622
용궁수배(龍宮隨陪) 217, 218
용궁애기 525
용왕님 126, 525
우-에르(wu-erh, 巫兒) 441
우울증 90, 317, 318
우주나무(cosmic tree) 609
우주의 기원 454
우주적 물질 417
우주적 아트만 415
우주적 에너지 체계 453
우주축 609
운명의 여신 439

울기(鬱氣) 524
원령(怨靈) 243, 249, 431
원무(圓舞) 618
원불교 676
원시심성 36
원시암각화 637
원시인 177
원시회화 632
원조(原鳥) 610
원초적 양심 642
원초적 치료자 158
원초적 상징 86
원초적 치유능력 286
원한 270, 275, 431
　~의 재체험 282
원형(原型, Archetypus) 35, 286
　~상 39
　~상이 지닌 이율배반성 187
　~의 양면성 361
　~의 투사 287
　~적 꿈 106
　~적 상징 42, 103, 389, 393
　~적 자율적 심상군(自律的 心像群, autonome Komplexe) 73
　~적 충동 688
　~적 콤플렉스 112, 187, 236
원혼 207, 209
월식(月蝕) 205
위령 253
유가적(儒家的) 덕목 648
유감주술(類感呪術, Sympathetic magic) 484

유교 147, 513
~문화 689
~문화의 도덕규범 513
유령(ghost) 232
유물론 682
~적 합리주의 698
유분증 345
유사강(流沙江) 386, 389, 470
유일신교 117
육체적 사랑 190
윤리학 641, 642
융합 193
여성성과 남성성의~ 193
음양오행 78
의대증(衣帶症) 215
의무(醫巫) 649
의미 있는 고통 88
의미 있는 신화의 창조 284
의식 72
~과 무의식의 구별 186
~성 499
~분할 166
~수준의 저하(abaissement du niveau mental) 95
~의 변화 308
~의 뿌리 644
~의 변이(變異) 상태(altered states of consciousness) 161
~의 해리과정(解離過程, dissociation) 70
~의 확장 170
~화(Bewußtmachung) 172, 461, 501
의신(醫神, Heilgott) 208, 262, 361
의학적 질병관 680
이니시에이션(initiation, 성인화[成人化]) 29, 158, 331
~과정 38
~의 주제(Initiationsmotiv) 77, 105, 471
이승 30, 610
이키구치(生口) 459
이행곤란(Übergangsschwierigkeit) 428
인격 122
~의 성숙 669
~의 창조적 변환과정 105
~전환현상 58
인과론 682
인류의 그리움 80
인정(人情, 뇌물) 465
일본무속(샤머니즘) 57
일월성신(日月聖神) 198, 524
잃어버린 영혼 235
임경업 장군 433
입무 주재자 194
입무과정 73, 75
입무수술(入巫手術, Initiationsoperation) 66
입무의 주재자(initiator) 90
입무제(入巫祭) 79, 119
입사 의례 289
잉여감정(剩餘感情, emotional residue, Gefühsrest) 461

잊혀진 신→한가한 신

| ㅈ |

자기(自己, 본성[本性], Selbst) 29, 38, 106, 241, 410
　~원형상 291
　~중심적 태도(self-centered attitude) 131
　~실현(自己實現, Selbstverwirklichung) 186, 292, 636
　~암시 325
　~원형 113, 116
　~원형의 자율적 기능 193
　~콤플렉스 187
자빙(邪病) 83, 84
자살 133, 361
　~놀이 427
자아 130, 489, 660
낡은~ 72
　~이조적(異調的, ego-dystonic) 욕구 329
　~중심(ego-centered) 131
　~의 팽창(inflation) 130, 660
　~의식 72
　~의식과 무의식의 소통 347
　~의식의 상실 487
　~의식의 약화 234
자율적 콤플렉스 177, 290, 426, 615
작두다리 130, 131
잠재적 정신병 368
잡귀 126, 210
　~풀이 264

잡신 220~222
장군신 129, 195
장승 81, 500, 602
장의(葬儀) 480
재앙신경증(catastrophic neurosis) 234
재체험 461
재탄생 389
저승 27, 30, 192, 381, 389, 390, 399, 610
　~사자 258, 454
　~사자의 근원신화 454
　~으로의 여행 78, 102
　~의 귀신 27
　~의 존재 27
　~차사 212
저주(咀呪) 230, 242
적극적 상상(적극적 명상, active imagination) 124, 462, 463
적응(adjustment, Anpassung) 668
　~장애 357
전이(轉移, transference) 283, 286, 679
전일(全一) 80, 200
　~로의 지향성 577
　~의 상징 637
　~의 정신 131, 644
전체성의 상징 631
전체정신 116, 131, 193, 241, 615
전통사상의 윤리의식 641
전통의학 661
전투신경증 234

전환과정 71
절대악(絶對惡, Das absolute Böse) 436, 497
점괘 131
점복 658, 691
점성학적 신격 229
접신 623
정(淨) 673
정귀(精鬼) 208, 210, 217, 433
정동(情動, emotion) 461
　~반응 481
　~적 충격(emotional shock) 304
정령 68, 72
　~의 지도 73
정신과 신체 94
정신병(psychosis) 42, 210, 219, 223, 230, 248
　~귀 208
　~적 상태 71
　~적 에피소드 90
　~적 장애(psychotic disorder) 248
정신분석 43, 101
　~적 해석 43
정신분열증(조현병[調絃病]) 71
　~망상 323
정신의학 68
정신적 에난치오드로미아 345
정신적 에너지 165, 416
　~(리비도)의 율동 625
　~의 원천 115
정신적 창조 69
정신치료(정신요법, 심리치료) 42, 68,

98, 248, 461, 668
　~의 효과 505
　~자의 조상 503
정치적 집단행동 570
제석(帝釋) 451
제주도 무조신화(巫祖神話) 131
제주도 샤머니즘 113, 586
제천의식 183
조령 210, 427
　~숭배 446
조상 콤플렉스 172, 571
조상거리 512
조상굿 450
조상신 28, 118, 276
　~의 분노 220
조왕 할머니 392
조절자 113
조종망상 320
종교(religion) 35, 36, 52, 201
　~의식의 부정적인 영향 505
　~적 질병관 682
　~정신병리학 35
　~집회 570
종파(denomination, Konfession) 52
좌선회무 617
좌우 상징 620
죄악망상 361
죄와 벌의 구분 692
주당(周堂, 祖上靈) 211
　~살(周堂殺) 451
주병(呪病, disease sorcery) 228

주부(呪符) 294
주술적 사고 125
주술적 종교 39, 50
주술종교의식 556
주의(呪醫, Hexendoktor) 277, 302
죽은 영혼의 존재 209
죽은 자 30, 393
　~를 되살리는 영력 590
　~를 위한 곡(哭, Totenklage) 459
　~를 위한 의식 411
　~의 상 483
　~의 위력(Die Macht der Toten) 422
　~의 인형 482
　~의 한 30, 461
　~의 혼 28
죽음 234, 378, 380, 389, 422, 424, 425, 427, 463, 493, 499, 604
　~에 대한 공포 234
　~의 때 422, 424
　~의 수용 499
　~의 원형 463
　~의 전염성 427
　~콤플렉스 463
죽음 뒤 삶 411, 412
「죽음의 말」 378, 380, 389, 425
죽이는 요소들 493
중심의 상징성 604
중추신경의 각성 항진 162
지부왕 383
지신(地神) 221
지양(止揚, aufheben) 487

지옥 390, 459
　~노래 471
지적 열등감 160
지지적 치료기법 557
지하계 80, 390, 396, 608
　~적 리비도 113
지하여장군 602
지혜와 생명의 나무 609
진공에 대한 공포(horror vacui) 632
진쎗김굿 445
진오귀굿 28, 30, 450
진정한 개성 185
질병관 43, 203
　~에 반영된 인간 무의식의 보편적 특성 203
　~의 민족적 차이 232
질병에 대한 인과론적 결정론 232
질환(illness) 505
집단의식 434
　~의 상징 471
　~의 신생 574
집단적 그림자 570
집단적 무의식(collective unconscious) 35, 97, 177, 286, 417, 681
　~의 근원적 양가성 362
　~의 원형 39
집단적 콤플렉스의 재체험 288
집단적 획일주의 570
집단적 흥분 570
집단적 투사 346
집단정신 330
집신제(集神祭) 119

징표(徵表, sign) 284
찢는 행위 479

| ㅊ |

차사 212
「차사본풀이」 390, 391, 394, 454
창부(娼夫, 광대) 208, 217
창조와 파괴의 양면성 466
창조원리 609
척휘 210
천계(天界) 79
천국과 지옥의 대극성(Gegensätz-
  lichkeit) 476
천도제 447
천민(賤民)의 영웅 651
천상계 80, 608
천상신의 지상공관(地上公館) 185
천상의 배우자 191
천상의 최고신의 존재 182
천신(天神) 183, 185
  ~제(天神祭) 183
천연두 208, 253, 256
  ~신 208, 240, 593
천의 찢김 479
천주교 342, 676
천하대장군 602
청귀벳김 256
청의동자(青衣童子) 198, 399
체면문화 689
체화과정(Einverleibung) 73
초감각적 지각 416
「초사구가」(楚辭九歌) 191

초상 483
초신(招神) 123
초월적 기능 601
초인적인 것의 현존 604
초혼(招魂) 93
최영 장군 104, 106, 433
축귀술 126
축마승(逐魔僧) 650
축사경(逐邪經) 267
축사력(逐邪力) 294
춤 625
치료자원형상 572
치병의식 279, 503
치유(healing) 439, 466, 505, 597
  ~과정(Heilungsprozess) 487
  ~의 굿 30
  ~의 상징 81
  ~자 114, 420
  ~자 원형상 286
친족 리비도 172
칠성(七星)님 96
칠성검 523, 528
칠성새남 271
칠성신(七星神, 蛇神) 207, 258, 271,
  653

| ㅋ |

카리스마 698
  ~적 존재 679
카타르시스(catharsis, 세척) 285, 461
칼날 130
칼선다리 130, 131

콤플렉스(Komplex, 심복합체) 29, 95,
　176, 489
　　~의 반의식성 428
　　~의 자가 붕괴 74
큰 스트레스 반응(gross stress reaction)
　234

| ㅌ |

탄트라 요가(tantra yoga) 74
탈혼(奪魂, Seelenraub) 213, 234
태모(太母) 609, 665
태자귀(太子鬼) 197
태주(胎主) 197
태초의 천국 185
토테미즘(totemism) 233
통곡 687
통과의례(rite de passage) 158, 302
투사(投射, projection) 29, 95, 693
　　~상 175
　　~적 치료법 565
투영현상 181
트랜스(trance, 황홀경) 28, 128, 163,
　308, 314
　　~없는 빙의 308
　　~장애 315
트릭스터 575
티베트 사서(死書) 70, 428

| ㅍ |

파충류 115
판단기능 499
판소리 일인극(monodrama) 166

페르조나 193, 291
포괄주의(syncretism) 562
풍기문란 649
풍수설 662
풍수지리사상 219
풍수지리적 관념 452
풍요의 신 92
피병이거(避病移居) 251
피투사체(被投射體, Projektion-
　sträger) 181
피티아(Pythia) 312, 650
피해망상 361

| ㅎ |

하얀 할머니 99
하얀 할아버지 96, 100
학습무 65
학을 탄 선관(仙官) 79, 102
한(恨) 195, 243, 430
한가한 신(deus otiosus, 잊혀진 신)
　171, 182, 186
한국 샤머니즘의 신통(神統) 180
한국무속 63
한국문화의 원류 34
한국인의 신앙 173
한국인의 윤리관 686
한방의료 567, 675
『한중록』(閑中錄) 215
한풀이 264, 573, 691
합신(合神) 487
해녀(海女) 218
해리 95, 237

~성 장애 90, 317
~현상 173
해체(Zerstücklung, 뜯김) 66, 69, 74, 77, 237
  ~반응 285
  ~의 고문 394
  ~의 모티브 70
허맹이 271
허주(虛主) 79, 119, 126, 210, 290
  ~굿 123
  ~벗김 88
  ~제 119
  ~풀이 119
허참굿 126
헛장 256, 258, 494
헛풀이 119, 123, 265
현대정신의학의 질병관 89, 680
현대정신치료 556
현우증(眩暈症) 214
호구 아기씨 198
호구(胡鬼) 도령님 198
호토케오로시(佛オロシ) 459
혼 탐색(Seelensuche) 475
혼(魂)과의 대화 28
혼과 물질의 융합 609
혼길의 정화 477
혼령의 세계 440

혼령의 장인(master of spirits) 163
혼(魂) 440
  ~의 배송 79
  ~의 정화(씻김) 28, 389
  ~의 진화(進化) 28
화기(火氣) 524
화증(火症) 215
확충(擴充 amplification) 40, 411, 681
환상(幻像, Vision, 환영[幻影]) 91, 122
  ~을 보는 자(Visionär) 614
  ~체험 178, 438
환생 389, 392
환시(visual hallucination) 358
환청(auditory hallucination) 91
회교 50
회전무 474
흉악한 눈초리(böser Blick) 242
흑백 판단 367
흑샤먼 394
흑주술 242
힘의 원천 68
'히스테리'성 장애 651
'히스테리'증 280
  ~환자 497
힌두교의 의식 70

이부영(李符永)은 서울대 의대와 같은 대학 대학원을 졸업하고 서울대병원에서 신경정신과 수련을 시작했다. 그 뒤 스위스 취리히에 가서 1966년 융연구소를 수료, 융학파 분석가 자격을 취득하고 국제분석심리학회 정회원이 되었다. 독일 및 스위스 등 각지 정신병원에서 수련 및 근무했으며, 귀국 후 서울대 의대 신경정신과 교수, 신경정신과장 등을 지냈다. 그밖에 미국 하와이 동서센터 '문화와 정신건강연구계획' 초빙연구원, 뉴욕 유니언 신학대학원 '정신의학과 종교 강좌' 석좌교수를 지냈다. 1997년 서울대 정년퇴임 후 같은 대학 명예교수로 추대되었으며, 분석심리학 전문수련기관인 한국융연구원을 설립 운영 중이다. 대한의학회에서 주는 분쉬의학상을 비롯하여 국내외에서 많은 상을 받았다. 저서로는 한길사에서 펴낸 '이부영 분석심리학 3부작' 『그림자』 『아니마와 아니무스』 『자기와 자기실현』을 비롯해 『한국의 샤머니즘과 분석심리학』 『노자와 융』 『괴테와 융』이 있다. 그 외에 『분석심리학: C.G. Jung의 인간심성론』 『한국민담의 심층분석: 분석심리학적 접근』 『분석심리학 이야기』 『동양의학 연구』 등이 있으며, 번역서로는 『융 기본 저작집』(C.G. 융, 전 9권, 감수 및 공역), 『현대의 신화』(C.G. 융), 『인간과 상징』(C.G. 융, 공역), 『C.G. Jung의 회상, 꿈 그리고 사상』(아니엘라 야훼), M.L 폰 프란츠의 『C. G. 융 - 우리 시대 그의 신화』 『민담의 심리학적 해석』(공역) 등이 있다.